suhrkamp taschenbuch
wissenschaft 1180

Anders als in der Bundesrepublik und in den Vereinigten Staaten sprang 1968 in Frankreich der Protest der Studentenbewegung auf die Arbeiterschaft über und führte zum größten Generalstreik in der Geschichte des Landes sowie zu einer politischen Krise, die das gaullistische System ins Wanken brachte. Das Buch rekonstruiert den Prozeß der Protestentwicklung von der Formierung bis zum Zerfall der Mai-Bewegung mit den Methoden einer analytisch orientierten Geschichtswissenschaft, die Ideen-, Ereignis-, Sozial- und Strukturgeschichte integriert, Analyse und Narration kombiniert. Es entfaltet das Denken der Neuen Linken, skizziert die Trägergruppen der Bewegung, ihre Strategien, Aktionen, Koalitionen, und analysiert die Dynamik, welche die Mai-Bewegung durch unbeabsichtigte Handlungsfolgen in Konfrontation mit staatlichen Instanzen sowie unter dem Einfluß situativer Faktoren gewann. Die Darstellung dramatischer Ereignisse (Nacht der Barrikaden, Besetzung des Odéon, Flucht de Gaulles nach Baden-Baden) verbindet sich mit der systematischen Analyse des Mobilisierungsprozesses der Neuen Linken, der einen »kritischen Moment« herbeiführte, in dem ein Umbruch denkbar und die Zukunft für eine andere Gesellschaft offen erschien.

Ingrid Gilcher-Holtey ist Professorin für Allgemeine Geschichte unter besonderer Berücksichtigung der Zeitgeschichte an der Universität Bielefeld. Unter anderem hat sie veröffentlicht: *Das Mandat des Intellektuellen. Karl Kautsky und die Sozialdemokratie*, Berlin 1986.

Ingrid Gilcher-Holtey
»Die Phantasie an die Macht«
Mai 68 in Frankreich

Suhrkamp

Die Deutsche Bibliothek – CIP-Einheitsaufnahme
Ein Titeldatensatz dieser Publikation
ist bei Der Deutschen Bibliothek erhältlich

suhrkamp taschenbuch wissenschaft 1180
Erste Auflage 1995

Druck: Nomos Verlagsgesellschaft, Baden-Baden
Printed in Germany
Umschlag nach Entwürfen von
Willy Fleckhaus und Rolf Staudt

2 3 4 5 6 7 – 06 05 04 03 02 01

Inhalt

Prolog 9

I. Soziale Bewegungen als Forschungsgegenstand 15

1. Problemstellung 15
2. Analytischer Bezugsrahmen 22
3. Quellen 30

II. Die »Neue Linke«: Zur kognitiven Konstitution der Bewegung 44

1. Dissidente Intellektuelle 47
2. Internationale Netzwerke 82
3. Die »Nouvelle Gauche« in Frankreich 96

III. Revolten in Nanterre: Zur sozialen Formierung der Bewegung 105

1. Krisen und Konflikte an der Universität 107
2. Der Fall Nanterre: Situationen und Aktionen . . 115
3. Die Trägergruppen des Protestes 138
4. Die Dynamik des Mobilisierungsprozesses 167

IV. Mobilisierung im Quartier Latin: Der Kampf um die Sorbonne 171

1. Studentische Aktion und staatliche Reaktion: Der Einsatz von Gewalt 177
2. Die Eskalation der Gewalt in den Straßen des Quartier Latin 194
3. Organisation und Spontaneität: Duale Mobilisierungsstrategien 210

4. Das »kritische Ereignis«: Die Nacht der Barrikaden 232

5. Der »kritische Moment«: Die Entscheidung Pompidous 259

V. Generalstreik in Frankreich: Der Kampf um die »autogestion« 270

1. Strukturelle Ursachen der Streikbewegung: Verteilungskonflikte, Modernisierungskrise, neuer sozialer Konflikt? 272

2. Die spontane Streikbewegung 285

3. Gewerkschaftliche Strategien und Zielorientierungen 297

4. Revolten ohne Strategie: Die zweite Nacht der Barrikaden 313

5. Die Institutionalisierung des Konflikts: Die Vereinbarungen von Grenelle 328

VI. Regimekrise: Der Kampf um eine andere Republik 339

1. Die Opposition auf dem Weg zur Macht 340

2. Das Projekt der Übergangsregierung – die Chance des Pierre Mendès France 348

3. Die Initiative François Mitterrands und die Reaktion der Bewegung 368

4. Handlungsstrategien der Regierung: Der Machtkampf Pompidou – de Gaulle 377

5. Die »Flucht« nach Baden-Baden 394

VII. Stabilisierung der institutionellen Ordnung: Der Zerfall der Bewegung 420
1. Demobilisierung der Streikbewegung 426
2. Spaltung und Auflösung der Studentenbewegung 432
3. Strukturierung des Protestes durch Neuwahlen . 459
VIII. Das Dilemma der Neuen Linken 471
Abkürzungsverzeichnis 476
Quellen- und Literaturverzeichnis 477

Prolog

»Scheiße, was will denn der hier? Er ist ein Star. Und Stars können wir hier nicht brauchen.«[1] Diese Sätze muß Jean-Paul Sartre hören, als er sich seinen Weg durch die Menge der Studenten bahnt zum großen Hörsaal der Sorbonne. Es ist Montag, der 20. Mai 1968, 22 Uhr. Die Sorbonne ist besetzt, seit einer Woche schon. Tausende sind gekommen, die Besetzer zu unterstützen. Der große Hörsaal quillt über. Die Studenten sitzen überall, noch in den Gängen und auf den Stufen, halten sich fest an der Statue von Descartes, sind emporgeklettert zu den Schultern Richelieus oder haben Platz genommen auf den Knien von Blaise Pascal, um Sartre besser zu sehen und zu hören.[2] Die Sätze auf dem Weg zum Hörsaal haben ihn irritiert, doch als er das Podium erreicht hat, merkt man ihm davon nichts an. Bereits nach dem ersten Satz beherrscht er die Situation, zieht er das Auditorium in seinen Bann. »Ich glaube, daß ihr genug habt von Vorlesungen ex cathedra.« Das kommt an. Und Sartre meint, was er sagt. Er ist nicht gekommen, um zu lehren, sondern um zu hören. Er nimmt die Fragen der Studenten auf, beantwortet sie kurz oder gibt sie rhetorisch geschickt an die Studenten zurück. Er sagt nicht viel an diesem Abend, er hält sich zurück, versichert aber seine Sympathie und Solidarität. Nach etwa einer Stunde zieht er sich zurück mit dem Hinweis, »jetzt müde zu sein«.[3]
Was ihn in diesen Minuten bewegt, was er von der Revolte der Studenten hält, erklärt Sartre in einem Gespräch mit Daniel Cohn-Bendit.

Das Interessante an eurer Aktion ist, daß sie die Phantasie an die Macht bringt. Wie bei jedem Menschen hat eure Phantasie zwar Grenzen, doch habt ihr mehr Ideen als die Älteren ... Die Arbeiterklasse hat sich oft neue Kampfmittel ausgedacht, doch immer im Hinblick auf eine konkrete Situation, in der sie sich befand ... Ihr habt eine viel reichere Phantasie, und

1 J.-P. Sartre, H. P. Gavi, P. Victor, *Der Intellektuelle als Revolutionär. Streitgespräche*, Reinbek bei Hamburg 1976, 49.
2 M. Legris, »M. Jean-Paul Sartre à la Sorbonne: pour l'association du socialisme et de la liberté«. *Le Monde* vom 22. Mai 1968, S. 3, Sp. 5-6.
3 H. Hamon, P. Rotman, *Génération*, 1. *Les années de rêve*, Paris 1987, 524.

die Parolen, die man an den Mauern der Sorbonne lesen kann, beweisen es. Etwas ist aus euch hervorgegangen, was erstaunt, Unruhe schafft und alles ablehnt, was aus unserer Gesellschaft das gemacht hat, was sie heute ist. Das ist das, was ich als die Ausdehnung des Feldes des Möglichen bezeichnen würde. Verzichtet nicht darauf.

Das Gespräch zwischen beiden erscheint im *Nouvel Observateur*[4]; es ist ein Interview, in dem Jean-Paul Sartre, 63, die Fragen stellt und Daniel Cohn-Bendit, 23, die Antworten formuliert – ein Rollentausch, über den man in Paris noch lange diskutiert. Etwas hat sich geändert in diesen Tagen. Aber was?

Vier Jahre später, im Dezember 1972, erklärte Sartre: »Ich war auf der Seite der Studenten. Ich schrieb Artikel, sprach für sie im Rundfunk und Fernsehen und verhandelte mit den Besetzern der Sorbonne. Im Grunde aber verstand ich sie nicht.« Einschränkend fügte er hinzu, »ich verstand, was sie suchten ... Um wirklich zu begreifen, brauchte ich noch das ganze Jahr 1969.« Welche Lehre zog er danach aus den Ereignissen? »Hier kamen zwei Dinge ins Spiel, zum einen bewies der Mai '68 Intellektuellen wie mir, daß es nun links von der KPF eine starke Kraft gab, die, wenn auch unsicher, sich zu entfalten versprach. Und genau darauf hatten viele von uns immer gehofft. Der andere Aspekt aber war, daß diese linke Kraft uns nicht so, wie wir waren, akzeptieren konnte. Es schien uns anfangs ungeheuerlich, daß gerade die Bewegung, die wir immer herbeigesehnt hatten, uns als klassische Intellektuelle in Frage stellte. Das mußten wir erst verarbeiten.«[5]

Hatte die Bewegung von 68 ihn und seinesgleichen zugleich eingeholt und überholt?

Es gibt Kontinuitäten und Brüche in der Geschichte, die Protestbewegung des Mai 68 zeigt und vereinigt beide. Das machte es für den teilnehmenden Beobachter schwer, sie auf Anhieb zu verstehen. In der konkreten Situation vermischten und verwischten sich die Forderungen und Ziele in der Dynamik der Aktion und einem Synkretismus von Ideen, der eine unmittelbare, objektive Deutung der Ereignisse nahezu unmöglich machte. Und so dominierten der subjektive Standpunkt, die individuelle Sicht. Unterstrich Jean-Paul Sartre das innovative, schöpferische Potential der Bewe-

4 *Le Nouvel Observateur* vom 20. Mai 1968, hier zitiert in deutscher Übersetzung nach Cohen-Solal, 696.

5 Sartre/Gavi/Victor, 48.

gung, die neuen Ideen, den Bruch mit der Vergangenheit im Denken und Handeln, mithin die »Zäsur«, die 68 für ihn repräsentierte, so definierte Raymond Aron, Professor an der Sorbonne, die Bewegung als »studentischen Karneval«, in dem die Akteure, ausgestattet mit den Wortmasken vergangener Revolutionen, eine »Quasi-Revolution« spielten.[6] Seit langem Konkurrenten in der Auslegung und Deutung der Zeit, führten divergierende Ansätze, Wertbezüge und daraus abgeleitete Werturteile Sartre und Aron auch im Mai 68 zu völlig gegensätzlichen Diagnosen des Geschehens. Sie ergriffen Partei für bzw. gegen die Bewegung.

In den nachfolgenden Wochen trieb der Konflikt der ehemals befreundeten Intellektuellen – der Gesprächspartner und Zimmergenossen der École Normale Supérieure in den zwanziger Jahren – auf eine völlige Entfremdung, Entzweiung zu. Am 19. Juni 1968, als die Protestbewegung bereits das Stadium der Auflösung erreicht hatte, griff Sartre nochmals zur Feder, um das Universitätssystem und im gleichen Atemzug Aron zu kritisieren. Er richtete ihn mit den Worten:

Es gibt viele Studenten, die ihren Professor überhaupt nicht sehen. Sie hören lediglich mittels eines Lautsprechers, wie eine völlig inhumane und unzugängliche Person eine Vorlesung abspult, und verstehen absolut nicht, welchen Sinn diese Vorlesung für sie haben soll. Der Universitätsprofessor ist fast immer – so war es auch zu meiner Zeit – ein Herr, der einmal eine Habilitationsschrift verfertigt hat und sie dann zeit seines Lebens herunterbetet ... Wenn der alternde Aron seinen Studenten die Ideen seiner vor dem Zweiten Weltkrieg verfaßten Habilitationsschrift endlos wiederholt, ohne daß diese auch nur die geringste kritische Kontrolle gegen ihn ausüben können, dann übt er seinerseits eine reale Macht aus, die jedoch bestimmt nicht auf einem Wissen beruht, das dieses Namens würdig ist ... Man sieht heute nicht mehr, wie Aron, die geistige Betätigung darin, allein hinter seinem Schreibtisch zu sitzen und dreißig Jahre lang dasselbe zu denken.[7]

Aron, weit davon entfernt und nicht berufen, wie er schrieb, die Mandarine der Sorbonne zu verteidigen, konterte:

6 R. Aron, *Erkenntnis und Verantwortung. Lebenserinnerungen*, München 1983, 335, 340.

7 »Les Bastilles de Raymond Aron«, Artikel in *Le Nouvel Observateur* vom 19. Juni 1968, hier zitiert in deutscher Übersetzung nach Aron, *Erkenntnis und Verantwortung*, 349 f.

> Will man versuchen, ihn [Jean-Paul Sartre] zu verstehen, so hilft ein Wort von Simone de Beauvoir und Jean-Paul Sartre weiter, das Arthur Koestler zitiert hat: Lieber die Kommunisten als der General, sagten sie beide. Für diesen Fall muß man die am wenigsten befriedigende Erklärung heranziehen: nämlich die Unwissenheit, die zur Dummheit schlechthin führt. Niemals ist es diesem Philosophen der Freiheit gelungen oder, besser: niemals hat er sich bereitgefunden, den Kommunismus zu sehen, wie er wirklich ist. Er hat den sowjetischen Totalitarismus, dieses Krebsgeschwür des Jahrhunderts, niemals untersucht; er hat ihn niemals als solchen verurteilt.[8]

Ein Vorwurf folgte dem anderen, ein Feindbild überlagerte das andere, die personalisierende Zuspitzung der Argumentation fügte Verletzungen zu, etikettierte das Denken des anderen, ohne zu klären, was, mit Wittgenstein gesprochen, eigentlich »der Fall war«. Es sollte Jahre dauern, bis beide wieder ein persönliches Wort miteinander wechselten.[9]

Die Polemik zwischen Sartre und Aron ist nicht nur ein Beispiel für die bannfluchartigen Abgrenzungen, welche sich während und nach den Ereignissen des Mai 68 unter Intellektuellen und Fachkollegen vollzogen, sondern auch für die extreme Polarisierung in der zeitgenössischen Deutung des Mai 68 in Frankreich. Sartres Faszination und Arons Abwertung spiegeln die divergierende Wahrnehmung der Ereignisse wider und zeigen zugleich die Ambivalenz der Intellektuellen hinsichtlich der Bewertung einer plötzlich auftauchenden Protestbewegung: Rückfall in eine überkommene, romantisierende Revolutionsideologie oder Aufbruch in eine andere, sich von den etablierten Ordnungen und deren klassischen Gegenentwürfen gleichermaßen abhebende Gesellschaft? Doch die Kontroversen um die Wertung der Ereignisse erschließen nicht deren einzigartige Entwicklungsdynamik, unmittelbare Durchschlagskraft und breite Wirkungsmacht, die selbst der distanzierte Beobachter Aron mit einem »Erdbeben« verglich, »das während einiger Tage das in zehn Jahren des Gaullismus aufgebaute imposante Gebäude niederzureißen drohte«.[10]

Die Erschütterung der französischen Gesellschaft, vor deren Hintergrund sich die Polemik Sartre-Aron vollzog, ist kein Einzelfall.

8 Ebd., 354.

9 Den Anlaß bot ihr gemeinsamer Protest gegen die Vertreibung der Boat-People aus Vietnam. Vgl. Cohen-Solal, 762.

10 Aron, *Erkenntnis und Verantwortung*, 331.

Die Ereignisse des Mai 68 in Frankreich sind Teil einer Welle von Protesten, von denen im Jahr 1968 nahezu alle westlichen Industrieländer erfaßt wurden. Nicht nur in Frankreich, sondern auch in den Vereinigten Staaten und der Bundesrepublik kam es im Jahre 1968 zur größten Protestmobilisierung in der Geschichte der Nachkriegszeit. Zwar weisen die Bewegungen eine je eigene Selbstwahrnehmung und Selbstkonstitution auf, aber ihre Wertbezüge, Aktionsformen, Mobilisierungsstrategien und Erfolge zeigen Gemeinsamkeiten, die jenseits nationaler Besonderheiten allgemeine Eigenschaften der Bewegung deutlich werden lassen. Überall forderten die Proteste die Institutionenordnung der westlichen Demokratien unter Berufung auf deren Leitwerte heraus, stellten sie das Repräsentationsmonopol der etablierten Parteien und intermediären Gruppen in Frage und konfrontierten diese mit einer Gegenmacht und Gegenöffentlichkeit, welche die tradierten Autoritätsstrukturen in den Institutionen negierten und grundlegende Annahmen der Gesellschaft der Nachkriegszeit kritisierten.[11] Eine historische Wertung dessen, was 68 »war«, kann nur vor dem Hintergrund der Analyse der Formierung und Wirkungsweise der Protestbewegungen erfolgen.
Die Mai-Bewegung in Frankreich zeigt in einzigartiger Weise die Mobilisierungsstufen und die Eigendynamik der Protestentwicklung, die in wenigen Wochen den Punkt erreichte, an dem ein Zusammenbruch des gaullistischen Regimes ins »Feld des Möglichen« rückte. In keinem anderen Land gewann die Bewegung von 68 so rasch und weitreichend politische Bedeutung. Weder in der Bundesrepublik noch in den Vereinigten Staaten, sondern nur in Frankreich sprang der Funke des Protestes, ausgelöst von der Studentenbewegung, auf die Arbeiterschaft über und führte zu einem landesweiten Generalstreik, zu einer allgemeinen politischen Krise. Zwar erreichte auch der »Prager Frühling« diese Stufe, aber unter ganz anderen Voraussetzungen und Bedingungen. Ganz unabhängig davon, ob man die 68er Bewegung als »romantischen Rückfall«, als »Innovationsschub« in blockierten Ge-

11 Zum Bruch innerhalb des politischen und sozialen Institutionengefüges, den die Bewegungen herbeiführten, vgl. C. Offe, »Challenging the boundaries of institutional politics: social movements since the 1960s«. In: C. S. Maier (Hg.): *Changing Boundaries of the Political. Essays on the evolving balance between the state and society, public and private in Europe*, New York/New Rochelle/Melbourne/Sydney 1987, 63-106.

sellschaften, als »Manifestation einer postmaterialistischen Kultur« oder als »letzte Vitalisierung des Marxismus« beurteilen mag, das historisch bedeutende Phänomen der spontanen Mobilisierung einer Protestbewegung innerhalb hoch organisierter und institutionell geordneter, demokratisch verfaßter Wohlstandsgesellschaften ist in sich selbst erklärungsbedürftig. Der Mai-Bewegung in Frankreich kann paradigmatische Bedeutung zugesprochen werden für Aufstieg, Einfluß und Zerfall der Protestbewegungen in den westlichen Industriegesellschaften, in deren Nachkriegsentwicklung 1968 einen wesentlichen Einschnitt markiert.

1. Soziale Bewegungen als Forschungsgegenstand

1. Problemstellung

Soziale Bewegung ist ein vertrauter Begriff. Seit den sechziger Jahren taucht er in den Medien, aber auch in der Fachliteratur zur Kennzeichnung unkonventionellen, öffentliche Wahrnehmung erheischenden Protestverhaltens auf. Angefangen von der amerikanischen Bürgerrechtsbewegung bis zu den Black Panthers, von den Hippies über die Provos bis zur Studentenbewegung wurden kollektive Proteste als Bewegung bezeichnet. Bewegung umschrieb die nicht institutionalisierten Formen des Protestverhaltens. Der Ausdruck entsprach zum einen dem Selbstverständnis der protestierenden Akteure und ermöglichte zum anderen in der Außenwahrnehmung die Verknüpfung mit einem politisch-sozialen Traditionsbegriff, der in seiner ursprünglichen Prägung enthielt, was die neuen Akteure reklamierten, Fortschrittsdenken und den Willen zur Emanzipation, zur sozialen und politischen Veränderung.[1]

Die Selbstverständlichkeit des Begriffs im Alltag implizierte indes keine Einheitlichkeit des Begriffsverständnisses, und der inflationäre Gebrauch in wissenschaftlichen (vor allem sozialwissenschaftlichen, aber auch historischen) Darstellungen hob die Vieldeutigkeit nicht auf. Soziale Bewegung blieb ein Begriff, »der in unmittelbarer Beziehung zum realen Gegenstand stand, der nicht seine eigene Geschichte reflektiert wissen mußte, um gebraucht zu werden«.[2]

Mitte der achtziger Jahre setzten in den Sozialwissenschaften Bemühungen zur historischen und systematischen Klärung des Begriffs, der Differenzierung der historischen Erscheinungsformen sozialer Bewegungen und der Klassifizierung der Ansätze der Bewegungsforschung ein. Ein Forschungsfeld »soziale Bewegung« kristallisierte sich heraus, bestimmt durch das Bestreben, über Falldarstellungen und einzelne theoretische Abhandlungen hinaus zu einer allgemeinen Theorie sozialer Bewegungen zu gelan-

1 Vgl. zur Geschichte des Begriffs »soziale Bewegung« O. Rammstedt, *Soziale Bewegung*, Frankfurt am Main 1978, 27-124.

2 Ebd., 30.

gen.[3] Am Anfang stand, wogegen sich die Sozialwissenschaften bis dahin zu »sperren« schienen[4], die Herausarbeitung einer systematischen Begriffsdefinition, die den Gegenstand abstrakt bestimmte, ihn eingrenzte, indem sie ihn von vertrauten Kategorien abgrenzte. Die abstrakte Definition löste den Begriff zudem sowohl aus seiner begriffsgeschichtlichen Traditionsbindung als auch aus einer alltagssprachlichen Konvention, die soziale Bewegung metaphorisch mit sozialem Fortschritt verknüpfte.
Eine soziale Bewegung »ist ein mobilisierender kollektiver Akteur, der mit einer gewissen Kontinuität auf der Grundlage hoher symbolischer Integration und geringer Rollenspezifikation mittels variabler Organisations- und Aktionsformen das Ziel verfolgt, grundlegenden sozialen Wandel herbeizuführen, zu verhindern oder rückgängig zu machen«.[5] Diese sozialwissenschaftliche Definition des Begriffs versucht soziale Bewegungen analytisch klar von spontanem sozialen Massenverhalten (Aufruhr, Krawall, Revolte) einerseits und organisiertem politischem Gruppenverhalten (Parteien, Interessenverbände) andererseits abzugrenzen. Größere Dauer, festere Kommunikations- und Interaktionsstrukturen und damit ein höherer Grad der Strukturierung des Verhaltens sowie eine stärkere Strukturierung auf politische Ziele unterscheiden sodann die soziale Bewegung von kollektiven Verhaltensweisen »sozialen Protestes«. Vielfältigere Partizipationsformen außerhalb formeller Mitgliedschaft, unkonventionelle Aktionsformen der Interessenartikulation außerhalb institutionalisierter Einflußwege sowie eine größere Gestaltungsoffenheit der Zielorientierung grenzen soziale Bewegungen von den organisierten kollektiven Akteuren, den politischen Parteien und sozialen Verbänden ab. Sozialer Protest kann sich zu einer sozialen Bewegung entwickeln, soziale Bewegungen können sich institutionalisieren, Partei- oder Verbandsorganisation werden, aber sie können auch wieder zerfallen in unkonventionelles Protestverhalten und Ressentiment ohne Aktion. Soziale Bewegungen sind ein fluides historisches Phänomen *sui generis*.

3 F. Neidhardt, »Einige Ideen zu einer allgemeinen Theorie sozialer Bewegungen«. In: *Sozialstruktur im Umbruch*, hg. von S. Hradil, Opladen 1985, 193-204.
4 Ebd., 193.
5 J. Raschke, *Soziale Bewegung. Ein historisch-systematischer Grundriß*, Frankfurt am Main 1985.

Soziale Bewegungen werden durch einen »Prozeß des Protestes«[6] charakterisiert und von Individuen oder Gruppen getragen, welche, die bestehende Sozial- und Herrschaftsstruktur negierend, gesamtgesellschaftliche Veränderung erstreben und dafür Unterstützung mobilisieren. Um diese herbeizuführen, sind sie gezwungen, zu agieren und sich aus der Aktion zu formieren. Eine soziale Bewegung muß, so die Bedingung ihrer Existenz, in Bewegung bleiben. Stillstand bedeutet das Ende der Bewegung. Mobilisierung ist ein Grundelement, um den Prozeß des Protestes weiterzuführen, Organisation ein Mittel, ihn zu stabilisieren. Im Wechselspiel von Spontaneität und Organisation, verstanden als bewegungsinterne Koordination und Lenkung von Aktionen, erfolgt der Prozeß des Protestes, der erfolgreiche Mobilisierung charakterisiert.

Daraus ergeben sich sofort zwei Fragen: Wie strukturiert sich der Prozeß, und welche äußeren Faktoren setzen ihn in Gang? Zur Rekonstruktion der Bewegungsentwicklung entfaltete die systematische Bewegungsforschung Typologien und Theoreme über Mobilisierungsstrategien, Aktionsformen, dynamische Effekte innerhalb der Bewegungsformationen sowie zwischen diesen und den staatlichen Sanktionsinstanzen[7], über sich selbst erzeugende Handlungsprozesse in Interaktionskonstellationen[8] sowie über »kritische Ereignisse« und »kritische Momente« und ihre Bedeutung für die Mobilisierungsdynamik. Von den beiden Ansätzen der Bewegungsforschung, dem interaktionistischen und dem strukturalistischen, ermöglicht der erste die Rekonstruktion der Mobilisierungsabläufe und ihrer Kontingenzen, der zweite die Analyse der strukturellen Rahmenbedingungen der Interaktionen und der institutionellen Regelung der Konfliktaustragung. Um die Dynamik des Aufbruchs und der Entwicklung der Protestbewegungen in den sechziger Jahren zu erfassen, ist eine Vermittlung beider Ansätze in empirischen Fallstudien erforderlich. In dieser Perspektive soll die Besonderheit der französischen 68er Bewegung analysiert werden.

6 Rammstedt, 130.

7 Vgl. dazu die Studie von Raschke.

8 Vgl. dazu K. P. Japp, »Selbsterzeugung oder Fremdverschulden. Thesen zum Rationalismus in den Theorien sozialer Bewegungen«. In: *Soziale Welt*, 3 (1985), 313-329.

In fast allen westlichen Industrieländern kommt es 1968 zu einer Welle von Protesten, die von vielen Zeitzeugen und Soziologen als Studenten- oder Jugendrevolte gedeutet werden. Die Proteste, die 1968 kulminieren, umgreifen jedoch mehr als einen demonstrativ und vehement ausgetragenen Generationenkonflikt. Das Jahr 1968 markiert den Durchbruch und Höhepunkt einer sozialen Bewegung, die sich selbst als neue linke Bewegung versteht und, aus heutiger Sicht, die letzte soziale Bewegung gewesen ist, die über einen sozialistischen Gegenentwurf zur bestehenden Gesellschafts-, Wirtschafts- und Herrschaftsordnung verfügte. Keine der nachfolgenden neuen Bewegungen, mit denen der Ausdruck »neue soziale Bewegungen« verbunden wurde, entwickelte eine mit der konkreten Utopie der 68er Bewegungen vergleichbare gesamtgesellschaftliche Zielprojektion. Die utopischen Energien, welche die 68er Bewegungen noch inspirierten, erscheinen heute aufgezehrt und erschöpft. Es gibt offenbar keine zukunftsgerichteten Orientierungsversuche mehr. »Die Zukunft«, so Jürgen Habermas, »ist negativ besetzt«.[9]

Stehen die 68er Bewegungen am Ende einer Tradition, die von den Sozialutopien Saint-Simons, Fouriers und Proudhons über die sozialistische Theorie Marx' und die anarchistische Theorie Bakunins in die Programmatiken der europäischen Arbeiterbewegungen reicht? Bei aller Verschiedenartigkeit der Ziele und Mittel gleichen sich die alternativen Gesellschaftsentwürfe, so Habermas, darin, daß sie ihre utopischen Erwartungen auf die Produktionssphäre richteten, auf eine Emanzipation der Arbeit von Fremdbestimmung. Es sind »arbeitsgesellschaftliche Utopien«, die, nach Habermas, noch die 68er Bewegungen prägen und in den siebziger Jahren an Überzeugungskraft verlieren. Kein Zweifel, die 68er Bewegungen sind Teil dieser Tradition, ihre alternativen Gesellschaftskonzeptionen fügen sich ein in die »arbeitsgesellschaftlichen Utopien«, doch gehen sie darin nicht auf.

Die 68er Bewegungen formulierten ihre Gesellschaftskritik auch als Kulturkritik, akzentuierten die Entfremdung im Reproduktionsbereich und forderten die Emanzipation von Fremdbestimmung in allen Lebensbereichen einschließlich des privaten. Sie artikulierten Themen und verfochten individualistische Werte, die

9 J. Habermas, *Die Neue Unübersichtlichkeit*, Frankfurt am Main 1985, 143.

wir heute als »postmaterialistisch«[10] bezeichnen. So scheint es, daß die 68er Bewegungen einen Übergang markieren von den »alten« zu den »neuen sozialen Bewegungen«. Das macht einen Teil ihrer inneren Spannung aus und erklärt die kategoriale Vielfalt, mit der die Forschung sie etikettiert.

Studenten und Jugendliche stellen innerhalb der 68er Bewegung eine zentrale Trägergruppe dar. Sie begehren auf gegen erstarrte, verkrustete Institutionen und deren Träger, das »Establishment«, gegen überkommene Werte, Normen und Moralvorstellungen sowie gegen die Gleichgültigkeit und Selbstzufriedenheit der Gesellschaft, in der sie aufgewachsen sind. Der Wille zur Durchbrechung und Überwindung der in ihren Augen blockierten Gesellschaft und ihrer ritualisierten Verhaltensweisen, den die neue Generation als *conditio sine qua non* für eine Transformation proklamiert, zeichnet sich bereits seit Beginn der sechziger Jahre ab und findet seinen exemplarischen Ausdruck in einem Manifest – dem »Port Huron Statement« (1962) – der amerikanischen Studentengruppe Students for a Democratic Society (SDS), das im Untertitel den Anspruch »Agenda for a generation« formuliert. Die Elemente des neuen Denkens und Handelns entwerfen die Studenten nicht gleichsam aus sich heraus, sondern in Anlehnung an Vorstellungen, welche dissidente Intellektuelle außerhalb der traditionellen Parteien der Linken in Zeitschriften, intellektuellen Zirkeln und an den Universitäten entwickelt haben. Diese Intellektuellen sind um ein bis zwei Generationen älter als die kritischen Intellektuellen, die sich nun auf sie beziehen. Sie haben ihre Analysen in einem anderen historischen Erfahrungskontext gemacht.

Eine Revision der sozialistischen Theorie oder, wenn man so will, ein neuer »Revisionismusstreit« geht der Formierung der 68er Bewegungen voran. In Frankreich, Großbritannien, den Vereinigten Staaten und der Bundesrepublik Deutschland löste sich am Ende der fünfziger und Anfang der sechziger Jahre eine »Neue Linke« von der alten Linken ab. Dissidente Intellektuelle außerhalb der etablierten Parteien der Linken artikulierten ein neues Selbstverständnis, ein neues Denken der Linken. Was ist »neu« und was ist »links« an der »Neuen Linken«? Neu an der Neuen Linken ist ihre ausdrückliche Distanzierung von den bestehenden sozialistischen und kommunistischen Parteien, deren Taktiken

10 R. Inglehart, *The Silent Revolution*, Princeton 1977.

und Transformationsstrategien. Links an der Neuen Linken ist ihr gemeinsamer Rekurs auf die Idee der Emanzipation des Menschen, genauer auf einen der Tradition des Sozialismus verbundenen egalitären Humanismus. Links ist ferner die Anknüpfung an sozialistische Theoretiker, die mehr oder weniger explizit in der Nachfolge zu Marx stehen. Die Neue Linke versteht sich so einerseits als »Renaissance des Sozialismus« (E. P. Thompson), andererseits als eine Emanzipation von der Orthodoxie der alten Organisationen des Sozialismus. Sie versteht sich nicht als Partei, sondern als Bewegung, sie konstruiert einen neuen Typus sozialer Bewegung.

Zwischen den intellektuellen Zirkeln und dem neuen Denken der Nouvelle Gauche / New Left / Neuen Linken und den Protestbewegungen, die 1968 kulminieren, besteht, so die These dieser Studie, ein Zusammenhang im Sinne einer Wertbezogenheit der 68er Bewegungen auf die innovativen Ideen der Neuen Linken. Um kein Mißverständnis aufkommen zu lassen, sei gesagt, die Ideen der Neuen Linken haben die 68er Bewegung nicht »gemacht«. Sie sind jedoch konstitutiv für das Selbstverständnis, die theoretische und praktische Orientierung sowie für die Legitimation der Bewegungen, die sich aufgrund spezifischer, von Land zu Land verschiedener Konflikte formieren. Um die Zurechenbarkeit im einzelnen zu bestimmen, gilt es, zwischen Entstehungs- und Wirkungszusammenhang zu trennen, d. h. die Neue Linke, ihre Trägergruppe und die kognitive Struktur ihrer Ideen zunächst isoliert zu betrachten und dann ihre Relevanz in einem spezifischen Handlungskontext zu analysieren. Die Bestimmung der Sozialrelevanz von Ideen ist kompliziert, denn Ideen verändern sich durch die Eigenschaften des Handlungskontextes, in dem sie wirksam werden.[11] Die Prüfung ihrer Zurechenbarkeit verlangt daher die Entfaltung des historischen Handlungskontextes, d. h. die Analyse der 68er Bewegung unter dem Aspekt ihrer Entstehung, ihrer Struktur und ihres Verlaufs.

Die hier skizzierte, wenn man so will, »von Weber inspirierte« Problemstellung soll in der vorliegenden Studie am Beispiel der Nouvelle Gauche und der Mai-Bewegung in Frankreich entfaltet

11 M. R. Lepsius, »Interessen und Ideen. Die Zurechnungsproblematik bei Max Weber«. In: ders., *Interessen, Ideen und Institutionen*, Köln 1990, 9-30.

werden. Frankreich wurde als Untersuchungsland gewählt, nicht nur weil hier die Formation einer Neuen Linken früher als in den anderen Ländern begann und die Nouvelle Gauche dadurch gleichsam einen theoretischen Vorsprung gewann, sondern auch weil die Ideen der Neuen Linken hier theoretisch am deutlichsten ausformuliert wurden, so daß ihre kognitive Struktur exemplarisch erfaßt werden kann. Ferner zeigt die Mai-Bewegung in Frankreich in einzigartiger zeitlicher Konzentration Formierung, Struktur und Verlauf der 68er Bewegungen, so daß der Handlungskontext klar abgegrenzt und historisch-empirisch rekonstruiert werden kann. Der historischen Analyse kommt zugute, daß für den Mai 68 und den theoretischen Vorlauf der Nouvelle Gauche umfangreiches Quellen- und Dokumentationsmaterial sowie eine umfangreiche sozialwissenschaftliche Literatur vorliegen.

Orientiert am diachronen Bewegungsverlauf, akzentuiert die vorliegende Studie die Bedeutung von Ereignissen und situativen Faktoren in Entscheidungskonstellationen und hebt diese auch erzähltechnisch durch Zeitenwechsel hervor, ohne sich damit als chronologische Reportage in der Tradition der Ereignisgeschichte zu verstehen. Sie arbeitet Ereignisabfolgen und Momente innerhalb des historischen Geschehens heraus, um die Eigendynamik der Bewegung in entscheidenden Phasen ihres Handlungsverlaufs zu analysieren. Nur in der Retrospektive erscheinen Bewegungen als geschlossene Handlungsabläufe, als gleichsam auf einen Endpunkt zusteuernde Abfolgen von Entscheidungen, Interaktionen und sie steuernde Faktoren. Im Bewegungsverlauf hingegen dominiert häufig eine Offenheit der Situation, die sich erst durch Handlungen und nicht beabsichtigte Folgen von Handlungen strukturiert. Die historische Rekonstruktion der Strukturierung von Handlungssituationen[12] ist ein Ziel, das die Arbeit aus methodischen Gründen verfolgt, um Kontingenzen und Kausalitäten innerhalb des Bewegungsverlaufs zu differenzieren. Die Machtgrundlage sozialer Bewegungen ist prekär. Sie sind, aufgrund ihres geringen Grades an Institutionalisierung, ständig vom Zerfall bedroht. Und ohne der Darstellung des Mai 68 vorzugreifen, sei gesagt, daß auch die Mai-Bewegung in Frankreich 1968 lange vor

12 Vgl. dazu A. Giddens, *Die Konstitution der Gesellschaft*, Frankfurt am Main 1992.

ihrem historischen Ende hätte zerfallen können. Der Transfer des Protestes aus der Universität in die Betriebe und schließlich in die politische Arena war kein zwangsläufiger, determinierter Prozeß. Das Interesse, den Prozeß der Protestentwicklung von seiner Formierung bis zum Zerfall der Bewegung zu verfolgen, angeleitet durch Fragestellungen und Theoreme der Bewegungsforschung, bestimmt den Aufbau und die Gliederung der Arbeit, die sich als sozialgeschichtliche Studie in der Tradition einer analytisch orientierten Geschichtswissenschaft versteht, die in der Bundesrepublik seit den siebziger Jahren den Namen »Gesellschaftsgeschichte« trägt.

2. Analytischer Bezugsrahmen

Die vorliegende Studie unternimmt den Versuch, den Mai 68 in Frankreich aus einer ideen-, ereignis-, struktur- und sozialgeschichtlichen Perspektive zu betrachten. Sie geht davon aus, daß sich die Vorgehensweisen der vier Ansätze, die in den siebziger Jahren zahlreiche, leidenschaftlich geführte Methodendebatten ausgelöst haben, integrieren lassen. Der sozialgeschichtliche Ansatz, aufgefaßt als Methode der Geschichtsbetrachtung, nicht als Teilbereich der Geschichte, ist, so die These, in der Lage, Ideen-, Ereignis- und Strukturgeschichte zu integrieren, Narration und Analyse zu kombinieren. Dies kann indes nicht voraussetzungslos geschehen. Die hier vorgeschlagene historische Untersuchungsweise ist an drei Voraussetzungen geknüpft: 1. Die (sozial-)historische Forschung bedarf eines analytischen Bezugsrahmens. 2. Der analytische Bezugsrahmen muß so gestaltet sein, daß er dem Handeln von Individuen und Gruppen innerhalb von interdependenten Strukturzusammenhängen Rechnung tragen kann. 3. Die Sozialgeschichte muß Ideen als potentielle »Weichensteller« von Interessen und damit als mögliche sozialrelevante Faktoren in die Analyse sozialen Wandels einbeziehen. Unter diesen Voraussetzungen lassen sich, so die These, die wechselseitigen Kritiken aufheben: der Vorwurf der Theorielosigkeit der Ereignis- und Strukturgeschichte, der von der theoretisch orientierten Sozialgeschichte geltend gemacht wird, ebenso wie der Vorwurf der schematischen Reduktion der historischen Wirklichkeit, den die Vertreter einer ereignis- und politikgeschichtlich orientierten Geschichtswissenschaft gegen die theoretisch orientierte Sozialgeschichte erheben, und schließlich auch der bis heute ständig gegen die Sozialgeschichte geäußerte Vorwurf der Ausklammerung der Ideenwelt aus ihrer Wirklichkeitskonstruktion.

Die theoretisch orientierte Sozialgeschichte muß die makrosoziologische Perspektive – wie sie insbesondere von der »Gesellschaftsgeschichte« befolgt wird – durch mikrosoziologische Ansätze ergänzen. Denn »le changement social, même au niveau macrosociologique«, so Raymond Boudon, »n'est intelligible que si l'analyse descend jusqu'aux agents ou ›acteurs‹ sociaux les plus élémentaires composant les systèmes d'interdépendance«.[13]

Die soziologische Bewegungsforschung ermöglicht die Kombination beider Perspektiven. Soziale Bewegung, definiert als ein kollektiver Akteur, »der das Ziel verfolgt, grundlegenden sozialen Wandel herbeizuführen, zu verhindern oder rückgängig zu machen«[14], ist stets auf das Ganze der Gesellschaft gerichtet. Sie zeigt die objektiven Widerspruchs- und Konfliktpotentiale der Gesellschaft ebenso wie die subjektive Relevanz der erfahrenen Widersprüche auf. Soziale Bewegung, gleichermaßen Produkt und im Falle der erfolgreichen Durchsetzung ihrer Anliegen Produzent sozialen Wandels, läßt sich »von der Gesellschaft her« analysieren und damit in die Konzeption einer Sozialgeschichte als Gesellschaftsgeschichte, wie Jürgen Kocka[15] sie skizziert, integrieren.

Soziale Bewegung ist aber auch ein soziales Phänomen *sui generis*, das eine eigene Geschichte und Entwicklungsdynamik hat. Die Problematisierung der Entstehung, Entwicklung und des Verlaufs einer sozialen Bewegung schließt die gesellschaftlichen Rahmenbedingungen nicht aus, verlagert aber den Akzent von der Gesellschafts-/Systemebene auf die Akteurebene. Ins Zentrum treten die Trägergruppen, Mobilisierungsstrategien, -ziele, Koalitionen und Mobilisierungserfolge der Bewegung, ihre Konfrontationen mit der staatlichen Kontrollinstanz und Interaktionen mit den intermediären gesellschaftlichen Gruppen. Aus dieser Perspektive – und damit gleichsam »von der sozialen Bewegung her« – analy-

13 R. Boudon, *La Logique du social. Introduction à l'analyse sociologique*, Paris 1979, 2.

14 Raschke, 77.

15 J. Kocka, *Sozialgeschichte. Begriff, Entwicklung, Probleme*, Göttingen, 2. Aufl. 1986, 97ff.

siert, werden die gesellschaftlichen Teilbereiche zu Strukturbedingungen, unter denen sich die Bewegung formiert, bzw. zu Arenen, in denen sie agiert. Diese sozialhistorische Perspektive geht nicht von den Struktureigenschaften einer Gesellschaft als ganzer aus, sondern setzt bei den Eigenschaften der Träger der sozialen Bewegung an. Sie ist personen-, gruppen-, ereignis- und handlungsorientiert und untersucht die Auswirkungen der strukturellen Rahmenbedingungen für die Bewegung, nicht die Struktureigenschaften der Gesellschaft an sich.
Beide Perspektiven sind Teil des analytischen Bezugsrahmens, den die soziologische Bewegungsforschung entfaltet hat. Man kann sie als strukturanalytischen oder interaktionistischen Analyseansatz charakterisieren. Beide versuchen, soziale Bewegung als sozialstrukturelles Phänomen zu fassen, gehen aber in ihren Untersuchungen unterschiedlich vor. Mit welchen Folgen? Alain Touraine hat den Mai 68 auf der Grundlage eines strukturanalytischen Ansatzes analysiert. Die vorliegende Studie grenzt sich von Touraines Analysekonzeption ab, sie zieht aus methodologischen Erwägungen den interaktionistischen Ansatz vor, Erwägungen, die nachfolgend in Abgrenzung von Touraine veranschaulicht werden sollen.
Alain Touraines Analyse der Mai-Bewegung 1968 in Frankreich *Le communisme utopique* (1968) ist eng verknüpft mit seiner methodologischen Studie *La sociologie de l'action* (1965) und seiner soziologischen Studie *La société post-industrielle* (1969). Alle drei Werke beruhen auf einem Handlungsbegriff, den Touraine in kritischer Auseinandersetzung mit der Handlungstheorie Max Webers entwickelt und in *La sociologie de l'action* entfaltet hat. Er definiert soziales Handeln (»action sociale«) als Handeln mit Bezug auf die Gesamtheit sozialer Bedingungen (»par rapport ... à l'ensemble des conditions sociales«).[16] Nicht der subjektiv gemeinte Sinn der Akteure und ihr am Verhalten anderer orientiertes Handeln macht das Wesen sozialen Handelns aus, sondern dieses läßt sich, nach Touraine, nur »aus den Konflikten und Widersprüchen der Gesellschaft und ihres sozialen und politischen Systems« erklären.[17] Dies setzt eine Analyse der Gesellschaft und ihrer In-

16 A. Touraine, *Sociologie de l'action*, Paris 1965, 32.
17 A. Touraine, *Die postindustrielle Gesellschaft*, Frankfurt am Main 1972, 97.

stitutionen voraus, denn nur so läßt sich bestimmen, was die »analyse actionniste« erstrebt: »de retrouver derrière la pression des institutions le ›projet‹ des acteurs«.[18]

Seine Analyse der Gesellschaftsentwicklung legt Touraine in *La société post-industrielle* (1969) vor. Er charakterisiert die französische Gegenwartsgesellschaft als postindustrielle oder programmierte Gesellschaft, in der soziale Konflikte artikuliert und sozialer Wandel durch einen neuen historischen Akteur bewirkt werden: durch soziale Bewegungen. Eine soziale Bewegung wird von der Gesamtheit der sozialen Bedingungen der postindustriellen oder programmierten Gesellschaft bestimmt. Das gilt für alle drei Elemente, die nach Touraine eine soziale Bewegung ausmachen: Trägergruppen, Gegner, gesamtgesellschaftliche Zielorientierung.

Beginnen wir mit den Gegnern, weil sich das Konzept von diesem Punkt am leichtesten aufrollen läßt. Der Gegner einer sozialen Bewegung ist, nach Touraine, die in der Gesellschaft herrschende Klasse: die Technokratie, d. h. »die Macht, die im Interesse der wirtschaftlichen und politischen Produktions- und Entscheidungsapparate ausgeübt wird«.[19] Die Träger der sozialen Bewegung sind diejenigen, die sich der Macht der Technokratie entgegenstellen. Über die Kraft, der Technokratie Widerstand zu leisten, verfügen diejenigen, die »wissenschaftliche und technische Kompetenz« besitzen und »große Autonomie gegenüber den Organisationen, die ihre Dienste in Anspruch nehmen«. Das sind, so Touraine, »les professionnels«, Studenten, Professoren, Techniker. Ihre Rolle ist ambivalent, ihr Protest nicht determiniert. Sie befinden sich in einer latenten Konfliktsituation, da sie einerseits den Werten der Rationalität und Technik unterworfen sind, andererseits im Interesse der Erhaltung der Autonomie ihrer Arbeitsbedingungen gegen sie aufbegehren. Die gesamtgesellschaftliche Zielorientierung der Bewegung ist gerichtet gegen die »technokratische Utopie«, der zufolge wirtschaftliches Wachstum sozialen Fortschritt impliziert, sowie gegen die technokratische Manipulation aller Lebensbereiche, welche den Menschen entfremdet. Wenn man diese allgemeine Konzeption sozialer Bewegung zugrunde legt, überrascht es nicht, daß Touraine die Mai-Bewegung

18 Touraine, *Sociologie de l'action*, 148.
19 Touraine, *Die postindustrielle Gesellschaft*, 104.

als »antitechnokratisch« definiert, die Trägergruppen der Bewegung hauptsächlich unter den »professionnels« identifiziert.[20] Überraschend indes fällt das Urteil über die Zielorientierung aus. Sie bleibe defizitär, so Touraine, werde nicht recht deutlich gemacht. Bleibt die Frage: Versäumte es die Mai-Bewegung, ihre Ziele deutlich zu machen, oder versagt Touraines Modell, die Zielorientierung zu erfassen?

Aus der Sicht der Akteure und Zeitgenossen war die 68er Bewegung die letzte soziale Bewegung, die über eine gesamtgesellschaftliche Utopie, einen Gegenentwurf zur bestehenden Gesellschaft, verfügte. Indem Touraines Ansatz die Selbstdefinition der Bewegung, die interne Ziel-Ursachen-Analyse, ausklammert, bleibt er, so die These, notwendigerweise defizitär in der Rekonstruktion der Transformationskonzeption. Denn die Ziele einer sozialen Bewegung sind immer verbunden mit einer Ursachenanalyse aus der Sicht der Bewegung.[21] Außerdem verändern sich die Ziele im Verlauf der Bewegung. Die Fluidität der Zielbestimmung läßt sich nicht durch die strukturellen Ursachen der Bewegung, die Gegner und die abstrakte gesamtgesellschaftliche Orientierung der Bewegung erklären.

Um die interne Dynamik der Bewegung zu erfassen, erweist sich Touraines Ansatz als zu statisch und zu schematisch. Das gilt nicht nur für die Definition der Zielprojektion, sondern auch für die beiden anderen Elemente, die, nach Touraine, soziale Bewegungen konstituieren: Gegner und Trägergruppen. Sie sind konstruiert in Abgrenzung von der Marxschen Klassenanalyse und bleiben damit negativ bezogen auf sie, ohne die Dynamik der Marxschen Konzeption zu erreichen. In Touraines Konzeption treten die »professionnels« als Träger der neuen sozialen Bewegung an die Stelle der Arbeiterklasse, lösen die Technokraten die soziale Herrschaft der Kapitalisten ab. Die »professionnels« sind eine latente Konfliktgruppe, deren Protestpotential sich in der Aktion manifestiert. Doch wie vollzieht sich der Übergang vom latenten zum manifesten Protest? Touraine führt makrosoziologische Variablen ein: Krise und Konflikt. Allerdings fehlt seinem Ansatz, was wesentlicher Bestandteil der Marxschen Analyse ist,

20 A. Touraine, *Le communisme utopique. Le mouvement de Mai 68*, Paris 1972, 29, 165 ff.

21 Raschke, 125.

die Problematisierung der Organisationsform, der Trägergruppen, der Rolle und Bedeutung der Ideologie für das In-Bewegung-Setzen einer Bewegung und nicht zuletzt die Problematisierung der Rolle der Intellektuellen im Organisations- und Mobilisierungsprozeß. Auch die Gegner der sozialen Bewegung werden zu schematisch gefaßt. Die Abgrenzung zwischen Technokraten und über technische und wissenschaftliche Qualifikation verfügende »professionnels« bleibt unscharf. Außerdem stellt sich die Frage, ob eine soziale Bewegung nur einen Gegner hat. Als Organisationsform tritt sie in Konkurrenz zu den intermediären Gruppen, Parteien und Gewerkschaften. Werden die Gewerkschafts- und Parteiapparate der Technokratie subsumiert oder überhaupt nicht erfaßt?

Die Einwände ließen sich fortführen[22]; indes reichen sie aus, um zu demonstrieren, daß Touraines Analyseansatz nicht über hinreichende Komplexität verfügt, um soziale Bewegungen als ein sozialhistorisches Phänomen zu erfassen. Er selbst hat seinen Ansatz in den siebziger Jahren modifiziert, doch die Anwendung auf die 68er Bewegung nicht korrigiert. So prägen seine Thesen weiterhin den Diskurs über den Mai 68 in Frankreich. Touraines Interesse galt und gilt der analytischen Erfassung des Phänomens sozialer Bewegungen. Der Fall des Mai 68 diente ihm als Mittel zu einem übergeordneten Zweck. Das ist legitim, doch gilt es, bei der historischen Auswertung der Studie *Le communisme utopique* (1968) das spezifische Erkenntnisinteresse in Rechnung zu stellen. Es gilt, das Modell Touraines und die durch Anwendung auf die 68er Bewegung gewonnenen Thesen historisch-empirisch zu überprüfen. Die vorliegende Studie unternimmt diesen Versuch, folgt in ihrer Gesamtkonzeption indes nicht der analytischen Vorgehensweise von Touraine, sondern wählt einen anderen Weg, eine andere Vorgehensweise, die man in Abgrenzung zum strukturanalytischen, aktionistischen Analyseansatz Touraines als interaktionistischen Ansatz zur Erschließung sozialer Bewegungen bezeichnen kann.

Der interaktionistische Ansatz überwindet die Grenzen des

22 Vgl. zusammenfassend D. Rucht, »Sociological Theory as a Theory of Social Movements? A Critique of Alain Touraine«. In: ders. (Hg.), *Research on Social Movements. The State of the Art in Western Europe and the USA*, Frankfurt am Main/Boulder, Colorado 1991, 355-384.

strukturanalytischen, »aktionistischen« Ansatzes, indem er einbezieht, was dieser ausgrenzt: die konkreten historischen Akteure, ihre Handlungskontexte, Interaktionen und subjektiven Zielprojektionen. Er ist daher in der Lage, den Umschlag von Strukturwidersprüchen und latenter Unzufriedenheit in manifeste Konflikte schärfer zu fassen, die Trägergruppen, ihre Selbstverständigung und ihr Selbstverständnis zu differenzieren und nicht zuletzt den Gegner und seine Reaktionen auf die Protestbewegung zu problematisieren. Der interaktionistische Ansatz zeigt die innere Struktur einer Bewegung auf (interne Dimension), aber auch die äußeren Handlungsbedingungen, die Reaktionen der staatlichen Kontrollmacht und der intermediären Vermittlungsinstanzen (externe Dimension). Das Spannungsverhältnis zwischen Bewegung, Vermittlungs- und Kontrollinstanzen wirkt auf die Dynamik des Mobilisierungsprozesses ein. Sie läßt sich nicht schematisch und abstrakt erfassen, sondern nur als Prozeß des Protestes, als Wechselwirkung zwischen internen und externen Faktoren und Dimensionen. Der interaktionistische Ansatz untersucht die Wechselwirkungen auf einer niedrigeren Analyseebene im Vergleich zu dem auf die Systemebene konzentrierten strukturanalytischen, »aktionistischen« Ansatz. Er arbeitet Konstellationen und Konfigurationen im Prozeß des Protestes heraus, um die Interdependenzen deutlich zu machen. Er desaggregiert, ohne die Komplexität der Interdependenzen und Koinzidenzen zu reduzieren.
Auf die Bewegung konzentriert und »von der Bewegung her« analysierend, grenzt der interaktionistische Ansatz keineswegs aus, was der strukturanalytische, »aktionistische« akzentuiert: die sozialstrukturelle Verankerung der Akteure/Trägergruppen der Bewegung und deren gesamtgesellschaftliche Zielorientierung. Beide Ansätze fassen soziale Bewegung als sozialstrukturell bedingtes und auf sozialen Wandel hin gerichtetes Phänomen auf. Sie gewichten lediglich die sozialstrukturellen Faktoren in ihrer Darstellung unterschiedlich. Beim interaktionistischen Ansatz fließen die sozialstrukturellen Faktoren in die Rahmenbedingungen der Untersuchung ein, werden nicht zum zentralen Untersuchungsgegenstand gemacht. Der interaktionistische Ansatz kann somit auf die Ergebnisse des strukturanalytischen zurückgreifen, wenn er versucht, Struktur und Ereignisse, Handlungsbedingungen und Aktionen in Beziehung zu setzen und die adäquate Verursachung eines eingetretenen »Erfolges« zu bestimmen.

Grundsätzlich unterscheiden die beiden Ansätze sich indes in der Zielbestimmung. Der interaktionistische Ansatz bestimmt die Ziele der sozialen Bewegung nicht abstrakt, in Abgrenzung von den sozialstrukturellen und sozialkulturellen Eigenschaften des vorgegebenen Gesellschaftsmodells und damit gleichsam von den Systemzielen her, sondern geht von den Zielvorstellungen des zu untersuchenden historischen Subjekts aus. Auf den konkreten Akteur bezogen, unterliegt der interaktionistische Ansatz damit keineswegs, wie Alain Touraine unterstellt, der Gefahr der Identifikation mit den Worten und dem Bewußtsein der Akteure. Denn die akteurbezogene, »individualistische« Methode bedeutet, wie Max Weber mit Nachdruck betont, nicht »individualistische Wertung«.[23] Und die Konzentration auf den Akteur grenzt keineswegs, wie Touraine behauptet, die Gründe und Ursachen aus, die außerhalb der Absichten der Akteure liegen. Die Bestimmung der Ziele der Akteure ist jedoch an eine Voraussetzung geknüpft: Sie muß dem allgemeinen Wertbezug Rechnung tragen, auf welche sich die materiellen und ideellen Interessen der Akteure beziehen.

Dies bedeutet, sie muß die Wertideen isolieren und analysieren, an denen sich das Handeln der Akteure orientiert. Ideen, so Webers Annahme, konstituieren spezifische Wertsphären und bestimmen Handlungsorientierungen. Es gilt daher, die Struktur der Ideen transparent zu machen, auf die sich die Trägergruppen der sozialen Bewegung beziehen, und es gilt, zwischen intendierten und nicht-intendierten Folgen von Ideen zu differenzieren, da Ideen im Handlungskontext enthaltene Funktionszusammenhänge auslösen können, die in keinem Zusammenhang mehr mit den Ideen stehen. Mit anderen Worten, eine Sozialgeschichte der Ideen, die handlungsleitend für die Träger der sozialen Bewegung sind, muß Bestandteil der Analyse sozialer Bewegungen sein.

Die vorliegende Studie untersucht die Protestbewegung des Mai 68 in Frankreich unter dem hier entfalteten analytischen Bezugsrahmen. Sie versteht sich als sozialgeschichtliche Studie der Mai-Bewegung, beansprucht aber zugleich, in ihrem ersten – wenn man so will – ideengeschichtlichen Teil die kognitive Struktur des Denkens der Neuen Linken exemplarisch aufzuzeigen, und ver-

23 M. Weber, *Wirtschaft und Gesellschaft. Grundriss der verstehenden Soziologie*, hg. von J. Winckelmann, Tübingen, 5. Aufl. 1976, 8.

tritt die These, daß sich der internationale Zusammenhang der 68er Bewegungen durch den Rekurs auf diese Ideen deutlich machen läßt. Freilich wirken sich die Ideen aufgrund der verschiedenen nationalen Handlungskontexte unterschiedlich aus; es ergeben sich Differenzierungen auf der Ebene der nationalen Bewegungen, und dies nicht zuletzt infolge der jeweils bestehenden, divergierenden Organisationen der alten Linken.

3. Quellen

Statt, wie beabsichtigt, einer Fallstudie über die Mai-Ereignisse, die er gemeinsam mit seinen Studenten an der Harvard University erarbeiten wollte, veröffentlichte Lawrence Wylie 1973 eine »kritische Bibliographie« über »The Events of May-June 1968« in Frankreich.[24] »Our interest in the French May was«, wie er im Vorwort schrieb, »almost crushed ... by the overwhelming mass of literature and articles that continually poured in from France«.[25] Das Interesse am Gegenstand hat seitdem nicht nachgelassen, die Reihe der Publikationen von Dokumenten und Deutungen hat sich kontinuierlich fortgesetzt, so daß an dieser Stelle nur ein skizzenhafter Überblick über die Materialien gegeben werden kann, die den Historikern und Historikerinnen bei der Rekonstruktion der Mai-Bewegung zur Verfügung stehen.[26]

Die intellektuelle Formation der französischen Neuen Linken ist in den Zeitschriften dokumentiert, die den dissidenten Linksintellektuellen der Nouvelle Gauche als internes Kommunikationsforum und externes Vermittlungsorgan dienten: *Socialisme ou Barbarie* (1949-1966), *Arguments* (1956-1962) und *Internationale Situationniste* (1958-1969). Verschiedene Analysen wurden unternommen, um die Positionen dieser Zeitschriften und der sie tragenden Intellektuellengruppen zu bestimmen. Das Erkenntnisinteresse richtete sich dabei auf die Herausarbeitung der Theorie der Neuen Linken und ihre Verknüpfung mit dem philosophischen

24 L. Wylie, F. D. Chu, M. Terrall, *France: The Events of May-June 1968. A Critical Bibliography*, Harvard 1973.
25 Ebd., 1.
26 Eine kritische Auseinandersetzung mit den Forschungsthesen erfolgt in den einzelnen Kapiteln der vorliegenden Studie.

Existentialismus einerseits[27] und dem politischen Linksradikalismus andererseits.[28] Zweifellos fügt sich die französische Neue Linke in diese Koordinaten ein, doch ist ihre Eigenart damit nicht hinreichend definiert. Nicht jede Abweichung von der alten impliziert Zugehörigkeit zur Neuen Linken, so daß das Spektrum der gauchistischen Gruppen[29] und Ideen breiter ist als das der Neuen Linken. Ebenso gilt, daß nicht jede Anknüpfung an existentialistisches Gedankengut eine Theorie zu einer existentialistischen macht, so daß Existentialismus wie Gauchismus als Oberbegriff zu weit erscheinen, um die Besonderheit der Neuen Linken und ihre Innovationsleistung zu charakterisieren. Innovativ ist die Neue Linke in bezug auf die Theorien der alten Linken. Dies entspricht ihrer historischen Intention und Funktion, die jedoch von ideen- und philosophiegeschichtlichen Analysen nicht erfaßt werden, welche die Neue Linke vor allem ideengeschichtlich und damit außerhalb ihres historischen Bezugsrahmens analysieren. Historischen Darstellungen der Neuen Linken innerhalb der Geschichte der französischen Linken der Nachkriegszeit[30] wiederum fehlt, was die ideen- und philosophiegeschichtlichen Studien auszeichnet, nämlich die systematische Verortung und Bestimmung der intellektuellen Formation der Nouvelle Gauche. Einen Bezug zwischen den Ideen der Nouvelle Gauche und den Ideen des Mai 68 versuchen alle Studien herzustellen, doch beschränkt sich dieser auf die Identifikation von Ideen- und Theoriefragmenten, die, als Elemente des neuen Denkens ausgewiesen, gleichsam in der Ereignisgeschichte des Mai 68 wiederentdeckt werden. Der Transfer der Ideen und ihre Bedeutung für den Mobilisierungsprozeß werden nicht untersucht, so daß die Zuschreibung reine Beschreibung bleibt, welche die Wirkung der Ideen der Neuen Linken nicht aufzeigen kann. Keine der Untersuchungen des Mai 68 hat bislang versucht, die Lücke zu schließen, die Diffusion der Ideen der Nouvelle Gauche in die Protestbewegung zu prüfen und ihre Sozialrelevanz zu problematisieren.

27 M. Poster, *Existential Marxism in Postwar France*, Princeton 1975.
28 A. Hirsh, *The French New Left: An Intellectual History from Sartre to Gorz*, Boston 1975.
29 Vgl. dazu R. Gombin, *Le projet révolutionnaire. Éléments d'une sociologie des événements de mai-juin 1968*, Paris 1969.
30 Zum Beispiel F.-G. Dreyfus, *Histoire des Gauches en France 1940-1974*, Paris 1975.

Die meisten der frühen Studien zum Mai 68 in Frankreich gehen ereignisgeschichtlich vor; sie sind bemüht, die Geschehnisse zu rekonstruieren und ein möglichst lückenlosen Bild des Ereignis- und Handlungsablaufs zu erstellen. Geschrieben zumeist von Journalisten, die professionell Aktionsverläufe und Tathergänge recherchieren, zeigen sie anschaulich und detailliert, was in den Tagen des Mai 68 passiert ist. Der Leser wird in die Lage versetzt zu wissen, »wie es wirklich gewesen«, vorausgesetzt, daß er den Informationen der Autoren vertraut. Quellenverweise gibt es nicht. Die Journalisten rücken ein in die Rolle von Chronisten, die einen ersten Überblick über die Vielfalt des Geschehens geben.[31] Doch sie beschreiben nicht nur, sondern nehmen als teilnehmende Beobachter zugleich erste kausale Zuschreibungen sowie historische Einordnungen vor[32], und sie publizieren erste Dokumentationen von Materialien, die sie selbst gesammelt oder erhoben haben.[33] Gleichviel, sie liefern der historischen Forschung wertvolles Material.

Die zweite Gruppe von Studien, die eine Darstellung und Deutung der Ereignisse liefern, sind die Zeugnisse der Akteure der Mai-Bewegung. Von renommierten Verlagen ediert, erschienen die ersten bereits im Sommer 1968, dann im Rhythmus von zehn Jahren jeweils zum 10. und 20. Jahrestag. Noch im Jahr der Ereignisse legten Daniel und Gabriel Cohn-Bendit in französischer, englischer und deutscher Sprache ihre Studie *Linksradikalismus. Gewaltkur gegen die Alterskrankheit des Kommunismus* vor, desgleichen Daniel Bensaïd und Henri Weber von der trotzkistischen Gruppe JCR ihr Buch *Mai 1968, une répétition générale*. Die Studentengewerkschaft UNEF veröffentlichte gemeinsam mit der Hochschullehrergewerkschaft SNESup *Le livre noir des journées de mai*, das die Ereignisse zwischen dem 3. und 13. Mai im Spiegel von Presse- und Augenzeugenberichten rekonstruiert.[34] Das Aktionskomitee der Schüler CAL verlegte einen Überblick über die Aktionen und Forderungen der Schüler mit einem breiten Doku-

31 R. Backmann, L. Rioux, *L'explosion de mai. 11 mai 1968. Histoire complète des ›événements‹*, Paris 1968.

32 A. Fontaine, *La Guerre civile froide*, Paris 1969; L. Salini, *Le Mai des prolétaires*, Paris 1968; P. Viansson-Ponté, *Histoire de la république Gaullienne. II. Le temps des orphelins*, Paris 1971.

33 Ph. Labro, M. Manceaux, *Ce n'est qu'un début*, Paris 1968.

34 UNEF, SNESup, *Le livre noir des journées de mai*, Paris 1968.

mentationsteil.[35] Ein Komitee der Bewegung des 22. März ließ durch Jean-Jacques Lebel eine Auswahl von Dokumenten zur Mai-Revolte edieren, die sofort auch in deutscher Übersetzung dargeboten wurde.[36] Ferner erschienen Studien über die Bewegung des 22. März[37] und über die Enragés und Situationisten.[38] Versucht man die Gruppe von Autoren zu klassifizieren, die als erste Zeugnis über ihre persönlichen Erfahrungen ablegten und Deutungen über die Ziele der Bewegung offerierten, dann sind es Repräsentanten derjenigen Gruppen, die als Beweger der Bewegung aufgetreten sind und, mit Ausnahme der Enragés und Situationisten, alle im »État Major«, der informellen Führungsgruppe der Mai-Bewegung, vertreten waren. Das gilt auch für Serge July und Alain Geismar, die 1969 gemeinsam mit Erlyne Morane *Vers la guerre civile* publizierten, doch gehörten sie zu dem Zeitpunkt, als das Buch erschien, der Gauche Prolétarienne an und deuteten die Ereignisse von ihrem neuen ideologischen Standpunkt aus. Zehn Jahre nach den Mai-Ereignissen meldeten sich Robert Linhardt und Jean-Jacques Salmon[39], zwei Vertreter der maoistischen Gruppe UJC (ml) zu Wort, mit Jacques Baynac[40] ein Mitglied der Aktionskomitees von Arbeitern und Studenten, und es erschien eine erste Studie, die die Frage stellt, was aus den Aktivisten von einst geworden ist. Diese Perspektive setzte sich 1988 fort. Es sind 490 Lebenswege, die von Elisabeth Salvaresi[41] recherchiert und gemeinsam mit vierzehn Porträts von Akteuren veröffentlicht wurden, die eine kritische Bilanz ihres Engagements im Mai 1968 und den Jahren danach ziehen. Hervé Hamon und Patrick Rot-

35 CAL, *Les lycéens gardent la parole*, Paris 1968.

36 *La Chienlit. Dokumente zur französischen Mai-Revolte*, hg. im Auftrag eines Komitees der Bewegung des 22. März von J.-J. Lebel, J. L. Brau, P. Merlès, Darmstadt 1969.

37 E. Copfermann, *22 mars. Ce n'est qu'un début, continuons le combat*, Paris 1968.

38 R. Viénet, *Enragés et Situationnistes dans le mouvement des occupations*, Paris 1968.

39 R. Linhardt, *L'Établi*, Paris 1978; J.-J. Salmon, *Hôtel d'avenir*, Paris 1978.

40 J. Baynac, *Mai retrouvé. Contribution à l'histoire du mouvement révolutionnaire du 3 mai au 16 juin 1968*, Paris 1978.

41 E. Salvaresi, *Mai en héritage. 14 portraits, 490 itinéraires*, Paris 1988.

man[42], die 1968 der trotzkistischen Gruppe JCR nahestanden, veröffentlichten ein zweibändiges Werk mit dem Titel *Génération*, in dem sie den Trägern der Bewegung auf 1300 Seiten noch einmal ihre Stimme leihen. Auf der Grundlage von vielstündigen Interviews, die sie mit 45 Akteuren des Mai in den Jahren 1984-1987 führten, legen sie eine umfassende Studie der Vorgeschichte und Geschichte des Mai 68 sowie der folgenden Jahre vor. Sie zeichnen die parallelen Lebenswege ihrer Protagonisten, die sich in den Ereignissen des Mai 68 verknüpfen und anschließend wieder auseinandergehen. Die »Generation«, die sie beschreiben, umfaßt diejenigen Studenten, die 1968 bereits über politische Erfahrungen verfügen. Politisiert während des Algerienkrieges, gehörten die meisten der kommunistischen Jugendorganisation UEC an, lösten sich jedoch von ihr in der ersten Hälfte der sechziger Jahre. Die persönlichen Erfahrungen und politischen Gründe, die zu diesem Bruch mit der »alten Linken« führen, gehen in die Darstellung von Hamon/Rotman ein und machen einen besonders interessanten Teil der durch *oral history* gewonnenen neuen Erkenntnisse der Studie aus. Das Problem, vom Standpunkt der Geschichtswissenschaft gesehen, liegt in der Auswertung der Protokolle. Nach der Methode der *oral history* recherchierend, verwandeln Hamon/Rotman in ihrer Darstellung die Berichte, retrospektiven Stellungnahmen und Reflexionen der Akteure in zeitgenössische Aussagen. Die Interviews, die, wie die Autoren sagen, in der Sprache der achtziger Jahre geführt wurden, werden von ihnen gleichsam rückübersetzt in die Ausdrucksweise und den Stil der sechziger Jahre. »Nous avons essayé de retrouver le plus possible les mots contemporaines des actions rapportées«[43], teilen sie am Ende des ersten Bandes mit. Das Spiel mit der Sprache, die Umwandlung indirekter Erzählungen in direkte Rede verleihen ihrer Studie situative Unmittelbarkeit und Authentizität, allerdings um den Preis einer vom Leser nicht kontrollierbaren Veränderung der Quellen. Aber *Génération* soll kein Geschichtsbuch sein, sondern eher ein kollektiver Erfahrungsbericht, notiert und ausgearbeitet von zwei Autoren, die Teil der Generation sind, deren Geschichte sie schreiben. So gewinnt die Studie den Cha-

42 H. Hamon, P. Rotman, *Génération*. I. *Les annéés de rêve*. II. *Les années de poudre*, Paris 1987, 1988.

43 Ebd., 597.

rakter einer Quelle, die nach Ablauf von zwanzig Jahren auf eindrucksvolle und äußerst spannende Weise noch einmal beschreibt, wie es aus der Sicht der Akteure »eigentlich gewesen« ist.
Daniel Cohn-Bendits Film und Buch, *Wir haben sie so geliebt, die Revolution*, trennt bewußt Vergangenheit und Gegenwart, sucht die Akteure in ihrer neuen Umgebung auf, um zu zeigen, »was aus ihnen geworden ist«. Eine scharfe Trennung zwischen »damals« und »heute« nimmt auch Henri Weber[44] vor, der sich zwanzig Jahre nach Erscheinen seines ersten Buches über den Mai 68 ein zweites Mal äußerte, diesmal nicht als zurückblickender Aktivist, sondern als Soziologe, der sich mit den Deutungen des Mai 68 auseinandersetzt. Er unterscheidet zwei Phasen der Deutungen des Mai: erstens die Phase 1969-1975, in der, aus seiner Sicht, die Darstellung der Ereignisse aus der Sicht der Akteure überwog, und zweitens die Phase nach 1975, in der die »ruse de la raison« die Debatte prägte, die Einordnung der Ereignisse des Mai 68 in eine geistesgeschichtliche Entwicklung, die sich außerhalb des Bewußtseins der Akteure vollzog. Die Phaseneinteilung ist problematisch, da die Mehrzahl der Publikationen auch nach 1975 akteurbezogen bleibt, wie nicht nur die zeitgleich mit Weber erscheinenden Studien von Jean-Pierre Duteuil[45] sowie Daniel Bensaïd und Alain Krivine[46], sondern insbesondere auch die Darstellungen und Interpretationen aus der Feder derer zeigen, die im Mai 68 auf der anderen Seite der Barrikaden standen.
Denn auch die Vertreter der staatlichen Kontrollinstanz haben den Mai 68 reflektiert. Ihre Bücher und Berichte erweitern den Blick auf die Ereignisse des Mai um die politikgeschichtliche Perspektive. Im Vergleich zu den Darstellungen der Akteure der Bewegung setzen die Berichte und Interpretationen der Politiker später ein. Voraus gehen drei »offiziöse Berichte«: die Studie des französischen Innenministers (ab Juni 68), Raymond Marcellin, *L'Ordre public et les Groupes révolutionnaires* (1968), der Report des Innenministeriums, *Objectives et méthodes des groupes révolutionnaires* (1968), sowie das Buch des »offiziellen Chronisten des Gaullismus«, Jean-Raymond Tournoux, *Le Mois de Mai du*

44 H. Weber, *Vingt ans après. Que reste-t-il de 68?*, Paris 1988.
45 J. P. Duteuil, *Nanterre 1965-66-67-68. Vers le mouvement du 22 mars*, Mauléon 1988.
46 D. Bensaïd, A. Krivine, *Mai si! 68-88: Rebelles et repentis*, Paris 1988.

Général (1969). Der erste, der sich persönlich zu den Ereignissen äußerte, war der zu dieser Zeit amtierende Innenminister Christian Fouchet (1971).[47] Es folgten Premierminister Georges Pompidou (1974 und 1982)[48], Finanzminister Michel Jobert (1974)[49] sowie der Berater im Stab des Generals de Gaulle, François Flohic (1979).[50] Besonders aufschlußreich und wertvoll sind die auf den Mai 68 konzentrierten Memoiren des Polizeipräfekten von Paris, Maurice Grimaud (1977)[51], die partiell ergänzt werden durch die Schilderung des Polizeikommissars, André Gaveau (1978).[52] Eine der Schlüsselszenen der politischen Entwicklung im Mai 68, der Aufenthalt de Gaulles in Baden-Baden, wird dokumentiert in den *Souvenirs d'une fidélité gaulliste* von General Massu (1983)[53], der Reiseverlauf protokolliert vom persönlichen Adjutanten General de Gaulles, François Flohic[54], der Vorlauf geschildert in den Memoiren der Schwiegersöhne Alain de Boissieu[55] und Jacques Vendroux.[56]

Ergänzt man die Perspektive der staatlichen Kontrollinstanzen durch die Schilderungen der Repräsentanten der intermediären Gruppen (Partei- und Gewerkschaftsvertreter)[57], so erhält man eine Fülle und Dichte von historisch auswertbarem Quellenmaterial, das in seiner Vielfalt der Perspektiven – verglichen z. B. mit der Bundesrepublik – einzigartig ist. Lauren Joffrins ereignisgeschichtliche Gesamtdarstellung *Mai 68* (1988) stützt sich darauf, doch systematisch ausgewertet wurde das Quellenmaterial bislang nicht.

47 F. Fouchet, *Mémoires d'hier et demain*, Paris 1971; *Les Lauriers sont coupés*, Paris 1973.

48 G. Pompidou, *Le noeud gordien*, Paris 1974; *Pour rétablir une vérité*, Paris 1982.

49 M. Jobert, *Mémoires d'avenir*, Paris 1974.

50 F. Flohic, *Souvenirs d'Outre-Gaulle*, Paris 1979.

51 M. Grimaud, *En mai, fais ce qu'il te plaît*, Paris 1977.

52 A. Gaveau, *De l'autre côté des barricades*, Paris 1978.

53 J. Massu, *Souvenirs d'une fidelité gaulliste*, Paris 1983.

54 Flohic, *Souvenirs d'outre-Gaulle*.

55 A. de Boissieu, *Pour servir le Général 1946-1970*, Paris 1982.

56 J. Vendroux, *Les grandes années que j'ai vécu*, Paris 1975.

57 A. Barjonet, *La Révolution trahie de 1968*, Paris 1968; A. Detraz et les militants de la CFDT, *Positions et actions de la CFDT en Mai 1968*, Paris (Numéro spécial de *Syndicalisme*) 1969; E. Descamps, *Militer*, Paris 1971; Waldeck Rochet, *Les Enseignements de mai-juin 1968*, Paris 1968; G. Séguy, *Le Mai de la CGT*, Paris 1972.

Historiker und Historikerinnen haben Ansätze zur Erforschung der Geschichte des Mai 68 gemacht. Nach Adrien Dansette (1971)[58] veröffentlichte die Bibliothèque de Documentation Internationale Contemporaine (1988) anläßlich einer Ausstellung einen Katalog mit Gesprächen mit Zeitzeugen und Artikeln zu ausgewählten Problemen des Mai 68; René Mouriaux, Annick Percheron, Antoine Prost und Danielle Tartakowsky (1992) legten eine zweibändige Aufsatzsammlung mit dem Titel *Exploration du mai français*[59] vor, und schließlich veröffentlichte René Rémond, der sich 1968 »geschworen« hatte, niemals, wie so viele andere Professoren[60], einen Bericht der Ereignisse von 1968 zu geben, seine Deutung schließlich doch, allerdings im Rahmen jeweils den Gegenstand weit übergreifender Problemzusammenhänge.[61]
Doch blieben die zahlreichen Quelleneditionen, die Journalisten, Aktivisten und Historiker im unmittelbaren Anschluß an die Mai-Ereignisse edierten, bis heute unausgewertet und nahezu unberücksichtigt. Eine Gruppe von Journalisten um Philippe Labro und Michèle Manceaux[62] legte bereits 1968 eine Dokumentensammlung vor, die unter anderem acht Tonbandaufzeichnungen von Gesprächen mit Personen (Jacques Sauvageot, Andre Barjonet, Serge July, Alfred Kastler, Alain Geismar, André Berthelot) enthält, die unmittelbar an den Ereignissen des Mai 68 beteiligt waren, sowie den schriftlichen Nachdruck von Radiointerviews, die während des Mai 68 gesendet wurden. Marc Kravetz, Raymond Bellour und Annette Karesy, drei Aktivisten der Studen-

58 A. Dansette, *Mai 68*, Paris 1971.
59 R. Mouriaux, A. Percheron, A. Prost, D. Tartakowsky, *Exploration du mai français*. Tome I: *Terrains*; Tome II: *Acteurs*, Paris 1992.
60 Vgl. neben den unten angegebenen Arbeiten der Soziologen vor allem Épistémon (Pseudonym für D. Anzieu), *Les idées qui ont ébranlé la France*, Paris 1968; J. de Romilly, *Nous autres professeurs*, Paris 1969; F. Robert, *Un mandarin prend la parole*, Paris 1970.
61 Vgl. R. Rémond, *La règle et le consentement. Gouverner une société*, Paris 1979; dort findet sich auf S. 103 auch die oben zitierte Aussage Rémonds. Ferner ders., *Notre siècle de 1918 à 1988*, Paris 1990, 671-698. Vgl. ferner die Referate der Sektion »Mai 68: Nouveau regard sur la révolte«. In: *Révolte et société. Actes du 4e colloque d'histoire au présent, Paris, Mai 1988*, Bd. 2, hg. von F. Gambrelle und M. Trebitsch, Paris 1989, 193-287.
62 *Ce n'est qu'un début*, Paris 1968.

tenbewegung, veröffentlichten eine Chronologie der Ereignisse zwischen dem 2. und 13. Mai unter dem Titel *L'Insurrection étudiante*[63], die das Tagesgeschehen skizziert und durch Flugblätter studentischer Gruppen, Stellungnahmen von Parteien und Gewerkschaften, Presseberichte und Pressekommentare illustriert. Der Ereignisüberblick und die Flugblattsammlung konzentrieren sich auf Paris. Das Geschehen in der Sorbonne zwischen November 1967 und Juni 1968 wird in der Quellensammlung *La Sorbonne par elle-même*, von den Historikern Jean-Claude und Michèlle Perrot, Madeleine Rebérioux und Jean Maitron dokumentiert. Darin werden Stellungnahmen aller in der Sorbonne und in deren Annex Censier vertretenen politischen und gewerkschaftlichen Gruppen publiziert, wobei allerdings der Akzent auf die innerhalb der sozialwissenschaftlichen Fächer vertretenen Gruppen gelegt wurde – entsprechend den Zielen der Zeitschrift *Mouvement Social*, in der die Dokumentation erscheint.[64]
Die umfangreichste Quellenedition nahmen die beiden Historiker Alain Schnapp, zum damaligen Zeitpunkt Geschichtsstudent an der Sorbonne, und Pierre Vidal-Naquet, »sousdirecteur d'étude« an der École Pratique des Hautes Études, vor. Beide haben, wie sie im Vorwort bekennen, aktiv an der Bewegung teilgenommen, die sie in ihrem *Journal de la Commune Étudiante* noch einmal zu Wort kommen lassen wollen. Unterstützt von Studenten und Professoren, begannen sie im Sommer 1968 damit, Flugblätter, Dokumente und Informationen aller Art aus ganz Frankreich zusammenzutragen. Aus Tausenden von Quellentexten wählten sie 362 aus und kommentierten sie historisch-kritisch auf 882 Seiten. Die Auswahl der Dokumente wurde von dem Ziel bestimmt, die Studenten »sprechen« zu lassen. Andere Dokumente (zum Beispiel Fakultätsprotokolle) wurden aufgenommen, um den Kontext zu verdeutlichen und die Positionen und Forderungen der Studenten zu erhellen.[65] Die Hervorhebung der Studentenbewegung bedeute, wie beide Autoren in einem Nachwort betonen, keine Abtrennung der Studenten- von der Arbeiterbewegung, durch deren

63 *L'insurrection étudiante*, Paris 1968.
64 *Mouvement Social*, N°. 64 (Juillet-Septembre) 1968.
65 A. Schnapp, P. Vidal-Naquet, *Journal de la Commune Étudiante. Textes et documents. Novembre 1967-juin 1968*, Paris 1969, 51.

Eingreifen die Protestbewegung des Mai 68 in Frankreich erst in den Rang eines »Weltereignisses« gehoben worden sei.
Die Arbeiterbewegung ist im Vergleich zur Studentenbewegung in ihren Flugblättern wenig dokumentiert. Die Gewerkschaft CFDT legte indes eine chronologische Sammlung ihrer Stellungnahmen zu den Ereignissen vor, die auch Aufrufe enthält sowie Auszüge aus den Verlautbarungen der übrigen Gewerkschaften.[66] Ferner liegen Studien über einzelne bestreikte Betriebe[67] sowie zahlreiche Interviews mit streikenden Arbeitern[68] vor. Die Bewegung in den Betrieben wurde von Industriesoziologen untersucht, die sich das für ihre Analysen notwendige Material durch Befragungen und statistische Erhebungen selber beschafften, wobei sie ergänzend das vorliegende gedruckte Material auswerteten.[69] Die industriesoziologischen Studien stellen ein in der Forschung bislang nicht ausgewertetes Quellenmaterial dar, das besonders geeignet ist, makrosoziologische Thesen durch mikrosoziologische Ergebnisse zu ergänzen und die Deutungen des Mai 68 kritisch zu prüfen.
Zu den Ursachen sowie zur Struktur und Bedeutung der Mai-Bewegung haben Soziologen wichtige Thesen vorgelegt. Sie boten Kategorien und Theorien zur Interpretation der Ereignisse an, formulierten Thesen und Hypothesen, welche den Blick auf die strukturellen Faktoren hinter den Ereignissen lenkten; sie konstruierten Bedingungskomplexe und Kausalzusammenhänge, welche die Einordnung der Ereignisse in den allgemeinen Entwicklungsprozeß ermöglichen sollten. Für die historische Forschung sind die soziologischen Analysen sehr wichtige Quellen. Es sind Primärquellen, weil alle den Mai analysierenden Soziologen entweder Zeitzeugen waren, die, wie Michel Crozier schreibt,

66 Détraz (Hg.), *Positions et actions de la CFDT*.

67 Vgl. unter anderem *Notre arme c'est la grève. Travail réalisé par un collectif de militants du comité d'action qui ont participé à la grève de Renault-Cléon du 15 mai au 17 juin 1968*, Paris 1968; J. Frémontier, *La Forteresse ouvrière: Renault. Une enquête à Boulogne-Billancourt chez ouvriers de la Régie*, Paris 1971.

68 Vor allem in der Tagespresse. Vgl. ferner auch J. Minces, *Un ouvrier parle. Enquête*, Paris 1969.

69 P. Dubois, R. Dulong, C. Durand, S. Erbès Seguin, D. Vidal, *Grèves revendicatives ou grèves politiques. Acteurs, pratique, sens du mouvement de mai*, Paris 1971.

von einem erstrangigen Logenplatz aus die Ereignisse verfolgten, oder Akteure, die, wie Alain Touraine, direkt in die Ereignisse eingriffen. Es sind Sekundärquellen, weil die derart engagierten Soziologen theoretisch reflektierte Deutungen der Ereignisse vornahmen. Wie jede historische Quelle, gilt es, auch die soziologischen einer Quellenkritik zu unterziehen.

Auffallend ist, daß alle Soziologen, wenngleich die französische Arbeiterklasse eine bedeutende Rolle während der Mai-Ereignisse spielte, von einer ökonomischen Analyse Abstand nehmen. Der Marxsche Klassenbegriff taucht in keiner der Untersuchungen auf, der Versuch einer ökonomischen Kapitalismusanalyse wird nicht gemacht. Insofern sind, wenngleich die Akteure sich noch auf Marx beziehen, alle soziologischen Deutungen ihrer Aktionen postmarxistisch. Sie folgen auch nicht dem strukturalistischen Paradigma, das die soziologische Forschung bis Mitte der sechziger Jahre beherrschte, sondern grenzen sich mehr oder minder explizit vom Strukturalismus ab, so daß man sie als poststrukturalistische klassifizieren kann.[70] Die verschiedenen Analyseansätze fassen, so läßt sich zeigen, das Untersuchungsobjekt – Pariser Mai – auf unterschiedliche Weise, so daß nicht nur unterschiedliche Thesen über die Ereignisse des Mai entstehen, sondern auch unterschiedliche Konstruktionen des sozialen Phänomens als solchen. So wird der Mai 68 als »neuer sozialer Konflikt« (Touraine) oder »Generationskonflikt« (Morin), als allgemeine Institutionenkrise (Crozier) oder »kritischer Moment« in der gesellschaftlichen Entwicklung Frankreichs (Bourdieu) gesehen. Doch nicht nur die soziologische Konstruktion des Phänomens divergiert, sondern, wie die vergleichende Auswertung der Ansätze zeigt, auch die Analyse a) der Gesellschaft am Vorabend der Mai-Ereignisse, b) der Trägergruppen, c) der Zielrichtung des Protestes. Die französische Gesellschaft des Jahres 1968 wird charakterisiert als industrielle (Morin), postindustrielle oder »programmierte« (Touraine) bzw. »blockierte« Gesellschaft (Crozier). Die Trägergruppen der Protestbewegung werden in der »neuen Arbeiterklasse« (Touraine), der »Altersklasse« der Jugendlichen (Morin) bzw. in »den Franzosen« (Crozier) schlechthin gesehen. Der Protest wird als »antitechnokratisch« (Touraine), »antigerontokratisch«, »antipaternalistisch«, »antihierarchisch« (Morin)

70 Vgl. P. Ansart, *Les sociologues contemporains*, Paris 1990.

bzw. »antiautoritär« und »antihierarchisch« (Crozier) klassifiziert. Auch hinsichtlich der Gesamteinschätzung der Ereignisse fällt das Urteil gespalten aus. Der Mai 68 war eine »Revolte« (Touraine), eine »Quasi-Revolution« (Morin), ein »Kulturbruch« (Crozier), eine Krise der Reproduktionsweise, die zur allgemeinen Krise wurde (Bourdieu).
Der Pluralismus der Ansätze schafft, wie der knappe Überblick zeigt, einen Pluralismus der Interpretationen, vor dem die französische Soziologie zu resignieren oder aber den sie kommentarlos zu akzeptieren scheint. Ein Versuch, die verschiedenen Ansätze theoretisch und methodologisch zu problematisieren, fehlt, ebenso eine Überprüfung der Ansätze durch Rekurs auf das empirische Quellenmaterial. Die Beiträge der französischen Soziologen zu den »Jubiläums«-Jahren 1978 und 1988 erschöpfen sich in Neuauflagen bereits gedruckter Schriften, Nachträgen, welche die Ambivalenzen und Differenzen in bezug auf die eigene Analyse problematisieren, oder Kommentaren, welche verschiedene Analyseansätze kombinieren. Eine Generaldebatte der konkurrierenden Ansätze und ihrer divergierenden Ergebnisse fehlt. Pierre Bourdieus Studie *Homo academicus* (1989) fügt den seit zwanzig Jahren vorhandenen Deutungen eine neue hinzu, die Anspruch auf allgemeine Geltung erhebt, ohne direkt gegen die vorangegangenen vorzugehen. Die Abrechnung mit den »Kollegen« wird indirekt vollzogen, z. B. dadurch, daß Bourdieu alle Soziologen, die 1968 aktiv in die Bewegung eingriffen, als zweitrangig innerhalb des Faches einstuft und damit insbesondere Alain Touraine seine Wertschätzung erweist.
Auf der Ebene der soziologischen Modelle sind alle Deutungsansätze zwar ungleich, aber potentiell gleichwertig, so daß eine friedliche Koexistenz gewahrt bleiben kann. Gewichtet und in ihrer Erklärungskraft differenziert werden können die Modelle nur durch eine Überprüfung der Thesen und Hypothesen an der historischen Wirklichkeit. Dies setzt eine Rekonstruktion der historischen Konstellation voraus, an der die französische Soziologie nur partial interessiert zu sein scheint und von der Pierre Bourdieu meint, daß sie sich vollständig nur in einem »Bildungsroman« erfassen lasse. Zwischen soziologischer Modellbildung und Bildungsroman indes liegt das »Feld« der Geschichtswissenschaft.
Den Historikern und Historikerinnen stehen die jeweils speziel-

len Sammlungen von Dokumenten zum Mai 68 in Frankreich im Archiv des Internationalen Instituts für Sozialgeschichte in Amsterdam, der Bibliothèque de Documentation Internationale Contemporaine (BDIC) in Nanterre sowie die Flugblatt-Sammlung der Bibliothèque Nationale in Paris offen, die über 10 000 Flugblätter auf 391 Mikrofiches verfügt.[71] Ferner ermöglicht das Thema, die umfangreichen Quellen durch die Methode der *oral history* zu ergänzen, Lücken im Archivbestand durch Befragungen zu schließen und Arbeitshypothesen im Gespräch mit Akteuren und Zeitzeugen kritisch zu überprüfen. Die Autorin hat diese Chance, die nur die Zeitgeschichte bietet, ergriffen und als Gesprächspartner gewählt: Claude Lefort (Mitbegründer von *Socialisme ou Barbarie*, heute Professor an der EHESS); Edgar Morin (Begründer von *Arguments*, heute ebenfalls an der EHESS); Gabriel Cohn-Bendit (dem Kreis um *Socialisme ou Barbarie* zugehörend, heute Leiter von GREF (Groupement des retraites éducateurs sans frontières) in Paris; Daniel Cohn-Bendit (Mitbegründer der Bewegung des 22. März, heute Stadtrat für multikulturelle Angelegenheiten in Frankfurt sowie Abgeordneter der Grünen im Europaparlament); Jean-Marcel Bouguereau (»Deutschlandexperte« der UNEF, heute Redakteur der Zeitschrift *L'Événement du Jeudi*); Marc Kravetz (Mitbegründer der *Gruppe Mouvement d'action universitaire*, heute Redakteur der Zeitung *Libération*); Jean-Louis Péninou (Leiter der UNEF-Sektion an der Sorbonne, heute »Directeur« der Zeitung *Libération*); Marc Heurgon (ehemals Sekretär von Michel Rocard und Kandidat der PSU im Quartier Latin bei den Parlamentswahlen 1968, heute an einer Studie über die PSU arbeitend); Ulrich K. Preuß (ehemals Mitglied der SDS-Gruppe Paris, heute Professor für öffentliches Recht an der Universität Bremen); und Jacques Sauvageot (Vize-Präsident der UNEF 1968, heute Direktor der École des Beaux Arts in Rennes).[72] Jacques Sauvageot hat sich an den Debatten

71 B. N. Impr. 159. Vgl. dazu die Einführung in die Sammlung von André Miguel und Alain Touraine sowie auch den Bericht von M.-R. Morin; »La collecte des tracts de mai 1968 par le service de l'Histoire de France«. In: *Études sur la Bibliothèque Nationale et témoignages réunis en hommages à Thérèse Kleindienst*, Paris 1985.

72 Die Gespräche sind – mit Ausnahme der Interviews mit Claude Lefort und Ulrich K. Preuß, die in Gesprächsnotizen festgehalten wurden, und der Gesprächsserie mit Edgar Morin, die im Wissenschaftskolleg

über den Mai 68 in den vergangenen Jahren nicht beteiligt. Es war das erste Interview, in dem er sich wieder zur Mai-Bewegung äußerte. Andere Akteure haben, zumeist von Journalisten befragt, ihre Wahrnehmung der Bewegung häufig *ex post* noch einmal dargelegt. Ihre Stellungnahmen finden sich über die gesamte französische Tages- und Wochenpresse verstreut vor allem in den sogenannten Jubiläumsjahren der Bewegung.[73] Die Berichterstattung über die Ereignisse nahm 1968 in allen Presseorganen einen herausragenden Teil des Umfanges ein: Handlungsschilderungen, Kommentare, Interviews, Leserbriefe spiegeln die Wahrnehmung der Bewegung und ihre Deutung in verschiedenen politisch-kulturellen Milieus. Der vorliegenden Studie liegt eine systematische Auswertung der Presse zugrunde: von *Le Figaro* über *L'Humanité* zu *La Croix* und *France Soir*, von *L'Express* über *L'Esprit* und *Études* zum *Nouvel Observateur*. Indes erreichte keine von den genannten Zeitungen und Zeitschriften den Informationsreichtum und die sachliche Präzision von *Le Monde*. Der Zeitung fällt als Quelle eine herausragende Bedeutung zu. Während des gesamten Monats – mit Ausnahme des 13. Mai – nicht bestreikt, konnte sie ihre Auflage von 383 000 auf 756 000 Exemplare steigern und fand damit eine in Europa bis dahin »für unmöglich« gehaltene Verbreitung.[74] »Die Redaktion«, so der Kommentar der *Frankfurter Allgemeinen Zeitung*, »hat Hervorragendes geleistet. Wegen seiner objektiven, sehr eingehenden und schnellen Berichterstattung wurde das Blatt auf beiden Seiten zum unentbehrlichen Informationsmittel.«[75] Dieses Urteil bestätigte sich bei den historischen Recherchen zur Rekonstruktion der sozialen Bewegung des Mai 68 in Frankreich.

zu Berlin stattfand – auf Tonband aufgezeichnet und transkribiert worden. Für die Mitarbeit an den Transkriptionen danke ich Annette Gilcher (Stuttgart) und Michael Savelsberg (Freiburg).

73 Eines der letzten Beispiele die Sondernummer von *Les Cahiers de l'Express*, 21 (1993): *Mai 68-Mai 93. Les illusions perdues.*

74 *Frankfurter Allgemeine Zeitung* vom 8. Juni 1968, S. 5, Sp. 3.

75 Ebd.

II. Die »Neue Linke«: Zur kognitiven Konstitution der Bewegung

Soziale Bewegungen werden nach ihren Zielen unterschieden. Ob Frauen-, Friedens- oder Ökologiebewegung, sie gewinnen ihre Identität und Distinktion durch Zielrichtungen und eine damit verknüpfte Sicht und Bewertung sozialer Probleme. Die Formulierung der Probleme sowie die Bestimmung der Strategien ihrer Lösung erfolgt über Ideen und Erkenntnisse, Erklärungshypothesen und Deutungsmuster, Annahmen und Vorstellungen, die das Selbstbewußtsein sozialer Bewegungen bestimmen. Sie werden ideell oder, in neuerer Terminologie, kognitiv konstituiert.

Im Falle der 68er Bewegung ist die kognitive Konstitution nicht einfach aus der Selbstbezeichnung abzuleiten. Sie hat keinen allgemein gebräuchlichen Namen, richtet sich auf kein abgrenzbares Politikfeld, sondern bezieht sich auf die Gesellschaftsordnung im ganzen. Ihre übliche Bezeichnung durch eine Jahreszahl ist inhaltlich leer, verweist zugleich aber auf den Höhepunkt ihrer Mobilisierungserfolge und ihrer politischen Wirkungskraft. Sie ist insofern vergleichbar mit der 48er Bewegung des 19. Jahrhunderts. Mögen ihre Träger und vor allem die Mobilisierten überwiegend Studenten und Schüler gewesen sein, junge Erwachsene – in Frankreich auch Arbeiter und Angestellte –, so ist sie doch keine Studentenbewegung. Ihre kognitive Konstitution wird nicht durch Probleme der Universitätsreform, des Bildungswesens im allgemeinen bestimmt. Die Universitäten waren das Rekrutierungsfeld für die soziale Formierung der Bewegung, sie waren nicht Gegenstand und schon gar nicht der Horizont der Zielorientierung. Die 68er Bewegung läßt sich mit vielen Begriffen umschreiben: Sie war antiautoritär und individualistisch, sie war libertär und sozialistisch, sie war demokratisch, antiinstitutionalistisch und antibürokratisch. Angesichts der inneren Vielfältigkeit der Trägergruppen, der mangelnden organisatorischen Geschlossenheit lassen sich viele Positionen ausmachen, die von Wortführern vertreten wurden und sich dabei über die Zeit wandelten. Die Frage ist, ob es einen Kernbestand von Ideen, Wertvorstellungen, Erklärungsmustern, Wirklichkeitsdeutungen gibt, der die Bewegung kognitiv konstituiert hat. Gibt es ein Gegenwartsbewußtsein und eine Zielorientierung, die der Bewegung ihre Identität gegeben haben und sie von anderen Bewegungen unterscheidbar machen?

Diese Fragen sind zunächst zu beantworten, bevor man die Prozesse der sozialen Formierung der Bewegung analysieren kann. Zwar entsteht eine Bewegung aus sozialem Handeln, nicht aus Ideen, aber eine Mobilisierung sozialen Handelns tritt erst ein, wenn es auf bestimmte Orientierungsmuster und Zielvorstellungen gerichtet wird, wenn wenigstens die Trägergruppen einer Bewegung eine kognitive Identität gewonnen haben. Ron Eyerman und Andrew Jamison haben diesen Zusammenhang neuerdings wieder betont. Sie untersuchen den Prozeß der Identitätsformung einer Bewegung durch, wie sie es nennen, eine »cognitive praxis«.[1] Sie meinen damit die Herausbildung einer internen Kommunikationsstruktur, eines symbolischen Systems der Selbstverständigung und der Selbstgewißheit, die Handlungsrichtung und intersubjektive Handlungsbereitschaft bestimmen. Diese »kognitive Praxis« wird bestimmt durch Ordnungsentwürfe von Intellektuellen und ihre Umsetzung in handlungsrelevante Zielvorstellungen. In der bewegungsinternen Kommunikation und in der Auseinandersetzung mit den Bedingungen, unter denen gehandelt wird, den Ereignissen und den Selbst- und Fremddeutungen der Ereignisse, ergeben sich im Verlauf der Bewegung viele Anpassungen und Umformungen des kognitiven Kerns. Aus der Verbindung und Vermischung von Entwürfen, Begriffen und Projektionen verschiedener Intellektueller tritt ein Synkretismus ein, der sich nicht leicht auf die Theorie eines einzelnen zurückführen läßt. Dennoch: Die kognitive Konstitution der Bewegung, die einmal getroffene Problembestimmung, die davon abhängige Wirklichkeitswahrnehmung und die Zielorientierung geben der Dynamik der Bewegungsentwicklung eine bestimmte Form, die sie von anderen unterscheidet.

Den Protestbewegungen des Jahres 1968, die sich als neue linke Bewegungen verstanden, ging in Frankreich, den Vereinigten Staaten und der Bundesrepublik die Formierung einer intellektuellen Nouvelle Gauche, New Left und Neuen Linken voraus.

1 R. Eyerman, A. Jamison, *Social Movements. A Cognitive Approach*, Cambridge 1991.

Getragen von Intellektuellen, die zum größten Teil Dissidenten der traditionellen Parteien der Linken waren, war die Neue Linke bereits Ende der fünfziger und zu Beginn der sechziger Jahre international in Publikationen, Zirkeln, Zeitschriften und durch Aktionen hervorgetreten. Die Abgrenzung der Neuen Linken von der alten Linken hatte zeittypische Anlässe, zu denen die Ereignisse in Prag 1948, der xx. Parteitag der KPdSU, die Niederschlagung des Ungarnaufstandes, der Kalte Krieg und die Nichtproblematisierung der Atomrüstung in Ost und West gehörten, sowie systematische Gründe, welche in kritischer Auseinandersetzung mit der Entwicklung des Sozialismus und Kommunismus seit den zwanziger Jahren entfaltet wurden. Die Selbstbeschränkung des demokratischen Sozialismus auf den Wohlfahrtsstaat sowie die Perversion des Kommunismus im Stalinismus hatte, so die Überzeugung der Neuen Linken, den emanzipatorischen Gehalt der sozialistischen und kommunistischen Bewegung ausgehöhlt; der Verlust ihrer Utopie hatte zur Alternativlosigkeit im Denken und Handeln der traditionellen Linksparteien geführt. Sie erschienen als realpolitisch befangen, unfähig, den Status quo politisch und sozial zu überwinden, unwillig, sich den Problemen der Gegenwart zu öffnen und die Zukunft zu gestalten. Sie stagnierten materiell, gemessen an ihrer numerischen Stärke, und ideell, gemessen an ihrer Kapazität, die Probleme der Gegenwart zu lösen.

Die neue kognitive Orientierung, welche die freischwebenden Intellektuellen der Neuen Linken der traditionellen Linken entgegensetzten, bestand in einer Neuinterpretation der marxistischen Theorie, in einem neuen Entwurf der sozialistischen Gesellschaftsordnung, einer neuen Transformationsstrategie, Organisationskonzeption sowie einer neuen Definition des Trägers sozialen Wandels. Die systematische Herausarbeitung der neuen kognitiven Orientierung oder, wenn man so will, die »kognitive Praxis« der Neuen Linken läßt sich am deutlichsten am Beispiel Frankreichs veranschaulichen.

1. Dissidente Intellektuelle

Was verbindet die dissidenten Intellektuellen der fünfziger Jahre mit den revoltierenden Studenten der sogenannten »68er Generation«? Auf dem Höhepunkt der Ereignisse blieb diese Frage offen. »Ihr habt viel mehr Ideen als die Älteren«, hatte Jean-Paul Sartre gegenüber Daniel Cohn-Bendit erklärt, doch bereits wenig später erkannte er, »daß die Studenten selber ihre Positionen nicht immer schlüssig klarzumachen verstanden«.[2] So bot er ihnen, als Hilfe zur Selbsthilfe, das Kapital des Intellektuellen an, seine Sprache, sein Denken und sein Prestige. Er erklärte der Öffentlichkeit die Bewegung in Begriffen, die er selbst in den Jahren 1957 bis 1960 formuliert hatte. Sartre hat die Bewegung vorausgedacht, urteilten deshalb bald viele, doch niemand sah ihn als »geistigen Vater« der Revolte an. Er selbst räumte ein, 1968 »politisch auf Null« gewesen zu sein. Gegen den Vorwurf, »im Mai 68 von der Realität abgeschnitten und auf die Entwicklung nicht vorbereitet gewesen zu sein«, wehrte er sich jedoch: »Ich hatte immerhin schon die *Kritik der dialektischen Vernunft* geschrieben.«[3] Damit bot er eine Verknüpfung zwischen seinem Modell des existentialistischen Marxismus und den Ideen des Mai 1968 an.

Den Anspruch, vorausgedacht zu haben, was im Mai 68 Entfaltung fand, erhoben auch drei Autoren, die ihre »ersten Reflexionen über die Ereignisse« bereits am 21. Juni 1968 vorlegten. Sie erklärten, wie es im Vorwort ihrer Studie heißt, in der Revolte der Studenten »eine Wahrheit wiederzuerkennen, die seit langem jeder von ihnen in seiner Sprache zu formulieren versuchte«. Sie reklamierten damit die Rolle der Vordenker der Bewegung für sich, wenngleich sie nicht zu den Aktivisten gehörten, sondern von den Aktionen der Studenten überrascht worden waren. Als selbsternannte geistige Väter der Revolte solidarisierten sie sich mit ihr und blieben zugleich kritisch distanziert, denn ihr Denken und die Wirklichkeit deckten sich nicht ganz. »Das Ereignis macht die Voraussagen zunichte; in dem Maße, in dem es historisch wird, wirft es die Rechnungen über den Haufen. Ja, es kann sogar die Strategien zum Einsturz bringen, die seine Möglichkei-

2 Vgl. Cohen-Solal, 693; J.-P. Sartre, *Der Intellektuelle als Revolutionär*, 52.

3 Ebd.

ten einkalkulierten.«[4] Mit dieser These Henri Lefebvres hätten sie sich identifizieren können, aber sie wollten es nicht. Sie hatten seit zwanzig Jahren Voraussagen gemacht, Rechnungen aufgestellt und Strategien entworfen, welche die Neue Linke charakterisierten und ihre Bewegung antizipierten, und an diesen Entwürfen hielten sie fest. Sie versuchten, indem sie »in ihrer Sprache« erklärten, was geschehen war, die Bewegung aufzuklären über das, was, aus ihrer Sicht, durch sie ausgelöst worden war. Empirische Analyse und analytische Antizipation vermischten sich, so daß ihre Interpretation zugleich eine Kampfschrift ist, mit der sie sich einmischten in die Bewegung, um diese durch ihre Deutungen zu orientieren. So teilten sie, die – nach ihrem Selbstverständnis – am Anfang der von ihnen zwar nicht entfachten, aber vorausgedachten Bewegung standen, noch einmal ihre Botschaft mit: Edgar Morin, Claude Lefort und Jean-Marc Coudray, die Autoren von *La Brèche*.[5]

Die drei kannten sich seit langem, doch traten sie zuvor als Koautoren niemals gemeinsam auf. Die Ereignisse führten sie zusammen, denn diese hatten eine »Bresche in die Mauer der Gesellschaft geschlagen«, wie sie mit Daniel Cohn-Bendit sagten, und dadurch Konflikte und Unzufriedenheiten freigesetzt, die latent seit langem in den westlichen Industriegesellschaften vorhanden waren, aber nicht zum Ausdruck kamen. Die Revolte der Studenten hatte einen Transformationsprozeß in Gang gesetzt, der in Frankreich am weitesten vorangeschritten war und revolutionierend sein konnte, vorausgesetzt, daß die Bewegung ihre Parole fand und die Revolution »ihr Gesicht«.[6]

Energien und Phantasien, die auf einen radikalen Wandel der Gesellschaft zielten, ließen das Unmögliche möglich erscheinen, doch die Akteure erkannten, nach Auffassung der drei Autoren, die Möglichkeiten ihrer Bewegung nicht. Sie hatten eine »Zäsur« gesetzt, doch waren sie sich des Neuen nur zum Teil bewußt. Sie suchten ihre Vorbilder in den revolutionären Modellen der Vergangenheit; die Nachahmung aller erdenklichen Revolutionen

4 H. Lefebvre, »Aufstand in Frankreich. Zur Theorie der Revolution in den hochindustrialisierten Ländern«. In: *Voltaire Handbuch* 7, Frankfurt am Main 1969, 7.

5 E. Morin, C. Lefort, J.-M. Coudray, *La Brèche. Premières reflexions sur les événements*, Paris 1968.

6 Ebd., 97.

war das, was die revoltierenden Studenten einte. Dabei verkannten sie, daß sich die Bewegung, die sie ausgelöst hatten, nicht mit klassischen Revolutionskonzeptionen fassen ließ; es sei denn, man wäre bereit, wie Jean-Marc Coudray schreibt, Hamlet ohne den Prinzen von Dänemark zu inszenieren.[7] Die Metapher verrät die Sprache des Regisseurs, und im Gestus des Regisseurs stehen ihm die beiden Mitautoren nicht nach. Sie verteidigen jeweils ihre Konzeption der Bewegung gegenüber den historischen Akteuren, die, »benebelt von den glorreichen Bildern der Revolutionen der Vergangenheit«[8], das neue Stück, in dem sie auftreten, nicht kennen.

Eine Gruppe nehmen alle drei dabei aus: die Enragés. Auf diese wollen sie die Aufmerksamkeit des Lesers lenken.[9] »Was ich aus der Sprache, die bestimmte Enragés, vor allem Cohn-Bendit, sprechen, herausgehört habe, das ist ein mit äußerstem Radikalismus verbundener Realismus«, erklärte Claude Lefort.[10] Daniel Cohn-Bendit spielte den Ball zurück. Als er im Sommer 1968 »seine« Geschichte der Ereignisse schrieb, stellt er fest: »Wir können nur sagen, daß wir Leforts Sprache seit Jahren hören und daß der ›Radikalismus‹ und ›Realismus‹ sich unter anderem auf die Thesen gründen, die Chalieu, Daniel Mothé und Lefort selbst in der Zeitschrift *Socialisme ou Barbarie* vertreten haben. Die leider nicht sehr zahlreichen Leser dieser linksradikalen Zeitschrift werden leicht erkennen, wieviel dieses Buch ihnen verdankt. Die anderen sollen wissen, daß ›Cohn-Bendit‹ eigentlich eine Art kollektives Pseudonym dieser Zeitschrift ist.«[11] Nach diesem Bekenntnis überrascht es nicht zu erfahren, daß Cohn-Bendit Mitglied einer Gruppe war, von der einzelne Mitglieder in Kontakt zum Kreis um die Zeitschrift *Socialisme ou Barbarie* getreten waren.[12] Überraschender mag es sein, daß die Zeitschrift, von der hier die

7 Ebd., 129.

8 Ebd.

9 »Leur espoir est que le lecteur soit provoqué à s'interroger sur la crise sociale présente et à reconnaître l'immense portée de l'action de ceux qu'on a cru pouvoir nommer, par dérision, des enragés, et qui ont su se faire une gloire de ce nom.« Ebd., Vorwort, 12.

10 Ebd., 61, 62, hier zitiert nach der Übersetzung von Cohn-Bendit, *Linksradikalismus*, 19.

11 Ebd.

12 Interview mit Claude Lefort am 12. Oktober 1989.

Rede ist, bereits seit zwei Jahren eingestellt war und daß Lefort zwar ihr Mitbegründer, aber bereits 1958 aus der Redaktion wieder ausgeschieden war[13], so daß die Zeitschrift danach allein von Cornelius Castoriadis geführt wurde, der bis 1958 als Pierre Chalieu in *Socialisme ou Barbarie* schrieb, danach als Paul Cardan und schließlich 1968 in *La Brèche* als Jean-Marc Coudray auftrat. Wenn Cohn-Bendit sich auf Pierre Chalieu und Claude Lefort beruft, so heißt dies, daß er sich auf eine spezifische Phase der Zeitschrift bezog, die zwischen 1949 und 1958 liegt. An welche Tradition knüpfte er damit an?

Partizipation kontra Bürokratie: Die Gruppe um *Socialisme ou Barbarie* (1949-1966)

Die Gruppe Socialisme ou Barbarie verfolgte den ehrgeizigen und keineswegs bescheidenen Versuch, hundert Jahre nach dem »Kommunistischen Manifest« und dreißig Jahre nach der Oktoberrevolution Theorie und Praxis des Sozialismus zu überdenken und neu zu denken. Angesichts der Aufgabe, die Cornelius Castoriadis und Claude Lefort mit gleichgesinnten Intellektuellen und Arbeitern in der Redaktion der Zeitschrift *Socialisme ou Barbarie* vereinte, wäre Bescheidenheit, nach ihrem eigenen Urteil, auch wenig angebracht gewesen. Denn:

> ... nous savons être les seuls à répondre d'une manière systématique aux problèmes fondamentaux du mouvement révolutionnaire contemporain: nous pensons être les seuls à reprendre et continuer l'analyse marxiste de l'économie moderne, à poser sur une base scientifique le problème du développement historique, du mouvement ouvrier et de sa signification, à définir le stalinisme et en général la bureaucratie ›ouvrière‹, à caractériser la Troisième Guerre Mondiale, à poser enfin de nouveau, en tenant compte des éléments originaux créés par notre époque, la perspective révolutionnaire.[14]

Das Bewußtsein, Avantgarde zu sein, beruhte auf zwei Prämissen; erstens, daß es »ohne Entwicklung der revolutionären Theorie

13 Vgl. *Socialisme ou Barbarie. Organe de Critique et d'Orientation Révolutionnaire*, Vol. v, N°. 27, Avril-Mai 1958, 53.

14 Ebd., Vol. 1, N°. 1, Mars-Avril 1949, 2.

keine Entwicklung der revolutionären Aktion«[15] geben könne, und zweitens, »daß die russische Frage der Prüfstein der theoretischen und praktischen Probleme der gegenwärtigen Epoche ist«.[16] Eine Weiterentwicklung der revolutionären Theorie konnte folglich nur aus der Auseinandersetzung mit dem Stalinismus hervorgehen, und genau diese Auseinandersetzung hatte die Gruppe seit Jahren innerhalb der trotzkistischen Partei Frankreichs (PCI) geführt.

Trotzkis Kritik am Stalinismus und der russischen Bürokratie folgend, führte sie seinen Ansatz zu einer Kritik am Marxismus-Leninismus überhaupt, in dessen Parteikonzeption sie die Ursache für die Degeneration der Arbeiterorganisation und der proletarischen Revolution in Rußland sah. Der Stalinismus war, so gesehen, kein »Zwischenfall«, sondern ein Strukturzwang, der klarmachte, »daß die Verwirklichung des Sozialismus durch jede Bürokratie oder Partei zugunsten des Proletariats eine Absurdität ist«.[17] Die Anwendung dieser Erkenntnis auf die trotzkistische Partei, verbunden mit einer Kritik an Trotzkis »Blindheit«[18] gegenüber den bürokratischen Tendenzen der bolschewistischen Partei, brachte sie in Konflikt mit der trotzkistischen Orthodoxie. Die trotzkistische Partei distanzierte sich von den Trotzki-Kritikern, die Gruppe kam dem Ausschluß durch Abspaltung zuvor.[19]

Damit waren Claude Lefort, 24, und Cornelius Castoriadis, 26, die sich während des Zweiten Weltkrieges dem Trotzkismus angeschlossen hatten, drei Jahre nach Kriegsende »freigesetzt«. War ihre Entscheidung für den Trotzkismus unter dem Druck des Nationalsozialismus und Faschismus gefallen, so war damit jedoch ein Votum gegen die Kommunistische Partei verbunden gewesen. Sie sahen den Trotzkismus als überlegene und fortschrittlichere

15 Ebd., 4.

16 »Konzeptionen und Programm von Sozialismus oder Barbarei« (1950). In: C. Castoriadis, *Sozialismus oder Barbarei. Analysen und Aufrufe zur kulturrevolutionären Veränderung*, Berlin 1980, 92.

17 Ebd., 99.

18 C. Castoriadis, »Einleitung« zu: *Sozialismus oder Barbarei. Analysen und Aufrufe zur kulturrevolutionären Veränderung*, 16.

19 Zum Konflikt zwischen der Gruppe und der trotzkistischen Partei vgl. »Lettre ouverte aux militants du P.C.I. et de la ›IV. Internationale‹«. In: *Socialisme ou Barbarie*, Vol. 1, N°. 1, Avril-Mai 1949, 90ff.

Bewegung an, und ihre bürokratiekritischen Analysen bestätigten dies. Gleichviel, ob in Frankreich oder in der Sowjetunion, stellten sie innerhalb der Kommunistischen Parteien eine Unterwerfung des Proletariats unter die »Arbeiter«bürokratie fest. Der Ausgrenzung aus der trotzkistischen Partei konnte daher keine Annäherung an die kommunistische folgen. Der Anschluß an die sozialistische Partei war, wenngleich wohl nie ins Auge gefaßt, aus dem gleiche Grunde verwehrt: Auch bei den Sozialdemokraten herrschten die Bürokraten. So kamen sie zu dem Schluß, daß das »deutlichste Resultat« der hundertjährigen Geschichte der Arbeiterbewegung darin zu sehen sei, daß sich die Organisationen, die die Arbeiterbewegung zu ihrer Emanzipation geschaffen hatte, überall verselbständigt hatten »und sich auf dem Rücken des Proletariats erhoben, um die Frage ihrer eigenen Emanzipation zu lösen – entweder, indem sie sich in das kapitalistische System integrierten oder indem sie ihren eigenen Aufstieg zur Macht verfolgten«.[20]

Auf der Basis dieser historischen Bilanz sagte sich die Gruppe Socialisme ou Barbarie von den traditionellen Organisationen der Arbeiterbewegung los: von der Zweiten, Dritten und Vierten Internationale und ihren Parteien, von der Sozialdemokratie, vom Bolschewismus und Trotzkismus sowie von allen »ultralinken« Gruppen, die »aus der Erfahrung der Vergangenheit Rezepte für die ›sozialistische‹ Küche der Zukunft zu entwickeln«[21] suchten. Der radikale Bruch mit der alten Linken machte auch nicht vor demjenigen halt, von dem der größte Teil der revolutionären Bewegungen der Vergangenheit sein Denken und seine Identität bezog: Karl Marx. Durch »erneutes und vertieftes Studium des *Kapital*« gelangte Castoriadis zu der Auffassung, »daß die ökonomische Grundlegung, die Marx zugleich seinem Werk und der revolutionären Perspektive hatte geben wollen, und die Generationen von Marxisten als einen unerschütterlichen Fels betrachtet hatten, einfach inexistent war«.[22] Gleichwohl blieben er und seine Gruppe marxistisch orientiert. Denn, wie es in der programmatischen Grundsatzerklärung der Gruppe im ersten Heft der Zeitschrift hieß:

20 C. Castoriadis, *Sozialismus oder Barbarei. Analysen und Aufrufe zur kulturrevolutionären Veränderung*, 57.

21 Ebd., 54.

22 Ebd., 21.

... nous ne pensons nullement qu'être marxiste signifie faire par rapport à Marx ce que les théologiens catholiques font par rapport aux Ecritures. Etre marxiste signifie pour nous se situer sur le terrain d'une tradition, poser les problèmes à partir du point où les posaient Marx et ses continuateurs, maintenir et défendre les positions marxistes traditionnelles aussi longtemps qu'un nouvel examen ne nous aura persuadés qu'il faut les abandonner, les amender ou les remplacer par d'autres correspondant mieux à l'expérience ultérieure et aux besoins du mouvement révolutionnaire.[23]

Ihr Ziel war ein doppeltes: Revision und Weiterentwicklung der Marxschen Theorie mit dem Ziel der praktischen Erneuerung der revolutionären Bewegung durch theoretische Einsicht in den gesellschaftlichen Entwicklungsverlauf. Von Anfang an stellte sich damit die Frage der Vermittlung von Praxis und Theorie, der Organisationsform der neuen revolutionären Bewegung, doch die Gruppe schob die Lösung dieser Frage zunächst einmal auf.
Es galt zunächst, die Zeitschrift zu etablieren, den Kreis der Abonnenten zu erweitern, die Leser zur Teilnahme an den intellektuellen Debatten zu motivieren, denn der »ideale Leser« sollte nicht passiver Konsument sein, sondern intellektueller Mitstreiter.[24] Die Artikel sollten – idealiter – zuvor in der Gruppe besprochen worden sein, bevor sie in der Zeitschrift erschienen. Der Schwerpunkt des intellektuellen Diskurses verlagerte sich im Laufe der Zeit. Castoriadis unterscheidet sechs Phasen: Analyse der Bürokratie (1944-1948), Kritik der marxistischen Ökonomie (1950-1954), Neudefinition des Sozialismus (1955-1958), Analyse des gegenwärtigen Kapitalismus (1959-1960), Bruch mit dem Marxismus (1960-1964), die instituierende Gesellschaft und das soziale Imaginäre (1964-1965)[25], wobei diese Phaseneinteilung sich an den Aufsätzen orientiert, die er selbst in *Socialisme ou Barbarie* publizierte.
Konstant blieb in allen Phasen die Bestimmung der Bürokratie als neuer (Führungs-)Schicht und der Bürokratisierung als des Zentralprozesses der modernen Gesellschaft. Die Theorie der Bürokratie führte zur Kritik der Marxschen Definition des Klassenkonflikts als ökonomischen Verteilungskonflikts. Der Antagonis-

23 *Socialisme ou Barbarie*, Vol. 1, N°. 1 (Avril-Mars) 1949, 4.
24 Castoriadis, *Sozialismus oder Barbarei. Analysen und Aufrufe zur kulturrevolutionären Veränderung*, 46.
25 Ebd., 10ff.

mus zwischen Leitenden und Ausführenden (*dirigeants et exécutants*), nicht der Gegensatz zwischen Besitzenden und Besitzlosen, macht, so die These der Gruppe, den Grundwiderspruch der modernen Gesellschaft aus. Das Funktionieren des Kapitalismus widerlege, so die Argumentation, die traditionelle marxistische These, daß die ›objektiven‹ Widersprüche des Kapitalismus primär ökonomischer Art seien. Denn der Kampf zwischen Arbeit und Kapital um die Verteilung der Produkte sei weder »absolut noch unlösbar«.

> La contradiction fondamentale du capitalisme se trouve dans la production et le travail. C'est la contradiction contenue dans l'aliénation de l'ouvrier: la nécessité pour le capitalisme de réduire les travailleurs en simples exécutants, et son impossibilité de fonctionner s'il réussit.[26]

Mit der Verschiebung der sozialen Konfliktlinien ging die Ablösung der Kategorie der Ausbeutung durch den Begriff der Entfremdung als analytische Schlüsselkategorie einher. Entfremdung, gedacht als Entfremdung der Gesellschaft von ihren Institutionen[27], griff über den Bereich der Produktion hinaus, erfaßte den Prozeß der Verselbständigung der Institutionen gegenüber der Gesellschaft von der Fabrik bis zur Ehe und Familie. Die Aufhebung der Entfremdung verlangte die Umwandlung der Heteronomie in Autonomie durch Schaffung eines Zustandes, »in dem der gesellschaftliche Mensch die Institutionen, die sein Leben regeln, als seine eigenen kollektiven Schöpfungen ansehen kann und will«.[28] Das Modell, das der Gruppe vorschwebte, um diesen Zustand zu realisieren, war jedoch der Produktionssphäre entlehnt. Es hieß »gestion ouvrière« – Arbeiterkontrolle der Produktion, war das Modell der selbstverwalteten Fabrik, sollte aber nicht mechanisch, sondern analog seiner Grundsätze auf das Ganze der Gesellschaft angewandt werden.[29] Nur Partizipation, Selbstverwaltung und Selbstgesetzgebung, konnten die Bürokratie und ihre

26 P. Cardan: »Le Mouvement révolutionnaire sous le capitalisme moderne«. In: Socialisme ou Barbarie, Vol. VI, N° 31, Décembre 1960-Février 1961, 51-81, hier 52.

27 C. Castoriadis, »Marxismus und revolutionäre Theorie«. In: ders., *Gesellschaft als imaginäre Institution*, Frankfurt am Main 1984, 196.

28 Ders., »Einleitung« zu *Sozialismus oder Barbarei*, 44 f.

29 Ebd., 31; vgl. auch ders., »Marxismus und revolutionäre Theorie«, 138-141, 148 f.

Verfügungsgewalt brechen. Die praktische Folge des neuen Deutungsschemas war eine antibürokratische, antihierarchische, antiinstitutionelle Orientierung der Gruppe.

Das hatte Folgen für die Sozialismus-Konzeption. Ziel des Sozialismus konnte »nicht einfach die Abschaffung des Privateigentums sein«. Es reichte, wie die Erfahrung der russischen Revolution gezeigt hatte, nicht aus, die Produktionsmittel zu verstaatlichen, um die Ausbeutung zu beenden und unmöglich zu machen. Ziel der sozialistischen Revolution mußte es vielmehr sein, die Leitung der Produktion auf kollektiver Basis zu organisieren, die Unterscheidung zwischen Leitenden und Ausführenden in der Produktion aufzuheben, und zwar unmittelbar »schon am Tage nach der Revolution«. So legte es das Manifest der Gruppe im März 1949 fest.[30] Sieben Jahre später (1956) weitete sie diese Bestimmung des Inhalts des Sozialismus aus. Die internen Debatten führten zu dem Ergebnis, »daß die Infragestellung der kapitalistischen Verhältnisse und ihrer ›Rationalität‹ im Bereich der Arbeit und der Macht untrennbar war von der Infragestellung in den Bereichen der Familie und der Sexualität, der Erziehung und der Kultur oder des Alltagslebens«.[31] Nur dadurch konnte realisiert werden, was der Gruppe von Anfang an als Kern des Sozialismus galt: die Autonomie des Individuums.[32] Die Sozialismus-Konzeption war libertär, ohne anarchistisch zu sein. Sie mündete nicht in die Forderung nach Abschaffung des Staates und sämtlicher Institutionen, sondern erklärte die Institutionenkritik und damit den permanenten Institutionenwandel zum Programm.

Wenn, wie unterstellt, die Bürokratie ein »phénomène social total« war und der durch sie geschaffene Grundwiderspruch alle Bereiche der Gesellschaft umfaßte, dann oblag die Transformation der Gesellschaft nicht der Arbeiterklasse allein, sondern führte ihr Bündnispartner zu. Dadurch änderte sich die Zusammensetzung der revolutionären Bewegung und mit ihr die Konzeption des Trägers sozialen Wandels.

30 *Socialisme ou Barbarie*, Vol. I, N°. 1, Mars-Avril 1949, 41 f.

31 Castoriadis, »Einleitung« zu *Sozialismus oder Barbarei*, 27.

32 Ders., »Marxismus und revolutionäre Theorie«, 172 ff.; C. Lefort, »Organisation et parti«. In: *Socialisme ou Barbarie*, Vol. V, N° 26, Novembre-Décembre 1958, 120-134, hier 123.

L'immense majorité des individus, quelles que soient leur qualification ou leur rémunération, sont transformés en exécutants salariés effectuant un travail parcellaire, qui éprouvent l'aliénation dans le travail et l'absurdité du système et tendant à se révolter contre celui-ci. Les employés et les travailleurs de bureau, ceux qu'on appelle les ›tertiaires‹, se distinguent de moins en moins des travailleurs manuels et commencent à lutter contre le système suivant les mêmes lignes. De même, la crise de la culture et la décomposition des valeurs de la société capitaliste poussent des fractions importantes d'intellectuels et d'étudiants (dont le poids numérique est d'ailleurs croissant) vers une critique radicale du système.[33]

Nur das Bündnis von »travailleurs manuels, ›tertiaires‹ et intellectuels«, so das Fazit, werde die Revolution zum Siege führen. Diese neue revolutionäre Bewegung könne – so deutete Castoriadis bereits im Dezember 1961 an – aktive Unterstützung erhalten durch die revoltierenden Jugendlichen in der modernen Gesellschaft, denn ihr Protest sei keineswegs ein Generationenkonflikt, sondern eine Opposition gegen das System. »Les jeunes ne s'opposent plus aux adultes pour prendre leur place dans un système établi et reconnu, ils refusent ce système, n'en reconnaissent plus les valeurs.«[34]
Zu dem gleichen Ergebnis war auch Daniel Mothé in einer Studie über die junge Arbeitergeneration gelangt.[35] Der Verweigerung der Jugendlichen einen »positiven Sinn« zu geben, sie in ein Ferment des Wandels zu überführen, sah Castoriadis als eine der wichtigsten Aufgaben der Bewegung an. Erfolgreich lösbar war dies aus seiner Sicht nur, wenn die Bewegung es verstand, »die wahre und neue Sprache« zu finden, welche die Jugendlichen suchten, und ihnen einen Weg des aktiven Kampfes gegen die Welt, der sie sich verweigerten, zeigen konnte.[36]
Die Form und Strategie der Aktion war nicht zuletzt an die Organisationsform geknüpft, welche die revolutionäre Bewegung neuen Typs finden sollte. Darüber jedoch gingen die Meinungen in der Redaktion auseinander, und dies führte im Herbst 1958

33 P. Cardan, »Le mouvement révolutionnaire sous le capitalisme moderne«. In: *Socialisme ou Barbarie*, Vol. VI, N° 33, Décembre-Février 1961, 84.
34 Ebd.
35 D. Mothé, »Les jeunes générations des ouvrières«. Ebd., 17-42.
36 Cardan, »Le mouvement révolutionnaire sous le capitalisme moderne«, 84.

zum Bruch zwischen Castoriadis und Lefort. Die Ereignisse des Mai 1958 – das Ende der Vierten Republik und der Machtantritt de Gaulles – führten der Gruppe Socialisme ou Barbarie eine Vielzahl von Sympathisanten zu, »die handeln wollten«. Sie lösten den Konflikt aus, der bisher durch abstrakte Formulierungen übergangen worden war.[37] Das Manifest der Gruppe (März 1949) hatte lediglich festgelegt, daß die politische Organisation der Avantgarde von Anfang an dahin »tendieren« müsse, »die Abschaffung der Unterscheidung zwischen Führenden und Ausführenden in ihren eigenen Reihen zu vollziehen«. Ferner wurde gesagt, daß die Avantgarde-Organisation »bei Eintritt der Arbeiterklasse als ganze in den revolutionären Kampf« ihre Leitung an die »wahre Leitung der Menschheit« abgeben und in den autonomen Klassenorganen aufgehen solle.[38] Dies entsprach der antihierarchischen, antibürokratischen, antiparteilichen Orientierung der Gruppe, die auf autonome Arbeiterorganisation außerhalb der bestehenden Parteien und Gewerkschaften setzte. Vor diesem Hintergrund überrascht es, wenn in Nr. 2 der Zeitschrift betont wurde, daß das Proletariat nicht »ernsthaft« gegen seine Feinde kämpfen könne, ohne über eine revolutionäre Organisation zu verfügen. Diese Spannungen gaben den Kern des Konflikts zwischen Lefort und Castoriadis vor und führten 1958 zur Ausarbeitung zweier alternativer Handlungsstrategien. Lefort hielt am Programm eines Sozialismus ohne Partei fest und entwickelte davon ausgehend eine Theorie radikaler Minderheiten, die in einer Aktion hervortreten – und mittels dieser Kritik üben, informieren oder aufklären –, ohne daß Form und Inhalt der Aktion zuvor mit einem weiteren Kreis besprochen oder an eine Ausweitung des Kreises gedacht worden ist. »...parmi ces éléments actifs, certains – et loin les plus nombreux – tendent à se rassembler au sein des entreprises, sans chercher d'abord à étendre leur action à une plus vaste échelle.«[39] Die Handlungen der radikalen Minderheit sind als eine Art Vorstoß gedacht, die weitere Aktionen nach sich ziehen, den Kreis der Aktivisten erweitern und dadurch eine Bewegung entfachen sol-

37 Castoriadis, »Einleitung« zu *Sozialismus oder Barbarei. Analysen und Aufrufe zur kulturrevolutionären Veränderung*, 32. In: *Socialisme ou Barbarie* (1949). Ebd. 53-88, hier 88.

38 »Le parti révolutionnaire«. In: *Socialisme ou Barbarie*, Vol. 1, N°. 2, 103, hier zitiert nach Lefort, »Organisation et parti«, 124.

39 Lefort, »Organisation et parti«.

len, deren Ziel die Reorganisation der Arbeiterbewegung ist. Organisation durch Aktion, wenn man so will, hieß seine Devise. Dagegen vertrat Castoriadis die These: »Handeln bedeutet zunächst einmal, sich zu organisieren«.[40]

Er entwickelte einen neuen Organisationstyp: das Modell einer antibürokratischen Organisation. Galt es doch, aus seiner Sicht, »positive Schlußfolgerungen« aus der Kritik der Bürokratie zu ziehen und nicht den Problemen der Organisation durch Mystifizierung der Spontaneität zu entfliehen.[41] Die Organisation neuen Typs, die er nicht Partei nannte, sollte nach den Prinzipien der Arbeiterkontrolle funktionieren, d.h. basisdemokratisch aufgebaut und ausgerichtet sein. Weitestgehende Autonomie der Basisorganisationen und Willensbildung nach der Methode direkter Demokratie sollen die Voraussetzungen für eine »aktive, permanente Partizipation« der Mitglieder an der Organisation schaffen.[42] Wo sie gegeben ist, tritt Autonomie an die Stelle von Heteronomie, siegt Demokratie über Bürokratie. Castoriadis' Argumentation setzt das Demokratieprinzip gegen das Bürokratieprinzip und geht davon aus, daß sich bürokratische Herrschaft in Organisationen durch direkte Demokratie brechen bzw. verhindern läßt. Permanente Partizipation wird so zur *conditio sine qua non* der antibürokratischen Organisation, die zugleich die einzige Organisationsform ist, in der sich Partizipation verwirklichen läßt. Organisierte Aktion auf der Basis dieser Prämissen hat gegenüber der spontanen Aktion den Vorteil größerer Kohärenz, Transparenz der Entscheidungen, und den spielt Castoriadis gegen Lefort aus. Für Lefort indes bleibt die Prämisse einer demokratischen Organisation in der gegenwärtigen Situation imaginär, solange sie sich auf künstliche Organismen stützt und nicht auf repräsentative.

La démocratie n'est pas pervertie du fait de mauvaises règles organisationnelles, elle l'est du fait de l'existence même du parti. La démocratie ne peut

40 P. Cardan, »Prolétariat et organisation«. In: *Socialisme ou Barbarie*, Vol. v, N°. 27, Avril-Mai 1958, 53-88, hier 88; deutsche Übersetzung dieses Artikels in Castoriadis, *Sozialismus oder Barbarei*, 107-144, hier 141.

41 P. Cardan, »Prolétariat et organisation (fin)«. In: *Socialisme ou Barbarie*, Vol. v, N°. 28, Juillet-Août 1959, 41-72, hier 48 ff.

42 Castoriadis, »Proletariat und Organisation«. In: *Sozialismus oder Barbarei*, 138 f.

être réalisée en son sein du fait qu'il n'est pas lui-même un organisme démocratique, c'est-à-dire un organisme *représentatif* des classes sociales dont il se réclame.[43]

Da jede Partei für ihn ein künstlicher Organismus ist, hält er am Programm der Antipartei fest. Cohn-Bendit wird der Konzeption Leforts folgen, wenn er 1968 gegenüber Sartre erklärt: »Die aktive Minderheit, die besser geschult und vorbereitet war, hat die Explosion auslösen und eine Bresche schlagen können. Das ist aber auch alles. Die anderen konnten mitmachen oder auch nicht.« Und er fährt fort:

Die Stärke unserer Bewegung liegt aber gerade darin, daß sie sich auf eine ›unkontrollierte‹ Spontaneität stützt, daß sie Impulse gibt, ohne die Aktionen, die sie ausgelöst hat, kanalisieren und für sich ausbeuten zu wollen. Wir können heute zweierlei tun. Entweder lassen wir fünf Leute, die etwas von Politik verstehen, ein Programm ausarbeiten, bitten sie, wohlbegründete Minimalforderungen zu formulieren, und sagen: ›Da habt ihr die Ziele der Studentenbewegung, macht damit, was ihr wollt.‹ Das wäre falsch. Oder wir können versuchen, wenn auch nicht alle Demonstranten, so doch eine große Zahl von ihnen über die Situation aufzuklären. Wenn wir das wollen, dürfen wir nicht gleich eine Organisation schaffen und ein Programm aufstellen; das würde sich nur lähmend auswirken. Die einzige Chance der Bewegung liegt gerade in dieser Spontaneität, bei der sich die Leute frei aussprechen können und die zu einer Art Selbstverwaltung führen kann. Wir müssen im Augenblick auf spektakuläre Versammlungen verzichten und Arbeits- und Aktionsgruppen bilden. Genau das machen wir in Nanterre.[44]

Weder Castoriadis noch Lefort weisen den Intellektuellen in ihrer Konzeption eine Sonderrolle zu, auch kein spezifisches Mandat als Theorieproduzenten oder Theorieverwalter, denn sozialistische Theorie kann, darin stimmen beide gegen Kautsky und Lenin überein, der Arbeiterklasse nicht »von außen« gebracht werden, sondern entwickelt sich aus dem Denken, den Aktionen und autonomen Organisationsversuchen der Arbeiterklasse. Für Castoriadis ergibt sich daraus ein Dilemma: »zu wissen oder zu wissen glauben, daß das Proletariat zu einer Anschauung von der Revolution und vom Sozialismus gelangen mußte, die es nur aus

43 Lefort, »Organisation et parti«, 129.

44 J. Sauvageot, A. Geismar, D. Cohn-Bendit, *Aufstand in Paris oder Ist in Frankreich eine Revolution möglich?*, hg. von H. Bourges, Reinbek bei Hamburg 1968, 77f.

sich selbst hervorholen konnte, und trotzdem nicht die Hände in den Schoß zu legen«.[45]

Die Lösung findet er nach seiner eigenen Aussage erst 1964. Vorausgegangen ist eine Phase erneuter kritischer Auseinandersetzung mit der Marxschen Theorie, in deren Verlauf die Gruppe sich mehr und mehr vom Marxschen Paradigma distanziert und es schließlich aufgibt.

Was uns veranlaßt hat, allmählich und schließlich schroff den Marxismus in Frage zu stellen, war nicht nur und nicht in erster Linie die Einsicht, dieses besondere Theorem Marxens oder jener Gedanke des traditionellen Marxismus seien ›falsch‹, sondern vielmehr die Tatsache, daß die Geschichte, in der wir leben, mittels marxistischer Kategorien selbst dann nicht mehr zu erfassen ist, wenn diese ›verbessert‹ oder ›erweitert‹ werden. Es ist uns klar geworden, daß die Geschichte mit jener Methode weder verstanden noch verändert werden kann.[46]

Das ist der endgültige Bruch, aber mehr noch, damit hat die Gruppe achtzehn Jahre nach ihrer Konstituierung und fünfzehn Jahre nach Gründung der Zeitschrift *Socialisme ou Barbarie* ihren eigenen Stand- und Ausgangspunkt revidiert. Sie steht vor der Wahl, entweder ihre Aufgaben und ihr Selbstverständnis neu zu definieren oder zu resignieren. Nicht bereit aufzugeben, definierte sie sich neu und blieb zugleich ihrem Anspruch treu. Castoriadis beschreibt:

... Wir (sind) an den Punkt gelangt, an dem man sich entscheiden muß, entweder Marxist zu bleiben oder Revolutionär zu bleiben; entweder einer Lehre die Treue zu halten, die schon seit langem keinen Anstoß mehr zum Denken und Handeln gibt, oder aber dem Entwurf einer radikalen Umwandlung der Gesellschaft treu zu bleiben.[47]

Die Gruppe entscheidet sich, Marx aufzugeben, aber am »revolutionären Entwurf« einer sozialistischen Transformation der Gesellschaft festzuhalten. Sie macht den Versuch, Sozialismus als Ziel gesellschaftlicher Entwicklung zu begründen, ohne Rückgriff auf eine geschlossene Geschichtsphilosophie, wie sie Marx' historischer Materialismus bot. Sich vom ökonomischen Determinismus distanzierend, der die soziale Revolution der Gesellschaft nach

45 Castoriadis, »Einleitung« zu *Sozialismus oder Barbarei*, 19.
46 Ders., »Marxismus und revolutionäre Theorie«. In: *Gesellschaft als imaginäre Institution*, 28.
47 Ebd.

bestimmbaren, ›objektiven‹ Gesetzen vorwärtstreibt, gibt sie den Bezug auf immanente historische Tendenzen zur Rechtfertigung des revolutionären Projekts gleichwohl nicht gänzlich auf.

Castoriadis observes that the revolutionary project finds ›points of support‹ in the objective tendencies of capitalist society and in the subjective desires of individuals, tendencies and desires which suggest that the revolutionary project is merely formulating clearly what contemporary society is already expressing in a confused and convulated way.[48]

Die immanenten Tendenzen der modernen Gesellschaft und die Wünsche der Individuen, so die Prämisse, zielen auf »die Veränderung der gegenwärtigen Gesellschaft in eine andere, die ihrer Organisation nach auf Autonomie aller ausgerichtet ist«.[49] Autonomie, philosophisch-anthropologisch aus der Geschichte abgeleitet, wird zum Ziel und Weg des revolutionären Entwurfs. Gleichwohl ist »die Gesellschaft, die in ihrer Organisation der Autonomie aller entgegenkommt«, so Castoriadis, »nicht die Schlußfolgerung eines Beweises, der anzeigt, was unvermeidlich kommen muß«. Schon die Vorstellung eines solchen Beweises erscheint ihm »absurd«. Es handelt sich aber »auch nicht um eine Utopie, einen Akt des Glaubens oder eine willkürliche Wette«. Bestrebt, den Determinismus zu vermeiden, ohne dem bloßen Voluntarismus zu verfallen, entfaltet er die »Logik des revolutionären Entwurfs« wie folgt:

Der revolutionäre Entwurf wurzelt in der tatsächlichen gesellschaftlichen Wirklichkeit und stützt sich auf sie, auf die Krise der bestehenden Gesellschaft und die *Ablehnung* dieser Gesellschaft durch die meisten in ihr lebenden Menschen. Diese Krise ist nicht die vom Marxismus vermeintlich enthüllte Krise, die sich im ›Widerspruch zwischen der Entwicklung der Produktivkräfte und der Aufrechterhaltung der kapitalistischen Produktionsverhältnisse‹ äußern soll. Sie besteht vielmehr darin, daß die gesellschaftliche Organisation die von ihr selbst gesetzten Ziele nur unter Einsatz von Mitteln erreichen kann, die jenen widersprechen. Sie muß Erwartungen wecken, die sie nicht erfüllen kann, Kriterien aufstellen, die sie niemals anzuwenden vermag und Normen postulieren, die sie selbst zwangsläufig verletzen muß.[50]

48 J. B. Thompson, *Studies on the Theory of Ideology*. Cambridge 1984, 38.
49 Castoriadis, »Marxismus als revolutionäre Theorie«. In: *Gesellschaft als imaginäre Institution*, 134.
50 Ebd., 172, 162.

Die Gesellschaftskonzeption, die dem »revolutionären Entwurf« zugrunde liegt, sieht das »Gesellschaftlich-Geschichtliche« als »spannungsvolle Einheit« an, bestehend »einerseits aus Strukturen, Institutionen und ›materialisierten‹ Werken (die auch immateriell sein können), zum anderen jedoch aus dem, *was* da strukturiert, instituiert und materialisiert«. Dergestalt unterscheidet Castoriadis zwischen »instituierter« und »instituierender« Gesellschaft, geschehener und geschehender Geschichte, und konstruiert aus dem Spannungsverhältnis zwischen beiden den produktiven Kern gesellschaftlichen Wandels.[51] Die umfassende Neuordnung der Gesellschaft resultiert mithin aus der – im gesellschaftlichen Prozeß angelegten – Erzeugung radikal anderer Gestalten (der Gesellschaft) in Form von Gegen-Entwürfen, Gegen-Institutionen, alternativen Begriffen und Symbolen, die eine neue Ordnung, eine neue Identität, ein neues Selbstverständnis instituieren, d. h. an die Stelle des alten setzen. Der »revolutionäre Entwurf« ist somit stets an das »radikal Imaginäre« geknüpft[52], das sich nicht allein in der Bildung politischer Gegenmacht erschöpft, sondern auf Infragestellung der gesellschaftlichen Realität und ihrer Rationalität in allen Bereichen zielt. Im kreativen Prozeß, »das Andere« zu denken, dem Bestehenden entgegenzusetzen, vereinigt sich Wissen und Tun, löst sich die Antinomie des Intellektuellen auf, der Vordenker sein will, aber seinem eigenen Selbstverständnis nach »Führender« nicht sein darf: Die antizipierte Revolution wird zum Vorgriff auf die sozial-reale Revolution.

Die Revision, welche die Gruppe Socialisme ou Barbarie seit 1949 am Marxschen Paradigma vollzieht, ist tiefgreifend. »Revisionisten« wollen ihre Mitglieder jedoch in keiner Phase der theoretischen Auseinandersetzung genannt werden, weil, wie Castoriadis schreibt, »ein Revolutionär es nicht nötig hat, sein Recht auf Revision als ›besonderes Recht‹ zu behaupten«.[53] Darin unterscheidet sich die Gruppe um Castoriadis von einer Gruppe dissidenter Intellektueller, die sich 1956 konstituiert und drei Jahre später offen »Le grand Révisionnisme« proklamiert.[54] Sie wird von Ed-

51 Ebd., 184.

52 Ebd., 218, sowie ders., »Einleitung« zu *Sozialismus oder Barbarei*, 43.

53 Ebd., 91.

54 *Arguments*, 14 (1959), 1-19; vgl. auch Yvon Bourdet, *Neo-Révisionnisme, communisme et marxisme*, Paris 1963, 47-75.

gar Morin begründet und gibt zwischen 1956 und 1962 die Zeitschrift *Arguments* heraus.

Postmarxismus – ein neuer Revisionismus? Der Kreis um *Arguments*

Edgar Morin, der Dritte im Bunde der Autoren von *La Brèche*, war, 1921 geboren, nur ein Jahr älter als Castoriadis und drei Jahre älter als Lefort. Er teilt mit ihnen die gleiche politisch-historische Erfahrung, doch erlebte er die Geschichte von einem anderen Standort aus. Morin war Kommunist, bis er 1951 aus der Kommunistischen Partei Frankreichs ausgeschlossen wurde.[55] Ehemalige Kommunisten waren auch Kostas Axelos und Dionys Mascolo, Jean Duvignaud und Pierre Fougeyrollas, die ihm in der Redaktion der Zeitschrift *Arguments* zur Seite standen. Mascolo war einer der ersten Intellektuellen, die nach dem Krieg die KPF verließen, Duvignaud und Fougeyrollas brachen – wie die meisten der übrigen Mitglieder der Gruppe – nach der Niederschlagung des Ungarnaufstandes mit der Partei. Henri Lefebvre, der sich 1958 der Gruppe anschloß, gehörte 1956 zur innerparteilichen Opposition in der KPF und blieb bis zu deren endgültiger Niederlage (1957) Mitglied der Partei.[56] Anschluß an die Gruppe suchten und fanden aber auch ehemalige Trotzkisten, wie Pierre Naville, oder enttäuschte Sozialisten, wie Colette Audry. Auf unterschiedliche Weise haben alle Mitglieder mit der alten Linken, der »gauche à papa«[57], wie sie sagten, gebrochen und waren gleichwohl nicht bereit, zu resignieren und das zu tun, was scheinbar nur übrig zu bleiben schien, zu privatisieren. Edgar Morin beschreibt:

Nous tous, à *Arguments*, sommes des adolescents attardés: la plupart entre trente et quarante, quelques-uns entre quarante et cinquante. Nous avons tardivement tracé une croix sur nos rêves. Et ce que nous voulons éviter c'est l'effondrement de la quarantaine: l'adaption à la vie bourgeoise ... le

55 Vgl. E. Morin, *Autocritique*, Paris 1975.

56 Eine knappe Skizze der politischen Biographien der *Arguments*-Mitglieder sowie eine analytische Übersicht über ihre Werke gibt die Studie von M. Poster, *Existential Marxism in Post War France*, Princeton 1975, 209-263.

57 E. Morin, »Que faire«. In: *Arguments*, 16 (1959), 1-10, hier 8.

prégâtisme de l'idée fixe, la monomanie, le repliement sur soi, la vanité égocentrique de celui qui ne considère plus que sa propre œuvre.[58]

Aus Parteiintellektuellen waren unabhängige, »freischwebende« Intellektuelle geworden, die ihre Unabhängigkeit wahren und sich nicht mehr organisieren, gleichwohl aber politisch und sozial engagieren wollten. Weder eine neue Partei noch eine Schule, noch eine Sekte wollten sie begründen, denn ihre Erfahrung mit der alten Linken hatte sie zu einer antiparteilichen, antidogmatischen und antisektiererischen Überzeugung gebracht. So wählten sie den Weg der individuellen Rebellion, des Aufbegehrens gegen die Zeitströmungen, der Intervention in das öffentliche Leben von Fall zu Fall. Sie bestimmten sich selbst als »les mécontents«, »les dissidents«[59] und knüpften damit an die klassische französische Definition des Intellektuellen an: »der Intellektuelle als unglückliches Bewußtsein«. Sie setzten auf die Macht des geschriebenen Wortes, auf die Waffe der Kritik, die sich zu Argumenten formt und durch »Argumente« wirkt.

Ein Programm, so wurde immer wieder betont, habe ihre Zeitschrift nicht. *Arguments*, so könnte man sagen, ist ein Projekt, das seine Ziele höher steckte. Es war der Versuch einer allgemeinen Revision der Ideen der Linken mit dem Ziel einer grundlegenden »Reform des Denkens« überhaupt.[60] Diese Reform, so die erste Prämisse, hatte einen Preis: Sie forderte den Verzicht auf geschlossene Weltanschauungen gleich welcher Art zugunsten eines »multidimensionellen und pluralistischen Denkens«.[61] Denn das Denken in Totalitäten (la doctrine totale, l'homme total etc.) hatte, so die Erfahrung der Gruppe, zum Totalitarismus geführt, hatte den emanzipatorischen Gehalt der Marxschen Theorie in einen »monolithischen Totalitarismus« überführt, der das Denken versteinerte und die Theorie durch die Praxis der Idee kompromittierte.[62] Die Freilegung des emanzipatorischen Gehalts der Theorie durch Rückkehr zu den Quellen, insbesondere zu den frühen

58 Ebd., 3.
59 Ebd., 1.
60 E. Morin, »La Réforme de Pensée«, Vorwort zur Neuauflage der Zeitschrift *Arguments*, Bd. 1, IX-XI.
61 K. Axelos, »Prolégomènes fragmentaires à la pensée anticipatrice«, In: *Arguments*, 9 (1958), 25-28, hier 26; Morin, »Que faire«, 1.
62 P. Fougeyrollas,: »La pensée a-t-elle une ombre?« In: *Arguments*, 14 (1959), 6-9, hier 7.

Schriften von Marx, war die erste Konsequenz, welche die Gruppe zog.[63] Während sie so einerseits mit Marx gegen den Marxismus argumentierte, ging sie andererseits über Marx hinaus. Denn ihre Revision des Marxismus mündete in die Forderung nach Öffnung der Marxschen Theorie gegenüber den Erkenntnissen der Wissenschaften des 20. Jahrhunderts, insbesondere der Psychologie und Soziologie.[64] Sie versuchte die marxistischen Makroanalysen durch Mikroanalysen zu ergänzen, die ihr Instrumentarium aus diesen Disziplinen bezogen. Die Rezeption psychologischer und soziologischer Erkenntnisse und Methoden diente wie die Rückkehr zu den Frühschriften der Gruppe als Mittel zum Zweck: der Akzentuierung des humanistischen Gehalts der Marxschen Theorie und der Rechtfertigung eines existentialistischen Marxismus. Es war der Mensch, das Individuum des 20. Jahrhunderts, der im Mittelpunkt des Denkens der Gruppe stand und um den sich die Revision der Theorie drehte. Die Akzentuierung des Individuums, des Individuellen als theoretisch vernachlässigtem Essentiellen entsprach persönlicher Erfahrung sowie theoretischer Einsicht.

Edgar Morin beschrieb die persönliche Erfahrung, wenn er das Streben nach »ego-involvement«, »Selbstanalyse« und »Selbstkritik«, das die Forschungen der Gruppe leitete, als Konsequenz der Stalinismus-Kritik und Reaktion auf die Apathie der Arbeiterklasse und den Immobilismus der französischen Linken bestimmte. Diese Erfahrung brachte ihn – ebenso wie Fougeyrollas, Lefebvre und viele andere auch – zurück zu Fragestellungen und Reflexionen des »Existentialismus«, denn »de facto: nous nous sommes retrouvés individus face à l'histoire et au monde«.[65] Henri Lefebvre abstrahierte. Er argumentierte, daß der Marxismus in seiner Gesellschaftsanalyse den Widerspruch vernachlässige, der zwischen dem Individuellen und dem Sozialen bestehe. Die Unterordnung des Individuellen unter das Gesellschaftliche, wie sie in den bestehenden sozialistischen Gesellschaften gefordert und von marxistischen Denkern gerechtfertigt werde, wider-

63 E. Morin, »Révisons le révisionnisme«. In: *Arguments*, 2 (1957), 8-10; K. Axelos, »Y a-t-il une philosophie marxiste«. In: *Arguments*, 4 (1957), 34-36; H. Lefebvre, *Probleme des Marxismus heute*. Frankfurt am Main 1965, 47ff.

64 Morin, »Que faire«, 5ff.

65 Ebd., 2.

spreche der Definition des Humanismus durch Marx.[66] Beide Argumentationen liefen auf die gleiche Forderung hinaus: die Entfremdung des Menschen zu thematisieren, zu problematisieren, diese nicht auf den ökonomischen Bereich zu reduzieren, sondern auch im politischen, kulturellen, familialen und sexuellen Bereich zu studieren. Dadurch weitet die Gruppe im Vergleich zur alten Linken nicht nur das Spektrum ihrer Themen aus, sondern auch ihre Wahrnehmungsfähigkeit für aktuelle Gegenwartsprobleme und Theoretiker, deren Werke ihre Wirkung erst in den sechziger Jahren entfalteten. »Nous étions ... en avance par rapport à l'actualité«, schrieb Axelos mit Recht.[67] Die Zeitschrift präsentierte – erstmals in französischen Übersetzungen – Lukács (1957, 1958), Korsch (1959), Adorno (1959), Weber und Marcuse (1960). Auch die Schwerpunkte, die sie setzte, griffen der allgemeinen Diskursentwicklung vor: »L'homme-problème« (21/1961), »Les difficultés du bien-être« (22/1961). Als legendär gilt bis heute die Nummer 12-13/1959, die die Frage stellt: »Qu'est-ce que la classe ouvrière française?«[68] Alain Touraine gab sie heraus, ein junger Soziologe, zehn Jahre später Professor in Nanterre, als dort die Revolte der Studenten begann.

Das individualistische Prinzip der Gruppe und der in ihren Publikationen aufrechterhaltene Grundsatz, daß jeder nur für sich selber spricht, macht es schwer, die Anstöße der Gruppe auf einen gemeinsamen Nenner zu bringen. Der formale Aufbau der Zeitschrift folgt dem Prinzip von »Rede« und »Gegenrede«, »These« und »Antithese«, wobei in der Regel die Synthese fehlte; wo sie versucht wird, fällt sie mehrstimmig aus. Die dialogische Form, die den Aufbau von *Arguments* prägt, entspricht dem theoretischen Anspruch, das neue Denken müsse »reflexiv« und »interrogativ« sein, und in diesem Anspruch stimmen alle Mitglieder der Gruppe überein.[69] Er gilt über alle inhaltlichen Differenzen hin-

66 Lefebvre, *Probleme des Marxismus*, 40 f.

67 K. Axelos, »Une problématique«. (Vorwort zur Neuausgabe der Zeitschrift) *Arguments 1956-1962*, I-II, Toulouse 1983, Tome I, XII-XIII, hier XII.

68 *Arguments*, 12/13 (1959), 2-33.

69 Vgl. unter anderem J. Duvignaud, »La convivalité intellectuelle«. (Vorwort zur Neuauflage der Zeitschrift) *Arguments 1956-1962*. Tome I, XIV-XV; Morin, »La réforme de la pensée«. Ebd., IX-XI, sowie die »Trois Manifestes d'Arguments«. Ebd., XXIX-XXXI.

weg und eint die Gruppe in dem Versuch, theoretische Innovation auf dem Wege intersubjektiver Interrogation, d. h. wechselseitiger Kritik und Infragestellung von Positionen zu suchen. Mit anderen Worten: Sie experimentiert mit Widersprüchen und Gegensätzen in dem Bestreben, Kritik und Selbstkritik theoretisch konstruktiv zu machen.[70] Konstruktiv ist sie dabei zunächst in der Dekonstruktion. Sie entdogmatisiert, entmythisiert, entzaubert den Marxismus, bricht mit der »Magie« der Marxschen Theorie, die, aus ihrer Sicht, in der metasoziologischen, quasireligiösen, millenaristischen Dimension des Marxschen Denkens liegt.[71] Nicht die Gruppe an sich, sondern jedes Mitglied für sich sagt sich mit unterschiedlichen Worten und divergierenden Erklärungen los von der Marxschen Geschichtsphilosophie, vom historischen Materialismus, der jedem einzelnen einst Gewißheit gab, nun aber zum Mythos geworden ist, der die geschichtliche Entwicklung verklärt, nicht aber erklärt. Zitiert sei eine Stellungnahme, die exemplarisch ist und der in der Zeitschrift auch niemand widerspricht. Fougeyrollas schreibt:

Être marxiste ne consiste pas seulement à se servir de concepts marxiens et à reconnaître le génie de l'auteur de l'*Idéologie allemande* (ce que je ne me prive pas de faire); cela consiste aussi à considérer que le régime capitaliste est la dernière forme d'exploitation de l'homme par l'homme et à tenir pour historiquement nécessaire l'avènement du socialisme et du communisme (cf. *la préface à la Contribution à la critique de l'économie politique*). En ce sens, j'avoue bien volontiers, ne plus être marxiste.[72]

Der Verzicht auf eine Geschichtsphilosophie, welche die Entwicklung des Sozialismus als determiniert durch die Bewegungsgesetzlichkeit der Geschichte bestimmt, schließt aber keineswegs den Verzicht auf die konkrete Utopie einer anderen Gesellschaft, eines ›neuen‹ Lebens ein. Das Festhalten an dieser Projektion bleibt die »conditio sine qua non« des Selbstverständnisses der kritischen Intelligenz. »Elle est la forme de notre survie. C'est pour là que j'ai été communiste. Elle survit au stalinisme!«,

70 Vgl. unter anderem K. Axelos, »Que penser? (Où mène la critique du marxisme)«. In: *Arguments*, 16 (1959), 17-20.

71 Vgl. unter anderem F. Fejtö, »Réflexions d'un révisionniste«. In: *Arguments*, 14 (1959), 12-17.

72 Fougeyrollas, »La pensée a-t-elle une ombre?«, 7.

schreibt Jean Duvignaud[73], und darin stimmen die anderen mit ihm überein. So bleibt ihre Position ambivalent. Sie negieren den Fortschrittsglauben, die Eschatologie der Marxschen Theorie, bleiben aber orientiert auf die Vision einer Welt, die die Möglichkeit der Emanzipation des Menschen enthält. Sie erklären alle -ismen und Ideologien für tot und entwickeln die Vision der zukünftigen Gesellschaft aus einer Mischung von Realismus und Utopie, »Realismus des Möglichen« nennen sie das oder »antizipatorisches Denken« oder auch »Post-Marxismus«.[74] Wobei dieser Marxismus bereits *in statu nascendi* den zweiten Grundpfeiler umstürzt, auf den für orthodoxe Marxisten der Materialismus baut: die Theorie des historischen Subjekts, des Proletariats als revolutionärer Klasse, deren Kampf die Transformation der Gesellschaft vorwärtstreibt und die kapitalistische Gesellschaft in den Sozialismus überführt. Morin gibt sie auf[75], noch bevor ihm Touraine in der Nummer 12-13 (1959) von *Arguments* die demographische Stagnation – »La classe ouvriere n'est jamais majoritaire« – und wachsende Integration der Arbeiterklasse in die bestehende Ordnung zeigt. Die Arbeiterbewegung, so Touraines Fazit, hält mit dem Wandel in der Struktur und den Bedürfnissen der Arbeiterklasse nicht Schritt. Das Anwachsen der Angestellten und der technischen Intelligenz zeige ferner Veränderungen an, welche die Bewegung mit ihren traditionellen Kategorien und Begriffen nicht fassen könne. So hemme sie sich selbst auf dem Weg zur Macht. Logisch und notwendig zur Übernahme der Regierungsmacht sei eine Koalition von Arbeiterschaft, Angestellten und »classe moyenne liberale«, doch könne diese weder auf die Forderung nach Aufhebung des Eigentums gegründet sein noch orientiert an den Modellen der politischen Revolution der Vergangenheit.

Le ressort du mouvement ouvrier n'est plus la révolte d'une classe isolée du reste de la nation, soucieuse à la fois de défendre son autonomie professionnelle et culturelle et de remplacer un type de société par un autre en transformant le régime de la propriété, mais la volonté ouvrière de parti-

73 J. Duvignaud, »Sur ce qu'il y a d'irrepressible en l'homme«. In: *Arguments*, 14 (1959), 4-6, hier 6.

74 Morin, »Que faire«, 7, 1.

75 Ders., *L'autocritique*, 220-222.

ciper aux biens matériels et à l'organisation de la société , de contrôler les décisions prises à tous les niveaux pour les rendre plus démocratiques.[76]

Partizipation, Kontrolle, Demokratisierung lösen somit Verstaatlichung und Sozialisierung als Forderungen und Mittel der Mobilisierung auf dem Weg zur Macht ab. Die Revision der Mobilisierungsstrategie hat Folgen für die Sozialismuskonzeption.
Die Verstaatlichung und Sozialisierung der Produktionsmittel, so Edgar Morin, ist nicht nur keine hinreichende Definition des Sozialismus mehr. Die Kritik der Produktionsverhältnisse, die sich auf das Privateigentum an den Produktionsmitteln gründen, ist absolut unzureichend, die Idee des Sozialismus zu begründen. Worauf läuft die neue Sozialismuskonzeption hinaus? In dem *Arguments*-Heft, das die Perspektiven der Gruppe skizzieren soll, zählt Morin zunächst einmal nur Problemfelder auf (»Problèmes des appareils monopolistes de l'économie et de la politique, problèmes du pouvoir et de la puissance, problèmes de la gestion collective, problèmes de la consommation de masses, problèmes de la civilisation industrielle ou technicienne, problème de la bureaucratisation du monde, problème de l'internationale«). Erst auf der Basis der Analyse der neuen zentralen Konflikte in der Gesellschaft, so das Fazit, kann die Suche nach neuen Transformationsstrategien sozialistischer Ordnungsentwürfe beginnen.[77] Eines deutet sich jedoch bereits in der Phase der Problemneudefinition an: die Betonung des kulturellen Bereichs, kultureller Fragen und Themen. Denn, wie Henri Lefebvre 1958 schreibt:

Wir werden anspruchsvoller. Wir fragen: ›Was ist eigentlich der Sozialismus? Wie greift er in das Alltagsleben ein? Was verändert er?‹ Und wir sehen es nicht klar. Abschaffung der Bourgeoisie und der Klassenverhältnisse? Unterdrückung der kapitalistischen Eigentums- und Produktionsverhältnisse? Das sind nur negative Definitionen. Das Bild einer bürgerlichen Gesellschaft ohne Bourgeoisie beruhigt und befriedigt uns nicht. Wir denken, daß es etwas anderes geben muß oder wird. Doch worin besteht das Neue? In seiner Arbeit etwas Positives sehen, sie aus freien Stücken zum ersten Bedürfnis machen, besser arbeiten, statt die Produktivitätssteigerungen über sich ergehen zu lassen, die Arbeit wollen, das ist alles gut, das sind wichtige Punkte, was die Produktionsverhältnisse angeht und die vielleicht einen Beitrag zur ökonomischen Definition einer

76 A. Touraine, »Situation du mouvement ouvrier«. In: *Arguments* 12/13 (1959), 7-15, hier 15.
77 Morin, »Que faire?«, 8.

Produktionsweise leisten. Sie können aber nichts dazu beitragen, eine *neue* Kultur, eine *neue* Zivilisation, eine *neue* Humanität, eine *neue* Lebensfreude zu definieren. Auch nicht einen gültigen Lebensstil, der sich durch seine überzeugende Kraft bewährt.[78]

Bereits 1946 begann Lefebvre mit einer »Kritik des Alltagslebens«, in den Jahren 1958 bis 1961 vollendet er sie. »Freizeit, Arbeit und das ›Privatleben‹«, so seine These, »bilden eine dialektische Einheit, eine allgemeine Struktur«, in der sich die reale Gestalt des Menschen bildet.[79] Die Parzellierung der Arbeit durch »die moderne Zivilisation der Industriegesellschaft« führt zu Entfremdungen auch außerhalb der Arbeit. Lefebvre zeigt die Entfremdungen des Menschen im Alltäglichen auf, in der Freizeit, in der Familie, in den sexuellen und sozialen Beziehungen des einzelnen. Seine Analyse mündet in eine Theorie der Bedürfnisse. Er führt die Passivität und Apathie der Menschen, den Verlust ihrer Kreativität und Identität auf die von der modernen Zivilisation erzeugten Bedürfnisse zurück. Die Folgerung, die er daraus zieht und seinen Lesern nahelegt, lautet: auf der Basis der Erkenntnis der erzeugten Bedürfnisse den Alltag zu verändern, das Leben und die sozialen Beziehungen neu zu gestalten. Lefebvres Theorie läuft im Effekt auf ein Projekt Lebensreform hinaus, doch unterscheidet es sich von bürgerlichen Vorläufern dieser Art in der Wahl der Mittel. Inspiriert von den Surrealisten, denen er in den zwanziger Jahren nahestand, bevor er sich der Kommunistischen Partei anschloß, entwickelt er eine Transformationsstrategie, eine »Theorie der Momente«, wie er es nennt, die die Kritik des Realen (Alltäglichen) durch das Surreale einschließt, die Durchbrechung des Alltags durch das Spiel, durch spontane kreative Aktionen, durch Provokationen. Mit seiner »Theorie der Momente« wirkt Lefebvre unmittelbar auf die »Situationistische Internationale« ein, eine internationale Vereinigung von Künstlern und Intellektuellen, die sich 1958 bildet. Deren Kritik am alltäglichen Leben wird Lefebvre später als »sonderbare Mischung aus Mystifikation, Rhetorik, verbaler Gewalttätigkeit und Beleidigung«[80] charakterisieren, und er wird sich von der Gruppe 1968 distanzieren; doch zunächst einmal greifen Lefebvres Theorie und das Aktions-

78 H. Lefebvre, *Kritik des Alltagslebens*, I-III, München 1974, hier I, 56.
79 Ebd., III, 176ff.
80 Ebd., I, 11.

programm der Situationisten ineinander.[81] Spontaneität heißt das Losungswort der 58er Intellektuellen. »Face à la tendence de sur-organisation«, wie François Fejtö 1959 schreibt, »nous faisons les porte-parole de la spontanéité«.[82] Auch Jean Duvignaud stimmt in diesem Punkt mit ihm überein. Wenn Organisation, wie die Geschichte der alten Linken zeigt, zum Immobilismus führt, kann nur Spontaneität der Schlüssel zur Kreativität der Klassen sein. Doch wer soll der Träger der Spontaneität, der Auslöser neuer Kreativität sein? Duvignaud plädiert für die Schaffung kleiner Diskussionsgruppen, die er auch »groupes démocratiques d'information« nennt.

Zusammengesetzt aus allen Klassen und den verschiedenen Berufen der Gesellschaft, sollen sie die Basis von »regroupements ultérieurs et plus actifs« sein, d.h. einen gesellschaftlichen Wandlungsprozeß in Gang setzen, eine soziale Bewegung entfachen, indem sie in die Gesellschaft intervenieren und »die Individuen provozieren, untereinander die wirklichen Bedürfnisse der Gesellschaft zu diskutieren«. »Mikro-Sozialismus« nennt Duvignaud die Aktivität dieser Gruppen, deren erstes Ziel die »geistige Befreiung« der Menschen ist. Indem sie die wirklichen Probleme aufgreifen, die das Wirtschaftswachstum stellt, können sie, aus Duvignauds Sicht, aber auch die sozialen Energien wiedererwekken, die durch die Geschichtsphilosophien eingeschläfert wurden.[83] Die Gruppe wird so zum Zentrum und dynamischen Element geistiger und sozialer Innovation. Als soziales Phänomen steht die Gruppe zwischen Bewegung und Partei. Sie bildet eine eigene – im Vergleich zur Partei dezentralisiertere – organisatorische Infrastruktur aus, die in eine Partei überführt oder auf die Mobilisierung einer Bewegung orientiert werden kann. Wie schon *Socialisme ou Barbarie*, so schwankt auch die *Arguments*-Gruppe

81 Vgl. »Die Theorie der Momente und die Konstruktion von Situationen«. In: *Situationistische Internationale 1958-1969. Gesammelte Ausgabe des Organs der Situationistischen Internationale*, 1-11, übersetzt aus dem französischen Original von P. Gallissaires, deutsche Bearbeitung durch H. Mittelstädt, hg. vom Komitee für die Realisierung C. Diabolis u.a., Hamburg 1976, hier 1, 125-127.

82 F. Fejtö, »Le chemin du révisionniste«. In: *Arguments*, 16 (1959), 21-23, hier 22.

83 J. Duvignaud, »Peut-on sortir du ›ghetto‹?«. In: *Arguments*, 16 (1959), 10-15.

angesichts der Entscheidung über diese Frage. Im vorletzten Heft der Zeitschrift greifen Georges Lappassade und Edgar Morin »La question ›micro-sociale‹« auf und formulieren gegen Duvignauds Mikro-Sozialismus-These die Hypothese, daß eine Partei, die ihre Aufmerksamkeit auf das Alltagsleben richtet, möglicherweise den Problemen, die man mit dem Terminus »Entpolitisierung« zu fassen sucht, wirksamer gegenübertreten könne. Könnte man sich, so ihre Frage, in diesem Fall nicht auch neue Strukturen und neue Formen eines Parteilebens vorstellen?[84] Es kommt soweit nicht. Die Zeitschrift *Arguments* stellte nach der folgenden Nummer ihr Erscheinen ein. Geldmangel, Arbeitsüberlastung der Mitarbeiter und Redakteure spielten bei der Entscheidung eine Rolle, den wahren Grund aber lieferten sie nicht. In einem Nachruf auf *Arguments*, der den Titel »Das Ende eines Anfangs« trägt, stellte Edgar Morin fest, daß »jenseits eines bestimmten Punktes der Kritik alles die Gefahr barg, sich zu destruieren«.[85]

Die Wirkung der Gruppe reichte weiter als ihre Kritik. Sie öffnete den Marxismus für Strömungen der Zeit, legte fragmentarisch Positionen frei, an die das Denken der nächsten Generation der Neuen Linken anknüpfen konnte. Zwar waren die Mitglieder von *Arguments* für sie dann alte Männer – »Morin, Lefebvre on les emmerde/Ah ça ira, ça ira/Et le Touraine on se le paiera«.[86] Aber Morin konnte für sich beanspruchen, die Jugendrevolte, die keine Generationsrevolte sein wollte, sondern eine radikale Kulturwerte- und Systemopposition, vorausgedacht zu haben.[87] »Antipaternalistisch«, »antiautoritär« und »spielerisch« sollte er die Revolte in Nanterre 1968 nennen[88] und in ihr Tendenzen und Zielrichtungen wiedererkennen, die seine Gruppe ein Jahrzehnt zuvor antizipierte, aber noch nicht in Praxis überführte. Ihre Revolte war eine intellektuelle. Was sie in Bewegung setzten, waren Ideen.

84 G. Lappassade, E. Morin, »La question microsociale«. In: *Arguments*, 25/26 (1962), 2-4, hier 4.

85 E. Morin, »La fin d'un commencement«. In: *Arguments*, 27/28 (1962), 123-126, hier 124.

86 Aus einem Lied der Studenten von Nanterre. Vgl. dazu Kap. III.

87 Morin hat sich in verschiedenen Aufsätzen mit dem Phänomen des Jugendprotestes auseinandergesetzt. Vgl. dazu die Aufsatzsammlung *L'Esprit du temps*, Tome 1, Paris 1962, sowie Tome 2, Paris 1976.

88 Morin/Lefort/Coudray, *La Brèche*, 20, 75-77.

Die Avantgarde der Avantgarde: Die *Situationistische Internationale* (1958-1969)

Parallel zu *Socialisme ou Barbarie* und *Arguments* erschien seit 1958 in Paris ein drittes Avantgarde-Blatt. Es wurde von Guy Debord, 27, als Bulletin der Sektionen der Situationistischen Internationale herausgegeben[89], die beabsichtigt, »der höchste Grad des internationalen revolutionären Bewußtseins zu sein«. Die Situationisten standen in der Tradition des Dadaismus und Surrealismus, beanspruchten aber zugleich für sich, Marxisten zu sein, und zwar in dem Sinne, »wie Marx, als der sagte: ›Ich bin kein Marxist‹«.[90] Es waren Künstler und Intellektuelle, die sich zur Situationistischen Internationale zusammengeschlossen hatten. Was sie kritisierten, war die Trennung der Künstler von der Kultur, eine Trennung, die, aus ihrer Sicht, der Kapitalismus hervorgebracht hatte, indem er falsche Lebens- und Freizeitweisen an die Stelle von dem gesetzt hatte, »was die wirkliche Lebenspraxis sein sollte«. Es war die von ihnen sogenannte »zweite Entfremdung«, auf die sie in ihren Texten die Aufmerksamkeit lenkten.

»Tiefer und untilgbarer« noch »als die ökonomische«, greift die kulturelle Entfremdung in das Leben der Menschen ein. Sie macht kulturelle Tätigkeit – für authentische Künstler – unmöglich, verwandelt Kunst in Konsum, zerstört die Kreativität und führt zur existentiellen Passivität.[91] Die Kulturfrage, so die Prämisse, ist in letzter Konsequenz die Frage nach der Organisation des Lebens. Eine Gesellschaft, die Leben in Arbeit und Freizeit trennt, Konsum plus Freizeit als Ausgleich der Organisation der Arbeit auffaßt, reproduziert analog zur parzellierten und daher entleerten Arbeit eine entleerte Freizeit, in der Kunst zur Ware oder zum Spektakel wird.[92] Die »Negation des Spektakels« und die »Wut

89 Zu Guy Debord (1931-1969) vgl. A. Jorn, »Guy Debord und das Problem des Verworfenen«. In: G. Debord, *Gegen den Film. Filmskripte*, aus dem Französischen übersetzt von P. Gaillissaires und H. Mittelstädt, Hamburg 1978, 5-16.

90 Vgl. »Fragebogen«. In: *Situationistische Internationale*, II, 112-116, hier 112, 114.

91 Vgl. A. Frankin, »Plattform für eine Kulturrevolution«. In: *Situationistische Internationale*, I, 99-100.

92 Vgl. »Manifest«. In: *Situationistische Internationale*, I, 152-154; vgl.

gegen die Kultur«, die Werke zu Waren macht, leiten den Protest der Situationisten und machen sie als Künstler zu Kulturrevolutionären.[93] Nur die »Kulturrevolution«, verstanden als »Sprung in eine andere Lebenspraxis«, kann, so die These, die »Schöpfungsleere überwinden, die zum Hemmnis nicht nur für die Künstler, sondern auch für die Gesamtgesellschaft geworden ist.[94] Denn die soziale Revolution läßt sich ohne die kulturelle nicht vollenden, wie die Gruppe in ihrer »Plattform für eine Kulturrevolution« schreibt.[95] Dazu berufen, eine neue Kultur an die Stelle der alten zu setzen, sind vor allem die Künstler und Intellektuellen, deren Revolte gegen die bestehenden Kulturverhältnisse sie zur Avantgarde macht.[96] Doch die Definition der »Kultur« als Konstruktion des »alltäglichen Lebens« weitet die Definition des Künstlers aus, so daß »jeder zum Künstler auf einer höheren Ebene wird – d. h. auf untrennbare Weise zugleich zum Produzenten und Konsumenten einer totalen kulturellen Schöpfung«. Denn jeder wird zum »›Künstler‹ ... für die Konstruktion seines eigenen Lebens«.[97] Die Verwirklichung der Kunst ist dort erreicht, wo sie der Künstler »in die Kunst des Lebens einverleibt«. Kunst wird zur revolutionären Praxis für jedermann, der durch »Kritik und ständige Neugestaltung der Totalität des alltäglichen Lebens« sich und seine Umwelt verändern kann. Doch wie soll das geschehen? Die Antwort der Situationisten lautet: durch »Spiel«, durch Ausübung der »spielerischen Schöpfung«, durch Freisetzung von Kreativität in erlebten Augenblicken.[98] Das Spiel setzt auf Spon-

auch »Über die Anwendung der freien Zeit«. In: *Situationistische Internationale*, 1, 118-120.

93 Vgl. G. Debord, »Thesen über die kulturelle Revolution« (1958). In: *Situationistische Internationale*, 1, 25-27, »Über die Anwendung der freien Zeit«. In: *Situationistische Internationale*, 1, 120.

94 Vgl. »Diskussion über einen Aufruf an die revolutionären Intellektuellen und Künstler« (1959). In: *Situationistische Internationale*, 1, 97-99, hier 98; Constant, »Eröffnungsbericht der Münchner Konferenz«. In: *Situationistische Internationale*, 1, 100-102, hier 100.

95 Frankin, »Plattform für eine Kulturrevolution«, 99 f.

96 Vgl. »Diskussion über einen Aufruf an die revolutionären Intellektuellen und Künstler« (1959). In: *Situationistische Internationale*, 1, 99.

97 Vgl. »Über die Anwendung der freien Zeit«. In: *Situationistische Internationale*, 1, 118-120, hier 119; »Manifest«. In: *Situationistische Internationale*, 1, 154.

98 »Manifest«. In: *Situationistische Internationale*, 1, 152.

taneität, doch ist es keineswegs spontan. Es kommt, so die Situationisten, darauf an, »Situationen zu schaffen, in denen das Individuum sich spielerisch definieren kann«.[99] Mit ihrer »Theorie von Situationen« knüpfen sie an Lefebvres »Theorie der Momente« an und binden sich spielerisch zurück an Marx. »Bisher«, so kann man in einem Fragebogen lesen, in dem die Situationisten sich selbst definieren, »haben die Philosophen und Künstler die Situationen nur verschieden interpretiert, es kommt jetzt darauf an, sie zu verändern. Da der Mensch das Produkt von Situationen ist, die er erlebt, liegt viel daran, menschliche Situationen zu konstruieren«.[100] Bleibt die Frage: Was ist die Situation? »Sie ist die Verwirklichung des Spiels oder genauer gesagt, die Aufforderung zum Spiel der menschlichen Anwesenheit.«[101] »Wer Situationen konstruiert«, so kann man lesen, »›wandelt‹ – um auf ein Marxsches Wort zurückzugreifen –, ›indem er durch seine Bewegung auf die äußere Natur wirkt und sie umwandelt, zugleich seine eigene Natur um‹.«[102] So versteht sich die Situationistische Internationale als »Experimentalbewegung«, welche »die revolutionären Spieler aller Länder« vereinigen will.

Verballhornung des Marxismus oder ernstgemeinte Intervention in eine theoretisch erstarrte Diskussion? Zunächst einmal nahm man die Situationisten ernst. Henri Lefebvre, der Leiter des französischen »Nationalen Zentrums für Wissenschaftliche Forschung« (CNRS) war, lud Guy Debord am 17. Mai 1961 zu einem Vortrag vor der versammelten »Forschungsgruppe über das alltägliche Leben« ein. Ein Tonband hielt Debords Perspektiven einer bewußten Änderung des »alltäglichen Lebens« fest. Es zeichnete auch den Passus auf, in dem Debord das alltägliche Leben als »kolonialisierten Sektor« bezeichnete, dessen (Unter-)Entwicklung in Wechselwirkung zur Weltwirtschaft steht. Die Situationisten transkribierten die Tonbandaufzeichnung und druckten sie im Augustheft ihrer Zeitschrift ab[103], das wie jedes Heft die Vor-

99 »Die Theorie der Momente und die Konstruktion von Situationen«. In: *Situationistische Internationale*, 1, 125-127.

100 »Fragebogen«. In: *Situationistische Internationale*, 11, 112.

101 »Manifest«. In: *Situationistische Internationale*, 1, 152.

102 »Der Sinn im Absterben der Kunst«. In: *Situationistische Internationale*, 1, 78-85, hier 82.

103 G. Debord, »Perspektiven einer bewußten Änderung des alltäglichen Lebens«. In: *Situationistische Internationale*, 1, 226-234.

bemerkung enthielt: »Alle in der *Situationistischen Internationale* veröffentlichten Texte dürfen frei und auch ohne Herkunftsangaben abgedruckt, übersetzt, oder bearbeitet werden.« Die These von der Kolonialisierung des Alltagsleben kam an. Auch ein Beitrag in *Arguments* entfaltet sie im Juni 1962[104], ohne Nennung von Debord. Ob die Anti-Copyright-Bemerkung den Autor dazu veranlaßt hatte, blieb ungewiß. Er könnte sich auch die zweite Redaktionsregel von *Internationale Situationniste* zu eigen gemacht haben, die hieß: »Auch die wenigen persönlich verfaßten und unterzeichneten Artikel sind als für alle unsere Genossen interessant und als besondere Punkte ihrer gemeinsamen Forschungsarbeit zu betrachten.« Denn der Beitrag in *Arguments* stammte von André Frankin, der Mitbegründer der Situationistischen Internationale gewesen, im März 1961 aber wegen Differenzen aus der Gruppe ausgeschieden war. Gleichviel, die Situationisten erinnerten auch ihn an den Beschluß, der besagte, daß jemand, der bei *Arguments* mitarbeite, »auf keinen Fall und zu keiner Zeit« bei den Situationisten aufgenommen werden könne.[105] Die Vokabel »argumentistisch« wurde für die Situationisten zum Mittel, Gegner zu markieren und diskreditieren. Es gab kaum ein Heft der Situationisten, das ohne Angriffe auf die *Arguments*-Gruppe blieb, deren Mitglieder, aus situationistischer Sicht, nichts als »Hampelmänner« waren.[106] Als *Arguments* das Erscheinen einstellte, schien der Triumph der Situationisten perfekt. »In die Mülleimer der Geschichte« hieß der Titel ihrer Broschüre, die das Ende der Zeitschrift kommentierte und nochmals – einem Nachruf gleich – die Namen der Mitarbeiter notierte, darunter auch Lefebvre und Touraine.[107] Der Konflikt zwischen Lefebvre und Touraine einerseits und den Situationisten andererseits, der sich auf dem Höhepunkt der Studentenrevolte zeigte, hat mithin eine Vorgeschichte, die aber wohl nur wenige der Akteure von 1968 kennen und wohl kaum einer von denen, die mit

104 A. Frankin, »Le parti, le quotidien«. In: *Arguments*, 25/26 (1962), 46-48.

105 Vgl. »Die S. I. hatte es ihnen doch gesagt«. In: *Situationistische Internationale*, II, 24.

106 *Situationistische Internationale*, II, 15.

107 »Die längsten Monate«. In: *Situationistische Internationale*, II, 119; »In die Mülleimer der Geschichte«. In: *Situationistische Internationale*, II, 454 f.

anstimmen, wenn es gilt, die Grappignol zu singen: »Morin, Lefebvre on les emmerde/Ah ça ira, ça ira/Et le Touraine on se le paiera.«[108]

»Wir behaupten nicht, das Monopol für die Intelligenz, wohl aber für deren Anwendung zu haben«, stellen die Situationisten in einer programmatischen Erklärung mit dem Titel »Basisbanalitäten« fest.

Unsere Stellung ist eine strategische – wir stehen im Mittelpunkt jeden Konflikts, welcher Art er auch sein mag. Das Qualitative ist unsere Force de Frappe. Wenn einer diese Zeitschrift wegschmeißt, weil sie ihn ärgert, handelt er viel wertvoller, als wenn er sie lesen, nur halb verstehen und uns dann um eine Erklärung bitten würde, durch die er sich selber beweisen könnte, dass er ein kultivierter Mensch sei – d. h. ein Dummkopf.

Einen »ziemlich aufreizenden Terrorismus der Schwerverständlichkeit« nennen Kritiker der Gruppe dies. Die Avantgarde der Avantgarde will schwer verständlich und zugleich im Mittelpunkt sein. Sie will »in die Intelligenz (und gegen sie) als eine Macht hineingehen«, will eine »alchimistische Experimentalgruppe« sein[109], und als solche hat sie aus ihrer Sicht mit »Spezialisten der Fragestellung« à la *Socialisme ou Barbarie* nichts gemein.[110] Sie packt die Probleme anders an, z. B. die Problematik der Bürokratie. Durch die Besetzung der UNESCO, so heißt es im Manifest der Situationisten vom Juni 1960, lasse sich ein »bedeutungsvolles Zeichen« gegen die Bürokratisierung der Kunst und der gesamten Kultur setzen. Auch wenn die Besetzung nur kurze Zeit dauere, erhelle sie die Forderungen der Gruppe auf lange Zeit. »Aktion neuen Typs« nennt die Gruppe eine solche in Handlung umgesetzte Kritik.[111] Im Mittelpunkt der Aktion steht jedoch nicht die Organisationskritik, sondern die Kritik des Alltagslebens und der städtischen Umwelt, und das heißt für die Situationisten insbesondere Kritik des Urbanismus. »In einer Zeit«, so schreibt Raoul Vaneigem, der neben Debord einer der maßgebenden Theoretiker der Gruppe ist, »wo sich die Soziologen in ihrem Beschluß einig

108 Vgl. dazu Kap. III.

109 R. Vaneigem, »Basisbanalitäten«. In: *Situationistische Internationale*, II, 42-58.

110 Ders., »Über einige theoretische Fragen ohne Fragestellung und Problematik«. In: *Situationistische Internationale*, II, 186-187, hier 186.

111 »Manifest«. In: *Situationistische Internationale*, I, 153.

sind, daß die Arbeiterklasse nicht existiert, haben dagegen die Urbanisten ... fast die ganze Gesellschaft mit den gewandtesten Methoden zu einer weniger brutalen, aber radikalen Proletarisierung geführt.« Proletarisierung umreißt die Wohnbedingungen, die der architektonische Funktionalismus geschaffen hat, die Verarmung und Entfremdung des Lebens durch den funktionalistischen Wohnungsbau der »Humanisten des Stahlbetons«.[112] »Mit den neuen Städten«, so die Situationisten, »... drückt die Gesellschaft ihr grundsätzliches Prinzip der Entfremdung und des Zwanges mit der klaren Sprache der Organisation des alltäglichen Lebens im Raum aus«[113]; kurz: »die Entwicklung des städtischen Milieus ist die kapitalistische Dressur des Raumes«.[114] Ziel der Situationisten ist die »Umwälzung der städtischen Umwelt« durch experimentelle (Re-)Konstruktion eines »sozialen Raumes« in den Städten.[115] Ihre »Praxis der bewußten Umweltkonstruktion« nach dem Motto »Eine andere Stadt für ein anderes Leben«[116] mündet in die Errichtung von »Stützpunkten für ein experimentelles Leben«, die all jene vereinigen sollen, »die ihr eigenes Leben auf einem für ihre Zwecke ausgerichteten Territorium erschaffen wollen«.[117] Der »unitäre Urbanismus«, den sie vertreten, will eine neue städtische Zivilisation schaffen. Er setzt mit seinem Versuch der spielerischen Veränderung des städtischen Raumes bei der Zweckentfremdung[118] des Bestehenden an. Zweckentfremdet werden Gegenstände und Begriffe zur Verdeutlichung der Mittel und Möglichkeiten, die der Menschheit zur

112 R. Vaneigem, »Anmerkungen gegen den Urbanismus«. In: *Situationistische Internationale*, 1, 240-245, hier 244, 245.

113 »Kritik des Urbanismus«. In: *Situationistische Internationale*, 1, 211-218, hier 214.

114 A. Kotanyi, R. Vaneigem, »Elementarprogramm des Büros für einen Unitären Urbanismus«. In: *Situationistische Internationale*, 1, 223-225, hier 223.

115 »Der Unitäre Urbanismus am Ende der fünfziger Jahre«. In: *Situationistische Internationale*, 1, 87-91, hier 87. »Kritik des Urbanismus«. In: *Situationistische Internationale*, 1, 212.

116 Constant, »Eine andere Stadt für ein anderes Leben«. In: *Situationistische Internationale*, 1, 112-115.

117 Kotanyi/Vaneigem, »Elementarprogramm des Büros für einen Unitären Urbanismus«, 224.

118 Vgl. »Definitionen«. In: *Situationistische Internationale*, 1, 18 f., hier 19.

Verfügung stehen, um das Leben frei zu gestalten. Gegen die Entfremdung, so könnte man sagen, kämpfen die Situationisten mit den Mitteln der Verfremdung an. Dabei geht es ihnen in erster Linie darum, Zeichen zu setzen, z. B. durch

> ... einige Kritzeleien auf den Mauern, in aller Eile eingeritzte Worte der Verweigerung, die den Gelehrten nur auf den Mauern Pompejis, in einer versteinerten Stadt interessant zu sein scheinen. Unsere Städte sind aber noch viel mehr versteinert. Wir wollen im bekannten Land, unter lebendigen Zeichen, die alltägliche Freunde sind, leben. Die Revolution wird auch die ewige Schaffung von Zeichen sein, die allen gehören.[119]

Revolution im Sinne der Situationisten verknüpft das Ende der Ausbeutung des Menschen mit dem Ende der (falschen) Leidenschaften, Kompensationen und Gewohnheiten, die Produkte der Ausbeutung sind.[120] Revolution hebt die Trennung zwischen Arbeit und Freizeit auf, wälzt die Verhaltensweisen der Menschen um, verändert den Lebensstil. Doch läßt sich der neue Lebensstil nicht dekretieren[121], lediglich experimentell ausprobieren durch eine kulturelle Avantgarde, die den neuen Stil antizipiert und durch ihre Aktionen auf sich aufmerksam macht. In diesem Sinne verstehen sich die Situationisten als »Berufsrevolutionäre in der Kultur«.[122] Als solche distanzieren sie sich von allen politischen und gewerkschaftlichen Organisationen (der Linken), denen sie »die Fähigkeit absprechen, etwas anderes als die Einrichtung des Bestehenden zu organisieren«.[123] Ihr Ziel ist der Aufbau einer »revolutionären Organisation neuen Typs«, wobei die Subversion bestehender Organisationen auch als eine der Aufgaben der neuen Organisation angesehen werden kann.[124] In der Subversion, das wird sich ab Mitte der sechziger Jahre zeigen, werden die Situationisten besonders erfolgreich sein, doch setzt die Subversion eine autonome Organisation zur Ausbildung der Kader voraus. Das Durchschnittsalter der Situationisten liegt 1958 bei 32 Jahren.

119 Vaneigem, »Anmerkungen gegen den Urbanismus«, 243.
120 G. Debord, *Rapport zur Konstruktion von Situationen und die Organisations- und Aktionsbedingungen der Internationalen Situationistischen Tendenz und andere Schriften*, Hamburg 1980, 36.
121 Vgl. »Diskussion über einen Aufruf an die revolutionären Intellektuellen und Künstler«. In: *Situationistische Internationale*, 1, 99.
122 Debord, »Thesen über die kulturelle Revolution«, 26.
123 »Manifest«. In: *Situationistische Internationale*, 1, 153.
124 Ebd.

Für Lefebvre, Jahrgang 1905, repräsentieren die Situationisten »die Jungen«.[125] Sie selbst sehen sich als nicht jung genug, sie setzen zur Durchführung ihrer Aufgaben auf die noch jüngeren und sprechen sie werbend an:

JUNGE LEUTE
wenn Ihr irgendwie zum Spiel und zur
Selbstüberwindung fähig seid
ohne besondere Vorkenntnisse
klug oder schön
Ihr könnt mit der Geschichte gehen
MIT DEN SITUATIONISTEN
Nicht anrufen; Schreiben oder vorsprechen
bei: 32, rue de la Montagne-Geneviève,
Paris 5[126]

Der Glaube an die Jugend als revoltierende Kraft ist es, der jenseits aller Differenzen Guy Debord mit Edgar Morin vereint und der selbst Henri Lefebvre erfaßt, wenn er schreibt: »Richtig ist, soziologisch gesprochen, daß ›die Jungen‹ und die ›Jugend‹ noch klarer als vor einem Jahrhundert eine gesonderte soziale Gruppe bilden, mit eigentümlichen Sorgen und Problemen, d.h. eine Gruppe, die der Gesellschaft, gleichgültig welcher, Probleme aufgibt.« Gegenüber dem Programm der Situationisten bleibt Lefebvre indes skeptisch. »Hüten wir uns, zu bewundern«, schreibt er, »sie schlagen den Menschen ›keinen anderen Lebensgrund als die Gestaltung ihres eigenen Lebens‹ vor, sie votieren dafür, daß man, vom Zwang der elementaren Bedürfnisse befreit, endlich anfange Wünsche zu haben, verwandelte Bedürfnisse.« Für Lefebvre, 56, bleibt das »revolutionärer Romantizismus«.[127] Er billigt die situationistische Lesart seiner Schriften nicht. Seine Kritik des Alltagslebens setzt die Bedürfnisse keineswegs absolut, sondern bindet sie ein in eine komplexe Analyse der sozialen Milieus und der ihnen korrespondierenden Normstrukturen der Gesellschaft, die das Individuum formen, so daß es sich seiner selbst nur in Ausnahmesituationen – Momenten – bewußt wird. Das Individuum ist, aus Lefebvres Sicht, nicht absolut frei in der Sinngebung seiner Handlungen, sondern in seinen Möglichkeiten begrenzt

125 H. Lefebvre, *Einführung in die Modernität. Zwölf Präludien*, Frankfurt am Main, 1978, 349 ff.
126 *Situationistische Internationale*, 1, 37.
127 Lefebvre, *Einführung in die Modernität*, 349, 351.

durch Strukturen und Normen, die historisch gewachsen sind. Die Befreiung des Individuums kann daher nicht nur als individueller Akt, als individuelles Bewußtwerden und Sichfreisetzen von entfremdeten Regeln gedacht werden, sondern ist geknüpft an die Negation der verinnerlichten, unterdrückten Regeln der Gesellschaft durch die Gesellschaft und an einen Prozeß sozialer Interaktionen, in dem sich die individuellen Emanzipationsprojekte mit dem Ziel der Transformation des gesellschaftlichen Bewußtseins, des Lebensalltags und damit der Gesellschaft überhaupt vereinigen.

Die Bewegung der Verwirklichung des Menschlichen geht ebenso vom Subjekt aus (den Wünschen, Hoffnungen, Ideen) hin zu den Objekten, zur Welt, – wie vom Objekt zum Subjekt (Befreiung von jedem äußeren Determinismus, von jeder nicht begriffenen und nicht beherrschten Bestimmung). Diese Verwirklichung ist, philosophisch ausgedrückt, sowohl tiefere Subjektwerdung, Bewußtsein, als auch Objektivierung, eine Welt von materiellen Objekten, die wir beherrschen. Subjektivierung und Objektivierung gehen unablösbar zusammen.[128]

Die Situationisten, so könnte man Lefebvres Kritik zuspitzen, lösten die Dialektik von Subjektivierung und Objektivierung einseitig zugunsten der Selbstverwirklichung in Mikromilieus auf und verloren dabei den Blick aufs Ganze der Gesellschaft und für umfassendere Lösungen zu deren Transformation. Die Situationisten wehrten sich gegen diesen Vorwurf mit dem Argument, daß sie die einzigen seien, die anwendungsbezogen dachten und damit die Kritik des Alltags praktisch machten.
Die unmittelbare praktische Relevanz der Situationisten blieb jedoch bis Mitte der 60er Jahre gering. In ihrer relativen Einflußlosigkeit im politisch-kulturellen Spektrum der Zeit waren sich alle drei Zeitschriften gleich. Während sie über neue Transformationsmodelle und -strategien reflektierten, stürzte die Vierte Republik, erlangte und verfestigte de Gaulle seine Macht. Sein Machtantritt schwächte und entzauberte die »alte Linke« – PCF und SFIO – mehr als die Kritik der Linksintellektuellen, doch ganz ohne Wirkung blieben diese nicht. Ihre Kritik verhallte nicht ungehört, sie wurde rezipiert und diskutiert.

128 Ebd., 163.

Die geographische Konzentration des intellektuellen Lebens in Paris und innerhalb von Paris zwischen dem Quartier Latin, Saint-Germain des Prés und Montparnasse schuf in Frankreich ein – im Vergleich zu anderen Ländern – ausgesprochen dichtes intellektuelles Diskursmilieu. Innerhalb weniger Stunden konnte man, wie Sartre schreibt, alle zwischen Saint-Germain und Montparnasse besuchen. In kürzester Zeit war es daher auch möglich, ihre Meinung zu einem bestimmten Phänomen zu erfahren.[129] Die räumliche Nähe förderte den Austausch von Ideen und erleichterte die Bildung intellektueller Gruppen, förderte zugleich aber auch die Abgrenzungen zwischen den Gruppen, ihre theoretischen Differenzierungen und wechselseitigen Distanznahmen. Die Zeitschriften *Socialisme ou Barbarie*, *Arguments* sowie *Internationale Situationniste* waren ebenso Produkte dieses Milieus, wie sie ihrerseits prägend auf das Milieu einwirkten. »Die ›Masse‹ der Leser von *Arguments* konzentrierte sich«, wie Edgar Morin schrieb, »im Quartier Latin«. Allein 400 Exemplare der Zeitschrift wurden »immer« auf dem Boulevard Saint Michel verkauft. Insgesamt lag die Auflagenhöhe bei 3000 bis 4000 pro Heft, wobei 1000 Exemplare direkt an Abonnenten versandt wurden.[130] Man wird davon ausgehen können, daß die Verbreitung der beiden anderen Zeitschriften in etwa diesen Zahlen entsprach.

Von Anfang an ging es der Gruppe Socialisme ou Barbarie nicht nur darum, eine möglichst breite Leserschaft zu erfassen, sondern diese auch in Gesprächskreisen (*cercles de lecteurs*) zusammenzufassen. Zunächst existierten diese Zirkel nur in Paris, ab 1959 wurde aber auch die Gründung von »cercles de lecteurs de province« angeregt, und bis Juni 1961 wurden sie auch in Caen, Le Mans, Lyon, Montpellier und Nîmes gegründet. Bis 1963 kamen Zirkel in Bordeaux, Lille und Saint-Lô hinzu[131], doch die Existenz all dieser Gruppen dauerte nicht lange. Zumindest berichtete die

129 J.-P. Sartre, *Was ist Literatur?*, Reinbek bei Hamburg 1986, 126f.

130 E. Morin, »La fin d'un commencement«. In: *Arguments*, 27/28 (1962), 123-126, hier 124, 123.

131 Vgl. »A nos lecteurs«. In: *Socialisme ou Barbarie*, Vol. v, N°. 28, Juillet-Août 1959, 96; »A nos lecteurs«. In: *Socialisme ou Barbarie*, Vol. iv, N°. 32 (Avril-Juin 1961, 116; »A nos lecteurs«. In: *Socialisme ou Barbarie*, Vol. v, N°. 33, Décembre 1961-Fevrier 1962, 99.

Zeitschrift ab 1964 nichts mehr über sie. Statt dessen lud sie zu einem sogenannten Cercle de Conférences ein, einer Serie von Vorträgen mit anschließenden Diskussionen, die jeweils in der »Mutualité« stattfanden. Schwerpunktthemen waren: »Psychoanalyse und Revolution« (April 1964), »Was heißt revolutionär sein heute?« (Mai 1964), »Hierarchie und Arbeiterkontrolle« (November 1964), »Psychologie und Politik« (Dezember 1964), »Marxismus heute« (Januar 1965), »Die revolutionäre Bewegung angesichts der unterentwickelten Länder« (März 1965).
Dem Beispiel von *Socialisme ou Barbarie* folgend, gründete auch die Zeitschrift *Arguments* Ende 1960 Leserzirkel. Der »Club Arguments« in Paris traf sich zweimal im Monat, jeweils montags von 18 bis 20 Uhr. Mit der Bekanntgabe der Pariser Club-Gründung kündigte die Zeitschrift auch die Entstehung von *Arguments*-Zirkeln in den Provinzstädten an.[132] Über ihr weiteres Schicksal berichtete *Arguments* nicht, es war vermutlich kurz, zumal die Zeitschrift ihr Erscheinen 1962 einstellte. Weitaus wirksamer als die *Arguments*-Clubs und zudem die Zeitschrift überdauernd, war die »Collection Arguments«, die bei Éditions de Minuit erschien, wie im übrigen die Zeitschrift (1956 bis 1962) auch. Innerhalb der *Collection Arguments* wurden veröffentlicht: Georg Lukács, *Histoire et conscience de classe* (1960), übersetzt von Kostas Axelos; Herbert Marcuse, *Sigmund Freud. Eros et civilisation* (1964) sowie *L'Homme unidimensionnel* (1968); Karl A. Wittfogel, *Le despotisme oriental* (1963); Karl Korsch, *Marxisme et philosophie* (1964). Damit erschloß die Gruppe den französischen Lesern die Rezeption derjenigen Autoren, die 1968 weltweit innerhalb der Protestbewegungen zitiert und diskutiert wurden. Wenn man die für die Übersetzungen notwendige Arbeitszeit in Rechnung stellt, dann schloß die *Arguments*-Gruppe sich nicht nur an einen Diskurs an, sondern schloß ihn auf, ebnete ihn durch die Wahl der Autoren. Die international fast zeitgleich erfolgende Entdeckung und Wiederentdeckung von Autoren wurde durch die länderübergreifende Kooperation linker Zeitschriften und Gruppen gefördert, die sich durch Austausch von Informationen und Publikationen gleichsam vernetzten. *Arguments* und *Socialisme ou Barbarie* beteiligten sich an einem solchen Zusammenschluß. Die Zeitschrift *Arguments*, die ihre Konzeption der in

132 *Arguments*, 20 (1960), 64.

Mailand erscheinenden Zeitschrift *Ragionamenti* entlehnt hatte[133], exportierte jedoch nicht nur einzelne Hefte, sondern, wenn man so will, ihr ganzes Modell. Denn zwischen ihr und der 1959 erstmals erscheinenden deutschen Zeitschrift *Das Argument* bestand nicht nur Namensgleichheit, sondern auch Strukturgleichheit. *Das Argument* übernahm von *Arguments* die Club-Idee, die Kombination von Zeitschrift und Verlag sowie die Form des die Redaktion stützenden ständigen Mitarbeiterstabes. Die internationale Vernetzung läßt sich am deutlichsten jedoch am Beispiel von *Internationale Situationniste* zeigen. Die Zeitschrift war von Anfang an als Organ einer internationalen Vereinigung konzipiert, die ihr Zentrum in Frankreich (Paris) hatte, aber über Sektionen in Holland, Belgien, Italien, der Bundesrepublik, in Großbritannien, Schweden, Dänemark, Israel, Algerien und den Vereinigten Staaten verfügte. Die Sektionen waren klein, insgesamt verfügte die Situationistische Internationale während des Gesamtzeitraumes von 1958 bis 1969 über lediglich 70 Mitglieder, von denen im Laufe dieser Zeit 45 ausgeschlossen wurden und 21 sich abspalteten.[134] Ihre Wirkung aber stand in keinem Verhältnis zur Zahl ihrer Mitglieder.

Die kognitive Orientierung, welche die dissidenten Intellektuellen im Umkreis der drei Zeitschriften entfalteten, wirkte langfristig, im Fall von *Socialisme ou Barbarie* und *Arguments* sogar weit über das Erscheinen der Zeitschriften hinaus. Sie vermittelten Grundorientierungen an eine neue Generation von kritischen Studenten und Jugendlichen, die die Erfahrungen der Herausgeber und Mitarbeiter der drei Zeitschriften nicht teilten und die Ereignisse, die sie zum Bruch mit den tradierten Weltanschauungen der etablierten Parteien geführt hatten, bereits als Geschichte ansahen. Geboren zwischen 1939 und 1945, hatten die meisten von ihnen ihre ersten politischen Erfahrungen während des Algerienkrieges gemacht. Was sie mit der ihnen vorangehenden Generation von Intellektuellen verband, war ihre Kritik an den etablierten Parteien der Linken während des Krieges sowie nach Kriegsende die

133 M. Padova, »Arguments Ragionamenti: Un jumelage féconde«. Vorwort zur Neuausgabe der Zeitschrift *Arguments 1956-1962*, I, XXV-XXVII.

134 »Die Mitglieder der S.I«. In: *Situationistische Internationale*, II, 480-482.

Suche nach einem »anderen« gesellschaftlichen Ordnungsmodell, das sie erstrebten, ohne dafür bereits eine eigene Sprache und eigene Ausdrucksformen zu haben. Es waren, so Jean-Louis Péninou[135], die Fragen, die *Arguments* aufwarf, und die Antworten, die *Socialisme ou Barbarie* gab, die Interesse erweckten und zur intellektuellen Selbstfindung beitrugen.[136] Die Zeitschriften halfen, so Daniel Cohn-Bendit, »den Weg in die Irrtümer der Geschichte« zu vermeiden. Er hatte *Socialisme ou Barbarie* bereits als 17jähriger Schüler, noch in der Bundesrepublik, gelesen.[137] Sein neun Jahre älterer Bruder Gabriel hatte ihm ein Dutzend Bände zum Geburtstag geschenkt. Geboren 1936 in Frankreich, wohin die Familie 1933 emigierte, war Gabriel Cohn-Bendit als Student an der Sorbonne Mitglied der französischen Kommunistischen Partei geworden, hatte sich indes nach dem Ungarn-Aufstand von der Partei gelöst, war ein Jahr lang Mitglied verschiedener trotzkistischer Gruppen gewesen, bevor er zu *Socialisme ou Barbarie* stieß. »Den ganzen marxistisch-leninistischen Unsinn«, so erklärte er später, »den habe ich durchgemacht, und so konnte Daniel gleich dort anfangen, wo ich aufgehört habe.«[138] Zum intergenerationellen Transfer der Ideen trug nicht zuletzt die Tatsache bei, daß zahlreiche Mitarbeiter von *Socialisme ou Barbarie* sowie *Arguments* zugleich Hochschuldozenten waren und in ihren Seminaren Themen aufgriffen, die Gegenstand der Auseinandersetzungen in den Zeitschriften waren. So fand durch Lektüre oder Seminarvermittlung ein Prozeß der Diffusion der Ideen der intellektuellen Neuen Linken statt, der die Existenz der Zeitschriften und Zirkel überdauerte.
Analog zur intellektuellen Neuen Linken in Frankreich entwikkelten auch in Großbritannien und den Vereinigten Staaten dissidente Intellektuelle das kognitive Gerüst einer New Left. Die britische New Left formierte sich im Umkreis zweier Zeitschriften, die Ende 1956 gegründet wurden und im Frühjahr 1957 erst-

135 Leiter der UNEF-Sektion an der Sorbonne 1964-1967, Mitbegründer der Gruppe Mouvement d'action universitaire (März 1968), heute Direktor der Zeitung *Libération*. Vgl. zur Rolle und Funktion Jean-Louis Péninous insbesondere Kap. VII.

136 Im Gespräch mit der Autorin am 17. September 1992 in Paris.

137 Im Gespräch mit der Autorin am 7. September 1992 in Frankfurt am Main.

138 Im Gespräch mit der Autorin am 15. September 1992 in Paris.

mals erschienen: *The New Reasoner* und *Universities and Left Review*. Beide Zeitschriften[139] verstanden sich als unabhängige sozialistische Organe, die theoretisch wie politisch einen Standort außerhalb sowohl der Kommunistischen als auch der Labour Partei suchten. Beide Parteien hatten aus ihrer Sicht versagt, waren dogmatisch erstarrt und von innen heraus nicht reformierbar, so daß eine Erneuerung des sozialistischen Gedankens nur von außen kommen konnte.[140] Bestrebt, die Suche nach einem neuen Denken und Handeln aufzunehmen, das sich in Theorie und Praxis von der alten Linken unterschied, schlossen sich beide Zeitschriften 1959 zur *New Left Review* zusammen.[141] Der Begriff »New Left«, so Raymond Williams, einer der Mitherausgeber der neuen Zeitschrift, wurde nicht erfunden, sondern »drifted in«. Die Zeitschrift verstand sich als Kern einer Neuen Linken, die es ablehnte, sich als Partei zu formieren, weil sie sich als Bewegung konstituieren und Bewegung bleiben wollte. In Soho, nur einen Steinwurf weit von Marx' ehemaligem Wohnsitz entfernt, bezog die Redaktion im Dachgeschoß eines Hauses (No 7 Carlisle Street) Quartier, das vorübergehend zu einem symbolischen Zentrum der oppositionellen Strömungen in Großbritannien wurde: In der Etage unter den intellektuellen Vordenkern der New Left befand sich die Zentrale der »Kampagne für nukleare Abrüstung« (CND) und unter dieser das »Cafe Partisan«, Londons »Left Wing Coffee House«, Treffpunkt der kritischen Jugend, die nachvollzog, was ihr die »Angry Young Men« in der Literatur vorgemacht hatten: individuellen, kulturellen Protest gegen den Zeitgeist, gegen die Erstarrung in Politik, Gesellschaft und Kultur. Grelle Neonlampen leuchteten den Raum aus, in dem gelegentlich auch Dichterlesungen stattfanden und Folk-Musik gemacht wurde.

Die Intellektuellen der *New Left Review* – die in einer Auflage

139 Vgl. zu den Zielen und Trägergruppen P. Sedgwick, »The Two New Lefts«. In: D. Widgery, *The Left in Britain 1965-68*, Harmondsworth 1976, 131-153.

140 Zur Kritik der Neuen Linken an der alten Linken vgl. unter anderem E. P. Thompson, »Outside the Whale«. In: ders. *The Poverty of Theory*, London 1978, 1-34; sowie »Ein Interview mit E. P. Thompson. In: *Ästhethik und Kommunikation*, 33 (1978), 21-31.

141 Vgl. dazu P. Anderson, *Arguments within English Marxism*, London 1980, 131 ff.

von 9000 Exemplaren[142] erschien – arbeiteten wie ihre französischen Kollegen auch an einer Revision der marxistischen Theorie, am Entwurf einer neuen Sozialismuskonzeption sowie einer neuen Transformationsstrategie und an der Definition eines neuen Trägers des sozialen Wandels. Öffentliche Aufmerksamkeit, auch über die Landesgrenzen hinaus, gewannen sie durch ihre Kulturkritik, herausgearbeitet vor allem in den Arbeiten Raymond Williams'[143], durch ihre Thematisierung der Entfremdung des Menschen nicht nur durch die Organisation der Produktion, sondern auch durch die Organisation des Konsums und der Konsumgüterindustrie. Die kulturelle Dimension der sozialistischen Transformation akzentuierend, verlangten sie, daß dem Wandel der Institutionen ein Wandel der sozialistischen Moral und sozialen Praxis vorausgehen müsse, mithin eine experimentelle Antizipation des »neuen Menschen« durch Produktion neuer kultureller Ideale und Verhaltensmodelle. So richtete sich das Interesse der New Left darauf, bereits in der bestehenden Ordnung mit der Errichtung von Gestaltungsräumen und Gegen-Institutionen zu beginnen, in denen keimhaft angelegt war, was in der sozialistischen Gesellschaft entfaltet werden sollte. Zwar ließ sich die Entstehung der Neuen Kultur, wie E. P. Thompson schrieb, nicht auf eine Formel bringen, denn sie ging weder aus Staats- noch Parteidirektiven hervor. Aber zwei Begriffe prägte die New Left schließlich doch: »communication« and »democratic self-activity«.[144] Sie sollten erprobt werden nicht nur im wirtschaftlichen Bereich,

142 »Letter to the Readers«. In: *New Left Review*, 2 (1960), 69.

143 Raymond Williams, *The Long Revolution*. London 1960; ders., *Ressources of Hope, Culture, Democracy and Socialism*, hg. von R. Gable, London, New York 1988. Zur Rolle Raymond Williams' innerhalb der New Left vgl. R. Blackbourn, »Williams and the New Left«. In: *New Left Review*, 168 (1988), 12-22; R. Eagleton, »Ressources for a Journey of Hope: The Significance of Raymond Williams«. Ebd., 3-11. Eine biographische Skizze sowie einen knappen Überblick über das Gesamtwerk gibt Cary Nelson, »Raymond Williams«. In: *Biographical Dictionary of Neo-Marxism*, hg. von R. A. Gorman, London 1985, 411-431. Vgl. zur Diskussion der Studie von Williams innerhalb der New Left die Rezension von E. P. Thompson, »The Long Revolution«. In: *New Left Review*, 9 (1961) 24-33; sowie *New Left Review*, 10 (1961), 34-44.

144 E. P. Thompson, »Revolution again! Or shut your ears and run«. In: *New Left Review*, 6 (1960), 18-31, hier 31.

sondern in allen Sektoren der Gesellschaft, deren Umgestaltung durch eine Erweiterung der Partizipation eingeleitet werden sollte. »Direct action« und »civil disobedience«[145] waren auf der Ebene der Aktions- und Mobilisierungsstrategie Mittel, die Partizipation zu erhöhen und zugleich durch direktes Engagement den Menschen dort zu begegnen, wo sie von etwas betroffen, angegriffen, bewegt, enttäuscht, angewidert waren, um ihnen ihre Unzufriedenheiten zu erklären und ihren Protest zu entwickeln.[146] Den Handlungsrahmen für die Aktivisten der New Left sollten kleine Gruppen bilden, in denen die Unmittelbarkeit der Mitgliederbeziehung gewahrt, Kommunikation durch persönliche Kontakte entfaltet und Bürokratisierungstendenzen verhindert werden sollten.[147] »Clubs, discussion centers«, so hieß es im Editorial der *New Left Review*, »will be places beyond the reach of the interference of the bureaucracy where the initiative remains in the hands of the rank and files«. Ende 1960 gab es etwa vierzig New Left Clubs in England[148], die besonders gut in Universitätsstädten funktionierten und an den Orten, wo sie Mitglieder der Kampagne für nukleare Abrüstung[149] oder Gewerkschafter zur Mitarbeit gewannen. Innerhalb der Clubs sowie der Zeitschrift wurde ab Herbst 1960 eine intensive Debatte über einen Brief aus den Vereinigten Staaten an die britische New Left diskutiert[150], der – mit selbst für dissidente Intellektuelle ketzerischen Worten – sie aufforderte, einen Bruch zu vollziehen, den, bei allen Revisionen, die Herausgeber der *New Left Review* bis dahin noch nicht erwogen hatten: den Abschied vom Proletariat als Träger sozialen Wandels.

145 Vgl. unter anderem die Debatte zwischen Paddy Whannel, Stuart Hall und Alan Lovell, Mitglied des Committee of a Hundred, »Direct Action?«. In: *New Left Review*, 8 (1961), 16-27.

146 »Editorial«. In: *New Left Review*, 1 (1960), 1-3, hier 1.

147 Vgl. dazu das Editorial des ersten Heftes der Zeitschrift sowie E. P. Thompson, »The Point of Production«. In: *New Left Review*, 1 (1960), 68-70.

148 Vgl. »Notes for Readers«. In: *New Left Review*, 11 (1961), Klappentext bzw. die jeweils in den einzelnen Heften angegebenen Clubadressen.

149 Über die Zusammenarbeit von New Left und CND vgl. R. Taylor, *Against the Bomb. The British Peace Movement 1958-1965*, Oxford 1988.

150 »Letter to the New Left«. In: *New Left Review*, 5 (1960), 18-23.

In einer ersten Replik war E. P. Thompson bereit, zwischen alter und neuer Arbeiterklasse zu differenzieren und damit einen Strukturwandel der Arbeiterschaft zu konstatieren. Eine Verlagerung des Trägers sozialen Wandels vom Proletariat auf, wie der Briefautor es forderte, die Intellektuellen als »neuen Agenten« des sozialen Prozesses lehnte er indes ab; sie blieben für ihn die klassischen Vermittler im Prozeß des Wandels der Klasse »an sich« zur Klasse »für sich«.[151] Der Autor, der die britischen Intellektuellen aufforderte, Abschied zu nehmen von der »Metaphysik« des Proletariats, war, wie Ralph Miliband später konstatierte, »on the left«, nicht »of the left«, Marx-Kenner, aber niemals Marxist: C. Wright Mills.[152]
Mit seiner Person und seinem Werk verknüpfte sich die Entwicklung der amerikanischen New Left. In den Vereinigten Staaten, wo er als Professor an der Columbia University lehrte, galt Mills, Autor der Bücher *The Power Elite* (1955), *White Collar: The American Middle Class* (1951) und *Sociological Imagination* (1959) seit langem als Rebell gegen das Establishment seines Faches, der Soziologie, sowie gegen das in der Ära des Kalten Krieges erstarrte politische Denken. Mills machte gegen den Antikommunismus Front, ohne sich mit dem Kommunismus zu identifizieren. Dies sowie seine jahrelange Zusammenarbeit mit deutschen Emigranten in den USA brachte ihn den europäischen Linksintellektuellen nahe. Jean-Paul Sartre und Simone de Beauvoir diskutierten mit ihm in der »Coupole«.[153] E. P. Thompson und Ralph Miliband bezeichneten ihn, der jedes Jahr seine Semesterferien in Europa verbrachte, als ihren Freund.[154] Von Anfang an stand er der Zeitschrift *New Left Review* nah. Während man in Europa über seine »Letter to the New Left« noch diskutierte, wurde er in den Vereinigten Staaten zur intellektuellen Bezugsperson des sich von der League for Industrial Democracy (LID) lösenden und programmatisch neubestimmenden Studentenverban-

151 E. P. Thompson, »Revolution again! Or shut your eyes and run«, 29.
152 R. Miliband, »C. Wright Mills«. In: *New Left Review*, 15 (1962), 15-20, hier 20.
153 S. de Beauvoir, *Der Lauf der Dinge*, Reinbek bei Hamburg 1988, 559.
154 E. P. Thompson, »Remembering C. Wright Mills«. In: ders., *The Heavy Dancers*, London 1985, 261-274.

des SDS (Students for a Democratic Society).[155] Der amerikanische SDS, der sich als Kern der amerikanischen Neuen Linken verstand[156], übernahm Mills' Theorie der Intellektuellen und bestimmte die junge Intelligenz und damit sich selbst als Träger sozialen Wandels.[157] Das SDS-Programm definierte die Universität als »potential base and agency in the movement for social change«.[158] Dabei ging es nicht von der Universität aus, wie sie war, sondern wie sie sein sollte. Die Reform der Universität – und die Rückeroberung der »kulturellen Apparate« überhaupt – wurde so zur ersten zentralen Aufgabe der Intellektuellen, der Wandel der Universität zur Voraussetzung für sozialen Wandel oder, anders formuliert, der Kampf der Studenten für eine Demokratisierung der Universität wurde zum Kampf für die Demokratisierung der Gesellschaft überhaupt. Parallel zur Reform der Universität, für die amerikanische Studenten 1966 in Berkeley das Modell einer »Free University«[159] (»Kritischen Universität« im deutschen Sprachgebrauch) entwickelten, galt es, die Möglichkeiten, die die Universität gegenwärtig schon bot, voll auszuschöpfen. Sie konnte ein Forum bieten für andere auf sozialen Wandel orientierte Kräfte: für die Anliegen der Bürgerrechtsbewegung, der Friedens- und Arbeiterbewegung. Über das ganze Land verteilt, konnten die Universitäten somit eine wichtige soziale Aufgabe übernehmen, indes eine soziale Bewegung ersetzen konnten sie nicht. Diese aufzubauen war die Aufgabe einer »new left of young people«.[160] Sie mußte über den Campus hinausgehen und

155 Zur Geschichte des amerikanischen SDS vgl. K. Sale, *SDS*, New York 1973.

156 Vgl. dazu M. Isserman, »Toward a New Left«. In: ders., *If I had a Hammer. The Death of the old and the Birth of the New Left*, New York 1987, 171-220.

157 Über die Bedeutung C. Wright Mills' für den amerikanischen SDS vgl. die Ausführungen des Autors des SDS-Programmes (»Port Huron Statement«), Tom Hayden. In: T. Hayden, *Reunion. A Memory*, New York 1988, 76ff.

158 Ebd., 101; »Port Huron Statement« (Programm des SDS). In: *The Sixties Papers. Documents of a Rebellious Decade*, hg. von J. C. Albert u. S. E. Albert, New York 1984, 176-196, hier 194.

159 Vgl. dazu Sale, 264ff., sowie zur Entwicklung der Protestbewegung in Berkeley allgemein W. J. Rovabaugh, *Berkeley at War. The 1960s*, Oxford 1989.

160 Vgl. dazu das »Port Huron Statement«, 196.

in Kooperation mit der Bürgerrechts-, Friedens- und Arbeiterbewegung den sozialen Protest in politischen überführen. Dabei kam es, aus der Sicht der Intellektuellen des amerikanischen SDS, darauf an, die Bewegung der New Left als ein Bündnis aufzubauen, das Liberale und Sozialisten umschloß und in der gemeinsamen Aktion vereinigte.

Ausgefeilte Theorien und Programme ablehnend, lieferte der amerikanische SDS eine Formel, die das Ziel des Bündnisses umriß, das die Intellektuellen herstellen wollten: »participatory democracy«.[161] Verstanden als Ergänzung der repräsentativen Demokratie, sollte partizipatorische Demokratie die Teilhabe des einzelnen »an sozialen Entscheidungen, welche seinen Lebensgang und seine Lebensweise festlegen«, garantieren. Auf der Ebene der Aktionsstrategie verknüpfte sich das Ziel der »participatory democracy« mit der der amerikanischen Bürgerrechtsbewegung entlehnten Praxis der »direct action« und des »civil disobedience«. Tom Hayden, der Autor des SDS-Programmes, schrieb später: »Wir glaubten an die Aktion. Wir hatten hinter uns eine sogenannte Dekade der Apathie; wir waren dabei, uns von der Apathie zu befreien. Was ist das Gegenteil von Apathie? Aktive Partizipation.« Die direkte Aktion hatte eine existentielle Komponente. In ihr lag eine das Individuum herausfordernde, bewußtseinsschaffende und zugleich gemeinschaftsbildende Kraft. »I rebell – therefore we exist.«[162]

Wie die britische, so suchte auch die amerikanische New Left die Verbindung von »direct action« und »participatory democracy« in »community projects« und »community organization«. Sei es, daß kleine »experimentelle Kollektive« in die Armenviertel zogen oder sich im Süden des Landes um den Aufbau eines »interracial movement of the poor« bemühten, die Arbeit an der Transformation der Gesellschaft begann mit der Schaffung von kleinen Räumen direkter Demokratie, in denen eine Gegenmacht zu etablierten Machtstrukturen aufgebaut werden sollte. Wie der Wandel innerhalb und gegen die etablierten Machtstrukturen letztlich

161 Ebd., 181 ff. Vgl. auch die Interpretation bei Hayden, 96 ff., sowie J. Miller, *Democracy is in the Streets. From Port Huron to the Siege of Chicago*, New York/London/Toronto 1987, 141-156. Die Konzeption wurde entwickelt und dem SDS vermittelt durch den Professor für Philosophie Arnold Kaufmann; vgl. dazu Hayden, 42.

162 Hayden, 77.

durchgesetzt werden sollte, blieb unbestimmt. Gegenmacht, so erkannte E. P. Thompson, kann zur sozialistischen Transformation führen, sie muß es aber nicht. Der Umschlag von der kapitalistischen in die sozialistische Gesellschaft ließ sich, aus seiner Sicht, durch theoretische Spekulationen nicht bestimmen. Die Neue Linke mußte sich daher, so seine Folgerung, sowohl von der Formel des schrittweisen Übergangs zum Sozialismus (»one more shuffle on the evolutionary path«) als auch von der Vorstellung von der schöpferischen Kraft des Klassenkampfes befreien, der im Moment der Zerstörung der alten Ordnung die neue Ordnung schafft (»explosive negatives of class antagonism«). Der qualitative Umschlag ließ sich nur in der Praxis bestimmen durch permanenten konstruktiven Druck »to the point where the powers of democracy cease to be countervailing and become the active dynamic of society in their own right«. Auf diesen Punkt, so Thompson, kam es an. Das war für ihn »die Revolution«.[163]

Der Umschlag von der alten in die neue Ordnung, den die Neue Linke theoretisch unbestimmt ließ, wurde zum Einfallstor für die Konzeptionen der alten Linken, die in die amerikanische Studentenbewegung schon ab 1965 mit ihren Ideen und Kadern eindrang und sich bemühte, den SDS-Verband auf die Arbeiterschaft als zentralen Träger des sozialen Wandels zurückzulenken. Sie propagierte dabei vor allem die Notwendigkeit der Schaffung von straffen, hierarchischen Organisationen. Die amerikanische Neue Linke setzte dagegen die Übernahme der Guerrilla-Strategie der revolutionären Befreiungsbewegungen und die Konzeption eines gewaltsamen Befreiungskampfes der »Verdammten dieser Erde«, die Franz Fanon entwarf.[164] In die amerikanische Debatte um die Transformationskonzeption der Neuen Linken und die Bestimmung des revolutionären Subjekts griffen auch Herbert Marcuses Schriften *Der eindimensionale Mensch* und »Repressive Toleranz« ein.

Marcuse, der zwischen 1966 und 1968 jeweils im Sommersemester an der Freien Universität Berlin lehrte, verknüpfte über seine Person und seine Schriften die amerikanische mit der deutschen Neuen Linken. Der von der Sozialdemokratie ausgeschlossene

163 Alle Zitate aus E. P. Thompson, »Revolution«. In: *New Left Review*, 3 (1960), 3-9.

164 Vgl. Hayden, 164-165, 201, 216, 248.

Sozialistische Deutsche Studentenbund (SDS) entwickelte – gestützt auf ihn sowie auf die Schriften von C. Wright Mills und angeregt von der britischen New Left sowie einigen Fragmenten aus dem Umkreis der Nouvelle Gauche – sein Selbstverständnis als intellektuelle Avantgarde außerhalb der politischen Parteien. Er definierte sich seit 1961 als Kristallisationskern einer Neuen Linken in der Bundesrepublik.[165] Parallel zur Rezeption von Theorie- und Strategieansätzen der New Left/Nouvelle Gauche, die sich in der *neuen kritik*, dem theoretischen Organ des SDS, verfolgen läßt[166], setzte in Arbeitskreisen eine Wiederentdeckung der Schriften der Klassiker des Sozialismus ein (Marx, Bakunin, Luxemburg, Lukács, Korsch), der Gesellschaftstheorie (Frankfurter Schule) und der Sexualtheorie (Wilhelm Reich), vollzog sich mithin eine Wiederanknüpfung an einen in den dreißiger Jahren abgebrochenen und in der Nachkriegszeit nicht wieder entfalteten theoretischen Diskurs. Die theoretischen Reflexionen und Dis-

165 Vgl. dazu E. Dähne, »Die grundsätzliche Entscheidung des SDS«. In: *neue kritik*, hg. vom Bundesvorstand des sozialistischen deutschen studentenbundes SDS, Nr. 8 (November 1961), 1-5; vgl. auch das Protokoll der XVII. o. Delegiertenkonferenz des SDS in Frankfurt am Main 1962; sowie den Beitrag von T. von der Vring, »Ein Jahr Neue Linke«. In: *neue kritik*, Nr. 14 (1963), 13-16.

166 Vgl. dazu unter anderem die Artikel von Michael Vester, Bundesvorsitzender des SDS 1961/62, der Teilnehmer der Programmdebatten des amerikanischen SDS in Port Huron war: »Die Linke in den USA«. In: *neue kritik*, Heft 17 (1963), 6-14, hier vor allem 11 f.; »Falsche Alternativen«. In: *neue kritik*, Heft 19/20 (1963), 5-9; »Das Dilemma von C. Wright Mills«. In: *neue kritik*, Heft 27 (1964), 20-23; »Die Strategie der direkten Aktion«. In: *neue kritik*, Heft 30 (1965), 12-20. Vgl. ferner Gianna Barba, »Henri Lefebvre«. In: *neue kritik*, Heft 31 (1965), 24-28; Serge Mallet, »Sozialismus und die neue Arbeiterklasse«. In: *neue kritik*, Heft 32 (1965), 10-20; P. Brokmeier, »Die dritte Front – Ein Bericht über Serge Mallets ›La nouvelle classe ouvrière‹«. In: *neue kritik*, Heft 34 (1966), 30-34; Ursula Schmiederer, »Schweden, ›Sozialkapitalismus‹ und Neue Linke«. In: *neue kritik*, Heft 36/37 (1966) 17-23; R. Zahar, »Fanons antikolonialistisches Manifest«. In: *neue kritik*, Heft 28/29 (1966), 46-50; Bernd Rabehl, »Der SDS und die Strategie der direkten Aktion in Westeuropa«. In: *neue kritik*, Heft 50 (1968), 26-53; sowie Heide Berndt, »Die Suche nach dem revolutionären Subjekt«. In: *neue kritik*, Heft 45 (1967), 94-99.

kussionen, innerhalb des SDS die Phase des »Seminarmarxismus« genannt[167], war somit gekennzeichnet durch die Gleichzeitigkeit des Ungleichzeitigen, durch das Ineinandergreifen der Rezeption orthodoxer Positionen, der, insofern sie der Wiederaneignung einer unterdrückten und verschütteten Denktradition gleichkam, innovatorischer Wert beigemessen werden konnte, und der Aneignung von zeitgenössischen intellektuellen Neuorientierungen, welche zentrale Prämissen der »orthodoxen« Klassiker des Sozialismus revidierten und neue Ziel- und Handlungskonzeptionen offerierten. Eine Synthese gelang dem SDS nicht. Eine Programmdebatte wurde zwar geführt, aber sie kam nicht über Grundsatzerklärungen[168] hinaus. Ein Programm, wie es sich der amerikanische SDS mit dem Port Huron Statement (1962) gegeben hatte, wurde nicht beschlossen. Erarbeitet wurde lediglich eine Denkschrift zur Demokratisierung der Hochschulen[169], die dem SDS innerhalb und außerhalb der Hochschulen Prestige verlieh und eine Mobilisierungsgrundlage bot, als latente Konflikte an den Hochschulen 1965 in manifeste Konflikte umschlugen.

Die Phase des »Seminarmarxismus«, der Revolutionierung der Köpfe durch Theorierezeption, mündete in die Parole der »Aufklärung durch Aktion«. Hinter der Parole steckte ein Programm, mit dem sich – zunächst innerhalb des Berliner SDS-Landesverbandes, seit 1965 und 1967/68 auch auf Bundesebene – eine, ihrer Selbstbezeichnung nach, antiautoritäre Richtung, die eine subversiv-provokative Aktionsstrategie verfocht, von einer Minderheitsfraktion zu der die Fremdwahrnehmung und das Selbstverständnis des SDS mehr und mehr prägenden, dominierenden Fraktion entwickelt hatte – nicht zuletzt durch die Aufmerksamkeit, welche die Medien ihr zuwandten. Die Antiautoritären um Rudi Dutschke und Bernd Rabehl hatten ihre Handlungsorientierung –

167 Vgl. T. Fichter, S. Lönnendoncker, *Kleine Geschichte des SDS. Der Sozialistische Deutsche Studentenbund von 1946 bis zur Selbstauflösung*, Berlin, 2. Auflage 1979, 72 ff.

168 Vgl. dazu den »Entwurf zu einer programmatischen Erklärung des SDS« (Vorlage des Bundesvorstandes). In: *neue kritik*, Heft 34 (1966), 7-14.

169 W. Nitsch, U. Gerhardt, C. Offe und U. K. Preuß, *Hochschule in der Demokratie*. Mit einem Vorwort von J. Habermas, Frankfurt am Main 1965.

vermittelt über die »Gruppe Spur« und die »Subversive Aktion« – der Situationistischen Internationale entlehnt.[170]

In Frankreich erlangten weder Marcuse noch Mills die Bedeutung, die ihnen als Vordenker der 68er Bewegung in den USA und der Bundesrepublik zufiel. Das lag nicht nur daran, daß ihre Schriften nicht übersetzt worden waren, sondern vor allem daran, daß die neuen Elemente und innovativen Anstöße ihres Denkens, die von den amerikanischen und deutschen Studenten aufgegriffen wurden, in Frankreich in den Zeitschriften *Socialisme ou Barbarie*, *Arguments* und *Internationale Situationniste* ihre funktionalen Äquivalente hatten. Anders formuliert: Die französische Neue Linke brauchte weder Marcuse noch Mills, weil sie über eine Tradition dissidenter Intellektueller verfügte, die den Diskurs über ein neues Denken der Linken parallel zur Entstehung der New Left in Großbritannien und den USA entfaltet hatte, und weil – möglicherweise wegen der Stärke der alten Linken, die durch die geschlossene Organisations- und einflußreiche intellektuelle Macht der KP in Frankreich gegeben war – die kognitive Neuorientierung der nichtorthodoxen Neuen Linken von der alten Linken profunder, tiefer, eingehender und klarer verlief.

Die kognitive Orientierung der Neuen Linken, die von ihr vorgenommene Öffnung und Revision der marxistischen Theorie, die Aufhebung der Bindung des Emanzipationskampfes an das Proletariat, der Verzicht auf Organisation des neuen Trägers der Emanzipation sowie ihr Selbstverständnis als Bewegung, die durch Mobilisierung Druck auf das Institutionensystem ausübt, öffnete sie und machte sie anschlußfähig für eine Vielzahl von Protestströmungen von der Antiatom-, Friedens- und Abrüstungsbewegung über die Bürgerrechtsbewegung bis zur Antikolonialbewegung. Ihr Interpretationsrahmen verlieh – und das machte nicht zuletzt ihre Attraktivität für studentische Gruppen aus – den Studenten ein Mandat, als intellektuelle Minderheit im Interesse der Allgemeinheit zu agieren. Erst der Paradigmenwechsel, den sie innerhalb der Theorie des Sozialismus einleitete, machte es den Studenten möglich, als legitimierte Avantgarde mit gesamtgesellschaftlichen Zielprojektionen in die politisch-sozialen Auseinandersetzungen der Zeit einzugreifen.

170 Vgl. *Richtlinien und Anschläge. Materialien zur Kritik der repressiven Gesellschaft*, hg. von Albrecht Goeschel, München 1968.

3. Die »Nouvelle Gauche« in Frankreich

Die Skizze der Formation einer Neuen Linken in Frankreich bliebe unvollständig, ließe sie die politische Entwicklung außer Betracht, die Veränderung innerhalb des politischen Systems infolge des Kalten Krieges, der Kolonialkriege, des Zusammenbruchs der Vierten Republik. Dem Mai 1968 ging in Frankreich der Mai 1958 voraus. Die politische Entwicklung führte zu Veränderungen innerhalb des Parteienspektrums, dort zeichnete sich bereits seit Ende der vierziger Jahre die Formation einer politischen Neuen Linken ab, deren Entwicklung sich parallel zu intellektuellen Gruppenbildungen im Umkreis der drei analysierten Zeitschriften und ihrer theoretischen Diskurse vollzog. Der Begriff »Nouvelle Gauche« ist in Frankreich aufs engste verknüpft mit den politischen Strömungen und Bewegungen, die eine institutionalisierte Form schließlich in der Gründung einer nichtorthodoxen, unabhängigen sozialistischen Partei, der PSU (Parti Socialiste Unifié) fanden. In Frankreich – und nur hier – führte, unter den Bedingungen einer spezifischen politischen Konstellation, die theoretische und politische Kritik an den traditionellen Linksparteien, den Sozialisten und Kommunisten, zur Gründung einer Organisation der in ihren Grundorientierungen eigentlich antiorganisatorischen Neuen Linken. Die neue Partei besetzte gleichsam den Begriff, so daß im Französischen eine sprachliche Differenzierung zwischen politischer und intellektueller Nouvelle Gauche notwendig ist, um Mißverständnisse zu vermeiden. Nouvelle Gauche kann jedoch, auf der Grundlage dieser internen Differenzierung, als gemeinsamer Oberbegriff verwandt werden[171], nicht nur weil die Mehrzahl der Mitglieder der intellektuellen Neuen Linken sich dem Umkreis der PSU zurechnete und der Partei bei Wahlen ihre Stimme gab, sondern auch aufgrund gemeinsamer Wert- und Handlungsorientierungen.[172]

Die Geschichte der politischen Nouvelle Gauche reicht bis in die unmittelbare Nachkriegszeit zurück. Den Anfang machten David Rousset und Jean-Paul Sartre mit dem »Rassemblement démocra-

171 So Claude Lefort und Edgar Morin in Gesprächen mit der Autorin im September 1989 und März 1992.

172 So Edgar Morin in Gesprächen mit der Autorin im März 1992 in Berlin.

tique révolutionnaire« (RDR), auch Sartre-Rousset-Partei genannt, wenngleich RDR keine Partei sein wollte, sondern linke Sammlungsbewegung, bestrebt, nicht den Fehlern der in Parteien organisierten alten Linken zu verfallen. Der RDR war ein einzigartiges Experiment, das Aufmerksamkeit über Frankreichs Grenzen hinaus gewann, nicht zuletzt wegen der Personen, die daran beteiligt waren. Von André Breton über Albert Camus und Carlo Levi bis Theodor Plivier und Richard Wright waren es allesamt Intellektuelle, »die links denken, kämpfen« wollten.[173] Die Bewegung des RDR war klein, doch sprach sie im Namen von Millionen in der Welt.

Wir sind Millionen in Frankreich, Millionen in Europa und auf der ganzen Welt. Millionen, die denselben Weg suchen. Der Hölle entkommen, Überlebende der Résistance, Militante, Sympathisanten oder Weggenossen der großen Bewegungen, die sich auf die Emanzipation der Gesellschaft berufen, sind wir der Meinung, daß die Welt ihre Erlösung vom Hitlerismus teuer genug bezahlt hat, um ... das Heil nur noch von der Achtung und Wahrung der Menschenrechte und in der Freiheit zu erwarten.

Der erste Aufruf, der mit diesen Zeilen begann, formulierte die These: »Es stimmt nicht, daß die Politik der Blöcke der einzige Weg ist, den man den Menschen zeigen kann.« Und er fügte hinzu: »Frankreich kommt es zu, erneut den Hoffnungsschrei von Saint-Just in die Welt hinauszurufen: ›Das Glück ist eine neue Idee in Europa‹.« Er mündete schließlich in die Forderung: »Proletarier aller Länder, vereinigt euch.«[174] Es war März 1948, als der Aufruf erschien. Hundert Jahre nach dem Kommunistischen Manifest machte eine neue Linke in Frankreich den Versuch, sich in der Tradition von Marx und der proletarischen Befreiungsbewegung, aber außerhalb der Sozialistischen und Kommunistischen Partei, neu zu begründen. Beide Parteien hatten, aus der Sicht des RDR, versagt, waren im Blockdenken erstarrt, ohne Perspektive und Initiative, die atomare Bedrohung der Menschheit und die Gefahr eines dritten Weltkrieges abzuwehren. Die Dreiparteienregierung von MRP, SFIO und PCF, die seit 1945 bestand, war im Mai 1947 nach dem Rücktritt der kommunistischen Minister aus

173 So die Selbstdarstellung des RDR auf der ersten Pressekonferenz am 10. März 1948; hier zitiert nach Cohen-Solal, *Sartre*, 467.

174 Erster Aufruf des RDR, in Zeitungen und auf Flugblättern verbreitet; hier zitiert nach Cohen-Solal, *Sartre*, 466.

dem Kabinett zerbrochen. SFIO und MRP führten seitdem die Regierung weiter. Gegen sie kämpfte General de Gaulle an, der im April 1947 die Gründung des »Rassemblement du peuple français« proklamierte. Beim ersten Wahlgang zu den Gemeindewahlen im Oktober 1947 erlebte die neue gaullistisch-populistische Bewegung einen spektakulären Durchbruch: 38% der Wählerstimmen für de Gaulles RPF.

Jean-Paul Sartre und die Mitarbeiter von *Les Temps Modernes* deuteten diesen Erfolg als Gefahr. Maurice Merleau-Ponty, der zu diesem Zeitpunkt noch Sartre nahestand, warnte in einer Radiosendung, die *Les Temps Modernes* produzierte, vor den Konsequenzen des Gaullismus und insbesondere vor den außenpolitischen Vorstellungen des Generals, der, so Merleau-Ponty, das Scheitern der französischen *grandeur* damit kompensierte, daß er den Vereinigten Staaten die militärische Zusammenarbeit offerierte. Der Rechtsruck im Inneren einerseits sowie die Konfrontation der Weltmächte andererseits bildeten den Hintergrund, vor dem die Idee zur Gründung des RDR entstand. Merleau-Ponty hatte Sartre mit David Rousset bekannt gemacht, einem französischen Juden, der von den Deutschen deportiert und erst nach Kriegsende von den Alliierten befreit worden war. Vor dem Krieg Trotzkist, nahm Rousset nach 1945 einen unabhängigen linken Standpunkt ein.[175] Ende 1947 entwickelte er die Initiative zur Sammlung sämtlicher nicht dem Kommunismus angeschlossener Kräfte mit dem Ziel, ein von den beiden Weltmächten unabhängiges sozialistisches Europa aufzubauen. Sartre willigte in Roussets Vorschlag ein, sich an die Spitze dieser linken Sammelbewegung zu stellen. Man könne nicht, so erklärte er gegenüber Simone de Beauvoir, »das Engagement predigen und sich dann drücken, sobald einem die Gelegenheit dazu geboten wird«.[176] Sartre engagierte sich intellektuell und finanziell – 300 000 Francs soll er der Bewegung zur Verfügung gestellt haben –, um den RDR zu einer dritten Kraft zwischen PCF und SFIO zu machen.[177]

Die RDR-Bewegung erstrebte den Zusammenschluß von »Produzenten und Konsumenten innerhalb von Stadtteilkomitees, Dorf-

175 S. de Beauvoir, *Der Lauf der Dinge*, Reinbek bei Hamburg 1988, 146, 147.

176 Ebd., 147.

177 Cohen-Solal, *Sartre*, 480.

komitees und Fabrikkomitees«, sie versuchte, ein sozialistisches Europa »von unten« aufzubauen. Basiskomitees sollten nach dem Vorbild der Revolutionäre von 1789 Forderungskataloge aufstellen; das leitende Komitee sollte in permanentem Kontakt und offenem Dialog mit der Basis stehen.[178] Im Vorgriff auf ein zu entwerfendes theoretisches Grundsatzprogramm formulierte Sartre eine Maxime, die als konsensfähige Umschreibung des Ziels der Bewegung gelten kann: »die Integrierung des freien Individuums in eine als Einheit der freien Tätigkeiten des Individuums konzipierte Gesellschaft«.[179] Die Anfangserfolge der Bewegung waren groß, 10000 bis 20000 Leute schlossen sich in wenigen Monaten dem RDR an, darunter viele Jugendliche.[180] Doch die basisorientierte Vereinigung zerfiel bereits nach einem Jahr, weil die Intellektuellen an ihrer Spitze sich nicht über die Fragen der Organisationsstruktur, der kollektiven Praxis und des Verhältnisses zur Kommunistischen Partei einigen konnten. »Eine große Mehrheit«, so Sartre, »wollte mit den Kommunisten arbeiten und eine kleine Minderheit erklärte sich amerikafreundlich.«[181] Bereits der erste Kongreß (im Dezember 1948) brachte diesen Dissens hervor, eine Lösung fand er nicht. So scheiterte der RDR letztlich an dem, was durch die Bewegung überwunden werden sollte, am Blockdenken.

Jean-Paul Sartre zog aus dem Scheitern des RDR den Schluß, sich nie wieder in eine Bewegung von Aktivisten zu integrieren, sondern nur noch von außen zu intervenieren. »Schock des Konkreten« nennt seine Biographin die Erfahrung, die er innerhalb des RDR machte.[182] Doch Sartre verallgemeinerte die konkrete Erfahrung sofort; er gelangte zu der Überzeugung, daß in Frankreich eine soziale Bewegung links von der PCF nicht entstehen könne. Folgerichtig erklärte er sich zum »Weggenossen« der französischen Kommunistischen Partei, d. h., er schloß sich ihr zwar nicht an, sympathisierte aber mit ihr.[183] Er selbst definierte seine Haltung als »kritische Solidarität«, Merleau-Ponty indes klagte Sartre

178 Ebd., 468, 469, 473.
179 Zitiert nach Cohen-Solal, *Sartre*, 473.
180 Sartre/Gavi/Victor, *Der Intellektuelle als Revolutionär*, 20.
181 Ebd., 21.
182 Cohen-Solal, *Sartre*, 483, 453.
183 Sartre/Gavi/Victor, *Der Intellektuelle als Revolutionär*, 22-24.

des »Ultra-Bolschewismus« an.[184] Ausschlaggebend für die Annäherung an die Kommunistische Partei wurde die Verschärfung des Ost-West-Konflikts. »Angesichts der drohenden Kriegsgefahr, die in den Jahren 1950-52 täglich zunahm, glaubte ich«, wie Sartre erklärte, »es gebe nur eine Wahl: entweder USA oder UdSSR. Ich entschied mich für die UdSSR.«[185] Andere Intellektuelle zogen Sartres Schlußfolgerungen nicht. Sie verfolgten den mit dem RDR eingeschlagenen Weg weiter. Nach einem fehlgeschlagenen Versuch (1950) gründeten sie 1954 den Mouvement Uni de la Gauche Nouvelle. Wie schon der RDR zuvor, vereinigte die Bewegung ehemalige Trotzkisten, Kommunisten, Sozialisten, Linkskatholiken sowie unabhängige Mitglieder der Résistance. Als selbsternannte »dritte Kraft« setzten sie die Suche nach einem »dritten Weg« zwischen den Blöcken fort. Äußere Umstände begünstigten den inneren Zusammenhalt.

1954 war das Jahr, in dem für Frankreich der Vietnamkrieg endete und das Algerienproblem begann. Die Kolonialfrage wurde zum Dauerproblem der innenpolitischen Auseinandersetzungen in Frankreich. Sie erhöhte die Mobilisierungsbereitschaft der Bevölkerung und führte zu Spannungen innerhalb der etablierten Parteien, von denen sich dissidente Gruppen abspalteten. Ihnen bot sich die Nouvelle Gauche als Alternative an. Die Niederschlagung des Ungarnaufstandes (1956) förderte den Umgruppierungsprozeß im linken Parteienspektrum. Stalinismus- und Kolonialismuskritik führten der Nouvelle Gauche Bündnispartner zu. Zwei Gründe waren dafür maßgeblich. Die Ambivalenz der Kommunistischen Partei in der Kolonialfrage – Unterstützung der vietnamesischen, nicht aber der algerischen Befreiungsbewegung – und ihre Haltung zur sowjetischen Intervention in Ungarn minderten die Attraktivität und die Glaubwürdigkeit der Kommunistischen Partei. Solidarität mit den Reformkommunisten in Ungarn bei gleichzeitiger Passivität im Algerienkrieg entlegitimierte die Sozialistische Partei. Es war die sich damit fortsetzende Entlegitimierung der alten Linken, aus der die Neue Linke ihre Stärke bezog. Zunächst schloß sich ihr – 1957 – eine Gruppe von Linkskatholiken an (Mouvement pour la Libération du Peuple), die mit

184 M. Merleau-Ponty, *Die Abenteuer der Dialektik*, Frankfurt am Main 1974, 115-244.

185 Sartre/Gavi/Victor, *Der Intellektuelle als Revolutionär*, 21.

der katholischen Partei Frankreichs gebrochen hatte, dann – 1959 – zwei von der Sozialistischen Partei Frankreichs abgespaltene Flügel, ein linkssozialistischer und ein neoreformistischer (PSA und Mendèsisten). Aus diesen Strömungen, die sich in verschiedenen Koalitionsabkommen mit der Nouvelle Gauche verbanden, entstand schließlich 1960 die PSU (Partei Socialiste Unifié). Sie verstand sich als »Partei neuen Typs«, die eine Neuorientierung der Linken von Grund auf erstrebte: organisatorisch, programmatisch und strategisch. Ihre erste Charta, redigiert von Pierre Naville, O. Rosenfeld und Jean Poperen, löste diesen Anspruch jedoch noch nicht ein. Die Heterogenität der Gruppen, die die PSU formten, erwies sich als retardierendes Moment, das den Willen zur Innovation durch den Zwang zum Kompromiß hemmte. Einigkeit bestand in der Ergänzung der parlamentarischen durch die direkte Demokratie, in der Forderung nach »participation à la gestion«, die auf Produktionskontrolle und Selbstverwaltung zielte, sowie in der Forderung nach Autonomie für Algerien. Die Kolonialpolitik rückte ins Zentrum der neuen Partei. Sie wurde zum zentralen Träger der Opposition gegen den Algerienkrieg. Sie mobilisierte und koordinierte die antikoloniale Protestbewegung, die Unterstützung vor allem auch durch die Studentenschaft erfuhr. Die UNEF, die größte Studentenorganisation, wurde zum Bindeglied zwischen PSU und Studenten. Die PSU stellte einen Teil der Führer der UNEF und beeinflußte deren Politik bis 1968. Jacques Sauvageot, der 1968 an der Spitze der UNEF stand, war Mitglied der PSU.[186] Alain Geismar, der 1968 mit Jacques Sauvageot, Daniel Cohn-Bendit und Alain Krivine zu den »quatre mousquetaires« der Bewegung zählte, war der erste Sekretär der ESU, des Studentenverbandes der PSU, gewesen.
Die moralische Empörung gegen die Grausamkeiten des Kolonialkrieges politisierte eine ganze Generation von Jugendlichen schon 1960. Von denen, die damals noch Schüler oder Studenten in den Anfangssemestern waren, wurden einige zu Schrittmachern der achtundsechziger Bewegung. »Wir sind nicht 1968 geboren«,

186 Zur Vorgeschichte der PSU vgl. J. Poperen, *La gauche française. Le nouvel âge*, Paris 1972; D. Paas, »Frankreich: Der integrierte Linksradikalismus«. In: *Angriff auf das Herz des Staates. Soziale Entwicklung und Terrorismus*. I-II, Frankfurt am Main 1988, II, 167-280, hier 181-185.

erklärten sie daher später, »wir waren Kämpfer schon lange zuvor«.[187] Und so datierten sie die Anfänge des Mai 68 auf den Herbst 1960 zurück.[188] Die während des Algerienkrieges politisierten Intellektuellen sind im Schnitt 15 bis 20 Jahre jünger als Castoriadis, Morin, Lefort oder Touraine und 35 bis 40 Jahre jünger als Lefebvre, Sartre, Merleau-Ponty oder Mendès France. Geboren in den Jahren 1939 bis 1942, sind für sie nicht Stalinismus und Destalinisierung, sondern Kolonialismus und Dekolonialisierung das vordringliche Problem. Viele von ihnen haben Sartre und Camus gelesen und fassen Engagement nicht abstrakt auf, sondern als konkrete Pflicht zum Handeln, zur individuellen Aktion. Ihre Aktionsbereitschaft führte sie bis zur aktiven Unterstützung der Befreiungsbewegungen in Algerien oder auf Kuba. Sie lernten die subversiven und illegalen Kampfmethoden der sogenannten »Kofferträger«[189] kennen und die Provokation, die durch bewußte Überschreitung der Legalität erzielt werden kann, wie ihnen unter anderem das »Manifest der 121« Intellektuellen zeigte, die eine Erklärung über das Recht auf Ungehorsam im Algerienkrieg unterzeichten. Dionysos Mascolo (*Arguments*) gehörte zu den Initiatoren, Henri Lefebvre (*Arguments*) unterzeichnete ebenso wie André Breton, der Doyen der französischen Surrealisten. Zahlreiche Mitglieder der PSU schlossen sich dem Aufruf ebenso an wie Jean-Paul Sartre, der sich bereiterklärte – trotz des Risikos der Beschlagnahme –, den Text des Aufrufs in seiner Zeitschrift *Les Temps Modernes* zu drucken. Die Befürchtung der anderen, *Les Temps Modernes* werde damit die Urheberschaft für sich beanspruchen, verhinderte dies. Die Zeitschrift erschien daraufhin mit zwei leeren weißen Seiten, eine symbolische Herausforderung im doppelten Sinn.[190] Die Erklärung zog die Aufmerksamkeit der nationalen und internationalen Medien auf sich, weitete die Opposition gegen den Algerienkrieg und vor allem die Diskussion über sie aus. SFIO und PCF distanzierten sich sofort

187 A. Krivine/D. Bensaïd, *Mai si! 1968-1988: Rebelles et repentis*, Paris 1988, 15.

188 Ebd.; Weber, *Vingt ans après*, 71; Poperen, *La gauche française*; Jacques Sauvageot, Vizepräsident der UNEF 1968, im Gespräch mit der Autorin am 21. September 1992.

189 Typisch hierfür Jean-Louis Péninou. Vgl. dazu Kap. VII.

190 Vgl. Cohen-Solal, *Sartre*, 634-637.

von dem Aufruf, ebenso wie Edgar Morin und Merleau-Ponty.[191] Die PSU spaltete sich in drei Fraktionen[192], bot auf diese Weise aber das Forum, auf dem das Für und Wider der Aktion diskutiert werden konnte. Sie bot sich als integrative Kraft an, integrieren konnte sie indes die von ihr mitentfachte Protestbewegung langfristig nicht. Die Bewegung zerfiel mit Ende des Algerienkrieges (1962).

Die Demobilisierung der Basis setzte Debatten über Richtungen und Richtlinien der Partei frei und führte zur Radikalisierung der von der Partei rekrutierten jungen Kader. Alain Geismar war einer derjenigen, die, der endlosen Diskussionen müde, ihr Parteibuch zurückgaben. Er schloß sich, mittlerweile »enseignant« der Faculté des sciences geworden, der französischen Hochschullehrergewerkschaft SNESup an, die 1966, im Jahr seines Eintritts, kommunistisch dominiert war, aber auch einen nichtkommunistischen linken Flügel besaß. Von diesem wurde er 1967 zum Ersten Sekretär gewählt[193] und stand so an der Spitze der SNESup, als der Mai 68 begann. Jean-Louis Péninou (geb. 1942), der als »Kofferträger« in der Unterstützung der algerischen Befreiungsbewegung tätig gewesen war, wurde Vorsitzender der UNEF an der Sorbonne und gründete 1968 die auf Aufklärung durch Aktion setzende Gruppe MAU (Mouvement d'action universitaire), gemeinsam mit Marc Kravetz (geb. 1942), der, einem kommunistischen Elternhaus entstammend, sich während des Algerienkriegs von der Bindung an die Partei löste. Er erklärte später:

> La guerre d'Algérie est simplement plus importante comme césure dans la société. En politique et hors de la politique et même dans la société globale. La guerre d'Algérie est simplement l'événement qui marque le plus la rupture française. A tous les niveaux, dans tous les partis, dans toutes les strates de la société, donc, y compris, des jeunes. On pourrait faire une théorie de cela, parce que la guerre d'Algérie, c'est la fin de la vieille France, c'est la fin de l'Empire. C'est la fin d'une France, très fière du message de civilisation qu'elle avait apporté à travers le monde. C'est donc la fin de cette grande époque coloniale qui n' a jamais été grandiose.[194]

191 Ebd., 635.
192 Poperen, *La gauche française*.
193 Hamon/Rotman, *Génération*, 1, 423 f.
194 Im Gespräch mit der Autorin am 22. September 1992 in Paris.

Parallel dazu vollzog sich, in seiner Wahrnehmung, das Ende der traditionellen Arbeiterbewegung, eingeleitet durch eine Veränderung innerhalb der Arbeiterschaft, von Soziologen als Aufkommen einer »neuen Arbeiterklasse« beschrieben. In einem Seminar an der École Pratique des Hautes Études im Jahre 1961 lernte er die Theorie der neuen Arbeiterklasse und die Ansätze des Denkens der Neuen Linken kennen, die dort von Serge Mallet, dem Leiter der Veranstaltung, vorgetragen wurden. »Je peux dire«, so urteilte er rückblickend, »que – en ce qui me concerne alors moi tout seul, personellement – c'est probablement le plus grand événement intellectuel de cette époque-là pour moi.«[195] Jacques Sauvageot (geb. 1942), der 1968 an der Spitze der Studentengewerkschaft UNEF stehen sollte, wurde ebenfalls durch den Algerienkrieg politisiert. »Je suis de la génération d'étudiants qui est apparue militante pendant la guerre d'Algérie«, erklärte er später den Beginn seines politischen Engagements, das ihn über die Bekämpfung des »Kolonialismus« zur Einsicht in die Notwendigkeit einer demokratischen Transformation der französischen Gesellschaft führte und zu einem Befürworter der Politik von Pierre Mendès France werden ließ, der sich der PSU angeschlossen hatte.[196] Die Beispiele illustrieren die Kontinuität, die zwischen den »Mobilisierten« von 1960 und den »Mobilisierern« von 1968 besteht.

Eine kognitive Neuorientierung innerhalb der Linken ist also der Bewegung von 68, die sich als neue linke Bewegung verstand, vorausgegangen; gesellschaftliche Analysen und Zielprojektionen, neue kulturelle Wertorientierungen, Mobilisierungs- und Aktionsformen waren verfügbar. Die Bewegung von 68 mußte sie nicht erfinden; ihre Aufgabe bestand darin, sie auszuprobieren, die Theorie in Praxis umzusetzen. Sie radikalisierte die Ideen durch Aktionen und mobilisierte neue Kohorten zu einer Protestbewegung mit dem Anspruch, eine Bresche in die Mauern der Gesellschaft zu schlagen. Kognitiv konstituiert war die Neue Linke, lange bevor studentische Gruppen aus der Krise der Universität heraus die Protestbewegung von 68 in Gang brachten und sozial formierten.

195 Im Gespräch mit der Autorin am 22. September 1992 in Paris.
196 Im Gespräch mit der Autorin am 21. September 1992 in Rennes.

III. Revolten in Nanterre: Zur sozialen Formierung der Bewegung

Die Formierung der 68er Bewegung erfolgt in Frankreich später als in den anderen entwickelten Industrieländern. Während in den Vereinigten Staaten und der Bundesrepublik seit 1964 bzw. 1966 ein kontinuierlicher Mobilisierungsprozeß zu verzeichnen ist, gibt es in Frankreich zwar vereinzelte Proteste (z. B. Universitätskritik in Paris 1964 und Straßburg 1966 sowie Demonstrationen gegen den Vietnamkrieg), doch besteht zwischen diesen Protestaktionen und der Protestbewegung von 1968 keine unmittelbare Kontinuität. Die französische Bewegung setzt erst auf dem Höhepunkt der internationalen Entwicklung ein, um danach binnen weniger Wochen deren Mobilisierungsvorsprung einzuholen und die Protestbewegungen in der Bundesrepublik und den Vereinigten Staaten, gemessen an der politischen Brisanz des Mobilisierungsprozesses, zu überholen. »Französische Zustände« zu schaffen wird nach dem Mai 68 eine Losung der deutschen außerparlamentarischen Opposition sein.
Wie in der Bundesrepublik und den Vereinigten Staaten lassen sich auch in Frankreich unterschiedliche Strömungen feststellen, die innerhalb der 68er Bewegung zusammenwirken. In den USA treffen Anti-Vietnamkriegsbewegung, Civil-Rights-Movement und Studentenbewegung zusammen, in der Bundesrepublik Ostermarschbewegung, Anti-Notstandsopposition und Studentenbewegung.[1] In Frankreich, und nur hier, trat eine Wechselwirkung

1 Vgl. zur Entwicklung in den Vereinigten Staaten: J. Miller, *Democracy is in the Streets. From Port Huron to the Siege of Chicago*, New York 1987; D. Faber, *Chicago 68*, Chigago 1988; T. Gitlin, *The Sixties, Years of Hope, Days of Rage*, New York 1989; J. Morrison/R. K. Morrison, *From Camelot to Kent State*, New York/Toronto 1987; J. Whalen/R. Flacks, *Beyond the Barricades*, Philadelphia 1989; zur Entwicklung in der Bundesrepublik Deutschland: L. Rolke, *Protestbewegungen in der Bundesrepublik. Eine analytische Sozialgeschichte des politischen Widerspruchs*, Köln 1987; K. A. Otto, *Vom Ostermarsch zur APO. Geschichte der außerparlamentarischen Opposition in der Bundesrepublik 1960-1970*, Frankfurt am Main 1977; sowie in vergleichender Perspektive R. Fraser, *1968 – A Student Generation in Revolt. An International*

zwischen Studenten- und Arbeiterbewegung ein, kam es sogar zum Generalstreik. Das macht die Besonderheit des französischen Falles aus und erklärt die Faszination, mit der insbesondere die Intellektuellen in den Protestbewegungen der anderen Länder während der Mai-Ereignisse und danach auf Frankreich blickten. Französische Zustände bedeuteten für sie, den Übersprung der Studentenbewegung in die Arbeiterschaft zu schaffen.

Wie kam es zu der von niemandem vorausgesehenen Entwicklung der Mai-Bewegung in Frankreich? Die kausalen Zurechnungen, die nachträglich vorgenommen wurden, sind mannigfaltig. Wie jede Bewegung hat auch die Mai-Bewegung viele Gründe, die zu ihrer Entstehung führen oder doch zumindest als mögliche Ursachen gedacht werden können. Um die adäquate Verursachung der Mai-Bewegung in Frankreich bestimmen zu können, gilt es zunächst, ein sich jeder Analyse sozialer Bewegungen stellendes methodisches Problem in Betracht zu ziehen.

Soziale Bewegung ist eine Erscheinungsform des Widerspruchs gegen Autoritäten.[2] Die Bestimmung der Ursachen ihrer Entstehung ist problematisch. Strukturelle Spannungen und diffuses Unbehagen gibt es zu allen Zeiten. Ob daraus Unzufriedenheit und Protestverhalten entstehen, wird erst durch die Formierung einer Bewegung konkretisierbar. Die Selbstaussagen der Bewegung über die Ursachen ihres Geschehens wählen bestimmte Ursachen aus und betonen deren Kausalität häufig stärker, als es der Wirklichkeit entspricht. Sie stellen einen Zusammenhang zwischen Ursachen und Zielen der Bewegung her, der durch spezifische (ideologische) Deutungen vermittelt ist.[3] So geht in die Ursachenbestimmung ein Deutungsmuster ein, das charakteristisch für das Selbstverständnis und die Situationsdeutung der die Bewegung tragenden Gruppierungen ist. Je heterogener die Bewegung in ihrer Zusammensetzung ist, desto vielfältiger wird ihre Ursachenbestimmung sein. Die historisch kritische Analyse sozialer Bewegungen muß daher versuchen, zwischen Ursprungskonstellation und bewegungsinterner Ursachenanalyse zu trennen.

Aber auch die Ursachenzuschreibungen, die von externen Beobachtern zeitgleich oder ex post vorgenommen werden, sind zu

Oral History, New York 1988; G. Katsiaficas, *The Imagination of the New Left. A Global Analysis of 1968*, Boston 1987.

2 Raschke, 163.

3 Vgl. ebd., 124ff.

problematisieren. Da ihnen die Situationserfahrung der jeweils Handelnden fehlt, neigen sie dazu, »objektiven« Merkmalen der Handlungsstruktur größere ursächliche Bedeutung zuzuweisen, und wählen in Kenntnis des Erfolges oder Mißerfolges einer sozialen Bewegung *ex post* Elemente der strukturellen Ausgangssituation aus, die Entstehung und Ergebnis der Bewegung bestimmt haben sollen, ohne die Vermittlung von Struktur und Ereignis deutlich zu machen. Die historisch-kritische Analyse sozialer Bewegungen muß daher versuchen, zwischen den strukturellen Eigenschaften des Handlungskontextes und den Kontingenzen der Handlungsabläufe zu unterscheiden.

Für Studentenbewegungen richtet sich die Ursachensuche naheliegenderweise auf die Bestimmung von Spannungen in der Universitätsstruktur, welche die Unruhe ausgelöst haben können. Im folgenden sollen daher zunächst die Konstellationen von Ursachen im universitären Bereich dargestellt werden. Sodann sollen am Beispiel von Nanterre, wo die Protestbewegung ihren Ausgang nahm, die Umsetzung struktureller Spannungen in Mobilisierungsprozesse gezeigt und schließlich drittens die Konfliktbestimmung und die Zielformulierung durch die dort agierenden studentischen Gruppen analysiert werden.

1. Krisen und Konflikte an der Universität

Wie in der Bundesrepublik, ging auch in Frankreich die Protestbewegung des Jahres 1968 von der Universität aus. Die Studenten begehrten auf. Die französische soziologische Forschung sieht rückblickend die Ursachen für studentisches Protestverhalten in mehreren Konflikten innerhalb der Universität, denen von den Analytikern jeweils unterschiedliche Bedeutung zugeschrieben wird. Sie werden im folgenden systematisiert dargestellt.

Das Argument der Expansion der Universität

Der Prozeß der Ausweitung der tertiären Bildung, der sich in den sechziger Jahren in allen westlichen Industrieländern vollzog, führte auch in Frankreich zu einer »Krise der Universität«. Die

»Expansion der Bildungspopulation« (Bourdieu) bei gleichzeitiger Aufrechterhaltung der traditionellen Organisation und Zielsetzung der Universität schuf eine Situation der Inadäquanz oder »Disfunktionalität« der Universitätsstrukturen, die zu universitätsinternen Spannungen und zu Unzufriedenheit unter den Studenten führte.[4] Tatsache ist, daß der demographische Anstieg seit der zweiten Hälfte der vierziger Jahre (der französische »baby boom«) und die soziale Öffnung der sekundären Bildungsinstitutionen seit den fünfziger Jahren die Studentenzahlen in Frankreich rapide anwachsen ließen: von 200 000 (1960) auf 395 000 (1965/66) und 508 000 (1967/68) bzw. 587 000 (1968/69). Infolge dieser Expansion rückte Frankreich in der Bildungsstatistik an die Spitze der westeuropäischen Staaten. Die Statistik verzeichnete 16 Studenten auf 1000 Einwohner und damit im Schnitt doppelt so viele wie in der Bundesrepublik mit 7,5 auf 1000 Einwohner.[5] Doch nicht der quantitative Zustrom allein machte die Krisensituation an der Universität aus; bedingt wurde diese, nach Auffassung einiger Soziologen, durch den Wandel in der sozialen Zusammensetzung der Studentenschaft. Als Folge der sozialen Öffnung der sekundären Bildungsinstitutionen gelangten in den sechziger Jahren verstärkt Studenten aus dem mittleren bzw. Kleinbürgertum an die Universität. Mit der sozialen Zusammensetzung veränderte sich, so die These, die Erwartungshaltung der Studentenschaft. Ihre Erwartungen stiegen. Nicht mehr auf Statuserhalt, sondern auf Statuserwerb gerichtet, trat die Orientierung der Mehrzahl der Studierenden mit den Selektionsmechanismen und Zielorientierungen der Universität in einen Gegensatz.[6]

4 R. Boudon, »La crise universitaire française: Essai de diagnostic sociologique«. In: *Annales. Économies, Sociétés, Civilisations*, Vol. 24, N° 3 (mai-juin) 1969, 738-764, hier 739, 748, 755; ders., »Sources of Student Protest in France«. In: *The Annals of the American Academy of Political and Social Science*, Vol. 395 (May 1971), 139-149; Touraine, *Die postindustrielle Gesellschaft*, 1972, 98 ff.; Bourdieu, *Homo academicus*, 259 ff.

5 A. Münster, *Paris brennt. Die Mai-Revolte in Frankreich*, Frankfurt am Main 1968, 94.

6 Boudon, *La crise universitaire*, 748; ders., *Sources of Student Protest*, 140-144.

Die Professoren reagierten auf die Expansion mit einer Verschärfung der Selektion und prüften auf diese Weise einen Teil der durch die Öffnung der sekundären Bildungsinstitutionen zur Universität Geführten wieder hinaus. Kein westliches Land, so die These von Michel Crozier, hat innerhalb des Bildungswesens eine »soziale Selektion« ausgebildet, die so streng und gleichzeitig so demütigend ist wie in Frankreich.[7] Dort erreichten in den sechziger Jahren 70-75% der Studenten den Studienabschluß nicht.[8] Sie fielen beim Examen durch oder brachen ihr Studium schon vorher ab, weil sie die streng bewerteten Abschlußklausuren, die jeder Student am Ende eines Studienjahres ablegen muß, nicht bestanden hatten. Mittels Klausuren und Examina engten die Professoren den Zugang zur akademischen Elite, den der Staat geöffnet hatte, wieder ein. Wer es trotzdem geschafft hatte, wer alle Hürden und Hindernisse übersprungen und das Examen bestanden hatte, war jedoch noch nicht am Ziel. Denn die Berufsaussichten für Akademiker in Frankreich waren in den sechziger Jahren schlecht. Das Hochschulstudium ebnete nicht mehr automatisch den Zugang zum akademischen Beruf. Akademische Berufe (wie Arzt, Rechtsanwalt, Lehrer), die noch in den fünfziger Jahren offenstanden, waren in den Sechzigern versperrt. Es herrschte in Frankreich eine im Vergleich zu anderen Ländern hohe Akademikerarbeitslosigkeit. Das galt insbesondere für die Absolventen der Geistes- und Sozialwissenschaften. Waren diejenigen, denen das Universitätssystem die Anerkennung versagte, und diejenigen, die es nicht in adäquate Berufe vermitteln konnte, die Träger der Studentenrevolte? Führte Deklassierung zum Protest gegen das Universitätssystem?

7 Crozier, 155.
8 Touraine, *Die postindustrielle Gesellschaft*, 70.

Die soziologischen Analysen stellen einen Zusammenhang zwischen Deklassierung und Protestverhalten her, doch definieren sie die »Deklassierten« auf unterschiedliche Weise. Für Michel Crozier steht fest, daß die Revolte der Studenten eine Revolte des Kleinbürgertums war, derjenigen Schicht, welcher der Zugang zur Hochschule in den sechziger Jahren verstärkt ermöglicht wurde.[9] Pierre Bourdieu hingegen betont, daß die Deklassierung eine Erfahrung der gesamten Altersklasse und mithin die Krise der Universität nicht mit der Krise einer Klassenfraktion identisch gewesen sei.[10] Beide konstatieren eine Kluft zwischen Erwartungshaltung und realen Chancen der Studenten, doch lösen sie das Spannungsverhältnis unterschiedlich auf.

Die Explosion der Bildungspopulation, so Pierre Bourdieu, entwertete die Bildungstitel und erzeugte eine kollektive Disposition zur Revolte durch das Auseinanderklaffen von »Realität und Selbstbild (samt sozialer Zukunftsperspektive)«.[11] Wohingegen Michel Crozier argumentiert, daß die Erfahrung der relativen Deprivation der Universitätsstudenten im Vergleich zu den Studenten der Grandes Écoles von ausschlaggebender Bedeutung für die Studentenproteste gewesen sei. Während die Universität in den sechziger Jahren zu einer Institution des Kleinbürgertums geworden sei, das in dem Maße, in dem es in die tertiären Bildungsinstitutionen aufstieg, zugleich die Chance auf adäquate Verwertung der Bildungspatente verlor, blieben die Grandes Écoles, vom Studentenzustrom weitgehend unberührt, die Bastion des Establishments, die jedem Absolventen Zugang zur Elite garantierte. »La contestation devait se lever naturellement«, so Crozier, »au sein de groupes qui découvrent péniblement qu'on s'est moqué d'eux et que l'éducation supérieure qui constituait leur promotion sociale se réduit au passage dans une usine culturelle ne procurant que des connaissances disparates et n'offrant que des débouchés médiocres.«[12]

Auch Bourdieu stellt fest, daß die strukturelle Deklassierung je

9 Crozier, 154.

10 Bourdieu, *Homo academicus*, 263.

11 Ebd., 266.

12 Crozier, 155.

nach Stellung der Hochschule, Fakultät, Disziplin innerhalb der Hierarchie der Bildungsinstitutionen variierte. Doch akzentuiert er die morphologischen Veränderungen innerhalb der Universitäten als Ursachen der Studentenrevolte. Er vertritt die These, daß sich die Krise der Universität in besonderem Maße in der philosophischen Fakultät und dort wiederum in den neuen Fächern Psychologie und Soziologie konzentriert habe. Die philosophische Fakultät wurde, nach Bourdieu, zum Krisenherd, nicht nur weil sie in den sechziger Jahren der Ort des größten Studentenzustroms war, sondern auch, weil ihre neuen Disziplinen zum Ort der »Zuflucht« für all diejenigen wurden, die die Diskrepanz zwischen Realität und Selbstbild und damit die Unbestimmtheit ihrer sozialen Identität möglichst lange aufrechterhalten wollten.[13] Aufgrund ihrer noch unbestimmten akademischen Position und unklaren Berufsperspektive begünstigten die Fächer Soziologie und Psychologie in den sechziger Jahren das Fortbestehen einer »schiefen Anspruchslage« zwischen erhofften und realen Optionen und zogen folglich besonders viele »Personen mit verqueren Erwartungen und Ansprüchen« an.[14] Ihrer sozialen Herkunft nach war der Kreis dieser Personen heterogen. Es waren, aus der Sicht Bourdieus, Studenten aus der herrschenden Klasse mit niedrigem Bildungskapital ebenso wie Studenten aus der Mittelklasse, »die aus den nobleren Bildungsgängen verbannt worden« waren.[15] Sie bildeten eine latente Konfliktgruppe, deren Ressentiment gegen die Universität in dem Maße stieg, in dem ihnen der Widerspruch zwischen Anspruchsniveau und tatsächlichen Aufstiegschancen bewußt wurde. Ihr Protest wurde verstärkt durch die Unzufriedenheit eines Teils ihrer Lehrpersonen.

13 Bourdieu, *Homo academicus*, 266, 269-272.
14 Ebd., 267.
15 Ebd., 268.

Das Argument der Disfunktionalität der Lehrkörperstruktur

Es waren die »Lehrkräfte der unteren Ränge«, die Assistenten, insbesondere in den neuen Disziplinen, aus denen, so Bourdieu, »eine beträchtliche Zahl von Führern« der Mai-Bewegung hervorging. Vielfach in der Phase der Expansion des Faches aus der Studentenschaft rekrutiert, sahen sie sich mit einer Situation konfrontiert, die ihre Hoffnungen auf eine akademische Karriere zunichte machte.[16] Im Unterschied zu den Grandes Écoles war generell in den philosophischen Fakultäten der Universitäten den meisten Assistenten der Aufstieg zum Professor versperrt. Die Zahl der maîtres-assistants und Assistenten in den philosophischen Fakultäten stieg von 497 (1960) auf 3699 (1968), während die Professorenstellen im gleichen Zeitraum nur von 285 (1959) auf 450 (1968) vermehrt wurden.[17] Das Mißverhältnis veranlaßte viele, so Bourdieu, aus dem Rennen überhaupt auszusteigen, den Konkurrenzkampf nicht mitzuspielen, sondern das »Spiel« neu zu definieren, indem sie sich mit den Studenten gegen die Professoren solidarisierten. Auf diese Weise trat eine »Koinzidenz zwischen den Dispositionen und Interessen von Akteuren mit homologen Positionen in unterschiedlichen Feldern« ein.[18] Der Konflikt innerhalb der Universität verlief somit nicht zwischen Professoren und Studenten, sondern Professoren einerseits und Assistenten bzw. maîtres-assistants und Studenten andererseits. Er wurde gefördert durch eine Einstellung bzw. Haltung der Professoren, die Studenten wie Assistenten gleichermaßen traf.

Zwischen einem französischen Professor und Gott gibt es, wie Raymond Aron freimütig schreibt, nichts.[19] Ihr autoritärer Stil in Forschung und Unterricht war es, der in Frankreich wie in der Bundesrepublik die Studenten und Assistenten zum Widerspruch trieb. Die Studenten kritisierten das Mandarinentum und lasteten den Professoren dabei vor allem mangelnde Kommunikationsbereitschaft sowie das strenge und unpersönliche Selektionsverfah-

16 Ebd., 272.
17 Ebd., 329.
18 Ebd., 274.
19 Aron, *Erkenntnis und Verantwortung*, 253.

ren der Prüfungen an.[20] Der Stil der menschlichen Beziehungen innerhalb der Universität, so Michel Crozier, verstärkte den Protest der Studenten. Sie begehrten gegen einen »cäsaristischen Formalismus« auf, der nicht mehr dem Zeitgeist entsprach.[21] Auch Edgar Morin sieht den professoralen Habitus, den er als »archaischen Semi-Feudalismus der Gesellschaft der Professoren« charakterisiert, als eine der Ursachen der Krise der Universität an.[22]

Das Argument vom Funktionswandel der Wissenschaft

Neben den internen wirkten sich externe Spannungen auf die Universität aus. Wirtschaftliche und gesellschaftliche Veränderungen bedingten einen Funktionswandel der Wissenschaft und damit auch einen Wandel der Rolle der Universität. Der Prozeß der technisch-industriellen Revolution, der die Wissenschaft zur wirtschaftlichen Produktivkraft machte, löste in der Bundesrepublik seit Beginn der sechziger Jahre eine Debatte über die Organisation von Forschung und Lehre aus, in deren Zentrum die Forderung nach Demokratisierung der Universitätsstrukturen stand.[23] Die Verlagerung der Forschung von der Universität in staatliche Forschungsinstitute verschob in Frankreich die Problemlage, hob sie indes nicht auf. »Von dem Augenblick an«, so Touraine, »da Wissen zu einer wesentlichen Reproduktionskraft wird, wird die Organisation von Forschung und Lehre zu einem allgemeinpolitischen Problem.«[24] Entscheidungen in Forschung und Lehre durften, so Touraine, nicht durch Tradition oder rein technische Erfordernisse bestimmt sein. Das Universitätssystem zerfiel, weil es der Universität in Frankreich nicht gelang, ihre neue Rolle im Prozeß des sozialökonomischen Wandels neu zu definieren und damit die Spannungen zwischen den sich jeglichem sozialen Wandel widersetzenden traditionellen Strukturen und den neuen wirtschaftlich-technischen Anforderungen auszugleichen.

20 Boudon, 744.
21 Crozier, 151.
22 Morin/Lefort/Castoriadis, *La Brèche*, 13.
23 Vgl. dazu die SDS-Denkschrift von W. Nitsch, U. Gerhardt, C. Offe und U. K. Preuß, *Hochschule in der Demokratie*. Mit einem Vorwort von J. Habermas, Berlin/Neuwied 1965.
24 Touraine, *Die postindustrielle Gesellschaft*, 104.

Alle diese Argumente gehen davon aus, daß kollektives Verhalten, in diesem Fall der Studentenschaft, strukturell verursacht und mit rationaler Einsicht in objektive Interessenlagen verkoppelt ist. Doch wie neuere Forschungen zeigen, ist es fraglich, ob neue soziale Bewegungen als bloße Reaktion auf objektive Umstände entstehen. Plausibler erscheint, so Klaus Peter Japp, das Umgekehrte: »Soziale Probleme werden für kollektive Akteure kognitiv zugänglich – d. h. ›rational einsehbar‹ –, *nachdem* sie durch soziale Bewegungen *als* objektive soziale Probleme gedeutet worden sind.«[25] Wenn man von dieser Prämisse ausgeht, dann folgt daraus, daß soziale Bewegungen sich gleichsam »selbst erzeugen«. Was ist darunter zu verstehen?

Das Konzept der Selbsterzeugung sozialer Bewegungen geht davon aus, daß nicht konkrete »Ursachen« oder »major causes« am Anfang einer sozialen Bewegung stehen, sondern ein sich selbst organisierender Handlungsprozeß, für den in der Regel nur eine diffuse Ausgangslage nachzuweisen ist. Dergestalt als interaktive Selbstorganisierung gefaßt, erteilt das Konzept der Selbsterzeugung sozialer Bewegungen der kognitiven Rationalität keine Absage, betont indes, daß sowohl die Ziele als auch die Ursachen sozialer Bewegungen Produkte nachträglicher Deutungen, nicht Ausgangspunkte kollektiver Handlungen sind.[26] In der Anfangsphase sozialer Bewegungen seien vielmehr, so die These, die Handlungspraxis, der Handlungsprozeß und die handlungspraktisch-selektive Umweltbeeinflussung für die Konstituierung sozialer Bewegungen wesentlicher als Ursachen, Ziele und reaktive Umweltanpassung. »Zugespitzt«, so Japp, »was mit der ›Ursache passiert‹, ist nicht ›irgendeinem objektiven Wirkungszusammenhang‹ geschuldet, sondern den selektiven Verwertungsinteressen kollektiver Akteure«[27], die in mehrdeutigen und undurchsichtigen Handlungssituationen agieren.

Damit werden allerdings die geschilderten »strukturellen Spannungen« im Universitätssystem nicht irrelevant. Die Studentenbewegung wird nicht willkürlich »selbsterzeugt«. Es bleibt ein Wir-

25 K. P. Japp, »Selbsterzeugung oder Fremdverschulden. Thesen zum Rationalismus in den Theorien sozialer Bewegungen«. In: *Soziale Welt. Zeitschrift für sozialwissenschaftliche Forschung und Praxis*, 3 (1984), 313-329, hier 322.

26 Ebd., 323 f.

27 Ebd., 325 (Anm. 15).

kungszusammenhang zwischen dem strukturell erzeugten Handlungskontext und der kulturellen Dramatisierung und politischen Akzentuierung von Handlungszielen. Um diesen Wirkungszusammenhang zu analysieren, gilt es, Prozesse der sozialen Formierung und der kognitiven Konstruktion der Bewegung historisch-empirisch zu untersuchen.

2. Der Fall Nanterre: Situationen und Aktionen

Nanterre war ein Sonderfall: Es war Produkt und Produzent der Krise der Universität in Frankreich. Gegründet 1964, fiel der Aufbau der Fakultät (Faculté des lettres et sciences humaines) in die Phase des Ausbaus und der Modernisierung der tertiären Bildungsinstitutionen.[28] Zur Entlastung der Sorbonne gebaut, sollte Nanterre wieder ermöglichen, was an der Sorbonne unmöglich geworden war: Kommunikation zwischen Lehrenden und Studierenden.

Dafür setzten sich in Nanterre zuerst und vor allem die Professoren ein. Im Durchschnitt wesentlich jünger als ihre Kollegen an der Sorbonne, wollten sie das Leben an der Universität anders gestalten. Von Reformwillen und Reformhoffnungen geprägt, waren viele von ihnen an die neue Fakultät gekommen, an der sie nun auch einen neuen Geist schaffen wollten. Es sollte eine liberale Atmosphäre herrschen in Nanterre. Der Dekan der Fakultät, der Germanist Pierre Grappin, strebte sie an. Dem Fakultätsrat, dem er vorstand, gehörten – im Unterschied zu anderen Fakultäten – nicht nur Professoren, sondern auch die maîtres de conférences und die chargés d'enseignement (Dozenten und außerordentliche Professoren in Dauer- oder zeitlich befristeter Stellung) an.[29]

28 Im Zeitraum 1961 bis 1968 werden in Frankreich sieben Universitäten neu gegründet: Amiens, Limoges, Nantes, Orléans, Nice, Reims und Rouen. Vgl. J. Schriewer, *Die französischen Universitäten 1945-1968. Probleme, Diskussionen, Reformen*, Bad Heilbrunn 1972, 404.

29 Die Darstellung stützt sich auf die Beschreibung Alain Touraines, der ab 1966 in Nanterre lehrte und 1967/68 Direktor des Departements für Soziologie war. A. Touraine, *Le communisme utopique*, 103-108. Vgl auch P. Bénéton, J. Touchard, »Les interprétations de la crise de mai-juin 1968«. In: *Revue française de science politique* N° 3 (juin 1970),

Nanterre erweiterte damit die Mitwirkungsmöglichkeiten innerhalb der alten Strukturen.

Auch das soziale Leben an der Universität sollte in Nanterre wiedererwachen. Die Universität sollte nicht nur ein Ort der Wissensvermittlung, sondern der lebendigen Wissenschaft sein, eine Stätte, die man aufsucht, weil man das Gespräch sucht. Doch bereits die bauliche Anlage der Fakultät widerstrebte diesem Plan. Nicht nur daß die Hochschule in den ersten Jahren eine Baustelle war, sondern auch die Tatsache, daß die fertiggestellten Teile nicht gerade kommunikationsfreundlich waren, widersprach der Vision eines aktiven sozialen Lebens. Nanterre war nach dem Vorbild amerikanischer Campus-Universitäten gebaut, doch nicht aus rotem Backstein mit efeuumrankten Innenhöfen. Nanterre war eine Ansammlung von Gebäuden aus Beton, Glas und Stahl, funktional und rational, doch dabei grau, kalt und kahl; Hallen, Gänge, Treppenhäuser und Räume wurden von gleißendem Neonlicht erhellt, das persönliche Kommunikation bereits im Ansatz brach. Alles war unpersönlich, nirgendwo Leben.[30]

Für die Studenten, die sich bei schlechtem Wetter den Zugang zu den Universitätsgebäuden über schlammigen Boden suchen mußten, war diese Universität nur ein Durchgangsort in ihrem Tagesablauf. Wo sollten sie nach den Veranstaltungen auch bleiben? Außerhalb der Vorlesungs- und Seminarräume und der sich noch im Aufbau befindenden Bibliothek gab es nur »le restau-U« , die universitäre Cafeteria. Und außerhalb des Campus? Fabriken, Wohnblocks und Baracken. Der neue Universitätskomplex grenzte an alte und neue Industrieanlagen sowie an die Behausungen der Ärmsten der Armen, die Bidonvilles von Paris. In unmittelbarer Nähe zum Campus wurde an den Trassen der RER, des schnellsten Vorortzuges Frankreichs, gebaut, der heute Nanterre mit dem Zentrum von Paris verbindet. Für die ersten Studentengenerationen von Nanterre existierte indes diese Verkehrsverbindung nicht. Sie mußten, sofern sie kein Auto hatten, viel Zeit investieren, um das zu finden, was auf dem bzw. in der Nähe des Campus fehlte und doch zum Studentenalltag zählt: Cafés, Kinos

503-543, sowie Épistémon (Pseudonym des Professors für Psychologie Didier Anzieu an der Fakultät Nanterre), *Ces idées qui ont ébranlé la France*, Paris 1968, 20.

30 Vgl. A. Delale/G. Ragache, *La France de 68*, Paris 1978, 54.

und Buchläden.[31] Besonders betroffen von der architektonischen Misere und der sozial-kulturellen Leere des Campus und unmittelbaren Umfeldes von Nanterre waren die Bewohner der Cité universitaire. Erstmals hatte der französische Staat in Nanterre Studentenwohnheime direkt auf dem Campus errichten lassen. Die Zimmer waren standardisiert, alle auf die gleiche Weise möbliert. Das Umstellen der Möbel war verboten, das Anbringen von Bildern und Plakaten auch. Verboten waren ferner religiöse, politische und philosophische Veranstaltungen. Die Blocks waren in Studenten- und Studentinnenwohnheime aufgeteilt, wobei den Männern der Zugang zum Frauenwohnheim untersagt war. So schrieb es eine Hausordnung fest, die – da der Staat Träger der Wohnheime war – auf Kabinettsebene beraten und vom Erziehungsminister schließlich festgelegt worden war.[32]

An dieser Hausordnung und damit an einer im strengen Sinne außeruniversitären Frage entzündeten sich die ersten Proteste in Nanterre, die das liberale Modell des Dekans Grappin ins Wanken brachten. Begehrten die Studenten gegen eine Regelung auf, die archaischen Normvorstellungen entsprach, unzeitgemäß war und »repressiv«[33]? Die »sexuelle Segregation«, welche die Studenten anklagten, war, aus der Sicht des Soziologen Touraine, nur ein Ausdruck ihrer Vereinzelung und Isolation. In ihrer allgemeinen Unzufriedenheit wandten sie sich gegen Regeln, die unsinnig waren, und fanden in der normsetzenden Behörde einen Adressaten für ihren Protest.[34] Die Studenten betonten dagegen, daß es am Anfang tatsächlich um die sexuelle Repression in den Wohnheimen ging und daß der Protest in Nanterre nicht zu verstehen sei ohne die sexuelle Liberalisierung, in der sie einen entscheidenden Schritt auf dem Wege zur Veränderung der Lebensweise ihrer Generation sahen.[35] Gleichviel: einmal entfacht, machte der Protest an der Hausordnung nicht halt. Er weitete sich aus und politisierte sich durch eine Verkettung von Ereignissen, durch deren Dynamik eine Fakultät, die eigentlich einen Ausweg aus der Krise der

31 Vgl. unter anderem die Schilderung des Campus von Nanterre in R. Merle, *Derrière la vitre*, Paris 1970, 23-25.

32 Duteuil, *Nanterre*, 80-84, Delale/Ragache, 53; Joffrin, 42-44.

33 Cohn-Bendit, *Linksradikalismus*, 27.

34 »Alain Touraine parle«. In: *Labro*, 43, 44.

35 Duteuil, *Nanterre*, 46.

Universität schaffen sollte und wollte, in eine Krise stürzte, an deren Ende die Infragestellung und Negation der Universität als solcher stand. Wie kam es dazu?
Die Kette der Protestaktionen beginnt am 21. März 1967. An diesem Tag wird im Verlauf einer »Kampagne der sexuellen Information und Aufklärung«, in der unter anderem Thesen von Wilhelm Reich[36] vorgestellt werden, das Studentinnenwohnheim von Nanterre besetzt.[37] Die Träger der Aktion sind Mitglieder der Vereinigung der Wohnheimbewohner ARCUN (Association des résidents de la cité universitaire de Nanterre), zu der sich bereits 1966 rund 500 der 1250 Wohnheimbewohner zusammengeschlossen haben. ARCUN strebt die Veränderung der Hausordnung in den Wohnheimen an und wählt, nachdem Appelle wirkungslos geblieben sind, zur Regelreform die Regelverletzung. Studenten dringen spätabends in das Studentinnenwohnheim ein und beginnen politische Diskussionen. Die vom Hausmeister alarmierte Universitätsverwaltung ruft daraufhin die Polizei. Als diese das Gebäude umstellt, verbarrikadieren sich die Besetzer im 5. Stockwerk des Wohnheims, entschlossen, nicht zu weichen, bis ihre Forderungen erfüllt worden sind. Gegen 3 Uhr in der Nacht wird ein Kommuniqué verlesen, in dem die Forderungen stehen: »liberté de circulation, de réunion et d'information« in den Wohnheimen. Doch weder der Dekan Grappin noch der Direktor der Cité universitaire können diese Forderungen erfüllen, die Änderung der Wohnheimregeln obliegt dem Erziehungsministerium in Paris. Dieses jedoch antwortet, in der Nacht um Rat gebeten, nicht. So bleiben die Besetzer im 5. Stock und die Polizei auf dem Campus von Nanterre.
Die Situation spitzt sich zu, als am nächsten Morgen eine von Stunde zu Stunde wachsende Zahl von Studenten zum besetzten Wohnheim kommt und nun ihrerseits die Polizei umlagert, welche das Gebäude umstellt. Um mögliche gewaltsame Auseinandersetzungen zu verhindern, entscheidet der mittlerweile herbeigerufene Rektor der Sorbonne, dem auch die Fakultät Nanterre admi-

36 Das Flugblatt mit den Thesen ist abgedruckt in Schnapp/Vidal-Naquet, *Journal de la Commune étudiante*, 132 f.
37 Vgl. zur Besetzung des Wohnheimes: Duteuil, *Nanterre*, 84-86; Touraine, *Le communisme utopique*, 116 f. Cohn-Bendit, *Linksradikalismus*, 28.

nistrativ unterstellt ist, daß die Besetzer ohne Feststellung ihrer Identität und damit straflos abziehen können, wenn sie ihre Selbsteinschließung aufgeben und beim Verlassen des Gebäudes ihren Schlüssel vorweisen zum Zeichen dafür, daß sie Wohnheimbewohner sind. Das Angebot wird akzeptiert. Natürlich kann jeder einen Schlüssel vorweisen, zumal niemand kontrolliert, wozu dieser Zugang gewährt. Auf diese Weise scheint die Konfrontation gewaltlos und glimpflich zu einem Ende gebracht. ARCUN interpretiert die Aktion als moralischen Sieg, wenngleich keine ihrer Forderungen erfüllt worden ist.

Das bittere Ende offenbart sich erst nach einigen Tagen, als 29 Studenten Briefe erhalten, in denen ihnen Sanktionen bis hin zum Ausschluß aus dem Studentenwohnheim angekündigt werden. Unter den Empfängern sind auch solche, die an der Besetzungsaktion gar nicht teilgenommen haben, aber als politische Aktivisten bekannt sind. Die Briefe schüren den Verdacht, daß, entgegen ihrer offiziellen Ankündigung von Straffreiheit und Nichtfeststellung der Identität, die Universitätsverwaltung »schwarze Listen« angefertigt[38] habe. Keine der angedrohten Sanktionen wird durchgeführt, doch das Vertrauensverhältnis ist nachhaltig gestört. Die Folgen werden nicht sofort sichtbar, wirken sich indes langfristig aus. Die »schwarzen Listen« werden zum Dauerthema der Agitation in Nanterre, wenngleich der Protest der Studenten sich mit Beginn des Studienjahres 1967/68 auf einen neuen Gegenstand konzentriert.

Der neue Konflikt resultierte aus der Krise der alten Universität, genauer gesagt aus der Politik, mit welcher der französische Staat der Krise der Universität entgegenwirkte. Bereits 1963 hatte der damalige französische Erziehungsminister Fouchet einen Plan vorgelegt, der, aus seiner Sicht, das größte Reformwerk seit der napoleonischen Universitätsreform darstellte. Der Fouchet-Plan trat mit Beginn des Studienjahres 1967/68 in Kraft und löste, obwohl er alle Universitäten Frankreichs betraf, an der neuen Fakultät von Nanterre, und nur hier, einen Streik nahezu der gesamten Studentenschaft aus.

Wogegen wehrten sich die Studenten? Folgt man den Intentionen der Bildungsplaner, so sollte die Reform der tertiären Bildung, wie sie der Fouchet-Plan vorsah, die Berufschancen erhöhen,

38 Duteuil, *Nanterre*, 86.

mehr Studenten als bisher zum Studienabschluß führen und durch eine bessere Organisation des Studiums die Abbrecher- und Durchfallquote verringern. Effektivität, Spezialisierung und wissenschaftlich-technische Orientierung der Ausbildung waren die Leitwerte, die der Fouchet-Plan setzte und durch Differenzierung sowie insbesondere durch Anpassung der Ausbildung an die Funktionserfordernisse von Wirtschaft und Industrie zu realisieren versuchte. »Industrialisierung der Universität« lautet das Ziel, das der Plan verfolgte.[39]

Bereits auf dem Gymnasium, so legte der Plan fest, sollte die Spezialisierung der Ausbildung durch Differenzierung der Wege zum Abitur einsetzen, d.h. durch Auffächerung des Bildungsstoffes in Schwerpunktbereiche, die zu verschiedenen Typen des »baccalauréat« führen bzw. in kürzere, berufsbezogene Ausbildungsgänge (»brevet d'enseignement professionnel«) münden sollten. Die Spezialisierung und Differenzierung der Ausbildung, die auf Kosten der Allgemeinbildung ging, sollten sich nach dem Abitur im Universitätsstudium fortsetzen. Der Fouchet-Plan hob das Propädeutikum (eine Art Studium generale) auf, das bis dahin jeder Student gleich welcher Fachrichtung zu Beginn seines Studiums absolvierte, und schrieb den unmittelbaren Einstieg in die jeweilige Fachrichtung vor. Die Studienzeit wurde auf drei bis vier Jahre festgeschrieben, je nachdem ob der Abschluß die »licence« oder der Magistergrad »maîtrise« war. Nur die »maîtrise« sollte den Weg zur Promotion über einen an sie angeschlossenen Studienabschnitt ebnen, das als reines Forschungsstudium konzipiert war.[40] Mit der frühen fachlichen Spezialisierung ging somit eine universitätsinterne Selektion einher, welche die Ausbildungsgänge steuerte und die Studiendauer reglementierte.

Das Reformprojekt, in drei Etappen durch ministerielle Dekrete oktroyiert und nicht in einem politisch-parlamentarischen Gesetzgebungsverfahren beraten[41], stieß auf Kritik insbesondere an den Universitäten. Die Reform, so der generelle Einwand, berühre die Grundprobleme nicht, wobei unterschiedlich definiert wurde, wo diese Probleme lagen. Die Studentengewerkschaft UNEF kritisierte die Erschwerung der Lebens- und Studienbe-

39 Vgl. zur Fouchet-Reform: Schriewer, 397ff.
40 Ebd., 423.
41 Ebd., 426.

dingungen, welche die Reform mit sich brachte, und warf – unterstützt von der Hochschullehrergewerkschaft SNESup, in der vor allem die Assistenten organisiert waren – dem Erziehungsminister eine übereilte Anpassung an kurzfristige Erfordernisse und Interessen der Wirtschaft vor.[42] Die Professoren, vor allem diejenigen, die sich für eine Modernisierung der Universität einsetzten, waren moderater im Ton, aber nicht weniger scharf in der Sachkritik. Viele Professoren, darunter der Dekan der Fakultät Nanterre, Pierre Grappin, der an der Spitze der »Commission des 18« (oder »Commission des Sages«) stand, welche den Minister bei der Ausarbeitung des Reformprojektes beraten hatte, befürworteten schärfere selektive Maßnahmen beim Übergang von der Schule zur Universität – mit Forderungen, die von einem nach drei Graden gestuften Abitur bis zur Aufnahmeprüfung an den Universitäten reichten – und sahen die Anpassung an die Erfordernisse der Wirtschaft mit der Errichtung von technischen Universitätsinstituten (IUT) als zu halbherzig an.[43] Grappin hätte die Gründung technischer Universitäten vorgezogen.[44]

Wie der Dekan der Fakultät Nanterre, so sparten auch andere Professoren, die sich seit Jahren für die Modernisierung der Universität eingesetzt hatten, nicht mit Kritik. Die Fouchet-Reform klammere, so der Tenor eines Kolloquiums, zu dem sich Professoren aller geistes- und naturwissenschaftlichen Fakultäten vom 11.-13. November 1966 in Caen zusammenfanden, vollständig die längst überfällige Strukturreform der Universität aus.[45] Gegen den Zentralismus gewandt, der seit Napoleon die französischen Universitäten präge, forderten sie Autonomie für alle Hochschulen des Landes[46], die Abschaffung des Lehrstuhlsystems und die Schaffung von Departements als Grundeinheiten des Unterrichts an den Universitäten.[47] Als notwendig erachtet wurde die Begren-

42 Ebd., 456.

43 Ebd., 421.

44 P. Grappin, »Au-delà de la réforme«. In: *Revue de l'Enseignement Supérieur*, N° 4 (1966), 9-14, hier insbesondere 11-13.

45 Beiträge, Diskussionen und eine Reihe von Dokumenten des Kolloquiums sind abgedruckt in: *Revue de l'Enseignement Supérieur*, N° 4 (1966), 47-214.

46 Dies wurde besonders hervorgehoben auch in dem Eröffnungsvortrag von Pierre Mendès-France. Vgl. ebd., 47-53, hier 52.

47 Vgl. insbesondere den Beitrag von Jacques Monod, ebd., 54-59.

zung der Studierenden auf 20 000 pro Universität, was eine Vielzahl von Neugründungen im Ballungsraum Paris und in der Provinz zur Folge haben mußte, sowie eine weitere Verschärfung der Selektion. »C'est absolument indispensable«, so schloß in Caen der Nobelpreisträger für Biologie, Jacques Monod, sein Plädoyer für ein verschärftes Ausleseverfahren, »si nous n'obtenons pas cette réforme, nous allons à la mort de l'enseignement supérieur en France«. Die Strukturreformen, welche die Modernisierer unter den Professoren in der Gestaltung des Unterrichts, des Ausleseverfahrens und der Verwaltung der Universität forderten, zielten auf Leistungssteigerung der Universitäten, auf Verbesserung der universitären Arbeitsbedingungen sowie des interuniversitären Wettbewerbes, problematisierten zugleich aber das Verhältnis zwischen Universität und Staat, in dem die Modernisierer letztlich den Schlüssel für die Strukturkrise sahen. Konzentriert auf die Autonomie der Universität, maßen die Modernisierer unter den Professoren der Demokratie in der Universität, der Erhöhung der Partizipationschancen der Studenten keine Bedeutung bei. Damit forderten sie den Widerspruch der Studenten heraus, die einen Kampf gegen zwei Fronten begannen. Die Situation in der Universität komplizierte sich. Der Fouchet-Plan sollte »Ordnung in das Chaos des Studienbetriebes« bringen, doch schuf er zunächst einmal ein Chaos an der Universität.

Mit Inkrafttreten der Reform kam für die zu diesem Zeitpunkt immatrikulierten Studenten eine Übergangsregelung zur Anwendung, die besagte, daß diejenigen, die nach der alten Studienordnung bereits den Abschluß der ersten zweijährigen Studienphase (Propädeutikum) erreicht hatten, sich nochmals ins zweite Studienjahr einschreiben mußten, und diejenigen, die eigentlich in dem beginnenden Studienjahr ihr Staatsexamen machen wollten, noch ein Jahr damit warten mußten. Die Studenten, die von der Übergangsregelung betroffen waren, sahen dies als willkürliche Maßnahme an. Die Vorstellung, ein Jahr zu verlieren, so Alain Touraine, trieb sie zu den Protestaktionen an, die sich nicht gegen den Geist der Reform richteten, sondern gegen deren Folgen.[48] Von studentischer Seite indes wird betont, daß der Studentenprotest sich gegen die Überfüllung der Hochschule richtete und die »willkürlichen« Übergangsmaßnahmen lediglich als verstärken-

48 Touraine, *Le communisme utopique*, 109.

des Mobilisierungselement hinzugekommen waren.[49] Tatsache ist, daß sich der Beginn der Reformmaßnahmen in Nanterre mit einer explosionsartigen Ausweitung der Studentenschaft überschnitt. Waren im ersten Studienjahr an der Faculté des Lettres et Sciences Humaines von Nanterre nur 1290 Studenten immatrikuliert, im zweiten (1965/66) 2900, so stieg im dritten Studienjahr (1966/67) die Zahl auf 11 000 an, zuzüglich der rund 3000 Immatrikulierten an der neueröffneten Juristischen Fakultät. Der anfängliche Vorteil von Nanterre, die kleine und überschaubare Zahl der Studierenden, wurde durch diese Entwicklung zerstört. Dekan Pierre Grappin sah in der Entwicklung zum Massenbetrieb den entscheidenden Faktor für die Schwierigkeiten bei der Einführung des Reformplanes und letztlich auch für das Scheitern seines Reformmodells. Die Anonymität, so urteilte er zwanzig Jahre später, zerstörte die Kommunikation, die innerhalb der Fakultät geschaffen werden sollte.[50]

Woher kamen die Studenten, die sich in Nanterre immatrikulierten? Sie kamen zum größten Teil nicht aus freiem Entschluß, sondern wurden der Fakultät von staatlichen Stellen zugewiesen. Entscheidend für die Zuweisung nach Nanterre war der Wohnort der Studenten. Die meisten von ihnen kamen aus dem XVI. und XVII. Arrondissement von Paris, d. h. aus den Quartiers der »bourgeoisie riche ou aisée«.[51] Es war also gerade nicht das Kleinbürgertum, das in Massen an die Fakultät Nanterre zog. Auch die Professoren entsprachen in Nanterre nicht dem Typus des cäsaristischen, semifeudalen Mandarins, auf den bei der Analyse der Protestursachen häufig hingewiesen wird. Die neue Fakultät zog vornehmlich solche Lehrkräfte an, die ihrem Selbstverständnis nach in bezug auf die Universitätsstruktur antitraditional dachten. Sie hatten ihre Laufbahn überwiegend außerhalb der Universität begonnen. Eine äußerst kritische Einstellung gegenüber »der Organisation und dem Geist der Universität« zeichnete ihre Grundeinstellung aus.[52] Die Kritik am eigenen Berufsstand wurde durch

49 Cohn-Bendit, *Linksradikalismus*, 32.

50 Interview mit Geneviève Dreyfus-Armand. In: *Mai 68. Les mouvements étudiants en France et dans le monde*. Ouvrage publié sous la direction de G. Dreyfus-Armand et L. Gervereau, (BDIC) Nanterre 1988, 100-104, hier 102. Vgl. auch Épistémon, 14.

51 Dansette, 58.

52 Touraine, *Le communisme utopique*, 105, 111-112.

kritische Positionen in den jeweiligen Fächern ergänzt. All dies führte dazu, daß sie gegenüber den studentischen Kritiken und Protesten offen waren, als im November 1967 der Streik der Studenten in Nanterre begann. Sie nahmen die Anliegen der Studenten ernst. Insbesondere die Soziologen Henri Lefebvre und Alain Touraine, aus deren Seminaren viele Träger der Revolte kamen, traten als Verteidiger der Studenten auf. Henri Lefebvres Engagement ging so weit, daß manch einer seiner Kollegen glaubte, er habe den Streik inspiriert. Von einem Kollegen darauf angesprochen, soll er geantwortet haben: »Ich habe nicht die Ehre, Monsieur.«[53]

Wurden die Professoren durch die Umstände zu Vertretern eines »cäsaristischen Formalismus«[54] gemacht? Auf 11 000 Studenten kamen an der Geistes- und Sozialwissenschaftlichen Fakultät von Nanterre 50 Professoren und maîtres de conférences sowie 180 maîtres-assistants und Assistenten.[55] Die meisten Lehrveranstaltungen wurden folglich von Assistenten geleitet, so daß ein Abstand zwischen Professoren und Studenten allein schon durch die Organisation des Unterrichts entstand. Die Distanz wurde verstärkt durch die Formalisierung der Beziehungen als Folge der wachsenden Teilnehmerzahlen der von Professoren geleiteten Seminare. Auf diese Weise entstand in Nanterre gerade zu dem Zeitpunkt, da die staatliche Modernisierungsplanung verschärfte universitätsinterne Selektion vorschrieb, eine Situation, welche eine adäquate persönliche Beurteilung der Studenten relativ verschlechterte und nach Auffassung einiger Lehrender geradezu unmöglich machte. Der Dekan hatte in Antizipation der Schwierigkeiten, die er auf die Fakultät zukommen sah, bereits vor Beginn des Studienjahres eine Zulassungsbeschränkung gefordert, doch dafür seitens der zuständigen staatlichen Behörden keine Unterstützung gefunden.[56]

Der Problemdruck brach sich am 17. November 1967 in einem Streik Bahn, der, ausgehend von dem Departement für Soziologie, nahezu alle Studenten erfaßte und an dem auch zahlreiche Professoren und Assistenten teilnahmen. Zehn Tage lang fand kein Un-

53 Bensaïd/Weber, 99; Hamon/Rotman, *Génération*, 1, 490.
54 Crozier, 151.
55 Dansette, 58.
56 Ebd.

terricht in Nanterre statt. Vielmehr wurde in Vollversammlungen über die Lage der Universität diskutiert. Konkrete Reformforderungen – Begrenzung der Teilnehmer an den praktischen Übungen, Errichtung von Fachbibliotheken, Partizipation der Studenten innerhalb der Fakultät – sowie abstrakte Analysen der Rolle und des Funktionswandels der Universität überschnitten und vermischten sich.[57] Polarisiert wurden Lehrkörper und Studentenschaft, sobald die Frage nach den »schwarzen Listen« wieder auftauchte, deren Existenz der Dekan Grappin bestritt, während der Soziologe Henri Lefebvre Öl in die Flamme der studentischen Empörung goß, indem er gegenüber Studenten bekräftigte, daß es diese Listen gebe.[58] Trotz der Verwirrung, die dadurch entstand, gelang es dem Dekan, in der Streiksituation die Kooperation zwischen Lehrenden und Studierenden durch die Einrichtung sogenannter »gemischter Kommissionen« wiederherzustellen, paritätisch zusammengesetzt aus Studenten und Professoren, die in den einzelnen Fächern über die Organisation des Studiums und des Unterrichts beraten sollten. Ferner wurde auf Fakultätsebene eine paritätische Beraterkommission gebildet, betraut mit der Aufgabe, Forderungen und Vorschläge auszuarbeiten, welche dem Erziehungsministerium vorgelegt werden sollten. Kein Problem wurde dadurch unmittelbar gelöst, aber der Streik wurde durch die Institutionalisierung des Konflikts zu einem Ende gebracht.[59] Die äußere Ruhe, die dadurch entstand, war indes nicht von Dauer. Die gemischten Kommissionen in den einzelnen Fächern waren innerhalb des zentralistischen französischen Systems ohne Entscheidungskompetenzen für die Forderungen der Studenten. Die Idee einer Demokratisierung der Universitäten in Frankreich war deshalb, wie Raymond Aron später urteilte, innerhalb der vorgegebenen Universitätsstrukturen ein Widerspruch in sich. »Nous n'avions pas en réalité d'universités, nous avions une université. Toutes les facultés, toutes les universités étaient gérées pour l'essentiel par le ministère de l'Education Nationale.«[60] Dieses Ministerium aber reagierte auf die Probleme in Nanterre

57 Vgl. zum Novemberstreik in Nanterre: Touraine, *Le communisme utopique*, 108-113; Duteuil, *Nanterre*, 94 ff.
58 Ebd, 95, 100.
59 Touraine, *Le communisme utopique*, 110, 113.
60 R. Aron, *La révolution introuvable*, Paris 1968, 54.

nicht.[61] Zwar wurde eine Delegation von Studenten aus Nanterre empfangen, an deren Spitze der Dekan Grappin stand, doch blieb nach der Anhörung in Nanterre alles beim alten.[62]
Die latenten Spannungen werden durch neue Ereignisse wieder entfacht. Sie lösen Handlungsabläufe aus, in deren Verlauf es zur Formierung einer neuen, im Vergleich zu den Streiks im November radikaleren Protestbewegung kommt. Die Ereignisse sind Auslöser solidarischer Interaktionsprozesse, welche durch Strukturprobleme und Krisenelemente der Universität gefördert, nicht indes unmittelbar bedingt werden. Das kollektive studentische Verhalten ist durch kontingente Handlungssituationen gekennzeichnet. Nehmen wir den 8. Januar 1968, einen denkwürdigen Tag, der ein Ereignis produziert, das Geschichte machte, zunächst in Nanterre, dann weit darüber hinaus.
Äußerlich herrscht Ruhe in Nanterre an diesem Tag. Die Studenten arbeiten wieder. Die Streikwelle des November ist verebbt, die Kritik der Studenten verhallt, ohne daß aus Paris eine Antwort auf die Einwände gekommen ist, geschweige denn ein Einlenken in den Punkten signalisiert worden wäre, die das Unbehagen der Studenten schüren. Die Abordnung aus Paris, die am 8. Januar nach Nanterre kommt, hat ein anderes Anliegen, verfolgt einen anderen Zweck. Nach Jahren der Planung und des Baus ist endlich das universitäre Schwimmbad fertig geworden, das nun in einem feierlichen Akt eröffnet werden soll. Die Einweihung will der Sport- und Jugendminister François Missoffe selbst vornehmen.
Der Studentenschaft ist sein Besuch nicht annonciert worden, die Delegation will diskret bleiben. Doch das gelingt ihr nicht. Auf dem ganzen Campus sind Handzettel verteilt worden, die den Studenten signalisieren, sich an diesem Abend um 18 Uhr vor dem Schwimmbad zu versammeln (»Ce soir, à 18 heures, partouze à la piscine«). Einige Studenten denken darüber nach, den Minister mit Eiern und Tomaten zu bombardieren. Doch zur Tat wird dieser Gedanke nicht. Der Minister, seine Begleiter und eine Delegation von Professoren, an der Spitze der Dekan Grappin, bleiben bei der feierlichen Einweihung unter sich. Erst als sie das Gebäude verlassen, unter dessen Dach das Schwimmbad liegt, kommt es zu einem Zwischenfall. Aus der Menge der draußen

61 Touraine, *Le communisme utopique*, 110.
62 Hamon/Rotman, *Génération*, 1, 390.

wartenden Studenten tritt einer hervor und geht auf den Minister zu. Der Dekan Grappin, der den Studenten erkennt, schreitet dazwischen, packt den rothaarigen Studenten, der etwas kleiner als er selbst ist, am Kragen und will ihn zur Rückkehr in die Reihen der Zuschauer zwingen. Der Student läßt sich ohne Widerspruch abführen, einer Stoffmarionette gleich, doch durch die Bewegung, die durch den zupackenden Handgriff des Dekans entsteht, oder durch Zufall, wenn man so will, wird er nicht in die Zuschauerreihen zurückgeschoben, sondern sieht sich unmittelbar mit dem Minister konfrontiert. Ein Umstand, der die universitären Autoritäten erbleichen läßt, nicht aber den Studenten. Er bittet den Minister um Feuer. Der gibt es ihm. Der Student zündet seine Zigarette an, zieht daran und stößt ruhig den Rauch aus, bevor er dem Minister sagt: »Monsieur le Ministre, j'ai lu votre Livre blanc, sur la jeunesse. En trois cents pages, il n'y pas un seul mot sur les problèmes sexuels des jeunes.« Der Minister antwortet, daß er in Nanterre ist, um den Sport zu fördern, und daß die Jugendlichen sich dem mehr widmen sollten. Aber der Student insistiert, fragt nach: »Pourquoi ne parle-t-on jamais de sexualité?« Erregt gibt ihm der Minister zu verstehen, daß, wenn er über dieses Thema sprechen solle, er dies nicht mit einem unverschämten Rothaarigen tun werde. Und er fügt hinzu: »Avec la tête que vous avez, vous connaissez sûrement des problèmes de cet ordre. Je ne saurais pas trop vous conseiller de plonger dans la piscine.« Die Antwort, die, so empfinden es die umstehenden Studenten, zur Hitler-Jugend passen würde, empört. Der Student ist Jude, deutscher Jude, sein Name: Daniel Cohn-Bendit.[63] Er gehört der anarchistischen Gruppe LEA (Liaison des étudiants anarchistes)

63 Die Schwimmbadszene ist während des Mai 68 in verschiedenen Zeitungsberichten dargestellt (vgl. unter anderem *Der Spiegel* vom 13. Mai 1968, 117) und seitdem in zahlreichen Interviews mit Daniel Cohn-Bendit rekonstruiert worden. Die obige Darstellung folgt der Rekonstruktion von Hamon/Rotman, *Génération*, 1, 400-401. Eine von F. Missoffe gegengelesene Wiedergabe des Dialoges findet sich bei Joffrin, 58. Dort heißt es: »J'ai lu votre livre blanc. Six cents pages d'inepties. Vous ne parlez même pas des problèmes sexuels des jeunes. – Si vous avez des problèmes de cet ordre, vous feriez mieux de plonger trois fois dans la piscine... – C'est exactement le type de réponse qu'on obtient en régime fasciste.« Vgl. auch Touraine, *Le communisme utopique*, 117f.

an, die, von Bakunin und den spanischen Anarchisten inspiriert, im Studentenmilieu von Nanterre agitiert. Die Gruppe ist klein, nur fünfzehn Mitglieder stark.[64] Der Zwischenfall macht sie bekannt. In Windeseile verbreitet sich das Ereignis unter den Studenten von Nanterre und mit ihm der Name Cohn-Bendits, der die ungeteilte Sympathie derer gewinnt, die Zeuge des Vorfalls waren. François Missoffe macht den zukünftigen Studentenführer bekannt, nicht zuletzt durch seine Reaktion auf dessen Provokation.

Exemplarisch taucht in der Szene vor dem Schwimmbad von Nanterre eine Aktionsstrategie auf, die man theoretisch auf die Konstruktion von Situationen zurückführen kann, welche die Situationisten propagieren. Die Durchbrechung der Wirklichkeit durch das Spiel, das mit den herrschenden Regeln und vorgegebenen Rollen in der Gesellschaft bricht, der spielerische Umgang mit der Wirklichkeit als Versuch, das Alltagsleben neu zu gestalten und über die Veränderung des Alltagslebens einen Anstoß zum Wandel des Individuums und der Gesellschaft zu geben. Cohn-Bendit bekennt, von den Situationisten beeinflußt gewesen zu sein[65], deutet sein Handeln indes später nicht als »taktische«, sondern »ganz spontane«, individuelle Aktion, für die eine generelle Sensibilität für Situationen, Schulung in der Vertretung sozialer Interessen sowie überhaupt ein demokratischer Unterricht in der einer emanzipatorischen Erziehung verpflichteten Odenwaldschule[66] ausschlaggebender gewesen seien als der situationistische Ansatz.[67] In einem Interview argumentiert er:

Historiker und Historikerinnen haben im nachhinein immer den Hang, etwas in einem strategischen Zusammenhang zu sehen. Die Missoffe-Affäre, die Schwimmbad-Affäre ist aber eine rein zufällige, absolut aus der Situation heraus entstandene Aktion. Ich kann mich genau erinnern, es

64 Jean-Pierre Duteuil, »Les groupes d'extrême-gauche à Nanterre«. In: Dreyfus-Armand/Gervereau, *Mai 68*, 110-115, hier 110.
65 Cohn-Bendit, *Der große Bazar*, 18, 23.
66 Zum Begriff der emanzipatorischen Erziehung und zur Praxis des Unterrichts an der Odenwaldschule: Ernest Jouhy, *Klärungsprozesse. Gesammelte Schriften*, I-IV, hg. von R. Jungk, Frankfurt am Main 1988. Ernest Jouhy (1913-1988) war Lehrer und Studienleiter an der Odenwaldschule, wo er auch Daniel Cohn-Bendit unterrichtete, der seit der neunten Klasse Präsident der Schülermitverwaltung war.
67 Interview mit der Autorin am 7. September 1992 in Frankfurt am Main.

war später Nachmittag, drei oder vier Uhr, der Tag war vorbei, wir saßen im Café, und dann sagte irgend jemand, daß der [Missoffe, A.d.V.] kommen würde, und dann sind wir hingegangen, und ganz spontan habe ich, weil es immer langweilig ist, irgendwo zu stehen und nichts zu sagen, irgend etwas gesagt, und daraus ist diese Affäre entstanden. Ich glaube, daß diese Affäre eher ein Symbol für die Unfähigkeit von Politikern ist, mit etwas Unvorhergesehenem umzugehen, als ein wirklich taktischer Ansatz von uns. Ich glaube, daß die einzige, reale, begrenzte Regelverletzung, die stattgefunden hat und eine ganz taktisch geplante Regelverletzung war, die Besetzung des Verwaltungsgebäudes am 22. März gewesen ist.[68]

Die Schwimmbad-Affäre als begrenzte Regelverletzung zu werten, so führt er weiter aus, heiße, sie überzubewerten. Niemand habe sie geplant, niemand die Wirkung berechnet. Selbst François Missoffe habe keine Konsequenzen aus dem Zwischenfall ziehen wollen – nicht zuletzt, weil seine Tochter in Nanterre studierte und von allen Studenten bedrängt wurde, auf ihren Vater einzuwirken. Der Innenminister habe ihm nahegelegt, einen Strafantrag zu stellen. Missoffe habe sich dem Druck gefügt, später aber den Strafantrag zurückgenommen. Zu diesem Zeitpunkt indes war die Mobilisierung bereits so weit fortgeschritten, daß die Rücknahme einer sie auslösenden Handlung wirkungslos blieb.

Die Szene zeigt, wie ein Handlungskontext die individuellen Intentionen der Akteure überformt, wie kontingente Geschehnisse zu einem »Ereignis« werden, das den Anstoß zu einem Handlungsprozeß gibt, der sich der Absicht der Akteure entzieht, sich gleichsam selbst organisiert. In der konkreten Situation setzt das unkonventionelle, antiautoritäre Handeln einen Mechanismus in Gang, der aus einem situativen Wortwechsel, einer »kleinen Geschichte«, wie der Hauptakteur urteilt, eine politische Angelegenheit macht. Es ist ein Mechanismus, den die Vertreter der Konstruktion von Situationen in ihre Handlungsstrategie einbeziehen.

Sowohl der Minister als auch der Dekan lassen sich durch die Aktion provozieren. Sie reagieren autoritär und repressiv und rücken damit in die Rolle derer ein, die Druck und Sanktionen ausüben, um Normen Geltung zu verleihen, gegen deren Sinn und Gültigkeit die Studenten aufbegehren. So gesehen liefern sie eine nachträgliche Bestätigung des Protestgrundes und verschärfen zu-

68 Ebd.

gleich durch ihre Reaktion den Konflikt. Denn die Sanktionen, mit denen sie auf den Zwischenfall reagieren – der Minister mit einem Strafantrag, der Dekan mit einem Relegationsverfahren –, sind gravierend. Ein Relegationsverfahren kann den Ausschluß von der Fakultät bedeuten und, da der Student Ausländer ist, die Ausweisung aus Frankreich.

Das Bekanntwerden der Sanktionen gegen Cohn-Bendit überschnitt sich mit Strafandrohungen gegen zwei Studenten, die, als Sympathisanten der Situationisten auftretend, seit Jahresbeginn mit gezielten Störaktionen Vorlesungen und Seminare unterbrachen. Sie gehörten einer kleinen Gruppe an, deren Mitglieder sich »Les Enragés«, »die Wütenden«, nannten. Zwischen ihnen und der anarchistischen Gruppe LEA gab es wenig Kontakte, doch die gemeinsame Bedrohung der Mitglieder einte.[69] So kam es schon zwanzig Tage nach der Missoffe-Affäre zu einem neuen Eklat in Nanterre.

Nicht zuletzt um aufmerksam zu machen auf das Schicksal der bedrohten Kommilitonen, wurde das Thema der »schwarzen Listen« reaktiviert. »Gegen die schwarzen Listen und für die Aufhebung der Sanktionen« lautete daher die Parole der Protestaktion, die am 26. Januar 1968 innerhalb der Fakultät stattfand.[70] In den breiten Fluren der Universitätsgebäude B und C in Nanterre wurden Photos ausgestellt, auf denen angeblich Polizisten in Zivil zu sehen waren, welche studentische Aktivitäten observiert hätten, um die Universitätsverwaltung zu informieren. Ein Gerücht besagte, daß diejenigen Studenten, die auf den Listen standen, in Prüfungen und im Examen benachteiligt würden. Um die »schwarzen Listen« zu unterlaufen, die angesichts der bevorstehenden Zwischenklausuren erneut an akuter Bedrohung gewannen, wurden an den Wänden schwarze Gegenlisten aufgehängt, in die sich alle Studenten eintragen sollten. Durch diese symbolische Aktion wurde – vorausgesetzt, daß das Gerücht auf Wahrheit beruhte – das Anliegen einiger zum Anliegen vieler gemacht. Und an noch etwas wurde gedacht: die Öffentlichkeit sollte auf die Vor-

69 Duteuil, *Nanterre*, 118.

70 Vgl. zum Ablauf der Aktion: R. Viénet, *Enragés et Situationnistes dans le mouvement des occupations*, Paris 1968, 27 ff. (deutsch: *Wütende und Situationisten in der Bewegung der Besetzungen*, Hamburg 1977); Duteuil, *Nanterre*, 118 ff.

gänge in Nanterre aufmerksam werden. Zu diesem Zweck waren Journalisten eingeladen worden, die das Geschehen dokumentieren sollten. Die Idee zu dieser Protestaktion kam von den Enragés und wurde von den Anarchisten unterstützt. Die Umsetzung der Idee verlief, insoweit die Universitätsverwaltung sofort auf die Aktion reagierte, zunächst nach Plan, übertraf dann allerdings die Erwartungen der Aktivisten weit.

Die Reaktion begann mit dem Einschreiten zweier Universitätsangestellter, welche die auf Tafeln befestigten Photos entfernen wollten. Sie wurden von den Studenten daran gehindert und in einem Handgemenge zurückgedrängt. Der Zusammenstoß wurde dem Dekan, der zum Zeitpunkt der Aktion gerade eine Lehrveranstaltung hielt, bekannt gemacht. Gebeten, die Polizei zu rufen, entschloß dieser sich, es zu tun. Etwa ein Dutzend Polizisten, herangebracht in vier Polizeiwagen, betraten daraufhin den Campus von Nanterre. Sie wurden, wie vorher die Universitätsangestellten auch, von den Studenten zurückgedrängt und forderten deshalb Verstärkung an. Diese traf wenig später ein, etwa gleichzeitig mit dem Ende der Vormittagskurse und Vorlesungen. Die ahnungslos aus den Hörsälen und Seminarräumen strömenden Studenten sahen Polizisten mit Gummiknüppeln in der Hand vor sich stehen. Unmittelbar mit der Polizei konfrontiert, setzten sie spontan zur Selbstverteidigung an. Es begann ein mehrstündiger Kampf zwischen Studenten und Polizisten. Am Ende waren es die Studenten, welche die etwa sechzig Polizisten vom Campus trieben. Auf beiden Seiten wurden Verletzte gezählt, Glasscheiben waren zu Bruch gegangen, Autos wurden demoliert.

Am Morgen nach dieser Aktion war wegen der zahlreichen eingeladenen Journalisten ganz Paris über die Ereignisse in Nanterre informiert. Der Berichterstatter von *Le Monde* legte, um Objektivität bemüht, auch die Vorgeschichte der Ereignisse dar und stellte einen Zusammenhang zwischen dem 8. und dem 26. Januar her. Er erwähnte den Besuch von Missoffe in Nanterre und die Drohung des Landesverweises, die seitdem über einem »Studenten deutscher Abstammung« schwebte.[71] Auch am übernächsten Tag setzte *Le Monde* die Berichterstattung fort und druckte eine offizielle Stellungnahme der Fakultät von Nanterre zu den Ereignissen sowie einen Aufruf der nationalen Studentengewerkschaft

71 *Le Monde* vom 27. Januar 1968, S. 24, Sp. 4 f.

UNEF. Gegen die »schwarzen Listen« der Universitätsverwaltung protestierend, appellierte die UNEF an alle Studenten von Nanterre sowie an alle demokratischen Organisationen in Frankreich, sich mit Daniel Cohn-Bendit zu solidarisieren: »à faire en sorte que Daniel Cohn-Bendit ne soit ni exclu de l'université ni expulsé de France, pays qui vante tant ses principes démocratiques«.[72] Dieser hatte sich mittlerweile brieflich bei François Missoffe entschuldigt. Und der Minister war bereits entschlossen, die Angelegenheit auf sich beruhen zu lassen.[73]
Die Universitätsverwaltung von Nanterre bemühte sich in den folgenden Tagen, die durch den Polizeieinsatz am 26. Januar entstandenen Spannungen innerhalb der Fakultät zu glätten. Zwar rechtfertigte sie die Einschaltung der Polizei und kündigte an, daß ähnliche Vorfälle auch in Zukunft nicht toleriert würden, doch signalisierte sie zugleich die Bereitschaft zur Fortsetzung des Dialogs mit der Studentenschaft. Einen Beitrag zu diesem Ziel sollte auch die Erklärung darstellen, die H. Raymond, maître-assistant im Fach Soziologie, am 1. Februar machte. Er deckte das Geheimnis der »schwarzen Listen« auf. Es habe, so stellte er fest, solche Listen gegeben, die unmittelbar nach der Besetzung des Wohnheimes angefertigt worden seien. So frei, wie die Universitätsverwaltung die Studenten glauben ließ, war der Abzug der Besetzer mithin also nicht gewesen. Doch Sanktionen dergestalt, daß Studenten infolge dieser Listen im Examen benachteiligt worden seien, habe es, so legte Raymond unmißverständlich dar, niemals gegeben. Raymond erklärte sich, nach dieser Klarstellung, solidarisch mit dem Lehrkörper und bat den Dekan, seine Stellungnahme, die, einem Appell gleich, den Titel »Communication« trug, an alle Mitglieder der Fakultät zu verteilen.[74] Dies geschah. Die Fakultät rückte wieder zusammen, der Lehrkörper stand zu seinem Dekan.
Die Solidarisierung innerhalb der Fakultät wurde nicht zuletzt durch Anschuldigungen bedingt, welche Teile der Studentenschaft gegen Dekan Grappin erhoben. In Reaktion auf den von ihm eingeleiteten Polizeieinsatz nannten sie ihn »Gummiknüppel-

72 Zit. in *Le Monde* vom 28./29. Januar 1968, S. 24, Sp. 6.
73 Joffrin, 59; Touraine, *Le communisme utopique*, 118.
74 Die Erklärung ist abgedruckt in Schnapp/Vidal-Naquet, 122 f.

Grappin«.[75] Sie warfen ihm vor, ein »Nazi« zu sein. Der Vorwurf traf einen Mann, der unter Einsatz seines Lebens als Mitglied der Résistance gekämpft hatte und nur knapp der Deportation in ein Konzentrationslager entkommen war.[76] Viele Studenten wußten das, dennoch nahmen sie es hin, auf den Wänden »Grappin=nazi« zu lesen. Der Vorwurf gelte nicht der Person, so führten sie als Rechtfertigung an, sondern dem Amtsträger.[77] Gerade in der Ausübung seines Amtes stützte sich Grappin indes auf die Erfahrung, die er im Kampf gegen den Nationalsozialismus gemacht, und die Lehre, die er daraus gezogen hatte: liberale Institutionen unter allen Umständen und mit allen Mitteln gegen die Bedrohung der Liberalität zu verteidigen. Und eben diese Liberalität erschien ihm im Januar 1968 in der Fakultät von Nanterre bedroht. »Cette situation«, so erklärt er später, »m'apparaisse intolérable pour les même raisons qui m'ont porté, en son temps, à combattre le nazisme. Nous savons d'expérience combien il est difficile à une institution libérale de se protéger contre des menaces.« In diesem Bemühen, die Liberalität zu erhalten, stimmte die Fakultät im Februar 1968 mit ihm überein. Denn die Mitglieder, selbst die »linken« Professoren – Touraine und Lefebvre –, sahen die liberale Atmosphäre an der Universität schwinden. Störungen und Sprengungen der Vorlesungen gehörten zum Tagesprogramm. Die Fronten zwischen Lehrenden und Studierenden hatten sich infolge der Störaktionen verschärft, während beide Seiten um das gleiche kämpften: die Freiheit der Meinungsäußerung, allerdings mit unterschiedlichen Auslegungen dieses Rechts.

Den Studenten ging es in den folgenden Wochen vor allem um die Freiheit der Meinungsäußerung als ein ihnen zustehendes Recht auf dem Campus, innerhalb der Vorlesungen und Seminare politische Fragen zu diskutieren, vordringlich Probleme des Imperialismus und des Krieges in Vietnam. Der Krieg hatte mit der vietnamesischen Tet-Offensive (20. Januar 1968) eine Ausweitung und Verschärfung erfahren, die weltweit den Kriegsgegnern Zustrom und Unterstützung für ihre Proteste gaben.[78] Der Interna-

75 Vgl. Viénet, 35.

76 Schnapp/Vidal-Naquet, 103.

77 Cohn-Bendit, *Linksradikalismus*, 33.

78 Vgl. unter anderem Fraser, 176ff.; J. Dumbrell, *Vietnam and the Anti-War Movement*, Aldershot, Brookfield 1990. Zur Bedeutung der Tet-Offensive: G. Hess, *Vietnam and the United States. Origins and Le-*

tionale Vietnamkongreß am 21. Februar in Berlin, an dem auch Studenten aus Paris und Nanterre teilnahmen, hatte die Situation analysiert und die Unterstützung der vietnamesischen Befreiungsbewegung durch Protestaktionen in den westlichen Ländern propagiert. Mit Rufen wie »Ho-Ho-Ho-Chi-Minh« und »Che-Che-Che-Guevara« waren 20 000 Studenten nach Beendigung des Kongresses durch die Straßen von Berlin gezogen, darunter auch Studenten aus Nanterre.[79]

In Nanterre gab es seit November 1966 Vietnam-Basisgruppen: ein von Maoisten dominiertes Comité Viêtnam de base (CVB) und ein unter dem Einfluß von Trotzkisten stehendes Comité Viêtnam national (CVN). Die beiden Komitees waren einig in ihrer antiimperialistischen Grundhaltung, unterschieden sich jedoch in der Einschätzung der kolonialen Befreiungsbewegungen als Faktor innerhalb ihrer jeweiligen Transformationsstrategie. Das CVB hatte etwa 30, das CVN 20 Mitglieder, die in erster Linie mit der theoretischen Aufarbeitung des Krieges beschäftigt waren.[80] Gemeinsame Aktionen hatte es bis Februar 1968 nicht gegeben, nicht einmal eine gemeinsame Demonstration. Am internationalen Vietnamtag (21. Februar) marschierten beide Gruppen getrennt. Die trotzkistischen Basiskomitees nahmen an einem Demonstrationszug durch das Quartier Latin teil, zu dem die Studentengewerkschaft UNEF aufgerufen hatte, die maoistischen Basiskomitees unternahmen eine Demonstration über die Champs Élysées. Infolge der Zersplitterung war die öffentliche Aufmerksamkeit gering. Selbst der Polizeichef von Paris war am Abend des 21. Februar beruhigt. »J'avais l'impression que si l'on nous laissait faire, et si quelque grosse provocation ne venait pas tout gâcher, nous pouvions faire face en souplesse à la plupart de ces incidents.«[81] Es sollte anders kommen.

Am 16. und 17. März, fünf Tage nach Beginn einer neuen militärischen Operation im Gebiet um Saigon, die *Le Monde* als bis dahin größten amerikanischen Militäreinsatz in Vietnam be-

gacy of War, Boston 1990, 85-113; P. B. Davidson, *Vietnam at War*, Novate 1988, 473-528.

79 Fraser, 180.

80 Duteuil, *Nanterre*, 36 ff.; Richard Gombin, *Le projet révolutionnaire. Élements d'une sociologie des événements de mai-juin 1968*, Paris 1969, 52 ff., 111 ff.

81 Grimaud, 73.

schreibt[82], detonieren drei Plastikbomben in Paris vor der Chase Manhattan Bank (Rue Cambon), der Bank of America (Place Vendôme) und vor der Bank der amerikanischen Fluggesellschaft TWA (Rue Scribe). Am 21. März, gegen 19.30 Uhr, erscheinen etwa 200 zumeist jugendliche Demonstranten vor der Niederlassung von American Express (Rue Scribe). Einige von ihnen tragen Fahnen der vietnamesischen Befreiungsbewegung (FNL) in der Hand, während andere mit Eisenstangen von einer in der Nähe liegenden Baustelle die Fensterscheiben von American Express einstoßen. Parolen gegen den amerikanischen Präsidenten werden skandiert, die Außenwände des Gebäudes mit roter Farbe und FNL-Parolen beschmiert. Die Aktion dauert nur wenige Minuten, doch *Le Monde* berichtet am nächsten Tag darüber.[83] Hier kann man auch lesen, daß ein Demonstrant auf der Stelle festgenommen wurde. Es ist ein Student aus Nanterre.[84]
Seine Festnahme löste eine Welle der Solidarisierung in Nanterre aus, die eine für den weiteren Fortgang der Entwicklung entscheidende Veränderung brachte. Vertreter der bisher getrennt agitierenden und agierenden Gruppen – Anarchisten, Trotzkisten, Maoisten – sowie Unabhängige vereinigten sich. Dadurch entstand eine neue studentische Gruppierung, die fortan die Führung der Protestaktion in Nanterre übernahm. Die Studentenbewegung von Nanterre erhielt durch ein Ereignis außerhalb der Universität etwas, was ihr bislang gefehlt hatte: eine Organisationsstruktur, die verschiedene Interessen bündelte und dadurch den Protest kanalisierte und effektuierte. Die Revolte der Studenten erhielt einen neuen Führungskader und mit ihm ein neues Gesicht. Von dem neuen Aktionsbündnis, das sich »Bewegung des 22. März« nannte, wurde eine Gruppe nicht erfaßt, die in der Selbst- und Fremdwahrnehmung durch ihre Aktionen den internen Mobilisierungsprozeß in Nanterre entscheidend gefördert hatte: die Enragés. Von Teilen der Presse sowie von Regierungs- und Parteivertretern wurden bald alle revoltierenden Studenten als Enragés bezeichnet, doch deckte diese Etikettierung die strategischen und ideologischen Differenzen zwischen den Gruppen zu.
Der Vorlauf der Studentenbewegung, die geschilderten Proteste

82 *Le Monde* vom 17/18. Mai 1968, S. 2, Sp. 1-3.
83 *Le Monde* vom 22. März 1968, S. 2, Sp. 4.
84 Xavier Langlade, Mitglied des Comité Vietnam National.

vom 21. März 1967 bis zum 22. März 1968 an der Fakultät Nanterre, zeigen, daß die Entstehung der studentischen Protestbewegung durch die Strukturkrise der Universität nicht hinreichend erklärt werden kann. Nanterre wird zum Ausgangspunkt der Mai-Unruhen, zur Zelle der Studentenrevolte durch eine Reihe von, retrospektiv betrachtet, unbedeutenden Ereignissen, die nur indirekt mit der Universitätskrise vermittelt sind. So trivial die Ereignisse auch sein mögen, in ihnen manifestiert sich ein latentes Protestpotential, sie erzeugen Solidarisierungs- und Mobilisierungseffekte und tragen in erheblichem Maße zur interaktiven Selbstorganisierung der Protestbewegung bei.
Die Überführung von latenter Protesthaltung in manifeste Protestbereitschaft wird durch zwei Momente, die in den Ereignissen erkennbar werden, wesentlich bedingt: 1. durch spontane, aus der Situation entstandene Aktionen einzelner Studenten. Eine aktive Minderheit von Studenten, die durch spontane Handlungen für die anderen sichtbar macht, was durch Protestaktionen bewirkt werden kann, liefert gleichsam ein Modell für eine Handlungsoption, welche die meisten Studenten von sich aus nicht wählen würden. Es bedarf dazu des Vorbildes, der Einführung unkonventioneller Handlungsweisen, der Schaffung von provokativen Situationen. Die Besetzung des Studentinnenwohnheimes liefert ein solches Vorbild. Viele mögen die Normen der Wohnheimordnung als veraltet empfunden haben, wenige begehren dagegen auf. Durch eine unkonventionelle Protestaktion »veröffentlichen« sie ihre Unzufriedenheit und machen dadurch aus einer individuellen eine allgemeine Angelegenheit. Wenn sich dafür noch eine universalisierbare Wertbegründung anführen läßt (z. B. Liberalisierung der sexual-ethischen Normen), ergibt sich die Legitimierung des unkonventionellen Handelns, in diesem Fall der Regelverletzung, *ex post*. Die Öffentlichkeit des Protestes senkt die Handlungsschwelle für die latent Protestwilligen.
Die Aktivierung des latenten Protestpotentials wird 2. durch die Reaktion der Sanktionsinstanz auf die unkonventionellen Handlungen gefördert. Die Sanktionen – z. B. der erste Polizeieinsatz in Nanterre, Drohungen mit dem Ausschluß einzelner Studenten aus den Wohnheimen sowie die vermeintlichen »schwarzen Listen« – entlegitimieren die Sanktionsinstanz in dem Maße, in dem sie als überzogen, willkürlich und damit als illegitim empfunden werden. Die Illegitimität der Sanktionsmittel wird zum neuen

Protestgrund gegen die Sanktionsinstanz. Die Autorität der Sanktionsinstanz, die in der Regel abweichendes Verhalten verhindert, ist auch bedroht, wenn die Sanktionsmittel an Drohung verlieren. Der Polizeieinsatz am 26. Januar 1968, der mit der Vertreibung der Polizei vom Campus in Nanterre durch die Studenten endet, ist Ausdruck einer Sanktionsgewalt, die nicht mehr greift. Die Wirkungslosigkeit der Sanktionsdrohung schwächt die Autorität der Sanktionsinstanz und steigert die Bereitschaft zum Protest gegen sie in dem Maße, in dem die individuell zu tragenden »Kosten« sinken. In beiden Fällen (überzogene/unwirksame Abwehrreaktion) tritt eine Konflikteskalation ein.

Daraus folgt: Aktion und Reaktion konstituieren in ihrer Abfolge Situationen, die bei entsprechender Interpretation zu neuer Handlungsbereitschaft führen. Es tritt eine Art selbstinduzierte Handlungsfolge ein, für welche die Strukturspannungen zwar Rahmenbedingungen darstellen, aber als solche den Handlungsprozeß nicht hinreichend determinieren. Trägergruppen und die von ihnen bereitgestellten Interpretationen der Handlungssituationen sind ausschlaggebend dafür, ebenso wie Reaktionen der jeweiligen Gegner, die selbst die Handlungssituationen definieren, strukturieren und mit Wertbeziehungen ausstatten. Nanterre ist die erste universitäre Einrichtung, die dieser selbstinduzierten Handlungsfolge unterliegt und erliegt.

Obwohl die strukturellen Spannungen an anderen Universitäten stärker ausgeprägt sind, wird die kleine Fakultät Nanterre in einem Vorort von Paris zum Ausgangspunkt des Protestes. Der Fall Nanterre zeigt, wie Ereignisse in einem komplizierten sozialen Interaktionsprozeß Handlungsbereitschaft freisetzen und dadurch die Voraussetzungen schaffen für das Umschlagen von strukturellen Spannungen in sozialen Protest. Durch Kontingenz von Handlungssituationen, in denen latente Protestbereitschaft in manifesten Protest überführt wird, entsteht eine Ereigniskette, die kausal für die Unruhen des Mai 68 ist. Die Bemühungen der Fakultät, die Konflikteskalation zu unterbrechen, scheitern und müssen scheitern. Der Versuch, den Konflikt universitätsintern zu institutionalisieren, mißlingt, weil die Fakultät gar nicht Adressat der Protestziele ist, soweit die Forderungen der Studenten sich auf Probleme richten, die in der Kompetenz des Erziehungsministeriums liegen. Die Universitätsverwaltung und die vermittlungswilligen Professoren vermögen den Protest im Rahmen der eigenen Zuständigkeit zwar zeitweise zu deeskalieren, aber nicht mehr in die Latenz zu drängen. Die soziale Formierung der Protestbewegung wird durch Mobilisierungsprozesse weitergetrieben. Das gestörte Vertrauensverhältnis zwischen der Institution Universität und ihren Repräsentanten und den Studenten kann keine Kompromisse mehr tragen. Die Polarisierung schreitet fort. Jedem Normbruch folgt eine Sanktionsdrohung, jeder Sanktionsdrohung ein Normbruch zur Sanktionsabwehr.

Der Konflikt erreicht die Öffentlichkeit zunächst durch die Presse, dann auch durch die Einbeziehung von intermediären Organisationen wie der französischen Studentengewerkschaft UNEF. »Nanterre« wird zum Symbol der »neuen Unruhe«, und diese gewinnt eine Führungsgruppe in der Bewegung des 22. März.

3. Die Trägergruppen des Protestes

Soziale Bewegung ist ein Prozeß des Protestes, der Individuen in einen sozialen Handlungszusammenhang bringt. Sie ist ein kollektiver sozialer Akteur. Dennoch kommt einzelnen politischen und ideologischen Gesinnungsgemeinschaften, die innerhalb einer Bewegung bestehen, eine konstitutive Bedeutung im Prozeß der Formierung einer sozialen Bewegung zu. Sie deuten die Ursachen der Bewegung und entwickeln grundlegende Gestaltungsziele, sie artikulieren den Protest und überführen ihn in Aktion. Mit anderen Worten: sie bieten der Bewegung Wert- und Handlungsorientierungen an, sie konstruieren deren kognitive Identität.

Die bewegungsinternen Aussagen einzelner Trägergruppen hinsichtlich der Ziele und Strategien des Protestes sollen im nachfolgenden Abschnitt analysiert werden. Dadurch soll die struktur- und ereignisgeschichtliche Perspektive, die bislang die Untersuchung im Fall von Nanterre bestimmt hat, durch eine Perspektive ergänzt werden, welche die Aufmerksamkeit auf die Akteure und Personenkollektive lenkt, die an den Ereignissen beteiligt waren und Situationsdeutungen vorgenommen haben. Die Untersuchung verknüpft Personen-, Ereignis- und Ideengeschichte zu einer historischen Analyse der Trägergruppen des Studentenprotestes.

Es gibt auf dem Campus von Nanterre eine Vielzahl von studentischen Gruppen, gewerkschaftlich und weltanschaulich orientierte. Während in der ersten Phase der Mobilisierung (während des Novemberstreiks 1967) die spontanen Streikkomitees der studentischen Fachgruppen (vor allem der Soziologen und Psychologen) gemeinsam mit der nationalen Studentengewerkschaft UNEF die Themen und das Spektrum der Aktionen dominieren, treten ab Januar 1968 verstärkt die weltanschaulich orientierten Gruppen hervor, allen voran die Enragés.

UNEF

Nur eine Minderheit der Studenten wurde von den zahlreichen studentischen Gruppen repräsentiert, die Mehrheit war nicht organisiert. Der Organisationsgrad der Studenten, der während des Algerienkrieges landesweit einen Höhepunkt erreicht hatte, sank in den Jahren 1962-1968 rapide. Die Mitgliederzahlen der UNEF (Union nationale des étudiants de France) verdeutlichen dies: Der Verband, der 1962 100 000 Mitglieder zählte, hatte bis 1966 mehr als die Hälfte seiner Mitglieder verloren; ihre Zahl war auf 45 000 zurückgegangen[85], während die Zahl der Studierenden in diesem Zeitraum kontinuierlich anstieg. Trotzdem war die UNEF die mit Abstand größte Studentenorganisation in Frankreich geblieben. Ihr Konkurrent, die FNEF (Fédération nationale des étudiants de France) holte sie, was die Mitgliederzahlen betrifft, nicht ein. Die lokale Vertretung der UNEF in Nanterre zählte unter 11 000 Studenten 500 Mitglieder.[86] Vom Institut für Soziologie aus gelang es ihr, im November 1967 einen Streik zu initiieren, der zwischen dem 17. und 25. November die gesamte Universität erfaßte. Die Initiative zum Streik wurde von der lokalen Vertretung – der AGE (Association générale des étudiants) – ergriffen, das Nationale Büro der UNEF in Paris erfuhr erst aus der Presse von dem Beschluß. Vor vollendete Tatsachen gestellt, unterstützte es die Aktion.[87]

85 A. Monchablon, *Histoire de l'UNEF de 1956 à 1968*, Paris 1983, 176.
86 Duteuil, *Nanterre*, 16.
87 J. Sauvageot/A. Geismar/D. Cohn-Bendit, *Aufstand in Paris oder Ist in Frankreich eine Revolution möglich?*, hg. von H. Bourges, Reinbek bei Hamburg 1968, 19.

Der Plan Fouchets, gegen den sich die Streikenden in Nanterre wandten, beschäftigte die UNEF seit Jahren. Sie hatte gleich nach Bekanntwerden des Plans ihre Kritik formuliert und einen Gegenentwurf vorgelegt: ein »Manifeste pour une Réforme démocratique de l'Enseignement supérieur«. Doch erzielte sie innerhalb der Studentenschaft damit wenig Resonanz: »Die Studenten«, so konstatierte sie, »fühlen sich kaum von Projekten betroffen, deren Realisierung noch auf sich warten läßt.«[88] Blieb auch die Außenwirkung gering, so kam dem Manifest doch eine innerverbandliche Bedeutung zu. Es diente der Reintegration, der internen Selbstverständigung, der Binnenmobilisierung des Verbandes.

Die UNEF war eine Studentengewerkschaft und als solche eine Mitgliederorganisation, kein Zwangsverband. Wenngleich sie als Mitgliederorganisation nur einen Teil der Studentenschaft erfaßte, erhob sie den Anspruch, eine für die gesamte Studentenschaft repräsentative Organisation zu sein. Während der Vierten Republik löste sie diesen Anspruch auch ein. Sie handelte als vom Staat und den Parteien unabhängiger Interessenverband, der seine Aufgabe in der Artikulation, Durchsetzung und Wahrung der materiellen – sozialen und rechtlichen – Interessen der Studentenschaft sah, und wurde in dieser Rolle auch vom Staat und den Parteien anerkannt. Darüber hinaus vertrat sie seit ihrer Wiedergründung im Jahre 1946 einen ideellen Anspruch, ein intellektuelles Mandat, das sich aus den Erfahrungen der Jahre 1941 bis 1945 (deutsche Besatzung, Vichy, Résistance) begründete. Als gewerkschaftliche Vertretung der »jeunes travailleurs intellectuels« erlegte sie sich eine besondere Verpflichtung auf: »défendre la vérité, ce qui implique le devoir de faire partager et progresser la culture et dégager le sens de l'histoire« sowie »défendre la liberté contre toute oppression«.[89] Dieser Anspruch, das intellektuelle Mandat, schloß nach Auffassung eines Teils der Mitglieder auch das Recht und die Pflicht zur politischen Stellungnahme des Verbandes ein, wenn die Situation es verlangte. »Apartisme«, so die Argumentation, »ne signifie pas apolitisme«.[90] Innerhalb des Verbandes blieb diese Position zunächst in der Minderheit. Das änderte sich in dem Maße, in dem die Kolonialfrage die innenpolitische Auseinandersetzung

88 Monchablon, 163.
89 Ebd., 21.
90 Ebd., 43.

in Frankreich bestimmte. Die innerhalb der UNEF stark vertretene linkskatholische Studentenschaft (*jécistes*) verlangte von der UNEF eine politische Stellungnahme. Solange die Vierte Republik bestand, formulierte das Nationale Büro in Paris keine solche Stellungnahme. Erst nach der Machtübernahme de Gaulles beanspruchte die UNEF ein politisches Mandat: zur Verteidigung der demokratischen Institutionen der Vierten Republik (1958) und gegen die gaullistische Algerienpolitik.[91] Die Politisierung des Verbandes führte zur Konfrontation mit der Regierung, zur Abspaltung eines Teils der UNEF und dessen – staatlich geförderter – Rekonstituierung zur FNEF, zur Einstellung der staatlichen Subventionen und zum Verlust der Rolle als Verhandlungspartner der Regierung. Staatliche Gelder und Zugang zur Macht erhielt die FNEF.[92] An dem gespannten Verhältnis zwischen UNEF und gaullistischer Regierung änderte sich auch nach Beendigung des Algerienkrieges nichts. Die UNEF blieb für die Regierung eine »entreprise de démantèlement de l'État«.[93]

Der Verlust der zentralen Verhandlungsposition gegenüber der Regierung und der Verlust der Mitglieder an der Basis führten die UNEF 1962 und 1963 in eine Krise, aus der sie sich 1964 mit einem neuen Projekt zu befreien suchte: es hieß »orientation universitaire«. Dadurch bot sich die UNEF erneut als Vermittlungsinstanz gegenüber Staat und Studenten in der Debatte über die Modernisierung der Hochschulen an. 1964 zeichnete sich jedoch die Entstehung eines neuen »syndicalisme étudiant« ab, der nicht eine korporatistische Interessenpolitik verfolgte, sondern eine Linie, welche die Universitätsreform als Teil einer gesamtgesellschaftlichen Transformationskonzeption ansah, die gemeinsam mit der Arbeiterbewegung verfolgt werden sollte: »changer l'université, c'est déboucher sur la transformation du régime économique, de concert avec les forces ouvrières«.[94] Die »Korporatisten« innerhalb des Verbandes lehnten eine solche Verbindung von Studenten und Arbeiterbewegung ab, die Syndikalisten spalteten sich über der Frage der Durchführung. Waren die Studenten die

91 Ebd., 92, 108.

92 Ebd., 126f.; zur Krisensituation der UNEF vgl. auch: J. Bertolino, *Les Trublions*, Paris 1969, 138ff.

93 Ebd., 138.

94 Ebd., 150, vgl. auch M. Kravetz, »Naissance d'un syndicalisme étudiant«. In: *Les Temps Modernes*, Février 1964, 88-114.

Avantgarde der revolutionären Kämpfe, und war die Universität deren strategischer Austragungsort? Oder waren sie noch weit von einem revolutionären syndikalistischen Bewußtsein entfernt, so daß der UNEF zunächst die Aufgabe zufiel, Bindungen und Kontakte zu den anderen sozialen Kräften herzustellen und die Aktionen mit ihnen zu koordinieren? Der innerverbandliche Streit, ausgetragen auf den alljährlich um Ostern stattfindenden Kongressen, insbesondere zwischen der UNEF-Vertretung an der Sorbonne und derjenigen an der École Normale Supérieure (während der Rest der Mitglieder schwieg), führte schließlich 1967 zur Paralyse des Verbandes. Der Kongreß konnte keinen Vorstand wählen.

Dies war die Stunde der politischen Gruppen und Parteien. Geschickt griff die PSU in die Geschichte der UNEF ein. Sie nutzte die vierzehntägige Frist, die bis zur Einberufung eines neuen Kongresses notwendig war, um aus ihrer Studentenorganisation ESU und ihren eigenen Reihen einen Vorstand zu rekrutieren und der neuen Versammlung zu präsentieren. Der Vorstand wurde akzeptiert, so daß das UNEF-Büro in Paris 1967 erstmals von der PSU und der Nouvelle Gauche gestellt wurde.[95] Der Coup war perfekt.

Auf der Ebene der lokalen UNEF-Vertretungen war Gruppen der alten Linken schon seit 1966 das Eindringen verstärkt gelungen. Spannungen und Abspaltungen innerhalb des kommunistischen Studentenverbandes UEC hatten zur Bildung eines maoistischen Studentenverbandes geführt, der Einfluß in der UNEF suchte. Außerdem war 1966 ein trotzkistischer Jugendverband entstanden, der offen die Taktik des »Entrismus« propagierte und sie innerhalb der UNEF ausprobierte. Es war ihm jedoch nur an zwei Orten gelungen, die Mehrheit zu bekommen: es gab eine maoistische Vertretung an der École Normale Supérieure und eine trotzkistische in Nanterre. Soweit die intern komplexe Situation der UNEF im November 1967.[96]

Die trotzkistisch dominierte Vertretung (AGE) von Nanterre, die den Streik initiierte, hielt sich treu an die mehrheitsfähige Linie der UNEF: [illegible] Kritik an einzelnen Punkten des Fouchet-Plans und pragmatische Gegenvorschläge. Sie hatte damit Erfolg.

95 Ebd., 184ff.
96 Ebd., vgl. auch Duteuil, *Nanterre*, 14-17.

Sie verwirklichte eine Grundforderung des »Manifeste pour une Réforme démocratique de l'Enseignement supérieur« von 1964: »Pour la première fois, des délégués étudiants ont pu assister à l'assemblée de Faculté ... et des comités paritaires professeurs–étudiants par départements ont été mis en place«.[97] Doch der Erfolg, der sich aus der Sicht der UNEF damit verband, wurde von den Studenten nicht anerkannt. Die Komitees funktionierten – abgesehen von dem Komitee bei den Soziologen – nur schlecht, und das Unbehagen der Studenten, ihr Mißtrauen gegen die universitäre Administration wurden dadurch nicht abgebaut. Ein Teil der Studenten begann, in der UNEF eine Organisation zu sehen, die sich der Streikbewegung aufdrängte, ihre Führung beanspruchte, ohne ihre Anliegen zu verstehen.[98] Schon während des Streiks war eine Verlagerung der Streikführung hin zu den spontanen Streikkomitees in den einzelnen Fächern zu beobachten. Diese Tendenz setzte sich fort, die Bewegung begann sich der organisierten Studentenschaft zu entziehen.
Die UNEF versuchte nachzuziehen (sie griff z. B. die Wohnheimfrage auf), doch sie hinkte den Ereignissen hinterher, die im Januar 1968 mit Beginn des zweiten Semesters in Nanterre kulminierten und zur Bildung neuer Gruppen führten. Die Vertreter des Nationalen Büros der UNEF in Paris hatten den Eindruck, daß die Studenten sich zwar für Verbesserungen ihrer Studien- und Lebensbedingungen interessierten, daß ihr Protest zugleich aber viel politischer war, als die Gewerkschaft es mit ihrem Protest zum Ausdruck brachte. Sie konnte die kognitive Identität der sich formierenden Studentenbewegung nicht bestimmen, andere Gruppen waren einflußreicher.

Les Enragés

Es waren vier oder fünf Studenten von Nanterre, die sich im Januar 1968 zur Gruppe der Enragés, der Wütenden, zusammenschlossen. Sie hatten ihren Namen den Anhängern von Jacques Roux entlehnt, dem linken Gegenspieler Robespierres. Der Name signalisierte den Standort, an dem sich die Enragés innerhalb des

97 Ebd.
98 Cohn-Bendit, *Linksradikalismus*, 33.

linken Spektrums sahen: links von den Gruppen der extremen Linken, aus denen sie selbst hervorgegangen waren. Die meisten Enragés waren ehemalige Anarchisten, doch gab es auch einen Ex-Trotzkisten und einen ehemaligen Surrealisten unter ihnen. Mehr als fünfzehn Mitglieder zählte die Gruppe in Nanterre nie, doch bereits ein halbes Dutzend war, nach Selbsteinschätzung der Gruppe, vollkommen genug. Keineswegs bescheiden in der Selbstwahrnehmung ihrer Wirkung, rechneten sie sich zu, innerhalb von fünf Monaten eine Quasi-Liquidation des Staates herbeigeführt zu haben.[99] Was machte ihre Wirkungskraft aus?

Folgt man der Selbsteinschätzung der Gruppe, so war es nicht die Zahl der Mitglieder, sondern die Wahl der Methoden, die den Erfolg der Enragés ausmachte. Die Gruppe propagierte die Methode der Sabotage: die Sprengung von Vorlesungen, den Prüfungsboykott in Verbindung mit Professoren-Beschimpfungen und Graffiti. Und sie propagierte nicht nur, sie setzte ihre Ideen auch in Aktionen um. Am Anfang stand die systematische Störung und Unterbrechung des Unterrichtsprogramms. Gezielt suchte sich die Gruppe dabei ihr Forum aus. Gestört und gesprengt wurden die Vorlesungen und Seminarveranstaltungen von Professoren, die, nach herrschender Auffassung, zum linken Spektrum der Akademiker zählten, aus der Sicht der radikalen Minderheit jedoch bloß »modernistische« Professoren waren: Alain Touraine, Henri Lefebvre und der ihn für einige Wochen vertretende Edgar Morin. Diese sollten vor ihrem Auditorium gleichsam entzaubert werden, »ihr wahres Gesicht zeigen«, zumindest aber aus der Reserve gelockt werden, so daß sie die Contenance verloren. Und das gelang, wobei sich mit der Zeit und steigender Zahl von Unterbrechungen die Reaktionsweise der Professoren verschärfte. Die Aktion der »Wütenden« löste Wutreaktionen aus: das Konzept ging auf. Mit dem Ruf »In die Mülleimer der Geschichte« hatten die Enragés ihre Sabotageaktionen in der Vorlesung von Edgar Morin begonnen. Der Ruf mußte diesem vertraut vorkommen.[100] Er versuchte ihn zu überhören und seine Vorlesung fortzusetzen, doch die von den Enragés daraufhin eingeleitete Unterbrechung der Stromzufuhr setzte der Veranstaltung im fensterlosen großen Hörsaal von Nanterre ein

99 R. Viénet, *Enragés et Situationnistes*, 25.
100 Vgl. Kap. 1.

Ende.[101] Als es bald danach zur erneuten Störung seiner Vorlesung kam, entwickelte sich zwischen dem Wissenschaftler, der in der Jugend das neue revolutionäre Subjekt entdeckt zu haben glaubte[102], und den jugendlichen Störern folgender Dialog:

Morin: »Sie haben mich vor einigen Tagen in die Mülleimer der Geschichte zurückgewiesen...«
Zwischenruf: »Wieso bist du denn eigentlich rausgekommen?«
Morin: »Ich stehe lieber auf der Seite der Mülleimer als auf der derjenigen, die sie handhaben, und auf jeden Fall lieber auf der Seite der Mülleimer als der Krematorien!«[103]

Aus der Sicht der Enragés[104] kam dieser Ausspruch einer erfolgreichen Selbstentlarvung gleich. Auch Alain Touraine ließ sich nach fortgesetzten Störungen seiner Veranstaltungen durch die Enragés, die, nach eigener Aussage, »Studenten waren nur zum Schein und wegen des Stipendiums«, zu dem Satz hinreißen: »Ich bin immer noch derjenige, der hier zu befehlen hat, und sollten Sie es eines Tages sein, so würde ich dort hingehen, wo man weiß, was arbeiten heißt.«[105]
Die meisten Studenten mißbilligten nach Auffassung eines Beobachters die Exzesse der Enragés, und »sie verlangten in Sprechchören, daß die von diesen gestörten Vorlesungen wiederaufgenommen würden. Sie widersetzten sich aber nie auf positive Weise und durch konkrete Maßnahmen den Initiativen dieser Extremisten.« Der Beobachter kam daher zu dem Schluß: »Sie wurden tatsächlich durch die improvisierte Theatervorstellung verblendet, die über das Thema des Machtverlustes von Professoren mit weit geöffneten Türen aufgeführt wurde. Es war eine Art permanentes Happening.«[106] Die Enragés machten vor, wie man durch gezielte Aktionen alltägliche Situationen verändern kann: sie demonstrierten, wie die Macht der Professoren zur Ohnmacht werden konnte, wenn man die Regeln des Unterrichts brach und den Autoritäten mit antiautoritärem Gestus entgegentrat.

101 So Edgar Morin in Gesprächen mit der Autorin im Mai 1993.
102 Vgl. dazu Kap. II, Anm. 95.
103 »Der Beginn einer Epoche«. In: *Situationistische Internationale*, Nr. 12 (September 1969). *Gesammelte Ausgabe des Organs der Situationistischen Internationale*, II, 329-364, hier 349. Von Edgar Morin als im wesentlichen richtige Wiedergabe der Kontroverse bestätigt.
104 »Der Beginn einer Epoche«, 349.
105 Ebd.
106 Épistémon, 54.

Die Unversitätsverwaltung reagierte auf die Regelverletzungen mit der Androhung von Disziplinarmaßnahmen. René Riesel und Gérard Bigorgne, zwei Enragés, die in besonderem Maße hervorgetreten waren, erhielten eine Vorladung vor den Dekan. Ungeachtet der Verwarnung führten sie ihre Aktionen fort. Am 26. Januar 1968 waren alle Enragés an der Ausstellung der Bilder von angeblichen Polizisten in Zivil auf dem Campus mitbeteiligt. Nach dem 26. Januar setzten sie ihre Sabotagetaktik im Lehrbetrieb fort und verstärkten ihre Angriffe auf die Professorenschaft, zunächst und vor allem verbal. Dekan Grappin wurde auf einem Flugblatt, das die Gruppe am 29. Januar verteilte, als Knüppel-Grappin (»Grappin-la-matraque«) angeprangert.[107]
Die Botschaft des Flugblatts lautete, daß ein Experiment – für das Grappin, sein Stellvertreter Bourricaud sowie die Professoren Morin und Touraine standen – gescheitert war. Es war das Experiment der »modernistischen Universität«, die in den Ereignissen des 26. Januar ihre »ultima ratio« offenbart habe: »ihre Staatsräson«, wie es auf dem Flugblatt hieß. Die liberale, offene, auf Dialog mit den Studenten ausgerichtete Universität hatte durch den »Rückgriff auf die Polizeigewalt«, so die Flugblattautoren, »die wahren Bedingungen des ›Dialogs‹ erhellt«. Sie kamen zu dem Schluß: »Mißbrauch des Vertrauens bei den Linken«, »Mißbrauch der Macht bei den Rechten«.[108] Das Flugblatt zeigte die doppelte Frontstellung der Enragés an: sie begehrten auf gegen das konservative Herrschaftssystem und gegen dessen linke Opposition. Ihre Anklagen gegen Rechte wie Linke rahmten sie in Hakenkreuze ein, doch bekannten die Enragés sich nicht dazu, die Urheber der Parole »Grappin=nazi« gewesen zu sein.
Ihre Kritik an der Linken richtete sich immer wieder gegen eine Gruppe von Professoren, die ehemalige Mitarbeiter der Zeitschrift *Arguments* waren, Edgar Morin, Alain Touraine und Henri Lefebvre. Dies wird besonders deutlich auch in einem Lied, dessen Text am 14. Februar 1968 auf Flugblättern[109] in Nanterre verteilt wurde:

107 Abgedruckt in Viénet, 27.
108 Ebd.
109 Abgedruckt in Schnapp/Vidal-Naquet, 123 f.

CHANT DE GUERRE DES POLONAIS DE NANTERRE
(sur l'air de la Carmagnole et du Ça ira)

M'sieur Grappin avait résolu
De nous faire tomber sur le cul
Mais son coup a foiré
Malgré ses policiers.

Refrain

Valsons la Grappignole
C'est la misère ou la colère
Valsons la Grappignole
C'est la colère
A Nanterre,
Ah! Ça ira, ça ira, ça ira
Morin, Lefebvre, on les emmerde
Ah! Ça ira, ça ira, ça ira
Et le Touraine, on s' le paiera.
Et si on s' le paie pas
On lui cass'ra la gueule
Et si on s' le paie pas
a gueule on lui cass'ra. (air connu)
Bourricaud, s'il fait des dégâts (bis)
Ce n'est pas avec ses gros bras (bis)
C'est la sociologie
Qui pète quand il chie.

Au refrain

Ricœur n' crach' pas sur les bonnes soeurs (bis)
Mais il préfère les pasteurs (bis)
C'est tous les jours dimanche
Et le Bon Dieu dans la manche.

Au refrain

Maisonneuve écrit dans l'Aurore (bis)
C' n'est pas un singe, c'est un porc. (bis)
Doazan n'aime pas Fourier
C'est qu'il est constipé.

Au refrain

Les staliniens de l'U.E.C. (bis)
Voudraient baiser les ouvriers (bis)
Ils n'ont qu' leurs permanents
A se fout' sous la dent.

Au refrain

Les étudiants sont des pantins (bis)
Moi j'en chie vingt tous les matins (bis)
Déjà leurs lendemains
Chantent comme des catins.

Au refrain

Final

Valsons la Grappignole
Flics en civil, murs de béton
Valsons la Grappignole
Profil d'étude, programmation.

Es ist zu bezweifeln, daß die Mehrheit der Studenten die Hintergründe kannte, welche die Enragés bewegten, mit ihrer Kritik gerade auf die *Arguments*-Gruppe zu zielen. Denn mit dem Lied wird – insbesondere im Refrain – eine alte Rechnung beglichen, ein alter Kampf neu geführt, in dem die Enragés selbst nur Stellvertreter sind. Sie handeln stellvertretend für die Situationistische Internationale, deren Mitglieder sie (noch) nicht sind, an deren Theorien und Strategien sie sich aber orientieren und deren Ausdrucksformen sie kopieren, wie z. B. den situationistischen Comic. Auf einem zweiten Flugblatt[110], das ebenfalls am 14. Februar erscheint, ist ein solcher, nach situationistischem Vorbild hergestellter Comic zu sehen. Er enthält den Appell, »Wünsche« zur Wirklichkeit zu machen. Bleibt die Frage, was das bedeuten sollte?

»Leben ohne tote Zeit und Genuß ohne Hemmnisse« war die Umschreibung, welche die Situationistische Internationale wählte, um das andere, neue Leben, die angestrebte und als realisierbar angekündigte Lebensweise zu charakterisieren. Eine Broschüre (»Über das Elend im Studentenmilieu«), von der Situationistischen Internationale erstmals 1966 herausgegeben und im Studienjahr 1967/68 in Nanterre in neuer Auflage verteilt, beschrieb den Status quo aus situationistischer Sicht. Der Text betrachtete das Elend im Studentenmilieu »unter seinen ökonomischen, politischen, psychologischen, sexuellen und besonders intellektuellen Aspekten« und entfaltete »einige Mittel, ihm abzu-

110 Abgedruckt in Viénet, 31.

helfen«. Die Broschüre war die Plattform, von der die Enragés in Nanterre ausgingen.[111]
Aus situationistischer Sicht waren die Studenten keineswegs als kritische Avantgarde anzusehen. Sie waren vielmehr Produkte der modernen Gesellschaft, des modernen Kapitalismus, und weit entfernt davon, deren Funktionsweise zu durchschauen. Der moderne Kapitalismus, der alle Sektoren der Gesellschaft »kolonialisiert«, habe sie zu »kleinen Kadern« der Großindustrie degradiert, doch die einzige Reaktion der Studenten darauf war, aus situationistischer Sicht, die Flucht.[112] Sie hätten sich der »äußerst erbärmlichen ökonomischen Lage«, die ihren Studentenalltag prägt, und dem »elenden Charakter«, den ihr zukünftiger Berufsalltag haben werde, durch Flucht in eine »unwirkliche gelebte Gegenwart« entzogen.[113]
Sie kompensierten ihre Lage durch einen Lebensstil kultivierter Armut und Bohème. Doch solange sie nicht bereit seien, mit dem Universitätsmilieu zu brechen, müsse das Bohèmeleben eine Scheinlösung bleiben, allenfalls eine »mittelmäßige individuelle Lösung«. So kam die Broschüre zu dem Schluß, daß die Studenten damit nichts als Verachtung verdienten. »Dreißig Jahre nach Wilhelm Reich, diesem hervorragenden Erzieher der Jugend«, so die Broschüre, »haben diese ›Originale‹ immer noch die traditionellsten Erotik- und Liebesverhaltensweisen und reproduzieren in ihren sexuellen Beziehungen die allgemeinen Beziehungen der Klassengesellschaft.«[114]
Doch damit nicht genug. Weit davon entfernt, einen eigenen, originellen Lebensstil in ihren privaten Beziehungen zu finden, mißlinge den Studenten, aus Sicht der Situationisten, auch die Gestaltung ihrer unmittelbaren sozialen Beziehungen im Studienalltag. Sie beklagten die »Kommunikationslosigkeit« in den verschiedenen studentischen Zirkeln und trügen doch zugleich zu deren Perpetuierung bei, indem ihre Verachtung für diejenigen, die den

111 *De la misère au milieu étudiants considérée sous ses aspects économique, politique, psychologique, sexuel et notamment intellectuel et de quelques moyens pour y remédier*, Strasbourg 1966; nachfolgend zitiert nach der deutschen Übersetzung *Über das Elend im Studentenleben*, Hamburg 1977.
112 Ebd., 7.
113 Ebd., 10.
114 Ebd.

Scheinen nachjagten, nur eine scheinheilige bleibe und die Trennung von Arbeit und Freizeit den Studienalltag präge. So bleibe ihnen zum Schluß nur ein Ausweg aus der Kommunikationslosigkeit, den die Situationisten mit den Worten umschrieben, sich »spontan und massenweise der parapolizeilichen Kontrolle von Psychiatern und Psychologen anzuvertrauen«.[115]

Das Elend des studentischen Alltags setzte sich, aus ihrer Sicht, auf der Ebene des intellektuellen Diskurses fort. Die Studenten nähmen »ohne Vorbehalt, ohne Hintergedanken und ohne Distanz« an dem »kulturellen Spektakel« teil, das einige »Götter« der modernen Kultur inszenierten. Die kulturelle Ware, das intellektuelle Produkt – gleichgültig in welcher Gestalt, sei es der letzte Film von Godard, das neueste »argumentistische« Buch, »das letzte Happening Lapassads« oder eine Veranstaltung zu Sartres »Was kann die Literatur? – finde unter den Studenten ein treues und passives Publikum. Sie differenzierten nicht, sie konsumierten ostentativ die kulturelle Ware, die zum »Opium« werde, mit dem sie sich dem Alltag entzögen.[116]

Die Kritiklosigkeit gegenüber den »Stars« des kulturellen Lebens spiegele, so urteilte die Broschüre, nur die Kritiklosigkeit wider, die den Universitätsalltag präge. Der »mechanisierte und spezialisierte Unterricht«, den der Student dort erhalte, mache ihn unempfänglich für »jeden kritischen Geist« und lasse ihn ignorieren, »daß die Universität zu einer – institutionalisierten – Organisation des Unwissens geworden« sei. So blieben die Studenten unkritisch gegenüber der allgemeinen Kultur und unkritisch gegenüber ihrer unmittelbaren, abgeschlossenen Welt: der Universität.[117]

Das Fazit, das die Broschüre zog, sah für die Studenten negativ aus: ihnen wurde eine extreme Entfremdung bescheinigt und eine anmaßende Selbstüberschätzung, die Ausdruck ihres falschen Bewußtseins sei.[118] Gleichwohl wandte sich die Broschüre an die Studenten. Was bot sie ihnen als Ausweg aus der Misere an? Die Analyse mündete in die These, daß die »extreme Entfremdung ... nur durch die Kritik der ganzen Gesellschaft kritisiert werden kann«.[119] Insofern die Studenten Produkte der modernen Gesellschaft seien, könne die Aufhebung ihrer Entfremdung nur Teil

115 Ebd.
116 Ebd., 11 f.
117 Ebd., 8.
118 Ebd., 14.
119 Ebd.

eines gesamtgesellschaftlichen Transformationsprozesses sein, der, so die zentrale Prämisse, nur durch die »radikale Kritik an der modernen Welt« in Gang gesetzt werden könne. Die »radikale Kritik« müsse die Totalität zum Gegenstand und zum Ziel haben«, d. h., sie müsse die Vergangenheit, Gegenwart und die Perspektiven der Veränderung der modernen Welt hinterfragen.[120] Es blieb die Frage, wer der Träger der radikalen Kritik sein und wie die radikale Kritik in eine Transformation der Gesellschaft überführt werden konnte.

Die Broschüre der Situationistischen Internationale benannte als Träger der Kritik zunächst die Jugend, die gegen die ihr aufgezwungene Lebensweise rebellierte und im Prozeß der Rebellion Elemente einer »umfassenderen Subversion« der Gesellschaft mitführte.[121] Doch sie kam zu dem Schluß: »Der rebellierende Teil der Jugend drückt die reine Verweigerung ohne das Bewußtsein einer Perspektive aus« und komme damit nicht über die »nihilistische Verweigerung« hinaus.[122] Ansätze einer Perspektive ließen sich lediglich bei einzelnen jugendlichen Trägergruppen finden – hervorgehoben werden unter anderem die Rocker, Provos, die amerikanischen Studenten und die englischen Jugendlichen in der Kampagne für nukleare Abrüstung –, doch all diesen Ansätzen fehlte, aus der Sicht der Situationistischen Internationale, »die Kohärenz der theoretischen Kritik und die praktische Organisation«.[123] Ein Vorbild für die Umgestaltung der Gesellschaft könne ihr Beispiel folglich nicht sein.

Orientierung gehe in der gegenwärtigen Situation auch nicht von dem traditionellen Träger »radikaler Kritik«, der Arbeiterbewegung, aus. Diese Bewegung war, aus situationistischer Sicht, gescheitert und existierte nicht mehr. Geblieben sei lediglich ein Mythos, den es durch die kritische Betrachtung der gesamten internationalen revolutionären Bewegung zu überwinden galt. Der radikalen Kritik falle dabei die Aufgabe der Entmythologisierung zu. Die theoretische und praktische Abrechnung mit dem Stalinismus und der leninistischen Organisationskonzeption wurde als Basisbanalität und Voraussetzung für jeglichen zukünftigen Aufbau einer revolutionären Organisation proklamiert.[124]

120 Ebd., 22.
121 Ebd., 14ff.
122 Ebd., 16.
123 Ebd.
124 Ebd., 22f.

Die Dekonstruktion der leninistischen, stalinistischen, trotzkistischen und anarchistischen Transformationskonzeption wurde zur *conditio sine qua non* des neuen revolutionären Projekts. Die Konzeption der Situationistischen Internationale war zentriert um den Aufbau einer neuen revolutionären Organisation, »die notwendige Vermittlung zwischen Theorie und Praxis ist«. Sie folgt insofern Lukács, überträgt die Vermittlungsfunktion aber nicht einer Partei, sondern optiert für die Schaffung von Arbeiterräten, »wie sie sich in den proletarischen Revolutionen dieses Jahrhunderts als Erfahrung abzeichnete[n]«. Die Organisation der Arbeiterräte »muß die radikale Kritik all dessen in den Vordergrund stellen, worauf sich die Gesellschaft gründet, die sie bekämpft, und zwar die Warenproduktion, die Ideologie in allen Verkleidungen, den Staat und die von ihm erzwungenen Trennungen«. Neben der radikalen Kritik und Dekonstruktion der kapitalistischen Gesellschaft fällt den Arbeiterräten die Aufgabe zu, den Auf- und Ausbau der »generalisierten Selbstverwaltung« durchzuführen.[125] Der Kern dieser generalisierten Selbstverwaltung (»l'autogestion généralisée«) wurde als »die bewußte Bestimmung des gesamten Lebens durch alle«[126] interpretiert und die Realisierung der Selbstverwaltung definiert als die Aufhebung der Entfremdung aller Sektoren des Lebens.
Träger der revolutionären Bewegung blieb das Proletariat, aber es war ein »neues« Proletariat, von dem die Situationistische Internationale ausging.

Die moderne Geschichte kann nur durch die Kräfte, die sie verdrängt – die Arbeiter ohne Macht über die Bedingungen, den Sinn und das Produkt ihrer Tätigkeit – befreit werden. Das Proletariat, das bereits im 19. Jahrhundert zum Erben der Philosophie wurde, ist heute auch noch zum Erben der modernen Kunst und der ersten bewußten Kritik des alltäglichen Lebens geworden.[127]

Es kann zur Transformation der Gesellschaft gelangen über die Kritik der Warengesellschaft und des alltäglichen Lebens sowie über die freie »Neukonstruktion« seines Lebens durch das »Spiel«. »Die proletarischen Revolutionen«, so das Schlußwort der Broschüre, »werden Feten sein oder sie werden nicht sein,

125 Ebd., 27.
126 Ebd., 28.
127 Ebd., 30.

denn das von ihnen angekündigte Leben wird selbst unter dem Zeichen der Fete geschaffen werden. Das Spiel ist die letzte Rationalität dieser Feten, Leben ohne tote Zeit und Genuß ohne Hemmnisse sind die einzigen anerkannten Regeln.«[128]

Ausgehend von dieser Plattform hatte sich die Gruppe der Wütenden vorgenommen, »systematisch die unerträgliche Ordnung der Dinge durcheinanderzubringen, angefangen bei der Universität«.[129] Und das sollte ihnen gelingen. Sie wollten die Universität nicht reformieren, sondern sahen sie als ein Konfliktfeld an, um ihre gesamte gesellschaftliche Kritik zu demonstrieren. Ihr Auftreten verschärfte die strukturelle Universitätskrise. Ihre Ziele und Forderungen transzendierten sie. Durch ihre Aktionen zogen sie die Aufmerksamkeit auf sich. Wenngleich sie nur eine winzige Gruppe waren, wurden in der öffentlichen Meinung bald alle protestierenden Studenten »Enragés« genannt.

Aus dem Programm der Situationisten entlehnten die Enragés nicht nur spezifische Mobilisierungstaktiken, die für die soziale Formation der Studentenbewegung wichtig wurden, sondern auch Elemente einer Wirklichkeitskonstruktion, die ausdrücklich über den Kontext der Universität hinausführten. Es waren Elemente einer radikalen Gesellschaftskritik mit dem Ziel der Aufhebung der Entfremdung in allen Lebensbereichen, der Ablehnung der Bürokratie und aller Institutionen überhaupt. Integraler Bestandteil war der Kampf gegen die »alte Linke«, wie sie sich in den Organisationen der Arbeiterbewegung entwickelt hatte. Gegen sie wurde die anarchistische Option spontaner Selbstverwaltung reaktiviert, die Freisetzung der Spontaneität, welche, nach Auffassung der Enragés und Situationisten, die Entlegitimierung von bestehenden Normen, Institutionen und intellektuellen Autoritäten voraussetzte. In diesen offenen Zielhorizont konnten die verschiedensten diffusen Unzufriedenheiten, Vorstellungen, Interessen projiziert werden. Die Enragés indes konnten und wollten die Projektionen nicht bündeln und homogenisieren, und so vermochten sie aus ihnen keine kognitive Identität der Bewegung zu konstruieren. Sie erweiterten jedoch das Repertoire unkonventioneller Handlungsformen und öffneten einen weiten Erwartungshorizont.

128 Ebd.
129 Viénet, 19.

Die Enragés sind nicht dabei, als sich am Freitag abend, dem 22. März, 142 Studenten[130] im Sitzungssaal des Verwaltungsgebäudes (*la salle du conseil*) von Nanterre zur Bewegung des 22. März zusammenschließen. Zwar haben auch sie an der Besetzung des mehrstöckigen Gebäudes (»un symbole phallique intolérable de l'autorité qui nous opprime«)[131] teilgenommen, sind mit den Besetzern in den achten Stock gekommen, doch haben sie sich von dort wieder zurückgezogen, nachdem sie unter den anwesenden Studenten einige »Stalinisten« erkannt zu haben glaubten und ihre Forderung an diese, den Saal zu verlassen, nicht erfüllt worden ist. Ein Anarchist war den Beschuldigten zu Hilfe geeilt, mit dem Argument, daß die Stalinisten keine Stalinisten mehr seien.[132] Etwas scheint sich gewandelt zu haben an diesem Tag. Fronten haben sich verschoben, die Verhaftung eines Studenten im Zusammenhang mit einer Bombenexplosion vor einer amerikanischen Einrichtung in der Innenstadt von Paris[133] hat aus sich befeindenden Gruppen eine solidarische Gemeinschaft gemacht. Nur die engsten Anhänger der Situationisten trauen der Situation nicht, die auf einen Schlag, durch eine Aktion, das Spektrum der linksradikalen Gruppen verändert hat. Sie halten das für eine »Illusion«.

Die Vertreter der extremen Linken, die an diesem Abend versammelt sind, beschließen, sich neu zu formieren. Trotzkisten und Maoisten – aus der Sicht der Enragés sind das die Stalinisten –, Linkskatholiken und Anarchisten sowie zahlreiche Unorganisierte und sogenannte »eifrige Leser« der Situationisten gehen ein Bündnis ein. Sie werfen den abziehenden Enragés vor, nur das

130 Die von Repräsentanten der Gruppe angegebene Zahl von 142 – so das Manifest der Gruppe, verabschiedet am 22. März; eine Faksimile Reproduktion befindet sich in Duteuil, Nanterre, 165 – wird von Dansette als Legende gewertet. Vgl. dazu Dansette, 72. Photographien lassen jedoch auf sechzig bis hundert Studenten und mehr schließen, so daß die Zahl der Mitglieder weit über dem Durchschnitt der in den übrigen Kadergruppen Organisierten lag. Vgl. dazu Duteuil, *Nanterre*, 154-157.

131 Zitiert nach Épistémon, 46.

132 Viénet, 22.

133 Siehe oben, Kap. II.

Gebäude verwüsten zu wollen. Während diese auf den Wänden noch ihre Handschrift hinterlassen in Form von Parolen wie »Arbeitet nie«, »Die Gewerkschaften sind Bordelle« und »Die Langeweile ist konterrevolutionär«[134], arbeiten die übrigen 142 Besetzer ihre erste gemeinsame Erklärung aus. Es herrscht Feststimmung auf der achten Etage. Einige haben einen Schrank entdeckt, in dem Champagner-Flaschen stehen. Das Getränk der Mandarine wird spontan entkorkt. Andere haben sich ihr Bier in Flaschen mitgebracht und Sandwiches dazu, in Erwartung einer langen Nacht.[135]

In dieser Situation entsteht eine Resolution, die eine Verschärfung der Krise der Modernisierung und der Rationalisierung feststellt, durch welche eine neue Phase der Unterdrückung eingeleitet wird. »Der Kapitalismus kann es sich nicht mehr leisten, zimperlich zu sein.« Gegen die Unterdrückung auf allen Ebenen aufbegehrend, stellen die versammelten Studenten fest: »Wir müssen mit Techniken des Protestes brechen, mit denen nichts mehr auszurichten ist.«[136] So steht am Anfang der Bewegung des 22. März der Entschluß, neue Aktionsformen an die Stelle der alten zu setzen.

Die Bewegung des 22. März, die ihren Namen nach der Bewegung des 26. Juni (1953), der Bewegung Fidel Castros, wählte, war ein Aktionsbündnis, das in der Aktion entstanden und auf weitere Aktionen gerichtet war. Zu einer theoretischen Debatte kam es weder am ersten Abend noch an den folgenden Tagen. Der ideologische Konsens hätte keine zehn Minuten lang gereicht, wurde später festgestellt[137]; doch daraus zu folgern, daß die Bewegung des 22. März eine Bewegung ohne Programm war, wäre falsch. Die Bewegung war antidogmatisch und hatte insofern bereits ein Programm. Ihr oberster Grundsatz lautete, daß die »revolutionäre Kampfeinheit ... direkt in der Aktion und nicht um eine politische Linie oder Ideologie« entsteht. Er war gegen das sektiererische Grüppchendenken gerichtet, das die linksradikalen Gruppen gespalten, bündnisunfähig und politisch nahezu wirkungslos gemacht hatte. In der Negation der durch eine politische Linie oder

134 Viénet, 22.
135 Vgl. Hamon/Rotman, *Génération*, 1, 428.
136 Abgedruckt in: *Dokumente zur französischen Mai-Revolte*, 86 f.
137 Hamon/Rotman, *Génération*, 1, 431.

Ideologie vorgezeichneten Aktion steckten eine Ablehnung der Leninschen Organisations- und Handlungsstrategie und zugleich eine neue Strategie, eine neue Organisationskonzeption und eine neues theoretisches Programm. Es war »die Theorie von einer aktiven Minderheit, die stets die Rolle des Ferments spielt, zur Aktion treibt, ohne die Führung zu beanspruchen«.[138] Die Bewegung des 22. März verstand sich als »aktive Minderheit« der gesamten Studentenschaft, sie war insofern eine Avantgarde, aber in einem neuen Kleid. Denn die Bewegung war antizentralistisch. Die Ablehnung des Zentralismus war eine Entscheidung für die direkte Demokratie als Strukturelement des Aufbaus und der Funktionsweise der Bewegung. Auch darin steckte ein Programm. Es führte im Mai zum Aufbau von basisdemokratischen Aktionsgruppen. In Nanterre setzte es zunächst einmal Expressivität frei. Auf den Veranstaltungen der Bewegung des 22. März konnte jeder das Wort ergreifen. Kein Vorstandsbeschluß, keine politische Linie, kein Mitgliedszwang hinderten ihn daran. Innerhalb der Studentenschaft kam das an. Serge July, der eine Zeitlang in der kommunistischen Studentenorganisation UEC (Union des étudiants communistes) sowie innerhalb der Sektion der UNEF an der Sorbonne mitgewirkt hatte, kam eigens aus Paris angereist, um an den Debatten der Gruppe teilzunehmen.[139] »Wir führten den öffentlichen Diskurs, wir konnten über alles sprechen, und genau das machte die Kraft der Bewegung aus«, stellte Jean-Pierre Duteuil, einer der Mitbegründer der Bewegung, noch zwanzig Jahre später mit Begeisterung fest.[140]

Der freien Aussprache sollte auch der »Tag der allseitigen Diskussionen« dienen, den die Bewegung noch in der Nacht vom 22. auf den 23. März für den 29. März ausrief. Themen der Diskussion sollten sein: »Der Kapitalismus 1968 und die Kämpfe der Arbeiterklasse«, »Universität und Kritische Universität«, »Der antiimperialistische Kampf«, »Die Länder des Ostblocks und die

138 So Daniel Cohn-Bendit im Gespräch mit Jean-Paul Sartre. Das Interview ist publiziert in: Sauvageot/Geismar/Cohn-Bendit, 73-83, hier 77.

139 Vgl. hierzu das Portrait von Serge July, dem heutigen Chefredakteur der Zeitung *Libération*, bei Salvaresi, 27ff.

140 Jean-Pierre Duteuil im Interview mit Daniel Cohn-Bendit. In: D. Cohn-Bendit, *Wir haben sie so geliebt, die Revolution*, Frankfurt am Main 1987, 66.

Kämpfe der Arbeiter und Studenten in diesen Ländern«.[141] Die Verbindung von politischen und universitären Themen zur Steigerung der Mobilisierung erfolgte, aus der retrospektiven Sicht Daniel Cohn-Bendits, der die Aktion am 22. März mitgetragen hatte und bald zum Sprecher der Bewegung des 22. März avancieren sollte, nach ausländischem, deutschem Vorbild. »That didn't exist in France yet«, legte er 1988 dar, »We had mobilizations against the Vietnam War but none which included university issues. We learned this from Germany.«[142] Der Diskussionstag sollte zugleich ein Aktionstag werden. »Wir werden«, so hatte schon die erste Resolution der Gruppe angekündigt, »den ganzen Tag über das Gebäude C besetzen, um über diese Probleme in kleinen Gruppen in verschiedenen Hörsälen diskutieren zu können!« Eine Wandparole verschärfte den Ton: »Wir werden«, so war zu lesen, »nichts fordern, wir werden auch um nichts bitten, wir werden besetzen.«

Die Mobilisierungserfolge der linken Studentengruppen führten zur verstärkten Gegenmobilisierung der rechten Studenten, die in Nanterre vor allem an der Juristischen Fakultät vertreten waren. Organisatorisch relativ schwach, waren sie auf Unterstützung von außerhalb angewiesen, um aktionsfähig zu sein. Diese Unterstützung wurde ihnen von der FNEF und vor allem von der rechtsradikalen Gruppe Occident gewährt. Mit dem Schrei »Occident vaincra« fiel sie seit 1966 vor allem donnerstags in unregelmäßigen Abständen in Nanterre ein und zettelte kurze, aber äußerst gewaltsame Krawalle an.[143] So wurde die Drohung der Gruppe, am 29. März zu kommen, um die Marxisten auszurotten und dem Chaos an der Universität ein Ende zu machen, von der Universitätsleitung ernstgenommen.

Dekan Grappin sah in dieser Situation keinen anderen Ausweg, als die Universität für einige Tage – von Donnerstag, dem 28. März, bis Montag, dem 1. April – zu schließen. Seine Entscheidung sorgte für öffentliche Aufmerksamkeit, das Problem indes löste sie nicht. Die Bewegung des 22. März verschob kurzentschlossen die geplante Veranstaltung auf den 2. April und funktionierte den ursprünglichen Termin zu einem Vorbereitungstref-

141 Vgl. Duteuil, *Nanterre*, 174-184.

142 Aussage von Daniel Cohn-Bendit, zit. nach Fraser, 180.

143 Delale/Ragache, 54.

fen um. Sie nutzte die neu entstandene Situation und lieferte der herbeigeeilten Presse bei strahlendem Sonnenwetter ein eindruckvolles Schauspiel.

Während ein großes Polizeiaufgebot den Campus abriegelte, nahmen 500 Studenten an der Eröffnungsveranstaltung in der Vorhalle der Cité universitaire teil und lösten sich dann in einzelne Kommissionen auf, um über die vorgesehenen Themen zu diskutieren. Die Kommissionen, die aus Gruppen von jeweils 25 Personen bestanden, tagten vor den geschlossenen Toren der Hochschule auf der Wiese.[144]

Am 2. April waren es bereits 1200 Studenten, die an dem verschobenen »allseitigen Diskussionstag« teilnahmen, zu dem die Bewegung des 22. März auch den Vorsitzenden des Sozialistischen Deutschen Studentenbundes, Karl-Dietrich Wolff, eingeladen hatte.[145] Seit diesem Tag, so Alain Touraine, war der Protest nicht mehr ein Anliegen von einzelnen Gruppen, sondern es war eine Protestbewegung entstanden.[146]

Die Fakultät hatte in einer Krisensitzung während der Schließung der Hochschule über die Zulassung politischer Versammlungen an der Universität beraten und »mit stillschweigender Zustimmung des Rektorats der Sorbonne und des (Erziehungs-)Ministeriums« beschlossen, daß erstmals in Frankreich Universitätsräume zu diesem Zweck geöffnet werden sollten.[147] Dekan Grappin war dafür eingetreten, daß künftig jedes Departement einen Raum für politische Veranstaltungen zur Verfügung stellen sollte. Für die Veranstaltung am 2. April hatte er selbst den »kleinen Hörsaal« angeboten, doch der genügte den Studenten nicht. Sie beanspruchten den großen Hörsaal. Kurzentschlossen besetzten sie ihn.

Nach dieser Aktion trat vorübergehend Ruhe ein in Nanterre. Die Osterferien (4.-18. April) begannen, von denen sich der Dekan eine Entspannung der Situation erhofft hatte. Doch es sollte anders kommen. Am Karfreitag, dem 11. April 1968, wurde in Berlin Rudi Dutschke angeschossen. Das Attentat auf ihn löste in Frankreich eine Welle spontaner Solidarisierungen und Protestkundgebungen aus. In Nanterre begann gleich nach den Osterferien das dritte Trimester mit einer Informationsveranstaltung über

144 Cohn-Bendit, *Linksradikalismus*, 52.
145 Vgl. Hamon/Rotman, *Génération*, 1, 430.
146 Touraine, *Le communisme utopique*, 122.
147 Épistémon, 41.

den Kampf der deutschen Studenten, insbesondere des SDS, der für die Bewegung des 22. März Vorbildcharakter gewann. Nach deutschem Vorbild sollte die Kritik der Universität überführt werden in eine radikale und permanente politische Aktion innerhalb der »Kritischen Universität«; so zumindest sah es ein Manifest der Bewegung des 22. März vor.

Das Modell der »Kritischen Universität« beruhte auf der Selbstorganisation des Lernprozesses. Es sah eine studentische Selbstorganisation des Lehrprogramms unter Mitwirkung sympathisierender Assistenten, Dozenten, Schriftsteller und Publizisten vor. Dabei sollten wissenschaftliche Arbeiten und Diskussionen über Fragen, die im offiziellen Lehrprogramm ungenügend oder gar nicht behandelt wurden, akzentuiert und neue, antiautoritäre Formen und Methoden des Studiums ausprobiert werden. Die Kritische Universität strebte im Rahmen ihres Programms die Öffnung der Lehrveranstaltungen für junge Arbeiter, Lehrlinge und Schüler an, die gemeinsam mit Studenten und Assistenten gesellschaftspolitische und lebenspraktische Aufgaben analysieren und diskutieren sollten. Sie sollte den Studenten die Rolle der Universität in der kapitalistischen Gesellschaft bewußt machen.[148]

Der nächste Schritt jedoch mußte darüber hinausführen und klang im Bericht der »Commission Université-Université Critique« auch bereits an: »La prise de conscience politique des étudiants, prise de conscience effective n'est alors pas possible que par un lien réel avec la force révolutionnaire de fait: les travailleurs.«[149]

Neben der Arbeits- und Aktionsgruppe »Kritische Universität« traten eine Commission »Culture et Créativité« sowie eine Kommission »Luttes Étudiantes – Luttes Ouvrières« als Teile der Bewegung des 22. März auf.[150] Letztere legte einen Bericht vor, der mit der Anleitung zur Herstellung eines Molotow-Cocktails

148 Wolfgang Nitsch, »Argumente für eine von Studenten selbst organisierte ›Kritische Universität‹ in der FU (Freies Studienprogramm der Studentenschaft)«. In: *Freie Universität Berlin 1948-1973. Hochschule im Umbruch*, hg. von Siegwart Lönnendoncker, Tilmann Fichter und Jochen Staadt, Teil v (1967-1969), Berlin 1983, 201-203; B. Rabehl, *Am Ende der Utopie. Die politische Geschichte der Freien Universität*, Berlin 1988, 225 ff.

149 Der Bericht ist enthalten in der Dokumentensammlung von Schnapp/Vidal-Naquet, 151-154, hier 153.

150 Ebd., 146 f.

schloß, »Le cocktail Dany (inefficace)« genannt: 2/3 Benzin, 1/3 Sand und Seifenpulver.[151] Als Ulk gedacht, um auf die neuen Eisentüren am Verwaltungsgebäude zu reagieren, welche die Universitätsverwaltung nach der Besetzung des Gebäudes anstelle der ehemaligen Holztüren hatte errichten lassen, sollte das Rezept ungeahnte Wirkung erzielen. Der Fakultätsrat beschloß noch am gleichen Tag, eine »force universitaire de sécurité placée sous l'autorité du doyen« zu schaffen, und erklärte alle nicht überdachten Flächen der Universität zu öffentlichen Wegen, wodurch der Polizei der direkte Zugang zum Universitätsgelände möglich wurde.[152] Am 27. März wurde Daniel Cohn-Bendit festgenommen. Die Anklage, die gegen ihn erhoben wurde, warf ihm vor, an Ausschreitungen gegenüber Studenten der FNEF beteiligt gewesen zu sein. Ferner wurde er verantwortlich gemacht für die Anleitung zur Herstellung eines (unwirksamen) Molotow-Cocktails, da dieser seinen Namen trug. Die überraschende Festnahme mobilisierte die Studenten und lenkte die Aufmerksamkeit der Presse auf ihn, die ihn aus der führerlosen Bewegung heraushob und ihn zum »Anführer« der Bewegung erklärte.

Die Bewegung gelenkt zu haben auf einer Bahn, die gleichsam zwischen radikaler Verweigerung und Ablehnung der Universität à la Enragés-Situationisten und pragmatischem Reformismus à la UNEF in Nanterre lag, war die Rolle, die Leistung, die Cohn-Bendit sich selbst zuschrieb. Gewissermaßen am Diskurs über die Universität festgehalten und diesen bis zum Punkt äußerster Kritik geführt zu haben, machte, aus seiner Sicht, die Stärke der Bewegung aus.[153] Denn dies machte sie integrationsfähig für die radikale studentische Opposition, beließ sie zugleich aber in Kontakt mit der Studentenschaft, deren unmittelbaren Interessen und Forderungen.

Das Recht auf »liberté d'expression politique« im Rahmen der Bewegung zur Geltung gebracht und stets mit Nachdruck verteidigt zu haben, war aus der Sicht von Beobachtern die besondere Leistung Cohn-Bendits innerhalb der Bewegung, mit der er dazu beitrug, die Intransigenz und Selbstabschließung, die typisch für linksradikale Gruppen war, zu überwinden. Touraine über ihn:

151 Abgedruckt in Duteuil, 235-237, hier 237.
152 Delale/Ragache, 158f.
153 Cohn-Bendit, *Der große Bazar*, 25f.

> Il fut le torrent qui déborda les groupuscules si facilement refermés sur leur doctrine et leur stratégie, qui porta en éclatant de rire les coups sonores qui firent s'écrouler les murailles augustes et branlantes de l'université et de l'ordre social ... Il a suscité la participation active.[154]

Edgar Morin bestätigte diese Aussagen:

> Jamais meneur, mais agitateur et désagitateur, avec un sens admirable de la démocratie de foule, du respect des idées et des responsabilités parmi ses frères de lutte, Cohn-Bendit est bien l'image de la créativité de ces masses juvéniles, de la démocratie directe.[155]

Die Überwindung des Sektendenkens innerhalb der Bewegung stellte eine interne kritische Öffentlichkeit her, die in den linksradikalen politischen Grüppchen (»groupuscules«) nicht zu finden war, und ließ die Bewegung des 22. März zu einem Forum des Studentenprotestes werden.

Als die Presse ihn zur Symbolfigur der Rebellen von Nanterre erkor, war Daniel Cohn-Bendit 23 Jahre alt. Chuzpe, wie man auf Jiddisch sagt, war eine seiner hervorstechendsten Charaktereigenschaften.[156] Er besaß den Mut zu sagen, was er dachte, und die Fähigkeit, Stimmungen auszudrücken. Stets im entscheidenden Augenblick intervenierend, brachte er Debatten auf den Punkt und trieb sie voran. Seine Expressivität und Spontaneität ließen ihn als den geborenen Agitator erscheinen.[157] Doch diese Persönlichkeitsmerkmale allein erklären seine Rolle in der Bewegung nicht. Seiner Person kam eine zentrale Rolle innerhalb der Bewegung zu, weil er Träger von Ideen war, denen er in konkreten Situationen durch seine Handlungen und die Kraft seiner Persönlichkeit Definitionsmacht verlieh. So verknüpfen sich persönliche Eigenschaften und ideelle Interessen zu einer für die Dynamik der Gruppenentwicklung entscheidenden Kraft.

Vor zwei Aufgaben war die Bewegung des 22. März nach ihrer Konstituierung gestellt: Binnenintegration und Außenmobilisierung. Die heterogene Zusammensetzung war für ihren internen Zusammenhalt ein ständiges Risiko, eine latente Gefahr. Auch wenn die »letzten« ideologischen Fragen ausgeklammert blieben – auch wenn Marx, Lenin, Trotzki, Mao, Luxemburg und Bakunin

154 Touraine, *Le communisme utopique*, 120.
155 Morin/Lefort/Castoriadis, *La Brèche*, 20.
156 Selbstaussage Cohn-Bendits in: *Der große Bazar*, 18.
157 Vgl. Hamon/Rotman, *Génération*, 1, 431.

nicht gegeneinander ausgespielt wurden –, so blieb noch ideologischer Sprengstoff genug, um den Zusammenhalt zu brechen. Die Strategie der Provokation, der direkten Aktion, die die Gruppe verfolgte, stellte während und nach der Aktion immer wieder die alte Frage neu: die Frage nach den Grenzen und Möglichkeiten, der Reichweite der Aktion.

Die Überwindung der Intransigenz der alten Gruppenstrukturen ging einher mit der Überwindung der Indifferenz der unorganisierten, schweigenden Studentenschaft. Die Strategie der Provokation, welche die Bewegung des 22. März verfolgte, und die Reaktion der Universitätsverwaltung auf sie forderten zur Stellungnahme heraus. Und diese bestand in wachsender Sympathie und Solidarisierung mit der Bewegung des 22. März. Daß Repression eine Welle von Solidarisierung hervorrufen und dadurch den Kreis der Protestierenden vergrößern kann, ist ein häufig zu beobachtender Prozeß, doch zwingend ist er nicht. Die Enragés-Situationisten zum Beispiel beklagten, daß niemand protestierte, als drei Enragés von der Universitätsverwaltung mit harten Strafen verfolgt wurden.[158] Die Bewegung des 22. März verfolgte die gleiche Strategie wie sie – Aktion durch Provokation –, doch die gleiche Vorgehensweise löste ganz andere Reaktionen aus. Die Verankerung innerhalb der Studentenschaft war nicht die gleiche. Die Enragés-Situationisten agierten ohne Rückbindung an die Masse der Studenten, die sie verachteten. Sie wollten nie mehrheitsfähig sein, die Durchführung ihrer Aktionen war ihnen selbst genug. Sie wollten sich als Avantgarde inszenieren, ihre Gesinnung demonstrieren, die Folgen interessierten sie nicht. Sie waren nicht daran interessiert, daß ihre Anhängerschaft sich vergrößerte. »Wer keinen aufnimmt, muß auch niemanden ausschließen«, war Guy Debords pragmatische Einstellung[159], die richtungsweisend auch für die Enragés war. So begehrten die Enragés-Situationisten zwar gegen die alten Gruppenstrukturen auf, doch in ihren eigenen Reihen reproduzierten sie diese. Sie waren eine Sekte von Gesinnungsethikern, und sie blieben es. Das machte ihre Stärke und zugleich ihre Schwäche aus. Sie konnten den Protest entzünden, ihn in eine Bewegung überführen vermochten sie indes nicht.

158 Viénet, 29.
159 Vgl. dazu »Die letzten Ausschlüsse«. In: *Situationistische Internationale*, II, 418-421.

Dies fiel in Nanterre der Bewegung des 22. März zu. Sie integrierte situationistische Ideen erfolgreich in eine antisektiererische, auf Mehrheitsgewinnung ausgerichtete Strategie. Der Erfolg ihrer Aktionen beruhte nicht zuletzt darauf, daß sie auf die Partizipation vieler setzte, hervorgerufen durch eine Aktion der Minderheit, doch gleichsam als Stellvertreteraktion. Sie wollte keine geschlossene Organisation sein, sondern als Teil der Gesamtbewegung der Studentenschaft deren Anliegen aufgreifen, in und durch Aktionen artikulieren. Sie war avantgardistisch in der Wahl ihrer Mittel, aber mehrheitsorientiert in ihren Zielen und Forderungen. So gingen ihre Aktionen zwar dem Bewußtsein und Wollen der Mehrheit der Studenten voran, doch verlor die Bewegung nicht die Interessen und Bedürfnisse der Studentenschaft aus den Augen. Wenn man nach Vorbildern für diese Aktionsweise sucht, so findet man sie in Ansätzen in Rosa Luxemburgs Massenstreiktheorie. Doch etwas unterscheidet die Bewegung des 22. März von der Luxemburg-Strategie. In Luxemburgs Konzeption fällt der Partei – trotz aller Bedeutung, die sie der Spontaneität der Massen zuschreibt – eine Schlüsselrolle zu. Und genau das wollte die Bewegung des 22. März nicht. Sie war Bewegung, nicht Partei, und darin folgte sie der anarchistischen Richtung, die in ihr vertreten war. Sie knüpfte an Positionen an, wie sie *Socialisme ou Barbarie* vertreten hatte. Sie war antiorganisatorisch, antiparteilich orientiert. Und sie wollte in ihren Reihen alles vermeiden, was dahin zielt: keine Verfestigung von Strukturen, die Führung und Basis differenzieren. Eine Führungsfigur gewann sie dann aber doch: Daniel Cohn-Bendit. Er wuchs gleichsam in die Rolle hinein, durch eigenes Zutun und die Zuschreibung anderer – nicht zuletzt der Medien. Seine Festnahme und – nachdem die UNEF sich mit ihm solidarisiert und ihm einen Anwalt für das Polizeiverhör zur Verfügung gestellt hatte – seine Freilassung noch am selben Tag rückten ihn ins Rampenlicht der Reporter. Er wurde zum »Symbol« der Revolte, sein Name binnen kurzem über die Presse bekannt gemacht, während die Namen der anderen unbekannt blieben. Darunter auch diejenigen der Frauen der Bewegung des 22. März, die, wie die Photos der Besetzungsaktionen und Diskussionen zeigen, unter den Aktivisten zahlreich vertreten waren, doch außerhalb des Binnenmilieus, in der öffentlichen Darstellung der Anliegen der Bewegung, kein Profil errangen.

Der Reigen der Trägergruppen bliebe unvollständig, schlösse die Vorstellung der politischen Kader auf dem Campus von Nanterre nicht drei weitere Organisationen ein, die Teil eines nationalen, die Universitäten des Landes übergreifenden Netzwerkes von zentral gelenkten, größeren oder kleineren Zellen waren: Kommunisten, Trotzkisten und Maoisten.

Der kommunistische Studentenverband UEC hatten unter allen politischen Splittergruppen in Nanterre von Anfang an den schwersten Stand, weil der Aufbau der Gruppe an der neuen Fakultät Nanterre in den Jahren 1964-1966 in eine Phase interner Spannungen der Dachorganisation fiel. Die UEC, die nach Ende des Algerienkrieges landesweit wieder viele Intellektuelle an sich zu binden vermocht hatte, zerfiel in verschiedene, rivalisierende Fraktionen, die einig lediglich in ihrer Kritik am Kurs der Kommunistischen Partei Frankreichs und der Politik derjenigen waren, die innerhalb der UEC die Parteipositionen vertraten. Es bildete sich ein, seinem Selbstverständnis nach, »antistalinistischer« *trotzkistischer* Flügel heraus, ein »antistalinistischer« und »antitrotzkistischer« *linker* Flügel um die Zeitschrift *Voix communiste* sowie eine alle Flügelbildungen kritisierende *italienische* Fraktion, die am Kurs der Kommunistischen Partei Italiens unter Togliatti orientiert war.[160] Ausschlußverfahren und Selbstausgrenzungen führten im Frühjahr 1966 zur Spaltung des Verbandes, die Dissidenten nahmen die Gründung der Jeunesse Communiste Révolutionnaire (JCR) vor.

Diese trotzkistische Gruppe, geführt von Alaine Krivine und Henri Weber, suchte Kontakte mit Ernest Mandel, der Kommunistischen Partei Italiens, aber auch zur Dutschke-Gruppe innerhalb des deutschen SDS. Ein militanter Antiimperialismus sowie Solidarisierung mit den Befreiungsbewegungen der Dritten Welt zeichneten die Gruppe aus, die sich trotz aller von Trotzki entlehnten Bürokratiekritik eine straffe, zentralistische, am Modell Lenins orientierte Organisationsstruktur gab.[161] Auf dem Campus von Nanterre zählte die UEC etwa 15 Mitglieder, während die JCR etwa 25 Mitglieder und 40 Sympathisanten vor allem aus

160 Hamon/Rotman, *Génération*, 1, 208.
161 Gombin, *Le projet révolutionnaire*, 52-68.

den Reihen des Comité Viétnam National rekrutierte.[162] An der Besetzung der Wohnheimes im März hatte die JCR nicht teilgenommen, erst in den darauffolgenden Monaten öffnete sich eine Fraktion in ihr der Kulturwertediskussion, insbesondere der Problematik der sexuellen Liberalisierung.[163] Der Strategie des »Entrismus« verpflichtet, wirkte die JCR innerhalb der UNEF von Nanterre mit, und ihre Mitglieder schlossen sich der Bewegung des 22. März an.

Im Dezember 1966 spaltete sich vor dem Hintergrund der chinesischen Kulturrevolution und der Spannungen im Verhältnis zwischen der Kommunistischen Partei der Sowjetunion und den chinesischen Kommunisten eine weitere Gruppe vom kommunistischen Studentenverband UEC ab: die Union des Jeunesses Communistes UJC (ml). Unter dem Einfluß des Philosophen Louis Althusser stehend, hatte sie ihr Zentrum in der École Normale Supérieure. Beherrscht von der Idee, daß der revolutionäre Kampf der Intellektuellen sich am Vorbild der Arbeiter orientieren müsse, bildete sie Betriebsgruppen, sandte ihre Mitglieder in die Fabriken, um dort den proletarischen Syndikalismus zu unterstützen. Auf dem Campus von Nanterre zählte die Organisation sieben oder acht Kader, die sich um Aufklärung und Agitation in den das Universitätsgelände umgebenden Betrieben bemühten, mit relativ begrenztem Erfolg.[164] Wirksamer erwies sich ihre Tätigkeit in den Comités Viétnam de Base (CVB), wo sie etwa zwanzig Personen rekrutierten.[165] Einige Maoisten nahmen an der Besetzung des Verwaltungsgebäudes teil, die Führungsspitze der UJC (ml) indes lehnte die Bewegung des 22. März als »antiproletarische« Gruppe ab. Die Reformbestrebungen innerhalb der Universität unterstützte die ihrem Selbstverständnis nach proletarische Gruppe erst ab dem Frühjahr 1968.

Schließlich agierte in Nanterre auch noch ein Ableger der Fédération des Étudiants Révolutionnaires (FER)[166], die trotzkistisch ausgerichtet war, sich jedoch nicht an dem in Frankreich von

162 Duteuil, *Nanterre*, 21; vgl. zu den Aktionen und Diskussionen der Gruppe 24-28.

163 Ebd.

164 Duteuil, *Nanterre*, 32 ff.

165 Ebd., 36.

166 Ehemals CLER (Comité de liaison des étudiants révolutionnaires). Die Gruppe änderte im April 1968 ihren Namen in FER.

Pierre Frank geleiteten Parti Communiste Internationaliste (PCI) orientierte, der Mitglied der IV. Internationale war, sondern an der 1952 aus der IV. Internationale ausgeschlossenen Organisation Communiste Internationaliste (OCI) unter Pierre Lambert. Sie verfügten über sieben oder acht Kader und unterstützten, sich streng abgrenzend von der JCR und dem von ihr gelenkten Comité Viétnam National (CVN), die maoistischen Comités Viétnam de Base (CVB) im Kampf gegen den amerikanischen Imperialismus in Vietnam.[167] Die linksradikalen, sektiererischen Gruppen stellten ein aktives und mobilisierbares Protestpotential dar. Den Anstoß zur sozialen Formierung der Studentenbewegung gaben sie nicht – das war die Leistung, welche die Bewegung des 22. März sich zurechnen konnte –, doch verstanden sie es, die Protestbewegung zu nutzen, um sich in ihr zu profilieren.

Es waren die Maoisten der UJC (ml), die am 28. April 1968 eine Ausstellung der Gruppe Occident in Paris zur Unterstützung Süd-Vietnams, des »Opfers der kommunistischen Aggression«, zum Anlaß nahmen, sich mit den an ihren kahlgeschorenen Köpfen erkennbaren Mitgliedern der Gruppe eine gewaltsame Auseinandersetzung zu liefern. Die Gruppe reagierte mit der Erklärung, alle »Bolschewisten« in einer offenen Jagd von nun an zu »zerschmettern«.[168] Aufgrund der Konfrontationen in Paris verbreitete sich auf dem Campus von Nanterre das Gerücht, daß ein Angriff der Gruppe Occident unmittelbar bevorstehe. Die »antiimperialistischen Tage«, welche die Bewegung des 22. März für den 2. und 3. Mai angekündigten hatte, waren daher geprägt von einer »Psychose«, so Cohn-Bendit, »daß wir von faschistoiden Gruppen angegriffen wurden«.[169] Statt, wie geplant, über den Imperialismus zu diskutieren, bereiteten sich die studentischen Gruppen auf dem Campus von Nanterre auf die Selbstverteidigung vor.[170] Die Vorbereitung der Selbstverteidigung sowie den Tatbestand, daß studentische Aktivisten am 2. Mai die Vorlesung René Rémonds stürmten, den Historiker beleidigten und aus dem Saale vertrieben, um einen Film über die Black Panthers in den USA zu zeigen, nahm Dekan Grappin zum Anlaß, die Fakultät

167 Duteuil, *Les groupes politiques d'extrême-gauche à Nanterre*, 110.
168 Joffrin, 67f.
169 Cohn-Bendit, *Linksradikalismus*, 54.
170 Ebd.; vgl. auch Duteuil, *Nanterre*, 209f.

vom 3. Mai an erneut zu schließen, diesmal »sine die«, auf unbestimmte Zeit, wie es in der vom Erziehungsministerium gebilligten und mit Unterstützung des Rektors der Sorbonne gefertigten Erklärung hieß.[171]

4. Die Dynamik des Mobilisierungsprozesses

Revolten markieren nicht zwangsläufig den Auftakt einer sozialen Bewegung. Wenn ihr Konfliktpotential isoliert oder von Institutionen aufgefangen und reguliert werden kann, bleiben Revolten – trotz aller dramatischen Handlungsdynamik, die sie entfalten können – ohne Mobilisierungswirkung, lösen sie keine soziale Bewegungen aus. Die Revolten von Nanterre, angefangen von der Wohnheimbesetzung über die Schwimmbad-Affäre bis hin zum Protest gegen die »schwarzen Listen« und zur Besetzung des Sitzungssaales des Verwaltungsgebäudes, waren ihrem Gegenstand nach unverbundene Episoden, die zu Mobilisierungsereignissen erst in dem Maße wurden, in dem ein Wirkungs- und Deutungszusammenhang zwischen ihnen hergestellt und der Kontext der Institution – in diesem Fall der Fakultät von Nanterre – übersprungen wurde.

Die Ereignisse und Protestszenen wurden von studentischen Gruppen verknüpft, die als Träger der Aktionen auf dem Campus von Nanterre auftraten und sich zu einem Aktionsbündnis zusammenschlossen, das über die Kontinuität der Protagonisten sowie über die Deutungen ihrer Handlungen unter Rückgriff auf Theoriefragmente und abstrakte Wertprinzipien einen den jeweiligen singulären Vorfall übergreifenden Zusammenhang herstellte und damit die Protestaktionen in einen Wirkungszusammenhang stellte.

Die Verknüpfung der Ereignisse zu einer Ereigniskette wurde durch »Überhangprobleme« gefördert, die aus einem Ereigniskontext in einen neuen übertragen wurden. Aus dem abgeschlossenen Ereignis der Wohnheimbesetzung folgte das neue Ereignis des Kampfes gegen die »schwarzen Listen«, aus der Schwimmbad-Affäre entstand durch Strafantrag und drohendes Relegationsverfahren gegen Cohn-Bendit ein neuer Mobilisierungs-

171 Abgedruckt ebd.

grund etc. Aus diesen Überhängen entfaltete sich ein allgemeiner Mobilisierungsprozeß, der, wenngleich zunächst nur von einer Minderheit der Studenten getragen, die Tolerierung der Mehrheit fand. Durch als unverhältnismäßig bewertete Sanktionen des unkonventionellen Verhaltens, der begrenzten Regelverletzungen einer Minderheit verlor die Sanktionsinstanz, die Fakultät, auch bei der Mehrheit der von den ursprünglichen Protestzielen nicht mobilisierten Studenten an Legitimität. Es trat eine sekundäre Mobilisierung durch Protestaktionen gegen die Sanktionen ein, mit der Folge, daß die allgemeine Normakzeptanz auch der nicht direkt Sanktionsbetroffenen sank.

Die Strategie der Deeskalation über paritätische Diskurse und personale Vertrauensbildung, mit der Dekan Grappin die Normkonflikte aufzufangen und die Konfrontation abzubauen suchte, fand keinen Konsens mehr. Das Vertrauen zwischen Studenten- und Professorenschaft war durch den Polizeieinsatz und die »schwarzen Listen« ebenso wie durch die studentischen Boykott- und Störaktionen gestört, und das Protestziel der Studenten war im Verlauf der Protestaktionen über die paritätischen Kommissionen hinausgewachsen.[172] Ihre Forderung nach einer »Kritischen Universität« implizierte Selbstverwaltung, nicht Mitverwaltung, Aufbau von Gegenmacht, nicht Teilhabe am Entscheidungsprozeß.

Das persönliche Prestige einzelner Professoren (darunter Touraine, Lefebvre) konnte die Polarisierung nicht abwenden, weil sie mit ihrer Konzeption zur Modernisierung der Universität ebenso ins Kreuzfeuer der studentischen Kritik geraten waren wie die Verfechter der staatlichen Hochschulreformpolitik.[173] Gleichwohl setzten sie sich für die Studenten ein und trugen damit die Polarisierung in die Reihen der Professoren, die sich über die Frage, ob es gelte, den Protestaktionen der Studenten durch rigide Disziplinarmaßnahmen ein Ende zu machen oder die studentischen Forderungen als berechtigt anzuerkennen, in zwei Fraktionen (»Autoritäre« und »Liberale«) spalteten. Die Liberalen verknüpf-

172 Vgl. unter anderem »Le mythe de la parité« (Extrait de Nanterre informations, mars 1968). In: Schnapp/Vidal-Naquet, 116-120.

173 Vgl. unter anderem die Kritik an den Konzeptionen von A. Touraine und M. Crozier in: D. Cohn-Bendit/J.-P. Duteuil/B. Gérard/B. Granautier, »Wozu Soziologen«. In: *Dokumente zur Mai-Revolte*, 93-101.

ten die Problematik der Studentenproteste mit der Krise der Universität und der Notwendigkeit ihrer über den Fouchet-Plan hinausgehenden grundlegenden Strukturreform. Alain Touraine vertrat den Standpunkt der »Liberalen« auf einer Sitzung der Fakultät von Nanterre mit den Worten:

Il y a crise. Si nous voulons aller au fond des choses, nous devons nous rendre compte que nous ne redresserons la situation que si l'institution critiquée par les enragés se fait elle-même revendicatrice. Sans quoi, les sanctions individuelles ou les remises en ordre seront inopérantes. Il y a un modèle de l'Université libérale, traditionnelle qui est remis en cause et que nous devons quitter. Où aboutira cette remise en cause, nul ne le sait encore. Mais il est certain qu'une certaine forme de contestation est née ces jours derniers, nous ne nous en débarrasserons plus, nous serons obligés de vivre avec elle. Nous naviguons à vue, sans pouvoir dire où nous arriverons. Mais l'arrivée sera une reforme profonde de l'Université.[174]

René Rémond hat rückblickend die Historiker davor gewarnt, der verwirrenden Komplexität der Ereignisse und Handlungen zuviel Rationalität zu unterstellen, die Bewegung in einen rationalen Prozeß einzuordnen.[175] Die Ursprungskonstellation der Protestformation zeigt in der Tat eine nur indirekte Verknüpfung mit der Krise der Universität, entstanden im Verlauf staatlicher Planungsmaßnahmen zu ihrer Erneuerung. Die Protestbewegung entfaltete sich aus einer Sequenz von kontingenten Handlungssituationen, die relativ triviale Anlässe zum Ausgangspunkt hatten. Der objektive Problemzusammenhang zwischen Protestaktion und Krise der Institution Universität wurde, wenn überhaupt, häufig erst *ex post* sichtbar durch Deutungen, die den Kontext interpretierten, dabei jedoch sowohl hinsichtlich der Protestursachen als auch der Protestziele immer zugleich den Bereich der Universität überschritten. Der Protest, der sich gegen die Hochschule richtete, wurde als allgemeiner, politisch-sozialer und kultureller Protest definiert. Die Krise der Universität eröffnete den Trägergruppen gewissermaßen einen »Möglichkeitsraum«[176] für kollektive Aktionen und für die Artikulation ihrer Wert- und Deutungsmuster zur Analyse und Kritik der Gesamtgesellschaft. So zielte der Pro-

174 »Assemblée de la Faculté, Année universitaire 1967-1968, 5e séance«. In: Schnapp/Vidal-Naquet, 139-145, hier 143 f.
175 R. Rémond, *Notre siècle. 1918-1988. Histoire de France*, VI, Paris 1988, 672.
176 Japp, 325.

test, der in der Universität begann, von Anfang an über den universitären Teilbereich hinaus. In diesem Punkt glich die Formierung der Protestbewegung in Nanterre der Entwicklung an der FU Berlin. Zur Debatte standen hier wie dort allgemeine gesellschaftliche Zustände, welche die Universität nur exemplarisch zum Ausdruck brachte.[177]

Der Transfer des Protestes von der Universität in die politische Arena vollzog sich, verglichen mit der Bundesrepublik, in Frankreich schneller, in einem – wie noch zu zeigen sein wird – einzigartigen Mobilisierungsprozeß. Einige Elemente des dynamischen Prozesses, die den Transfer möglich machten, werden bereits am Beispiel von Nanterre sichtbar. Der Zentralismus der Hochschulverwaltung, der selbst die Genehmigung von Besucherregelungen in studentischen Wohnheimen an eine Kabinettsentscheidung band, politisierte zwangläufig schon die kleinste Forderung nach mehr Liberalität im Alltagsleben der Studenten. Die unmittelbare Abhängigkeit der Universitätsverwaltung vom Erziehungsministerium machte nahezu jede Universitätsangelegenheit zur Staatsangelegenheit. Die eingeschränkte Handlungsfähigkeit der Fakultät Nanterre, die nicht ausreichte, um fakultätsinterne Konfliktregelungen vorzunehmen, verknüpfte über den Verwaltungsweg die Vorgänge in Nanterre mit der Zuständigkeit der Sorbonne. Damit war die Kontextausweitung der Proteste, die am 3. Mai mit der Schließung der Fakultät Nanterre begann, gleichsam strukturell vorgegeben.

Durch die Schließung der Fakultät, die zeitlich mit der Vorladung von acht Studenten aus Nanterre vor den Disziplinarrat der Sorbonne zusammenfiel, verlagerte sich der Protest in eine andere Arena. Er sprang über nach Paris und entwickelte sich dort in einem neuen Handlungskontext weiter. Nanterre hörte auf, das Zentrum des Protestes zu sein. Die Formierung des Protestes in Nanterre war an ein Ende gekommen. Es begann der Pariser Mai.

177 Vgl. B. Rabehl, *Am Ende der Utopie*; L. v. Friedeburg/J. Horlemann/P. Hübner, *Freie Universität und politisches Potential der Studenten. Über die Entwicklung des Berliner Modells und den Anfang der Studentenbewegung in Deutschland*, Neuwied 1968; M. R. Lepsius, »Unruhe als Studentenpflicht. Bemerkungen zu deutschen Verlegenheiten«. In: *Stimmen der Zeit*, Heft 11 (November 1967), 299-310.

IV. Mobilisierung im Quartier Latin: Der Kampf um die Sorbonne

Eine soziale Bewegung muß in Bewegung bleiben. Ohne kontinuierliche Mobilisierung bleibt der Protest einer sozialen Gruppe eine kollektive Episode, ein Aufruhr, eine Revolte. Doch kontinuierliche Mobilisierung ist schwierig für schwach organisierte Kollektive. Die Handlungsbereitschaft kann jederzeit erlöschen, die Bewegung zum Stillstand kommen. Soziale Bewegung als spontan sich bildendes Kollektiv ist daher stets von Stagnation und Zerfall bedroht.[1]

So hätte auch die Bewegung der Studenten von Nanterre mit der Schließung der Fakultät am 2. Mai 1968 zu ihrem Ende kommen können. Die Mitglieder der Bewegung des 22. März, die am Abend dieses Tages zu einer Lagebesprechung zusammentrafen, schätzten die Zahl ihrer Sympathisanten auf nur noch 1500 ein. Der Rest der Studenten zog es vor, sich auf die Examina vorzubereiten, war indifferent oder gar feindlich gegenüber den Aktionsweisen der Bewegung geworden. Die »antiimperialistischen Tage« wurden innerhalb der Gruppe als Mißerfolg eingestuft, und die Stimmung war dementsprechend schlecht.[2] Sollte man aufgeben? Man konnte es nicht. Sieben Mitglieder der Bewegung des 22. März und ein Mitglied der FER hatten sich am 6. Mai vor dem Disziplinarrat der Sorbonne wegen Beleidigung und Behinderung von Dozenten und Professoren in der Ausübung ihres Amtes zu verantworten.[3] Das waren Tatbestände, auf die als Strafe der Aus-

1 Raschke, 187f., 79, 269.

2 Hamon/Rotman, *Génération*, 1, 446.

3 MAU (Mouvement d'action universitaire): »Ein Prozeß an der Sorbonne?« Flugblatt vom 6. Mai 1968. In: *Dokumente zur französischen Mai-Revolte*, 110f.; allerdings wird hierin die Zahl der Angeklagten mit 13 angegeben. Vgl. auch den Abdruck des gleichen Flugblattes in *Le Mouvement Social*, 64 (1968), 37: hier wird die Zahl mit 18 angegeben; im Kommentar der Herausgeber (S. 36) wird die Zahl sieben genannt. Vgl. auch Joffrin, der von acht »troublions« ausgeht, die sich vor dem Disziplinargericht zu verantworten hatten. Vgl. Cohn-Bendit, *Le grand bazar*, 36: »sept étudiants – dont moi«; ders., *Linksradikalismus*, 55: »7 von Nanterre und ein Militant der FER«.

schluß von der Universität drohte. Schon die Verhinderung ihrer Verurteilung verlangte mithin die Fortsetzung der Aktionen. Die Gruppe beschloß daher, am nächsten Morgen in den Innenhof der Sorbonne zu ziehen, um dort gegen die Einberufung des Disziplinarrates zu demonstrieren.[4]

Personale Solidarität motivierte die nächsten Aktionen, für die strukturell kaum Chancen mehr zu bestehen schienen. Aus den Aktionen folgte – nicht vorausgesehen und nicht beabsichtigt – ein neuer Mobilisierungsprozeß mit weit größeren Folgen, als es der Kontext der akademischen Enklave von Nanterre je ermöglicht hätte. Endete die Episode von Nanterre im Rückzug auf die Selbstverteidigung, so eröffnete sich im Quartier Latin die Chance zu neuem Angriff. Der Transfer der Revolte von Nanterre nach Paris war die Folge einer Verfahrensordnung der Universitätsverwaltung, so wie die erneute Mobilisierung der Bewegung im größeren Rahmen die Folge des Einsatzes von Gewaltmitteln war.

Passiv erfahrene und aktiv ausgeübte Gewalt kann zu einem sekundären Mobilisierungsfaktor sozialer Bewegungen werden, der die ursprünglichen Anlässe und Ursachen des Protestes überlagert, die Motive der Protesthandlungen wandelt, die Bewegung radikalisiert und politisiert. Diese Wirkung des Einsatzes von Gewaltmitteln auf den Verlauf von Protestbewegungen hatte sich bereits vor den Pariser Mai-Ereignissen in den Vereinigten Staaten und der Bundesrepublik gezeigt. »In den Vereinigten Staaten jedenfalls«, so Hannah Arendt, »kam es zu einer ersten Radikalisierung der Studentenbewegung anfänglich nur, wo die Polizei, oft mit großer Brutalität, gegen gewaltlose Demonstrationen, Besetzungen von Gebäuden, sit-ins usw. eingriff.«[5] Das Vorgehen der Polizei in Oakland (»Bloody Tuesday«) am 16. Oktober 1967 sowie am 2. Juni 1967 in der Bundesrepublik, als der Student Benno Ohnesorg durch die Kugel eines Polizisten getötet wurde, überführte die Protestbewegungen beider Länder in eine neue Phase, die unter der gleichlautenden Losung »From protest to resistance«/»Vom Protest zum Widerstand« stand.

Der Schuß auf Benno Ohnesorg war, wie ein *Zeit*-Reporter konstatierte, »ein Schuß in viele Köpfe«. Erfahrene Gewalt wurde

4 Hamon/Rotman, *Génération*, 1, 446.

5 H. Arendt, *Macht und Gewalt*, München, 7. Auflage 1990, 21.

zum Mobilisierungsfaktor der Bewegung, die das Problem der Gewalt und Gegengewalt nun öffentlich thematisierte.[6] Der Übergang »vom Protest zum Widerstand« verschärfte die Konfrontation zwischen den Protestbewegungen und der staatlichen Kontrollmacht sowohl in der Bundesrepublik als auch in den USA; eine Konfrontation, die sich, wie Jürgen Habermas mit Blick auf beide Länder analysierte, »in jenem sorgfältig gehüteten Zwielicht zwischen symbolischer Erpressung, die Aufmerksamkeit tatsächlich erzwingt, und faktischer Gewaltanwendung, mit der man Machtpositionen zu gewinnen sich einbildet«[7], vollzog. Früh warnte er vor der Verwechslung von symbolischen Aktionen und faktischen Machtpositionen sowie vor den Gefahren einer Strategie, die darauf zielt, »sublime Gewalt, die notwendig in Institutionen impliziert ist, manifest werden zu lassen«.[8]

Nicht alle, die sich an den »Widerstandsaktionen« beteiligten, waren theoretisch geschult und in der Lage, die abstrakten Ableitungen nachzuvollziehen, mit welchen die intellektuellen Anführer der Bewegung die Aktionen zu rechtfertigen suchten. »Resistance«, bedeutete, wie der amerikanische Studentenführer Tom Hayden konstatierte, für viele einfach »street fighting with the police until arrested«.[9] Im Vorfeld des Internationalen Vietnam-Kongresses in Berlin (Februar 1968) sowie während des Kongresses wurde die Strategie begrenzter Regelverletzungen, der Überführung legaler Demonstrationen in illegale – mitbedingt durch das vom Berliner Senat dem Kongreß auferlegte Demonstrationsverbot – intensiviert. Zu dem Kongreß, an dem Delegierte aus 14 Ländern teilnahmen, waren neben Vertretern der New Left aus Großbritannien und den Vereinigten Staaten auch französische Delegierte angereist, darunter der »Deutschlandexperte« der UNEF, Jean-Marcel Bouguereau, sowie die drei führenden Repräsentanten der trotzkistischen Gruppe JCR, Alain Krivine,

6 *Bedingungen und Organisation des Widerstandes. Der Kongreß in Hannover*, Berlin 1967.

7 J. Habermas, *Protestbewegung und Hochschulreform*, Frankfurt am Main 1969, 198.

8 Rede auf dem Kongreß »Hochschule und Demokratie-Bedingungen und Organisation des Widerstandes« am 9. Juni 1967. In: *Bedingungen und Organisation des Widerstandes*, 42-48.

9 T. Hayden, *Reunion. A Memoir*, Toronto 1988, 204.

Henri Weber und Daniel Bensaïd. Letztere entdeckten in Berlin, insbesondere im Dialog mit Rudi Dutschke, die »moderne Studentenbewegung«, wie sie später schrieben, und nahmen deren Impulse auf. Was sie am meisten beeindruckte, war das, was sie »la tactique de l'escalade-provocation« nannten und umschrieben als eine Praxis »d'utiliser en alternance l'action spectaculaire d'un noyau dur et les grandes démonstrations légales. Par la première on provoque l'opinion et l'autorité, on attire l'attention; par les secondes on politise de larges cercles en les associant à l'action.«[10] Was sie rezipierten, war nichts anderes als die provokative Aktion, welche die antiautoritäre Fraktion im Sozialistischen Deutschen Studentenverband (SDS) um Rudi Dutschke und Bernd Rabehl, vermittelt durch die Gruppe Subversive Aktion[11] und die Gruppe Spur[12], primär von den französischen Situationisten entlehnt und danach mit selbst erarbeiteten anarchistischen Theorieelementen sowie Praktiken der amerikanischen Bürgerrechtsbewegung verwoben hatten. Sie führten also nach Frankreich zurück, was ursprünglich von dort seinen Ausgang genommen hatte. In Unkenntnis der Hintergründe sahen sie sich als Innovatoren an. Die Explosion vor der Niederlassung von American Express in Paris war, so reklamierten sie später, die erste Umsetzung der Idee in die Tat.[13]

Lange bevor die Trotzkisten die Taktik »de l'escalade-provocation« entdeckten, so Jean-Marcel Bouguereau, hatten Seminare, organisiert von der UNEF, sich mit den Möglichkeiten und Grenzen dieser Aktionsform beschäftigt. Bouguereau, der, betraut mit dem Auf- und Ausbau der Auslandsbeziehungen der UNEF, zwischen 1965 und 1968 rund zwanzigmal nach Berlin reiste[14], hatte

10 D. Bensaïd/Henri Weber, *Mai 68: une répétition générale*, Paris 1968, 24.

11 Vgl. dazu F. Böckelmann/H. Nagel, *Subversive Aktion. Der Sinn der Aktion ist ihr Scheitern*, Frankfurt am Main 1976.

12 Vgl. dazu R. Ohrt, *Phantom Avantgarde. Eine Geschichte der Situationistischen Avantgarde und der modernen Kunst*, Hamburg 1990, 197 ff.

13 Ebd., 25.

14 Interview mit der Autorin. Seine Eindrücke auf diesen Reisen hat Jean-Marcel Bouguereau in einer Analyse der Berliner Entwicklung zusammengefaßt, die im Juni 1968 in *Les Temps Modernes* erschien. Vgl. S. Bosc/J. M. Bouguereau, »Le mouvement des étudiants berlinois.

Kontakte zum SDS-Berlin sowie zum AStA der Freien Universität etabliert. Drei französisch-deutsche Seminare – zwei davon in Berlin, eines in Paris – hatten stattgefunden[15], in deren Rahmen über das Modell der »Kritischen Universität«, die an der FU Berlin erstmals im Wintersemester 1967/68 veranstaltet wurde, sowie über die Strategie der begrenzten Regelverletzung diskutiert worden war. »C'etait très sérieux«, so Bouguereau 1992[16], »chacun faisait des exposés, se préparait, on discutait de nos expériences réciproques«. Die Gründung einer kleinen SDS-Auslandsgruppe im Quartier Latin (im Herbst 1967) symbolisierte den grenzübergreifenden Dialog und verstetigte den Austausch von Informationen. Zur Gruppe, die in der Rue de l'Estrapade tagte, stießen auch Repräsentanten der amerikanischen Protestbewegung sowie – von der Polizei, die das Geschehen observierte, mit Aufmerksamkeit registriert – der aus Rußland stammende französische Übersetzer der Schriften Herbert Marcuses.[17] Diese Pariser Gruppe, die den SDS als »einzige organisierte Opposition in Westdeutschland« vorstellte, erläuterte den französischen Studenten die Kampagne gegen die Springer-Presse sowie den Protest gegen die Notstandsgesetze[18] und trug umgekehrt zur schnellen Verbreitung der Pariser Ereignisse in der Bundesrepublik bei.[19] Das Ansehen, das der

Documents sur l'Université critique«. In: *Les Temps Modernes*, N° 265 (juillet 1968), 1-79.

15 So Jean-Marcel Bouguereau im Interview mit der Autorin am 15. September 1992 in Paris.

16 Im Gespräch mit der Autorin.

17 Die Treffen der Gruppe fanden in der Wohnung des Ehepaares Lamche statt. Zu den Mitgliedern gehörten Malte Rauch, Samuel Schirmbeck, Arno Münster, Helmut Mehringer, Louise und Ulrich K. Preuß sowie Boris Fraenkel. Gelegentlich hinzu kamen André Glucksmann und Walter Kreipe. Interview mit Ulrich K. Preuß im März 1992 in Berlin. Vgl. ferner Grimaud, 108.

18 Vgl. dazu insbesondere das Flugblatt »Appel du S.D.S. aux organisations progressistes et anti-impérialistes françaises«, publiziert nach dem Attentat auf Rudi Dutschke. Les Tracts de Mai, 4023, Bibliothèque Nationale, Paris.

19 Vgl. die Darstellungen des Mai von Arno Münster/M. Rauch/S. Schirmbeck, *Die Barrikaden von Paris. Der Aufstand der französischen Arbeiter*, Frankfurt am Main 1968, sowie W. Kreipe, »Studenten in Frankreich. Hintergrund und Potential einer politischen Bewegung«. In: *Kursbuch*, hg. von H. M. Enzensberger, 13 (Juni 1968), 154-

SDS unter den französischen Studenten genoß, war groß und mit dem Übergang vom verbalen Protest zum aktiven Widerstand »fast ins Legendäre gewachsen«.[20] Es übertrug sich auf die kleine, im Rückblick von Jean-Marcel Bouguereau als »fiktiv« bezeichnete SDS-Gruppe in Paris, die im April möglich machte, was bis dahin in Paris unmöglich erschien. Die verschiedenen linksradikalen, sektiererischen Kadergruppen vereinten sich zu einer gemeinsamen Demonstration, um gegen das Attentat auf Rudi Dutschke und gegen den Springerkonzern mit Parolen wie »Springer – Mörder«, »Kiesinger – Komplice« zu protestieren.[21] »On a utilisé«, so Bouguereau, »le SDS-Paris pour mettre tous ces gens ensemble. Voilà.«[22] Die UNEF habe darüber hinaus mit Aufmerksamkeit die Entwicklung der Studentenproteste in Italien, Großbritannien, den USA, Spanien und Belgien verfolgt und nach Möglichkeit Treffen mit den Studentenvertretern dieser Länder organisiert. Keine französische Darstellung der Mai-Ereignisse hebt die direkten Kontakte zwischen den Trägergruppen der Studentenbewegung Frankreichs und den Ländern hervor, in denen die Studentenunruhen schon einen Vorlauf hatten, bevor die französische Mai-Bewegung begann. Gewiß bestand die Vertrautheit mit den internationalen Theorie- und Strategiedebatten nur bei einigen Kadern in den studentischen Trägergruppen. Doch wirkten, bevor die Unruhen in Frankreich begannen, die Medien als Multiplikatoren der praktischen Erfahrungen, welche die Studenten in anderen westlichen Industrieländern machten. »Wir waren«, so Daniel Cohn-Bendit, »die erste Fernsehgeneration, d.h., Ereignisse in der Welt wurden vermittelt durch dieses Medium, und das hat natürlich in der Psychobereitschaft bestimmter Schichten in Frankreich eine Rolle gespielt.«[23] Wissen, Erfahrungen, Bilder

178, ders., »Spontaneität und Organisation. Lehren aus dem Mai-Juni 1968.« In: *Kursbuch*, 16 (März 1969), 38-75.

20 Vgl. dazu Rauch/Schirmbeck, 21.

21 Nach dem Attentat auf Rudi Dutschke fanden in Paris zwei Protestdemonstrationen statt: jeweils am Samstag, 13. April, und am Freitag, dem 19. April; auf letzterer sprach auch ein Mitglied des SDS – Ulrich K. Preuß. Vgl. dazu *Le Monde* vom 16. April 1968, S. 3, Sp. 5, und *Le Monde* vom 21./22. April 1968, S. 6, Sp. 1 und 2.

22 Im Gespräch mit der Autorin am 15. September 1992 in Paris.

23 Im Gespräch mit der Autorin am 7. September 1993 in Frankfurt am Main.

studentischer Revolten in anderen Ländern und ebenso die Kenntnis der vielfach gewaltsamen staatlichen Reaktionen auf die Protestbewegungen der Studenten waren also präsent, als in Frankreich – von dem ein führender Journalist noch im Februar 1968 behauptete hatte, es »langweile sich«[24], während in seinen Nachbarländern die Flamme der Empörung lodere – im Innenhof der Sorbonne eine Veranstaltung begann, die den Auftakt zum Pariser Mai bilden sollte.

1. Studentische Aktion und staatliche Reaktion: Der Einsatz von Gewalt

Nur einige hundert Studenten sind am Mittag des 3. Mai im Innenhof der Sorbonne versammelt.[25] Es scheint, als kümmere die Mehrheit der Studenten an der Sorbonne die Schließung der Universität Nanterre nicht und auch nicht das Schicksal der acht vor den Disziplinarausschuß geladenen Kommilitonen aus Nanterre. Die UNEF, der offizielle Veranstalter der Protestkundgebung »gegen die Repression« in Nanterre, hat offenkundig nicht einmal erfolgreich ihre eigenen Mitglieder mobilisiert. Denn als ihr stellvertretender Vorsitzender Jacques Sauvageot[26] spricht, hat er Mühe, sich Gehör zu verschaffen. Er wirkt als Redner unerfahren. Einen der künftigen Führer der Studentenbewegung sieht man zu

24 P. Viansson-Ponté, »Quand la France s'ennuie...« In: *Le Monde* vom 15. März 1968, S. 1, Sp. 4-5; S. 9, Sp. 1-2.

25 Die Darstellung folgt den Berichten von Hamon/Rotman, *Génération*, 1, 447-448, und Joffrin, 18-21, die sich jeweils auf die Ereignisschilderung von Alain Krivine stützen.

26 Jacques Sauvageot, 25, war erst seit März 1968 stellvertretender Vorsitzender der UNEF. Er hatte zuvor die Association générale des étudiants in Dijon geleitet, so daß er für die Kadergruppen der Sorbonne ein Unbekannter war. Politisch aktiv indes war Sauvageot seit Mitte der sechziger Jahre. Wie viele der studentischen Kader durch die Opposition gegen den Algerienkrieg geprägt, war er bis zum Februar 1968 Sympathisant der PSU, ohne in der Partei Mitglied zu sein. Im Jahre 1965 hatte er sich aktiv an der Kampagne für die Präsidentschaftskandidatur François Mitterrands beteiligt. Er rechnet sich dem linkskatholischen Milieu Frankreichs zu. *Témoignage Chrétien*, so erklärte er im Interview, habe ihn geprägt. Interview mit Jacques Sauvageot in Rennes am 21. September 1992.

dieser Stunde in ihm nicht. Daniel Cohn-Bendit versteht es besser, die Zuhörer in seinen Bann zu ziehen. Doch trotz aller Bemühungen zünden die Mobilisierungsappelle nicht. Die Veranstaltung wirkt etwas fade. Die Militanten sind unter sich. Jeder kennt die Parolen und hört deshalb nur mit halbem Ohr zu, wenn ein anderer spricht.

Stimmung kommt erst auf, als ein Trotzkist den Kommentar von Georges Marchais zur Revolte der Studenten in Nanterre aus *L'Humanité* vorliest. Marchais' Artikel, der an diesem Tag unter dem Titel »De faux révolutionnaires à démasquer« erschienen ist, ist gegen die Gruppen der extremen Linken gerichtet, die aus seiner Sicht allesamt »pseudorevolutionär« sind. Handele es sich doch bei denen, die jetzt die Flamme der reinen Gesinnung hochhielten, um Großbürgersöhne, die die Studenten aus dem Arbeitermilieu verachteten und bald selbst an der Spitze der Unternehmen ihrer Väter ständen, um die Ausbeutung der Arbeiter fortzusetzen.[27] Marchais' Artikel löst unter den Anwesenden Hohn- und Spottworte aus, die sich steigern, als der Student eine Passage über die Bewegung des 22. März zitiert, die mit den Worten endet, daß diese Bewegung angeführt werde »par l'anarchiste allemand Cohn-Bendit«. – »Et juif, et juif« schallt es in diesem Augenblick über den Hof.[28]

Die versammelten Studenten fühlen sich in ihrer Ablehnung der PCF bestätigt. Es ist der Antikommunismus der radikalen Linken, der an diesem Mittag die Demonstranten im Hof der Sorbonne eint. Durch den Vortrag des Leitartikels von Marchais ist etwas Bewegung in die Reihen gekommen. Doch mehr ist noch nicht passiert, als es ein Uhr schlägt. Die Veranstaltung droht ein Mißerfolg zu werden. Man beschließt, zunächst einmal Mittagessen zu gehen. Vielleicht würde am Nachmittag eine größere Zuhörerschaft zu erreichen sein.[29]

Um 14 Uhr wiederholt sich dann die Szene vom Vormittag. Es sind abermals nur etwa dreihundert Studenten, die zusammenkommen. Und wiederum wird die meiste Bewegung erzeugt, als

27 Georges Marchais, »De faux révolutionnaires à démasquer«. In: *L'Humanité* vom 3. Mai 1968, in Auszügen abgedruckt in: J.-R. Tournoux, *Le mois de mai du Général*, Paris 1969, hier Fußnote 1.

28 Joffrin, 19.

29 Ebd., 20; Hamon/Rotman, *Génération*, 1, 449.

Cohn-Bendit ein Mitglied des kommunistischen Studentenverbandes UEC angreift. Die Repräsentanten der trotzkistischen Jugendverbände tragen diesmal Kampf- und Arbeiterlieder vor und halten damit die Aufmerksamkeit wach. Gegen 15 Uhr ändert sich dann die Szene abrupt. Die Nachricht, daß etwa hundert »Faschisten« der Gruppe Occident sich am Observatoire zu einem Bataillon formiert haben und nun im Anmarsch auf die Sorbonne sind, verbreitet sich und wirkt elektrisierend auf die im Innenhof versammelten Studenten. Die maoistischen und die trotzkistischen Studenten (der Gruppe JCR) bereiten sich auf einen Angriff vor. Helme werden aus Plastiktüten gezogen, Tischbeine von Tischen gelöst, die Pforten der Sorbonne mit Wachposten besetzt. Mögen die Faschisten nur kommen, die Studenten im Innenhof sind bereit, sie zu empfangen. Doch die Faschisten kommen nicht. Eine Stunde vergeht, wartend wird sie unerträglich lang. Man beginnt, Kampflieder zu singen.[30]

Die Vorgänge im Innenhof sind mittlerweile dem Rektor der Sorbonne, Jean Marie Roche, mitgeteilt worden. Dieser beschließt, sofort die Hörsäle, in denen noch Veranstaltungen abgehalten werden, räumen und schließen zu lassen.[31] Durch diese Entscheidung vergrößert er schlagartig die Zahl der im Innenhof kampfbereit wartenden Studenten. Sie wächst auf 500 an. Während die Mehrheit der Studenten ruhig das Universitätsgelände verläßt, macht sich unter diesen 500 Zurückbleibenden der Eindruck breit, daß die »Faschos« sie getäuscht haben. War die Nachricht gar falsch? Was die Wartenden nicht wissen können, ist, daß eine Spezialeinheit der Polizei die rechtsextreme Kohorte gestoppt und aufgelöst hat.[32] Als eine weitere halbe Stunde vergangen ist, halten einige das Warten nicht mehr aus. Überzeugt, daß heute nichts mehr passiert, beginnen sie nach und nach, den Innenhof zu verlassen. Der Rest beschließt, noch eine Stunde zu warten und sich dann aufzulösen. Wieder scheint alles im Sand zu verlaufen. Die letzte Wartestunde ist fast vergangen, als über den Hof der Ruf erschallt: »Sie kommen!«[33] Stangen, Helme und alles, was zur Abwehr dienen kann, werden wieder ergriffen. Doch statt der

30 Ebd., 450; Joffrin, 21-22.
31 Joffrin, 22.
32 Ebd., 22; Hamon/Rotman, *Génération*, 1, 450.
33 Ebd.

erwarteten Hundertschaft der rechtsextremen Gruppe Occident dringen Hunderte von Polizisten in den Innenhof ein.[34]
Wie war es zu dem Polizeieinsatz gekommen? Bereits am Vormittag, als er Kenntnis davon erhielt, daß Cohn-Bendit und seine Gruppe in die Sorbonne gekommen waren, hatte der Rektor Jean Marie Roche Kontakt zur Polizei aufgenommen. Davon ausgehend, daß die Studenten einen der Hörsäle besetzen wollten, hatte er sich vorsorglich an die Polizei gewandt, um anzukündigen, daß er möglicherweise ihren Einsatz anfordern werde. Der Polizeichef von Paris, Maurice Grimaud, und sein »directeur de cabinet«, Jean Paolini, versicherten, nachdem sie untereinander das Problem erörtert hatten, dem Rektor, daß die Polizei ihm zu Hilfe eilen werde, wenn er sich in wirklichen Schwierigkeiten befinde. Erpicht darauf, den Einsatz durchzuführen, war die Polizeiführung nicht, wie Maurice Grimaud später versichert, »à vrai dire, nous n'étions pas chauds pour le faire si nous pouvions l'éviter, sachant trop, par expérience, que nos interventions soulevaient plus de problèmes qu'elles n'en réglaient«.[35] Die Polizeileitung hätte es lieber gesehen, wenn der Rektor und die Dekane eine andere Lösung ihrer Probleme gesucht hätten. In diesem Sinn wirkte Maurice Grimaud, nach eigenen Aussagen, auf den Rektor ein.
Grimaud nahm die Sache nicht so ernst. Er hatte sich vorgenommen, gemeinsam mit einem Journalisten an diesem Tag einen Rundflug über Paris zu machen, und so bestieg er den Hubschrauber, die Sorbonne, Roche und Cohn-Bendit unter sich lassend. Das Wetter war hervorragend für einen Helikopterflug, und so vergaß er nach einer Weile die Probleme von Rektor Roche. Einmal ließ er eine Schleife über die Sorbonne ziehen und befand, daß von oben alles dort unten einem Ameisenhaufen glich. Erst nach seiner Landung erfuhr er von seinem Chauffeur, daß die Polizei mittlerweile zur Räumung der Sorbonne eingesetzt worden sei, auf Bitten des Rektors. Sofort eilte er zum Polizeipräsidium.[36]
Jean Paolini, der Stellvertreter des Präfekten, hatte lange gezögert und vom Rektor zunächst einen schriftlichen Antrag verlangt. Selbst als ihm dessen »Prière de rétablir l'ordre à l'intérieur de la

34 Delale/Ragache, 60.
35 Grimaud, 13f., hier 14.
36 Ebd., 15.

Sorbonne en expulsant les perturbateurs« schwarz auf weiß vorlag, hatte er den Einsatzbefehl nicht gleich erteilt, sondern zunächst mit Innenminister Christian Fouchet telefoniert, der ihn aufforderte, den Innenhof räumen zu lassen, »sans violence naturellement et en mettant les moyens nécessaires«.[37] Grimaud erfuhr von Paolini, daß der Einsatz ohne Gewaltanwendung durchgeführt worden sei.[38]

Möglich geworden war dies nicht zuletzt aufgrund der raschen Einsicht und Entscheidung Alain Krivines, des Begründers der trotzkistischen Jugendorganisation JCR, der sich unter den Demonstranten im Innenhof befand. Mit seinen knapp siebenundzwanzig Jahren verfügte Krivine bereits über eine lange politische Kampferfahrung. Seit seinem 16. Lebensjahr war er politisch engagiert: Er war Mitglied der kommunistischen Jugend, hatte die algerische Befreiungsbewegung unterstützt und den linken Flügel des kommunistischen Jugendverbandes UEC geführt, bis er 1966 zum Trotzkismus übertrat.[39] Seine Demonstrations- und Kampferfahrung in diesen Gruppen sagte ihm, daß Widerstand unter den gegebenen Bedingungen sinnlos war. Während einige Studenten noch daran dachten, näherte sich Krivine daher gemeinsam mit Jacques Sauvageot von der UNEF und Stéphane Berg von der trotzkistischen Gruppe FER dem Einsatzleiter der Polizei.[40] Ein ruhiger Abzug der Demonstranten wurde ausgehandelt. Und so zogen nach einer Weile die Demonstranten durch ein Spalier von Polizisten aus dem Innenhof ab. Ein glimpfliches Ende der Demonstration schien absehbar.

Doch kaum haben sie den Innenhof verlassen und die Rue de la Sorbonne erreicht, da sehen die Demonstranten, an deren Spitze Cohn-Bendit und die Nanterre-Gruppe, Sauvageot und Krivine gehen, vor sich Polizeiwagen stehen.[41] Was für die Polizei in einer solchen Situation Routine ist, wirkt auf die Demonstranten wie ein Schock: die Polizei will die Identität der Störer feststellen,

37 Fouchet, *Mémoires d'hier et demain*, 221.

38 Grimaud, 15.

39 Zum politischen Lebensweg von Alain Krivine vgl. Hamon/Rotman.

40 Die Initiative zur Verhandlung mit der Polizei über einen friedlichen Abzug der Demonstranten wird von Hamon/Rotman Alain Krivine zugeschrieben, die sich bei der Schilderung der Szene auf dessen Aussagen stützen. Hamon/Rotman, *Génération*, 1, 451.

41 Joffrin, 23.

derentwegen sie vom Rektor in die Sorbonne gerufen wurde. Angesichts der großen Menge kann und soll das nicht vor Ort geschehen, sondern auf dem Polizeipräsidium.[42] Die Demonstranten – ihre Anführer voran – müssen in Polizeiwagen einsteigen, jeweils fünfundzwanzig pro Wagen. Die Türen schließen sich. Sie werden abtransportiert. Von den umstehenden Studenten wird dies als Festnahme angesehen, ein Affront. Während einige politische Aktivisten sich noch beraten, schallt es aus der Menge »Libérez nos camarades!« und, wenngleich nur städtische Polizei anwesend ist, »CRS – SS!«.[43] Was jahrelange politische Agitation nicht vermochte, ein Polizeieinsatz hat es geschafft. Es ist fast unvorstellbar für die Aktivisten der linksextremen Gruppen: die Kommilitonen und Kommilitoninnen beginnen, sich mit ihnen zu solidarisieren.

»Es waren die Frauen« – d. h. Studentinnen, die auch im Innenhof waren, aber als Frauen von der Polizeiaktion nicht erfaßt worden waren –, denen »die bedeutendste Rolle« bei der Auslösung des Protestes zufiel, wird Jacques Sauvageot zwanzig Jahre später sagen.[44] Doch Françoise Picq, engagierte Feministin und Historikerin der französischen Frauenbewegung[45], die sich in der Menge vor der Sorbonne befand, nahm den Protest nicht als gelenkte oder von irgend jemanden ausgerufene Aktion, sondern als spontane Bewegung wahr.[46]

Nervös geworden durch die kritische Reaktion der Studenten auf ihre Aktion, stoßen die Polizisten die ersten, sie feindlich umringenden Reihen der Umstehenden zurück. Der Druck, der dadurch entsteht, erzeugt Gegendruck: »A bas la répression!« hallt es ihnen entgegen.[47] Während von außen, durch die Rufe herbeigelockt, immer mehr Schaulustige herandrängen, wächst die Spannung im Inneren des Zirkels an. Es entsteht ein Handgemenge zwischen Polizisten und Demonstranten, Polizeiknüppel werden gezogen, die Studenten weichen, stoßen aber immer wieder zurück. »Das war«, so Françoise Picq später, »völlig überra-

42 Grimaud, 15, 18, 83.
43 Joffrin, 24; Hamon/Rotman, *Génération*, 1, 452; *Le Monde* vom 5./6. Mai 1968, S. 8.
44 Im Gespräch mit der Autorin am 21. September 1992 in Rennes.
45 F. Picq, *Libération des femmes. Les années-mouvement*, Paris 1992.
46 Im Gesprächen mit der Autorin am 28./29. Mai 1993 in Leipzig.
47 Joffrin, 17; Hamon/Rotman, *Génération*, 1, 453.

schend für mich.«[48] Die Polizei setzt in dieser Situation Tränengas ein, der Nebel umhüllt binnen kurzem Demonstranten wie Passanten und schließt auch die Gäste der beiden Cafés an der Place de la Sorbonne, »L'Ecritoire« und »L'Escolier«, ein. In der allgemeinen Verwirrung, die dadurch entsteht, bemerken zunächst nur wenige, was dann geschieht. Es ist 17.30 Uhr, als der erste Pflasterstein fliegt. Er trifft. Der Brigadier Christian Brunet bricht hinter der Windschutzscheibe seines Polizeiwagens mit einer offenen Kopfwunde zusammen.[49] Ein Reporter von *France-Soir* hält die Szene in Bildern fest.[50] Auf ihnen ist ein junger Mann zu sehen, der einen Rollkragenpullover, Jeans und Clarks trägt, die gerade sehr in Mode sind. Er hat dunkle halblange Haare, sein Gesicht ist nicht zu sehen, da es unter einem Helm steckt. Daniel Cohn-Bendit wird später sagen, daß er zur Bewegung des 22. März gehörte.[51] Dem ersten Stein werden viele folgen, doch zunächst einmal treibt dieser Stein die Ereignisse fort.
Die Nachricht, daß einer ihrer Kollegen schwer verletzt worden ist und möglicherweise sterben wird, verbreitet sich in Windeseile unter den Polizisten. Die Bedrohung wächst und mit ihr die Gewalt. Die Polizei treibt die Demonstranten und Passanten jetzt von der Place de la Sorbonne über den Boulevard St. Michel in Richtung Seine in das Quartier Latin hinein, vorbei an Passanten, die den Metroausgang St. Michel verlassen und tränenüberströmt – das Tränengas schwebt immer noch – die Szene nicht verstehen, in deren Zentrum sie stehen.[52] Die Unterschiede zwischen Demonstranten und Passanten verwischen sich in den Straßen des Quartier Latin. Die Polizei geht gegen jeden vor, der, aus ihrer Sicht, im Wege steht.
In den folgenden Tagen erreichten zahlreiche Leserbriefe *Le Monde*, in denen aufgebrachte Passanten sich über das willkürliche und brutale Vorgehen der Polizei beklagten. Ein Anwohner, Lehrer des Gymnasiums Louis le Grand, schrieb:

48 In Gesprächen mit der Autorin am 27./28. Mai 1993 in Leipzig.
49 Vgl. zu den Vorgängen *Le Monde* vom 5./6. Mai 1968, S. 9, Sp. 1-3; ferner die Schilderung der beiden Journalisten des *Nouvel Observateur*, R. Rioux/L. Backmann, *L'explosion de mai*, Paris 19, 98-101.
50 »France Soir Magazine«, *Les Journées de Mai*. Numéro spécial de *Connaissance de l'histoire*, Paris 1968.
51 Erklärung gegenüber Laurent Joffrin, vgl. Joffrin, 17.
52 Joffrin, 25.

... j' ai vu plusieurs personnes sortant du métro ou y entrant, qui, de toute évidence, n'étaient pas des manifestants, frappées au visage, et même deux employées, au moins, de la R.A.T.P., matraqués de la même façon à la porte de la gare du Luxembourg. Sur la place Paul-Claudel, des consommateurs étaient très pacifiquement attablés à la terrasse d'un café. De propos délibéré, sans aucune provocation, et, d'après ce que j'ai cru comprendre à ce moment, par ordre, quelques policiers se sont acharnés sur eux, faisant voler les verres et les tables, matraquant au hasard ›dans le tas‹. Voyant qu'il y avait des blessés, j'ai cru de mon devoir, non sans quelque ironie de me proposer pour porter secours à ces ›personnes en péril‹, mais n'ai dû mon propre salut qu'à une fuite précipitée.[53]

Ein Maler, wohnhaft in der Rue Michelet, berichtete, daß er sich ausweisen mußte, als er sich bei einem Polizisten beschwerte, der seinen verletzten, sechzehnjährigen Sohn festhielt. Da weder er noch sein Sohn dies konnten, wurde der Maler festgenommen und mit anderen Passanten, die sich ebenfalls nicht ausweisen konnten, in einem Polizeiwagen zur Polizeistation an der Oper transportiert. Erst um 1 Uhr nachts wurde er wieder entlassen.[54]
Von alledem ahnen die festgenommenen Führer der Studentengruppen nichts, denn sie sitzen im sicherem Gewahrsam der Polizei und vermögen erst nach und nach, die Ereignisse draußen anhand der Berichte zu rekonstruieren, die ihnen festgenommene Demonstranten und Passanten geben. Insgesamt sind 574 Personen festgenommen worden, 300 an der Sorbonne und 274 in den umliegenden Straßen.[55] Erst nach 23 Uhr, als sich die Lage wieder normalisiert hat, beginnt man, die Festgenommenen wieder freizulassen. Daniel Cohn-Bendit beschreibt später, wie die Situation auf dem Kommissariat von Stunde zu Stunde drückender und bedrohlicher wurde. Die Polizisten, die ihn in Gewahrsam halten, sind davon überzeugt, daß einer ihrer Kollegen umgekommen sei – er lag tatsächlich im Koma[56] –, und das wirkt sich auf ihre Haltung gegenüber den Studenten aus. Der Wunsch nach Vergeltung wächst. Ein Polizist spricht es offen aus: »Oeil pour oeil,

53 »Deux témoignages sur les heurts de vendredi«, *Le Monde* vom 7. Mai 1968, 10.
54 Ebd.; vgl. weitere Zeugenaussagen in UNEF/SNESup, *Le livre noir des journées de mai*, Paris 1968, 14ff.
55 Grimaud, 83 ff.; *Le Monde* vom 5./6. Mai, S. 8, gibt die Zahl mit 595 an.
56 *Le Monde* vom 5./6. Mai, S. 8. Der Polizist erholte sich von seinen Verletzungen.

dent pour dent«. Ein anderer ließ sich in seiner Wut zu dem Ausspruch verleiten: »Mon petit père, tu vas payer. C'est dommage que tu n'aies pas crevé à Auschwitz avec tes parents parce que comme ça, on n'aurait pas à le faire aujourd'hui.«[57]

Was Cohn-Bendit zu diesem Zeitpunkt nicht wissen konnte, war, daß zweimal in den zurückliegenden Stunden – einmal am späten Abend des 3. Mai und einmal am 4. Mai, um 7 Uhr morgens – der Innenminister Christian Fouchet und der Polizeipräfekt Maurice Grimaud über sein Schicksal beraten hatten. Vom Minister telefonisch um seine Meinung bezüglich einer möglichen Ausweisung Cohn-Bendits befragt, hatte Grimaud am Abend des 3. Mai wiederholt, was er dem Minister bereits nach der ersten Festnahme Cohn-Bendits am 27. April mitgeteilt hatte. Es gelte, aus seiner Sicht, nichts zu unternehmen, solange nicht die universitären Instanzen ihr Urteil gefällt hätten. Christian Fouchet hat damals den Rat befolgt und sich im Gespräch mit Premierminister Georges Pompidou für die von Grimaud vorgeschlagene Linie verwandt. Am Abend des 3. Mai bekräftigte Grimaud diese Linie, wobei er als zusätzliches Argument anführte, daß Cohn-Bendit und die anderen Studentenführer nicht wegen »rébellion, outrage ou violence« festgenommen worden seien. Da die Straßenschlacht erst begann, nachdem man sie abtransportiert hatte, konnte man sie nicht für das Geschehene verantwortlich machen. Für Grimaud war und blieb die Angelegenheit eine Sache der Universität, nicht der Polizei.[58]

Wenn dies so war, stellte sich die Frage nach dem Vorgehen der Polizei. Während seines Telefongespräches am Morgen des 4. Mai brachte der Innenminister die Sprache darauf. War die Polizei richtig vorgegangen? Dem Minister waren in der Nacht Zweifel daran gekommen. Der Polizeipräfekt räumte sie aus mit Verweis auf die Presse, welche die Polizeiaktion insgesamt nicht kritisiert habe. Doch die Frage war und blieb: was tun mit Cohn-Bendit und den übrigen noch festgehaltenen Personen. Grimaud vertrat die Auffassung, daß die Polizei keine Märtyrer schaffen sollte. In einem Telefongespräch mit dem stellvertretenden Ministerpräsidenten Joxe sprach er sich daher gegen eine Überwachung Cohn-Bendits aus und schlug vor, in den anderen Fällen nur diejenigen

57 Cohn-Bendit, *Le grand bazar*, 33.
58 Grimaud, 84.

strafrechtlich zu verfolgen, denen ein Vergehen unstreitig nachzuweisen sei. Das galt, wie er durch einen kurzen Blick auf die Akten festgestellt hatte, für die Mehrzahl der Festgenommenen nicht. Er plädierte daher für deren Freilassung.[59] Der stellvertretende Premierminister stimmte den Vorschlägen zu, und so wurden bis zum Nachmittag des 4. Mai – ein Samstag – um 16 Uhr Cohn-Bendit und 14 andere Studenten freigelassen. In polizeilichem Gewahrsam verblieben damit 13 Studenten, von denen am Samstag und Sonntag in einem Schnellgerichtsverfahren[60] einer freigesprochen, acht zu Gefängnisstrafen mit Bewährung und vier zu sofort wirksam werdenden Gefängnisstrafen von zwei Monaten verurteilt wurden.[61] Unter den vier Verurteilten befand sich der Präsident der Vereinigung christlicher Studenten an der Sorbonne, Jean Clement, 22, der als Organisator der Wallfahrten nach Lourdes vehement bestritt, während der Demonstration, wie man ihm vorwarf, gewalttätig geworden zu sein.[62] Ein Polizist indes glaubte, in ihm einen der Steinewerfer wiederzuerkennen, und so erhielt auch er zwei Monate Haft ohne Bewährung. Die Strafen waren, aus der Sicht des Polizeipräsidenten, ungewöhnlich streng.[63] Er war unzufrieden damit, doch unterschätzte selbst er, wie er später einräumte, die Wirkung, welche die Verurteilungen auf das Studentenmilieu haben würde. »Libérez nos camarades!« sollte zu einer der drei Grundforderungen der Studentenbewegung in den nächsten Tagen werden.

Auch die zweite dieser Forderungen richtete sich gegen die Polizei, wenngleich diese nur indirekt für den Tatbestand verantwortlich war: der Rektor der Sorbonne hatte am Freitag, dem 3. Mai, um 20 Uhr die Universität schließen lassen, zum erstenmal in ihrer Geschichte. Sie war seitdem von Polizeieinheiten umstellt. Abzug der Polizeikräfte aus dem Quartier Latin und die Wieder-

59 Ebd., 84-87.

60 Die Verfahren wurden entschieden durch die »dixième chambre correctionnelle de la tribune de Paris«. Vgl. *Le Monde* vom 7. Mai 1968, S. 10, Sp. 1-4.

61 Jean Lachtre, »Quatre condamnations à deux mois de prison pour violence à agent, huit autres avec sursis«. In: *Le Monde* vom 7. Mai 1968, S. 7.

62 Vgl. M. Kravetz, *L'insurrection étudiante 2-13 mai*, Paris 1968, 99; Rioux/Backmann, 114.

63 Ebd., 86-88.

eröffnung der Sorbonne lauteten daher die beiden anderen Grundforderungen, die am Sonntag, dem 5. Mai, erstmals von der Hochschullehrergewerkschaft Syndicat National de l'Enseigement Supérieur (SNESup) formuliert wurden, in der auch die Assistenten organisiert waren.[64]
Die SNESup war an der Veranstaltung im Innenhof der Sorbonne nicht beteiligt gewesen. Ihr Generalsekretär, Alain Geismar, 29, maître-assistant für Physik, befand sich am Freitagnachmittag, als die Ereignisse in der Sorbonne einen ungeahnten Verlauf nahmen, in Nanterre auf einer Versammlung des Lehrkörpers. Dort hatte gerade Rektor Grappin erklärt, daß er gezwungen worden sei, die Fakultät zu schließen, um Blutvergießen zu vermeiden, und Geismar erwidert, daß die Schließung der Hochschule keine Antwort auf die Krise der Universität sei, als die Nachricht von den Ereignissen in Paris bekannt wurde. Die Versammlung wurde sofort beendet.[65] Alain Geismar nahm Kontakt zum Büro der SNESup in Paris auf und ließ nach Rücksprache mit den Mitgliedern des Büros ein Kommuniqué verbreiten, in dem die SNESup zum Generalstreik aller Lehrenden an der Universität aufrief.[66] Um sofort Kontakt zu den Vertretern der studentischen Gruppen aufzunehmen, fuhr er anschließend nach Paris zurück.
Die Sorbonne war bereits geschlossen, als er dort eintraf, und so dauerte es eine Weile, bis er die Studentenvertreter gefunden hatte. Es war 2 Uhr nachts, als er in der Rue d'Ulm im Gebäude der École Normale Supérieure mit ihnen zusammentraf: Jacques Sauvageot von der UNEF war anwesend, Henri Weber für die trotzkistische Gruppe JCR, Robert Linhart für die maoistische Gruppe UJC (ml) und Serge July als Vertreter der Bewegung des 22. März, deren Repräsentanten seit den frühen Abendstunden im Atelier einer Malerin auf dem Montmartre versammelt waren. Nach einer erregten Debatte beschlossen vier der fünf eine Art Koalition ihrer jeweiligen Gruppen bzw. Organisationen, die für die weitere Entwicklung der Bewegung entscheidend wurde. Es war ein Aktionsbündnis. Vereinbart wurde, die Aktionen der

64 Joffrin, 80.
65 Hamon/Rotman, *Génération*, 1, 456. Das Kommuniqué der SNESup, das den Aufruf zum Generalstreik enthält, ist abgedruckt in der von Marc Kravetz zusammengestellten Dokumentensammlung *L'insurrection étudiante*, 72.
66 Auszug in *Le Monde* vom 5./6. Mai, S. 8, Sp. 3.

nächsten Tage zu koordinieren. Lediglich die Maoisten schlossen sich von dieser Vereinbarung aus.[67]

Soviel zu den Ereignissen des 3. Mai, rekonstruiert aus der Berichterstattung von *Le Monde* und den Ereignisschilderungen der Akteure in Interviews. Die Bedeutung, die dem 3. Mai für den Fortgang zugemessen wird, hat zu einer detaillierten Rekonstruktion des Ereignisverlaufs in der Tagespresse, in Chroniken, Dokumentationen des Pariser Mai und geschichtlichen Darstellungen anläßlich des zehnten und des zwanzigsten Jahrestages geführt. Die Deutung der Ereignisse ist jedoch damals wie heute umstritten. Es überwiegt das Urteil von der Spontaneität der Ereignisse, doch zugleich wird nach Auslösern, Ursachen und Verantwortlichkeiten gesucht. Und hier gehen die Auffassungen auseinander.

Der Erziehungsminister machte in seinem ersten Radiointerview eine Handvoll Störenfriede für die Unruhen verantwortlich, die Polizei habe eingegriffen, als diese »se mettent à jouer à l'émeute«. *Le Monde* gab seine Erklärung wieder und kommentierte sie zugleich: »Suffit-il d'une poignée de troublions pour obliger à suspendre tout enseignement dans deux facultés? Il semble que les autorités ont manqué de sang froid.«[68] Für Pierre Viansson-Ponté war klar, daß der Abtransport der Studenten zur Feststellung ihrer Identität der Auslöser für alles weitere war.[69] Der Polizeipräfekt Grimaud sah die Räumungsaktion als Schlüsselereignis an: »Car c'est depuis lors que les manifestations sont devenues de plus en plus violentes«, doch er verwies darauf, daß der Rektor den Polizeieinsatz angefordert habe.[70]

Am 8. Mai, als der Vorfall Gegenstand einer Parlamentsdebatte wurde, erklärte Innenminister Christian Fouchet, weder die Polizei noch der Rektor, noch irgendwelche studentischen Stören-

67 Hamon/Rotman, 458-459; Philippe Labro, *Ce n'est qu'un début*, Paris 1968, 62; Dansette, *Mai 1968*, Paris 1977, 92; Kravetz, *L'insurrection étudiante*, 73; Hinweis auf die nach dem 3. und 4. Mai täglich stattfindenden Treffen auch bei Alain Krivine, *Questions sur la révolution*, Paris 1973, 145.r.

68 *Le Monde* vom 5./6. Mai, S. 1.

69 P. Viansson-Ponté, *Histoire de la république gaullienne. Mai 1958-Avril 1969*, Paris 1971, 577; ähnlich argumentiert auch Tournoux, 22, Anm. 2.

70 Maurice Grimaud, zit. in *Le Monde* vom 8. Mai, S. 8.

friede seien für den gewaltsamen Zusammenstoß verantwortlich zu machen, es handele sich vielmehr um ein »phénomène assez normal«, das er unter Rückgriff auf seine eigene Studienzeit an der Sorbonne beschrieb: »J'ai participé moi-même à des manifestations d'étudiants très dures et je comprends très bien que la solidarité qui unit les jeunes ait brusquement fait oublier certaines préventions politiques.«[71] Sein Kollege Alain Peyrefitte, der Erziehungsminister, räumte daraufhin ein, daß die Demonstranten vor der Sorbonne geglaubt haben könnten, ihre Kommilitonen würden festgenommen, und daß dies ihre Wutreaktion ausgelöst habe; doch schrieb er die Verantwortung für den Fortgang der Ereignisse professionellen Straßenkämpfern zu. Linksextreme Gruppen, die er als Gaullist unter Rückgriff auf *L'Humanité* als pseudorevolutionär deklassierte – womit er ein Gelächter bei den Abgeordneten provozierte – seien für einen Kampf mit den extremen Rechten bereit gewesen und hätten sich, als die Polizei sie von diesen getrennt hätte, gegen die Polizei gewandt. Er blieb dabei: verantwortlich seien die Organisatoren der Demonstration im Innenhof der Sorbonne, die er in der Rolle von Zauberlehrlingen sah.[72] Polizeipräfekt Grimaud und Innenminister Fouchet kamen nach längeren Diskussionen zu der Überzeugung, daß der Aufruhr gleichzeitig ein vorbereitetes und ein spontanes Phänomen gewesen sei, vergleichbar der Reaktion eines explosiven Gases, in dessen Nähe man ein Streichholz entzündet.[73]

Bleibt die Frage: was machte die Situation explosiv? Für Raymond Aron waren es Entscheidungen, die »Feuer an die Lunte« legten; und zu diesen Entscheidungen rechnete er den Abtransport der Studenten zur Feststellung ihrer Identität.[74] Nach Aussage der Polizeichefs war dies jedoch eine Routinemaßnahme, die keiner gesonderten Entscheidung bedurfte.[75] Vor dem Einsatz war jedoch nicht klar, daß im Innenhof eine Vereinbarung über den friedlichen Abzug der Demonstranten getroffen werden würde. Wenn Grimaud vor Ort gewesen wäre, so Laurin Joffrin, wäre

71 *Journal Officiel de la République Française. Débats Parlementaires. Assemblée Nationale*, No 26 (1968), Séance du Mecredi, 8/5/1968, 1604.

72 Ebd., 1608.

73 Fouchet, *Mémoires d'hier et demain*, 223 f.

74 Raymond Aron, *Erkenntnis und Verantwortung. Lebenserinnerungen*, München, Zürich 1985, 335.

75 Grimaud, 15 f.

möglicherweise alles anders gekommen.[76] Er hätte nicht auf der Feststellung der Identität der Demonstranten bestanden. Aber: Grimaud befand sich, wie gesagt, in der Luft, als die Situation vor der Sorbonne explodierte.

Die Demonstranten im Innenhof der Sorbonne sahen sich durch die Polizei getäuscht, die ihnen zunächst freien Abzug garantierte und sie dann arretierte. Die Hauptverantwortung für die Geschehnisse schrieben sie jedoch dem Rektor Jean Marie Roche zu, den sie beschuldigten, die Nerven verloren zu haben wegen eines bloßen Durcheinanders, das im Innenhof der Sorbonne entstanden war.[77] Doch sie glaubten zugleich, einen rationalen Kern hinter der irrationalen Entscheidung zu erkennen: den Versuch, einen »Stoßtrupp« von Aktivisten von der Mehrheit der Studenten zu trennen, zu identifizieren, möglicherweise zu kriminalisieren und damit mögliche weitere Protestaktionen schon im Ansatz zu beenden. Die Mutmaßungen Cohn-Bendits, im August 1968 formuliert, werden durch die Memoiren des Innenministers (1972) erhärtet und erhellt.

Christian Fouchet schreibt, daß die Möglichkeit des Übergreifens der Revolte von Nanterre nach Paris in Betracht gezogen worden war, daß man damit gerechnet und Vorüberlegungen angestellt hatte. Seit Januar hatte der Innenminister die Vorgänge in Nanterre mit Aufmerksamkeit verfolgt. Zwar fielen die Vorfälle – solange sie sich in der Universität abspielten – nicht in sein Ressort, aber er rechnete mit einer baldigen Ausweitung der Konflikte und beugte vor. »Je crois bien qu'il ne se passa plus un lundi, jour de mon audience hebdomadaire avec le Premier ministre, depuis janvier jusqu'à mai, où je ne lui signalai mes inquiétudes.«[78] Bereits im März, unmittelbar nach Gründung der Bewegung des 22. März, hatte er, nach seinen eigenen Aussagen, Premierminister Pompidou mit größtem Nachdruck nahezulegen versucht, daß die Situation explosiv zu werden drohe. Die Universitätsleitung in Nanterre ging aus seiner Sicht mit zu großer Toleranz vor und verlor dadurch die Kontrolle über das Geschehen. Der Innenminister hätte am liebsten sofort nach dem 22. März eingegriffen und durchgegriffen, um die Revolte im Keim zu ersticken. »Il n'est

76 Joffrin, 23.
77 Cohn-Bendit, *Linksradikalismus*, 55.
78 Fouchet, *Mémoires d'hier et demain*, 217.

guère douteux«, so schreibt er, »que si l'on avait expulsé les quelques étudiants menés par Cohn-Bendit, des manifestations peut-être assez dures se seraient produites mais l'ordre aurait été très rapidement rétabli.«[79] Der Dekan Grappin habe sich dem widersetzt und immer wieder eine baldige Beruhigung in Aussicht gestellt. So habe man nichts unternommen, statt dessen mit wachsender Unruhe den Ereignissen in Nanterre zugesehen. Am 1. Mai schließlich habe er eine kurze Weisung vom Staatspräsidenten erhalten, die lautete: »Il faut finir avec ces incidents à Nanterre.«[80] Zwei Tage später nahmen die Ereignisse ihren Lauf, die das Ende einleiten sollten, doch den Anfang markierten. Der höchste Repräsentant der Universitäten von Paris, der Rektor der Académie de Paris, machte aus einer Universitätsangelegenheit eine Staatsangelegenheit. Er holte zum Schutz seiner Institution die Polizei in die Sorbonne und bot damit dem Innenminister die Möglichkeit zur Intervention in den schwelenden Konflikt. Bestrebt, die Autonomie der Universität zu wahren, gab er sie auf. Die Entscheidung – mit dem Innenminister und dem Erziehungsminister besprochen – wurde innerhalb der Professorenschaft äußerst kritisch aufgenommen. Der Rektor verletzte in den Augen vieler Professoren ein Tabu, lieferte nicht nur die Studenten, sondern die gesamte Universität der Staatsgewalt aus. Der Erziehungsminister, in einer hitzigen Parlamentsdebatte nach vergleichbaren Vorfällen befragt, konnte nur auf die dreißiger Jahre verweisen und erklären: das komme in jeder Republik mal vor.[81] Tatsächlich hatte es, so der Historiker Dansette, sieben Vorfälle in den Jahren 1921-1936 gegeben und mehrere Wiederholungen nach dem Zweiten Weltkrieg.[82] Pompidou verteidigte später die Entscheidung des Rektors, lastete ihm aber zugleich die Folgen an:

> Le recteur, en présence de plusieurs professeurs, se vit entouré d'un groupe casqué, armé de gourdins et arrachant les pavés de la cour de la Sorbonne. Pris à partie, craignant un affrontement brutal entre étudiants de tendances également extrémistes mais opposées il fit appel à la force publique. Pouvait-il ne pas le faire? Nul ne peut en ce cas affirmer en conscience qu'à sa place il aurait agi autrement. Il n'en est pas moins vrai que cette décision prit sur-le-champs, et dans le cadre de la vieille Sor-

79 Ebd., 219.
80 Ebd., 220.
81 *Journal Officiel*, N° 26 (1968), 1607.
82 Dansette, *Mai 1968*, 100.

bonne, une valeur symbolique aux yeux de nombreux étudiants et qu'à partir de ce moment commença une escalade extraordinairement rapide, produisant des effets sans commune mesure avec leur motif occasionnel.[83]

Pompidou hatte die Studentenunruhen in Nanterre nicht so ernst genommen wie sein Innenminister Fouchet und dessen Vorschlag, eine für den 2. bis 10. Mai geplante Reise in den Iran und nach Afghanistan zu verschieben, abgelehnt. So war er nicht anwesend und deshalb vielleicht über die Vorfälle nicht so gut informiert. Denn in seiner Rekonstruktion fehlt, daß der Rektor sich bereits vor den Vorfällen am Nachmittag an die Polizei gewandt hatte, unmittelbar nachdem die Studenten aus Nanterre das Universitätsgelände betraten. Er war entschlossen, sich anders zu verhalten als sein Kollege Pierre Grappin.

Mit anderen Worten: der Polizeieinsatz gegen die Studenten war geplant, der Zeitpunkt wurde als günstig angesehen, ließ doch wenige Wochen vor den Examina der Prüfungsdruck wenig Einsatz seitens der Mehrheit der Studenten erwarten. Auch konnte sich der Rektor der Unterstützung der Regierung sicher sein, die bereit war einzugreifen, sobald sich die Gelegenheit bot. Auch ihr kam der Zeitpunkt gelegen, war doch mit wenig Widerstand seitens der kommunistischen Opposition zu rechnen, nachdem der Kommunist Pierre Juquin von den Studenten in Nanterre zunächst beleidigt, dann des Saales verwiesen worden war. »Le moment est donc venu d'agir et de réagir. Jamais l'occasion n'a été aussi favorable«, wie ein Kenner der Regierungsszene schrieb.[84]

Der Rektor rechnete damit, daß die Enragés Hörsäle besetzten, und er wollte, sollte dies geschehen, sofort dagegen vorgehen. Deshalb rief er am Vormittag bei der Polizei an. Doch die Bewegung des 22. März besetzte am 3. Mai keinen Hörsaal in der Sorbonne, sie blieb mit den anderen Gruppen im Innenhof und hielt eine ganz traditionelle Demonstrationsveranstaltung ab, keine spontane, direkte, gewaltsame Aktion erfolgte – das machte aus der Sicht einiger Teilnehmer sicherlich die Langeweile der Veranstaltung aus. Das konventionelle Verhalten der Gruppe gab dem Rektor keinen Anlaß einzugreifen. Dieser bot sich aber, als er die Nachricht vom Anmarsch der Gruppe Occident bekam. Sie beschwor eine Gefahrensituation herauf, in der für den Rektor sein

83 Pompidou, *Pour rétablir la vérité*, 220.
84 Tournoux, 20.

Handlungswille vermeintlich zum Handlungszwang wurde. Er schritt von der Idee zur Tat.

Aufgrund der Rekonstruktion des Ablaufs der Ereignisse und der Intentionen der Akteure am 3. Mai wird das Umschlagen einer gewaltlosen, demonstrativ-appellativen Aktion in eine gewaltsame, direkt-koerzive Aktion erkennbar.[85] Der Rektor erwartete aufgrund der Erfahrungen in Nanterre diese Entwicklung und forderte, entschlossen, den Anfängen zu wehren, die Polizei zur Durchsetzung von Ruhe und Ordnung an. Die Polizeiführung war gewillt, nur bei tatsächlichen Ordnungswidrigkeiten einzugreifen, und reagierte zurückhaltend. Ein erwartetes Ereignis, das nicht eintrat, der Angriff der rechtsextremen Gruppe Occident, entfachte bei einigen Demonstranten Gewaltbereitschaft. Der Rektor ließ präventiv den Hof der Sorbonne durch die Polizei räumen. Die Polizei führte den angeforderten Einsatz durch, ohne daß gewaltsame Handlungen von den Demonstranten verübt worden waren, auch das Einschreiten der Polizei löste diese nicht aus. Die im Innenhof geschlossene Vereinbarung zwischen Studenten und Polizei gewährte beiden Seiten Verhaltenssicherheit. Diese zerbrach, als die Studenten den Hof der Sorbonne verließen.

Die routinemäßige Personalkontrolle wurde von den Demonstranten als Bruch der Vereinbarung und von den Umstehenden als Verhaftung angesehen. Ein Handgemenge entstand, aus dem heraus erste gewaltsame Aktionen verübt wurden, die sich situativ rasch steigerten. Der Empörung der Studenten und der Umstehenden folgte die Empörung der Polizei infolge der Verletzung eines Kollegen. Es eskalierten die Emotionen, und mit ihnen eskalierte die Gewalt. Die Wahrnehmung der Situation veränderte sich, die Medien vermittelten dies: »Gewalt im Quartier Latin« war am nächsten Tag auf allen Titelblättern zu lesen. Gewalt entstand als nicht beabsichtigte, sekundäre Folge von unkontrollierten Handlungsabläufen, irrigen Annahmen über Handlungsabsichten der Akteure, mangelnder Kommunikation. Sie war nicht die Folge eines strategisch-taktischen Vorgehens einer studentischen Trägergruppe. Die polizeiliche Repression wurde nicht, wie

85 Vgl. zur Typologie der Aktionsformen sozialer Bewegungen: Raschke, 274-285.

Alain Touraine urteilt[86], durch die in Nanterre erprobte direkt-koerzive, provokative Aktionsform ausgelöst. Die neue Stufe der Eskalation war das Ergebnis unbeabsichtigter Folgen von Handlungen verschiedener Akteure, welche die Handlungssituation unterschiedlich deuteten.

2. Die Eskalation der Gewalt in den Straßen des Quartier Latin

Wider Willen förderte Rektor Roche mit seiner Anforderung des Polizeieinsatzes nicht nur die Solidarisierung der Studenten mit den studentischen Trägergruppen, sondern auch die Solidarisierung und Koordinierung unter den studentischen Trägergruppen. Infolge der Polizeiaktion veränderten sich die Beziehungsstrukturen zwischen den politischen Kadergruppen, deren Außenkontakte bislang durch den Primat der Weltanschauung für die Binnenhomogenisierung der jeweiligen Gruppe blockiert waren. Die Koalition der politischen Gruppen, die sich im Hof der Sorbonne versammelten, entsprach der Koalition, die sich in Nanterre zur Bewegung des 22. März zusammengeschlossen hatte, doch hatte sich ein vergleichbares Bündnis bis zu diesem Zeitpunkt im Quartier Latin noch nicht formiert. Was die ideologisch heterogenen Gruppen in der konkreten Situation einte, waren ihre Gegnerschaft zur Kommunistischen Partei sowie ihre Entschlossenheit, äußere Sanktionsdrohungen, »Repression« in ihrer Wahrnehmung, abzuwehren. Breite Unterstützung wurde ihnen weniger aufgrund ihrer politischen Programme, sondern vielmehr aufgrund ihres Kampfes gegen die »Repression« zuteil, der für viele zunächst Unbeteiligte und Uninteressierte zum Mobilisierungsmotiv wurde, als die Polizisten in der Sorbonne auftauchten. Zwar entstand keine »Bewegung des 3. Mai«, die Kader und Aktivisten der verschiedenen Gruppen integrierte, aber es bildete sich ein sogenannter »État Major«, ein loses Aktionsbündnis von SNESup, UNEF, Bewegung des 22. März, Trotzkisten und später Maoisten.[87] Repräsentanten dieser Gruppen waren spontan am

86 Touraine, *Le communisme utopique*, 132.

87 So Jean-Marcel Bouguereau im Gespräch mit der Autorin am 15. September 1992 in Paris.

Abend des 3. Mai zusammengetroffen und führten in den nächsten Tagen täglich »informelle« Gespräche.[88] Sie bildeten einen »geheimen«, weil der Menge der demonstrierenden Studenten verborgenen Kreis, der die großen Demonstrationen organisierte[89], Entscheidungen traf[90] und dafür sorgte, daß sie gemeinsam durchgeführt wurden.[91] In einem waren sich, über alle ideologischen und strategischen Gegensätze hinweg, die Vertreter der Gruppen einig: Die am Nachmittag des 3. Mai entfachte Mobilisierung sollte weitergeführt werden; »on joue l'escalade«.[92]

Die gemeinsam koordinierten Aktionen – Demonstration vor dem Disziplinarausschuß der Universität am Montag morgen, dem 6. Mai, um 9 Uhr, und Demonstration im Quartier Latin am Montag abend, um 18.30 Uhr – erfolgten aus der Defensive heraus, waren reaktiv und gingen in den Aktionszielen nicht über die Wiederherstellung des Status quo hinaus. Aus der Defensive heraus wurde auch die Forderung nach einem Generalstreik formuliert, mit dem die SNESup auf die Aussetzung der Lehrveranstaltungen und, wenn man so will, Aussperrung der Studenten aus der Sorbonne reagierte. Der Umschlag von der Defensive in die Offensive erfolgte in dem Maße, in dem andere Universitäten sich mit den Ausgeschlossenen von Nanterre und von der Sorbonne solidarisierten (räumliche Ausweitung der Proteste) und in dem sich unter den Ausgeschlossenen »Aktionskomitees« formierten (Intensivierung der Proteste).

Unterhalb der informellen Führungsgruppe, die Daniel Cohn-Bendit heute als von den Protagonisten in ihrer Rolle überbewertet einstuft[93], bildeten sich zahlreiche Basiskomitees heraus, die entschlossen waren, den Protest weiterzutreiben. Die Idee zur Gründung von Aktionskomitees wurde von der Bewegung des 22. März und der Gruppe Mouvement d'Action Universitaire (MAU) propagiert, die von den ehemaligen UNEF-Kadern, Jean-

88 Ebd.
89 Ebd.
90 Jean-Louis Péninou im Gespräch mit der Autorin am 17. September 1992 in Paris.
91 Jacques Sauvageot im Gespräch mit der Autorin am 21. September 1992 in Rennes.
92 Vgl. Hamon/Rotman, *Génération*, 1, 459.
93 Im Gespräch mit der Autorin am 7. September 1992 in Frankfurt am Main.

Louis Péninou und Marc Kravetz, Ende März 1968 in Paris gegründet worden und in ihren Zielen der Bewegung des 22. März vergleichbar war. Der erste Aufruf dazu erschien am 4. Mai 1968 und trug die Überschrift: »Pour que la révolution ne soit pas un feu de paille d'un jour«.
Der Aufruf ging von zwei Grundkonstellationen aus:

Premier cas: votre faculté est fermée: Dans l'immédiat contactez par téléphone, par lettre, vos camarades d'amphi; réunissez-vous; décidez d'un tract, d'une action: prenez contact avec d'autres comités d'action ou avec la coordination provisoire des comités. Fixez des rendez-vous aux membres de votre comité pour les manifestations.
Deuxième cas: votre faculté n'est pas encore fermée: réunissez-vous dans les amphis, dans les locaux universitaires par licence, par amphis, par année d'études. Engagez la masse des étudiants à s'organiser dans les comités d'action. Établissez une permanence. Ne vous contentez pas de faire respecter la grève. Affichez votre avis sur ce qui se passe, sur ce qui doit être fait. Forcez les professeurs à prendre position. Gagnez l'appui des travailleurs auxquels la presse ment quotidiennement. Mais tant que la faculté n'est pas fermée par les gardes mobiles ou les C.R.S. réunissez-vous dans la faculté. Nous démontrerons ainsi concrètement ce que signifie le droit d'expression politique des étudiants à l'intérieur de l'Université.
Dans tous les cas:
- Prenez l'initiative!
- Contactez la coordination provisoire des comités d'action!
  Rendez-vous tous, lundi matin, au Quartier Latin, où se tiendront l'agrégation et le conseil de discipline.[94]

Die Aufgaben der Aktionskomitees gingen über die Einleitung und Durchführung des Streiks hinaus, sie sollten Diskussionsforen sein, in denen sich das diffuse Unbehagen der Studenten, ihre Empörung und Kritik artikulieren konnten. Den Aktionskomitees wurden keine konkreten Ziele gesetzt, keine Organisationsstatuten, kein Programm. Sie waren sich selbst und der Spontaneität ihrer Träger überlassen – doch gerade darin lag, wenn man so will, ihr Programm. Daniel Cohn-Bendit formulierte es im Gespräch mit Jean-Paul Sartre:

94 Abgedruckt in der Dokumentensammlung von Schnapp/Vidal-Naquet, 183 f. Weitere Aufrufe sowie Flugblätter mit Positionsbestimmungen finden sich in der Sammlung *Les Tracts du Mai* der Bibliothèque Nationale, hier insbesondere Mf. N° 205, D 4856; MF. N° 257, D. 6358 sowie die 15seitige Broschüre der Comités d'action ouvriers-étudiants: D. 1406.

Die Stärke unserer Bewegung liegt aber gerade darin, daß sie sich auf eine ›unkontrollierte‹ Spontaneität stützt, daß sie Impulse gibt, ohne die Aktion, die sie ausgelöst hat, kanalisieren zu wollen. Wir können heute zweierlei tun. Entweder lassen wir fünf Leute, die etwas von Politik verstehen, ein Programm ausarbeiten, bitten sie, wohlbegründete Minimalforderungen zu formulieren und sagen: ›Da habt ihr die Ziele der Studentenbewegung, macht damit, was ihr wollt.‹ Das wäre falsch. Oder wir können versuchen, wenn auch nicht sämtliche Demonstranten, so doch die große Zahl von ihnen über die Situation aufzuklären. Wenn wir das wollen, dürfen wir nicht gleich eine Organisation schaffen und ein Programm aufstellen; das würde sich nur lähmend auswirken. Die einzige Chance der Bewegung liegt gerade in dieser Spontaneität, bei der sich die Leute frei aussprechen können und die zu einer Art Selbstverwaltung führen kann.[95]

Gerade im Verzicht auf Organisation und Programm lag der Kern der neuen Mobilisierungskonzeption: »le type d'action inaugurée à Nanterre«[96], der sich nach dem 3. Mai auch in Paris erfolgreich durchsetzen sollte, doch in der neuen und erweiterten Arena auch eine neue Gestalt annahm.

Am Montagmorgen, pünktlich um 9 Uhr, erscheinen die sieben vor den Disziplinarausschuß geladenen Studenten und eine Studentin aus Nanterre[97] vor der Sorbonne, Eingang Rue Saint-Jacques, wo etwa zweihundert Sympathisanten seit fast einer Stunde auf sie warten. Die Gruppe ist klein, gemessen an der Zahl von 1500 Polizisten, die in der Rue Saint-Jacques und auf dem angrenzenden Boulevard St. Germain Aufstellung genommen haben.[98] Als Bedienstete der Universität die Pforte öffnen, um die Studenten einzulassen, setzen diese sich nieder, um ihrer Weigerung, einzeln vor das Disziplinargericht zu treten, wie es die Regel vorschreibt, Ausdruck zu verleihen.[99] Durch diese Protesthaltung lö-

95 Abgedruckt in Jacques Sauvageot/Alain Geismar/Daniel Cohn-Bendit, *Aufstand in Paris oder Ist in Frankreich eine Revolution möglich?*, Reinbek bei Hamburg 1968, 73-83, hier 78.

96 Touraine, *Le communisme utopique*, 132.

97 Daniel Cohn-Bendit und Jean-Pierre Duteuil (Bewegung des 22. März), Yves Fleichl und Pierre Ploix (Comité Viêtnam de Base), Danielle Shumann (JCR), Olivier Castro (Commission culture et créativité), René Riesel (Enragés), Michel Pourny (von der trotzkistischen Gruppe Fédération des étudiants révolutionnaires FER).

98 Grimaud, 93.

99 Die Szene wird beschrieben in allen Darstellungen der Mai-Ereignisse. Verwiesen sei besonders auf die Darstellung eines der angeklagten Stu-

sen sie nicht nur ein erstes Blitzlichtgewitter unter den etwa dreißig Reportern[100], die an diesem Morgen zur Sorbonne gekommen sind, aus, sondern auch die erste längere Beratung des Disziplinarausschusses, an dessen Spitze der Direktor der École Normale Supérieure, Robert Flancelières, steht. Während dieser mit den sieben Dekanen der Facultés de l'Université de Paris und zwei hinzugezogenen Juristen über die Frage der Einhaltung oder Nichtbeachtung der Regeln des Gremiums berät, hat sich draußen der Polizeipräfekt Maurice Grimaud bis auf wenige Meter den wartenden Studenten genähert. Gespannt beobachtet er die erste Machtprobe dieses Tages, welche die Studenten für sich entscheiden. Ihrer Forderung, als Gruppe zur Verhandlung des Disziplinarrates zugelassen zu werden, wird stattgegeben. Die Internationale singend, so der Polizeipräfekt, ziehen die Studenten in das Gebäude ein, zusammen mit ihren zwei Rechtsanwälten.[101] Drinnen warten vier weitere Anwälte, die sich freiwillig zu Verteidigern der Studenten gemacht haben. Es sind vier Professoren aus Nanterre: Alain Touraine, Henri Lefebvre, Paul Ricœur und Guy Michaud. Außerdem sind einige Professoren der Faculté des Sciences de Paris gekommen, denen es darum geht, durch ihre Präsenz Solidarität mit der Haltung der vier Kollegen aus Nanterre zu zeigen.[102] Ihre Anwesenheit zeigt ebenso wie die Schwierigkeiten, die der Rektor hatte, den Disziplinarausschuß zusammenzubekommen, daß die Professorenschaft sich in ihrer Meinung über das, was in diesen Vormittagsstunden in der menschenleeren Sorbonne geschieht, nicht einig ist. Soll tatsächlich verurteilt und mit Strafe verfolgt werden, daß Studenten die Disziplin gebrochen haben, indem sie einen Hörsaal besetzten, um darin eine Versammlung abzuhalten?

denten: Jean-Pierre Duteuil, *Nanterre 1965-66-67-68. Vers le mouvement du 22 mars*, Paris 19, 218 ff.; vgl. auch ders., »Les groupes politiques d'extrême gauche à Nanterre«. In: Geneviève Dreyfus-Armand/Laurent Gerverau (Hg.), *Mai 68. Les mouvements étudiants en France et dans le monde*, Paris 1988, 112-115.

100 Rioux/Backmann, 120.

101 Grimaud, 231 vgl. zu den Vorgängen ferner *Le Monde* vom 7. Mai 1968, S. 11, Sp. 1-3. Die Verteidigung der Studenten übernahmen der Anwalt der UNEF, Henri Leclerc, sowie der Vater des Angeklagten Olivier Castro. Vgl. Rioux/Backmann, 121.

102 Touraine, *Le communisme utopique*, 140.

Einer der Studenten – ein Trotzkist – lehnt das Gericht als solches ab und verläßt danach den Raum[103]; der Situationist René Riesel legt sich auf den Parkettboden und hält sich während der Verhandlungen mit seiner Pelzjacke die Ohren zu[104], die anderen – Mitglieder der Bewegung des 22. März – antworten auf die Fragen des Disziplinargerichts und setzen sich argumentativ zur Wehr. Daniel Cohn-Bendit wird später sagen: »On s'est bien amusé pendant quatre heures.«[105] Das mag für die Studenten gelten, nicht jedoch für die Professoren. Alain Touraine beschreibt das Disziplinargericht als »pénible symbole d'un système universitaire trop épuisé pour ressentir sa propre agonie«.[106] Das Gericht fällt an diesem Vormittag keine Entscheidung und wird die ganze Angelegenheit auf Antrag des Dekans von Nanterre wenig später begraben.[107] Während in der Sorbonne die Weichen für eine Deeskalation des Konflikts gestellt werden, spitzt sich die Situation draußen dramatisch zu.

Kurz nachdem die acht eingelassen worden sind, beginnt die Polizei damit, die Gruppe der Demonstranten aufzulösen, die zur Unterstützung der Kommilitonen aus Nanterre gekommen sind. Die UNEF hat zu dieser Aktion aufgerufen[108], ebenso die Gruppe Mouvement d'action universitaire (MAU).[109] Die Demonstration vor der Sorbonne, geschlossen und polizeilich bewacht seit dem Abend des 3. Mai, war verboten worden.[110] Nicht zuletzt die damit der Polizei aufgetragene Pflicht zur Durchsetzung des Verbotes erklärt das mit 1500 Polizisten relativ große Polizeiaufgebot, das, im Umkreis der Sorbonne verteilt, die Studenten von der Sorbonne zur Kreuzung Rue Saint-Jacques/Rue des Écoles abdrängt. Von dort weichen sie unter Rufen wie »La Sorbonne aux

103 Michel Pourny. Seine Erklärung vor dem Disziplinarrat ist dokumentiert in Duteuil, *Nanterre*, 219.

104 René Riesel hat zuvor ein Flugblatt vor der Sorbonne verteilt, das den Titel trägt: »Le rage en ventre«. Es ist ebenfalls dokumentiert in Duteuil, *Nanterre*, 219.

105 *Le Figaro* vom 7. Mai 1968, S. 26, Sp. 5.

106 Touraine, *Le communisme utopique*, 140.

107 Ebd.

108 Vgl. *Le Monde* vom 7. Mai 1968, S. 7, Sp. 1.

109 Vgl. den Aufruf »Un procès à la Sorbonne« vom 3. Mai 1968, abgedruckt in Schnapp/Vidal-Naquet, D 42, 180-181.

110 *Le Monde* vom 7. Mai 1968, S. 11, Sp. 1.

étudiants!«, »A bas la répression!«, »Roche démission!«, »Libérez les étudiants!«, »Des profs, pas des flics!«, »La presse complice!« in Richtung Boulevard St. Michel zurück. Binnen kurzem ist die Kreuzung Rue des Écoles/Boulevard St. Michel blockiert.[111] Nach Schätzung der Polizei sind es nun etwa 1500 Studenten, die, Parolen skandierend, die Kreuzung besetzen und dadurch den Verkehr zum Erliegen bringen.[112] Um die Kreuzung wieder freizubekommen, setzt die Polizei gegen 9.45 Uhr (so *Le Monde*) bzw. 10.15 Uhr (so Grimaud) die ersten Tränengasgranaten ein. Die Studenten flüchten vor dem ausströmenden Gas in die Rue Racine, Richtung Odéon. Hinter dem Theater formieren sie sich zu einem Demonstrationszug, der in Richtung Boulevard Raspail marschiert.[113] Maurice Grimaud, der mittlerweile in das Polizeipräsidium zurückgekehrt ist und von dort aus die Geschehnisse über Polizeifunk verfolgt, läßt sie ziehen. Er wird wenig später vor Journalisten erklären, daß es absolut zulässig und tolerierbar ist, wenn Studenten demonstrieren, um ihre Forderungen sowie ihre politischen Ideen zu artikulieren. Was einzig und allein nicht toleriert werden könne, sei die Anwendung von Gewalt.[114] Und gewaltsam ist die Demonstration in diesen Vormittagsstunden nicht. Dem Tränengas entkommen, bahnt sich der Demonstrationszug friedlich seinen Weg in Richtung Boulevard Raspail und von dort aus über die Rue de Rennes und den Boulevard St. Germain zur Kreuzung Odéon und damit fast an seinen Ausgangspunkt zurück. Doch statt wiederum auf das Theater loszumarschieren, ziehen die Studenten diesmal seitlich – über die Rue de Tournon – vorbei und vereinigen sich mit einigen am Palais du Luxembourg – Sitz des Senats – auf sie Wartenden.

Als die Demonstranten zum zweiten Mal in Richtung Boulevard Raspail marschieren, sind es nach Schätzung der Berichterstatter von *Le Monde* mittlerweile etwa 4500 junge Leute, die im Demonstrationszug mitmarschieren. Die Parole wird ausgegeben: »Rendez-vous devant la faculté des sciences de la Halle aux vins.« Gegen Mittag haben die Demonstranten ihr Ziel erreicht. Vor den

111 *Le Monde* vom 7. Mai 1968, S. 11, Sp. 2.
112 Grimaud, 94.
113 *Le Monde* vom 7. Mai 1968, S. 11, Sp. 2; *Le Figaro* vom 7. Mai 1968, S. 26; Grimaud, 94.
114 Zit. in *Le Monde* vom 8. Mai 1968, S. 8, Sp. 5 f.

Hallen kommt es – von der Presse und den meisten Demonstranten unbemerkt – zu einem Konflikt zwischen Maoisten und Trotzkisten im Demonstrationszug. Die Maoisten wollten die Demonstranten in die Vororte lenken, um dort die Ziele ihrer Aktion zu erklären und die Arbeiter zur Unterstützung zu motivieren, die Trotzkisten möchten in den Umkreis der Sorbonne zurück.[115] Der Demonstrationszug zieht schließlich an der Seine entlang in Richtung Notre Dame. Polizeiliche Ordnungskräfte folgen und gehen ihm jeweils im Abstand von einigen hundert Metern voraus. Es kommt zu keinem Konflikt, gelegentlich wird den Demonstranten aus offenen Fenstern und von Balkonen sogar Beifall gespendet.[116] Nur der Reporter von *L'Humanité* will die Rufe: »Assez, assez« gehört haben.[117] Kurz vor 15 Uhr ist der Boulevard St. Germain wieder erreicht, den die Studenten nun in Richtung Maubert-Mutualité beschreiten. An der Ecke Rue Saint-Jacques stoppen die Demonstranten jedoch und wenden sich im rechten Winkel in Richtung Sorbonne. Die Sorbonne ist von Polizisten abgesperrt, und so sehen sich Demonstranten und Polizisten unmittelbar konfrontiert.

Es ist 15 Uhr, als sich der Umschlag von einer friedlichen Demonstration in eine gewaltsame Straßenaktion ereignet. Wie es dazu kommt, wird unterschiedlich geschildert und unterschiedlich interpretiert. Folgt man den Schilderungen von Hamon/Rotman, so war es der Ordnungsdienst der trotzkistischen Gruppe JCR, der den Zusammenstoß mit der Polizei provoziert hat.[118] Er habe, so der Bericht, die Konfrontation gesucht, aus der Überzeugung heraus, daß nach dem mehrstündigen Marsch nun etwas passieren müsse, da die Demonstranten müde und hungrig zu werden begannen. Danach wäre, so läßt sich folgern, Gewalt entstanden aus instrumenteller, zweckrationaler Erwägung einiger Akteure, die die Auflösung der Demonstration fürchteten und daher die Konfrontation suchten, um den Protest neu zu entfachen und weiterzuführen.

Laurin Joffrin relativiert diese Darstellung durch das Zitat einer

115 Hamon/Rotman, *Génération*, I, 460.

116 *Le Monde* vom 7. Mai 1968, S. 11.

117 *L'Humanité* vom 9. Mai 1968, zit. in: UNEF/SNESup, *Le livre noir des journées de mai*, 22.

118 Hamon/Rotman, *Génération*, I, 461.

Aussage Cohn-Bendits, wonach »la masse vibre aussi d'un désir pressant d'en découdre«.[119] Gewalt entsprach dem expressiven Bedürfnis, die Ablehnung des Systems zu symbolisieren: expressiver Instrumentalismus, Schaffung dramatischer Ereignisse zum Zweck der Mobilisierung. Sowohl Hamon/Rotman als auch Joffrin, die sich in ihrer Schilderung der Ereignisse sonst – ohne dies kenntlich zu machen – weitgehend auf die Berichte von *Le Monde* stützen, berücksichtigen an diesem Punkt weder die Darstellung von *Le Monde* noch die Quellen, in denen die Polizei der Provokation beschuldigt wird, so etwa die Darstellung des Ereignisverlaufs in *L'Action*, die von der UNEF, den Comités d'action lycéens (CAL)[120] und der Bewegung des 22. März herausgegeben wird. Sie schildern und deuten die Konfrontation ohne Rekonstruktion des Vorlaufs der Demonstration an diesem Tag – was angesichts ihrer sonstigen Detailfreude überrascht.

Marc Rohan, 19, Student am Institut d'Études Politiques der Sorbonne, der an der Demonstration teilgenommen hat, ohne einer der politischen Trägergruppen anzugehören, beschreibt die Szene:

As the marchers turned into the Rue St Jacques, leading to the Sorbonne, I found myself in the third rank of the march with an uncomfortably close view of a double line of helmeted gendarmes barring the street only a few feet away. The marchers stopped and the atmosphere tensed up. People in the front line of the demonstration were pointing accusing fingers at the gendarmes while the crowd behind them kept up a frantic chanting of »Free the Sorbonne«. And suddenly, to everyone's complete astonishment because there had been no provocation from the crowd – apart from its very presence and size – the officer in charge appeared to lose his temper and started shouting orders. The gendarmes drew their truncheons and charged. As only the head of the demonstration had got round the corner from the Boulevard St Germain, most people could not see what was happening and kept pushing forward. For a few moments there was no possibility of retreat for the front ranks and we remained fully exposed to the truncheons and rifle butts. I was pushed onto the pavement in the crush and fell among some chairs stacked against the front of a café. There, I crouched, my arms protectively raised above my head, hearing the banging of truncheons against the metal of the chairs and occasionally feeling the blows reach me. Eventually, after what seemed like an awful long time,

119 Joffrin, 83, Anm. 4.

120 Vgl. dazu Comités d'action lycéens, *Les lycéens gardent la parole*, Paris 1968.

the marchers managed to turn back and retreat to the relative safety of the wide boulevard. There, instead of dispersing, they regrouped and faced the gendarmes again, this time ready to fight back.[121]

Wie der englische Student, so legen auch die Berichterstatter von *Le Monde* Zeugnis davon ab, daß es in den entscheidenden Minuten vor Ausbruch der gewaltsamen Auseinandersetzungen zwischen Studenten und Polizei keine Provokation seitens der Studenten gegeben hat. *Le Monde* schreibt:

Les manifestants qui avancent dans le calme – sans même scander de slogans – sont surpris par une très dure charge de police, qui les refoule jusqu'au carrefour du Boulevard St. Germain. Dans l'espace ainsi créé, plusieurs étudiants restent étendus, apparemment assez sérieusement touchés. A peine les forces de police avaient-elles regagné leurs positions que les manifestants passèrent à la contre-attaque. Dès cet instant, il ne fait plus de doute que l'engrenage de la violence est déclenché.[122]

Die Demonstranten, von der Polizei bis zum Boulevard St. Germain gedrängt, schieben Autos quer über die Straße und riegeln sich damit gegenüber der Polizei ab. Während diese damit beschäftigt ist, die Hindernisse wieder beiseite zu räumen, kommt ihr eine Gruppe von CRS zu Hilfe, die auf der anderen Seite des Boulevards St. Germain – in der Rue Prachemin – postiert war. Sie drängt die Studenten nun über den Boulevard in Richtung Place Maubert ab.[123] Gegen 16 Uhr ist der Platz von etwa 1500 Demonstranten besetzt, der Rest steht in den in ihn einmündenden Straßen.

Maurice Grimaud verläßt sein Büro in der Schaltzentrale der Polizei und begibt sich zu Fuß über den Boulevard St. Germain in Richtung Maubert, wo er auf die den Einsatz leitenden Kommissare trifft. Er beschreibt die Situation:

Le spectacle était impressionnant. La chaussée était largement dépavée, des voitures avaient été placées en travers du boulevard, l'air saturé de gaz lacrymogène prenait à la gorge et aux yeux, et c'est en larmoyant que nous échangions, les commissaires et moi, nos commentaires sur ce spectacle de guerre civile.[124]

121 Marc Rohan, *Paris '68*, London 1988, 24-26.
122 *Le Monde* vom 8. Mai 1968, S. 8, Sp. 3.
123 Ebd.
124 Grimaud, 100.

Zwei Stunden lang liefern sich vor seinen Augen Demonstranten und Polizisten einen gewaltsamen Kampf, der, so *Le Monde*, den Anschein einer Straßenschlacht hat.[125] Tränengas gegen Pflastersteine, eine Straßenbaubaracke geht in Flammen auf. Autos werden zerstört. Das Rote Kreuz muß Verletzten beider Seiten Erste Hilfe leisten.

Gegen 17.30 Uhr ziehen sich nach und nach die Demonstranten in Gruppen von der Place Maubert zurück. Sie machen sich auf den Weg zur Place Denfert-Rochereau, wo die UNEF zu einer Demonstration aufgerufen hat, die um 18.30 Uhr beginnen soll. Etwa sechstausend Demonstranten (zweitausend mehr als am Vormittag) sind dort zum vereinbarten Zeitpunkt versammelt, die Mehrzahl hat an den vorangegangenen Demonstrationen nicht teilgenommen. Kein Polizist ist zu sehen. Gegen die Anweisungen des Ordnungsdienstes der UNEF und verschiedener anderer studentischer Organisationen blockieren die Demonstranten die Zugänge zum Platz und errichten Barrikaden aus den Materialien benachbarter Baustellen. Unter den Klängen der Internationale setzt sich der Demonstrationszug, dem sich auch einige Hochschullehrer der Faculté des Sciences de Paris und der Faculté des Lettres et Sciences Humaines von Nanterre angeschlossen haben[126], über den Boulevard Raspail in die Rue de Rennes in Bewegung. Die SNESup hatte alle Mitglieder des Lehrkörpers aufgerufen: »à prendre ses responsabilités directes, c'est-à-dire à descendre dans la rue aux côtés de leurs étudiants«.[127] Ohne Zwischenfälle kommt der Demonstrationszug bis zur Kreuzung Rue de Rennes/Boulevard St. Germain voran. Dort fliegen den Demonstranten Tränengasgranaten entgegen. Der Zug kommt ins Stocken.

Als sich der Nebel etwas lichtet, sehen sich die Demonstranten einer Kette von Polizisten konfrontiert, die etwa hundert Meter vor der Métro-Station Odéon Aufstellung genommen haben. Wieder entwickelt sich aus dieser direkten Konfrontation heraus eine gewaltsame Auseinandersetzung, und wiederum ist umstritten, was Anlaß und Ursache dafür gewesen ist. Die friedliche Demonstration mündet in gewaltsame Aktion. Joffrin schreibt

125 *Le Monde* vom 8. Mai 1968, S. 8.
126 *Le Monde* vom 8. Mai 1968, S. 8, Sp. 4 sowie S. 10, Sp. 3.
127 Aufruf in Schnapp/Vidal-Naquet, 195.

der JCR die Initiative zu[128], Hamon/Rotman diesmal der Menge der Demonstranten. »Quinze mille glissent vers leurs logique point d'impact.«[129]

Die Berichterstatter von *Le Monde* indes haben eine Beobachtung gemacht, die beide Deutungen in Frage stellt. Danach hat sich unabhängig und getrennt von der Großdemonstration auf der Höhe von Mabillon, also genau in der Mitte zwischen der Kreuzung Rue de Rennes/Boulevard St. Germain, wo der Demonstrationszug ankommt, und der Metro-Station Odéon, ein Zwischenfall ereignet. Junge Leute, so *Le Monde*, haben aus Plakaten und Stangen ein Feuer angezündet.

> Les forces de l'ordre tentent sans cesse de les disperser, mais ils n'y parviennent pas, et c'est dans la confusion et des heurts très violents que la tête du cortège arrive place Saint-Germain-des-Prés. Déjà, de nombreux tirs de grenades lacrymogènes ont été effectués. Un premier ›contact‹ est pris avec des éléments avancés du cortège et un peloton de C.R.S., rue du Four.[130]

Folgt man dieser Darstellung, so richteten sich die Tränengasgranaten gar nicht gegen den Demonstrationszug, sondern gegen eine kleine, unabhängig von diesem agierende Gruppe.

Das Tränengas trifft aber auch die Spitze der Großdemonstration und entfesselt eine ungeahnte Eskalation der Gewalt, welche die Auseinandersetzungen des Nachmittags an Härte bei weitem übersteigt. Was folgt, charakterisieren die Berichterstatter von *Le Monde* als »moments dramatiques et déraisonnables durant lesquels, pour l'observateur, semblait souffler un vent de folie«.[131]

Wieder werden – diesmal unter Zuhilfenahme von herausgerissenen Verkehrsschildern – Pflastersteine aus dem Erdboden gelöst und Barrikaden errichtet. Während die Barrikaden des Nachmittags eher Geröllhaufen glichen, haben die neuen ein weitaus bedrohlicheres Aussehen. Sie spiegeln den im Laufe des Tages gewachsenen Widerstandswillen wider und die wachsende Entschlossenheit der Demonstranten, nicht nachzugeben und nachzulassen, bis ihre Forderungen erfüllt worden sind. Auch die Po-

128 Joffrin, 85.
129 Hamon/Rotman, *Génération*, 1, 462.
130 *Le Monde* vom 8. Mai 1968, S. 8, Sp. 4 f.
131 Ebd.

lizei stockt ihre Kampfmittel auf. Sie setzt CB-Gase[132] und Wasserwerfer gegen die Demonstranten ein. Letztere werden von einzelnen Demonstranten erklommen, die Scheiben der Fahrzeuge mit Steinen zerstört, so daß die Polizei die Einsatzfahrzeuge aus der Umzingelung der Demonstranten wieder befreien muß. Das kostet Zeit und absorbiert Polizeikräfte. Nach einer Weile muß sich die Polizei um einige hundert Meter zurückziehen, die Demonstranten rücken nach, in dem Gefühl, einen Teilsieg errungen zu haben. Doch der Rückzug der Polizei bedeutet nicht Preisgabe des Terrains. Es gelingt ihr schließlich, durch ein taktisches Manöver die Oberhand zu behalten, sie geht gegen die Demonstranten nicht frontal vor, sondern nähert sich ihnen von der Rückfront. Von beiden Seiten gleichsam eingezingelt, flüchten sich die Demonstranten vom Boulevard St. Germain in die Rue de Rennes. Die unmittelbare Konfrontation ist damit beendet und der Kampfwille der Mehrheit der Demonstranten erlahmt. Es ist 21 Uhr, als sich die Mehrheit zurückzieht. Eine Minderheit macht weiter in den Straßen des Quartiers, setzt Autos in Brand und verwickelt die Polizei in Handgemenge.[133] Die offizielle Statistik des Tages verzeichnet 805 Verletzte, darunter 345 verletzte Polizisten. Vierzig Autos und elf Autobusse wurden beschädigt. Insgesamt wurden 432 Personen festgenommen. Von diesen sind 87 der Polizei bekannt: 21 wegen Scheckbetrugs, 5 wegen Gewalttätigkeit, 4 wegen Landstreicherei und 14 wegen Rebellion. Vierzig Ausländer, die ebenfalls registriert waren, befanden sich unter den Festgenommenen.[134]

Vor dem Hintergrund der gewaltsamen Auseinandersetzungen erklärt der Erziehungsminister Alain Peyrefitte am Abend über Radio und Fernsehen seine Bereitschaft zum »konstruktiven Dialog«. Doch worüber und mit wem? Er verteidigt die Universitätspolitik der Regierung und die Handlungen der Universitätsverwaltung, er rechtfertigt den Einsatz der Polizei. Lediglich in einem Punkt signalisiert er Reformbereitschaft: die Universitäten, so stellt er fest, seien noch nicht demokratisch genug. Die Demokratisierung müsse weitergeführt werden. Dabei faßt er »Demo-

132 CB = Chlorobenzalmalonitril. Das Gas verursacht Verbrennungen auf der Haut und Krämpfe der Atmungsorgane.

133 Ebd.; vgl. auch Hamon/Rotman, *Génération*, 1, 462 f.

134 *Le Monde* vom 10. Mai 1968, S. 9.

kratisierung« jedoch nicht als Einrichtung von Mitspracherechten der Studenten oder Garantie der Autonomie der Institution auf, wie dies die Reformer unter den Professoren fordern, sondern als Erweiterung der Bildungschancen für sozial unterprivilegierte Schichten, konkret: für Kinder aus der Arbeiterschaft.[135] Zehn Prozent der französischen Studenten kommen 1968 aus der Arbeiterschaft. Die Quote ist hoch im europäischen Vergleich, aber noch nicht hoch genug aus der Sicht der französischen Kommunistischen Partei. Sie definiert Demokratisierung der Universität als Erhöhung der sozialen Chancengleichheit im Bildungssektor. Sie ist mithin der Adressat, den der Minister im Auge hat, wenn er den konstruktiven Dialog proklamiert. Der Gaullist Peyrefitte wendet sich mithin an den traditionellen Gegner, an die stärkste Partei der Linken in der Nationalversammlung. Die Trägergruppen des Protestes sieht er nicht oder erkennt sie als Verhandlungspartner nicht an. Die demonstrierenden Studenten, die, aus seiner Sicht, »se mettent à jouer l'émeute«, sind für ihn keine Gesprächspartner. »Une émeute«, so die Auffassung des Generals de Gaulle, »c'est comme un incendie, ça se combat dans les premières minutes.«[136]

Doch die Intransigenz und Härte, mit der der Staat in den ersten Maitagen auf die Proteste der Studenten reagierte, erstickte die Bewegung nicht, wie erhofft, im Keim, sondern fachte sie an. Die staatliche Reaktion auf die studentische Aktion trug in so entscheidendem Maße zur Mobilisierung bei, daß man in ihr eine den Mobilisierungserfolg der Bewegung herbeiführende Ursache sehen kann. Ohne das Einschreiten der Polizei am 3. Mai im Innenhof der Sorbonne wäre die Bewegung von Nanterre nicht nach Paris übergesprungen, ohne Schließung der Sorbonne und Abriegelung durch die Polizei hätte sie sich nicht auf das Quartier Latin ausgebreitet. Erst die Reaktion auf die Aktion studentischer Minderheiten bündelte die ideologisch und taktisch divergierenden Gruppen zu einer losen Koalition und verschaffte ihnen Rückhalt und Unterstützung im Studentenmilieu. Die Formierung der Pariser Mai-Bewegung erfolgte als eine Art negativer Integration verschiedener Protestgruppen gegen die staatliche Repression, so-

135 *Le Figaro* vom 8. Mai 1968, S. 8.
136 So de Gaulle während der Sitzung des Ministerrates am 8. Mai 1968, zit. in Dansette, 107.

wohl die Rekonstruktion des Handlungsverlaufes als auch die Erklärungen der befragten Akteure weisen dies aus. Es war der Kampf gegen die Repression, der, durchaus überraschend für die Mobilisierer, eine spontane Welle der Solidarisierung schuf.

Mit den Demonstrationen und Gegengewaltaktionen verband sich indes noch keine politische Konzeption auf seiten der Bewegung. Der Krieg in Vietnam, der im Februar und April Auslöser von Protestaktionen gewesen war, wirkte im Mai nicht als integrierender, mobilisierender und politisierender Faktor der Proteste. Es fehlte in Frankreich dafür, so Jean-Marcel Bouguereau, der innenpolitische Gegner. »En Allemagne on avait le soupçon d'une complicité gouvernementale vis-à-vis les Américains, la politique de de Gaulle était une politique beaucoup plus indépendante, ...ça ne pouvait pas nourrir l'anti-Gaullisme.«[137] Zwar bewirkte der Krieg eine ideologische Radikalisierung einzelner Trägergruppen, wie das Beispiel der Trotzkisten (JCR) zeigt. Doch die direkt-koerzive Aktion der Menge der Demonstranten folgte nicht taktischen Vorgaben einer offensiven, provokativen Strategie. Es ging den Trägergruppen, so Jean-Louis Péninou, zunächst um Mobilisierung um der Mobilisierung willen, um die Schaffung einer Studentenbewegung und um die Erfüllung der unmittelbar aus der Situation entstandenen Forderungen: Befreiung der inhaftierten Studenten, Wiedereröffnung der Sorbonne und Abzug der Polizei aus dem Quartier Latin.[138] Alle drei Forderungen waren »an sich« unpolitisch.

Politisiert wurden sie erst in den folgenden Tagen, nicht zuletzt durch die Intransigenz, mit der die Regierung auf sie reagierte. Sie zog die Lösung des Konfliktes an sich und »nationalisierte« ihn damit gleichsam, ohne Lösungsangebote zu offerieren außer demjenigen, die gegen die Bewegung einzusetzenden Unterdrükkungs- und Gewaltmittel zu erhöhen. Bestrebt, die Autorität des Staates zu wahren, gab sie nicht nach und lenkte damit den Protest mehr und mehr gegen eben diese Autorität sowie gegen die Personen und Institutionen, die sie repräsentierten. Dadurch wurde die Studentenbewegung eine politische Bewegung gegen den autoritären Charakter der herrschenden Ordnung im allgemeinen und gegen das Regime des Generals de Gaulle im besonderen.

137 Im Gespräch mit der Autorin am 15. September 1992 in Paris.
138 Im Gespräch mit der Autorin am 17. September 1992 in Paris.

Der Soziologe Alain Touraine sieht in der Gewalt den entscheidenden Faktor, der die Bewegung schuf. Er schreibt der gewaltsamen Aktion in der Woche vom 3. bis zum 10./11. Mai eine bewußtseinsbildende und bewußtseinserweiternde Bedeutung zu. Gewalt wird für ihn zu einer historischen Substanz, die Geschichte macht: »Elle porte la parole, elle explique, elle décide.«[139] Sein Schüler Cohn-Bendit modifiziert: Der physische Kampf gegen die Repression, so seine Argumentation, habe »bei einer beträchtlichen Minderheit der Studenten«[140] einen Bewußtseinsprozeß in Gang gesetzt. Das Lernen in der Aktion sei entscheidend für die Analyse und das Weiterbestehen der Bewegung geworden. Dieses Urteil erfaßt die reale Entwicklung präziser. Weder schafft Gewalt die Bewegung, noch beschränkt sich deren kollektive Aktion auf die gewaltsame Konfrontation. Zwei Aktionsstrategien zeichnen die Bewegung aus: eine demonstrativ-appellative und eine direkt-koerzive. Der Zwang, den letztere ausübt, kann sowohl gewaltlos als auch gewaltsam sein, beide Formen sind häufig miteinander verflochten.[141] Direkt-koerzive Aktion als gezielte Mobilisierung entspricht anfänglich nur der Konzeption einer Minderheit der Trägergruppen. Es ist eine sekundäre, nicht die primäre Handlungsstrategie der Bewegung, die, wie die Beispiele zeigen, nur aus der Defensive heraus gewaltsam reagiert. Der Übergang der Bewegung zur offensiv gewaltsamen Aktion ist kein gleichsam determinierter Prozeß, sondern die Folge einer sich im Verlauf herausbildenden Kräftekonstellation. Folgt man den Darstellungen von *Le Monde* und damit einer neutralen Quelle, so war es das Vorgehen der Polizei, das in den entscheidenden Momenten den Ausschlag gab. Gleichviel: die Situation der unmittelbaren Konfrontation schafft ein Gefühl der Bedrohung auf beiden Seiten, schafft in Konfliktsituationen eine Art Zirkularstimulation, die die Bereitschaft zur Gewalt wachsen läßt und Gewalt situativ provoziert und initiiert, jenseits und unabhängig von den Motiven der Akteure. Dies stellt nicht nur die Polizei, sondern auch den »État Major«, die informelle Führungsgruppe, vor ein Problem: die eskalierende Dynamik im Interesse der Zielerreichung zu funktionalisieren.

139 Touraine, *Le communisme utopique*, 38.
140 Cohn-Bendit, *Linksradikalismus*, 62.
141 Raschke, 279.

3. Organisation und Spontaneität: Duale Mobilisierungsstrategien

Die Eskalation der Gewalt und die Verschärfung der Konfrontation rückten bewegungsintern zwei Fragen in den Vordergrund: 1. die Frage nach der Rolle und Kontrolle der Gewalt und mithin nach den Aktionsformen des Protestes; 2. die Definition der externen Mobilisierungsstrategie und damit die Entscheidung über Konflikt oder Kooperation, den Aufbau von Außenbeziehungen – etwa durch Bündnisse der Bewegung mit intermediären Gruppen – oder Wahrung der Autonomie im Interesse der Binnenhomogenisierung. Die Lösung beider Fragen setzte eine entscheidungsfähige und handlungsmächtige Führung, eine funktionierende vertikale interne Kommunikation sowie Sanktionsmittel zur Durchsetzung von eventuellen Absprachen voraus. All dies besaß der »État Major« nur in äußerst begrenztem Maße. Wie viele sozialen Bewegungen, verfügte auch die französische Studentenbewegung nur über eine schwache bewegungsinterne Organisation von lose assoziierten Gruppen, die ihre Anhänger und vor allem Mitläufer nicht kontrollieren konnten. Die Führungsgruppe war so informell und so wenig organisiert, daß sie nicht einmal einen Namen hatte. Sie trat nach außen nicht als Einheit auf mit Repräsentationsanspruch und Verhandlungsmacht, sondern jede der in ihr zusammengeschlossenen Organisationen handelte autonom. Die gemeinsame Planung erstreckte sich lediglich auf die jeweils nächste Aktion. Koordinierungsprobleme blieben nicht aus, nicht nur aufgrund des Spannungsverhältnisses von Spontaneität und Organisation, das charakteristisch für jede soziale Bewegung ist, sondern auch aufgrund der organisatorischen und strategischen Differenzen, die bei der Konstituierung der Führungsgruppe nicht offen ausgetragen worden waren. Der UNEF und der SNESup fiel im Prozeß der Strategiebestimmung zunächst der Primat in der Außenvertretung der Bewegung zu, weil sie als etablierte, repräsentative Interessenorganisationen zu Ansprech- und Verhandlungspartnern für staatliche Institutionen (zunächst vor allem die Polizeiführung), für intermediäre Verbände und einzelne Vermittler wurden, die sich selbständig in den sich ausweitenden Konflikt einschalteten. Entschieden war jedoch mit den Kontakten, die SNESup und UNEF knüpften, der interne Kampf um die Mobilisierungsstrategie noch nicht.

Neben den Vertretern der Studentengewerkschaft UNEF und der Hochschullehrergewerkschaft SNESup, der trotzkistischen Gruppe JCR sowie der Bewegung des 22. März und der Gruppe MAU sind auch zwei Repräsentanten der Schülerkomitees CAL am Morgen des 7. Mai 1968 in die Rue Monsieur le Prince zum Sitz der SNESup gekommen, um mitzuberaten, wie es weitergehen soll.[142] Überrascht von dem Ausmaß und der Militanz der Aktionen am Vortag, stimmen alle Anwesenden darin überein, Aktionen fortzusetzen, sich zugleich aber dafür einzusetzen, daß sie gewaltlos vor sich gehen. Zweckrationale Überlegungen, die Jacques Sauvageot vorträgt, prägen die Entscheidung. Die Zahl der Mobilisierten, so seine Argumentation, sei zwar hoch, aber auch 6000 Demonstranten bildeten noch immer eine Minderheit im Verhältnis zur gesamten Studentenschaft, die in Paris 160 000 umfaßt.[143] Um die Mehrheit zur Unterstützung der drei Forderungen zu gewinnen, müßten die künftigen Demonstrationen gewaltlos sein. UNEF, SNESup, JCR und die Bewegung des 22. März rufen unter dieser Prämisse für denselben Tag um 18.30 Uhr zur Großdemonstration auf der Place Denfert-Rochereau auf.

Es sind Alain Geismar und Jacques Sauvageot, die den Appell wenig später der Presse mitteilen. Befragt zur Gewalt in den vorangegangenen Demonstrationen, tritt Sauvageot, der intern eine Strategie der Deeskalation befürwortet hat, nach außen als Verteidiger auch der gewaltsamen Ausschreitungen der Bewegung auf. »Il n'est pas question«, erklärt er den Journalisten, »de regretter les violences. Elles ont été rendues nécessaires par la police et par la politique du gouvernement depuis un certain nombre de jours.«[144] Alain Geismar bringt den Vorsatz, den die informelle Führungsgruppe am Vormittag gefaßt hat, auf die Formel, daß »la manif de ce soir soit la moins violente possible«.[145] Zur Deeskalation der Gewalt – soweit diese organisatorisch festgelegt werden kann – trägt eine Vereinbarung bei, die Geismar und der Polizei-

142 Hamon/Rotman, *Génération*, 1, 465.

143 Ebd., vgl. auch Dansette, 96f.

144 *Le Monde* vom 8. Mai 1968, S. 11, Sp. 3.

145 Zit. in Joffrin, 91.

präfekt von Paris, Maurice Grimaud, am Nachmittag treffen. Es wird ein »rotes Telefon« eingerichtet, das die Polizeipräfektur mit dem Hauptquartier der SNESup verbindet.[146] Die direkte Linie zwischen der polizeilichen Ordnungsmacht und dem Büro der SNESup, das als Koordinationszentrum der Bewegung dient, wird sechs Monate bestehen und schon am Abend des 7. Mai von Bedeutung sein. Es ist ein Symbol stillschweigender Übereinkunft, im Falle der Konfrontation das Äußerste zu vermeiden: den blutigen Zusammenstoß, den Tod von Demonstranten und Polizisten.

Acht- bis zehntausend Demonstranten sind um 18.30 Uhr am vereinbarten Ort versammelt[147], ihre Zahl steigt im Laufe des Abends auf 20 000[148], so die Schätzung der Polizei, auf 50 000, so die Schätzung der studentischen Aktionskomitees.[149] Was treibt die Demonstranten an? Folgt man den Flugblättern, die zur Demonstration aufrufen, bzw. der Zeitung *Action*, die an diesem Tag erstmals erscheint, so läßt sich ein Bündel von divergierenden Motiven analysieren. *Action*, hergestellt, wie es im Impressum heißt, von den Militanten der Bewegung mit Unterstützung der UNEF, der Bewegung des 22. März und der Schülerkomitees, nennt unter der Überschrift »Pourquoi nous nous battons« die Weigerung, sich in den Dienst eines sozialen Systems zu stellen, das autoritär und hierarchisch organisiert ist; die Weigerung, Kader eines ökonomischen Systems zu werden, das alle Arbeiter einschließlich der technischen Intelligenz unterdrückt und Arbeitslosigkeit ohne Ende produziert; die Weigerung, sich einer Universitätsstruktur zu fügen, die Ultraspezialisten ausbildet und alle Ideen unterdrückt, die gegen die Interessen der herrschenden Klasse verstoßen.[150] Das Flugblatt, mit dem die UNEF zur Demonstration aufruft, unterscheidet zwischen Fern- und Nahzielen. Unter die Nahziele rückt es die drei Forderungen der Bewegung ein, unter die Fernziele die Errichtung von politischen und gewerkschaftlichen Freiheiten an der Universität und die Ab-

146 Joffrin, 92.

147 Grimaud, 120.

148 Ebd., 109.

149 Vgl. Appel des Comités d'Action. Nachgedruckt in Kravetz, *L'Insurrection étudiante*, 193 f.

150 *Action* vom 7. Mai 1968, Nr. 1, S. 1 und 3.

schaffung der Selektion.[151] Das Flugblatt der JCR bezeichnet die Anerkennung des Rechts auf »libre activité politique dans les facultés et les lycées« sowie die Forderung nach Rücktritt des Rektors Roche bereits als Nahziel der Bewegung und stellt als Fernziel die Forderung nach einer Verbindung des Kampfes der Studenten und Arbeiter auf. »En défendant avec archarnement leurs libertés en affrontant courageusement les flics qui occupent leurs facultés, les étudiants se battent pour tous les travailleurs. Ils ont besoin de leur soutien actif et ils le méritent.«[152]

Einen Aufruf zum Gewaltverzicht oder zur Gewaltvermeidung enthalten die Flugblätter nicht. Das bleibt Aufgabe einzelner Repräsentanten sowie der Ordnungsdienste von UNEF und JCR. Sie gehen entsprechend der internen Vereinbarung vor. Das zeigt sich bereits wenige Minuten nachdem der Demonstrationszug von der Place Denfert-Rochereau losmarschiert ist und sechstausend Demonstranten sich plötzlich auf der Höhe von Port Royal mit 4500 Polizisten konfrontiert sehen. Die ersten Reihen der Demonstranten stoppen, während von hinten Sprechchöre auffordern weiterzumarschieren: »A la Sorbonne! A la Sorbonne!« In dieser Situation löst sich eine einzelne Gestalt aus dem Polizeikordon heraus. Für die Demonstranten gut sichtbar, da mit einem hellen Regenmantel bekleidet, tritt in den Raum, der Polizisten und Demonstranten trennt, der Polizeipräfekt Maurice Grimaud. Er erklärt den Demonstranten, daß er alles tun werde, um zu verhindern, daß der Demonstrationszug über den Boulevard St. Michel in Richtung Sorbonne marschiert. Wenn sie es dennoch versuchen sollten, würden sie die Verlierer sein. Hingegen räumt er den Studenten ein, in Richtung Montparnasse zu marschieren. Die Polizei werde nicht intervenieren.[153] Der Trotzkist Henri Weber, umringt vom Ordnungsdienst der JCR, nimmt das Angebot an. Er fordert die Demonstranten auf, in Richtung Montparnasse zu marschieren. Nicht alle sind sofort bereit, der Parole zu folgen. Erst ein Blick auf den Boden überzeugt. Er ist asphaltiert.[154] Der Demonstrationszug setzt sich in Richtung Montparnasse in Be-

151 Schnapp/Vidal-Naquet, *Journal de la commune étudiante*, D. 53, 158 f.

152 *La Sorbonne par elle-même*, 68 f.

153 Grimaud, 121.

154 Hamon/Rotman, *Génération*, I, 466.

wegung. Grimaud kehrt in das Polizeipräsidium zurück, um dort den weiteren Verlauf der Ereignisse zu verfolgen.
Über Polizeifunk hört er, daß der Demonstrationszug mittlerweile bis zum linken Seine-Ufer vorgedrungen ist. Der Übergang über den Pont Alexandre auf das rechte Ufer wird durch Polizeikräfte versperrt.[155] So ziehen die Demonstranten am Seine-Ufer entlang zur nächsten Brücke: der Pont Concorde. Am Brückenkopf liegt das Palais Bourbon, der Sitz der Nationalversammlung. Kein Polizeikordon riegelt das Gebäude ab. Der Zugang ist völlig frei. Doch die Demonstranten ziehen vorbei, ohne die Nationalversammlung wahrzunehmen. »Je l'explique par le fait«, so ein Student, »que le Palais Bourbon ne représente rien pour nous. Pour nous, ... ce n'est pas non plus quelque chose de représentatif.«[156] »Le pouvoir«, so die Formel, die an diesem Tag entsteht, »est dans la rue.«[157]
Der Demonstrationszug bahnt sich seinen Weg in Richtung Champs-Élysées, vorbei am Sitz des *Le Figaro*, vor dem es zu gewaltsamen Ausschreitungen zwischen etwa einem Dutzend Demonstranten und der Polizei kommt.[158] Die Mehrheit indes zieht friedlich vorbei. Abwechselnd wird von der Menge »Nous sommes tous des juifs allemands«, »Nous sommes tous des groupuscules«, »Libérez nos camarades« skandiert.[159] Berauscht von der eigenen Stärke, nehmen die Demonstranten gar nicht wahr, daß auch der Élysée-Palast völlig ungeschützt vor ihnen liegt.[160] Sie ziehen am Amtssitz des Staatspräsidenten vorbei, wie schon zuvor am Parlament, ohne der Institution der Macht Aufmerksamkeit zu schenken.[161] Die Nichtwahrnehmung zeigt, daß die Bewegung sich zwar als eine Art Gegenmacht versteht, aber nicht – in einem politischen Sinne – machtorientiert ist. Sie verfolgt andere Interessen, wie die drei Forderungen und die Flugblätter zeigen. Worauf sie letztlich zielt, bleibt diffus. Sie entfaltet sich in einem interaktiven Prozeß, von dem nicht einmal die Aktivisten sagen können, wohin er die Bewegung treibt.

155 Grimaud, 127.
156 Zit. in Dansette, 97.
157 Kravetz, *L'insurrection étudiante*, 179.
158 *Le Monde* vom 9. Mai 1968, S. 7, Sp. 2.
159 Gaveau, 46.
160 Ebd., 45.
161 Ebd., 46.

Das Ziel, das die Demonstranten an diesem Abend als nächstes anstreben, ist die Étoile. Unter dem Arc de Triomphe erlöschen infolge studentischer Aktionen am Grabmal des unbekannten Soldaten die Lichtstrahler, die gewöhnlich den Triumphbogen erhellen. Das Denkmal französischer *grandeur* taucht in Dunkelheit ein. Die Studenten stimmen die Internationale an[162], rote und schwarze Fahnen hüllen das Grabmal ein. Für die Studenten ein Spektakel, ist diese Aktion, aus Sicht der Regierung und vieler Franzosen, ein Skandal.[163] Denn auch die ewige Flamme am Grabmal des unbekannten Soldaten erlischt. Für die Studenten ist mit der Ankunft am Arc de Triomphe der Höhepunkt der Demonstration erreicht und überschritten. »On a terminé à l'Arc de Triomphe«, so erinnert sich Jean-Marcel Bouguereau später, »on ne savait plus quoi faire parce que quand on est à l'Arc de Triomphe, que faire d'autre?«[164] Das Besondere ihrer Aktion liegt nicht zuletzt in der Route, welche die spontane Demonstration genommen hat, über eine Strecke der Champs-Élysées, die historisch, symbolisch den Demonstrationszügen der Rechten vorbehalten ist.[165] In der Durchbrechung dieser Regel liegt die begrenzte Regelverletzung der Demonstranten, welche die friedliche, demonstrativ-appellative Aktion in eine provokative, direkt-koerzive Aktion überführt. Die Regierung reagiert auf die Provokation sofort.

Der Polizeipräfekt erhält die Anweisung, die Demonstranten unmittelbar vom rechten Seine-Ufer in das Quartier Latin zurückzudrängen. Grimaud folgt der Weisung, sperrt die Champs-Élysées auf der Höhe der Avenue George v ab und drängt den Demonstrationszug über diese Straße in das Quartier Latin zurück.[166] Ordnungskräfte der UNEF, die sich zwischen Demonstranten und Polizisten stellen, tragen mit dazu bei, daß sich der

162 *Le Monde* vom 9. Mai 1968, S. 7, Sp. 2 f.
163 Grimaud, 127.
164 Im Gespräch mit der Autorin am 15. September 1992.
165 Vgl. dazu D. Tartakowsky, »De la Bastille à la Nation, les manifs du Front populaire«. In: P. Pinon, *Les Traversées de Paris. Deux Siècles de Révolutions dans la Ville*, Paris 1989, 60-65, hier insbesondere 61 f. Zur Demonstrationspraxis in Frankreich allgemein vgl. P. Favre (Hg.), *La manifestation*, Paris 1990.
166 Grimaud, 128.

Rückzug ins Quartier Latin friedlich vollzieht.[167] Auf dem linken Seine-Ufer angekommen, kehrt das verbotene Ziel in die Köpfe der Demonstranten zurück: die Sorbonne. Der Demonstrationszug marschiert direkt auf sie zu. Am »roten Telefon« beschwört Alain Geismar den Polizeipräfekten, die Absperrung der Sorbonne aufzuheben, »um ein Massaker zu vermeiden«. Grimaud zögert. Die Entscheidung wird ihm abgenommen, weil in diesem Moment UNEF und JCR zur Auflösung der Demonstration aufrufen.[168] Die Weisung wird von der Mehrheit befolgt, schließlich hat man an diesem Abend 15 Kilometer zurückgelegt. Nur eine Minderheit macht weiter. Sie liefert sich bis in die frühen Morgenstunden des 8. Mai gewaltsame Schlachten mit der Polizei. Steine fliegen, Autos brennen, Tränengas hüllt die Straßen ein.[169]

Die studentischen Ordnungsdienste sind machtlos gegenüber jenen, die sich ihrem Appell zur Auflösung der Demonstration widersetzen. Sie können die Situation nicht mehr kontrollieren. Ein Teil der Demonstranten verselbständigt sich. Überwältigt von den Ereignissen, wenden sich einige Mitglieder des Ordnungsdienstes der UNEF an die Polizei, um zu erklären, daß Mitglieder ihrer Organisation nicht für die Ausschreitungen verantwortlich sind. In ihrer Erregung schreiben sie die Verantwortung den Maoisten zu.[170] Doch diese tagen um Mitternacht, weit entfernt vom Schauplatz der Ereignisse, im Theatersaal der École Normale Supérieure und hören den nicht enden wollenden Worten ihres Führers Robert Linhart zu.[171] Joffrin übernimmt zwanzig Jahre später in seiner Chronik der Ereignisse die These, wonach die Maoisten für den Fortgang der Ereignisse verantwortlich sind. Sie hätten, so seine Argumentation, die Polizei attackiert, um die Führung der Bewegung an sich zu reißen.[172] Hamon/Rotman schreiben die Verantwortung einigen »Desparados« zu.[173] Liest man die Polizeiberichte, so waren verschiedene Gruppen von jeweils 200-300 Demonstranten Träger der direkten und gewaltsamen Aktion in dieser Nacht. Die Polizeiberichte lassen eine Verschwörertheorie

167 Joffrin, 95.
168 Ebd.
169 *Le Monde* vom 9. Mai 1968, S. 7, Sp. 6.
170 Grimaud, 130.
171 Hamon/Rotman, *Génération*, I, 469.
172 Joffrin, 95.
173 Hamon/Rotman, *Génération*, I, 468.

nicht zu. Keine konkrete linksradikale Gruppe wird in ihnen für die Ausschreitungen verantwortlich gemacht. Es handelt sich, so Grimaud, um einige extremistische »Kommandos«, die, äußerst mobil, in den Straßen des Quartier Latin die Ausschreitungen mit der Polizei suchen. Sie sind vom Willen beherrscht, die Sorbonne, »koste es, was es wolle«, zu erreichen.[174] Sie wollen, wie *Le Monde* schreibt, »rentrer chez eux«. Sie sehen das Quartier Latin, die Sorbonne als ihr Territorium an, das die Polizei widerrechtlich okkupiert und abgesperrt hat. Sie verfolgen eine Taktik gezielter, gewaltsamer Provokation und gehen dabei jeweils nach der gleichen Methode vor, die *Le Monde* wie folgt beschreibt: »harcèlement, voitures renversées, dispersion, regroupement, puis de nouveau harcèlement par jet de pavés«.[175] Die Darstellung von *Le Monde* wird durch die Berichte der Einsatzleiter der Polizei bestätigt.[176] So endet die Demonstration, die als gezielte Mobilisierung in den Bahnen der Legalität, als demonstrativ-appellative Aktion begann, in der spontanen, direkten gewaltsamen Protestaktion. Die Strategie der informellen Führungsgruppe kann sich nicht durchsetzen, ihr fehlt die dafür erforderliche Organisationsmacht.

Geismars Dilemma

Im Verlauf des Tages, der mit dem langen Marsch zur Étoile endete, hatten sich die Gewerkschaftsorganisationen CGT und CFDT mit den Forderungen der Studenten solidarisiert und die CGT-FO Verständnis für die Unruhe unter den Jugendlichen erklärt. Während die CFDT die Regierung für die Vorgänge im Quartier Latin verantwortlich machte, sahen CGT und CGT-FO indes einige »éléments troubles« bzw. »meneurs irresponsables« innerhalb der Studentenbewegung als ursächlich für die Eskalation der Gewalt an.[177] Die Erklärungen waren – wie unterschiedlich sie auch ausfielen – ein Zeichen, daß die Studentenbewegung potentielle Verbündete außerhalb ihrer Reihen fand. Zeichen der

174 Grimaud, 131 f.
175 *Le Monde* vom 9. Mai 1968, S. 7, Sp. 6.
176 Grimaud, 132.
177 *Le Monde* vom 8. Mai 1968, S. 10, Sp. 5-6.

Solidarität kamen auch aus der Professorenschaft. Nicht alle Professoren gingen so weit wie Guy Michaud (Nanterre), der erklärte: »Alors que la manifestation des étudiants au quartier Latin tourne à la boucherie, notre place est à leurs côtés«[178], boten indes ihre Vermittlungsdienste in dem sich verschärfenden Konflikt zwischen Studenten und Staatsmacht an.

Das Auftreten von Vermittlern und potentiellen Bündnispartnern stellte die Bewegung vor die Wahl: sich entweder auf deren Unterstützungs- und Vermittlungsangebote einzulassen und damit ihre Anliegen auf eine institutionalisierte Ebene intermediärer Interessenpolitik zu transferieren oder die Angebote auszuschlagen, sich weiterhin auf den nichtinstitutionalisierten Bahnen der Interessenartikulation zu bewegen. Die Entscheidung, Bündnisse einzugehen, bot die Möglichkeit, außerhalb der Studentenschaft Kräfte und Ressourcen zu mobilisieren und dadurch die Durchsetzungschance für die drei Forderungen zu erhöhen, um den Preis, im Falle erfolgreicher Vermittlung das Ende der Bewegung, zumindest aber den Verlust von Handlungsautonomie zu riskieren. Die Abkapselung der Bewegung von anderen Interessengruppen und Konzentration auf die eigenen Mobilisierungsressourcen enthielt die Gefahr, die Bewegung auszugrenzen, wenn nicht gar zu isolieren, garantierte aber die Aufrechterhaltung des Bewegungscharakters und tendenziell eine höhere Binnenhomogenisierung.

UNEF und SNESup entschieden sich weder für die eine noch die andere Alternative, sondern suchten nach einer Synthese. Die Politik des Sowohl-als-auch stürzte Alain Geismar in ein Dilemma, das er und seine Umgebung als tiefe persönliche Krise erlebten, wenngleich retrospektiv von der Bewegung her gesehen der Konflikt strukturell vorprogrammiert erscheint. Auf einer gemeinsamen Pressekonferenz von UNEF und SNESup am Morgen nach dem »langen Marsch« richtete Alain Geismar, gestützt auf den Mobilisierungserfolg der Bewegung am Vortag, einen dringenden Appell an die Regierung, auf die Forderungen der Studentenbewegung einzugehen, und erklärte zugleich seine Bereitschaft, nach Erfüllung der Forderungen in Verhandlungen mit der Regierung einzutreten. Im Fall der Nichterfüllung, so fügte er hinzu, trage die Regierung allein die Verantwortung für das Geschehen. Die

178 Zit. ebd., Sp. 3.

Bewegung werde sich nehmen, was man ihr verwehre. »Libérée par la police ou non, ce soir la Sorbonne sera à nous, étudiants et enseignants.«[179] Bestrebt, Druck auf die Regierung auszuüben, setzte Geismar die Bewegung selbst unter Zugzwang. Indem er die Wahl der Strategie an die Reaktionsweise der Regierung band, schob er ihr in letzter Instanz die Entscheidung zu.

Die Regierung blieb hart. Der Ministerrat, der am Vormittag des 8. Mai zusammentraf, debattierte nicht einmal über die Forderungen der Studenten, gab keine Stellungnahme ab. Dadurch verschärfte sich die Situation. Aus der Handlungsoption der Bewegung wurde ein Handlungszwang, wenn Geismar seine Ankündigung nicht revidierte. Er tat es nicht. Im Gegenteil, in Kenntnis des Protokolls des Ministerrates verschärfte er am Nachmittag den Ton. »Ce soir«, so erklärte er, »nous couchons à la Sorbonne«. Die Bewegung faßte dies als Appell zur Besetzung der Sorbonne auf. Damit waren die Weichen für die am Abend geplante Demonstration auf Konfrontation und Konflikt gestellt.

In dieser Situation der sich verschärfenden Fronten zwischen Bewegung und Staatsmacht schalteten sich zahlreiche Vermittler in den Konflikt ein. Gewerkschaftsvertreter, Parteien und eine Gruppe von Professoren intervenierten, geeint durch das gleiche Ziel: Deeskalation des Konflikts. Während eine Gruppe von Professoren – angeführt von den beiden Nobelpreisträgern für Biologie und Physik, Jacques Monod und Alfred Kastler – in der Lobby des Parlaments Vertreter der Oppositionsparteien zur Intervention in den politischen Entscheidungsprozeß zu veranlassen suchten[180], wirkten Repräsentanten aller Gewerkschaftsrichtungen mäßigend auf die Führer von SNESup und UNEF ein. Durch die parallelen Gespräche und Verhandlungen im Verlauf des Nachmittags entstand eine Kräftekonstellation, die den Forderungen der Studenten eine breite Unterstützung durch die etablierten Parteien- und Interessengruppen garantierte. Die Oppositionsparteien, die Erziehungsgewerkschaften sowie die beiden größten Richtungsgewerkschaften CGT und CFDT verlangten von der Regierung eine Geste des Einlenkens, um die Ordnung in

179 *Le Monde* vom 9. Mai 1968, S. 8, Sp. 5.

180 Vgl. dazu die Aufzeichnungen von Alfred Kastler in: Labro u. a., 80-86.

Paris wiederherzustellen.[181] Unter dem Druck der Opposition erklärte Erziehungsminister Alain Peyrefitte vor dem Parlament, daß, wenn die Ordnung wiederhergestellt sei, die Lehrveranstaltungen an der Sorbonne wiederaufgenommen werden könnten, vorbehaltlich der Zustimmung der Universitätsinstanzen möglicherweise schon am folgenden Tag.

SNESup und UNEF interpretierten die Erklärung des Ministers als Zusage, die Sorbonne wiederzueröffnen, vorausgesetzt, daß die für den Abend geplante Demonstration friedlich verlaufe. In dieser Interpretation wurden Geismar und Sauvageot durch die Professoren bekräftigt, die als Vermittler zwischen Studentenbewegung und Regierung aufgetreten waren. Infolge der Intervention intermediärer Kräfte hatten sich mithin die Bedingungen verändert, unter denen gegen 19 Uhr die abendliche Kundgebung begann. Ohne daß ein sichtbares äußeres Zeichen für ein Nachgeben der Regierung gegeben war, waren Erwartungen erweckt worden, die das Handeln der Organisatoren der Veranstaltung veränderten. SNESup und UNEF arbeiteten zusammen mit der Polizeiführung eine Marschroute der sich an die Kundgebung anschließenden Demonstration aus und legten sich auf eine Auflösung der Demonstration vor der Absperrung, die um die Sorbonne errichtet war, fest. Diese Regelung kam den Erwartungen der intermediären Organisationen, die sich in den Konflikt eingeschaltet hatten, entgegen. Gewerkschaften und Professoren kündigten ihre Teilnahme an der Demonstration an. Die Bewegung hatte Bündnispartner gefunden, Vermittler in das politische System, doch die erfolgreiche externe Mobilisierung stürzte die Bewegung in eine Krise.

Die Studenten, die sich am Abend des 8. Mai im Hof der Faculté des Sciences versammelt haben, wissen nichts von den Gesprächen und Vermittlungsversuchen, die im Laufe des Tages stattgefunden haben. Sie sind gekommen, um die Demonstration des Vortages fortzusetzen; diesmal mit dem Ziel: Sorbonne. Überrascht nehmen sie die Anwesenheit zahlreicher Gewerkschaftsvertreter zur Kenntnis, die bislang auf keiner Demonstration zu sehen waren. Als ein Vertreter der CGT die Studenten dazu aufruft, das Bündnis mit den Arbeitern zu verstärken, ertönen aus der Menge Pfiffe. Unruhe macht sich breit. Denn »Bündnis« mit

181 *Le Monde* vom 10. Mai 1968, S. 9, Sp. 6.

der Arbeiterklasse bedeutet für viele der Anwesenden nicht, was sich nach ihrer Interpretation der Rede anzubahnen scheint: Bindung an die Gewerkschaftsbürokratie. »Für uns«, so kann man in einem Flugblatt der trotzkistischen Gruppe JCR lesen, »bedeutet die Vereinigung mit den Arbeitern nicht, daß wir den Hals in das Halseisen der Bürokratien stecken wollen.«[182] Es ist die Einheit von unten, geschaffen in der Aktion, die sie erstreben. Sie suchen den direkten Kontakt zur Arbeiterschaft, nicht den durch die Arbeitervertreter in den Gewerkschaften vermittelten. Daß eine solche Einheit möglich ist, haben, aus der Sicht der Trotzkisten der JCR, die letzten Tage gezeigt. Gegen sie richten sich, so ihre Deutung, die Störversuche der CGT, die, nachdem sie die Bewegung zunächst diskreditierte, nun bemüht ist, sie für ihre Interessen zu vereinnahmen.[183] Alain Geismar und Jacques Sauvageot müssen einschreiten, um nach der Rede des CGT-Vertreters wieder Ruhe herzustellen.[184] Sie tun dies, indem sie an die drei Forderungen erinnern und an Gespräche, die mit dem Erziehungsministerium über deren Erfüllung in Gang sind.

Als der Demonstrationszug sich gegen 20 Uhr in Bewegung setzt, zeigt sich den Reportern von *Le Monde* folgendes Bild: Der Demonstrationszug wird angeführt von Gewerkschaftsvertretern, doch ihnen voran schreitet eine Gruppe von jungen Leuten, die alle Motorradhelme tragen und sich fest mit den Armen untergehakt haben. Diese doppelte Spitze des Demonstrationszuges, der auf 20 000 anwächst, deutet symbolisch das Nebeneinander heterogener Kräfte an. Sie nehmen den gleichen Weg, demonstrieren für dieselben Forderungen, doch Einigkeit besteht zwischen der Spitze der revoltierenden Jugend und den Vertretern der Gewerkschaften an diesem Abend nicht.

Der Demonstrationszug folgt der mit der Polizei ausgehandelten Route bis zur Absperrung zum Schutz der Sorbonne, welche die Polizei um den Platz Edmond-Rostand gebildet hat. Dort wird die Anweisung zur Auflösung der Demonstration gegeben. Die Mehrheit folgt ihr. Etwa 1500 Demonstranten, aus der Sicht von

182 Flugblatt »Revolutionäre Kommunistische Jugend – Und jetzt?« (ohne Datum, verfaßt mit Wahrscheinlichkeit am 8./9. Mai 1968). Abgedruckt in: *Dokumente zur französischen Mai-Revolte*, 119-121 hier 120.

183 Ebd.

184 *Le Monde* vom 10. Mai 1968, S. 8, Sp. 3.

Le Monde der harte Kern, harren aus, während die anderen sich zurückziehen. UNEF-Ordner stellen sich zwischen Demonstranten und Polizisten. Die verbleibenden Demonstranten versuchen zwei Stunden lang, die Kette der Ordner zu durchbrechen. Vergeblich: die Kette hält. Es kommt zu keinen Zusammenstößen mit der Polizei. Damit haben die UNEF als Veranstalter der Demonstration und mit ihr der größte Teil der Demonstranten die Vorbedingungen des Erziehungsministers erfüllt. Es geht auf Mitternacht zu, der Tag bricht an, der die Wiedereröffnung der Sorbonne bringen kann.
Unter den sich zurückziehenden Teilnehmern der Demonstration macht sich Enttäuschung breit. Sie stehen in kleinen Gruppen zusammen und beraten resigniert, was in den vergangenen Stunden passiert ist. 20000 sind an diesem Abend zur Demonstration gekommen, doch es überwiegt der Eindruck, daß die Bewegung zum Stillstand gekommen ist. Der Generalsekretär der SNESup eilt von Gruppe zu Gruppe und fängt Gesprächsfetzen der Resignation und Bitterkeit auf. Außer sich vor Wut klagt eine Studentin – Prisca Bachelet – Alain Geismar an, die Bewegung verraten zu haben.[185] Daniel Cohn-Bendit drückt vor den Mikrophonen der BBC die Stimmung aus: »Ça devait arriver«, so erklärt er, »les organisations nous ont une fois de plus vendus.«[186]
Der Verrat wurde darin gesehen, die Bewegung von ihrem ursprünglichen Ziel, der Übernahme der Sorbonne, abgebracht zu haben. Alle, so erinnerte sich Jean-Marcel Bouguereau noch nach vierundzwanzig Jahren, waren enttäuscht, »frustriert«. Sie hatten erlebt, wie die Bewegung von Tag zu Tag stärker geworden war, sich gesteigert hatte. Dieser Prozeß schien am Abend des 8. Mai gestoppt. Das Stillhalten vor der Absperrung kam in der Wahrnehmung der Aktivisten einem Stillstand der Bewegung gleich, der aus ihrer Sicht das Ende der Bewegung einleiten konnte. Denn in dem Maße, in dem die Bewegung sich den Regeln beugte, welche die etablierten Interessengruppen ihr nahelegten, verlor sie ihre Besonderheit, glich sie sich dem Prozeß des »political bargaining« an. Die militanten Aktivisten (von der Bewegung des 22. März, der JCR und den Aktionskomitees) wollten nicht verhandeln, sondern handeln. Sie wollten nicht durch Wohlverhalten

185 Hamon/Rotman, *Génération*, 1, 473.
186 Zit. nach Joffrin, 100.

die Rücknahme von Sanktionen vom Staat gewährt bekommen. Sie wollten sich nehmen, was ihnen, aus ihrer Sicht, gehörte, und sich nicht vorschreiben lassen, was gut für sie wäre. Daniel Cohn-Bendit formulierte:

Nous ne voulons pas plus attendre des largesses, des cadeaux, nous ne voulons pas qu'on nous impose un destin, nous voulons le choisir. Même si on nous promettait le paradis, nous le refuserions. Car nous voulons le prendre.[187]

Während in den Straßen Kritik an UNEF und SNESup artikuliert wurde, stellten die Nachrichtensendungen des französischen Rundfunks die Besonnenheit der Repräsentanten von SNESup und UNEF heraus, die Gewaltätigkeit verhindert habe. Alain Geismar deutete die Meldungen als Differenzierung, welche die Öffentlichkeit zwischen »wahren Studenten« und »Unruhestiftern« der Bewegung zu machen begann.[188] Irritiert über diese Aufteilung, begann er, sein Verhalten in Frage zu stellen. Die Vorwürfe der Studenten, die sich verraten glaubten, wirkten nach. Hatte er einen Fehler gemacht? Er hatte nach bestem Wissen und Gewissen gehandelt, hatte nach einem Ausgleich der Interessen gesucht und dabei nie das Ziel, die Durchsetzung der drei Forderungen, aus den Augen verloren. Die Erfüllung von zwei der drei Forderungen (Wiedereröffnung der Sorbonne und Abzug der Polizei, welche die Universität absperrte) schien in greifbare Nähe gerückt. Doch was würde geschehen, wenn man die »wahren Studenten« ab morgen wieder studieren und die Festgenommenen für das, was geschehen war, büßen ließ? Konnte die Rückkehr der Studenten an die Universität das Ende der Bewegung sein? Gefährdete ein Teilerfolg die Bewegung als ganze? Das alles waren Fragen, die sich Geismar gleichzeitig stellten und die in ihm einen Zustand innerer Spannung erzeugten, die er trotz langjähriger politischer Erfahrung nicht bewältigen konnte. Als er das Büro der SNESup in der Rue Monsieur le Prince erreichte und auf Mitglieder seiner Gewerkschaft traf, brachen sich Anstrengung, Verzweiflung und Erschöpfung in Tränen Bahn. Wenig später erklärte er den Grund für seinen Zusammenbruch: die Erkenntnis, daß das Bündnis mit den Gewerkschaften, das er herzustellen versuchte, der Logik der

187 Zit. nach Épistémon, 71.
188 Im Gespräch mit Laurin Joffrin. Vgl. Joffrin, 101.

Bewegung widersprach.[189]

Geismars Dilemma bestand in dem Dualismus zweier Rollen, die er in seiner Person zu vereinen versuchte: er war Generalsekretär der Hochschullehrergewerkschaft SNESup und als solcher Repräsentant einer intermediären Organisation und zugleich als Mitglied des »État Major« Sprecher einer Bewegung, deren Aktionsstrategie die direkte Aktion war, die unmittelbare Freisetzung und Durchsetzung von Interessen. Die Erwartungen, die sich auf ihn richteten, waren unvereinbar. Jacques Sauvageot war aufgrund seiner Stellung an der Spitze der UNEF demselben Spannungsverhältnis ausgesetzt, doch wirkte es sich nicht in gleichem Maß aus, da die UNEF kein von der Regierung anerkannter Verhandlungspartner war und daher auch weniger den Interventionen und dem Druck der um Vermittlung bemühten intermediären Kräfte ausgesetzt war (so wurde z. B. das »rote Telefon«, das Polizei und Bewegung verknüpfte, im Büro der SNESup, nicht in dem der UNEF errichtet). So konnte Sauvageot im Schatten Geismars agieren. Die Möglichkeit, durch einen Kompromiß (gewaltlose Demonstration bis zur Absperrung vor der Sorbonne statt Okkupation des Gebäudes) die Durchsetzung von zwei der drei Forderungen zu erreichen und die Mobilisierung durch Einschluß der Gewerkschaften sowie der um Vermittlung bemühten Professoren zu erweitern, beeinflußte indes auch sein Handeln. Denn die UNEF willigte in die von der Polizei begrenzte Marschroute der Demonstration ein. Was unter Maßgabe einer intermediären Verhandlungsstrategie als Erfolg gelten konnte, die Unterstützung der Forderungen der Bewegung durch die Gewerkschaften und deren symbolische Solidarisierung mit den Studenten durch Teilnahme an einer demonstrativ-appellativen Aktion (Kundgebung mit anschließendem Marsch bis zur Absperrung der Sorbonne), wirkte aus der Sicht derer, die um jeden Preis und unter Einsatz direkt-koerziver, gewaltsamer Mittel »jusqu'au bout«, bis zum Ziel vordringen wollte, als Verrat, als Preisgabe des Ziels und Blockade der Dynamik der Bewegung.

Doch die rivalisierenden Aktionsstrategien waren an sich noch kein Grund für die große Enttäuschung am Ende des 8. Mai. Wir waren nicht so naiv, erklärte rückblickend Jean-Marcel Bouguereau, die Überführung einer legalen Demonstration in eine illegale

189 Vgl. die Aussage Geismars in Joffrin, 101.

in Erwägung zu ziehen. Wir wollten mobilisieren. Breite Mobilisierung schloß Illegalisierung der Aktionen aus.[190] Die Enttäuschung resultierte aus einem Zielkonflikt, der sich mit der Aktionsstrategie verband. Die drei Forderungen waren für die Bewegung Mittel zum Zweck der Mobilisierung geworden, das Ziel selbst hatte sich verschoben. Welches es war, vermochte niemand genau zu sagen. Einigkeit bestand nur darin, die Mobilisierung weiterzuführen. Das Nachgeben der Regierung unter dem Druck der Gewerkschaften und der Opposition hätte die Bewegung ihres Mobilisierungsantriebes beraubt und damit auch der Hoffnung auf Veränderung, wie diffus und widersprüchlich die konkreten Vorstellungen davon auch sein mochten.
Für Geismar wurden objektive Probleme der Bewegung (Strategie- und Zieldefinition, Bündnispartnerwahl) zu subjektiven. »Ce qui me dégoute le plus«, sagte er, »c'est que je vais être accusé d'avoir livré des types.« Er malte sich in seinen Vorstellungen mögliche Entwicklungen dessen aus, was eintreten könnte, wenn die Regierung am nächsten Tag den Forderungen nachgäbe. Auch die Vorstellung, die Polizei lasse die französischen Studenten frei, behalte aber die ausländischen in Haft, war darunter. Er konnte den Rollenkonflikt nicht mehr ertragen. Erfahrene und antizipierte Schuldzuweisungen vermischten sich zu einer subjektiv fast ausweglosen Situation, die er auf einer Versammlung der Mitglieder der Bewegung des 22. März offenbarte. Er lieferte sich seinen um zehn Jahre jüngeren Zuhörern aus mit Bekenntnissen von Fehlern, Zweifeln, Selbstanklagen und fand durch seine öffentliche Kritik ein neues Selbstverständnis und eine neue Rolle innerhalb der Bewegung. Er machte eine Wandlung durch, die ihn radikalisierte und an die Seite des militanten Flügels der Bewegung führte. Die Radikalisierung hatte ihren Preis. Geismar löste sich von der SNESup, gab wenig später sein Amt als Generalsekretär der Gewerkschaft auf. Und noch etwas löste er auf: seine Ehe. Er entschied sich, mit Prisca Bachelet, Mitglied der Bewegung des 22. März, zusammenzuleben. Er gab alte Rollen und Lebensformen auf, um neu zu beginnen. Der Fall Geismar ist exemplarisch für den Konversionsdruck, der auf den in der Bewegung handelnden Personen lastete, die gegensätzlichen Wertloyalitäten und sozialen Verpflichtungen ausgesetzt waren.

190 Im Gespräch mit der Autorin am 15. September 1992 in Paris.

Geismars Wandlung verschob das Kräfteverhältnis innerhalb der informellen Führungsgruppe. Nicht nur die Staatsmacht hatte, wie Hamon/Rotman betonen, einen Vermittler verloren, sondern auch der gemäßigte, vermittlungsorientierte Flügel der Bewegung. Als Daniel Cohn-Bendit am Vormittag des 9. Mai auf der Lagebesprechung der Trägergruppen eine neue Demonstration für den 10. Mai ankündigte, für die, wie er behauptete, bereits 100 000 Flugblätter gedruckt worden seien, unterstützte Geismar die Idee sofort. Der Hinweis auf die Flugblätter war ein Bluff. Nichts war vorbereitet für den kommenden Tag.[191] Worauf es der Bewegung des 22. März ankam, war, die Weichen zur Fortsetzung der Demonstrationen zu stellen, unabhängig von dem, was am 9. Mai geschah. Als die informelle Führungsgruppe tagte, hatte die Regierung noch nicht über die mögliche Erfüllung der Forderungen entschieden. Es war unklar, ob der Erziehungsminister seine Ankündigung, die Sorbonne an diesem Tag wiederzueröffnen, in die Tat umsetzte.

Für die Befürworter der Fortsetzung der Demonstrationen war diese Entscheidung der Regierung unerheblich geworden. Um auch nach außen in der Fortsetzung der Aktionen legitimiert zu sein, wenn der Erziehungsminister seine Ankündigung tatsächlich wahrmachte, wurde vorsorglich die Erweiterung der drei Forderungen um eine vierte beschlossen: Rücktritt des Rektors Roche. Bedenken gegen die Entscheidung, allen möglichen Entwicklungen zum Trotz auf einen Konfliktkurs zu setzen, wurden in der informellen Führungsgruppe allein von der trotzkistischen Gruppe FER vorgebracht, welche die Koordination der Aktionen mit den Gewerkschaften einem Vorpreschen der Bewegung gleichsam im Alleingang vorzog. Die trotzkistische Gruppe JCR unterstützte den Vorschlag Cohn-Bendits unter Verweis auf die Flugbätter, die bereits gedruckt seien. Auch Jacques Sauvageot stimmte dem Vorschlag zu. Am Nachmittag kündigte er auf einem

191 So Hamon/Rotman, *Génération*, 1, 473. Es befindet sich jedoch unter den Dokumenten des BDIC in Nanterre ein handschriftlicher Aufruf der Bewegung des 22. März zur Demonstration am Freitag, dem 10. Mai. Wann er angefertigt wurde und in welcher Auflagenhöhe er verteilt wurde, ist nicht zu bestimmen.

improvisierten Treffen vor der Sorbonne die Besetzung des Gebäudes an. »Dès que nous aurons accès à la Sorbonne, nous occuperons les locaux; jour et nuit, dans les amphithéâtres, dans les salles, nous tiendrons des discussions sur le problème de l'Université.«[192]

Innenminister Christian Fouchet führt in seinen Memoiren diese Erklärung Sauvageots als Grund für die Aufrechterhaltung der Schließung der Sorbonne an.[193] Doch scheint es fraglich, ob die Erklärung den Ausschlag gab. Vielmehr bot sie der Regierung einen Vorwand, Peyrefittes Ankündigung nicht zu vollziehen. Peyrefittes Aussage vor dem Parlament entsprang seiner Eigeninitiative, die durch den Ministerrat nicht gedeckt war. Staatspräsident de Gaulle hatte sich schon am Vormittag mißbilligend über die Erklärung seines Ministers geäußert, insbesondere über den Kommentar, den die Zeitung *Combat* für die Ankündigung des Ministers fand: »De Gaulle a cédé«. Telefonisch wies er seinen Innenminister an, die Sorbonne unter keinen Umständen zu öffnen. »Le pouvoir«, so seine Devise, »ne recule pas«. Unabhängig voneinander verhärteten sich somit im Verlauf des 9. Mai die Fronten innerhalb des Regierungslagers sowie der Studentenbewegung.

Die Möglichkeit koordinierter Aktionen von Studentenbewegung und Gewerkschaften, von der SNESup und UNEF am 8. Mai erwogen, wurde am 9. Mai nur halbherzig und dilatorisch geprüft. Nicht Kooperation, sondern Separation hieß die Losung der informellen Führung der Bewegung. Den Repräsentanten von CGT und CFDT wurde dies mit Nachdruck deutlich gemacht. Eingeladen in das Hauptquartier der UNEF in der Rue Soufflot, trafen sie dort zur verabredeten Zeit keinen einzigen Gesprächspartner an. Jacques Sauvageot ließ den Generalsekretär der CGT, Georges Séguy, und den Präsidenten der CFDT, Eugène Descamps, warten. Der Sitz der UNEF glich, aus der Sicht Séguys, einer »Rumpelkammer«: »table submergée de paperasses, sièges d'éfoncés, cendriers débordants de mégots, bouteilles vides, reliefs de sandwiches, pasements et casques de protection épars«. Nach einer Weile des Wartens erschien, wie Séguy beschreibt, ein Mann reiferen Alters, mürrisch, lässig, der den Gewerkschaftsvertretern

192 Zit. nach Dansette, 111.
193 Fouchet, *Mémoires d'hier et demain*, 235.

erklärte, daß er beschlossen habe, seinen Bart erst nach dem Sieg abzunehmen: Alain Geismar. Jacques Sauvageot traf eineinhalb Stunden später ein, ohne irgendeine Erklärung für sein Zuspätkommen, wie Séguy notierte, und sich nur halbwegs entschuldigend. Die beiden Gewerkschaftsführer schlugen vor, einen Demonstrationstag in ganz Frankreich zu organisieren, einen Aufruf dazu legten sie vor. Geismar und Sauvageot lehnten den Text ab mit dem Argument, daß dieser nicht revolutionär genug sei. Als Ziel der Demonstration schlugen sie vor: »un gouvernement par et pour les travailleurs«.[194] Diese Forderung erschien beiden Gewerkschaftsvertretern derart überzogen, daß sie sich zurückzogen, ohne weitere Vereinbarungen zu treffen.

Von den Erwartungen der Trägergruppen der Bewegung war die Forderung indes nicht so weit entfernt. In der Mutualité, wo am Abend des 9. Mai alle Trägergruppen der Bewegung zu einer Diskussionsveranstaltung zusammentrafen, konnte man auf Transparenten die Losung lesen: »La jeunesse de la révolte à la révolution«.[195] Die Veranstaltung, ursprünglich nur von der trotzkistischen Gruppe JCR geplant, entwickelte sich zum Forum bewegungsinterner Öffentlichkeit.[196] Eigentlich hatte, auf Einladung der JCR, Rudi Dutschke an diesem Abend hier sprechen sollen, doch das Attentat auf ihn hatte sein Erscheinen unmöglich gemacht. Der SDS-Gruppe, die stellvertretend für ihn aus Berlin angereist war, darunter Bernd Rabehl und Christian Semmler, war am Vormittag auf dem Flughafen Orly die Einreise verweigert worden.[197] Innenministerium und Polizei fürchteten eine Art revolutionärer Brandstiftung durch ausländische Gruppen, vor allem durch den SDS und die IG Metall, von der die französische Polizei wußte, daß sie die Außerparlamentarische Opposition in der Bundesrepublik unterstützte und in Austauschbeziehungen zum SDS stand. Die Indizien für eine direkte Unterstützung der französischen Bewegung waren äußerst spärlich und wurden in den Memoiren des Polizeipräfekten später mit Nachdruck relativiert[198], doch in der angespannten Situation reichten Vermutungen

194 G. Séguy, *Le mai de la C.G.T.*, Paris 1972, 19f.
195 Hamon/Rotman, *Génération*, 1, 475.
196 Protokollarische Skizzen der Dialoge in Bensaïd/Weber, 130-133, Rioux/Backman, 171-175.
197 Bensaïd/Weber, 130.
198 Grimaud, 104f.

aus; die Gruppe wurde abgewiesen. Der Bericht über den Vorfall löste unter den vier- bis fünftausend Zuhörern in der Mutualité eine Welle der Solidarisierung aus.

Nach den Eröffnungsreden Alain Krivines und Ernest Mandels, des Theoretikers der IV. Internationale, forderte Daniel Cohn-Bendit, in der Debatte als erster das Wort ergreifend, dazu auf, das Sektendenken zu überwinden, das die Spaltung der Linken zementiere und ihre Mobilisierungskraft schwäche. Er appellierte an alle politischen Gruppen, sich zur gemeinsamen Aktion gegen die staatliche Repression zusammenzuschließen. Mit suggestiver Kraft entwarf er das Bild einer Bewegung, die einzelnen politischen Gruppen einen Hegemonieanspruch verwehrte, den demokratischen Diskurs aller zu ihrem Grundprinzip machte und damit die Voraussetzungen für autonomes Handeln und selbstreflexive Verarbeitung der Erfahrung im Handlungsprozeß schaffte. Es war das Modell einer Bewegung, die keine Unterscheidung zwischen Führern und Masse, Mobilisierern und Mobilisierten kennt, sondern sich konstituiert, entwickelt und immer wieder neu organisiert durch die Spontaneität und Kreativität demokratisch organisierter Kollektive. Kurz: es war das Modell der Bewegung des 22. März – zumindest in der Wahrnehmung, die er selbst davon hatte –, das er der Pariser radikalen Linken an diesem Abend als Vorbild offerierte. Unumstritten war es nicht. Doch Daniel Bensaïd, Mitglied der JCR und Mitbegründer der Bewegung des 22. März, der schon mehrfach öffentlich gegen Cohn-Bendit polemisiert hatte, weil dieser sich, aus seiner Sicht, mit der Beschwörung unzähliger Generalversammlungen begnügte, auf denen Studenten zusammenkamen, die nach Wunsch manipulierbar waren, unterstützte an diesem Abend den Appell, ohne auf der von den Trotzkisten immer wieder erhobenen Forderung nach einer Parteineugründung zu beharren. Gemeinsam wehrten sie den Widerspruch ab, den ein Vertreter der maoistischen Gruppe UJC (ml) geltend machte.

Der Maoist insistierte in seinem Beitrag darauf, daß die Arbeiterklasse die Avantgarde des revolutionären Kampfes sei und wahrhaft revolutionär nur derjenige sein könne, der sich in den Dienst der proletarischen Massen stelle. Seine Kritik richtete sich gegen die Besetzung der Sorbonne mit dem Ziel der Umwandlung in eine »Kritische Universität« sowie gegen die separate Organisation von Aktionskomitees, die Studenten eine Vorreiterrolle im gesellschaftlichen Transformationsprozeß zuwiesen und damit, aus Sicht der UJC (ml), die Tatsache verleugneten, daß sich innerhalb der Studentenschaft nur die allgemeinen Klassenlinien reproduzierten. Studenten, so die These, seien keine homogene Gruppe und noch weniger ein neues revolutionäres Subjekt. Der Vorstoß stellte das Vorgehen in Frage, mit dem, nach Beschluß der informellen Führungsgruppe, die Bewegung am kommenden Tag die Entwicklung weitertreiben sollte. Er riß den Graben ideologischer Gegensätze auf, der die einzelnen Gruppen trennte, wenn die Organisationsfrage gestellt und die Frage der Avantgarde im Transformationsprozeß angeschnitten wurde. Den Ausbruch einer Kontroverse über theoretische Prinzipienfragen fürchtend, intervenierten Bensaïd und Cohn-Bendit, bevor andere Redner das Wort ergreifen konnten. Es komme nicht darauf an, diese oder jene Gruppenposition zu debattieren, sondern zu entscheiden, ob man kämpfen wolle oder nicht. Damit wurde der Wille zur Aktion zur Schlüsselfrage erhoben und die Kontroverse über die »richtige« Organisation und das »wahre« Subjekt im Ansatz ausgegrenzt. »Il ne sert à rien de présenter aux groupuscules une analyse théorique«, hatte Cohn-Bendit bereits in einem am Vortag im *Nouvel Observateur* veröffentlichten Interview erklärt und dabei hinzugefügt, »si juste soit-elle: en mettant les choses aux mieux, ils la liront, mais ils ne s'y rallieront jamais, car il est dans l'essence du groupuscule de rejeter tout ce qui ne vient pas de son sein«.[199] Auch Daniel Bensaïd forderte, nicht die Differenzen zwischen den Gruppen, sondern die Gemeinsamkeiten zu akzentuieren. Im Mittelpunkt der gemeinsamen Aktion müsse der Kampf gegen die Repression und die Versuche der Gewerkschaften stehen, die Studentenbewegung ins Schlepptau zu nehmen. Er schlug vor, »Kampfkomitees« zu gründen, die in den Arbeitervierteln Aufklärung betreiben sollten, sowie »Studentenräte« mit dem Ziel, in den besetzten Fakultäten das Projekt der »Kritischen Universität« voranzutreiben.

Die mit der JCR rivalisierende trotzkistische Gruppe FER lehnte wie die Maoisten das Projekt der »Kritischen Universität« als »kleinbürgerlich« ab, doch der Vertreter der Gruppe verzichtete in seiner Stellungnahme an diesem Abend darauf, diese Differenz

199 »Entretien. Que voulez-vous exactement, Daniel Cohn-Bendit?«. In: *Le Nouvel Observateur*, N° 182 (du 8 au 14 mai) 1968, 18-20, hier 19.

zu seinem Vorredner zu akzentuieren. Er schlug die Ausrufung eines Generalstreiks vor, eine gemeinsame Demonstration von Jugendlichen, Studenten und Arbeitern sowie die Gründung von »Streikkomitees« in Universitäten und Schulen. Die Streikkomitees sollten für gewerkschaftlich Organisierte und Nichtorganisierte offen sein. Der Vertreter der Aktionskomitees, Jean-Louis Péninou, wies den Gewerkschaften UNEF und SNESup die Rolle einer Art zentralen Streikleitung zu, akzentuierte jedoch die Notwendigkeit, die Gründung von Basiskomitees voranzutreiben. »Pour organiser l'unité de la base, dans l'action et surtout pour l'action.« Damit war die Losung gefallen, auf die sich die heterogenen Gruppen einigen konnten. Auch die Vertreter der Schülerkomitees stimmten zu. Der Wille zu handeln obsiegte und einte über die theoretischen Gegensätze hinweg. Selbst dort, wo die Annäherung am größten erschien, in dem Appell zur Gründung von »Basis-«, »Kampf-« oder »Streikkomitees«, blieben Unterschiede. Die Zukunft sollte zeigen, daß man Basisautonomie und damit die Funktionsweise der Komitees sehr unterschiedlich auslegen konnte. Der Konsens bestand, wie Alain Krivine nachträglich formulierte, in dem gemeinsamen Ziel: »de faire en sorte que ce moment aille le plus loin possible, dans les limites du possible, contre les barrages permanentes de la direction du P.C.F. et de la C.G.T.«.[200] Es war eine Art negativer Koalition gegen die Staatsmacht und die alte Linke, welche die Trägergruppen zusammenband. Lediglich die maoistische Gruppe UJC (ml) schloß sich aus dem Aktionsbündnis aus. Später räumte sie ein, die Bedeutung der Bewegung in der Phase vom 3. bis zum 10. Mai unterschätzt und die Chance einer »antigaullistischen« Koalition vertan zu haben.[201] Am 10. Mai war sie nicht auf den Straßen des Quartier Latin, als die Nacht der Barrikaden begann. Auch die FER gab einer seit längerem geplanten Versammlung Vorrang vor der erneuten Demonstration.

200 A. Krivine, *Questions sur la révolution*, Paris 1973, 146 f.
201 Schnapp/Vidal-Naquet, 347 f.

4. Das »kritische Ereignis«: Die Nacht der Barrikaden

Neben den Reaktionen der staatlichen Kontrollinstanzen (Regierung, Polizei) und der Intervention von Vermittlungsträgern (intermediären Verbänden, Gewerkschaften und Parteien) wirken Situationen von außen auf die Entwicklung sozialer Bewegungen ein. »Situationen«, geschaffen durch »makrosoziale Zustände« (Stabilität/Krise) oder »dramatische Ereignisse«, können den Mobilisierungsprozeß beschleunigen, verlangsamen, bremsen. Gleichviel, sie wirken als eigenständige Faktoren auf den Bewegungsverlauf.[202]

Der Tod des Studenten Benno Ohnesorg durch die Kugel des Polizisten Kurras war ein dramatisches Ereignis, das die Entwicklung der Studentenbewegung in der Bundesrepublik entscheidend beeinflußte; sie sprang nach dem 2. Juni 1967 von Berlin auf das gesamte Gebiet der Bundesrepublik über und dehnte sich schlagartig auf alle Universitäten des Landes aus. Auch die französische Studentenbewegung wurde durch einen situativen Faktor in ihrer Entwicklungsdynamik tief geprägt: durch die Nacht der Barrikaden im Quartier Latin. Die Ereignisse in der Nacht vom 10. auf den 11. Mai veränderten die Bewegung. Sie dehnte sich räumlich und sozial aus. Sie übersprang das Quartier Latin und das Studentenmilieu sowie die Kreise der sympathisierenden Schüler und Jugendlichen. Sie löste eine nationale Welle der Solidarisierung mit den Studenten in der breiten Öffentlichkeit aus und verknüpfte die organisierte Arbeiterbewegung mit der Studentenbewegung zu einer gemeinsamen Demonstration gegen die Regierung. Wie kam es dazu? Wie entstand die Situation, die den Umschlag der Studentenbewegung in eine allgemeine soziale Bewegung möglich werden ließ?

Pierre Bourdieu entwickelt in seinem Buch *Homo academicus* (1984)[203] ein Modell des Vermittlungszusammenhanges von Ereignissen und Strukturen in Transformationsprozessen, das die Wirkungsmacht situativer Faktoren präzisiert. Das Modell, das den Gegensatz von Struktur- und Ereignisgeschichte aufhebt[204],

202 Vgl. Raschke, 363 ff.
203 P. Bourdieu, *Homo academicus*, Frankfurt am Main 1988.
204 Ebd., 276.

schreibt »kritischen Ereignissen« eine innovative Rolle und Funktion im Prozeß des Umschlags latenter in manifeste Krisen zu. Es erklärt »allgemeine Krisen« – darunter diejenige, in die Frankreich im Mai 68 gerät –, als »Koinzidenz der Auswirkungen einer Vielzahl latenter Krisen«. Zur Kennzeichnung dieses Prozesses wählt Bourdieu den Begriff »Synchronisierungseffekt«; das heißt, nicht die Addition latenter Krisen in verschiedenen »Feldern«, sondern deren Synchronisation, zeitliches Überschneiden und Ineinandergreifen, führt die »allgemeine Krise« herbei. Mit anderen Worten: die allgemeine Krise entsteht durch die »Konjunktion unabhängiger Kausalreihen«, die sich parallel entwickeln und in einem spezifischen Moment miteinander in Interaktion treten.[205] Dieser Moment – Bourdieu nennt ihn den »kritischen Moment« – wird durch »kritische Ereignisse« erzeugt.[206] Damit führt Bourdieu in die Analyse makrosozialer Strukturen und Strukturkonflikte einen Faktor ein, dem, wie er schreibt, »durchaus ein Moment der Zufälligkeit«[207] anhaften kann, hält zugleich aber an der strukturellen Determination der Ereignisse fest. Denn sie führen, nach Bourdieu, den Synchronisierungseffekt nur dann herbei, »wenn ein Verhältnis der objektiven wechselseitigen Abstimmung besteht zwischen den von der Krise betroffenen Akteuren eines Feldes, das einen kritischen Zustand erreicht, und anderen Akteuren mit ähnlichen, weil von ähnlichen sozialen Lebensbedingungen hervorgebrachten Dispositionen (lagespezifische Identität)«.[208] Diese Unabhängigkeit in der Abhängigkeit macht, aus seiner Sicht, das »kritische Ereignis« aus.

Bourdieus Modell, das den Anspruch erhebt, jede Krise oder Revolution erklären zu können[209], bleibt abstrakt. Der Autor postuliert die historische Anwendbarkeit seines Modells, löst sie selbst indes nicht ein. Er beschränkt seine systematische und empirische Analyse des Mai 68 auf das universitäre Feld. Nachfolgend soll das Modell auf den Transfer der Studentenproteste in die Arbeiterschaft angewandt werden; ein Prozeß, der durch ein »kritisches Ereignis« vermittelt wird, das die Wahrnehmung sozial heterogener Gruppen synchronisiert.

205 Ebd., 275 f. 206 Ebd., 287, 276. 207 Ebd., 276.
208 Ebd.
209 Ebd., 258, Anm. 4.

Die meisten Studenten schlafen noch, als am Morgen des 10. Mai die Schüler auf die Straßen gehen. Ab 8 Uhr sammeln sich etwa 2000, einem Aufruf der Schülerkomitees CAL folgend, an verschiedenen Punkten der Stadt, um ihre Solidarität mit den Studenten zu demonstrieren und ihr eigenes Unbehagen an den Strukturen und Lehrinhalten des Unterrichts zu artikulieren.[210] Etwa 4000 Schüler kommen gegen Mittag am Bahnhof Saint Lazare zusammen, verteilen sich von diesem Punkt aus jedoch sofort wieder in verschiedene Richtungen, um gegen 16.30 Uhr an der Métro-Station Gobelins erneut zusammenzutreffen, wo die CAL die verschiedenen Schülergruppen versammeln will. Es sind vor allem die Schüler des deuxième cycle, die mit Rufen wie »Libérez nos camarades« und »Fouchet assassin« durch die Straßen ziehen. Um die Jüngeren daran zu hindern mitzumarschieren, haben einzelne Gymnasien nach Schulbeginn ihre Tore geschlossen. Den älteren Schülern, die sich auf diese Weise nicht halten lassen, sind einige Lehrer gefolgt, die nun freimütig gegenüber Journalisten erklären: »... il y a eu chez nos élèves une explosion généreuse de solidarité pour les étudiants arrêtés. Ce mouvement anarchique nous inquiète mais, si nous ne sommes pas à leurs côtés, ils n'auront plus aucune considération pour nous«.[211] Gemeinsam ziehen Lehrer und Schüler in Richtung Denfert-Rochereau, wo die UNEF, die Bewegung des 22. März und die CAL für 18.30 Uhr zu einer Großkundgebung aufgerufen haben. Bereits eine Stunde vor Kundgebungsbeginn haben sie den Platz erreicht. Vertreter der Schülerkomitees CAL nutzen die Wartezeit, um die Menge zu agitieren. Mit ihren Appellen an die Solidarität der Schüler mit den Studenten lösen sie Beifallsbekundungen aus; doch Themen wie »liberté d'expression« und »participation« der CAL am Schulleben reißen, so *Le Monde*, nicht so recht mit. Als ein Aktivist der trotzkistischen Gruppe FER das Mikrofon ergreift und die »Revolution mit der Arbeiterklasse« fordert, löst er ein Pfeifkonzert aus. Rufe wie »Tais-toi, politicard« sind zu hören. »Wollt ihr, daß wir einem Vertreter der politischen Parteien das Wort erteilen?«, ruft ein Mitglied der CAL in die Menge und provoziert mit diesem Zwischenruf ein lautes und einheitliches »Nein«.[212] So

210 Grimaud, 143; Delale/Ragache, 68.
211 *Le Monde* vom 12./13. Mai 1968, S. 2, Sp. 1.
212 Ebd., Sp. 3.

ist der Konsensus wiederhergestellt, wenngleich auch etwas vage, als der erste Pulk von Studenten und Professoren auf dem Platz erscheint. Es ist 18.30 Uhr. Die abendliche Demonstrationskundgebung soll in Kürze beginnen. Der Verkehr am Platz Denfert-Rochereau ist zum Erliegen gekommen, Schüler und Studenten beginnen, ihn umzudirigieren. Weit und breit ist keine Polizei zu sehen. 10 000 Demonstranten sitzen und stehen dicht gedrängt um den Löwen von Belfort.

Doch verlassen wir an dieser Stelle vorübergehend das Demonstrationsgeschehen, wechseln wir die Handlungsebene, um die politischen Entscheidungsprozesse zu betrachten, die parallel zu den Ereignissen in den Straßen von Paris verlaufen. Die wichtigste Entscheidung fällt im Élysée-Palast, wo Staatspräsident de Gaulle sich am Nachmittag mit Innenminister Fouchet und dem Polizeipräfekten von Paris, Grimaud, berät. Ein Verbot der für den Abend geplanten Demonstration soll nach dem Willen de Gaulles ausgesprochen werden. Der Polizeipräfekt interveniert. Ein Demonstrationsverbot durchzusetzen verlange ein großes Aufgebot von Polizeikräften, die verhindern, daß Demonstranten zusammentreffen, und die einschreiten, wenn die Demonstranten sich nicht von ihrem Plan abbringen lassen. Über ein solches Kontingent von Kräften verfüge er nicht, so die Argumentation Grimauds, der darauf verweist, daß ein Teil der unter seiner Verfügung stehenden Polizisten bereits zur Absperrung der Sorbonne eingesetzt sei.[213] Und ein weiteres Argument fügt er an. Er verweist darauf, daß ein großer Teil der Demonstranten Schüler seien. Der Gedanke daran beunruhigt ihn schon seit dem Vormittag. Ihm ist die Vorstellung unerträglich, daß im Fall eines Demonstrationsverbotes seine Polizisten hinter den sich mit Behendigkeit und Geschwindigkeit durch die Straßen und Gassen von Paris bewegenden Schülern herjagen. Er will unter allen Umständen vermeiden, daß es zu einer solchen Jagd und mehr noch, daß es zu einem Zusammenstoß zwischen Polizisten und 13-16jährigen Jugendlichen kommt.[214]

Innenminister Fouchet, der bis dahin für ein Verbot der Demonstration eingetreten war, stimmt nach kurzem Abwägen des Für und Wider dem Polizeipräsidenten zu. De Gaulle fügt sich und

213 Fouchet, *Mémoires d'hier et demain*, 239.
214 Grimaud, 144.

erteilt dem Innenminister Handlungsvollmacht (»carte blanche«, wie Fouchet schreibt) für alle Maßnahmen, die aus der Entscheidung folgen, die Demonstration stattfinden zu lassen.[215] Innenminister und Polizeipräfekt kommen überein, Grenzen für die Demonstrationen festzulegen. Auf keinen Fall wird man die Demonstranten noch einmal auf das rechte Seine-Ufer und damit in den Regierungsbezirk ziehen lassen, zumal dort an diesem Tag die ersten offiziellen Gespräche zwischen amerikanischen und nordvietnamesischen Unterhändlern über eine Beendigung des Krieges in Vietnam stattfinden sollen.[216] Auch das linke Seine-Ufer wird in offene und verbotene Zonen eingeteilt. Untersagt wird das Überschreiten einer Grenze, die auf der Linie Gare Montparnasse/Pont du Caroussel gezogen wird.[217] Rechnet man die Absperrungen hinzu, die um die Sorbonne herum gezogen worden sind, so bleiben den Demonstranten, die am Platz Denfert-Rochereau zusammengekommen sind, das Gebiet um den Jardin du Luxembourg im 6. Arrondissement sowie Teile des 5. Arrondissements, die südlich des Panthéon liegen. Und das Gebiet zwischen Boulevard St. Michel und Rue Monge wird am Abend und in der Nacht das Zentrum der Ereignisse sein.

Nachdem auf höchster politischer Ebene die Demonstration freigegeben worden ist, setzen, wie schon am 8. Mai, zahlreiche Vermittlungsversuche ein, die das Ziel verfolgen, einen Zusammenstoß von Demonstranten und Polizisten und eine Eskalation des Konflikts abzuwenden. Anders als am 8. Mai gehen die Vermittlungsbemühungen diesmal vor allem von seiten der Regierung und der Universität aus. Es sind Versuche, die Eskalation des Konflikts gleichsam in letzter Minute zu verhindern. Die Vermittlungsversuche verlaufen parallel zur Kundgebung und zu der anschließenden Demonstration. Sie setzen nach 19 Uhr ein, als nach Schätzung Fouchets mittlerweile zwanzig- bis dreißigtausend Demonstranten versammelt sind[218] und – Zufall oder nicht – RTL in den 19-Uhr-Nachrichten das Ergebnis einer Meinungsumfrage bekanntgegeben hat, der zufolge 81% der Pariser Bevölkerung

215 Fouchet, *Mémoires d'hier et demain*, 240.
216 Philippe Alexandre, *L'Élysée en péril. 2-30 mai 1968*, Paris 1969, 32.
217 Grimaud, 147; Dansette, 116.
218 Fouchet, *Mémoires d'hier et demain*, 239.

hinter den Forderungen der Studenten stehen.[219] Kein Zweifel, die Regierungsstellen handeln unter äußerem Druck.
Ein Angebot der Regierung, zwei der drei Forderungen zu erfüllen, das Jacques Sauvageot den Demonstranten auf dem Platz Denfert-Rochereau offiziell übermittelt, lehnt die Menge ab.[220] Ohne Amnestie für die festgenommenen Studenten, so die Botschaft, keine Einstellung der Protestaktionen. Während die Demonstranten daraufhin beraten, zu welchem Ziel sie ihre Demonstration führen wollen, treffen im Erziehungsministerium die Spitzenfunktionäre der Nationalen Erziehungs- und Lehrergewerkschaft, James Marangé und Jean Daubard, ein, die zwischen 19 und 20 Uhr mit dem Erziehungsminister über die Möglichkeit debattieren, Cohn-Bendit, Geismar und Sauvageot von der Bewegung zu isolieren. Marangé, dessen Organisation die Gewerkschaften UNEF und SNESup assoziiert sind, sagt dem Minister zu, seinen Einfluß geltend zu machen, um mäßigend auf die beiden Organisationen einzuwirken. Parallel dazu verhandelt der stellvertretende Premierminister Joxe über den Rechtsanwalt Sarda, der regelmäßig die UNEF vertritt und auch Cohn-Bendit nach seiner erster Festnahme durch die Polizei verteidigt hat, mit UNEF und SNESup. Als Joxe Kenntnis von der Parallelaktion erhält, beschwert er sich telefonisch bei Peyrefitte, da, aus seiner Sicht, ein konkurrierendes Nebeneinander den Erfolg der Verhandlungen in Frage stellt.[221] Tatsächlich behindern die beiden Minister einander, denn während Peyrefitte an Geismar und Sauvageot vorbei Einfluß auf die Organisationen sucht, bemüht sich Joxe, Geismar und Sauvageot für eine Einigung über die drei Forderungen zu gewinnen. Gleichviel, weder die Umwerbungsstrategie noch der Versuch, Führer und Organisation gegeneinander auszuspielen, führen unmittelbar zum Erfolg. »Le gouvernement«, so ein der Regierung nahestehender Betrachter, »propose, les événements disposent.«[222] Über den Fortgang der Ereignisse entscheiden in den Stunden bis Mitternacht nicht die Vermittler, wenngleich diese fieberhaft tätig sind, sondern die Akteure, die Demonstranten auf der Place Denfert-Rochereau.

219 Baynac, 78.
220 Dansette, 116f.
221 Tournoux, 55-57; Baynac, 83.
222 Tournoux, 57.

Konfusion und ein Nebeneinander divergierender Ideen und Strategien herrscht allerdings auch hier. Was soll geschehen? Wohin soll der Demonstrationszug ziehen? Das sind die Fragen, die zur Debatte stehen. Selbstkritisch merkt Cohn-Bendit später an: »... avec un mégaphone, je proposais de discuter du chemin à prendre, comme si ça pouvait se discuter à 20 000.«[223] Soll man zum ORTF ziehen, weil das Fernsehen die Ausstrahlung von Filmberichten über die Studentenproteste untersagt? Soll man das Justizministerium oder den Justizpalast besetzen?[224] Beide Objekte liegen in den Zonen, die von der Polizei an diesem Abend abgesperrt worden sind; ein Marsch dorthin würde bedeuten, einen Weg einzuschlagen, der zur unmittelbaren Konfrontation mit den Ordnungskräften führt. Wissen das die Demonstranten? Es ist zu vermuten, daß zumindest die politischen Trägergruppen davon in Kenntnis gesetzt worden sind. Es ist nur schwer vorstellbar, daß das »rote Telefon« in der Rue Monsieur le Prince in der von allen Seiten als so entscheidend angesehenen Situation nicht funktioniert haben soll. Und Alain Geismar ist unter den Demonstranten auf dem Platz Denfert-Rochereau, obwohl seine Organisation nicht zur Teilnahme an der Demonstration aufgerufen hat.[225] Einige sind also über die Absichten und Regeln der Polizei informiert. Wer allerdings an diesem Abend die Marschrichtung angab, bleibt offen.

Tatsache ist, daß der Demonstrationszug sich in Richtung Santé-Gefängnis in Bewegung setzt, das innerhalb der nichtverbotenen Zonen liegt, und damit – funktional gesehen – einer direkten Konfrontation zunächst einmal aus dem Wege geht. Vor dem Gefängnis, in dem man die festgenommenen Demonstranten vermutet, wird von den Demonstranten »Liberté, liberté!«, skandiert, wobei sich aus den vergitterten Fenstern – wie *Le Monde* berichtet – Arme strecken zum Applaus.[226] Die Demonstranten nehmen das zur Kenntnis und ziehen weiter. Der Marsch zum Santé-Gefängnis wird nicht zum Sturm auf die Bastille. Die 20 000 Demonstranten vom 10. Mai handeln anders als die 800 Militanten von

223 Cohn-Bendit, *Le grand bazar*, 38. Vgl. auch Bensaïd/Weber, welche die Szene als »parodie de démocratie directe« bezeichnen, 135.
224 Vgl. *Le Monde* vom 12./13. Mai 1968, S. 2, Sp. 3; Dansette, 116.
225 »Alain Geismar parle«. In: *Labro*, 178-204, hier 185.
226 *Le Monde* vom 12./13. Mai 1968, S. 2, Sp. 4.

1789. Sie stimmen die Internationale an und belassen es bei dieser Art von symbolischer Solidarität. Der Demonstrationszug zieht über die Rue Monge zum Boulevard St. Germain, vorbei an CRS-Gruppen, die von einigen Demonstranten mit Steinen beworfen werden, aber darauf nicht reagieren. Sie befolgen die Weisung Grimauds, sich nicht provozieren zu lassen, welcher Art auch immer die Provokation sei.[227] So erreicht der Demonstrationszug ohne ernste Zwischenfälle die Ecke Boulevard St. Germain/Boulevard St. Michel.

Es sind die Polizeikräfte, die ihm die weitere Richtung weisen. Sie haben den Übergang auf das rechte Seine-Ufer versperrt, ebenso den Weg in Richtung Odéon. Es gibt mithin nur einen Ausweg: den Boulevard St. Michel und damit ein Weg, der in unmittelbarer Nähe an der Sorbonne vorbeiführt. An keinem der Tage zuvor war der Boulevard St. Michel für Demonstrationen freigegeben worden. An diesem Tag steht der Weg – nach Entscheidung Grimauds – offen.[228] Alain Geismar führt den Demonstrationszug an und führt ihn, ohne daß es zu Zwischenfällen kommt, an der Sorbonne vorbei bis in die Nähe des Jardin du Luxembourg.[229] Dort kommt der Demonstrationszug zum Stillstand. Es ist 20.40 Uhr, so die Reporter von *Le Monde*, die auch beobachten, daß in dieser Situation Alain Geismar und Jacques Sauvageot aufeinander zueilen.[230] Cohn-Bendit stößt hinzu.[231] Was ist zu tun? Was wird geschehen? Auflösung der Demonstration? Weiterführung? Aber wohin? Der entscheidende Augenblick ist gekommen. Eine Entscheidung wird fallen. Aber wer fällt sie? Alain Geismar berichtet:

Je me souviens très bien d'avoir porté Jacques Sauvageot sur mes épaules avec un mégaphone pendant un certain temps puisque symboliquement nous représentions à l'époque le mouvement et il fallait que les deux soient là en même temps pour qu'un certain nombre de gens comprennent bien ce qui se passait et nous avions donné comme consigne de ne jamais provoquer, d'occuper, mais expliquant que nous ne nous laisserions pas assommer comme des moutons si les C.R.S. attaquaient.[232]

227 Ebd.
228 Grimaud, 145.
229 Baynac, 79.
230 *Le Monde* vom 12./13. Mai 1968, S. 2, Sp. 4.
231 Hamon/Rotman, *Génération*, 1, 464.
232 »Alain Geismar parle«. In: *Labro*, 178-204, hier 185.

Folgt man Geismar, so war es seine und Sauvageots Entscheidung, zu bleiben, wo man war. Beide befinden sich mit dieser Entscheidung im Einklang mit der Menge, die sie umgibt. Serge July, der in der Nähe von Cohn-Bendit die Situation verfolgt, ergänzt: »Ce qui était évident, c'est que les types voulaient rester là et qu'ils se foutaient complètement d'aller dans les quartiers populaires.«[233] Daraus folgt: Bleiben oder in die »quartiers populaires« ziehen? Letzteres wird von July, Cohn-Bendit und der Bewegung des 22. März favorisiert.[234] Doch sie setzen sich nicht durch. Die Stimmung, den Willen der Menge erfassend, geben sie nach. Cohn-Bendit und Sauvageot geben gemeinsam die Parole aus: »Camarades, on garde le Quartier latin coûte que coûte.«[235] *Le Monde* berichtet ohne Namensnennung: »Il faut occuper le Quartier, coûte que coûte.«[236] Damit sind die Weichen gestellt, in deren Bahnen sich die Ereignisse fortbewegen. Es ist eine Situation entstanden und aus der Situation heraus eine Losung, die das Handeln von vielen freisetzt. Es gibt keine weiteren Anweisungen, was zu tun ist, keinen Appell einer Gruppe oder eines Studentenführers, Barrikaden zu bauen. Die Entwicklung verläuft spontan und spielerisch. Barrikaden entstehen ohne Plan und, wie schon bald erkennbar wird, ohne funktionalen Zweck. Sie sind symbolischer Ausdruck und nur symbolisch zu verstehen als kollektiver Protest, der sich historischer Formen bedient und sich doch einfachen historischen Analogien entzieht.

Die Barrikaden von Paris in der Nacht vom 10. auf den 11. Mai 68 sind ein historisches Zitat. Errichtet von Schülern und Studenten in Kenntnis der Bedeutung der Barrikaden in den Tagen der Commune und während der Befreiung der Stadt von der deutschen Besatzung, beschwören sie die Erinnerung an diese historischen Vorbilder herauf, doch sie erweisen sich in Form und Zielsetzung nicht als deren Abbilder. Es sind keine tatsächlichen Befestigungsanlagen, die am Abend des 10. Mai entstehen, keine Verteidigungswälle, erdacht und erbaut aus strategisch-rationalen Verteidigungs- und Machteroberungsabsichten. Sie haben keinen instrumentellen, sondern expressiven Charakter. Die Demonstran-

233 »Un militant du 22 mai raconte«. In: *Labro*, 48-77, hier 64.
234 Ebd.
235 Ebd., 65.
236 *Le Monde* vom 12./13. Mai 1968, S. 2, Sp. 5.

ten besetzen einen Raum, bauen Barrikaden, ohne, so paradox das klingt, bewußt revolutionär zu sein. »Jeder«, so Cohn-Bendit später, »machte irgend etwas, ohne genau zu wissen was. In der Rue Gay Lussac entstanden plötzlich 10 Barrikaden hintereinander! Militärisch gesehen, hatte das überhaupt keinen Sinn, aber alle hatten Lust, Barrikaden zu bauen.«[237]
Die erste Barrikade entsteht gegen 21.15 Uhr in der Rue le Goff aus Autos, Plakatwänden, Baugittern und Pflastersteinen.[238] Sie ist das Modell für alle weiteren, die zunächst an der Place du Panthéon und damit direkt gegenüber der Absperrung entstehen, welche die Polizei dort zum Schutz der Sorbonne errichtet hat. Die Demonstranten riegeln die Straßen, die auf den Platz führen, ab und dringen von dort aus in das Viertel südlich des Panthéon vor. Mit ungeheurer Schnelligkeit wird alles, was nicht niet- und nagelfest ist, herbeigetragen, um Absperrungen zu errichten. Baustellen werden geplündert, Eisenrollen, Baugerüste, Helme, Arbeitswesten werden zum Bau der Barrikaden verwandt und immer wieder parkende PKWs.[239] Auch Baustellenwagen werden umfunktioniert. Die größte Barrikade erreicht eine Höhe von drei Metern, sie ist angeblich von einer Gruppe junger Arbeiter, die sich der Demonstration angeschlossen haben, relativ fachmännisch und verteidigungsgerecht aus Baustellenmaterial errichtet worden.[240] Mit Parolen wie »Encercler les flics« und »Assiégeons les assiégeants« versuchen die Trägergruppen, in die laufenden Aktionen hinein eine Art strategische Zielsetzung zu geben. Doch von der Umzingelung der Polizei durch die Demonstranten kann in Wirklichkeit nicht die Rede sein. Den Reportern von *Le Monde* bietet sich das Bild eines »camp retranché«, die Studenten verschanzen sich.[241] Das besetzte und abgeriegelte Gebiet bildet eine Enklave innerhalb des 5. Arrondissement. Verbarrikadiert werden – sieht man von Teilen des Boulevard St. Michel und der Rue Gay Lussac ab – Seiten- und Nebenstraßen, die insgesamt nur einen Bruchteil der Straßen innerhalb des 5. Arrondissement ausmachen. Das besetzte Viertel beherbergt große Institute, kleine Ge-

237 Cohn-Bendit, *Der große Bazar*, 34.
238 Ebd.; Rioux/Backmann, 191.
239 *Le Monde* vom 12./13. Mai 1968, S. 2, Sp. 5.
240 Rioux/Backmann, 192.
241 *Le Monde* vom 12./13. Mai 1968, S. 2, Sp. 5.

schäfte und unzählige Restaurants. Als die Demonstranten in das Viertel eindringen, schließen die Restaurants, so beobachten zwei Redakteure des *Nouvel Observateur*, die Jalousien. Nur die Anwohner bleiben, die Gäste fliehen, um ihre Autos in Sicherheit zu bringen. Einige kehren zurück, um den Ereignissen zuzusehen. Sie werden Zeugen einer »dramatischen Nacht«[242], die auf einzigartige und exemplarische Weise zeigt, wie aus lokalen Aktionen binnen kurzem ein nationales Ereignis werden kann.

Um 22.15 Uhr gab Europe 1 die Nachricht vom Bau der ersten Barrikade in der Rue le Goff bekannt. Weitere Nachrichten von den Aktionen der Studenten folgten in kurzen Abständen. Reporter von Europe 1 und Radio Luxembourg (RTL) waren mit ihren Übertragungswagen in das von den Demonstranten besetzte Gebiet gefahren und berichteten nun unmittelbar vom Ort des Geschehens. Sie gaben Ereignis- und Stimmungsberichte, die, aus der Sicht von Profis, einzigartig waren: »L'Histoire en direct... On n'a jamais fait mieux.«[243] Die Übertragungen vom Ort des Geschehens hinter den Barrikaden bannten Millionen von Hörern in dieser Nacht, sie informierten und mobilisierten die Öffentlichkeit landesweit. Das Radio als Massenmedium steigerte die Außenwahrnehmung der Bewegung und wirkte unmittelbar auf die öffentliche Einschätzung der Bewegung ein. Der Stil des »comme si vous y étiez« der privaten Rundfunkanstalten[244] vermittelte noch den entferntesten Zuhörern in dieser Nacht das Gefühl eines außergewöhnlichen Geschehens oder, wie der Innenminister Christian Fouchet meinte, einer »wilden Schlacht«.[245] Die Berichte, in der Art und Weise von Sportreportagen gesprochen, dramatisierten das Geschehen und gaben selbst kleinen Vorfällen noch den Charakter des Außergewöhnlichen.[246]

Schon der Standort der Übertragungswagen – hinter den Barrikaden – vermittelte eine spezifische Sicht der Ereignisse. Information und Identifikation mit den Studenten – so zumindest das Urteil des Innenministers und des Polizeipräfekten noch in dieser

242 Rioux/Backmann, 191.

243 Luc Bernard, *Europe 1. La grande histoire dans une grande radio*, Paris 1990, 268.

244 Vgl. dazu E. Sullerot, »Transistors et barricades«. In: *Labro*, 124-139, hier 133.

245 Fouchet, *Mémoires d'hier et demain*, 244.

246 Grimaud, 152.

Nacht – vermischten sich. Hinzu kam, so die Argumentation Grimauds, daß die meisten Reporter sehr jung waren und sich somit schon qua Generationslage mit den Demonstranten identifizierten.[247] Doch eine Übereinstimmung in den Motiven muß nicht bestanden haben. Der Aktivismus der Studenten kam der Art der Nachrichtenproduktion und -selektion der Massenmedien entgegen. Sie orientieren sich am ereignishaft Punktuellen (nicht an komplexen und langfristigen Prozessen), das Neue und Ungewöhnliche zieht sie an, »ganz besonders dann, wenn es gesellschaftliche Normen verletzt und dadurch konflikthaft aufgeladen wird«.[248] Die Nacht der Barrikaden im Quartier Latin erfüllte in exemplarischer Weise diese Kriterien. Die Interessen der Journalisten und ihre Auffassungen vom Journalistenberuf konvergierten daher mit dem Interesse der Bewegung an Publizität und öffentlicher Aufmerksamkeit. Die Interessenkonvergenz schloß Sympathien einzelner Journalisten für die Demonstranten nicht aus, setzte sie aber nicht notwendigerweise voraus. Dies wird durch die kritischen Reflexionen einzelner Reporter über ihre Rolle und Funktion im Mai 68 bestätigt. Sie sahen die Nacht der Barrikaden als Herausforderung an, ihr Handwerk auszuprobieren, Spiegel der Ereignisse zu sein und dabei noch schneller, aktueller und der Bewegung näher als ihre Kollegen. Nicht zuletzt die Konkurrenz zwischen RTL und Europe 1 spornte an diesem Abend die impressionistische Berichterstattung an. Die beiden Stationen versuchten, einander an Informationen zu übertrumpfen, und traten in einen wahren Wettlauf um Interviews mit den Führern der Bewegung ein. Dadurch gaben sie diesen die Gelegenheit, die Aktionen der Demonstranten begleitend zu kommentieren und damit den Zuhörern ihre Deutungsmuster zu offerieren. So kam es zu einem reziproken Prozeß: Während die Menge der Demonstranten die Anliegen der Bewegung in Aktionen und damit in Medienereignisse transformierte, dechiffrierten die Sprecher/Führer der Bewegung die Ereignisse und brachten sie auf die Ebene der abstrakten Forderungen und Ziele zurück.

247 Ebd. 152f.; vgl. zur Problematik der Identifikation auch Fouchet, *Mémoires d'hier et demain*, 245.

248 R. Schmitt-Beck, »Die Bedeutung der Massenmedien für soziale Bewegungen«. In: *Kölner Zeitschrift für Soziologie und Sozialpsychologie* 42 (1990), 642-662, hier 650.

Durch die Vermittlung der Medien multiplizierte sich der Kreis der Adressaten, wuchs die Außenwirkung der Bewegung. Sie sprengte nicht nur die ihr im 5. und 6. Arrondissement gezogenen Grenzen, sie wirkte selbst über die Grenzen der Hauptstadt hinaus.[249]

Die Medienberichterstattung wirkte aber auch auf die Binnenstruktur der Bewegung ein. Anwohner des besetzten Viertels, die Radiotransistoren auf Fensterbänke und Balkone stellten, um nicht nur zu sehen, sondern auch detailliert zu hören, was ringsherum geschah, förderten indirekt diesen Prozeß. Es wurde in den besetzten Straßen eine Atmosphäre erzeugt, die Zeitzeugen später als »stéréophonie totale« beschrieben. »De toutes parts, dans toute la rue, on était baigné dans les sons de l'événement: il y avait instantanéité totale entre l'événement et l'information, l'information et sa réception.«[250] Das Ineinanderübergehen von Ereignis und Bericht über das Geschehen trieb die Aktionen voran und stachelte die Motivationen an. Ein Aktivist beschreibt: »J'étais heureux, jamais de ma vie je n'avais ressenti une telle impression de force, un tel sentiment de bonheur. Je faisais l'histoire ...«[251] Das Individuum wurde durch den Bericht über seine Aktionen gleichsam objektiv aufgewertet und subjektiv bestärkt, vergewissert. So entstand das Gefühl eines subjektiven Erlebnisses, subjektiver Bedeutsamkeit in der kollektiven und durch die kollektive Aktion. »Dès que j'ai entendu un transistor, cela m'a énormément réconforté. Ils ont parlé d'une trentaine de barricades. J'ai sauté de joie et on a tous crié: On n'est pas seuls!«[252]

»Gegenstand der Berichterstattung der Massenmedien zu sein«, so eine Prämisse der Bewegungsforschung, »erleichtert sozialen Bewegungen die Bildung einer kollektiven Identität, da ihre Existenz als einheitliche Akteure von machtpolitischer Relevanz durch die Medienberichterstattung quasi ›ratifiziert‹ wird.«[253] Dies wird durch die Rolle der Medien in der Nacht der Barrikaden anschaulich und exemplarisch illustriert. Hinzugefügt sei als Hypothese, daß die Stärkung der kollektiven Identität, des »Wir-

249 Luc Bernard, 258; vgl. auch Evelyne Sullerot, »Transistors et barricades«.
250 Ebd., 128f.
251 Zit. in Dansette, 118.
252 Zit. in Sullerot, 130.
253 Schmitt-Beck, 645.

Gefühls«, über die Steigerung des »Ich-Gefühls« verläuft. Das subjektive Erleben hinter den Barrikaden schlägt um in Freude, eine Art Feststimmung kommt auf, »Fraternité« wird zur erfahrbaren Wirklichkeit: »On s'appelait ›camarades‹, on se disait ›tu‹.«[254] Einander Unbekannte umarmen sich, verstehen sich, verlieben sich in einem Gefühl der Exaltation. Es entsteht, wie *Le Monde* berichtet, »un enthousiasme communicatif«[255], der die Bewegung eint und in ihrem Anliegen bestärkt. »Nous ne bougeons plus jusqu'à ce que nous ait rendu la Sorbonne, jusqu'à ce que les copains soient sortis de prison.« Rationale Überlegungen, Kosten-Nutzen-Kalküle werden verdrängt. Der Alltag ist durchbrochen, es herrscht eine außeralltägliche Situation, in der das Unmögliche möglich erscheint.

Außeralltäglich ist nicht nur die Stimmung und Kommunikation unter den Demonstranten, sondern auch der Diskurs zwischen den Sprechern der Bewegung und den Universitäts- und staatlichen Vermittlungsinstanzen. Wiederum trägt das Radio in entscheidendem Maße zur Gestaltung dieser Kontakte bei. In dieser Nacht übermittelt es nicht nur, sondern vermittelt auch und greift damit selbst als intermediäre Instanz aktiv in die Entwicklung ein. Um 22 Uhr meldet sich Alain Geismar zu Wort. In einem Übertragungswagen von RTL sitzend, der zwischen den beiden Hauptbarrikaden in der Rue Gay Lussac steht, spricht er über das Telefonnetz, das diesem Wagen zur Verfügung steht, mit der Sorbonne.[256] Am anderen Ende der Leitung meldet sich der stellvertretende Rektor Chalin. Der siebzigjährige Professor bietet – nicht wissend, daß das Gespräch im Rundfunk direkt übertragen wird[257] – an, sofort an den Ort zu kommen, an dem Geismar sich befindet. Er will hinter die Barrikaden gehen, um ein Gespräch zu führen. Ob das möglich sei?, fragt er mit Höflichkeit und Vorsicht an. Geismar antwortet ihm, daß dies schon möglich sei, es aber einen Punkt gebe, über den niemand einen Vergleich abschließen könne. Chalin müsse wissen, daß die Erfüllung auch der dritten Forderung der Bewegung, die Amnestie für die verhafteten und verurteilten Studenten, die notwendige Voraussetzung für jegliche

254 Dansette, 118.
255 *Le Monde* vom 12./13. Mai 1968, S. 2, Sp. 6.
256 Der Wortlaut des Gesprächs ist dokumentiert in *Labro*, 142-145.
257 Fouchet, *Mémoires d'hier et demain*, 246.

Verhandlungen sei. Chalin antwortet, daß er darüber nicht entscheiden könne, sich aber an den Minister wenden werde. An dieser Stelle des Gesprächs, das in voller Länge direkt über den Sender ausgestrahlt worden ist, schaltet sich der Sprecher von RTL in den Dialog ein. Er schlägt vor, daß man das Gespräch exakt in zehn Minuten über die gleiche Welle wiederaufnehmen solle. Die Radiostation drückt auf das Tempo im Entscheidungsprozeß. Sowohl Geismar als auch der Prorektor lassen sich darauf ein.

Die Fortsetzung des Gesprächs erfolgt im Zeitrhythmus, den das Radio vorgegeben hat. Für die Zuhörer ein Unterhaltungsprogramm, wie man es sich besser nicht vorstellen kann. Ein Radiokrimi. Wer wird nachgeben? Wer der Sieger sein? Der zweite Teil des Gesprächs führt in der Sache nicht weiter. Chalin kann nur den Inhalt des Kommuniqués wiederholen, das der Rektor bereits um 22 Uhr über den Rundfunk verbreiten ließ, und hinzufügen, daß er den Text nun offiziell an die Herren Geismar und Sauvageot übermittele. Bevor Geismar antworten kann, stellt ein Sprecher der Rundfunkanstalt fest: »que l'on a entendu dans la rue des bruits assez désappointés«. Dann gibt Alain Geismar folgende Erklärung ab:

> Nous avons posé maintenant, devant l'ensemble de la population qui était aux écoutes une question, si le gouvernement n'est pas capable de prendre ses responsabilités sur cette question, c'est la population qui doit prendre cette responsabilité. C'est clair pour nous.[258]

Geismar macht mithin die Öffentlichkeit der Radiohörer zum Zeugen des Konflikts und, mehr noch: er bezieht sie in die Auseinandersetzung mit ein. Der an diesem Abend verantwortliche Chefredakteur der Radiostation interveniert: auf diese Weise lasse sich ein Gespräch über den Rundfunk nicht führen. Der Konflikt hat eine neue Dimension erreicht.

Geismars Erklärung macht die Pläne der Regierung zur Deeskalation des Konflikts zunichte. Damit wird eine Strategie durchkreuzt, zu der sich die Regierung zwischen 20 und 22 Uhr durchgerungen hat. Um die Bedeutung zu verstehen, müssen wir erneut die Handlungsebene wechseln und die Überlegungen und Entscheidungen auf der anderen Seite der Barrikaden in die Untersuchung einbeziehen. Dort hat sich, während der Demonstrations-

258 Ebd., 144.

zug bereits in Bewegung war, der stellvertretende Premierminister Joxe gegen den Erziehungsminister Peyrefitte durchgesetzt. Peyrefitte hat seinen Plan, über den Unterhändler Marangé (FEN) an Geismar und Sauvageot vorbei Einfluß auf UNEF und SNESup zu nehmen, aufgegeben. Mit der Aufgabe der Vermittlung zwischen Regierung und den Gewerkschaftsorganisationen UNEF und SNESup ist der Anwalt der UNEF, Sarda, beauftragt worden. Sarda, der ein persönlicher Freund von Joxe ist, sucht das Gespräch mit Sauvageot und Geismar, um gleichsam in letzter Minute zu beraten, wie man den offenen Konflikt abwenden kann. Die spezielle Aufgabe seines Verhandelns besteht darin, eine Formulierung zu finden, welche der Regierung ein Einlenken hinsichtlich der dritten Forderung der Demonstranten – Amnestie für alle verurteilten und verhafteten Demonstranten – möglich machen kann. Nachdem die Regierung bereits in den frühen Abendstunden ihr Entgegenkommen in den beiden ersten Punkten signalisiert hat, beauftragt sie Sarda nun, folgenden Vorschlag zu unterbreiten: »les étudiants détenus ou condamnés feront l'objet d'une mesure de bienveillance«.[259] Das Wort, auf das die Demonstranten warten, fehlt: Amnestie wird nicht erklärt.
Die Suche nach einer Ersatzformel ist Ausdruck des Dilemmas, in dem die Regierung steckt. Kein Mitglied der Regierung, nicht einmal Staatspräsident de Gaulle, kann einfach ein Gerichtsurteil annullieren, das ein französisches Gericht ausgesprochen hat, oder Straffreiheit verkünden. Das Prinzip der Gewaltenteilung verhindert einen solchen Eingriff der Exekutive in die Jurisdiktion. Ausgesprochen werden könnte seitens der Regierung die Absicht, im Parlament ein Amnestiegesetz einzubringen. Doch ein solcher Vorgang erfordert Zeit, läßt sich nicht ad hoc realisieren. Die Studenten jedoch verlangen eine Antwort: präzise, definitiv und sofort. Formal läßt sich ihre Amnestieforderung nur durchsetzen durch einen Parlamentsbeschluß. Dazu hätte die Regierung in den vorangegangenen Tagen – insbesondere am 8. Mai – die Gelegenheit gehabt, aber am 8. Mai hat der Ministerrat jegliche Entscheidung vertagt. Der zweite Weg, der ihr zur Verfügung steht, ist die Aufhebung der Strafen durch einen Gnadenakt, doch dazu muß eine Initiative von seiten der Verurteilten vorausgegangen sein. Sie müssen einen Antrag auf Begnadigung gestellt haben,

259 Dansette, 122.

bevor der Staatspräsident die Aufhebung der Strafe verkünden kann. Schon aus rein verfahrenstechnischen Gründen – und unabhängig von der Bereitschaft der Betroffenen, einen solchen Weg zu gehen – ist auch dieser Weg an diesem Abend versperrt. Vor diesem Hintergrund ist der Vorschlag, den Rechtsanwalt Sarda unterbreiten will, zu sehen. Doch die Gespräche zwischen ihm und Geismar/Sauvageot kommen nicht zustande. Sardas Mission scheitert, bevor sie überhaupt begonnen hat.

Mitbedingt wird dieses Scheitern durch die Initiative, die Rektor Roche an diesem Abend unternimmt. Um die Zusammenhänge offenlegen zu können, gilt es noch einmal, die Handlungsebene zu wechseln und auch die Rolle des Rektors der Académie de Paris in die Analyse miteinzubeziehen. Seine öffentlich verbreitete Bereitschaft, eine Studentendelegation zu empfangen[260], ist zuvor mit der Regierung abgestimmt worden. Rektor Roche handelt mithin im Einverständnis mit der Regierung und in Kenntnis der Mission des Anwalts Sarda.[261] Aufgrund außergewöhnlicher Umstände überschneiden und behindern seine und Sardas Missionen einander. Roche will die Voraussetzungen und Bedingungen klären, unter denen der Lehrbetrieb an der Sorbonne wiederaufgenommen werden kann. Auch in diesem – die zweite Forderung der Studenten betreffenden Punkt – will die Regierung angesichts der angespannten Situation Zugeständnisse machen. Sie ist bereit, nach Wiedereröffnung der Sorbonne und unter der Voraussetzung, daß der Lehrbetrieb ungestört ablaufen kann, eine Demonstration der Studenten in der Sorbonne zuzulassen, letzteres vorbehaltlich der Zustimmung des Rektors, der mit den Studenten in Verhandlungen darüber eintreten soll. Durch diese Initiative soll die angekündigte Besetzung abgewehrt und der Protest der Studenten in legale Bahnen gelenkt werden. Doch auch diese Initiative scheitert.

Alain Geismars Telefongespräch mit Prorektor Chalin über den Sender RTL legt die Bewegung auf eine intransigente Haltung fest. Geismar verkennt die Handlungskompetenz, über die der Rektor verfügt. Er kann keine Amnestie erklären, kann sich lediglich an den Erziehungsminister wenden; dieser jedoch hat sich den Vorstellungen des stellvertretenden Premierministers Joxe ge-

260 Verbreitet über das Radio. *Le Monde* vom 11./12. Mai 1968 S. 2, Sp. 5.
261 Tournoux, 57.

fügt, der seinerseits den Anwalt Sarda mit einer Vermittlungsmission beauftragt hat. Doch Sarda hat zu dem Zeitpunkt, als Geismar mit Chalin spricht, zu Geismar und Sauvageot noch keinen Kontakt herstellen können. Sie kennen mithin sein Angebot nicht. Roches bzw. Chalins Vermittlerrolle ist an den Erfolg der Mission Sardas geknüpft. Sardas Verhandlungen scheitern, weil für seine geheime Mission keine Chance mehr besteht, nachdem Geismar die Haltung der Bewegung im Gespräch mit Chalin öffentlich festgeschrieben hat. Auch der Vorsitzende der UNEF, Bernard, und der Secrétaire adjoint der SNESup, Fontaine, lehnen Gespräche mit dem Anwalt ab.

Als Sarda nach langen Bemühungen an diesem Abend endlich Sauvageot erreicht, kann dieser nicht hinter die Forderungen Alain Geismars zurückfallen. Sauvageot hat während des Gespräches Geismar/Chalin an der Seite Geismars im Übertragungswagen gesessen und dessen Entscheidung mitgetragen. Vom gleichen Übertragungswagen aus antwortete er daher wenig später Sarda kurz: »primo ce que vous proposez est inacceptable, secundo si le ministre veut faire des propositions, qu'il les fasse publiquement«.[262] Damit sind spätestens gegen 23 Uhr die offiziellen Vermittlungsversuche gescheitert.

In den Straßen von Paris beginnen die Polizisten seit einer Stunde nervös zu werden. Nach Schätzung der Polizei sind ca. 25 Barrikaden errichtet, *Le Monde* schätzt die Zahl der Barrikaden in dieser Nacht auf 60.[263] Die Einsatzleiter der Polizei legen Grimaud eine möglichst rasche Intervention nahe. Doch Grimaud hat vom Innenminister Fouchet die Anweisung erhalten, nichts zu unternehmen, nicht einzugreifen, solange die Verhandlungen andauern. Er hält sich daran und wartet auf eine Entscheidung der Regierung. Die Zeit vergeht, ohne daß eine Konsequenz aus den ergebnislosen Vermittlungsbemühungen sichtbar wird. Grimaud legt dies später als Unfähigkeit der Regierung aus, eine Linie, »ligne de conduit«, zu finden. Er führt dies auf die Abwesenheit von Regierungschef Pompidou zurück. »Louis Joxe«, so sein Kommentar, »ne se sent pas dans une position suffisamment assurée pour prendre seul les décisions qu'exigerait cette situation

262 Grimaud, 147.
263 *Le Monde* vom 12./13. Mai 1968, S. 2, Sp. 4f.

exceptionnelle.«[264] Wenn Pompidou anwesend gewesen wäre, so die Vermutung Grimauds, wäre die Entwicklung anders verlaufen. So fehlt jemand, der eine Entscheidung trifft. Dagegen wendet der Innenminister Fouchet in seinen Memoiren ein, daß er sich vom Polizeipräsidenten habe überzeugen lassen, die Polizeikräfte nicht einzusetzen, solange noch so viele Schüler unter den Demonstranten seien.[265] Grimaud, so Fouchet, habe auf die letzte Métro gesetzt, in der Hoffnung, daß mit ihr die Schüler nach Hause fahren. Er wendet den Vorwurf der Entscheidungsschwäche von sich und der Regierung ab, indem er Grimauds Argument gegen diesen selbst wendet. Doch kann das Warten auf die letzte Métro ein Entscheidungskriterium der französischen Regierung sein?

Auch die Demonstranten warten nach dem Ende des Gesprächs zwischen Geismar und Chalin eine Stunde lang vergeblich auf eine Antwort der Regierung. Gegen Mitternacht macht sich die Erkenntnis breit, daß es so nicht weitergehen kann. Etwas wird geschehen, muß geschehen. Aber was? Es ist Alain Touraine, Professor für Soziologie in Nanterre, der die Initiative ergreift. Er schlägt Daniel Cohn-Bendit vor, gemeinsam mit ihm, zwei weiteren Professoren und zwei Studenten zu Verhandlungen mit Rektor Roche in die Sorbonne zu gehen.[266] Nachdem Geismar und Sauvageot Verhandlungen mit dem Rektor abgelehnt haben, solange die drei Forderungen der Studenten nicht erfüllt sind, überrascht die Antwort, die Cohn-Bendit seinem Lehrer gibt: er akzeptiert. Später wird er seine Entscheidung rechtfertigen mit dem Satz: »j'étais le seul à pouvoir aller discuter sans que tout le monde crie à la trahison: je représentais l'aile gauche du mouvement«.[267] Hinzugefügt sei, daß er nach seinen eigenen Aussagen kurz zuvor auf Touraines Frage »Was wollen Sie?« geantwortet hat: »... faites partir les flics, il ne se passera rien«.[268] Wenn das richtig ist, war er »als linker Flügel der Bewegung« nicht nur bereit, das Verhandlungstabu zu brechen, sondern auch – zumindest in dieser Nacht – von der Forderung nach sofortiger Amnestie (die, wie oben

264 Grimaud, 150.
265 Fouchet, *Mémoires d'hier et demain*, 239; Grimaud, 145 f.
266 Touraine, *Le communisme utopique*, 144; Cohn-Bendit, *Le grand bazar*, 40.
267 Ebd.
268 Ebd.

gezeigt, unerreichbar war) abzusehen. Welches seine Motive auch gewesen sein mögen, es wurde ein letzter Versuch gemacht, eine drohende Konfrontation durch Vermittlungsgespräche abzuwenden. Ein Polizist geleitet die Delegation durch die Polizeiabsperrung zur Sorbonne. Den Studenten aus Nanterre erkennend, gibt er Touraine zu verstehen, daß der Rektor Cohn-Bendit nicht empfangen wolle. Wortgewandt weist der Professor die Bedenken des Polizisten zurück. Er werde zunächst mit dem Rektor sprechen, danach könne dieser selbst entscheiden, wen er empfangen wolle.[269] Und so geschieht es auch. Zunächst wird die Delegation der Professoren vom Rektor empfangen, dann die Studentendelegation hinzugezogen. Niemand weist jedoch den Rektor darauf hin, daß es Cohn-Bendit ist, der ihm nun gegenübertritt.[270] Auf die Frage des Rektors, was nach seiner Vorstellung zu tun sei, antwortet dieser: »C'est très simple, vous faites évacuer les flics, vous ouvrez la Sorbonne, moi, je trouve trois ou quatre orchestres et c'est la fête. Il ne se passera rien d'autre. Les gens danseront, boiront, seront heureux.«[271] Die Antwort, die in ihrer spielerischen Definition der Wirklichkeit situationistische Elemente erkennen läßt, provoziert. Doch die Situation entfaltet sich nicht. Bevor der Rektor reagieren kann, läutet das Telefon. Der Erziehungsminister ist am Apparat. »Vous avez Cohn-Bendit devant vous«, teilt er dem Rektor mit. Der Rektor bestreitet das: »Moi, pas du tout!«. Peyrefitte insistiert: »Comment, vous n'avez pas un garçon un peu bouffi, roux?« – bis er am anderen Ende die Stimme des Rektors hört: »... il y en a un comme ça«.[272] Auf diese Weise erfährt der Rektor, was Millionen von Franzosen bereits seit geraumer Zeit wissen. Um 0.35 Uhr hat RTL bekanntgegeben, daß eine Studentendelegation die Sorbonne betreten hat, zehn Minuten später Europe 1 mitgeteilt, daß Daniel Cohn-Bendit darunter ist – ein Vorgang, den der Innenminister retrospektiv als »scandaleux et amusant« beschreibt.[273] Aus dem Radio erfährt auch das Erziehungsministerium von der Zusammensetzung der Delega-

269 Szene detailliert geschildert in Grimaud, 147; vgl. auch Dansette, 126.
270 Grimaud, 145.
271 Cohn-Bendit, *Le grand bazar*, 40f.
272 Der Wortlaut des Telefongespräches wird überliefert in den Memoiren des Innenministers Christian Fouchet, *Mémoires d'hier et demain*, 246.
273 Ebd., 246.

tion[274], doch es dauert einige Zeit, bis der Erziehungsminister die Information weitergibt. Über eine Stunde befindet sich die Delegation bereits in der Sorbonne, als der Rektor die Nachricht erhält. Er beendet die Verhandlungen sofort. Um 1.45 Uhr verläßt die Studenten/Professoren-Delegation die Sorbonne[275], nachdem auch ein letzter Versuch Alain Touraines, sich in das Telefongespräch mit dem Erziehungsminister einzuschalten, erfolglos geblieben ist. Touraines dringender, persönlicher Appell an seinen Studienkollegen Peyrefitte, die Polizei abziehen zu lassen, um Blutvergießen zu vermeiden, ist vom Erziehungsminister mit den Worten beantwortet worden: »Ce n'est pas ma police. C'est la police de la République, et elle ne tirera pas.«[276] Damit ist die Entscheidung gefallen.

Der Staat wird zwar nicht zum Äußersten greifen, aber mittels seiner Polizei gegen die Demonstranten vorgehen. Und noch etwas klingt in der Antwort an. Wie immer man die Vorfälle in dieser Nacht retrospektiv auch bewerten mag, sei es, daß man die Situation in dem besetzten Viertel als »revolutionären Karneval« ansieht, sei es, daß man die Szenen in der Sorbonne mit einer »Tragikomödie« vergleicht, die Ereignisse in der Nacht haben eine neue Situation geschaffen: nicht das System, aber das Ansehen der Fünften Republik ist angegriffen. Es geht nicht mehr um die Absperrung der Sorbonne, die der Innenminister kraft seiner Kompetenz aufheben kann, sondern es geht um den Einsatz der »Polizei der Republik« gegen Barrikaden, die in der Hauptstadt errichtet worden sind. Die Wahrnehmung des Konflikts hat sich verschoben und damit auch die der Bewegung. Sie hat binnen weniger Stunden eine brisante politische Dimension bekommen. Dabei ist es nicht die reale Bedrohung der Regierung durch die sich verbarrikadierenden Demonstranten, sondern die gedachte Bedrohung der Autorität des Staates, der Fünften Republik, mit anderen Worten: nicht die Realität, sondern die Konstruktion der Realität, die der Bewegung schlagartig politische Brisanz verleiht.

Entscheidenden Einfluß auf die Wahrnehmung, Deutung und Wertung des Konflikts übte die Medienberichterstattung des Ra-

274 Dansette, 226.
275 *Le Monde* vom 11./12. Mai 1968, S. 2, Sp. 6.
276 Zit. nach Dansette, 127.

dios aus. Ohne die direkte Berichterstattung der zwei Radio-Stationen hätte der Konflikt weder seine dramatisch-theatralische noch seine nationale Bedeutung bekommen. Immerhin war kein öffentliches Gebäude, keine Regierungsinstanz, keine Radio- oder Fernsehstation besetzt, sondern nur ein kleiner Teil des Quartier Latin, der für die Funktionsfähigkeit der Stadt Paris ohne Bedeutung war. Ohne die Radioberichterstattung hätten die Anwohner der anderen neunzehn Arrondissements der Stadt von der Bedrohung in dieser Nacht nicht einmal etwas erfahren. Sie hätten allenfalls am nächsten Tag bei der Lektüre der Zeitungen Notiz von den Vorgängen genommen. So aber wurden sie direkt einbezogen, wurden sie unmittelbare Zeugen der Ereignisse; und nicht nur sie, das ganze Land hörte mit. Durch die Berichte der Radiosender wurde in dieser Nacht eine Öffentlichkeit wiederhergestellt, die aufmerksam registrierte, was passierte, und sich ein Meinungsbild machte. Dadurch wurde ein Erwartungsdruck erzeugt, der auf die Regierung wirkte. Sie mußte die Forderungen der Bewegung zur Kenntnis nehmen und auf sie – wie auch immer – reagieren. Sie geriet unter Zugzwang, dem sie sich nur unter Legitimationsverlust entziehen konnte.
Der regierungsinterne Entscheidungsprozeß bestand aus zwei Phasen. Die erste Phase (20-23 Uhr) war gekennzeichnet durch Bemühungen einzelner Regierungsmitglieder, auf die Forderungen der Bewegung einzugehen. Doch die Vermittlungsversuche behinderten sich und wurden, nachdem sie intern koordiniert worden waren, extern blockiert: vor allem durch das Radiotelefon, das den Dialog zwischen Geismar und Chalin öffentlich machte und damit der Geheimdiplomatie des Anwalts Sarda keinen Handlungsspielraum mehr ließ. So drangen die Vorschläge der Regierung, die weitgehende Kompromißbereitschaft signalisierten, nicht durch. Ob die Bewegung sich darauf eingelassen hätte, ist fraglich. Die Bewegung vertrat in dieser Phase eine Haltung des Alles-oder-nichts; ohne Entgegenkommen in den drei Forderungen, keine Verhandlungsbereitschaft, kein Signal zur Auflösung der Okkupation. Sie forderte von der Regierung mehr, als diese ihr ad hoc – wie bei der Problematik der Amnestie gezeigt – gewähren konnte, und sie richtete ihre letzten und dringenden Appelle jeweils an Adressaten, die damit überfordert waren. Überfordert nicht in dem Sinne, daß es ihnen an Persönlichkeiten fehlte, in dieser außergewöhnlichen Situation zu reagieren

(wie die Kritik Grimauds nahelegt), sondern überfordert hinsichtlich ihrer Kompetenz. Prorektor Chalin konnte über das Ultimatum, das Geismar ihm stellte, nicht entscheiden, sondern sich lediglich an »seinen Minister«, den Erziehungsminister Peyrefitte, wenden. Dieser wiederum konnte gemeinsam mit Chalin und Roche die Bedingungen klären, unter denen die Sorbonne wieder geöffnet werden konnte, und selbst noch eine Demonstration innerhalb der Sorbonne legitimieren, nicht aber, wie es Alain Touraine von ihm verlangte, den Abzug der Polizei dekretieren. Es war in der Tat nicht »seine Polizei«, sie unterstand dem Innenminister Fouchet, der über die Aufhebung der Absperrung der Sorbonne entscheiden konnte und seinerseits auch wollte, wenn die Bedingungen für einen ordnungsgemäßen Lehrbetrieb hergestellt waren. Dies band Fouchet jedoch an eine vorherige Übereinkunft zwischen Peyrefitte/Roche und UNEF/SNESup. Und damit schloß sich der Kreis: Ein Circulus vitiosus, dessen Durchbrechung durch die Amnestieforderung noch einmal verfahrensrechtlich erschwert wurde. Durchbrochen werden konnte das Dilemma nur durch eine Person, die intervenierte oder qua Richtlinienkompetenz die Entscheidungsvollmacht koordinierte und nach innen und außen die politische Gesamtverantwortung übernahm. Diese Person fehlte.

Ministerpräsident Pompidou weilte in Afghanistan. Joxe, der ihn vertrat, war um eine Koordination des Entscheidungsprozesses bemüht, doch er übernahm nach außen nicht die Verantwortung für das Regierungshandeln. Er trat, anders als Pompidou einen Tag später, nicht öffentlich mit seinen Vorschlägen hervor. Auch Fouchet, dem de Gaulle Handlungsvollmacht erteilt hatte, gab keine öffentliche Erklärung ab. Auf eine solche aber warteten die Demonstranten, wie Sauvageot Sarda deutlich machte. Doch sie blieb aus in dieser Nacht. Die Regierung setzte auf Unterhändler und Geheimdiplomatie, als längst schon das Radio den Konflikt zu einem öffentlichen gemacht hatte. In dieser Nacht verwiesen nicht nur die Barrikaden auf das 19. Jahrhundert, sondern auf ihre Weise auch die Politik der Regierung.

Die zweite Phase (23 bis 2.12 Uhr) ist gekennzeichnet durch eine abwartende Haltung der Regierung. Sie wartete ab, wenngleich sie von ihren Vermittlungsinitiativen nichts mehr zu erwarten hatte. Sie wartete selbst noch die Mission Touraine/Cohn-Bendit ab, obwohl dies – angesichts der Konstellation – weniger als ein

Strohhalm zu sein schien. Um 1.50 Uhr, d. h. fünf Minuten, nachdem die Studenten/Professoren-Delegation die Sorbonne verlassen hat, war es nach seinen eigenen Aussagen der Polizeipräfekt, der den Innenminister vor die Alternative stellte: entweder jetzt die Anweisung zum Einsatz der Polizei gegen die sich verbarrikadierenden Studenten zu geben oder aber darauf zu verzichten, in dieser Nacht gegen die Barrikaden vorzugehen. »C'était donc le moment du choix décisif.« Jede Verlängerung des endlosen Wartens erschien ihm unverantwortlich und mehr noch »catastrophique«.[277] Der Innenminister reagierte auch in dieser Situation nicht sofort, rief aber nach einigen Minuten zurück. Später wird er sagen: »Je donnai l'ordre d'enlever les barricades.«[278] Um 2.12 Uhr begann einer der gewaltsamsten und brutalsten Polizeieinsätze im Paris der Nachkriegszeit – eine »Schlacht ohne Gnade«, wie *Der Spiegel* schreibt.

Doch sehen wir uns, bevor wir den letzten Teil der Ereignisse in dieser Nacht analysieren, die Gründe an, die den Ausschlag für die Entscheidung gaben. Beginnen wir mit dem Innenminister. Er legt seine Darstellung der Nacht der Barrikaden so an, daß der Leser glauben kann, Fouchet habe erst nach dem Scheitern der Verhandlungen in der Sorbonne von der Errichtung der Barrikaden in Paris erfahren. Auf die Nachricht vom Barrikadenbau hin gab er – so zumindest schreibt er in seinen Memoiren – den Befehl zum Abräumen der Barrikaden. Damit stellt er einen unmittelbaren Zusammenhang zwischen der Errichtung von Barrikaden und der Anweisung zu ihrer Beseitigung her, der so nicht bestanden haben kann, denn die Barrikaden existierten bereits in den Abendstunden. Tournoux, ein intimer Kenner der Regierungsszene, argumentiert: »Il est exclu que le jour se lève sur les barricades de Paris.«[279] Als Begründung führt er jedoch keine Regierungsmaxime an, sondern eine Grundregel der Pariser Polizei: »sa tradition veut que, jamais, on ne laisse des barricades se dresser dans la capitale«. War es demnach das Interesse und Ordnungsmodell der Polizei, das den Ausschlag gab für den Einsatz ihrer Kräfte? Tatsache ist, daß der Polizeipräfekt auf eine Entscheidung drängte. Wenn die Polizei eingesetzt werden sollte, so argumentierte er

277 Grimaud, 153 f.

278 Fouchet, *Mémoires d'hier et demain*, 247.

279 Tournoux, 61.

zehn Minuten vor 1 Uhr, dann müsse dies bald geschehen. Die meisten Polizisten seien seit 13 Uhr im Dienst, ein längeres Warten und eine Verschiebung ihres Einsatzes seien schon aus diesem Grund nicht zu vertreten, da sie physisch und psychisch erschöpft seien. Außerdem litt der Polizeipräfekt nach eigener Darstellung unter einem wachsenden Begründungsdefizit:

La police est là pour maintenir ou rétablir l'ordre. On ne peut pas lui demander d'être indéfiniment le témoin passif du désordre pendant toute une longue soirée, jusqu'à 2 heures du matin, pour finalement, lui dire: ›Eh bien, maintenant rentrez dans vos cantonnements, et on verra demain ce que l'on fait‹.[280]

Schuf also der bloße Umstand, daß die Polizei in großem Umfang aufmarschiert war, einen Zwang, sie einzusetzen? Setzte also die Polizei die Regierung unter Druck, in Zugzwang? Sicher ist, daß der Polizeipräfekt – den Zeitgenossen als »homme de coeur«, als besonnenen Mann darstellen – für den Einsatz der Polizei noch in der Nacht war. Neben den bereits angeführten Gründen führt er in seinen Erinnerungen eine weitere Überlegung an. Hätte man die Polizei nicht eingesetzt, »ce serait un singulier encouragement à nos apprentis révolutionnaires. Il y a déjà une suffisante exaltation parmi tous ces jeunes; si, en plus, ils peuvent avoir le sentiment qu'ils ont triomphé de la police et du gouvernement et qu'ils sont maîtres d'une partie de Paris, alors tous les espoirs les plus fous leur sont permis.«[281]
War eine Situation entstanden, in der rationale Überlegungen, Kosten-Nutzen-, Zweck-Mittel-Erwägungen verdrängt wurden durch den drohenden Verlust der Ehre und des Selbstverständnisses der Polizei? Führte der Umstand, daß man ihr nicht zumuten konnte, tatenlos zuzusehen, zur Aktion? Gab es nur noch die Alternative zwischen Triumph der Polizei und Triumph der Demonstranten? Aber wo blieb die Politik? Beugte sich die Regierung dem Druck der Polizei?
Sicher ist, daß sie nach Scheitern ihrer Verhandlungsinitiativen mit keinen weiteren konstruktiven Lösungsversuchen mehr hervortrat. Sie hatte keine Konzeption mehr und nahm – so die Hypothese – Zuflucht zu einem Konstrukt. Sie begann, die protestierenden Studenten als Aufständische zu sehen, die Demonstration

280 Grimaud, 154.
281 Ebd.

um drei Forderungen als »émeute«. Damit näherte sie sich der Auffassung von Staatspräsident de Gaulle an, der sich aus dem politischen Entscheidungsprozeß gänzlich zurückgezogen hatte. Er war um 23 Uhr zu Bett gegangen und schlief die ganze Nacht. »Une émeute«, so hatte er erklärt, »c'est comme un incendie, ça se combat dans les premières minutes.«[282]

Wenn es sich um einen Aufstand handelte, dann galt es, aus Gründen der Staatsräson gegen die Aufständischen vorzugehen. So trafen und bestärkten sich die Überlegungen von Regierung und Polizei. Um 2.12 Uhr wurde das Vorrücken der Polizei gegen die Barrikaden angeordnet. Zweck-Mittel-Erwägungen wurden von beiden Seiten – Regierung und Polizei – nur in einem Punkt angestellt und vereinbart. »Je n'ai pas fait tirer à Alger, je ne ferai pas tirer à Paris. De Gaulle ouvrant le feu sur les étudiants? Imaginer cela, c'est de la folie« hatte Louis Joxe erklärt[283], und darin stimmte der Polizeipräfekt mit ihm überein. Vorrücken der Polizei, aber ohne Schußwaffengebrauch, war die Maxime, die er erließ. So rückte die Polizei mit Schlagstöcken und Tränengas vor und machte davon über alle Maße Gebrauch. Um 5.30 Uhr wurde die letzte Barrikade geräumt. Um 6 Uhr wurde General de Gaulle geweckt. Die Minister Joxe, Fouchet und Messmer (Verteidigung) berichteten ihm von den Ereignissen der Nacht. Der General hörte sie an und schwieg. Er gab keinen Kommentar. Erst Jahre später erklärte er Fouchet, daß das Regierungshandeln in dieser Nacht ein Fehler gewesen sei, daß die Regierung früher gegen den Barrikadenbau hätte vorgehen müssen.[284]

Geschwiegen wurde an diesem Morgen auch im Hause des Einsatzleiters der Polizei, André Gaveau. Erschöpft und mit tauben Ohren von den Explosionen der Tränengasgranaten, kam er, wie er schreibt, gegen 7 Uhr nach Hause. Sein erster Gang führte ihn in die Küche, wo er auf seinen einundzwanzigjährigen Sohn Jean-François, Jurastudent, traf, der soeben auch erst zurückgekehrt war – von der anderen Seite der Barrikaden in dieser Nacht. Worte vermochten nicht auszudrücken, was hinter ihnen lag. »Willst du

282 So de Gaulle auf der Sitzung des Ministerrates am 8. Mai 1968, zit. in Dansette, 107.
283 Zit. nach Tournoux, 65.
284 Fouchet, *Mémoires d'hier et demain*, 250.

'nen Kaffee?«[285] war die einzige Frage, die fiel, bis der Sohn des Polizisten das Schweigen brach. »Ich verstehe nicht, warum du diese Schufte verteidigst.« – So einfach seien die Dinge nicht, erwiderte Gaveau, er verstehe zwar den Zorn und die Empörung der Studenten, aber ... Sein Sohn unterbrach. Verstehen reiche nicht aus. »Ich hoffe, daß Du mit den Weisungen deines Präfekten nicht übereinstimmst und die Brutalitäten der CRS mißbilligst.« Den Klagen und Fragen ausgesetzt, verwies der Einsatzleiter im dritten Polizeidistrikt von Paris[286] auf die Regierung, der es gelte, all diese Fragen zu stellen. »Hätte es nicht eine andere Lösung gegeben?« Für Gaveau war klar, daß der Dialog die Alternative zum Einsatz der Gewalt war, nicht eine noch frühere und entschlossenere Offensive.[287]

Die dramatischen Ereignisse in der Nacht vom 10. auf den 11. Mai wurden weniger durch die Barrikaden als durch die Reaktionen der Regierung und der Polizei auf die Barrikaden herbeigeführt. Die Repression der von der Regierung eingesetzten Polizei und vor allem der CRS-Gruppen macht die Nacht der Barrikaden zu einem »kritischen Ereignis«. Das »kritische Ereignis« Barrikadennacht ist weder sozial determiniert noch von Gruppen oder einzelnen intendiert. Es entsteht aus einer Sequenz oder, wenn man so will, Koinzidenz von unkoordinierten Entscheidungen der Regierung, situativen Entschlüssen der Bewegung und repressivem Verhalten der Polizei, d. h. aus kontingenten Handlungssituationen. Die Barrikadennacht durchbricht den Alltag und die normale Ordnung der Dinge, hebt die Trennung zwischen verschiedenen Feldern auf, synchronisiert die Wahrnehmung von sozial heterogenen Gruppen, fordert zur Stellungnahme heraus, macht die Zeit zur öffentlichen Zeit, identisch für alle, gemessen an denselben Bezugspunkten. Sie schafft eine neue Situation, aus der heraus neue soziale und politische Konstellationen, Optionen und Verhaltensweisen entstehen.

285 Gaveau, 13.

286 Umfassend, so Gaveau, »les grands boulevards, de l'Opéra à la Bastille et même à la Nation en passant par la République, itinéraire historique des manifestations populaires«, 25.

287 Ebd., 77f.

5. Der »kritische Moment«: Die Entscheidung Pompidous

Die Synchronisierung der Wahrnehmung sozial heterogener Gruppen, herbeigeführt durch die Ereignisse in der Nacht der Barrikaden, dynamisierte den Mobilisierungsprozeß. Die Bewegung dehnte sich räumlich und sozial aus. Der Funke des Protestes sprang auf das ganze Land und auf neue Trägerschichten über, die sich, empört über die Brutalität des Polizeieinsatzes in der Nacht der Barrikaden, mit den Opfern der Gewalt solidarisierten. Oppositionsparteien und Gewerkschaften stellten sich hinter die Protestbewegung der Studenten. In der öffentlichen Meinung überwogen die Ablehnung der staatlichen Repression und die Anerkennung der Berechtigung der studentischen Forderungen. Die Welle der Sympathie und Solidarisierung, die den Studenten entgegenschlug, erklärt indes allein noch nicht die allgemeine Krise, in die Frankreich nach den Ereignissen der Barrikadennacht stürzte. Die allgemeine Krise, definiert als Konjunktion unabhängiger Kausalreihen, die sich parallel entwickeln und in einem spezifischen Moment miteinander in Interaktion treten, wurde erst durch eine Entscheidung eingeleitet, die Georges Pompidou unmittelbar nach seiner Rückkehr aus Afghanistan fällte. Seine Entscheidung führte den für den Umschlag der Studentenbewegung in eine allgemeine soziale Bewegung entscheidenden »kritischen Moment« herbei; einen Zustand, »in dem«, folgt man der systematischen Definition Pierre Bourdieus, »gegen die alltägliche Erfahrung der Zeit als bloße Weiterführung der Vergangenheit oder einer in der Vergangenheit angelegten Zukunft – alles möglich wird (oder doch erscheint), in dem die Zukunft wirklich kontingent, das Kommende wirklich unbestimmt, der Augenblick wirklich als solcher erscheint – in der Schwebe, abgehoben, ohne vorgesehene noch vorhersehbare Folgen«.[288]

Bereits um 9 Uhr am Morgen des 11. Mai 1968 treffen in der Bourse du Travail Vertreter der CGT, CFDT und FEN mit Vertretern der UNEF und SNESup zusammen.[289] Die Initiative zu

288 Bourdieu, 287.

289 Repräsentanten der Gewerkschaft Force Ouvrière (FO) sind nicht vertreten. Sie hatten bereits am 10. Mai 1968 eine gemeinsame Demonstration mit der GCT abgelehnt, weil sie befürchteten, daß die CGT die studentischen Forderungen »au profit de la réalisation de ses

diesem Treffen ist von der CGT und CFDT ausgegangen. Ihr Interesse an dieser Zusammenkunft scheint größer als das der UNEF und SNESup zu sein, denn sie werden durch ihre jeweiligen Führungsspitzen vertreten: den Generalsekretär der CGT, Georges Séguy, und den ersten Vorsitzenden der CFDT, Eugène Descamps, während für die UNEF nicht Jacques Sauvageot, sondern Schatzmeister Montassier als Vertreter gekommen ist und für die SNESup zwar Alain Geismar, aber derart verspätet, daß bei seinem Eintreffen schon fast alles entschieden ist.[290] Die Verhandlungen an diesem Morgen werden in Georges Séguys Buch *Le Mai de la CGT* beschrieben, das wichtige Informationen über den Ereignisverlauf enthält, aber darunter leidet, daß der Autor die Ereignisse zu einem Plädoyer *pro domo* fügt. Folgt man der Darstellung von Séguy, so hat dieser sofort die Initiative innerhalb der Runde ergriffen und zur Überraschung aller Teilnehmer vorgeschlagen, gemeinsam als Reaktion auf das Geschehene zu einem zwölfstündigen Generalstreik am 13. Mai aufzurufen.[291]

Dieser Vorschlag revidiert die am Vorabend der Barrikadennacht von der gleichen Runde von Interessengruppen gefaßte Entscheidung, den 14. Mai zu einem nationalen Aktionstag »gegen die Repression« zu erklären.[292] Durch die Revision wird eine gemeinsam geplante Aktion nicht nur vorverlagert, sondern durch die Wahl des Mittels (Generalstreik) und des Tages (13. Mai) zugleich dramatisiert und politisiert. Der 13. Mai ist der 10. Jahrestag des Putsches französischer Generale – unter ihnen General Jacques Massu – in Algerien und mithin der Jahrestag eines Ereignisses, welches das Ende der Vierten Republik und die Machtübernahme Charles de Gaulles einleitete; einem Generalstreik an diesem Tag fällt notwendigerweise eine den Konflikt übergreifende, symbolische Bedeutung zu. Die Politisierung des Konflikts ist ein Ziel, das im Interesse der Trägergruppen der Studentenbewegung liegt. Konfrontiert mit dem Vorschlag, zögern die Vertreter von UNEF und SNESup jedoch.[293] Sie hätten, so Séguy, eine Demonstration

propres objectifs politiques« mißbrauchen werde. Vgl. *Le Monde* vom 12./13. Mai 1968, S. 5, Sp. 6.

290 Hamon/Rotman, *Génération*, 1, 489.

291 Séguy, 23.

292 Ebd., 21.

293 Aus Angst »d'être récuperée«. Hamon/Rotman, *La deuxième gauche. Histoire intellectuelle et politique de la CFDT*, Paris 1982, 198.

der Studenten vorgezogen, die von den Gewerkschaften unterstützt worden wäre. Die FEN bittet um Bedenkzeit bis zum Abend. Eugène Descamps nimmt zunächst telefonisch Rücksprache mit seiner Gewerkschaftszentrale auf und willigt erst danach in den Vorschlag der CGT ein.[294] Eine Erklärung wird entworfen, die zu einem 24stündigen Generalstreik am 13. Mai sowie zu Demonstrationen und Großkundgebungen am gleichen Tag aufruft. Sie endet mit den Worten: »Halte à la répression, liberté, égalité. Vivent l'union des travailleurs et des étudiants. Signé CGT-CFDT.«[295]

Die FEN schließt sich wenig später dem Aufruf an. UNEF und SNESup erklären, daß sie nicht zur Arbeitseinstellung aufrufen können, da sie sich bereits im Streik befinden. Was die gemeinsame Demonstration anbelangt, so muß die UNEF, nach Séguys Eindruck, zunächst Rat und Orientierung außerhalb ihrer eigenen Reihen einholen, bei den linksradikalen Gruppen.[296] Werden die Trotzkisten von der JCR und FER sowie die Bewegung des 22. März, mit denen die UNEF bisher ihre Aktionen koordinierte, folgen, wenn die UNEF einen gemeinsamen Aufruf mit der CGT unterzeichnet? Bis zum Abend bleibt diese Entscheidung offen.

Es sind die Parteien der Linken innerhalb des Parlamentes, die im Verlauf des Tages als erste den intersyndikalistischen Appell unterstützen und ihre Mitglieder zur Teilnahme an den landesweit für den 13. Mai geplanten Demonstrationen aufrufen. In allen Stellungnahmen wird die Brutalität des Polizeieinsatzes als Protestgrund herausgestellt. Die schärfste Verurteilung des Polizeieinsatzes erfolgt durch die PSU. In einem Kommuniqué der Partei heißt es:

L'Université de France est morte hier soir, elle est remplacée par la police. Le régime en outre a menti sur trois points: la police n'a pas été attaquée, c'est elle qui a allumé tous les incidents, c'est elle aussi qui a employé des gaz à base de chlore. Cette sauvagerie délibérée doit ouvrir les yeux de tous les Français. L'admirable combat des étudiants et des professeurs est aujourd'hui leur affaire.[297]

294 Ebd., 24.
295 Abgedruckt in *Le Monde* vom 12./13. Mai 1968, S. 5, Sp. 5-6.
296 Séguy, 24 f.
297 *Le Monde* vom 12./13. Mai 1968, S. 5, Sp. 4.

Die PSU greift damit eine Aussage auf, die Geismar, Sauvageot und Cohn-Bendit in einer gemeinsamen Pressekonferenz am Vormittag desselben Tages gemacht haben. Danach wurden von der Polizei in der Barrikadennacht Tränengasgranaten mit Giftstoffen eingesetzt, welche die Liga für Menschenrechte als unzulässig eingestuft hatte.[298] Es handelt sich um ein sogenanntes CB-Gas[299], das, wie *Le Monde* berichtet, zur gleichen Zeit in Vietnam eingesetzt wird. Die Polizei bestreitet dies, doch Presse und Parteien halten den Vorwurf aufrecht.[300] Die schweren Verletzungen der Demonstranten, die, von den Krankenhäusern gemeldet, auf die Wirkung von Tränengaswirkstoffen zurückgeführt werden, sowie eine erste Untersuchung durch einen Spezialisten für biochemische Kampfstoffe scheinen den Verdacht zu erhärten. Das Ergebnis wird um 18 Uhr bekannt.[301]

Um 19.15 Uhr kehrt Georges Pompidou aus Afghanistan zurück. Durch seine Rückkehr verändert sich der Kontext der für den 13. Mai geplanten Aktionen völlig. Die Gefahr erkennend, in der die Regierung und, aus seiner Sicht, das ganze Land sich befinden, ist er entschlossen, alles zu tun, um den Konflikt so bald wie möglich zu beenden. Nach Gesprächen mit seinen Ministern und mit Staatspräsident de Gaulle wendet er sich in einer Ansprache, die vom ORTF aufgezeichnet und um 23.15 Uhr ausgestrahlt wird, direkt an das französische Volk, um die Maßnahmen der Regierung zur Deeskalation des Konfliktes zu erklären. Die Regierung wird nachgeben. Die Sorbonne, so Georges Pompidou, wird am 13. Mai wieder geöffnet und ein Appellationsgericht noch am gleichen Tag über die von den verurteilten Studenten eingereichten Anträge auf »Freilassung« entscheiden. Beide Maßnahmen sind, nach seinen Worten, geprägt »par une profonde sympathie envers les étudiants et par la confiance dans leur bon sens«. Als Gegenleistung erwartet er von allen, insbesondere von

298 »Une mise au point des organisateurs de la manifestation«. In: *Le Monde* vom 12./13. Mai 1968, S. 4, Sp. 4 f.

299 CB- (Chlorobenzalmalinitril-) Gas verursacht Verbrennungen auf der Haut und Krämpfe der Atmungsorgane. Vgl. dazu auch das Kommuniqué der UNEF, »Extrait de la conférence de presse du dimanche 12 mai pronocée par le Professeur Kahn«. Dokumentensammlung UNEF, BDIC Nanterre.

300 Vgl. *Le Monde* vom 15. Mai 1968, S. 2, Sp. 1.

301 Vgl. ebd., Sp. 2 f.

den repräsentativen Studentenorganisationen, die Einstellung der Provokation und die Bereitschaft zur Zusammenarbeit mit dem Ziel einer schnellen Befriedung und Beilegung des Konflikts.[302]
Was ihn zu dieser Entscheidung bewog, erklärte Georges Pompidou in einem Brief an Raymond Aron. In klaren, aber immer noch bewegten Worten gab er in dem Brief, den er mit der Bitte um Verschwiegenheit versandte, seine Situationswahrnehmung und Taktik preis. Er hatte getan, »was ein General tut, wenn er eine Stellung nicht mehr halten kann«. Er hatte sich auf eine verteidigungsfähige Stellung zurückgezogen, von der er eine neue Offensive plante. Er schrieb:

Als ich aus Afghanistan zurückkehrte, fand ich eine Situation vor, die mir verzweifelt erschien – die Pariser standen voll hinter den Studenten. Die Demonstration vom 13. Mai war bereits angekündigt. Ich dachte damals (und heute bin ich dessen sicher), daß diese Demonstration, wenn wir nicht die Sorbonne zurückgäben, vielleicht den Sturz der Regierung (und des Regimes) herbeiführen würde; auf jeden Fall würde sie sich der Sorbonne bemächtigen. Können Sie sich vorstellen, daß ein Zug von etwa 500 000 Personen, der vom Platz der Republik nach Denfert marschiert, nicht einen Umweg zu der von den Polizeitruppen (CRS) besetzten Sorbonne machen würde? Und wer hat jemals eine Menge von diesem Ausmaß daran hindern können, in eine Örtlichkeit wie die Sorbonne einzudringen? Auch die Armee hätte hier nicht ausgereicht, und darüber hinaus muß man sich fragen, wer den Soldaten befohlen hätte, auf eine solche Menge zu schießen? Mit einer – gegen die Entscheidung der Regierung – von Studenten wiederbesetzten Sorbonne wäre die Situation ausweglos gewesen und hätte uns zur Kapitulation oder zu einem Krieg verurteilt, den die öffentliche Meinung nicht akzeptiert hätte.
Denn – und Sie wissen das sehr wohl – bei einer Angelegenheit von dieser Größenordnung hängt alles von der öffentlichen Meinung ab; indem ich ihr die Sorbonne überließ, nahm ich der Demonstration ihr strategisches Ziel; sie hörte auf, eine potentielle Meuterei zu sein, und blieb eine ›Demonstration‹. Vor allem aber kehrte ich die Verantwortlichkeit um, indem ich tat, was die öffentliche Meinung erwartete. Von nun an setzten sich ›die Studenten‹ ins Unrecht, die zu Provokateuren wurden, anstatt die Unschuldslämmer zu sein, die sich gegen die Provokationen der Regierung und der Polizei verteidigten. Ich konnte nichts tun, als Zeit zu gewinnen, das Übel einzukreisen und dann kurz und schmerzlos die Offensive zu ergreifen, sobald die öffentliche Meinung genug hätte. Dies war von Anfang an meine Marschlinie.[303]

302 Wortlaut der Ansprache in *Le Monde* vom 15. Mai 1968, S. 5, Sp. 1 f.
303 Aron, *Erkenntnis und Verantwortung*, 336f.

Aus der Sicht von Raymond Aron war das Nachgeben der Regierung am 11. Mai ein entscheidender Fehler, der die Situation komplizierte, nicht entspannte.[304] Tatsache ist, daß die Gewerkschaften nach der Ansprache des Premierministers an ihrem Streikaufruf festhielten und auf die Zugeständnisse der Regierung mit einer Erhöhung ihrer Forderungen reagierten. Sie hielten ihren Protest gegen die »polizeiliche Repression«, die der Premierminister in seiner Ansprache mit keinem Wort erwähnt hatte, aufrecht und forderten »im Namen der Solidarität, die Studenten, Lehrende und Arbeiter eint«, jetzt: Amnestie für alle verurteilten Demonstranten sowie Verzicht auf Verfolgung der noch anstehenden juristischen und universitären Verfahren, gewerkschaftliche und politische Freiheiten, eine demokratische Reform des Unterrichts »au service des travailleurs«, Vollbeschäftigung und die Transformation des ökonomischen Systems durch und für das Volk.[305] UNEF und SNESup schlossen sich diesem zweiten Aufruf an, nachdem in langen und komplizierten Verhandlungen eine Marschroute der Großdemonstration in Paris festgelegt worden war, welche die Autonomie und Handlungsfreiheit der Studentenbewegung wahrte. Studenten und Arbeiter, so sah es der Plan vor, sollten am 13. Mai zunächst getrennt demonstrieren, bevor sie sich an der Place de la République vereinigten.
Als die beiden Demonstrationszüge am 13. Mai die Place de la République erreichen, ist der Erfolg der koordinierten Gewerkschaftsaktion bereits gewiß. Der Premierminister hatte den Unmut der Pariser Bevölkerung richtig eingeschätzt. Hunderttausende sind auf der Straße: 200 000 bis 300 000 Personen nach Schätzung der Polizei, 1 000 000 nach Schätzung der Demonstranten. Sie werden von Polizeihubschraubern aus der Luft beobachtet und photographiert. Die Bilder des Demonstrationszuges sind beeindruckend. Sie zeigen eine schwarze Menschenmasse, die über die Straßen und Brücken der Ile de la Cité in Richtung Denfert-Rochereau zieht. Von oben sieht man indes die Spannungen nicht, die unten die Szene beherrschen. Der Konflikt wird deutlich, als Studentenvertreter und Gewerkschaftsvertreter an der Spitze ihrer jeweiligen Demonstrationszüge an der Place de la République aufeinanderstoßen. Wer wird die Führung überneh-

304 Ebd., 335.
305 »Appel intersyndical à la grève du 13 mai«; in Dansette, 395.

men? Ein heikler Punkt, der von den Veranstaltern nicht geregelt worden ist. In der konkreten Situation setzen sich die Studenten durch.[306] Die Ordner der CGT haben ihnen, nach Auffassung von Séguy, den Weg an die Spitze geebnet, doch nicht um den Preis, den sie nun dafür verlangen. Zwischen Alain Geismar und Jacques Sauvageot marschiert »zu unserer Überraschung«, wie Séguy schreibt, »der Star der Bewegung des 22. März«, der »Anarchist« Cohn-Bendit. Sein Auftritt sorgt für Verwirrung in den Reihen der CGT. »Cet individu«, so wendet sich Séguy spontan an Sauvageot, »n'est pas responsable de UNEF«. Doch Sauvageot antwortet, daß die UNEF frei sei, ihre Repräsentanten zu bestimmen, wie es ihr gefalle. Er wendet sich daraufhin an Descamps und Marangé, doch teilen diese seine Bestürzung nicht.[307] Und so bleibt ihm nicht anderes übrig, als neben oder hinter den drei Führern der Bewegung zu marschieren. Er entscheidet sich für die erste Reihe und marschiert schließlich neben den sich untereinander an den Schultern umschlungen haltenden Repräsentanten der Studentenbewegung: Geismar, Sauvageot und Cohn-Bendit.[308]
Der dualen Führungsspitze des Demonstrationszuges folgen linksradikale Gruppen und CGT-Vertreter. Schwarze und rote Fahnen werden geschwungen. In der Mitte des Zuges sind die Spitzenrepräsentanten der politischen Parteien zu sehen: François Mitterrand, Guy Mollet, Mendès France, Waldeck Rochet.[309] Die Demonstration verläuft friedlich bis zum Platz Denfert-Rochereau. Die Konflikte tragen die Demonstranten verbal in ihren eigenen Reihen aus. Die linksradikalen Gruppen zwingen die kommunistischen Gewerkschafts- und Parteivertreter, die Parolen »Nous sommes tous un groupuscule« und »Nous sommes tous des enragés« anzuhören.[310] Im Gegenzug stimmen die Kommunisten die Internationale an, deren sämtliche Strophen sie singen, um auf diese Weise die Linksradikalen zu zwingen, ihre Unkenntnis des Textes zu offenbaren. Was ihnen, nach ihrem Eindruck, auch gelingt.[311]

306 »La manifestation de Paris«. In: *Le Monde* vom 15. Mai 1958, S. 5, Sp. 1-6, hier 2 f.
307 Séguy, 27 f.
308 So *Le Monde* vom 15. Mai 1968, S. 5, Sp. 3 f.
309 Ebd., S. 5, Sp. 4.
310 Cohn-Bendit, *Der große Bazar*, 40.
311 Séguy, 28.

Kein Zweifel, die Opposition, die am 13. Mai 1968 durch die Straßen von Paris zieht, war gespalten. Bereits die Reporter von *Le Monde* konstatierten:

... les étudiants ont témoigné d'une sorte de méfiance envers les syndicats et – ›a fortiori‹ des partis politiques – qui, sous couvert de leur témoigner leur sympathie et leur solidarité pouvaient, à leurs yeux, chercher à tirer profit de la situation en fonction de leurs objectifs et surtout aboutir à les étouffer en les embrassant. Méfiance qui répond à celle des organisations politiques.[312]

Es war eine negative Koalition von Oppositionsgruppen, die sich zu einem zeitlich begrenzten Aktionsbündnis fanden. Gemeinsam war ihnen die Opposition gegen de Gaulle und die gaullistische Regierung. »Dix ans, ça suffit«[313], in dieser Parole stimmten sie überein. Was hingegen an deren Stelle treten sollte und wie der Machtwechsel sich vollziehen sollte, war zutiefst umstritten. Die gedachte andere Ordnung war ein Konstrukt, das jede Partei und jede Gruppe mit einem anderen Inhalt füllte. Umstritten war aber nicht nur das Ziel des Transformationsprozesses, sondern waren auch die Wege und Mittel. Einigend wirkte der Bezug auf die Arbeiterklasse, trennend indes die Frage, ob diese Arbeiterklasse spontan und selbsttätig oder nur politisch und gewerkschaftlich organisiert oder durch eine revolutionäre Avantgarde geführt den Transformationsprozeß vorantreiben konnte. Das Aktionsbündnis währte zweieinhalb Stunden lang, die Zeitspanne, die der Demonstrationszug brauchte, um von der Place de la République zur Place Denfert-Rochereau zu kommen. Dort löste sich der Demonstrationszug auf. »Le groupe de tête se sépare«, so Georges Séguy. »Je serre la main à Descamps, à Marangé et à Sauvageot. Cohn-Bendit s'approche, je l'ignore. Il aura droit, à son dépit, à la main de la CFDT et de la FEN, pas à celle de la CGT.«[314]

Acht- bis zehntausend Studenten, so die Schätzung des Polizeipräfekten, machen an dem vereinbarten Endpunkt der Demonstration nicht halt. Sie wollen weiterziehen. Wohin, ist eine Weile umstritten. Vorschläge wie »A Matignon« oder »A l'Élysée« , so die Reporter von *Le Monde*, sind zu hören, doch dann setzen sich

312 *Le Monde* vom 15. Mai 1968, S. 5.
313 Ebd., S. 5, Sp. 3.
314 Séguy, 29.

die Demonstranten in Richtung Champs-de-Mars in Bewegung.[315] Cohn-Bendit und die Bewegung des 22. März haben diese Parole ausgegeben. Vier bis fünftausend Demonstranten erreichen das Marsfeld, wo Jacques Sauvageot zur Fortsetzung des Generalstreiks in den Universitäten aufruft und Cohn-Bendit erklärt, daß Vorlesungen und Examen erst wieder stattfinden, wenn Innenminister Fouchet und Polizeipräfekt Grimaud zurückgetreten sind. Andere Redner stellen die außerordentliche Bedeutung des Tages heraus, »an dem die Arbeiter an die Seite der Studenten getreten sind«. Ein junges Mitglied des CGT kommentiert, so die Reporter von *Le Monde*, diese Aussage mit Hohn und Spott. Gegen 21.30 Uhr wird eine neue Parole ausgegeben: »A la Sorbonne«.[316]

Die Sorbonne wird in der Nacht besetzt. Die Demonstranten kehren zurück an den Ort, an dem die Protestbewegung zehn Tage zuvor ihren Ausgang nahm. Damit schließt sich der Kreis. Die Studenten haben den Kampf um die Sorbonne gewonnen. Sie haben erreicht, was sie erreichen wollten, und mehr als das. Sie haben durch ihren Protest eine Welle der Mobilisierung entfacht, die das ganze Land erfaßt. Nicht nur in Paris wird am 13. Mai demonstriert, sondern auch in den anderen Städten des Landes. In Lyon gehen 35 000 auf die Straße, in Toulouse 40 000, in Marseille 50 000, in Nantes zwischen 15- bis 20 000, in Straßburg 12 000.[317] »Le groupuscule«, so der Kommentar von Professor Robert Merle (Nanterre) in *Le Monde* am 15. Mai 1968, »devient masse. Les syndicats commencent à le caresser. Avec une remarquable pauvreté de moyens, ... une poignée d'étudiants a réussi, au bout de quelques mois, à tenir en echec un gouvernement et à créer en pleine capitale, une situation prérévolutionnaire.«[318]

Die Wertung ist überzogen, doch die Analyse richtig in dem Punkt, daß die studentischen Trägergruppen des Protestes mit ihren Anliegen nicht mehr allein standen. Sie haben Sympathisanten und Verbündete gewonnen. Beides sind Indikatoren für eine

315 *Le Monde* vom 15. Mai 1968, S. 5, Sp. 4.
316 Ebd., Sp. 5 f.
317 *Le Monde* vom 15. Mai 1968, S. 6, Sp. 1-6.
318 R. Merle, »Ils contestent...« In: *Le Monde* vom 15. Mai 1968, S. 8, Sp. 5 f.

erfolgreiche externe Mobilisierung der Bewegung und zugleich eigenständige Wirkungsfaktoren, die den Protest verlagern und verändern können.

Von den Linksgaullisten bis zu den Kommunisten reichte das politische Spektrum derer, die die Universitätspolitik der Gaullisten in den letzten zehn Jahren als verfehlt ansahen und die Regierung für die »Krise der Universität« verantwortlich machten.[319] Kommunisten und Sozialisten forderten eine Demokratisierung der Universitätsstrukturen. Kein Zweifel, es war Bewegung in das politische System gekommen, nicht nur die Bildungspolitik stand zur Disposition, der Rücktritt des Erziehungsministers war intern bereits beschlossene Sache.[320] Auch innerhalb der Universitäten bahnten sich Veränderungen an. Die Faculté de Droit in Paris hatte bei nur einer Gegenstimme und einer Enthaltung nach dem Vorbild von Nanterre paritätisch aus Studenten und Professoren zusammengesetzte »gemischte Kommissionen« geschaffen; die Dekane der Facultés des Lettres von Paris hatten in einer gemeinsamen Erklärung eine Reform der Unterrichtsmethoden sowie eine Demokratisierung der Universitätsstrukturen durch Einbeziehung aller Gruppen von Lehrenden sowie Studentenvertretern an der Organisation und Verwaltung der Fakultäten gefordert.[321] Die Kommunistische Partei bereitete einen Mißtrauensantrag gegen die Regierung vor, der im Parlament auf breite Unterstützung rechnen konnte, die Gewerkschaften CGT und CFDT planten einen Aktionstag gegen die Sozialpolitik der Regierung. Gemeinsam war all diesen Initiativen, daß sie den außerparlamentarischen Protest in die Bahnen parlamentarischer und gewerkschaftlicher Strukturen überführen und damit kanalisieren und in das bestehende System vermitteln wollten. Erfolgreiche Vermittlung bedeutet das Ende sozialer Bewegungen. Und so hätte die Mai-Bewegung in Frankreich am 13. Mai, auf dem Höhepunkt ihres externen Mobilisierungserfolges, zu einem Ende kommen können. Es sollte anders kommen. Denn Pompidous Nachgeben gegenüber allen Forderungen der Studenten hatte die von de Gaulle

319 Zur Position der Linksgaullisten vgl. *Le Monde* vom 15. Mai 1968, S. 7, Sp. 2.

320 P. Alexandre, *L'Élysée en peril. 2-30 mai 1968*, Paris 1969, 76.

321 *Le Monde* vom 15. Mai 1968, S. 8.

zuletzt am 8. Mai zitierte Devise »Le pouvoir ne recule pas«[322] widerlegt und einen »Möglichkeitsraum« eröffnet, in den hinein andere soziale Gruppen nun, an den organisierten Interessenverbänden vorbei, ihre Forderungen und Hoffnungen trugen.

322 Vgl. J. Lacouture, *De Gaulle*. III: *Le souverain (1959-1970)*, Paris, 1986, 672.

v. Generalstreik in Frankreich: Der Kampf um die »autogestion«

Am frühen Nachmittag des 14. Mai 1968 legen Arbeiter der Flugzeugwerke Sud-Aviation in Bouguenais bei Nantes ihre Arbeit nieder und entfachen damit einen schwelenden innerbetrieblichen Konflikt neu. Der Konflikt, entstanden durch die Ankündigung der Direktion, die Arbeitszeit auf 40 Stunden zu reduzieren, hat bereits mehrfach zu zeitlich begrenzten Streikaktionen der Belegschaft geführt. Keine Arbeitszeitreduktionen ohne Lohnausgleich, lautete die Forderung der Arbeiter, die für eine Erhöhung des Stundenlohnes um 35 Centimes kämpften, um Lohneinbußen zu entgehen. Ohne Erfolg. Am Dienstag, dem 14. Mai, greifen die Arbeiter zu einem unkonventionellen Mittel, um ihren Forderungen Nachdruck zu verleihen. Sie besetzen die Fabrik und schließen den Direktor und einen Teil der höheren Angestellten in ihre Büros ein. Die Fabriktore werden abgeriegelt. Zweitausend Arbeiter übernachten in den Werkshallen. Erst am 29. Mai gelingt es dem Direktor, sich zu befreien. Die Arbeiter bleiben, der Betrieb bleibt besetzt. Auf den Mauern der Fabrik kann man lesen: »Hier esclaves, aujourd'hui libres«.[1]
Das Beispiel von Sud-Aviation macht Schule. Am 21. Mai 1968 sind, wie *Le Monde* berichtet, allein in der Region von Paris fünfzig Betriebe mit einer Belegschaft von insgesamt 40 000 Personen besetzt.[2] Haben die Arbeiter von den Studenten gelernt, folgen sie ihrem Vorbild, ahmen sie ihre Aktionsformen nach? Tatsache ist, daß nach dem 14. Mai eine Welle von Besetzungen Betriebe und Universitäten gleichermaßen erfaßt. Kann man aus der Gleichzeitigkeit auf Gleichartigkeit der Ziele schließen? Treten die Arbeiter als Verbündete an die Seite der Studenten? Realisiert sich nach dem 14. Mai eine Bewegung der Studenten- und Arbeiterschaft, die am 13. Mai trotz gemeinsamer Parolen nicht zustande kam? Von Anfang an haben die politischen Trägergruppen der Studen-

1 Zur Besetzung von Sud-Aviation vgl. Y. Guin, *La Commune de Nantes*, Paris 1969, 58-59; Viansson-Ponté, 603-604; Backmann/Rioux, 252-254; die Maueraufschrift wird überliefert von Barjonet.

2 *Le Monde* vom 21. Mai 1968, S. 4, Sp. 5.

tenbewegung für eine Aufklärung der Arbeiterschaft über die Protestziele plädiert, mit dem Ziel, Studenten und Arbeiterschaft zu koordinieren. Doch vor dem 13. Mai ist die Bewegung nicht in die *quartiers populaires* gedrungen, und nur wenige Arbeiter haben Anschluß an die Studentendemonstrationen im Quartier Latin gesucht und gefunden. Nach dem 13. Mai sprang der Funke des Protestes auf die Arbeiterschaft über und entfachte eine Welle von zunächst spontanen, dann organisierten Streiks und Besetzungen, die selbst die kühnsten Erwartungen der radikalsten Gruppen übertraf. Frankreich erlebte die größte Mobilisierung der Arbeiterschaft, die es je in der französischen Geschichte gegeben hat.[3] Der Streik umfaßte alle Bereiche des wirtschaftlichen und sozialen Lebens und erstreckte sich über alle Départements. Es kam zu einer totalen Paralyse des Landes, weder Postzustellung noch Telefon funktionierten, das soziale Leben war blokkiert.

Nur in Frankreich mündete der Studentenprotest in einen Arbeitskampf, der das ganze Land in eine soziale Krise stürzte. Die Studentenbewegung, so eine These dazu, habe als »détonateur« gewirkt, sie habe eine neue Radikalität innerhalb der Arbeiterschaft entfacht.[4] Die Arbeiter, so eine andere These, seien bereits in Bewegung gewesen, die Studentenproteste hätten den Mobilisierungsprozeß lediglich verstärkt, so seien sie nicht als »détonateur«, sondern als »moteur«, »accélérateur« der Arbeiterbewegung anzusehen.[5] Gleichviel, ob »moteur« oder »détonateur«, es bleibt die Frage nach den Faktoren, die den Transfer des Protestes von der Studenten- auf die Arbeiterbewegung, von der Universität auf die Betriebe und damit von einem Teilbereich der Gesellschaft auf die Gesamtgesellschaft möglich machten. Weil die französische Forschung dazu tendiert, den französischen Fall (Mai 68) zu isolieren, neigt sie dazu, den Konflikttransfer nicht als ein besonderes Erklärungsproblem anzusehen. Sie bleibt so – wie im einzelnen zu zeigen sein wird – bei einer kategorial abstrakten

3 E. Shorter und Charles Tilly, *Strikes in France 1830-1968*, London 1974, 140.

4 So Jacques Julliard in seinem Diskussionsbeitrag zur »Table ronde – BDIC-Histoire au présent (18 juin 1988)«. In: Jean-Louis Robert, *Occupations/Négations. Les syndicats en mai 68. Matériaux pour l'histoire de notre temps*, (juillet-septembre) 1990, 15.

5 Touraine, *Le communisme utopique*, 60; Capdevielle/Mouriaux, 138.

Betrachtungsweise des Geschehens, welche die Thesenbildung fördert, nicht aber die historische Erklärung der einzigartigen Wirkung der französischen Studentenbewegung. Geht man davon aus, daß, wie die Beispiele der anderen westlichen Industrieländer zeigen, die Studentenbewegung nicht zwangsläufig und notwendigerweise in den Generalstreik münden mußte, so gilt es, die Wechselwirkungen zwischen Studenten- und Arbeiterbewegung sowie die spezifischen Entstehungsbedingungen der Streikbewegung schärfer zu problematisieren, als dies bisher geschehen ist.

1. Strukturelle Ursachen der Streikbewegung: Verteilungskonflikte, Modernisierungskrise, neuer sozialer Konflikt?

Die Streikbewegung des Mai 68 traf die französische Wirtschaft in einer Phase der Produktivität und Prosperität. Industrieproduktion und Arbeitsproduktivität waren seit einem Jahrzehnt kontinuierlich gewachsen, und im ersten Quartal des Jahres 1968 kündigte sich eine weitere Produktionssteigerung von 10% im Jahr an.[6] Die Prognosen für die zukünftige wirtschaftliche Entwicklung waren positiv. Frankreich erschien, aus der Sicht der Experten von OECD und INSEE, als ökonomisch stabiles, krisenfestes Land.[7] Durch Modernisierung, Rationalisierung und Konzentration der Produktion, angeregt durch den v. staatlichen Wirtschaftsplan (1965-1969), hatte das Land seine Wettbewerbsfähigkeit innerhalb der EWG gezielt gefördert und – wie die Steigerung der Exporte zeigt – vergrößert. Der Abbau der landwirtschaftlichen Produktion und der Aufbau des tertiären Sektors bestätigten den Modernisierungstrend.[8] Wie läßt sich vor diesem Hinter-

6 OECD, »Prospects in France after the Strikes«. In: *Economic Outlook*, 3 (1968), 52-69, hier 52.

7 INSEE (Institut National de la Statistique et des Études Économiques), »La situation et les perspectives dans l'industrie d'après les enquêtes effectuées par l'I.N.S.E.E. en juillet 1968«. In: *Études Conjoncture. Revue mensuelle de l'I.N.S.E.E.*, Supplément, N° 8 (1968), Paris 1968, 1-19.

8 OECD, *Economic Outlook*, 3 (1968); ferner M. Parodi, *L'économie et la société française de 1945 à 1970*, Paris 1971; G. Vincent, *Les Français 1945-1975. Chronologie et structure d'une société*, Paris/New York 1977.

grund die in der französischen Geschichte einzigartige Streikbewegung erklären, die alle Sektoren der Wirtschaft erfaßte? Die französische Forschung bietet verschiedene, einander widersprechende Erklärungen an, die man typologisch in drei Argumentationssträngen bündeln kann.

Verteilungskonflikte

Die wirtschaftliche Produktivität, so Alain Delale und Gilles Ragache, schuf wachsenden Wohlstand, doch partizipierten nicht alle Franzosen in gleichem Maße daran. Durch ungleiche Verteilung entstand ein Lohn- und Einkommensgefälle, das die soziale Polarisierung innerhalb der Wohlstandsgesellschaft verschärfte und damit zugleich den Protest gegen sie schürte. »A l'opulence des riches, au bien-être des cadres, à la relative aisance des ouvriers professionnels et des contremaîtres«, so Delale und Ragache, »s'oppose une France pauvre et misérable, qui alimente de ses bras les hauts fourneaux de l'opulence ou a tout simplement été condamnée, oubliée par la frénésie de la croissance.«[9] Folgt man den beiden Autoren, dann hat wachsender Wohlstand die soziale Ungleichheit erhöht und das Land in zwei Lager gespalten: in das »reiche« und das »arme« Frankreich. Delale und Ragache zeichnen die Gewinner und Verlierer der Wohlstandsgesellschaft mit Worten, denen es an Werturteilen nicht fehlt, indes an einem Wertmaßstab. Ihre These: »Si la richesse disponible est plus grande, elle est aussi plus inégalement repartie«[10] läßt auf die Annahme einer dem Kapitalismus inhärenten Tendenz der sozialen Deprivation schließen.

Gibt es eine Verteilungsdisparität, durch die sich in den sechziger Jahren die soziale Ungleichheit innerhalb Frankreichs verschärft? Theoretisch, so der Ökonom André Gauron, ist die Antwort bekannt. Die Einkommen aus unselbständiger Arbeit erfahren in der Regel eine geringere Steigerung als diejenigen aus Kapitalbesitz.[11] Sozial relevant ist die Differenz, die zwischen Produktions- und

9 Delale/Ragache, 18.

10 Ebd.

11 A. Gauron, *Histoire économique et sociale de la cinquième république. Tome 1: Le temps des modernistes*, Paris 1983, 94.

Reallohnentwicklung besteht. Während die Industrie ihre Produktion in den Jahren 1962-1968 um 35% steigerte, wuchs die Kaufkraft der Stundenlöhne nur um 22% und diejenige des garantierten Mindestlohns in der Industrie (SMIG) nur um 5%.[12] Jacques Capdevielle und René Mouriaux weisen zudem eine Verlangsamung der Reallohnsteigerung in den sechziger Jahren nach. Von 4,9% im Zeitraum 1958-1962 fiel die Reallohnentwicklung in den Jahren 1964-1967 auf eine Steigerungsrate von 3,3% zurück.[13] Man könnte daraus folgern, daß die französischen Arbeitnehmer ihren Lebensstandard, gemessen an den fünfziger Jahren, in den Jahren 1960-1968 zwar objektiv verbessern konnten, aber gegenüber den Selbständigen in eine Situation der relativen sozialen Deprivation gerieten, die sich im zweiten Drittel der sechziger Jahre verschärfte.

Wodurch wird diese Entwicklung bedingt? Eine Inflationsrate von 3,3%, Preissteigerungen unter anderem bei Elektrizitäts-, Bus- und Bahntarifen, das Einfrieren der Löhne und Gehälter in den staatlichen Betrieben, Erhöhung der Sozialversicherungsabgaben bei Minderung der Sozialversicherungsleistungen werden als Faktoren genannt, welche die Kaufkraft und den Lebensstandard der Arbeiterhaushalte einschränken.[14] Faßt man diese Faktoren zusammen, so unterliegen sie alle der staatlichen Finanz-, Preis-, Lohn- oder Sozialpolitik, so daß man folgern könnte, daß die staatliche Politik maßgeblich für die Tendenz der relativen sozialen Deprivation verantwortlich ist. Ein zeitgenössischer Kommentator weist zudem auf die staatliche Steuerpolitik hin, die investitionsfreudige Unternehmer gering, den Verbraucher indes über hohe indirekte Steuern schwer belastete.[15] Eine Auseinandersetzung mit der staatlichen Steuerpolitik, die soziale Disparitäten mindern bzw. erhöhen kann, fehlt in allen Studien über die ökonomisch-sozialen Rahmenbedingungen der Mai-Bewegung 1968. Generell läßt sich sagen, daß der ökonomisch-soziale Vorlauf der Streikbewegung wenig untersucht worden ist und daß

12 Delale/Ragache, 18.

13 Capdevielle/Mouriaux, 41.

14 S. Hoffmann, *Essais sur la France. Déclin ou Renouveau?*, Paris 1974, 212; OECD, *Economic Outlook*, 3 (1968), 48.

15 G.-L. Puech, »De Gaulles Gloire war zu teuer. Die Bilanz der Fünften Republik ist unbefriedigend«. In: *Die Zeit*, Nr. 22 vom 31. Mai 1968, 36, Sp. 1-6, hier Sp. 2.

diejenigen Forscher, die die Verteilungsdisparität akzentuieren, keine kausalen Zuschreibungen vornehmen, Ursachen und Wirkungen einzelner Faktoren nicht verknüpfen, sondern vermeintliche Protestursachen addieren.

Wie wirkt sich die Verteilungsdisparität aus? Sie trifft die verschiedenen Schichten der Arbeitnehmer in unterschiedlichem Maße. Besonders kraß war in der Phase des allgemeinen wirtschaftlichen Aufschwungs die Benachteiligung der untersten Lohngruppen. Der garantierte Mindestlohn in der Industrie, SMIG, wurde im Zeitraum 1958-1968 nur geringfügig angehoben. Er blieb, wie Maurice Parodi darstellt[16], in seiner Kaufkraftentwicklung weit hinter der Entwicklung der Stundenlöhne zurück, so daß alle Arbeiter, die den Mindestlohn bzw. einen dem SMIG angenäherten Lohn bezogen, in den sechziger Jahren eine permanente relative Verschlechterung ihrer Lebenslage erfuhren. 1969 betrug der Mindestlohn 355 Francs im Monat; mehr als 1,5 Millionen Arbeiter, d.h. jeder fünfte französische Arbeiter, erhielt ihn.[17] Um die These der wachsenden Verteilungsdisparität zu erhärten, müßte geprüft werden, ob und in welchem Maß die Zahl der Mindestlohnempfänger in Frankreich in den sechziger Jahren stieg und inwieweit sich die untersten Lohngruppen der unqualifizierten Arbeiter (OS) mehr und mehr der Mindestlohngrenze näherten. Weder Delale/Ragache noch Capdevielle/Mouriaux unterziehen sich dieser Aufgabe.

Delale/Ragache weisen aus, daß 30% der Arbeiter im Zeitraum 1962-1968 weniger als 500 Francs bezogen, 75% zwischen 500 und 1200 Francs. Verglichen mit den Gehältern der »cadres supérieurs« – von denen 95% mehr als 1800 Francs im Monat verdienten und 35% sogar mehr als 4500 Francs – zeigt sich eine enorme Disparität.[18] »In keiner Industrienation«, so *Der Spiegel* 1968, »ist das Einkommensgefälle zwischen Spitzenverdienern und Kleinstlohnempfängern so groß wie in Frankreich.«[19] Begehrten die Kleinst- und Mindestlohnempfänger 1968 gegen ihre Benachteiligung auf? Folgt man Maurice Parodi, so ist der Abstand zwischen Arbeitern und »cadres supérieurs« im Zeitraum 1954-1972 im we-

16 Parodi, 255.
17 Delale/Ragache, 18; Capdevielle/Mouriaux, 41.
18 Delale/Ragache, 18.
19 »Das Meer gepflügt«. *Der Spiegel*, Nr. 23 (1968), 91-98, hier 94.

sentlichen gleich geblieben: »Le salaire d'un cadre valait en moyenne quatre fois celui d'un ouvrier.«[20] Wenn Verteilungsdisparität soziale Unzufriedenheit schafft, dann bleibt die Frage, warum die benachteiligten Arbeitergruppen erst 1968 revoltierten und nicht schon zu einem früheren Zeitpunkt. Ihre latente Unzufriedenheit kann kein hinreichender Erklärungsgrund für die Streikbewegung sein.

Sie revoltierten bereits 1967, so Delale/Ragache und Capdevielle/Mouriaux, die von einer Verschärfung der sozialen Auseinandersetzungen seit 1967 ausgehen und in diesen Arbeitskämpfen des Vormai, wenn man so will, Vorläufer der großen Mai-Bewegung sehen.[21] Die Streiks des Vormai konzentrierten sich, so ihre These, in der Provinz, wo die Lohn- und Einkommensdisparität durch die Disparität zwischen Zentrum und Peripherie überlagert und verschärft wurde. 1968 verdiente ein Pariser Arbeiter 50% mehr als ein Arbeiter der Region Limoges. Die Forderung nach Anhebung der Löhne auf das Niveau von Paris stand daher im Zentrum der Streiks in der Provinz.[22] Waren die Arbeiter in Paris die Vergleichsgruppe, an der die Arbeiter in der Provinz ihre Lebenslage maßen? Begehrten die »armen« Provinzen gegen die Privilegierung der Hauptstadt auf[23] und nicht gegen die Privilegierung der Einkommen aus Kapitalbesitz? Dann gilt es, zumindest die Gewichtung der Mobilitätsfaktoren zu modifizieren. Regionale Benachteiligung und Unterprivilegierung der Arbeiterschaft führt zu Protestverhalten, mobilisiert stärker als das Faktum der relativen sozialen Deprivation im Vergleich zur Unternehmerschaft.

Die französische Streikstatistik zeigt, daß die Zahl der Arbeitskonflikte in den Jahren 1963-1967 zurückging, die Zahl der Streikenden und die Anzahl der durch Streiks verlorenen Arbeitstage indes anstieg.[24] Je nachdem, auf welche Datenreihe man sich bezieht, läßt sich die Streikstatistik als Indikator für eine relative Beruhigung bzw. Verschärfung der Arbeitskonflikte interpretie-

20 Parodi, 251.
21 Capdevielle/Mouriaux, 48 f.
22 Ebd., 49; Delale/Ragache, 18.
23 Vgl. dazu auch *Der Spiegel*, Nr. 23 (1968), 94.
24 Shorter/Tilly, 362 f.; P. Flora/F. Kraus/W. Pfennig, *State Economy, and Society in Western Europe 1815-1975. A Data Handbook in two Volumes*, Vol. 1, Frankfurt am Main 1987, 708 f.

ren. Vergleicht man wie Michel Winock[25] das Jahrzehnt 1948-1957 mit der Periode 1958-1967, so läßt sich ein tendenzieller Rückgang auch der Anzahl der durch Streiks verlorenen Arbeitstage konstatieren. Zeitgenössische Kommentatoren ziehen daher als Beweis für die Verschärfung der sozialen Auseinandersetzungen nicht die Streikstatistik, sondern die Form der Austragung der Interessenkonflikte heran: das Durchbrechen des – für das koordinierte Vorgehen von CGT und CFDT seit 1966 typischen – allgemeinen Konfliktmusters nationaler Aktionstage und 24stündiger Demonstrationsstreiks in zahlreichen ausgewiesenen Fällen sowie die Zunahme gewaltsamer Ausschreitungen. Auch Delale/Ragache und Capdevielle/Mouriaux stützen ihre Darstellung auf die vom allgemeinen Konfliktmuster abweichenden Fälle, 20 von 1670 Konflikten, in denen sie Vorboten der Streikbewegung des Mai sehen.[26]

Neben der neuen Form der Konfliktaustragung wird das Auftauchen einer neuen Trägergruppe unter den Streikenden konstatiert, die durch Aktivismus und Radikalität in den Auseinandersetzungen auffällt: die jungen Arbeiter. Was macht ihre Unzufriedenheit aus? Arbeitslosigkeit bzw. Arbeit unter dem Ausbildungs- und Qualifikationsniveau werden als Gründe für das Protestverhalten der jungen Arbeiter genannt. Eine Untersuchung der Union Nationale des Associations Familiales von 1968 ergab, daß von 2,8 Millionen Jugendlichen 250 000 arbeitslos waren. Von den befragten Jugendlichen gaben 36% an, daß sie keine ihrer schulischen und beruflichen Ausbildung entsprechende Tätigkeit ausübten, 38% äußerten den Wunsch, den Beruf zu wechseln.[27] Seine Enttäuschung über die inadäquate Tätigkeit drückte ein jugendlicher Renault-Arbeiter mit den Worten aus: »A quoi ça sert l'enseignement jusqu'à seize ans ... On fait toujours le même travail imbécile ... On fabrique toujours la même pièce idiote ... La vie n'a pas beaucoup d'intérêt.«[28] Arbeitslos und überqualifiziert, sahen sich die jugendlichen Arbeiter relativ depriviert im Vergleich zu den vorangegangenen Generationen. Vom Problem der Jugendarbeitslosigkeit zeigte sich selbst der Präsident der französischen

25 M. Winock, *Chronique des années soixante*, Paris 1987, 108.
26 Delale/Ragache, 31-37, Capdevielle/Mouriaux, 48 f.
27 Labro, 8 f.
28 Zit. in Dansette, 172.

Unternehmerschaft alarmiert; er intervenierte im Januar 1968 beim Finanzminister Michel Debré mit dem Ziel der Ankurbelung eines umfassenden Investitionsprogrammes. Doch seine Initiative blieb bis Mai 68 folgenlos.[29]
Die Arbeitslosigkeit innerhalb der gesamten Arbeiterschaft stieg zwischen 1964 und 1968 von 480 000 auf 657 000 (manche Quellen nennen auch 800 000) an.[30] Das ist im Vergleich zu den siebziger Jahren eine äußerst geringe Arbeitslosenzahl, im Vergleich zum Beginn der sechziger Jahre jedoch eine relativ hohe, die sich, so wird argumentiert, auf die gesamte Arbeiterschaft auswirkte als Furcht, arbeitslos zu werden. Die sozialpsychologische Wirkung der wachsenden Arbeitslosenzahlen wird deshalb zu den Mobilisierungsfaktoren der Streikbewegung des Mai gezählt.[31] Von Arbeitslosigkeit betroffen sind nicht nur die Arbeiter, sondern auch Angestellte und »cadres«, die durch die staatlich geförderten Konzentrations- und Fusionsprozesse französischer Großunternehmen freigesetzt worden waren.
Faßt man die einzelnen Indikatoren zusammen, so ergibt sich ein Bild sozialer Ungleichheiten, das sich noch durch die Darstellung der Ungleichheit der Wohnverhältnisse und Freizeitbedingungen ergänzen ließe.[32] Der wirtschaftliche Aufschwung der sechziger Jahre hob die soziale Lage und den Lebensstandard der französischen Bevölkerung einschließlich der Arbeiterschaft an, doch er hob die Lohn- und Einkommensdisparitäten sowie Lebensstildifferenzierungen nicht auf. Sie potenzierten sich in den untersten Lohngruppen und bei den Jugendlichen und kristallisierten potentielle Trägergruppen sozialen Protestes heraus. Es gab latente und manifeste soziale Konflikte, bedingt durch eine relative soziale Deprivation. Doch läßt sich durch Verweis auf die soziale Deprivation die Streikbewegung erklären? Fünf bis zehn Millionen Streikende[33] – eine offizielle Statistik fehlt, da auch die Mit-

29 H. Weber, *Le parti des patrons. Le CNPF 1946-1990*, Paris 1986, 206.
30 P. G. Plänker, *Auslastung des Faktors Arbeit in Frankreich und der Bundesrepublik im Vergleich der Jahre 1964 bis 1984*, Bochum 1987, 48.
31 Touraine, *Le communisme utopique*, 23.
32 Vgl. dazu Delale/Ragache, 18; Capdevielle/Mouriaux, 39.
33 G. Adam, »Études des grèves de mai-juin 1968«. In: *Revue de Science Politique*, Vol. xx (1979), 105-119; OECD, *Oeconomic Outlook*, 3 (1968), 55. Vgl. auch »Table ronde BDIC-Histoire au présent (18 juin

arbeiter des Institut National de Statistique sich dem Streik angeschlossen hatten[34] – überschreiten bei weitem die Zahl der Unterprivilegierten, selbst wenn man deren Kreis sehr weit faßt. Edward Shorter und Charles Tilly, die alle Streiks in Frankreich zwischen 1830 und 1968 untersucht haben, stellen in ihrer Studie fest, daß Streikverhalten sich durch Deprivation allein nicht erklären läßt, sondern stets eine übergreifende Zielvorstellung zu berücksichtigen ist.[35] Relative soziale Deprivation, das haben auch andere empirische Studien gezeigt, ist ein Faktor neben anderen Faktoren, keine ausreichende Bedingung für sozialen Protest.

Modernisierungskrise

Gegen die Deutung der Streikbewegung des Mai 68 als direkte Folge sozialökonomischer Krisenfaktoren richtet sich auch die Argumentation derjenigen Forscher, die in der Streikbewegung den Ausdruck einer Modernisierungskrise der französischen Gesellschaft sehen. Sie blenden die ökonomische Entwicklung aus ihrer Analyse nicht aus, weisen ihr aber eine nur indirekt kausale Bedeutung zu. Als sozial relevant für die Krise des Mai werden zwei soziopolitische Faktoren angesehen: 1. die bürokratische Verhärtung und Versteinerung der gesellschaftlichen Institutionen und 2. eine – daraus abgeleitete – autoritätsbezogene Handlungs- und Verhaltensweise. Beide Faktoren, so die These von Michel Crozier, haben zur Paralyse der gesellschaftlichen Institutionen, zur Abnahme persönlicher Kommunikation und Interaktion geführt und damit die Innovations-, Reform- und Anpassungsfähigkeit der sozialen Institutionen an die technische und wirtschaftliche Entwicklung blockiert.[36] Die Mai-Bewegung, so Michel Crozier, war die Revolte gegen die »blockierte Gesellschaft«, gegen ihre bürokratische Organisationsweise und ihren autoritären Handlungsstil.

1988)«. In: *Matériaux pour l'histoire de notre temps*, (juillet-septembre) 1990, 2-28, hier 6.

34 Vgl. dazu das Flugblatt »Grêve au Ministère des Finances: On ›Debre – Ye‹«. Les Tracts de Mai. Bibliothèque Nationale, Mf. N° 201, D.6359.

35 Shorter/Tilly, 326, 335 ff.

36 Michel Crozier, *La société bloquée*. Paris 1970, 170-174.

Les Français ne se sont pas revoltés pour mettre fin à l'exploitation capitaliste ou pour bâtir la société sans classes, ils se sont précipités dans la crise pour mettre en cause un système de relations humaines, un style d'action et un mode de gestion dont ils souffraient ... La société bloquée était fondée sur la peur du face à face et sur une conception hiérarchique de l'autorité. Eh bien, la crise sera le festival du face à face et la contestation de l'autorité.[37]

Ob und inwieweit diese These auch für die Wirklichkeitswahrnehmung in den Betrieben Gültigkeit besitzt, bleibt zu prüfen. Crozier spricht von der Revolte der Studenten, der Franzosen und der französischen Gesellschaft, nicht von der Revolte der Arbeiter. Stanley Hoffmann, der Croziers These folgt, argumentiert vorsichtig: »Dans certaines usines, les ouvriers remettaient en cause l'autorité patronale et occupaient les installations, en prélude à l'exercice du ›pouvoir ouvrier‹.«[38] Es muß also offenbleiben, inwieweit das Argument der bürokratischen Verhärtung zur Erklärung der Streikbewegung der Arbeiterschaft in Anspruch genommen werden kann oder ob, wie Hoffmann andeutet, das »neue Mißverhältnis« zwischen den mit der Prosperität der Wirtschaft gestiegenen Erwartungen und den tatsächlichen materiellen Verbesserungen den Ausschlag für das Protestverhalten der Arbeiter gab.[39]

Eine zweite, soziokulturelle Deutung der Mai-Bewegung geht von der Annahme eines Konfliktes aus, der im Zuge der Modernisierung der Wirtschaft und Gesellschaft in den sechziger Jahren auftrat, zwischen alten, autoritär geprägten Verhaltenserwartungen und neuen Verhaltensansprüchen und kulturellen Idealen. Die Konfrontation einer extrem starren gesellschaftlichen und politischen Ordnung mit einem beschleunigten Veränderungsrhythmus, welche die wissenschaftlich-technische Revolution in der Industrie, in den Laboratorien und im Bewußtsein überhaupt auslöste, hat, so die These von Jean-Jacques Servan-Schreiber, die Krise des Mai 68 herbeigeführt. Die Mai-Bewegung richtete sich daher, aus seiner Sicht, vor allem gegen die starren Macht- und Autoritätsstrukturen, insbesondere gegen die Formen der Staatsgewalt. Sie trat auf gegen den Zentralismus, Dirigismus und Autoritarismus des politisch-administrativen Systems und zielte

37 Ebd., 170.
38 Hoffmann, 1974, 214.
39 Ebd., 211.

auf eine Neu- und Umverteilung der Macht durch Dezentralisation von Entscheidungskompetenzen, Erweiterung der Mitbestimmung und Selbstverwaltung.[40]
Inwieweit sich aus dieser Argumentation, die eine Plausibilität für kulturelle Eliten besitzt, ein spezifisches Element für die Mobilisierung der einzigartigen Streikbewegung ableiten läßt, bleibt zu zeigen. Wie im Fall der ökonomisch-sozialen Interpretation der Mai-Bewegung finden sich in den Interpretationen, die Modernitätskonflikte politischer oder kultureller Art akzentuieren, eine große Anzahl von Argumenten, ohne daß jeweils einzelne Faktoren tatsächlich als Ursache oder treibende Kräfte der Streikbewegung ausgewiesen werden. Zu jedem beliebigen Zeitpunkt bestehen kulturelle Spannungen, autoritäre Herrschaftsbeziehungen und ökonomische Disparitäten. Es kann also nicht ausreichend sein, darauf zu verweisen, daß es auch vor dem Mai 68 solche Konflikte, Spannungen, Krisen und gegensätzliche Vorstellungen gegeben habe. Es bedarf der genaueren Analyse der Konstellationen, in denen sich der Mobilisierungsprozeß der Mai-Bewegung vollzog. Dies aber setzt die Beachtung der Trägergruppen, Parolen, Mobilisierungsstrategien sowie der taktischen und strategischen Entscheidungen voraus. Strukturelle soziale Spannungen sind notwendige, aber noch nicht hinreichende Bedingungen für die Streikbewegung, die am 14. Mai ihren Anfang nahm.

Neuer sozialer Konflikt

Alain Touraine grenzt sich sowohl von der sozialökonomischen als auch von der sozialkulturellen Deutung der Mai-Bewegung ab mit seiner These vom neuen sozialen Konflikt, der sich in den Ereignissen des Mai manifestiere. Die soziale Bewegung des Mai 68 ist für ihn nicht die Folge einer Wirtschaftskrise, und sie ist mehr als nur der Ausdruck einer Modernisierungskrise der französischen Gesellschaft. Bürokratisch erstarrte, autoritäre Institutionen und autoritär-hierarchische Einstellungen und Normen, die nicht an die moderne technische und wirtschaftliche Entwicklung anpassungsfähig waren, führten eine Krise herbei – so Tou-

40 J.-J. Servan-Schreiber, *Frankreich steht auf*. Hamburg 1968, 14, 28, 34-36, 87f., 93.

raines Argumentation –, in der ein neuer sozialer Konflikt sich entfaltete.[41] »La société française vit à la fois un conflit et une crise.«[42]

Der neue Konflikt sprengt das traditionelle Konfliktmuster der Klassenkämpfe, enthüllt eine neue Form von Klassenkämpfen. Die soziale Bewegung des Mai wurde getragen, so Touraine, von neuen sozialen Akteuren, geführt gegen neue Konfliktgegner, war orientiert an neuen Protestzielen und erwies ihre neue revolutionäre Perspektive vor allem in ihren neuen Aktionsformen.[43] Der zentrale Träger der Bewegung war nicht die alte, sondern die neue Arbeiterklasse, »l'ensemble de ceux qu'on pourrait nommer les professionnels, qu'ils possèdent effectivement une profession ou qu'ils soient encore en apprentissage, et parmi les plus actifs furent ceux qui étaient les plus indépendants des grandes organisations pour lesquelles, directement ou indirectement ils travaillent: étudiants, journalistes, chercheurs du secteur public ou du secteur privé, enseignants, etc.«[44] Ihr Protest richtete sich nicht gegen den Kapitalismus, sondern gegen die Technokratie und die Klasse der Technokraten, welche die Stärkung der ökonomischen Entscheidungs- und Planungszentren gleichsetzten mit sozialer Entwicklung. Die Technokratie, so Touraine, unterwirft nicht nur den Produktionsapparat, sondern alle Sektoren des gesellschaftlichen Lebens ihren Zielen und ihrer Kontrolle. Sie wirkt »ebensosehr auf die Bedürfnisse und Verhaltensweisen wie auf die Arbeit« ein.[45] Der Widerstand gegen die Technokratie richtet sich gegen Repression und Entfremdung, welche die sozialen Beziehungen in der von Technokraten beherrschten, programmierten Gesellschaft auszeichnen; er beschränkt sich nicht auf die Arbeitsbeziehungen. »L'emprise du pouvoir sur la société est si global qu'on ne peut plus aujourd'hui séparer les mots d'ordre.« Es stellt sich daher eine doppelte Aufgabe: »changer la vie et changer la société«.[46] Das Mittel zum Ziel ist die »gestion démocratique du changement

41 Touraine, *Le communisme utopique*, 31, 42.
42 Ebd., 11.
43 Ebd. 24-30, vgl. dazu auch ders., *Die postindustrielle Gesellschaft*, Frankfurt am Main 1972.
44 Ebd., 29.
45 Ders., *Die postindustrielle Gesellschaft*, 11.
46 Ders., *Le communisme utopique*, 51.

économique et sociale«.[47] Es geht nicht um neue und bessere Einkommensverteilung, sondern um Macht- und Kompetenzverteilung, aber nicht zum Zweck der Anpassung der bestehenden Institutionen an die ökonomisch-soziale Entwicklung, sondern zur Innovation und Neuschöpfung von Institutionen aus dem demokratischen Gegenentwurf heraus.

Auch Touraines Interpretation wirft die Frage auf, ob die Streikbewegung kausal aus dem Protest der neuen Arbeiterklasse gegen die Technokratie erklärt werden kann. Touraine argumentiert vorsichtig. Ausgelöst habe sie die Streikbewegung nicht, vielmehr bedurfte sie ihrerseits eines Anstoßes: »... cette nouvelle aristocratie des producteurs n'a pu faire avancer le mouvement ouvrier vers des revendications nouvelles que poussée par la révolte des catégories les moins privilégiées, les moins intégrées à l'entreprise, les plus directement menacées.«[48]

Folgt man dieser Argumentation, dann gaben die unterprivilegierten Arbeiter der neuen Arbeiterklasse den Anstoß, die ihrerseits durch ihre Bewegung und Forderungen die alte Arbeiterklasse in den Kampf für die neuen Ziele hineinstieß. So war die neue Arbeiterklasse, nach Touraine, zugleich eine getriebene und treibende Kraft. Ob sie die ihr unterstellte Vermittlerrolle tatsächlich erfüllte und wie sie konkret agierte und reagierte im Prozeß der Streikbewegung, bleibt im einzelnen zu prüfen. Verschiedene industriesoziologische Studien, deren Ergebnisse bislang nicht in die Gesamtdarstellungen der Mai-Bewegung eingegangen sind, haben sich mit Touraines Thesen auseinandergesetzt und darüber hinaus systematische Aussagen über Streikverhalten, -dauer und -motive gemacht.[49]

Fazit: Der Überblick über die divergierenden Deutungen der Protestursachen, Ziele und Forderungen zeigt, daß sich die Streikbewegung des Mai 68 nicht durch eine einfache Formel erklären läßt bzw. daß jede der angebotenen Formeln ergänzungsbedürftig ist.

47 Ebd., 10, 172.
48 Ebd., 173.
49 P. Dubois u. a., *Grèves revendicatives ou grèves politiques. Acteurs, pratiques, sens du mouvement de mai*, Paris 1971; G. Adam, »Introduction à un débat sur la nouvelle classe ouvrière«. In: *Revue Française de Science Politique*, XXII, N° 3, 1972, 509-528; Jean-Daniel Reynaud, »La nouvelle classe ouvrière. La technologie et l'histoire«, ebd., 529-542.

Die drei Ansätze skizzieren die makrosoziologischen Dimensionen, die zur Herausbildung der Bewegung beigetragen haben. Strukturwidersprüche und soziale Unzufriedenheiten, Krisen und Konflikte führen aber nicht gleichsam selbsttätig zur Formierung einer sozialen Bewegung. Es gibt viel mehr Krisen in der Geschichte als soziale Bewegungen, und auch Strukturwidersprüche und Unzufriedenheiten treten historisch häufiger auf als soziale Bewegungen. Es ist ein bestimmter Handlungszusammenhang, der Unzufriedenheiten und Widersprüchen Kontur und Stoßkraft verleiht, strukturelle Ursachen zum Beweger einer Bewegung macht. Die Ereignisfolgen und situativen Einzelfaktoren, die Interaktionsprozesse und kollektiven Deutungen, die den Handlungszusammenhang tragen, müssen daher notwendige Bestandteile der Analyse der sozialen Bewegung sein.

Die makrosoziologischen Faktoren kennzeichnen auch die Entwicklungen in den anderen europäischen Ländern, in denen es nicht zu einer vergleichbaren Streikbewegung kam. In der Bundesrepublik zum Beispiel war die ökonomische Rezession des Jahres 1966 viel stärker als in Frankreich, die Arbeitslosigkeit höher und im gesamten Zeitraum der sechziger Jahre größeren Schwankungen unterworfen; Autoritätskonflikte und erstarrte Strukturen führten auch hier zum Widerspruch der Studenten, doch entwickelte sich aus der Studentenbewegung keine Bewegung der Arbeiterschaft, und die »neue Arbeiterklasse« blieb außerhalb des Mobilisierungsprozesses. Der einzigartige Mobilisierungsprozeß der Mai-Bewegung in Frankreich kann deshalb nicht aus allgemeinen Struktureigenschaften des ökonomisch-sozialen Entwicklungsprozesses deduziert werden, sondern muß durch eine politisch-soziale Konstellationsanalyse rekonstruiert werden, die makrosoziologische Dimensionen nicht ausklammert, sondern deren Übersetzung in Protestverhalten untersucht. Dies ist nur möglich durch Einbeziehung der konkreten historischen Akteure, ihrer Deutungen und Handlungsbedingungen, Mobilisierungsstrategien und Wertideen, taktischen und strategischen Entscheidungen. Rekonstruierbar wird der Zusammenhang von allgemeinen Strukturentwicklungen und kollektivem Verhalten nur durch Kombination von Struktur-, Ereignis- und Ideengeschichte.

2. Die spontane Streikbewegung

Sud-Aviation galt als »rotester Betrieb« in der Region Loire-Atlantique, lange bevor es am 14. Mai 1968 zu der Betriebsbesetzung kam, die Geschichte machen sollte. Von den 2000 Arbeitern des staatlichen Betriebs, der Elemente der Flugzeuge Concorde, Alouette und Mirage herstellte, waren 1800 gewerkschaftlich organisiert. Mit achthundert Mitgliedern war die CGT die stärkste Gewerkschaft im Betrieb, gefolgt von der CFDT mit siebenhundert Mitgliedern und der CGT-FO mit dreihundert.[50] Tonangebend jedoch war, unabhängig von der Zahl ihrer Mitglieder, häufig die Force Ouvrière (FO). Sie verfügte über zwei durchsetzungsfähige Repräsentanten, die kraft ihrer Persönlichkeit der Gewerkschaftsorganisation überproportionalen Einfluß verliehen: Alexandre Hébert, ein Anarchosyndikalist, der an der Spitze der Union départementale der FO stand, sowie Yves Rocton, ein aus der CGT ausgeschlossener Trotzkist, der Sekretär »de la section des horaires« und damit der stärksten Arbeitergruppe von Sud-Aviation war.[51] Hébert, ein Freund von Gabriel Cohn-Bendit, verfügte über gute Verbindungen zur Studentenvertretung der Universität Nantes und wirkte als Mittler zwischen Arbeitern und Studentenschaft. Rocton, ein leidenschaftlicher Agitator, nahm eine Schlüsselrolle im Vorlauf und im Verlauf der Betriebsbesetzung ein. Er war es, der am 14. Mai im entscheidenden Augenblick die Arbeiter in offener Abstimmung über die Besetzung der Fabrik entscheiden ließ und eine Mehrheit für seinen Vorschlag bekam. Kein Zweifel, die Agitation der FO wirkte auf die Aktionen der Arbeiter ein, doch erklärt sie allein deren Hinwendung zur neuen Aktionsform nicht. Hatte doch Rocton bereits am 6. Mai die Idee der Betriebsbesetzung proklamiert, ohne Erfolg.[52] Zwischen dem 6. und dem 14. Mai hatte sich im Betrieb Sud-Aviation nichts verändert. Gewandelt hatte sich indes der Kontext, in dem der seit Wochen andauernde Kampf der Arbeiter von Sud-Aviation stand.

Die Ereignisse in Nanterre und Paris hatten auch in der Univer-

50 Viansson-Ponté, 603 f. Yannick Guin gibt die Zahl der Betriebsangehörigen mit 2800 an; ders., *La Commune de Nantes*, 43.

51 Ebd., 37.

52 Ebd., 45.

sitätsstadt Nantes, nur sieben Kilometer von Sud-Aviation entfernt, Studentenproteste entfacht. Bereits im Januar 1968 hatte die Studentenvertretung AGEN-UNEF der Universität Nantes Kontakt zu den Enragés von Nanterre aufgenommen sowie das Gespräch mit den Situationisten in Straßburg und mit Guy Debord in Paris gesucht. Unter aktiver Mitwirkung eines Enragé aus Nanterre hatten Studenten in Nantes am 14. Februar das Rektorat der Universität vorübergehend besetzt und dabei die Parole ausgegeben: »Il faut dénoncer le scandale permanent de l'Enseignement par la permanence du scandale dans l'Enseignement«.[53] Aufklärung durch Aktion und Provokation stand in Nantes seitdem auf der Tagesordnung. Wie in Nanterre waren auch in Nantes auf den Mauern der Universitätsgebäude die Handschriften der Situationisten zu lesen. Auf Flugblättern, die zum Teil Kopien von Flugblättern in Nanterre waren, rief die Studentenvertretung AGEN-UNEF zum Brechen der sexuellen Tabus auf. Die provokativen Flugblätter, die in einigen Fällen Beleidigungen enthielten, lieferten dem Rektor der Universität und dem Präfekten von Nantes Anlaß zu einer Klage gegen die AGEN-UNEF und führten schließlich am 27. April, auf Anordnung des Präfekten von Nantes, zur Streichung der staatlichen Gelder für die Studentenvertretung.[54] Der Protest gegen diese Entscheidung fiel zeitlich mit der Schließung der Fakultät in Nanterre (2. Mai) und dem Übergreifen der Studentenunruhen auf Paris zusammen.

Lokale Proteste und Solidarität mit den Studenten der Hauptstadt waren von nun an nicht mehr zu trennen. Am 7. Mai brachen an der Faculté des Lettres und der Faculté des Sciences von Nantes spontane Streiks aus, am Abend berichteten Studenten, die Zeugen der Pariser Ereignisse geworden waren, im überfüllten Audimax über die Geschehnisse in der Hauptstadt. Kurz bevor in Paris am 10. Mai die ersten Barrikaden errichtet wurden, besetzten Studenten in Nantes die Faculté des Sciences; einige brachen danach aufgrund der Radioberichte über die Vorgänge im Quartier Latin noch in der Nacht nach Paris auf, um ihren Kommilitonen zu Hilfe zu eilen. Am 11. Mai stürmten Studenten den Bahnhof von Nantes und blockierten die Eisenbahnschienen. Am 13. Mai – parallel zur Pariser Großdemonstration – protestierten Studenten

53 Ebd., 15-19, hier 19.
54 Ebd., 30.

und Arbeiter gemeinsam in den Straßen von Nantes gegen das Vorgehen der Polizei in Paris. Im Anschluß an diese Protestkundgebung, zu der UNEF, FEN, CGT, CFDT und CGT-FO aufgerufen hatten, kam es zur gewaltsamen Konfrontation zwischen Studenten und Polizei vor der Präfektur von Nantes. Die Rücknahme der Klagen fordernd, die der Präfekt von Nantes und der Rektor der Universität gegen die Studentenvertretung der UNEF von Nantes erhoben hatten, sowie die Fortsetzung der Zahlungen der staatlichen Gelder für die Studentenvertretung AGEN-UNEF, zogen Studenten vor die Präfektur, drangen einige in das Gebäude ein. Der Präfekt sowie der Rektor der Universität, die bereits mit einer intersyndikalistischen Delegation in Verhandlungen über die Anliegen der Studenten standen, gaben den Forderungen nach.[55]

Der Erfolg der Studenten sowohl in Paris als auch in Nantes wirkte auf die Arbeiter von Sud-Aviation. Er erhöhte die Mobilisierungsbereitschaft und senkte die Handlungsschwelle für die unkonventionelle Aktion: die Betriebsbesetzung. Er schuf eine Situation, in der die anarchosyndikalistisch-trotzkistisch orientierte kleine Betriebsorganisation der CGT-FO sich mit ihrer Idee einer Betriebsbesetzung gegen die mitgliederstarke CGT, die dem entgegenzuwirken versuchte, durchsetzen konnte. Vor dem Hintergrund der Studentenproteste gewann eine linksradikale Strömung innerhalb der organisierten Arbeiterschaft, die selbst innerhalb der CGT-FO eine Minderheit war, an Einfluß und Gestaltungsmacht für ihre Aktionsstrategie. Sie setzte auf die Mobilisierungskraft einer kleinen handelnden Minderheit[56] und hatte Erfolg damit. Wie die Fakultät Nanterre für die Universitäten, so gaben die Flugzeugwerke Sud-Aviation für die Betriebe das Signal zur Veränderung der Verhältnisse durch Aktion. Die Ausgangsbedingungen glichen sich.

Am 15. Mai folgen die Arbeiter von Renault-Cléon dem Beispiel ihrer Kollegen von Sud-Aviation. Nachdem bereits am Vormittag eine von den Gewerkschaften CGT und CFDT initiierte, einstündige Arbeitseinstellung aus Protest gegen die Reform der Sozialversicherung auf Druck der Arbeiter um eine halbe Stunde verlängert worden ist, nehmen am Nachmittag, nachdem über das

55 Ebd., 46-57.
56 Ebd., 40.

Radio die Nachricht von den Ereignisse in Sud-Aviation bekannt geworden ist, 150 vornehmlich junge Arbeiter der zweiten Schicht die Arbeit nicht mehr auf, sondern formieren sich zu einem Marsch durch die Werkstätten. Renault-Cléon gilt als moderner Musterbetrieb: weiß, hell, freundlich, wenn man so will: eine »schöne Fabrik«. Errichtet in einer ländlichen Umgebung, um insbesondere den jungen Leuten in dieser Region Arbeit und Aufstiegschancen zu geben, liegt das Durchschnittsalter der Arbeiter bei 27 Jahren.[57] Die Streikkampagne geht von den unter 20jährigen, nur unter provisorischem Kontrakt von drei bis sechs Monaten stehenden Arbeitern aus, die unorganisiert sind.[58] Wut[59] und der Wille, sich Gehör zu verschaffen[60], treibt sie zu einer Aktion an, welche die Gewerkschaftsvertreter noch einen Tag zuvor für undurchführbar erachteten.[61] Nur einmal hat es vor dem 13. Mai 1968 im Betrieb von Renault-Cléon eine längere (24stündige) Streikaktion gegeben[62], die Streikbereitschaft der Belegschaft gilt als gering. Noch am 13. Mai sind dem gewerkschaftlichen Aufruf zum Generalstreik nur 30% der Arbeiter gefolgt.[63] Am 15. Mai tritt die gesamte Belegschaft in den unbefristeten Streik, besetzt den Betrieb und setzt den Direktor, der über gute Beziehungen zu den Arbeitern verfügt, in seinem Büro fest. Nur durch Androhung eines Hungerstreiks gelingt es ihm, sich zwei Tage später zu befreien.[64] Was jahrelange gewerkschaftliche Agitation nicht vermochte, hat die exemplarische Aktion der Arbeiter von Sud-Aviation bewirkt. Sie hat einen Einstellungs- und Verhaltenswandel herbeigeführt, latente Energien in direkte Aktion überführt. Ohne zu zögern, greifen die Repräsentanten von CGT und CFDT die Unzufriedenheit der Arbeiter auf und formulieren, noch am Abend zu Repräsentanten des Streikkomitees gewählt, die Forde-

57 Collectif Cléon, *Notre arme, c'est la grève*, Paris 1968, 25.

58 Von den 5100 Arbeitern von Renault-Cléon sind nur rund 1000 gewerkschaftlich organisiert. Dubois, 45.

59 Erklärung eines Arbeiters, zit. in Salmon, 72.

60 Erklärung eines Arbeiters, zit. in *La Croix* vom 19./20. Mai 1968, S. 4, Sp. 2.

61 Vgl. dazu die Aussage eines CFDT-Vertreters in: Collectif Cléon, 102.

62 Ebd., 28, Fn. 1.

63 Dansette, 172. Salmon gibt die Zahl der Streikenden mit 50% der Belegschaft an.

64 Ebd., 24f.

rungen der Streikenden: Verkürzung der Arbeitszeit ohne Lohneinbuße, allgemeine Erhöhung der Löhne und Festsetzung des Mindestlohnes auf 1000 Francs, Senkung des Pensionsalters, Erweiterung der gewerkschaftlichen und demokratischen Rechte im Betrieb.[65]

Von Renault-Cléon springt die Streik- und Besetzungswelle am 16. Mai auf Renault-Flins über. Ein Telefonanruf genügt[66], um die Repräsentanten der CFDT in Bewegung zu setzen. Sie rufen auf die Nachricht vom Streik in Cléon hin auch die Belegschaft von Flins zum unbegrenzten Streik auf. Seit Jahren sind sie für ausgedehnte Streikaktionen eingetreten, doch stets hat die CGT nur kurzen Arbeitseinstellungen zugestimmt. Diesmal setzen sie sich durch. Der Aufruf wird befolgt. Selbst die Initiatoren sind überrascht.[67] Die CFDT verfügt nur über 200 Mitglieder bei einer Belegschaft von 10 000 Arbeitern, die CGT über 600. Am 13. Mai waren nur die organisierten Arbeiter dem Aufruf der Gewerkschaften zum Generalstreik gefolgt. Eine Gruppe junger Arbeiter (24 bis 26 Jahre alt) war nach Paris gefahren. Am 16. Mai greifen zunächst die jungen Arbeiter den Vorschlag der CFDT auf, die Arbeit einzustellen, und überführen im Verlauf der Aktion die Arbeitseinstellung in eine Besetzungsaktion. Forderungen werden damit zunächst nicht verbunden. Nicht die Lohnfrage, so ein alter Arbeiter und CFDT-Vertreter im Betrieb, treibt am 16. Mai die Arbeiter zur Streikaktion an, sondern die Freiheitsbeschränkungen innerhalb des Betriebes, die harschen Sanktionen als Reaktion auf kleinste Beschwerden der Arbeiter oder auf »un peu trop de gueule«.[68] Es geht den vorwiegend aus ländlichem Milieu kommenden Arbeitern darum, so der CFDT-Vertreter, sagen zu können, was sie denken, sich ausdrücken und organisieren zu können, wie sie wollen.[69] Die Studenten haben es vorgemacht, jetzt folgen die Arbeiter ihrem Beispiel. Nach der Entscheidung, die Fabrik zu besetzen, wenden sich die meisten Arbeiter jedoch ihren Autos zu. Die Gewerkschaftsvertreter müssen einschreiten:

65 Collectif Cléon, *Notre arme, c'est la grève*, 20.

66 Yves Duclos, ancien ouvrier de Flins, »Histoire et leçons d'une grève«. Table ronde (25. juin 1968) avec deux rédacteurs d'Esprit. In: *Esprit*, N°. 8-9 (août-septembre) 1968, 97-120, hier 98.

67 Ebd., 98.

68 Ebd., 99.

69 Ebd.

»La grève, ce n'est pas des vacances, il faut rentrer à l'usine.«[70] Die Okkupation wird von einer Gruppe von 400-500 Arbeitern durchgeführt.[71]

Dem Beispiel von Cléon und Flins folgen am 16. Mai noch die Renault-Werke in Le Mans, Sandouville, Orléans. Auch die Lockheed-Werke in Beauvais, UNELEC in Orléans werden bestreikt und besetzt. Um 17 Uhr erreicht die Streikwelle Renault-Billancourt, den größten Betrieb Frankreichs, der stets als Speerspitze in Arbeitskämpfen fungiert. Billancourt ist eine Hochburg der CGT. In den Monaten März und April hat es hier rund neunzig partielle Arbeitsniederlegungen gegeben, die von den Gewerkschaften organisiert worden sind.[72] Am Donnerstag, den 16. Mai, erfolgen die ersten Arbeitseinstellungen spontan, auch hier von den jungen Arbeitern getragen. Bestrebt, in ihrer Hochburg die Kontrolle über das Geschehen zu behalten, stellt sich die CGT an die Spitze der Bewegung und ruft erstmals in diesen Tagen zur Fabrikbesetzung auf.[73]

Am Abend des 16. Mai befanden sich 70 000 Arbeiter im Ausstand. Spontan, ohne Aufruf der nationalen Gewerkschaftszentralen, hatten sie die Arbeit eingestellt. Die Streikwelle hatte sich von der Peripherie (Sud-Aviation/Nantes) zum Zentrum (Billancourt/Paris), von einer relativ kleinen Fabrik (2000 Arbeiter) zur größten Fabrik in Frankreich (36 000 Arbeiter) entwickelt, einer Kettenreaktion gleich, die ihre Dynamik vor allem durch die horizontale Mobilisierung der Betriebe des Unternehmens Renault gewann. 50 000 der 70 000 Streikenden waren Renault-Arbeiter.[74] Alle bestreikten und besetzten Unternehmen – mit Ausnahme von Lockheed und UNELEC – waren staatlich. Für die nationalisierten Betriebe generell und für Renault im besonderen galt, daß die Arbeitsbedingungen in den Betrieben besser, die Gehälter höher und die Risiken der Entlassung, der Kurzarbeit oder vollen Arbeitslosigkeit geringer waren als in der Privatwirtschaft. Wogegen begehrten die Arbeiter auf?

70 Zitat aus dem Bericht eines Arbeiters von Renault-Flins zehn Jahre nach den Ereignissen, zit in: Salmon, 76.

71 Ebd.

72 J. Frémontier, *La Forteresse ouvrière: Renault. Une enquête à Boulogne-Billancourt chez les ouvriers de la Régie*, Paris 1971, 347.

73 Ebd., 348-351.

74 Viansson-Ponté, 605.

Sie handelten, so wird sowohl von einzelnen Arbeitern als auch von den Streikkomitees betont, aus Solidarität mit den Studenten und Protest gegen die staatliche Repression. Kann man daraus schließen, daß der selektive Anreiz zur Aktion von außen kam, politische, nicht soziale Gründe für die Streik- und Besetzungswelle ausschlaggebend waren? Die Forderung »La gauche au pouvoir«, die auf den Zäunen, welche Renault-Cléon umgaben, angebracht war[75], legt diese Schlußfolgerung ebenso nahe wie die Sprechchöre, die am 13. Mai »Dix ans, ça suffit« skandierten. Die Forderungen des Streikkomitees, das hinter den Zäunen tagte, geben jedoch keinen Anhaltspunkt für diese Option. Auf Lohn, Mindestlohn und gewerkschaftliche Rechte im Betrieb gerichtet, erweisen sie sich als strikt soziale Forderungen, die keine Kritik an den politischen Machtverhältnissen implizieren. Politische Bedeutung erhielten sie durch den Zeitpunkt, zu dem sie artikuliert wurden, sowie den Ort: ein nationalisiertes Unternehmen, das zwar autonom geführt wurde, aber in letzter Instanz staatlicher Aufsicht unterstand. Ein Arbeiter von Renault-Cléon sprach es offen aus. »Bon, peut-être que notre direction ne peut rien décider. C'est une affaire nationale. Tant mieux.«[76] Der Adressat war mithin nicht nur die Unternehmensleitung, sondern der »État patron«. Konnte eine konzertierte Aktion der dezentralisierten staatlichen Betriebe ihn zum Nachgeben zwingen? »Les étudiants«, erklärte ein Arbeiter von Renault-Billancourt gegenüber *Les Temps Modernes*, »ont bien obtenu tout ce qu'ils voulaient. Pourquoi pas nous?«[77]

Die Anfänge der spontanen Streikbewegung in den Betrieben zeigen, daß infolge des »kritischen Ereignisses« (Bourdieu) Barrikadennacht eine Koinzidenz von Studenten- und Arbeiterprotesten entstanden ist, die über den gewerkschaftlich organisierten 24stündigen Generalstreik hinaus wirkte. Die Synchronisation der Wahrnehmung, herbeigeführt durch das »kritische Ereignis«, hat die Trennung zwischen den verschiedenen Feldern aufgehoben und, verstärkt durch den 24stündigen Generalstreik, einen Mobilisierungsgrad und eine kollektive Handlungsbereitschaft er-

75 Vgl. *La Croix* vom 19./20. Mai 1968, S. 4.
76 Ebd.
77 Ph. Gavi, »Des ouvriers parlent«. In: *Les Temps Modernes*, 24e année, N° 265 (juillet 1968) 80-93, hier 82 f.

zeugt, die sich nicht, wie von den Gewerkschaften CGT und CFDT intendiert, in die geregelten Bahnen intermediärer Interessenvertretung zurückführen ließen. Durch die Barrikadennacht und die Reaktion der Regierung auf das Geschehen in dieser Nacht – ihr Schwanken zwischen Attentismus, Repression und Nachgiebigkeit – war vielmehr eine außeralltägliche Situation geschaffen, aus der neue soziale und politische Handlungsoptionen und Verhaltensdispositionen hervorgingen.

Die unbefristete Arbeitseinstellung – ohne Appell der Gewerkschaftszentralen – sowie die Besetzung der Betriebe bedeuteten eine Option für die direkte Aktion, welche die latente Handlungsbereitschaft unmittelbar in Handlung überführte, divergierende Interessen koordinierte und zugleich die Zielsetzung offenließ. Denn der unbefristete Streik sowie die Okkupation konnten sowohl ein Druckmittel sein, um die Kontrollinstanzen (Staat, Unternehmen) zu Verhandlungsbereitschaft und Konzessionen zu zwingen, als auch der Auftakt zu einer umfassenden Transformation der Betriebs-, Unternehmens- und Wirtschaftsordnung gemäß der anarchistisch-syndikalistischen Generalstreikidee oder der Konzeption der Nouvelle Gauche. Die Zukunft war offen. Es kam auf die Intentionen der Akteure, ihre Aktionen und die Reaktionen der Kontrollinstanzen, die Mobilisierungsstrategien und Mobilisierungserfolge an.

Die Intentionen der Akteure in der Ausgangslage waren mehrdeutig und diffus. Es ließen sich weder die Motive noch die Ziele der Streikenden eindeutig bestimmen. Solidarität mit den Studenten und soziale Eigeninteressen, politischer und betriebsspezifischer Protest, bewußte Provokation und instinktive Partizipation – nach dem Motto: »... les gens ont dit, les autres y sont, on y va aussi«[78] – verbanden und vermischten sich. Die Forderungen – exemplarisch formuliert vom Streikkomitee Renault-Cléon – waren Wiederholungen der Gewerkschaftsforderungen, keineswegs innovativ, sie griffen mit keinem Wort die Anliegen oder Probleme der jungen Arbeiter auf. Eine mögliche Erklärung kann in der Tatsache liegen, daß in den Streikkomitees der Betriebe die Repräsentanten der Gewerkschaften dominierten, nicht diejenigen, deren Initiative die Wahl der Streikkomitees überhaupt möglich gemacht hatten. Doch können die ad hoc gefertigten Kom-

78 Dubois u. a., 265.

muniqués der Streikkomitees als Maßstab dienen? Die Bewegung, die von Betrieb zu Betrieb sprang, war mehr als der Ausdruck ihrer gedruckten Worte.

Der Anfertigung der Kommuniqués gingen Vollversammlungen voran, die niemand protokollierte, deren Geist indes alle Beteiligten tiefgreifend prägte, ihre Gruppenidentität stärkte. Was in den Vollversammlungen geschah, vermochte später niemand exakt zu rekonstruieren. Aber darauf kam es nicht an. Nicht was, sondern daß gesprochen wurde, machte das neue, einzigartige der Situation aus. Entscheidend war die Redefreiheit innerhalb des Betriebes, »... c'est qu'on ait la liberté de penser, de s'exprimer et de s'organiser comme on veut«[79], wie ein Arbeiter von Renault-Flins es formulierte. Das Wort wurde zur Tat, Sprechen eine Art Befreiungsakt, ein Aufbegehren gegen Hierarchien, Abhängigkeits- und Autoritätsstrukturen. Die Beiträge richteten sich nicht auf präzise Gegenstände.[80] Es herrschte eine »effervescence créatrice«, eine kreative Erregung, Unruhe, die alles möglich erscheinen ließ: »... on sentait qu'on ouvrait beaucoup de possibilités, que beaucoup de transformations pouvaient se faire.«[81] Die Bewegung entfaltete sich in einem interaktiven Prozeß solidarischer Aktionen, die Kommunikation und Diskurs als kreative Akte der Selbstvergewisserung und Selbstorganisation der Bewegung einschlossen. Es gab kein Programm, die Zielfindung war ein an die Mobilisierung geknüpfter fließender Prozeß. Niemand wußte, wo die Bewegung hinführte. Sicher war jedoch, daß die Reichweite ihrer Ziele mit Ausdehnung der Bewegung wuchs.

Und die Bewegung dehnte sich aus. Die Nachrichten über die sich dem Streik anschließenden Betriebe, über das Radio auf schnellste Weise verbreitet, lösten Begeisterung unter den Streikenden aus und stärkten ihren Durchhaltewillen. »La radio«, so der Korrespondent von *La Croix*, der die Streikbewegung bei Renault-Cléon beobachtete, »soulève l'enthousiasme par les nouvelles qu'elle apporte.«[82] Täglich trafen neue Nachrichten ein.

Am Freitag, dem 17. Mai, sprang die Bewegung von der Metall-

79 *Esprit*, N° 8-9 (août-septembre) 1968, 99.
80 Dubois u. a., 52.
81 Ebd., 101.
82 *La Croix* vom 19./20. Mai 1968, S. 4, Sp. 2.

auf die Textilindustrie (Rhodiaceta de Vaise, Belle-Etoile)[83] über, einen Tag später auf den öffentlichen Dienst. Die Eisenbahner machten den Anfang.[84] Kein Zug verkehrte mehr in ganz Frankreich am Samstag, dem 18. Mai, mit Ausnahme eines Pilgerzuges von Grenoble nach Lourdes[85] und zweier Züge von Paris in Richtung Straßburg.[86] Internationale Züge von Holland an die Côte d'Azur wurden über die Bundesrepublik Deutschland, die Schweiz und Italien umgeleitet.[87] Die Bahnhöfe und Depots der SNCF wurden von den Streikenden besetzt. Ihre Forderungen: 200 Francs mehr pro Monat und Wiedereinführung der 40-Stunden-Woche (binnen fünf Jahren).[88] Den Eisenbahnern schlossen sich am gleichen Tag die Bus- und Metrofahrer an.[89] Der Telegraphendienst stellte die Arbeit ein, es wurden keine Telegramme mehr ins Ausland versandt. Ausnahmen wurden lediglich für die Regierung und die in Paris tagende amerikanisch-vietnamesische Konferenz gemacht.[90] Die Techniker des Flughafen Orly traten in den Streik.[91] Die Arbeiter der Fabrik Michelin in Clermont-Ferrand legten die Arbeit nieder und tanzten anschließend in den Betriebshallen zu den Rhythmen eines Orchesters, das moderne Musik und alte Schlager spielte.[92] Währenddessen kehrte am Sonnabend um 22.30 Uhr Staatspräsident de Gaulle vorzeitig aus Rumänien zurück.

Am Sonntag, dem 19. Mai, flog von französischen Flughäfen kein Flugzeug mehr ab, internationale Flüge von und nach Paris mußten über Belgien umgeleitet werden.[93] Die Arbeiter der Gas- und Elektrizitätswerke erklärten ihre Bereitschaft, die Arbeit einzustellen.[94] In der Opéra und Opéra Comique fielen infolge der Besetzung der Spielstätten durch Techniker und Arbeiter die Vor-

83 *Le Figaro* vom 21. Mai 1968, S. 4, Sp. 7.
84 *Le Monde* vom 19./20. Mai 1968, S. 3, Sp. 1 f.
85 *Le Figaro* vom 20. Mai 1968, S. 4, Sp. 6.
86 *Le Monde* vom 19./20. Mai 1968, S. 3, Sp. 1.
87 *Le Figaro* vom 21. Mai 1968, S. 4, Sp. 2.
88 *Le Monde* vom 19./20. Mai 1968, S. 3, Sp. 2.
89 Ebd., Sp. 1 f.
90 Ebd., Sp. 3.
91 Ebd.
92 *Syndicalisme* (Magazin spécial) vom 10. Juni 1968, S. 19.
93 *Le Figaro* vom 20. Mai 1968, S. 4, Sp. 6.
94 *Le Monde* vom 21. Mai 1968, S. 5, Sp. 4.

stellungen aus. Die Comédie Française kündigte für Montag, den 20. Mai, einen 24stündigen Generalstreik an.[95] Die Vereinigung der Kinos an der École normale de la photographie et du cinéma rief zum unbegrenzten Streik auf.[96] George Séguy (CGT) erklärte: »Il ne faut pas prendre ses désirs pour la réalité.«[97]

Am Montag, dem 20. Mai, befanden sich mehr als zwei Millionen Arbeiter im Ausstand.[98] Die öffentlichen Verkehrsmittel nicht nur in Paris, sondern auch in Nizza und Marseille waren blockiert.[99] Totaler Streik unter den Bergarbeitern unterbrach die Arbeit in den Gruben im Norden des Landes, im Loire-Becken sowie im Elsaß.[100] Landarbeiterproteste in Loire Atlantique[101], Streik in den Schlachthöfen der Region Paris[102], Auszahlungsbeschränkungen bei den Banken[103], großer Ansturm auf die Tankstellen[104], nur noch 80% der üblichen Obst- und Gemüselieferungen in den Hallen von Paris[105] – die Meldungen überschlugen sich. Keine Zeitung konnte die Gesamtheit der Streikfälle mehr erfassen.

Am Dienstag, dem 21. Mai, befanden sich, nach Angaben der Gewerkschaften, 5 Millionen Arbeiter im Ausstand.[106] Die Telefonverbindungen ins Ausland waren unterbrochen[107], die Häfen von Rouen, Le Havre und Marseille blockiert.[108] Die Arbeiter von Peugeot und Citroën, die Bankangestellten der Banque nationale de France und der Filialen von Crédit du Nord sowie Crédit Lyonnais schlossen sich der Streikbewegung an.[109] Die großen Kaufhäuser in Paris waren ab Nachmittag geschlossen.[110] Nach den Bus- und Metrofahrern stellten auch die Taxifahrer ihren

95 Ebd., S. 4, Sp. 5.
96 *Le Monde* vom 22. Mai 1968, S. 5, Sp. 4.
97 *Le Monde* vom 21. Mai 1968, S. 4, Sp. 2.
98 *Le Figaro* vom 20. Mai 1968, S. 4, Sp. 2 f.
99 *Le Monde* vom 21. Mai 1968, S. 5, Sp. 2.
100 *Le Figaro* vom 21. Mai 1968, S. 4, Sp. 7.
101 *Le Figaro* vom 22. Mai 1968, S. 5, Sp. 3 f.
102 *Le Monde* vom 22. Mai 1968, S. 5, Sp. 4 f.
103 Ebd.
104 Ebd., Sp. 6.
105 *Le Monde* vom 22.Mai 1968, S. 5, Sp. 5 f.
106 *Le Figaro* vom 21. Mai 1968, S. 4, Sp. 6.
107 Ebd., Sp. 4.
108 *Le Figaro* vom 21. Mai 1968, S. 4, Sp. 7.
109 *Le Monde* vom 22. Mai 1968, S. 5, Sp. 4 f.
110 *Le Monde* vom 23. Mai 1968, S. 6, Sp. 5.

Dienst ein.[111] Militärlastwagen wurden eingesetzt, um eine Verbindung zwischen Paris und den Vorstädten aufrechtzuerhalten. Sie offerierten ihre Dienste kostenlos morgens zwischen 6 und 9 Uhr (in Richtung Paris) und abends zwischen 16 und 20 Uhr (in Richtung Banlieue).[112] Die Polizeipräfektur von Paris und das Office du blé gaben, nachdem die vier Großmühlen im Raum Paris ihre Arbeit eingestellt hatten, die Anweisung, die Sicherheitsvorräte, die für zehn bis zwölf Tage reichten, zur Verfügung zu stellen.[113]

Am Mittwoch, dem 22. Mai, war, wie *Le Monde* auf der ersten Seite berichtete, die »Aktivität des Landes total paralysiert«. Den Bankangestellten waren die Versicherungsangestellten in den Streik gefolgt.[114] Nach dem Aufruf der Schülerkomitees zum Streik an den Schulen gab auch die Lehrergewerkschaft SGEN (Syndicat général de l'éducation nationale) der CFDT die Parole zur Arbeitseinstellung aus.[115] Nicht nur die Großunternehmen, sondern auch mittlere und kleine Privatunternehmen wurden in wachsender Zahl von der Streikwelle erfaßt.[116] Nach Angaben der Gewerkschaften befanden sich mehr als 7 Millionen Arbeitnehmer im Streik.[117] Die Ölraffinerien stockten, lange Autoschlangen bildeten sich vor den Tankstellen, Benzin-Hamsterkäufe wurden registriert, wenngleich die Zeitungen betonten, daß die Vorräte der Zwischenlager noch für 30-40 Tage ausreichten.[118] Preissteigerungen bei lagerungsfähigem Obst und Gemüse um 10-20% traten auf[119], die Arbeiter des Großmarkts von Paris setzten (für einen Tag) ihre Arbeit aus.[120] Nahezu alle Wochenzeitungen erschienen nicht mehr.[121] Die Pariser Börse war zwar geöffnet, doch

111 *Le Figaro* vom 22. Mai 1968, S. 5, Sp. 3 f.
112 *Le Monde* vom 22. Mai 1968, S. 4, Sp. 3-5.
113 Ebd, S. 5, Sp. 5 f.
114 *Le Monde* vom 23. Mai 1968, S. 7, Sp. 1.
115 A. Détraz et les militants de la CFDT, *Positions et action de la CFDT en mai 1968. Syndicalisme*, Numéro Spécial 1969, 71.
116 *Le Monde* vom 24. Mai 1968, S. 6, Sp. 4 f.
117 *Le Figaro* vom 22. Mai 1968, S. 4, Sp. 1-6.
118 *Le Monde* vom 22. Mai 1968, S. 5, Sp. 6.
119 *Le Figaro* vom 24. Mai 1968, S. 7, Sp. 2 f., sowie vom 25./26. Mai 1968, S. 6, Sp. 7f.
120 *Le Figaro* vom 23. Mai 1968, S. 6, Sp. 1.
121 *Le Monde* vom 23. Mai 1968, S. 6, Sp. 3 f.

in ihrer Tätigkeit infolge des Bankenstreiks blockiert.[122] Unter all diesen Meldungen ging eine ganz unter und wurde nicht einmal kommentiert: alle zivilen und militärischen atomaren Zentren wurden bestreikt! Die Arbeiter forderten eine größere Partizipation an der Lenkung und Leitung des CEA (Commissariat à l'Énergie Atomique) sowie die 40-Stunden-Woche.[123] Im Parlament wurde der Mißtrauensantrag der Opposition gegen die Regierung zurückgewiesen; eine Amnestie für alle im Zusammenhang mit den Studentendemonstrationen Festgenommenen wurde beschlossen und vom Senat in einer Nachtsitzung (zwischen 2 und 3 Uhr nachts) bestätigt.[124]

Am Donnerstag, dem 23. Mai, trug das Himmelfahrtsfest zur Ausweitung der Streikbewegung bei. Betriebe, die bislang nicht bestreikt worden waren, beschlossen, ihre Pforten bis Montag zu schließen.[125] In *Le Figaro* erschien ein Aufruf der Polizeipräfektur an alle Haushalte, die Abfälle zu reduzieren. Wenngleich Militärfahrzeuge zur Müllentsorgung eingesetzt worden waren, stapelten sich im Gebiet der Hallen – die Zeitung dokumentiert im Bild – die Abfälle zu riesigen Bergen.[126] In einigen Vierteln erreichten die Abfallberge die Höhe der ersten Etage der Häuser.[127] Einzelne Unternehmer signalisierten Verhandlungsbereitschaft, im Bereich der Elektrizitätsversorgung ging die Initiative von den Gewerkschaften aus, doch der Höhepunkt der Mobilisierung war noch keineswegs erreicht.

3. Gewerkschaftliche Strategien und Zielorientierungen

Mit 5 Millionen übertraf die Zahl der Streikenden bereits nach einer Woche die des Generalstreiks von 1936, der 2 Millionen erfaßte. Die außerordentliche Dynamik der Bewegung, die binnen weniger Tage die gesamte französische Wirtschaft paralysierte, wirft die Frage nach den treibenden Faktoren der Entwicklung

122 *Le Monde* vom 23. Mai 1968, S. 7, Sp. 2 f.
123 *Le Monde* vom 23. Mai 1968, S. 6, Sp. 5 f.
124 *Le Monde* vom 24. Mai 1968, S. 4, Sp. 3-6.
125 Détraz, *Positions et action*, 82.
126 *Le Figaro* vom 23. Mai 1968, S. 6, Sp. 4.
127 Grimaud, 207.

auf. Ausgehend von der Prämisse, daß der Mobilisierungserfolg der Mai-Bewegung nicht aus den allgemeinen Struktureigenschaften der französischen Wirtschaft und Gesellschaft abgeleitet werden kann, setzt die sozialhistorische Analyse auf der Ebene der Trägergruppen, Mobilisierungsstrategien, Aktionen und Koalitionen der Bewegung an, um gleichsam »von der Bewegung her« das kollektive Verhalten und die bedingenden Faktoren der Streik- und Besetzungswelle zu untersuchen, die Frankreich im Mai 68 in eine Krise stürzte.

Der Anstoß zur Mobilisierung in den Betrieben ging von den jungen Arbeitern aus. Noch während des Mai tauchte daher das Schlagwort von der Generationsrevolte als Erklärungsmodell der Bewegung auf. War, worauf Soziologen wie Edgar Morin[128] und Cornelius Castoriadis[129] bereits zu Beginn der sechziger Jahre hingewiesen hatten, ein neuer sozialer Akteur entstanden, eine Generation junger Arbeiter, die gemeinsam mit den Studenten eine »Altersklasse« bildeten, »la bio-classe adolescente et juvénile«? Begehrten sie gegen die bestehende Gesellschaft auf, waren sie bestrebt, neue Werte, Strategien und gesellschaftliche Perspektiven an die Stelle der alten zu setzen?

Tatsache ist, daß das von den Studenten beschworene Bündnis von Studenten und Arbeitern auf der Ebene der »Altersklasse« am schnellsten zustande kam. Bereits vor dem Beginn der spontanen Streikbewegung der Arbeiterschaft hatten junge Arbeiter den Kontakt zur Studentenbewegung gesucht, die Interaktionen verdichteten sich nach dem 14. Mai. Studenten zogen vor die besetzten Fabriken, um die Streikposten zu unterstützen, Arbeiter in die besetzten Universitäten, wo sie »wie Könige« empfangen wurden.[130] Die Dialoge – sofern sie überliefert wurden – blieben oberflächlich und entbehrten zum Teil nicht der Komik[131], so daß sie als »Farce« oder »Folklore« abgetan werden könnten, ließe man die symbolische Funktion außer acht, die den direkten Kontakten zwischen Arbeitern und Studenten zukam. Sie bauten Barrieren und Vorurteile ab, z. B. das Bild von den Studenten als »fils de

128 Vgl. Kap. II, Anm. [illegible].
129 Ebd., Anm. 33.
130 Aussage eines Arbeiters, zit. in: Frémontier, 360.
131 Vgl. unter anderem J. Vigneron, »Le rendez-vous de l'île Seguin«. In: *La Croix* vom 19./20. Mai 1968, S. 4, Sp. 4 f.

papa«, das nicht zuletzt von der CGT gepflegt worden war. Sie schufen oder verstärkten das Bewußtsein von der Übertragbarkeit der Handlungsstrategien der Studenten auf die Arbeiterbewegung und der Chancen des Arbeiterprotestes vor dem Hintergrund der Studentenunruhen. »A la sortie de l'usine«, berichtete ein Arbeiter der Elektroindustrie in Paris, »des étudiants avec la CFDT avaient décidé de venir discuter avec le personnel. Alors, ça a créé une certaine effervescence aussi, et nous autres, nous avons appelé aussi à faire la grève.« Der Spontaneität der Studenten, ihrer freien Sprache und unkonventionellen Aktionsweise – von den Medien (Presse, Radio und Fernsehen) transportiert, öffentlich und damit auch vom Zustandekommen direkter Kontakte unabhängig gemacht – konnten sich selbst alte, geschulte CGT-Mitglieder nicht entziehen.[132] Die Studenten hatten eine Bresche in die Mauern der Gesellschaft geschlagen und damit den Blick auf eine denkbare andere Ordnung der sozialen Beziehungen und Institutionenstruktur freigelegt. Wie diese aussehen sollte und erreichbar war, blieb offen. »Die Stärke unserer Bewegung«, so hatte Cohn-Bendit im Interview mit Jean-Paul Sartre erklärt, »liegt ... gerade darin, daß sie sich auf eine ›unkontrollierte‹ Spontaneität stützt, daß sie Impulse gibt, ohne die Aktion, die sie auslöst, kanalisieren zu wollen.«[133]

Unkontrollierte Spontaneität zeichnete auch die Anfänge der Streikbewegung in den Betrieben aus. Die jungen Arbeiter griffen den Impuls der Studentenbewegung auf und transferierten das Modell der spontanen Aktion in die Betriebe, angeleitet im Fall Sud-Aviation von einer anarchosyndikalistischen Gewerkschaftsgruppe, die traditionell diese Strategie im französischen Arbeitermilieu verfocht. Am Anfang stand in Sud-Aviation und auch in den Renault-Unternehmen die Initiative einer »aktiven Minderheit«, die durch ihr Vorgehen die Mehrheit mobilisierte und mit sich riß. Aus dem Mobilisierungsprozeß heraus entstand in den bestreikten und besetzten Betrieben eine Institution, die dem spontan freigesetzten Handlungspotential ein Forum der Entscheidungs- und Zielfindung bot: die Vollversammlung (»Assemblée générale«). Konstruiert nach dem Modell der direkten Demokratie, schuf sie strukturell die Chance zur Artikulation des

132 J. Minces, *Un ouvrier parle*, 61.
133 Zit. in: Sauvageot/Geismar/Cohn-Bendit, 78.

sozialen und politischen Willens der Arbeiter am Arbeitsplatz (was die geltende Betriebsverfassung untersagte) und außerhalb der etablierten Gewerkschaftsorganisationen. So war sie antihierarchisch und antiinstitutionell (in bezug auf die Betriebsverfassung) und antiorganisatorisch, antibürokratisch (in bezug auf die Struktur der gewerkschaftlichen Interessenvertretung), potentiell auf den Aufbau einer Gegenmacht gegen die Unternehmens-, aber auch gegen die Gewerkschaftsführung gerichtet. Denn die Vollversammlungen und die aus ihnen hervorgehenden Streikkomitees enthielten die Möglichkeit, an den Gewerkschaften vorbei die Streikbewegung zu organisieren und, basisdemokratisch legitimiert, Bewegungsorganisationen zu etablieren.

Doch bereits der Diskurs in den Assemblées générales wurde mehrheitlich von den organisierten Arbeitern getragen, und in den Wahlen zu den Streikkomitees setzten sich die Gewerkschaftsvertreter durch.[134] Dadurch wurde der Protest kanalisiert und tendenziell in die Bahnen der gewerkschaftlichen Interessenpolitik zurückgeführt. Die Fälle, in denen der Streik unabhängig von den Gewerkschaften begonnen, beschlossen und auch durchgeführt wurde, waren selten[135], nicht zuletzt deshalb, weil sich die Gewerkschaftsvertreter in den Betrieben reaktionsfähig zeigten[136], den spontanen Protest der Arbeiter schnell aufgriffen und seine Überführung in die direkt-koerziven Aktionsformen durchführten. Lediglich die CGT-Vertreter waren stets gegen die Festsetzung der Direktoren aufgetreten und hatten anfänglich auch der Okkupation der Betriebe entgegenzuwirken versucht. Die spontane Streikbewegung wurde auf diese Weise von Anfang an nicht nur von den nichtorganisierten, sondern in entscheidendem Maße auch von den organisierten Arbeitern getragen. Daraus jedoch zu folgern, daß die Spontaneität der Streikbewegung ein Mythos war[137], wird ihrer Eigenart nicht gerecht. Es ist die Wechselwirkung von Spontaneität und Organisation, die den Erfolg der Bewegung ausmachte.

Die frühe Teilnahme der Gewerkschaftsvertreter in den Betrieben erweiterte die Möglichkeiten und Mittel sowie das Rekrutierungs-

134 Dubois u.a., 137, 344, 355, 379.
135 Ebd., 261.
136 Ebd., 263 f.
137 Frémontier, 342.

potential der spontanen Protestbewegung, übte Signalwirkung auf die Gewerkschaftsvertreter in anderen Betrieben und nicht zuletzt auf die Gewerkschaftszentralen aus. Die gewerkschaftlichen Vertreter in den Betrieben handelten aus eigenem Antrieb und – wenngleich vermutlich nicht gänzlich ohne Rücksprache mit den Gewerkschaftszentralen – autonom in der Wahl der Mittel. Eugène Descamps, Generalsekretär der CFDT, erklärte später, am 14. Mai mehrfach auf telefonische Anfragen den Rat erteilt zu haben, die Betriebe zu besetzen, wenn die Situation dazu reif erschien. Auch Georges Séguy von der CGT betonte, über die Stimmung in den Betrieben informiert gewesen zu sein und zur Fortsetzung der Arbeitskämpfe aufgerufen zu haben. Doch die Gewerkschaftszentralen gaben zu keinem Zeitpunkt einen Appell zum Generalstreik aus. Der Streik wurde nicht »von oben« organisiert, sondern »von unten«, von den Betrieben, Unternehmen oder – wie im Fall der Eisenbahner – Leitsektoren. Er breitete sich nicht als zentralistisch von den Apparaten dirigierter Streik aus, sondern verlief dezentral-partizipativ-kumulativ.
Daraus folgt nicht, daß die Gewerkschaftszentralen nicht versucht hätten, die Streikbewegung zu kontrollieren. Die Gewerkschaftszentralen konzentrierten sich auf die Definition der Beziehungen zwischen Studenten- und Arbeiterbewegung, auf die Zielbestimmung der Streikbewegung sowie auf die Verteidigung des Repräsentations- und Verhandlungsmonopols der Gewerkschaften als Interessenvertretung der Arbeiterschaft gegenüber Staat und Unternehmerschaft. Dabei zeichneten sich Differenzen zwischen CGT und CFDT ab, die zu einem Spannungsverhältnis innerhalb der Streikbewegung führten.
Während Vertreter der CFDT den Diskussionen in der besetzten Sorbonne beiwohnten[138] und, die »mutigen« Aktionsformen anerkennend, einen Dialog zwischen Studenten und Arbeitern herzustellen versuchten, distanzierte sich die CGT-Führungsspitze von dem »aventurisme de certaines initiatives estudiantines«[139] und war bemüht, direkte Kontakte zu verhindern. So löste sie das lange vorbereitete Festival der Jugend aus Angst vor möglichen Begegnungen zwischen jungen kommunistischen Arbeitern und den Studenten von Paris unmittelbar nach der Eröffnungssitzung

138 *Le Monde* vom 17. Mai, S. 6. Sp. 4.
139 *Le Monde* vom 18. Mai 1968, S. 1, Sp. 2f.

am 17. Mai wieder auf und schickte die Delegierten in die Betriebe zurück.[140] Aufgrund ihrer Intervention fanden Studenten, die zu einem Solidaritätsmarsch nach Billancourt aufbrachen, die Tore der Fabrik geschlossen.[141] »La classe ouvrière est majeure«, erklärte Georges Séguy, »et n'a pas besoin de tuteur.«[142] Die CGT werde nur mit qualifizierten Repräsentanten der Studenten verhandeln. Cohn-Bendit, so Séguy vor den Fernsehkameras, »qui est-ce?«[143] Aimé Halbeher, CGT-Vertreter im Betrieb von Renault-Billancourt, verteidigte die Abgrenzungspolitik gegenüber den Studenten: »On a constaté qu'ils ignoraient beaucoup de choses à propos des conditions de travail. Ce que c'est qu'un ouvrier. Ce que c'est qu'un syndicat. On peut toujours parler de réforme de structure, de réforme de gestion, mais avec quel pouvoir.«[144]
Die CFDT indes erklärte sich bereit, mit allen und selbst mit solchen studentischen Organisationen das Gespräch zu suchen, welche die Gewerkschaften als erstarrte, sklerotische Organisationen ansahen. Bewußt grenzte sie sich von dem Standpunkt der CGT ab und verbarg dabei ihr Interesse nicht, durch eine Strategie der Tolerierung und Öffnung die jungen Arbeiter für ihre Organisation zu gewinnen.[145] Sie sollte von dieser Haltung profitieren, doch waren es nicht nur materielle Interessen an der Steigerung ihrer Mitgliederzahlen, welche die CFDT ein Bündnis mit der Studentenbewegung suchen ließ. Ausschlaggebend waren vielmehr gemeinsame ideelle Interessen. Sie trieben den Gang der Entwicklung fort.

Quand les jeunes réclament un nouveau style de relations entre maîtres et élèves, avec des méthodes qui peuvent être maladroites, anarchiques, choquantes quelques fois pour des ›adultes‹, mais cela ne change rien aux problèmes de fond –, ils s'inscrivent très exactement dans le combat fondamental que les travailleurs mènent de leur côté pour mettre en cause le pouvoir capitaliste dans l'entreprise, dans l'économie, dans la nation, le

140 Barjonet, 152.
141 Frémontier, 361.
142 *Le Figaro* vom 20. Mai 1968, S. 3., Sp. 4.
143 *Le Monde* vom 19./20. Mai 1968, S. 2, Sp. 2.
144 Zit in Frémontier, 361.
145 Interview mit André Jeanson, dem Präsidenten der CFDT, in: *La Croix* vom 1. Mai 1968, S. 3, Sp. 1-3.

combat pour une démocratie réelle, qui assure à tous les niveaux de la société la participation des hommes.[146]

Diese Stellungnahme – von André Jeanson, dem Präsidenten der CFDT, nach dem 13. Mai 1968 formuliert – stellte die Gemeinsamkeiten zwischen Studenten- und Arbeiterbewegung heraus, die, aus der Sicht der CFDT, Gemeinsamkeiten in Strategie und Zielsetzung der sozial heterogenen Bewegungen waren. Ein Kommuniqué der Gewerkschaft, das am 16. Mai veröffentlicht wurde, präzisierte: »Par leur action, les étudiants n'ont pas voulu seulement se préoccuper de revendications matérielles ou de leur avenir, mais remettre en cause d'une façon fondamentale les structures sclérosantes, étouffantes et de classe, d'une société où ils ne peuvent pas exercer leurs responsabilités.« Es mündete schließlich in die für die weitere Entwicklung entscheidenden Sätze:

A la liberté dans les universités doit correspondre la même liberté dans les entreprises, en cela le combat des étudiants rejoint celui mené par les travailleurs depuis la naissance du mouvement ouvrier. A la monarchie industrielle et administrative, il faut substituer des structures démocratiques à base d'*autogestion*.[147]

Damit waren der Begriff und die Losung gefallen, welche der Streik- und Besetzungswelle eine neue Dimension verleihen, die Kluft zwischen CFDT und CGT vertiefen und zugleich die Option einer Koalition zwischen der sozialistischen, aber nicht-kommunistischen CFDT und den linksradikalen, gauchistischen, antikommunistischen Trägergruppen der Studentenbewegung öffnen konnte.
Es war das erste Mal, daß das nationale Gewerkschaftsbüro der CFDT den Begriff »autogestion« in einer offiziellen Erklärung verwandte. Wenngleich die internen Debatten der Gewerkschaft über die Konzeption der »autogestion« bis in das Jahr 1963 zurückreichten[148], war der Begriff nicht offiziell eingeführt, und die

146 André Jeanson, »Le même combat«. In: *Syndicalisme* (Hebdomadaire), N° 1188 vom 16. Mai 1968, S. 1 f., hier S. 2.

147 Abgedruckt in Détraz, *Positions et action de la CFDT*, 53 f.

148 In einem als »streng vertraulich« gekennzeichneten internen Diskussionspapier über die Erfahrungen mit der Selbstverwaltung in Frankreich und Jugoslawien stellte die Gewerkschaft einen Zusammenhang zwischen den »associations de production« in Frankreich (zwischen 1830 und 1848) sowie in Jugoslawien und Israel nach 1945 her, ver-

Konzeption galt als umstritten. Sie blieb bis zum Mai 68 das Anliegen einer gewerkschaftlichen Minderheit und konnte sich innerhalb der CFDT erst infolge der außergewöhnlichen Situation durchsetzen, welche die Besetzungswelle herbeigeführt hatte. Die außergewöhnliche Situation, in die das Land geraten war, verlangte, wie die Mitglieder des nationalen Gewerkschaftsbüros erkannten, eine außergewöhnliche Idee, die mit der routinierten gewerkschaftlichen Interessenpolitik brach.[149] Sie griffen auf die Formel »autogestion« zurück.

Die Forderung nach Selbstverwaltung verlieh der Streikbewegung eine neue Dimension. Die direkt-koerzive Aktion der Okkupation erhielt dadurch potentiell eine neue Funktion. Sie war nicht länger nur Droh- oder Druckmittel, um aufgestauten Forderungen (Verbesserung der Löhne und Arbeitsbedingungen) Nachdruck zu verleihen, sondern wurde zum Mittel der Veränderung der Macht- und Entscheidungsstrukturen innerhalb der Betriebe, Unternehmen, der Wirtschaft und, da auch öffentliche Institutionen besetzt waren, zur Veränderung der Gesellschaft überhaupt. »Autogestion« war ein Programm zur Transformation von Wirtschaft und Gesellschaft in Frankreich.

Das Programm war neu, unterschied sich von der klassischen Transformationskonzeption der »alten Linken«. Es rückten die Macht- und Entscheidungs-, nicht mehr die Besitz- und Eigentumsverhältnisse in den Mittelpunkt einer in den Betrieben beginnenden, gesamtgesellschaftlichen Transformationsstrategie. Es war ein Programm zur Demokratisierung der Lenkungs- und Leitungsstrukturen in den Betrieben, zur Entflechtung von Kompetenzmonopolen in Institutionen. Es erstrebte den Abbau von Herrschaft und Hierarchien, die Freisetzung der Kreativität der Arbeiter durch Selbstbestimmung und Selbstverwaltung. Kurz, es war ein Programm zur Verwandlung von Heteronomie in Autonomie, zur Erreichung einer sich demokratisch selbstbestimmenden neuen Gesellschaft, wie sie die Theoretiker der nichtkommunistischen Neuen Linken aufgezeigt hatten. Zwar war »autogestion« mehr Parole als durchdachtes Programm[150], blieb offen und

wies jedoch darauf, daß die jeweiligen Experimente gescheitert seien. Vgl. Cours-Salies, 100.

149 Hamon/Rotman, *La deuxième gauche*, 201.

150 Die Debatte über die Ausgestaltung der »Autogestion«-Konzeption

unklar, was Selbstbestimmung bedeuten, vor allem wie sie institutionell und rechtlich entwickelt und konkretisiert werden sollte[151], so daß verschiedene Gruppen mit dem gleichen Wort durchaus unterschiedliche Ziele bezeichnen konnten. Aber die antihierarchische, antiautoritäre Komponente reichte aus, um Studenten- und Arbeiterbewegung in der Zielrichtung ihres Protests zu einigen, eines Protests, der in der analogen Erfahrung von Autoritätsstrukturen eine Gemeinsamkeit besaß.
Auf der Grundlage einer Strategie demokratischer Strukturreformen, für die »autogestion« als Mittel und Ziel ein zentrales Element des Transformationsprozesses war, gewann das Bündnis von Studenten und Arbeitern an konkreter Gestalt. Die Neue Linke versuchte, sich eine soziale Basis für ihre Ideen zu schaffen. Die gemeinsame Pressekonferenz von UNEF und CFDT am 20. Mai 1968 war ein Ausdruck davon.[152] Jacques Sauvageot, André Jeanson und Eugène Descamps bekräftigten die »communauté d'aspiration«[153], die Studenten und Arbeiter einte. Ohne Widerspruch der CFDT-Vertreter führte Sauvageot, gestützt auf das Kommuniqué der CFDT vom 16. Mai, aus:

> La démocratie politique est un mythe. Il n'y a qu'une chose qui compte, c'est le changement des structures de production, le changement des rapports de production, et lorsque la C.F.D.T. accepte de poser le problème des luttes qui sont menées actuellement sur ce terrain-là, nous disons qu'il y a une façon commune de voir avec la C.F.D.T.[154]

setzte erst in den siebziger Jahren ein. Vgl. dazu P. Rosanvallon, *L'âge de l'autogestion*, Paris 1976 sowie den kritischen Kommentar von G. Schwan, »Demokratischer Sozialismus zwischen Wohlfahrtsstaat und Selbstverwaltung«. In: *Sozialismus in Theorie und Praxis. Festschrift für Richard Löwenthal*, hg. von H. Horn, A. Schwan und T. Weingartner, Berlin/New York 1978, 572-598, hier insbesondere 583 ff.

151 Vgl. dazu die Kritik Gesine Schwans, a.a.O., sowie die Darstellung der »Autogestion-Konzeption« unter Hervorhebung des »kollektiven Lernprozesses« in: K. von Beyme, *Gewerkschaften und Arbeitsbeziehungen in kapitalistischen Ländern*, München 1977, 282 ff.

152 Vgl. dazu *Le Monde* vom 22. Mai 1968, S. 3, Sp. 1 f.; *Le Figaro* vom 22. Mai 1968, S. 6, Sp. 3-5.

153 Détraz, *Positions et action de la CFDT*, 67.

154 Ebd.

Völlig konträr fiel die Stellungnahme der CGT aus, eine der wichtigsten Organisationen der »alten Linken«. Georges Séguy bezeichnete die Forderung nach »autogestion« als »formule creuse«[155] und distanzierte sich davon. Die Transformationskonzeption der CGT, die eine Umgestaltung der kapitalistischen Wirtschaftsordnung an die Eroberung der politischen Macht durch die Arbeiterklasse sowie an die Verstaatlichung der Produktionsmittel knüpfte, schloß einen »socialisme autogestionnaire«, welcher der kollektiven Aneignung der Produktionsmittel vorangehen konnte, als Mittel und Ziel gewerkschaftlicher Politik aus. Es sei ein Irrweg, der unter allen Umständen bekämpft werden müsse. Theoretisch boten sich dazu zwei Wege an. Die CGT konnte entweder die Streikbewegung auf den politischen Protest gegen die Regierung und damit auf einen politischen Machtwechsel orientieren, der *conditio sine qua non* ihrer Transformationskonzeption war, oder sie konnte die rein gewerkschaftliche Dimension des Kampfes akzentuieren und sich damit, nach ihrer Konzeption, auf die innerhalb des bestehenden Systems erreichbaren Verbesserungen der Lohn- und Arbeitsverhältnisse konzentrieren. Sie entschied sich auf einer außerordentlichen Sitzung des Comité national confédéral am 17. Mai 1968 – zu einem Zeitpunkt, als 300 000 Arbeiter sich im Streik befanden – für die zweite, die minimalistische Lösung. Die CGT, so erklärte Georges Séguy, »n'a pas vocation de conduire le mouvement jusqu'à sa conclusion politique«.[156] Auch als die Zahl der Streikenden auf zwei Millionen stieg, hielt die CGT an ihrem Kurs fest, die rein gewerkschaftlichen, sozialökonomischen Forderungen mittels der Streikbewegung zur Anerkennung zu bringen. Sei es am 18. Mai in einem Interview mit Europe 1 oder am 19. Mai vor 20 000 Arbeitern von Renault-Billancourt – Georges Séguy unterstrich jeweils als zentrale Anliegen der Streikbewegung die drei Forderungen: Festschreibung eines Mindestlohns von 600 Francs, Abschaffung der Verordnung über die »soziale Sicherheit« (»ordonnances sur la Sécurité sociale«) und Erweiterung der gewerkschaftlichen Rechte im Betrieb.[157] Während Eugène Descamps (CFDT) den

155 Vgl. *Le Monde* vom 22. Mai 1968, S. 3, Sp. 3 f.
156 *Le Monde* vom 19./20. Mai 1968, S. 2, Sp. 3.
157 *Le Monde* vom 21. Mai 1968, S. 4, Sp. 2 f.; *Le Figaro* vom 20. Mai 1968, S. 4, Sp. 2 f.

sozialen und politischen Charakter der Streikbewegung betonte, entgegnete ihm Séguy in Abwandlung eines situationistischen Zitats: »Il ne faut pas prendre ses désirs pour la réalité.«[158] Ziel der gewerkschaftlichen Aktionen konnte für ihn zum gegebenen Zeitpunkt nur die Durchsetzung der aufgestauten sozialen Forderungen der Arbeiter sein.
Die maximalistische Lösung eines politischen Streiks zur Einleitung eines Machtwechsels setzte, aus der Sicht der alten Linken, eine Koordination zwischen Gewerkschaften und Arbeiterparteien voraus. Sie konnte daher von der CGT nicht allein, sondern nur in Absprache mit den politischen Parteien der Arbeiterklasse entschieden werden. Bereits am 18. Mai hatte die CGT das Gespräch mit der Kommunistischen Partei gesucht[159], am 20. Mai 1968 traf sie – während die CFDT eine gemeinsame Pressekonferenz mit der UNEF gab – mit einer Delegation der Fédération de la gauche démocratique et socialiste (FGDS) unter Leitung von François Mitterrand zusammen. Dabei unterstrich sie, so Séguy, »les difficultés que nous éprouvons avec les autres organisations syndicales, pour les diriger d'un commun accord en raison des divergences que nous avons sur la nature de l'activité gauchiste«.[160] Die CGT schlug vor, Verhandlungen mit den Arbeitgebern auf der Basis der von ihr erhobenen Forderungen zu suchen. Die Vertreter der FGDS wandten ein, daß ohne die Zustimmung der CFDT, FEN und FO eine solche Strategie nur wenig Aussicht auf Erfolg habe und darüber hinaus eine Einigung über die gewerkschaftlichen Forderungen, wenn sie zustande käme, eine Stärkung der gaullistischen Regierung bedeuten könnte. Dies galt es, aus der Sicht der FGDS, im Interesse der politischen Linken zu vermeiden. Doch offensichtlich gingen innerhalb der FGDS die Meinungen über die politische Strategie auseinander. Séguy erklärte, daß die CGT ihre Strategie nicht vom Zustandekommen einer Vereinbarung innerhalb der Linken abhängig machen könne, und verwies auf die Möglichkeit, daß erfolgreiche Tarifverhandlungen eine neue Situation schaffen könnten und »que les travail-

158 *Le Monde* vom 21. Mai 1968, S. 4. Sp. 2.
159 M. Johan, »La C.G.T. et le mouvement de mai.« In: *Les Temps Modernes*, 24e année, N° 266-267 (août-septembre) 1968, 326-375, hier 334.
160 Séguy, 59.

leurs feraient, de son succès, un objectif concret et essentiel de leur lutte«.[161]
Die CGT setzte sich mit ihrem Standpunkt durch und nahm bereits am nächsten Tag, am Mittwoch, dem 21. Mai, Kontakte mit der CFDT auf, um gemeinsam mit ihr eine Strategie[162] für die Verhandlungen mit dem Staat und den Unternehmern zu entwickeln. Die CFDT zögerte. Nicht gewillt, sich festzulegen, solange die Streikbewegung ihren Höhepunkt noch nicht erreicht hatte, signalisierte sie zwar grundsätzlich ihre Verhandlungsbereitschaft, legte sich aber auf keinen konkreten Forderungskatalog fest.[163] Die Differenzen zwischen CGT und CFDT wurden durch das gemeinsame Kommuniqué der Gewerkschaftsorganisationen vom 22. Mai 1968 verdeckt.[164] Es sollte die letzte gemeinsame Erklärung der beiden Organisationen im Mai 68 sein. Die Kluft verstärkte sich mit jedem Tag, wie nicht nur die Stellungnahmen der Gewerkschaftszentralen z. B. zum Einreiseverbot für Cohn-Bendit nach Frankreich[165], sondern auch die Entwicklungen in den Betrieben zeigen. Ideen und Interessen der alten und Neuen Linken traten auch auf der Ebene der Gewerkschaftszentralen auseinander.
Nicht alle bestreikten Betriebe wurden nach dem 16. Mai auch besetzt. Die Okkupation wurde – wie eine Studie über die Unternehmen im Norden Frankreichs zeigt – in den Betrieben, in denen die CFDT über eine Mehrheit verfügte, weitaus häufiger durchgeführt als in denjenigen, in denen der Einfluß der CGT – gemessen am Organisationsgrad – dominierte.[166] Generell wurden Forderungen nach Veränderungen der Lenkungs- und Leitungsstrukturen in solchen Betrieben nicht erwogen, in denen die CFDT in einer Minderheitsposition war.[167] Begriff und Konzeption der »autogestion« stießen in den Hochburgen der CGT auf verständnislose Abwehr. Ein CFDT-Vertreter im Betrieb von Renault-Billancourt berichtete: »On a commencé à faire la propagande sur l'autogestion. Mais là on s'est aperçu qu'on parlait un langage, on

161 Ebd., 60.
162 Ebd., 62.
163 Descamps, *Militer*, 116.
164 Vgl. *Le Monde* vom 23. Mai 1968, S. 7, Sp. 2 f.
165 *La Croix* vom 25. Mai 1968, S. 3, Sp. 4 f.
166 Dubois u. a., 369.
167 Ebd., 61.

parlait tous chinois; les types ne comprenaient pas.«[168] Es bildeten sich mithin innerhalb der Streik- und Besetzungsbewegung der Arbeiterschaft zwei Strömungen heraus, die mit unterschiedlichen Losungen und Parolen agitierten. Die Konkurrenz zwischen den Gewerkschaftszentralen erhöhte den Mobilisierungsgrad, barg in sich jedoch zugleich die Gefahr der Spaltung der Bewegung. Dies sollte am 27. Mai zutage treten, doch nicht die Zentralen von CFDT und CGT standen sich gegenüber, sondern Basis und Führungsspitzen der Gewerkschaftsorganisationen. Wie kam es dazu?

Entscheidenden Einfluß auf den Charakter der Bewegung übten die Betriebs-, Berufs- und Altersstruktur sowie die Organisationsform der Bewegung in den Betrieben aus. Es trat eine Wechselwirkung zwischen den Strategien und Intentionen der Gewerkschaftszentralen und der Struktur der Streikbewegung in den Betrieben ein, die dem Streikverlauf eine von den Gewerkschaften nicht kontrollierte und nicht beabsichtigte Eigendynamik verlieh.

Betriebssoziologische Studien zeigen, daß die Forderungen nach Veränderung der Lenkungs- und Leitungsstrukturen in den Betrieben, nach Partizipation und »autogestion«, nicht in den traditionellen Wirtschaftssektoren (Bergbau, Metall- und Textilindustrie), sondern in den modernen, technisierten Unternehmen und wissenschaftlich-technischen Institutionen, nicht unter der alten, sondern der »neuen Arbeiterklasse« ihre größten Rezeptions- und Einflußchancen gewannen.[169] Da die betreffenden Studien die Verhaltensdispositionen der wissenschaftlich-technischen Intelligenz nicht mit dem Organisationsgrad und dem Einfluß der CFDT korrelieren, lassen sie die Frage, welche Faktoren die Handlungsoptionen bestimmten (Gewerkschaftseinfluß oder Berufsstruktur), offen. Sie legen indes die Schlußfolgerung nahe, daß die Strategie der CGT, die unter den »cadres« und »techniciens« des nationalisierten und öffentlichen Sektors die stärkste Gewerkschaftsorganisation war, in den verstaatlichen Betrieben entweder

168 Zit. in: ebd., 72.

169 C. Durand, »Ouvriers et techniciens en mai 1968«. In: Dubois u. a., 9-159; Centre National d'Information pour la Productivité des Entreprises (C. N. I. P.), *Les événements de mai-juin 1968 vus à travers de cent entreprises*, Paris 1968, 23, 31.

gebrochen oder an die Forderung nach Transformation der Lenkungs- und Entscheidungsstrukturen durch »cogestion« oder »autogestion« angepaßt wurde. Als sicher gilt, daß die Konzeption der Mit- und Selbstverwaltung in den Betrieben über den Einflußbereich der CFDT hinaus unorganisierte Techniker und Ingenieure in ihren Bann gezogen hat. Es deutete sich somit innerhalb der Streikbewegung eine Tendenz an, die den Arbeitskämpfen durch ihre Aktionen und Forderungen eine neue, die traditionellen Gewerkschaftsforderungen übergreifende Dimension gab. War das der neue historische Akteur, der die traditionellen Gewerkschaftsstrukturen durchbrach und potentieller Träger einer neuen Sozialismuskonzeption war? Mallet und Touraine, die die These von der neuen Arbeiterklasse bereits lange vor dem Mai 68 propagierten, sahen ihre Prognosen bestätigt und verallgemeinerten den Befund.[170]

Differenziert man die Streikbewegung indes nicht nach traditionellen und modernen Wirtschaftssektoren, nach Arbeitern, Technikern und Ingenieuren, sondern teilt die gesamte Arbeiterschaft in Altersgruppen ein, so stellten vor allem die 20- bis 24jährigen in den Betrieben die Träger der »Autogestion«-Konzeption dar.[171] Unterscheidet man zwischen expandierenden und stagnierenden Wirtschaftssektoren, so zeigt sich, daß nur die ersteren offen für die Forderung nach »autogestion« waren.[172] Beide Ergebnisse – gewonnen mittels einer nach dem Mai 68 durchgeführten nationalen Umfrage – sollen die These von der »neuen Arbeiterklasse« relativieren. Sie zeigen jedoch zunächst und vor allem, daß sich je nach Fragestellung, Maßeinheit, Wahl der abhängigen und unabhängigen Variablen das Bild der zentralen Trägergruppen der Streikbewegung wandelt. Die Beziehung zwischen Ideen und Interessen wird nicht untersucht. Bei aller Widersprüchlichkeit lassen die Ergebnisse indes die Schlußfolgerungen zu, daß nicht nur Organisationszugehörigkeit oder Sympathie für die eine oder andere Gewerkschaftsrichtung, sondern auch branchen-, betriebs- und altersspezifische Interessen über die Wahl der von den ört-

170 Touraine, *Le communisme utopique*; S. Mallet, »Einleitung« zu *Die neue Arbeiterklasse*, Darmstadt 1972, 9-52.

171 G. Adam, »Introduction à un débat sur la nouvelle classe ouvrière«. In: *Revue française de science politique*, Vol. XXII, N° 3 (juin) 1972, 509-528, hier 522.

172 Ebd.

lichen Gewerkschaften angebotenen Optionen entschieden. Geht man von dieser Prämisse aus, dann verschob sich mit der allgemeinen Mobilisierung das Rekrutierungspotential für die Gewerkschaftsorganisationen von CGT und CFDT beständig, je nachdem, welche Betriebe, Wirtschaftssektoren und – darin eingeschlossen – Altersgruppen in den Streik traten.

Die Koordination der heterogenen Interessen der sozialen Trägergruppen und divergierenden Richtlinien der Gewerkschaftszentralen erfolgte in den Vollversammlungen und Streikkomitees sowie in den Arbeitsgruppen der Betriebe. Sie bewältigten diese Aufgabe auf unterschiedliche Weise, wobei jedoch die Form der Konfliktaustragung in Abhängigkeit zur Organisationsform der Bewegung in den Betrieben sowie zur Betriebsstruktur stand. Die Mobilisierung für Themen und Forderungen, welche außerhalb des Spektrums der traditionellen Tarifabschlüsse lagen, war in den besetzten Betrieben höher als in den nichtbesetzten. In den besetzten Betrieben zeigte sich noch einmal ein Unterschied, je nachdem, ob regelmäßige Informationsveranstaltungen, Diskussions- und Arbeitsgruppen organisiert wurden oder nur »Freizeitaktivitäten« (wie Karten-, Ballspiele oder künstlerische Darbietungen) angeboten wurden.[173] Die Forderung nach »autogestion« wurde in den besetzten Betrieben häufiger erhoben als in den nichtbesetzten.[174] Und unter den besetzten Betrieben nahm – wie eine Untersuchung der Unternehmen im Norden Frankreichs zeigt – der nationalisierte Sektor eine Spitzenposition ein, gemessen an der Zahl der besetzten Betriebe sowie an der Ausrichtung der Forderungen auf das Ziel »autogestion«.[175]

Die autonome Willensbildung in den bestreikten und besetzten Betrieben wurde auf überbetrieblicher Ebene nicht vernetzt. Es bildeten sich keine regionalen oder nationalen Repräsentationsorgane nach rätedemokratischem Modell heraus. Gegen die Schaffung solcher Institutionen hatte die CGT bereits zu Beginn der Streikbewegung ihr Veto eingelegt; die CFDT schloß sich wenig später an. Das gemeinsame Interesse an der Wahrung ihres Repräsentations- und Verhandlungsmonopols einte die in ihren Deu-

173 Die soziologische Forschung unterscheidet zwischen »occupation désoeuvrée« und »active«. Vgl. Dubois u. a., 42.

174 Ebd., 407.

175 Ebd., 408 f.

tungen, Strategien und Zielen divergierenden Gewerkschaftsorganisationen.
Sechs Tage nach Ausbruch des Streiks erklärte die CGT als erste der Tarifparteien ihre Bereitschaft zu Verhandlungen. Vor Renault-Arbeitern in Billancourt grenzte Georges Séguy am 20. Mai zugleich den Verhandlungsgegenstand ab. »Nous ne permettrons pas«, so legte er dar, »que les objectifs revendicatifs de notre action soient relégués à l'arrière-plan au bénéfice de formules vagues telles que la cogestion, les réformes de structure, la promotion etc.«[176] Der Erklärung Séguys waren informelle Kontakte zwischen einem Unterhändler der CGT und Regierungsvertretern vorausgegangen.[177] Die Interessen der kommunistischen Gewerkschaft und gaullistischen Regierung überschnitten sich in zwei Punkten. Beide waren bestrebt, Studenten- und Arbeiterbewegung zu trennen und die soziale Krise, in die das Land geraten war, einzudämmen. Versuchte Georges Séguy auf dem Verhandlungswege zugleich, die Ideen der Neuen Linken auszugrenzen, so sah Georges Pompidou in Verhandlungen mit den Gewerkschaften die Chance, die durch die anhaltenden Studenten- und Arbeiterproteste gefährdete Autorität der Regierung zu konsolidieren. Pompidou konzentrierte seine Verhandlungsstrategie daher von Anfang an auf die CGT.
Auch der Französische Unternehmerverband (CNPF) war auf die CGT orientiert. Paul Huvélin, der Präsident des CNPF, ließ noch in der Nacht vom 20. auf den 21. Mai telefonisch in der CGT-Zentrale um ein persönliches Gespräch mit Séguy nachsuchen.[178] Ein Verhandlungsangebot erwartend, entschied das Bureau confédéral der CGT, Séguy erst in einer zweiten Gesprächsrunde mit ihm zusammentreffen zu lassen und bestimmte statt dessen André Barjonet, Leiter des Centre d'Études économiques et sociales der CGT dazu, die erste Unterredung mit Huvélin zu führen. Sie fand am Mittwoch, dem 22. Mai 1968, statt und nahm einen für die CGT unerwarteten Verlauf.
Huvélin legte kein Verhandlungsangebot vor, sondern war, wie Barjonet später berichtete, nur in die CGT-Zentrale gekommen,

176 Zit. nach Détraz, *Positions et action de la CFDT*, 65.
177 P. Alexandre, *L'Élysée en péril. 2-30 mai 1968*, Paris 1969, 172.
178 Ebd., 173.

um herauszufinden, ob die Erklärung Séguys eine »Falle« war.[179] Barjonet, der die Kluft zwischen den Möglichkeiten der Streikbewegung – selbst in der Wahrnehmung des Patronats – und der Strategie der CGT erkannte, geriet in Konflikt mit der Argumentation, die ihm in seiner Funktion auferlegt war. Er trat, die CGT öffentlich kritisierend[180], von all seinen Ämtern zurück und schied aus der CGT aus. Sein Protest verursachte einen Eklat, doch änderte er die Haltung der CGT nicht. Ohne den Rücktritt zu kommentieren, hielt sie an ihrer Strategie fest, Verhandlungen so schnell wie möglich herbeizuführen.

Die CFDT zögerte. Erst nachdem Pompidou von der Tribüne des Parlaments alle Gewerkschaftsorganisationen zu Verhandlungen aufgerufen hatte[181], erklärte auch sie sich öffentlich bereit zum Dialog mit der Regierung und dem Patronat, bekräftigte jedoch zugleich, daß es ihr in den bevorstehenden Verhandlungen nicht nur um die Durchsetzung ökonomisch-sozialer Forderungen gehe, sondern, dem »Geist« der Studentenbewegung entsprechend, um »die Infragestellung der ökonomischen, sozialen und politischen Strukturen der kapitalistischen Gesellschaft«.[182] Die Tarifverhandlungen sollten dem Plan Pompidous zufolge am 27. Mai beginnen[183], wurden dann jedoch um 48 Stunden vorverlegt. Am 22. Mai, dem Tag, an dem der Eintritt in Tarifverhandlungen verabredet wurde, setzte eine neue Mobilisierungswelle ein, die zeigen sollte, daß die Institutionen und Verbände die soziale Bewegung noch nicht aufgesogen und kanalisiert hatten.

4. Revolten ohne Strategie: Die zweite Nacht der Barrikaden

Parallel zu den sich anbahnenden Tarifverhandlungen kam es am 22., 23. und 24. Mai erstmals seit der Wiedereröffnung der Sorbonne auf den Straßen von Paris wieder zu Protestdemonstrationen und gewaltsamen Konfrontationen zwischen Demonstranten und der Polizei. Seitdem die Studenten die Sorbonne besetzt und

179 Barjonet, *La CGT*, 154f.
180 *Le Figaro* vom 24. Mai 1968, S. 5, Sp. 4.
181 *Journal Officiel*, N° 34 (1968), 2041.
182 Détraz, *Positions et action de la CFDT*, 77
183 Ebd., 91.

sich damit auch symbolisch gegen die Regierung durchgesetzt hatten, war es in Paris zu keinen Straßendemonstrationen mehr gekommen. Die Proteste hatten sich von den Straßen des Quartier Latin in die Räume der Fakultäten und Institute verlagert. Selbst an der École Normale d'Administration wurde über eine Demokratisierung des Bildungswesens diskutiert. Der Besetzung der Sorbonne war die Besetzung der École des Beaux Arts und schließlich die des Theaters Odéon gefolgt. Vollversammlungen bestimmten die Tagesordnung, es wurde Tag und Nacht diskutiert. Polizeipräfekt Grimaud hatte sich, unter Abwägung der Kosten und Nutzen, den Anweisungen de Gaulles, das Odéon und die Sorbonne sofort zu räumen, aus rationalem Kalkül und mit taktischem Geschick widersetzt und damit den Studenten den eroberten Freiraum belassen, in dem sie mit Worten ihre Gegenmodelle zur etablierten Ordnung entwarfen.

Die neue Welle gewaltsamer Proteste wurde durch ein von der Regierung am 21. Mai beschlossenes und am 22. Mai bekanntgegebenes Einreiseverbot für Daniel Cohn-Bendit nach Frankreich ausgelöst. Innenminister Christian Fouchet hatte sich zu dieser Maßnahme aufgrund von Informationen entschlossen, die sein Ministerium in Alarmbereitschaft versetzten. Danach stand einerseits ein Anschlag auf ein öffentliches Gebäude, »un grand coup«, seitens der Studentenbewegung unmittelbar bevor und andererseits – analog zu den Vorgängen in der Bundesrepublik, wo einen Monat zuvor, am 11. April, Rudi Dutschke auf offener Straße angeschossen worden war – ein Attentat auf Cohn-Bendit, sobald dieser von seiner Reise durch die Bundesrepublik und Holland nach Frankreich zurückkehrte. Fouchet nahm, so der Eindruck des Polizeipräfekten, die Warnungen ernst, zumal für die erste Information niemand anderes als der Generalsekretär der Kommunistischen Partei, Waldeck Rochet, die Quelle war.[184] Polizeipräfekt Grimaud kritisierte, wenngleich ihm ebenfalls Informationen über mögliche Aktionen vorlagen, die Entscheidung des Innenministers als kurzsichtig, da sie hervorrufen konnte, was verhindert werden sollte: studentische Protest- und Solidaritätsaktionen.[185] Er sollte recht behalten.

Nur eine Stunde nach Bekanntgabe des Einreiseverbotes – um 17

184 Grimaud, 223-225.
185 Ebd., 230.

Uhr des 22. Mai – rufen auf einer ad hoc einberufenen Pressekonferenz UNEF und SNESup zu einer spontanen Solidaritätskundgebung für Daniel Cohn-Bendit um 19 Uhr auf dem Boulevard St. Michel auf. Drei bis viertausend Demonstranten treffen zum angegebenen Zeitpunkt am Brunnen St. Michel zusammen, ziehen von dort zum Observatoire und über die Rue de Rennes sowie den Boulevard Raspail zum Boulevard St. Germain.[186] Die Ausgrenzung Cohn-Bendits, der die Bewegung nicht gemacht hat, aber sie repräsentiert wie kein anderer und dadurch zur Symbolfigur des Studentenprotestes geworden ist[187], bedroht und betrifft in der Wahrnehmung der Demonstranten jeden: »Nous sommes tous des juifs allemands«, »Nous sommes tous des étrangers«. Die Parole drückt die doppelte Frontstellung der Bewegung aus, ihren Protest nicht nur gegen das Einreiseverbot der Regierung, sondern auch, wenngleich Séguy vom »deutschen Anarchisten« gesprochen hatte, gegen die Vorstellungswelt und Handlungspraxis der Kommunistischen Partei. Es war, so erklären Jean-Marcel Bouguereau und Jacques Sauvageot rückblickend, vor allem der Antikommunismus, der sich in den skandierten Worten Luft machte, aber es schwang, so Jean-Louis Péninou, jenseits der Kritik an der konkreten Entscheidung der Regierung auch ein Protest gegen den »Pétainismus«, gegen die »Feigheit der Väter« (»lâcheté des pères«) mit, eine Einstellung, die, wie er hinzufügt, unter den Jugendlichen der sechziger Jahre in Frankreich stark verbreitet war.[188] Daniel Cohn-Bendit, dem die Parole gilt, deutet sie später als Beweis für den »kosmopolitischen« Charakter der Bewegung, die aus seiner Sicht die erste »kosmopolitische Massenbewegung« in der Geschichte war.[189]

Während die Demonstranten durch die Straßen von Paris ziehen[190], wird bekannt, daß das Parlament den Mißtrauensantrag der Opposition mit 244 zu 233 Stimmen zurückgewiesen hat. »La censure est dans la rue«[191], lautet die Antwort der Demonstranten,

186 *Le Monde* vom 24. Mai 1968, S. 5, Sp. 1 f.
187 Vgl. die Debatte im besetzten Odéon am 24. Mai 1968, abgedruckt in Ravignant, *L'Odéon est ouvert*, Paris 1968, 101 f.
188 In Gesprächen mit der Autorin im September 1992.
189 Im Gespräch mit der Autorin am 7. September 1992 in Frankfurt am Main.
190 *Le Monde* vom 24. Mai 1968, S. 5, Sp. 2.
191 Ebd.

die auf die Nachricht hin beschließen, unter Führung Alain Geismars direkt zur Nationalversammlung zu ziehen.[192] Reporter von *Le Monde*, die den Demonstrationszug begleiten, notieren neben der Parole »A l'Assemblée, A l'Assemblée« erstmals in diesen Tagen den Ruf »Révolution«.[193]

Obwohl der Innenminister dringend an den Polizeipräfekten appelliert, den Demonstrationszug zu stoppen, läßt dieser die Demonstranten in Richtung Palais Bourbon ziehen. Grimaud handelt in der Gewißheit, daß die Kräfte der Polizei an diesem Abend ausreichend sein werden, um die mittlerweile auf 6000 bis 7000 Personen angewachsene Protestdemonstration zu kontrollieren. Ein Polizeikommissar, der mit seiner Truppe das Parlamentsgebäude bewacht, übernimmt, als der Demonstrationszug in Sichtweite rückt, die Rolle des Vermittlers zwischen Parlamentariern und Demonstranten. Aufgrund seiner Intervention treten einige Abgeordnete aus dem Gebäude heraus, um mit den Demonstranten zu diskutieren.[194] Die Idee, in das Parlamentsgebäude einzudringen, um sich dort vor den Abgeordneten Gehör zu verschaffen, wird nicht in die Tat umgesetzt. Alain Geismar mahnt, jegliche Provokation zu vermeiden. Mit den Worten: »Nous ne sommes pas en force pour rentrer à l'Assemblée nationale et nous faire entendre des élus. Evitons donc la confrontation«[195] erwirkt er die Rückkehr in das Quartier Latin.

Sich vom Parlament zurückziehend, greifen einige Demonstranten auf dem Rückweg ins Quartier Latin die Polizei an. Vor dem Senat werden Ordnungskräfte mit Steinen attackiert. Der Aufruf der Organisatoren zur Auflösung der Demonstration wird nicht befolgt. Auf dem Boulevard St. Germain und in der Rue St. Jacques werden Mülleimer in Brand gesetzt, die gewaltsamen Auseinandersetzungen zwischen Demonstranten und der Polizei dauern bis in die frühen Morgenstunden.[196] Das Comité d'action révolutionnaire im – seit dem 16. Mai – besetzten Odéon verurteilt noch in der Nacht scharf die von »unkontrollierten Elementen« evozierte Gewalt, die die Mitglieder des Komitees, nach eigenen

192 Grimaud, 231.
193 *Le Monde* vom 24. Mai 1968, S. 5, Sp. 2.
194 Grimaud, 231 f.
195 Zit. nach Grimaud, 232.
196 *Le Monde* vom 24. Mai 1968, S. 5, Sp. 3 f.

Worten, zu verhindern suchten. Doch fügt es in seiner Stellungnahme zu den Ereignissen der Nacht hinzu, »que cette sorte d'explosion est inévitable dans une société dont le principal souci est d'écraser l'individu par une oppression psychologique«.[197]

Der 23. Mai, ein Feiertag (Christi Himmelfahrt), wird von den Trägergruppen der Studentenbewegung genutzt, um die neuentfachte Mobilisierung fortzutreiben. Flugblätter werden verfaßt, die zur Demonstration am Freitag, dem 24. Mai, aufrufen. Im Zentrum steht die Solidarität mit Cohn-Bendit, doch gehen die Forderungen weit über den Protest gegen das Einreiseverbot hinaus. »De Gaulle à la porte« fordern die Aktionskomitees, welche die bestehende politische Ordnung als delegitimiert ansehen. »Le Pouvoir? Il a perdu ses universités, ses fabriques d'idées fausses et des cadres oppresseurs. Il a tout perdu, il ne reste que le pouvoir: *il est à prendre*.«[198] Sie rufen ihre Anhänger für den kommenden Tag um 17 Uhr zur Sammlung an fünf verschiedenen Treffpunkten auf, um von dort jeweils getrennt zur Großveranstaltung am Gare de Lyon zu ziehen, die, von UNEF, SNESup, der Bewegung des 22. März und der Schülergruppen CAL organisiert, um 19 Uhr beginnen soll. Im Flugblatt der Bewegung des 22. März fehlt jegliche Bezugnahme auf Cohn-Bendit. Die Bewegung ruft zur Vereinigung von Studenten- und Arbeiterbewegung auf und betont, daß sich der gemeinsame Kampf nicht auf die Ablösung des Regierungschefs richte, sondern auf die Brechung der Macht der Unternehmen in Wirtschaft und Gesellschaft.[199] Auch das Flugblatt der UNEF appelliert an die gemeinsamen Interessen von Studenten und Arbeitern im Kampf gegen die staatliche Repression und für mehr Entscheidungsmacht. Entschieden setzt es sich gegen den Versuch der Spaltung von Studenten- und Arbeiterbewegung durch Tarifverhandlungen zur Wehr, in denen die Regierung lediglich den Pakt mit den Unternehmern suche, um die soziale und ökonomische Krise zu regulieren.[200]

Während die Vorbereitungen für die geplante Demonstration auf Hochtouren laufen, kommt es in den Straßen von Paris spontan zu gewaltsamen Protestaktionen. Repräsentanten der UNEF,

197 Zit. ebd., Sp. 4.
198 Abgedruckt in: *La Sorbonne par elle-même*, 160 f., hier 160.
199 Ebd., 161 f.
200 Ebd., 162 f.

SNESup und der Bewegung des 22. März versuchen, die Eskalation der Gewalt zu verhindern. Ohne Erfolg. »Il est évident«, so *La Croix*, »qu'ils sont débordés par des agitateurs et des provocateurs absolument incontrôlables et incontrôlés.«[201] Der Aktionismus hat die Akteure der Bewegung eingeholt und überholt. Sie distanzieren sich von den gewaltsamen Ausschreitungen, bei denen 97 Personen verletzt worden sind, aber die Geister, die sie riefen, werden sie nicht wieder los.[202]

Träger der gewaltsamen Aktionen sind, aus Sicht des Polizeipräfekten, nicht Studentengruppen, sondern aus den Vorstädten herbeigeeilte »bandes sans foi ni loi«, die, getrieben von Langeweile und Zerstörungswut, die Auseinandersetzung suchen und dabei in ihren Reihen auch Personen einschließen, die in der Herbeiführung dramatischer Zwischenfälle einen Weg zur Einleitung eines revolutionären Prozesses sehen.[203] Beunruhigt durch die gewaltsamen Aktionen und eine Konstellation, in der »niemand mehr Herr der Ereignisse ist«, ruft Grimaud am 24. Mai alle Veranstalter von Demonstrationen zur Besonnenheit auf und appelliert an sie, die geplanten Protestaktionen um 24 Stunden zu verschieben[204] – vergeblich.

Nicht nur Schüler und Studenten, sondern auch Arbeiter demonstrieren am Freitag, dem 24. Mai, in Paris sowie an anderen Orten Frankreichs. Die CGT hat landesweit für diesen Tag zu Solidaritätsdemonstrationen mit den streikenden Arbeitern aufgerufen, um den Verhandlungen über die vier Grundforderungen Nachdruck zu verleihen. In Paris finden um 16 Uhr gleich zwei von der CGT organisierte Demonstrationen statt, eine auf dem rechten und eine auf dem linken Seine-Ufer, denen 10- bis 12 000 Demonstranten folgen.[205] Die CFDT hat die Arbeitslosen zu einer Demonstration aufgerufen, die, ursprünglich unter dem Motto »Du travail pour tous« und »Droit de vivre pour tous« geplant, von einer Delegation der Bewegung des 22. März zur Demonstration für die Losung: »Le pouvoir aux travailleurs« umfunktioniert

201 *La Croix* vom 25. Mai 1968, S. 2, Sp. 1.
202 Vgl. dazu auch Grimaud, 235 f.
203 Ebd., 237.
204 *La Croix* vom 25./26. Mai 1968, S. 7, Sp. 3 f.
205 *Le Figaro* vom 25./26. Mai 1968, S. 7, Sp. 1-3. Grimaud gibt die Zahl der Demonstranten mit 7- bis 10 000 an.

wird.[206] Während die von der CGT und CFDT geplanten Demonstrationen sich aufzulösen beginnen, sammeln sich an verschiedenen Orten der Stadt Schüler und Studenten, um zum Gare de Lyon zu ziehen. Gegen 19 Uhr sind 25 000 Demonstranten dort versammelt, unter ihnen, wie der Polizeichef registriert, auch einige junge Arbeiter sowie »Elemente«, die, ausgestattet mit Schlagstöcken und Fahrradketten, von Grimaud keiner studentischen Organisation, sondern wiederum vage den Bewohnern der Vorstädte zugerechnet werden.[207]

Auf der Lagebesprechung der informellen Führungsgruppe der Bewegung, die um 13 Uhr am Sitz der SNESup in der Rue Monsieur le Prince stattgefunden hat, ist das Problem der Gewalt diskutiert worden. Es hat die Gruppe gespalten. Wie in anderen Fällen hat man den Ausweg aus dem Dilemma in der Aktion gesucht und gefunden. Beschlossen wurde, wenn es die Situation erlaube, das Hôtel de Ville zu besetzen, um dort die Commune von Paris zu proklamieren.[208] Alternativ ist die Besetzung des Finanzministeriums bzw. der Börse diskutiert, dann aber zurückgestellt worden zugunsten des Hôtel de Ville als des gedachten, historischen Symbols einer sich selbst verwaltenden Stadt, nicht zuletzt auch deshalb, weil dies der Vorabend des Gedenktages der Pariser Commune war.[209] Wie jede direkte Aktion ließ auch die geplante zwei Wege offen. Die Besetzung konnte friedlich oder gewaltsam vor sich gehen. Ein Emissär war ausgeschickt worden, den Ort zu erkunden: Jean-Louis Péninou.

»Après la Sorbonne, qu'est-ce que vous voulez prendre?« leitete er vierundzwanzig Jahre später seine Reflexionen über die Planungsphase der Besetzung des Hôtel de Ville ein. Entstanden und vorangetrieben worden sei die Idee von den Aktionskomitees, die sich nach dem 13. Mai, auch außerhalb der Fakultäten, in den verschiedenen Stadtteilen von Paris zahlreich gebildet hatten. Ihre Plattform sei die Erlangung der »autogestion municipale« gewesen, ihre »schemenhaften« Vorbilder die Pariser Commune von 1794 und von 1871. Die Tatsache, daß Paris 1968 die einzige Stadt

206 *Le Figaro* vom 25./26. Mai 1968, S. 7, Sp. 4.
207 Grimaud, 240.
208 Zur Besprechung der informellen Führungsgruppe vgl. Hamon/Rotman, *Génération*, 1, 535 sowie Ravignant, 160.
209 Hamon/Rotman, *Génération*, 1, 535.

Frankreichs ohne Selbstverwaltung (»liberté municipal«) gewesen sei, habe ihrem Vorstoß auch außerhalb des Kreises der Aktivisten breite Unterstützung zuteil werden lassen. Doch vor allem der »Mythos« des Hôtel de Ville habe die Bereitschaft, die Idee in die Tat zu überführen, gestärkt. Die geplante Aktion als solche sei keine wirklich politische gewesen im Sinne einer realen Machteroberungsstrategie, sondern eine symbolische Besetzung des Ortes. Die Machtfrage sei innerhalb der informellen Führungsgruppe weder erwogen noch gestellt worden. »Il y a un refus de politique de la part du mouvement. Du politique en terme de gestion du pouvoir. Il y a une volonté de faire une révolutionnarisation des idées pas de prendre le pouvoir.« Stets sei es innerhalb der Gruppe abgelehnt worden, das Symbol der Macht, den Élysée-Palast, zu besetzen. Wenige Debatten seien, seiner Erinnerung nach, so tiefgehend und ernsthaft geführt worden, wie gerade diese. Immer sei das Ergebnis das gleiche gewesen, ein eindeutiges »Nein«.[210] Auch die Besetzung des Hôtel de Ville, auf die man sich schließlich einigte, ließ im Planungsstadium die konkrete politische Konsequenz, die man aus der provokativen direkten Aktion zu ziehen gedachte, letztlich offen. »On n'avait pas«, so Jean-Marcel Bouguereau, »la force politique de traduire une telle action symbolique«.[211] Dennoch war man entschlossen zu handeln. Der Mythos des Hôtel de Ville bannte die Aktivisten, und die Bewegung brauchte, um ihre Mobilisierungsdynamik aufrechtzuerhalten, die Aktion.

Die Kundgebung am Gare de Lyon am 24. Mai um 18.30 Uhr beginnt friedlich. Mehrere Redner rufen zur Ruhe auf, gleichzeitig werden jedoch an einigen Stellen Taucherbrillen als Schutz gegen Tränengasgranaten verkauft.[212] Polizeipräfekt Grimaud hat trotz erheblicher Bedenken die Kundgebung am Gare de Lyon zugelassen, eine von dort ausgehende Demonstration indes untersagt. Ohne zu zögern, setzen sich die Veranstalter über sein Verbot hinweg. Eine vorbereitete Proklamation in der Tasche, die im Hôtel de Ville verlesen werden soll[213], lenken sie die Demonstran-

210 Jean-Louis Péninou im Gespräch mit der Autorin am 17. September 1992 in Paris.
211 Im Gespräch mit der Autorin am 15. September 1992 in Paris.
212 *Le Figaro* vom 25./26. Mai 1968, S. 7, Sp. 5.
213 Geismar/July/Morane, 203.

ten in Richtung Bastille. Der Platz wird von CRS-Truppen abgeriegelt. Als der Demonstrationszug bis auf hundert Meter an die Absperrung herangekommen ist und die Reporter von *Le Figaro* bereits hören, wie einige Demonstranten damit beginnen, Pflastersteine aus der Straße herauszuschlagen, wird von beiden Seiten ein Vermittlungsversuch gemacht. Ein Einsatzleiter der CRS sowie der in diesem Arrondissement zuständige Polizeikommissar treffen mit Jacques Sauvageot und Alain Geismar zusammen. Das Gespräch bleibt im Ansatz stecken, da Geismar erklärt: »Nous ne pouvons pas discuter avec les C.R.S.«[214]
Die Spannung steigt, doch die Situation bleibt ruhig und kontrolliert. Es ist 20 Uhr. Die seit Tagen angekündigte Rede des Staatspräsidenten beginnt. Aufmerksam hören die Demonstranten, von denen einige entschlossen sind, noch an diesem Abend das Hôtel de Ville einzunehmen, um Radioempfänger gruppiert, den Worten General de Gaulles zu. Er kündigt eine Politik der Erneuerung der französischen Wirtschaft an, eine Politik, die »participation aux responsabilités professionnelles« einschließt. Worin die Erneuerung bestehen, wie die Partizipation gestaltet werden soll, wird nicht gesagt. Er stellt einen »Blankoscheck« aus, wie *Le Figaro* am nächsten Tag schreibt, den die Nation annehmen oder verwerfen kann. Ein Referendum soll entscheiden. Damit hat de Gaulle sein politisches Schicksal mit der Lösung der sozialen Krise verknüpft. Nach zehnjähriger Amtszeit befremdet der Appell des Generals, ihm ein Mandat der Erneuerung zu verleihen. Mehr noch: angesichts von Millionen Streikenden, die, in Streik-, Aktions- und Arbeitskomitees organisiert, Partizipation bereits proben, wirkt die Rede grotesk. Mehr Mitbestimmung verheißend, verlangt der General ein Mandat für sich, für eine Person, um das Land zu modernisieren und in eine neue Zukunft zu führen. Selbst ihm nahestehende Personen beurteilen die Rede als schlecht.[215]
An der Place de la Bastille setzt, kaum hat der General geendet, ein Heulen und Pfeifen ein, dann folgt, halb skandiert und halb gesungen (nach »l'air du lampion«): »Adieu de Gaulle! Adieu de Gaulle! Adieu!«[216] Binnen weniger Minuten beginnen die Demonstranten, während einige Studentenführer noch von der Poli-

214 Ebd.
215 Tournoux, 145 f.
216 Zit. nach Viansson-Ponté, 618.

zei fordern, den Demonstrationszug passieren zu lassen, aus Holzbalken, Pflastersteinen und anderen Objekten Barrikaden zu bauen.[217] In dem allgemeinen Durcheinander, das dadurch entsteht, versuchen studentische Ordnungskräfte einen Kordon zu bilden, der Demonstranten und Polizisten trennt, andere gehen gegen sich bewaffnende Demonstranten vor. »Nous avons vu«, so die Reporter von *Le Figaro*, »des étudiants désarmer des personnes de plus de quarante ans qui tentaient de s'emparer de barres de fer.« Während sich die einen zum großen Kampf rüsten, lassen sich andere Demonstranten mit einer schwarzen Fahne in der Hand auf Pflastersteinhaufen photographieren[218] – Erinnerung an die (Vor-)Bilder der Kommunarden oder Klamauk?
Es bleibt keine Zeit, die einander widersprechenden Verhaltensweisen zu überdenken. Die Polizei, fest entschlossen, es zu keiner Wiederholung der Barrikadennacht kommen zu lassen, geht, kaum zeichnen sich die ersten Barrikaden ab, gegen die Demonstranten vor. Tränengas hüllt die verschiedenen Gruppen ein und deckt damit die Gegensätze zunächst einmal zu. Polizei- und CRS-Truppen rücken gegen die Barrikaden vor, bauen sie ab und treiben den Demonstrationszug in Richtung Gare de Lyon zurück.[219] Wieder am Ausgangspunkt angelangt, gehen bei den aufgewühlten Demonstranten die Parolen durcheinander. »A l'Hôtel de Ville« rufen die einen, »A la Nation«, »A la Bourse« die anderen[220], bevor sie in verschiedene Richtungen auseinanderstreben. Eine Koordination der Aktion erfolgt nicht und ist auch nicht möglich, da, anders als in der Nacht vom 10. auf den 11. Mai 68, keine Rundfunk-Übertragungswagen zur Verfügung stehen, um Informationen weiterzuleiten. Die Polizeipräfektur hat den Einsatz von Radioübertragungswagen untersagt mit der Begründung, daß sie die Frequenzen benötige, um den Einsatz der Polizei zu lenken.[221] Kein Zweifel, sie hat Lehren aus der Barrikadennacht gezogen und ihre Taktik revidiert.
Letzteres gilt auch für die Demonstranten. Nicht nur ihre Zusammensetzung, sondern auch ihre Vorgehensweise hat sich verän-

217 *Le Figaro* vom 25./26. Mai 1968, S. 7, Sp. 6.
218 Ebd.
219 *La Croix* vom 26./27. Mai 1968, S. 2, Sp. 1.
220 Zit. nach Hamon/Rotman, *Génération*, 1, 543.
221 *Le Figaro* vom 25./26. Mai 1968, S. 7, Sp. 1-4.

dert. Die Bereitschaft zur direkten, gewaltsamen Aktion, ausgeübt nicht nur defensiv, sondern offensiv, hat zugenommen.

Du côté des manifestants ce ne sont plus les étudiants exaltés du 10 mai qui voulaient ›mourir sur les barricades‹ et libérer la Sorbonne de l'occupation policière, mais de petits troupes de guérilléros, très mobiles, très décidées, rompues au harcèlement des forces de l'ordre, à l'édification rapide d'obstacles, de barricades, n'hésitant pas à brûler les voitures sur la voie publique et les véhicules de police, employant par centaines les cocktails Molotov.[222]

Überzeugt, den Anstoß für die Streik- und Besetzungsbewegung der Arbeiterschaft gegeben zu haben, wollen Teile der Studentenbewegung erneut ein Exempel statuieren, um dadurch den Anstoß für eine Radikalisierung der Arbeiterbewegung zu geben. Die Demonstration mit der geplanten Besetzungsaktion soll den Übergang von der symbolischen Besetzung der Fabriken zur Inbesitznahme der Produktionsanlagen markieren, den Übergang von der Okkupation zur Appropriation.[223] Die Idee geht, so Geismar, von der Bewegung des 22. März aus, doch er selbst führt sie aus. Er ist es, der an diesem Abend eine Gruppe von Demonstranten an den Polizeiabsperrungen vorbei zur Börse führt. Folgt man Geismar, so war der Marsch zur Börse von Anfang an geplant, schritt er direkt von der Idee zu Tat. Der Tempel des Kapitalismus, die Börse, stand jedoch erst auf Platz 2 der Agenda.[224] Der Marsch dorthin ist mithin keineswegs von Anfang an geplant, sondern wird situativ beschlossen, unter aktiver Mitwirkung von Geismar, der an der Spitze der Demonstranten marschiert.
Die Börse rückt ins Zentrum der Aktion, nachdem klargeworden ist, daß das Hôtel de Ville nicht zu besetzen ist. Informiert über die Absichten der Studenten, hat Maurice Grimaud nicht nur das Gebäude sichern, sondern auch sämtliche Zugänge dorthin absperren lassen. Durch diesen präventiven Schachzug durchkreuzt er den Plan der Aktionskomitees und bricht den Konsens innerhalb der informellen Führungsgruppe. Nur die Besetzung des Hôtel de Ville ist von allen Trägergruppen gebilligt worden. Die Aufgabe des Ziels bedeutete mithin den Zerfall der Einheit in der Aktion, den Rückfall in die Vielfalt konkurrierender Strategie- und Zielbestimmungen der einzelnen Gruppen. Einige Aktivisten

222 Grimaud, 248.
223 Geismar/July/Morane, 194.
224 Siehe oben, S..

ziehen sich nach der erzwungenen Aufgabe ihres Projekts resigniert zurück, andere machen weiter, darunter Alain Geismar. Vor der Börse kommt es zur Auseinandersetzung zwischen den etwa 3000 Demonstranten im Gefolge Geismars. Die Gemäßigten, die, nach Beobachtung der Reporter von *La Croix*, in der Mehrheit sind, schlagen vor, in das Quartier Latin zurückzukehren. Die Radikalen wollen in die Börse eindringen.[225] Vor einem Journalisten von Agence France Presse gibt Alain Geismar die Erklärung ab: »La Bourse est pour nous une valeur symbolique. Ce sont les manifestants eux-mêmes qui décidéront s'ils investissent ou non l'édifice.«[226] Später wird er sich von der Wahl des Ziels und der Führungslosigkeit der Bewegung im Augenblick der Entscheidung distanzieren und die Bewegung des 22. März des mangelnden Militantismus, der Unfähigkeit anklagen, eine Massenbewegung zu führen.[227] In der konkreten Situation sind es einige hundert Demonstranten, die schließlich die Fensterscheiben der Börse zerbrechen und versuchen, mit Hilfe alter Gardinen im Inneren des Gebäudes einen Brand zu stiften.[228] Es gelingt nicht sofort, aber es gelingt. Die CRS-Gruppen, die Grimaud den Demonstranten hinterhergeschickt hat, kommen, da die Verfolgung auf den großen Boulevards ihnen Schwierigkeiten bereitete, um Minuten zu spät. Die Börse brennt.
Über AFP sind binnen kurzem alle Radiostationen vom Brand informiert. Über das Radio erfahren auch die anderen Demonstrantengruppen von der Aktion. Einige von ihnen – darunter Serge July von der Bewegung des 22. März – verabscheuen das Spektakel[229], andere empfinden ein Gefühl der Euphorie.[230] Ver-

225 *La Croix* vom 26./27. Mai 1968, S. 2, Sp. 2. Vgl. auch die Aussage eines Repräsentanten der UJC (ml), zitiert in Salmon, 162: »On est donc parti vers la Bourse. En fait à la République – où il y avait une compagnie de C.R.S. qui a décampé en vitesse – les trotskistes ont tronçonné la manif et sont partis par les Grands-Boulevards sur l'Opéra. Un fait important: plus on avançait et moins il y avait de militants en premières lignes. Des loulous les remplaçaient.«.
226 Zit. nach Hamon/Rotman, *Génération*, 1, 545.
227 Geismar/July/Morane, 203-206.
228 *Le Figaro* vom 25./26. Mai 1968, S. 7, Sp. 6.
229 Hamon/Rotman, *Génération*, 1, 545.
230 Ebd., 546.

ändert der Brand die Situation? Wird nun »alles möglich« sein?[231] Vertreter der trotzkistischen Gruppe JCR, die parallel zur Geismar-Aktion vor dem Sitz von *L'Humanité* gegen den PCF protestiert haben (mit Parolen wie »Le PC dans la rue!« und, anspielend auf Séguys Äußerung über Cohn-Bendit, »Séguy, connais pas!«), sowie Repräsentanten der UNEF treffen zusammen. Der Gedanke, zum Élysée-Palast zu ziehen, Ministerien zu besetzen, taucht auf. »Wenn«, so Cohn-Bendit später, »Paris am 25. Mai von der Nachricht geweckt worden wäre, daß einige Ministerien besetzt seien, wäre der Gaullismus zusammengebrochen.«[232] Doch der Weg der gedachten Möglichkeiten wird nicht eingeschlagen.
Die Bewegung verfügte über keine Machteroberungsstrategie. Denn eine Machtchance war, so Jean-Louis Péninou später, wenn überhaupt, dann nur in Koalition mit den Parteien der alten Linken möglich.[233] Und eine solche Koalition lehnte die Bewegung ab. Schon der Gedanke, daß sich Mitterrand und Waldeck Rochet nach einer erfolgreichen Besetzung des Hôtel de Ville auf dem Balkon des Gebäudes präsentieren könnten, war vielen Aktivisten zuwider.[234] Als über das Radio bekanntgegeben wurde, daß Demonstranten damit begonnen hatten, Barrikaden im Quartier Latin zu errichten, beschlossen die studentischen Trägergruppen, dorthin zurückzukehren. Ein Fehler, wie Geismar und July später feststellten, weil, aus ihrer Sicht, in der konkreten Situation mehr möglich gewesen wäre als eine zweite Barrikadennacht im Quartier Latin.
Während des gesamten Abends war, auf Anweisung von Premierminister Georges Pompidou, das linke Seine-Ufer von Polizeieinheiten abgesperrt. »Mes instructions«, so schreibt er in seinen Memoiren, »étaient de barrer les ponts afin de les empêcher de se diriger vers le Quartier Latin. Je voulais qu'ils se dispersent vers l'ouest, à la fois parce qu'ils s'y perdraient en petites opérations de commandos sans gravité et parce qu'ils feraient peur aux bourgeois du XVIe.«[235] Es sollte anders kommen. Nicht die Bürger, sondern Staat und Polizei bangen um den Schutz ihrer Gebäude in

231 Ebd.
232 Cohn-Bendit, *Linksradikalismus*, 75.
233 Im Gespräch mit der Autorin am 18. September 1992 in Paris.
234 Jean-Marcel Bouguereau im Gespräch mit der Autorin am 15. September 1992 in Paris.
235 Pompidou, *Pour rétablir une vérité*, 188.

dieser Nacht. Sowohl das Justizministerium als auch mehrere Polizeikommissariate werden von Demonstranten mit Steinen attakkiert.[236] Die Weisung Pompidous wird – unter dem Druck der Ereignisse? – von der Polizei nicht durchgängig befolgt. Die Seine-Brücken werden im Verlauf des Abends wieder geöffnet.[237]

Im Quartier Latin kommt es zu schweren Straßenkämpfen zwischen Demonstranten und Polizei. Die Gewalt übersteigt weit die der ersten Barrikadennacht. Die Polizei räumt mit Bulldozern die Barrikaden ab, setzt Wasserwerfer und Tränengasgranaten ein und geht mit äußerster Härte gegen die Demonstranten vor. Grimaud überlegt den Einsatz der Armee, doch das Beispiel Gallifets schreckt ihn ab.[238] Ein Demonstrant wird von einer Tränengasgranate getötet[239], 456 Personen werden verletzt in Pariser Krankenhäuser eingeliefert[240], Hunderte von Demonstranten in den Erste-Hilfe-Stationen der Fakultäten und der Sorbonne ambulant behandelt. Noch in der Nacht sucht der Erzbischof von Paris, Mgr. Margy, sie auf.[241] Pierre Mendès France, der während der Auseinandersetzungen in das Quartier Latin gekommen war, um Zeuge des Geschehens zu sein, erklärt in der Sorbonne: »Quand j'étais étudiant, j'ai vu beaucoup de bagarres au Quartier Latin, mais jamais une pareille sauvagerie. Les combats entre la police et les manifestants sont trop inégaux.«[242] Auch in Bordeaux, Rennes, Straßburg und Lyon kommt es zu gewaltsamen Konfrontationen. In Lyon wird ein Polizist während der Auseinandersetzungen (von einem zur Absperrung eingesetzten Lastwagen) tödlich verletzt.

Die Streikbewegung der Arbeiter hatte das Wirtschaftsleben, den öffentlichen Transport und Verkehr sowie die Versorgung des Landes lahmgelegt. Ihre direkt-koerzive Aktion war jedoch auf die Betriebe beschränkt geblieben, es war zu keinen Besetzungen öffentlicher Gebäude durch Arbeiter gekommen und zu keinen

236 Ebd.; vgl. auch Grimaud, 240; sowie *La Croix* vom 26./27. 1968, S. 2, Sp. 4 f.

237 Dansette, 232.

238 Grimaud, 252.

239 *La Croix* vom 26./27. Mai 1968, S. 2, Sp. 2; Delale/Ragache, 107.

240 *France Soir* vom 28. Mai 1968, S. 5, Sp. 3.

241 *La Croix* vom 26./27. Mai 1968, S. 2, Sp. 2.

242 Zit. nach Rioux/Backmann, 368.

gewaltsamen Konfrontationen zwischen den streikenden Arbeitern und der Polizei. Der Protest der Arbeiter blieb auf die Betriebe konzentriert und wurde dort, je länger der Streik dauerte, desto wirksamer von organisationserfahrenen Gewerkschaftern kontrolliert. Auf seiten der Studentenbewegung gab es eine vergleichbare Strukturierung der Bewegung durch organisierte Trägergruppen nicht. Der »État Major« war nach dem 13. Mai nur noch unregelmäßig zusammengetroffen und hatte die Kraft zur Koordinierung der Aktionen, die er vom 3. bis zum 13. Mai unter Beweis gestellt hatte, verloren. Es gab, nachdem die drei Forderungen erfüllt waren, keine klaren, gemeinsamen, weiterführenden Aktionsziele mehr. Der Übergang von der studentischen Interessenpolitik und Hochschulpolitik in die allgemeine, »große« Politik war weder konzeptionell noch taktisch vorbereitet. Zwar verfolgten einzelne Gruppen revolutionäre Ziele, doch es gelang ihnen nicht, die Studentenbewegung entsprechend ihrer Transformationskonzeption zu führen. Weder die Trotzkisten noch die Maoisten drückten der Bewegung den Stempel ihrer Theorie, Strategie und Taktik auf. Die Bewegung des 22. März strebte aufgrund ihres Selbstverständnisses keine Lenkungs- und Leitungsfunktion in der Bewegung an. Sie setzte auf die Selbstorganisation und die Kreativität der Basis. Nicht ein Machtwechsel in der politischen Arena war ihr Ziel, sondern die Veränderung von Machtstrukturen in allen gesellschaftlichen Bereichen. Machtstrukturen waren zwar noch nicht gebrochen, aber durch den Streik an den Schulen und Hochschulen, in Betrieben und Büros unterbrochen; Gegenmacht wurde ausprobiert, und es wurde über neue Formen der Kommunikation, der Unterrichts-, der Arbeits- und Gesellschaftsorganisation diskutiert. Selbst der Staatspräsident gab dem Druck, der dadurch entstand, nach und stellte der Bevölkerung Partizipationschancen in Aussicht, doch wirkte seine Ankündigung der Neustrukturierung von Entscheidungskompetenzen nicht. Anstatt den sozialen Konflikt zu beschwichtigen, trug der Staatspräsident durch seine Radio- und Fernsehansprache am 24. Mai zur Politisierung des Konfliktes bei.[243] Die politische Krise, in die das gaullistische Regime Ende Mai 1968 geriet, eröffnete Machtchancen, die indes von der Studentenbewegung konzeptionell und personell nicht mehr mitgestaltet wurden. Sie hatte

243 Vgl. dazu Kap. VI.

ihren Höhepunkt bereits überschritten.[244] Zwar gewann sie mit dem Brand der Börse nochmals die Aufmerksamkeit der Öffentlichkeit, doch anders als in der ersten Barrikadennacht schlug die öffentliche Meinung nicht mehr in Solidaritäts- und Sympathiebekundungen für die studentischen Aktionen und Forderungen um. Gleichviel, die Trägergruppen der Bewegung waren entschlossen, den Kampf weiterzuführen. Innerhalb der UNEF begannen Vorbereitungen für eine große Protestdemonstration am 27. Mai, geplant als Appell an die Arbeiter in den Betrieben, ihren Kampf weiterzuführen.

5. Die Institutionalisierung des Konflikts: Die Vereinbarungen von Grenelle

Die Verhandlungen, die am Nachmittag des 25. Mai, einem Samstag, im Ministerium für soziale Angelegenheiten in der Rue de Grenelle begannen[245], fanden in einer äußerst gespannten Atmosphäre statt. Als Verhandlungspartner saßen sich Vertreter der Regierung (Premierminister Pompidou, Staatssekretär Jacques Chirac, Sozialminister Jean-Marcel Jeanneney), des Unternehmerverbandes CNPF und der Vereinigung kleiner und mittlerer Unternehmen PME (Confédération des petites et moyennes entreprises) sowie Vertreter der Gewerkschaften CGT, CFDT, CGT-FO und der CFTC und CGC (Confédération générale des cadres) gegenüber. Da eine Koordination der Gewerkschaftsstrategie nicht stattgefunden hatte, setzte nach Sitzungsbeginn ein Kampf um die Tagesordnung ein, der die divergierenden Interessen widerspiegelte. Während die CGT sofort ihren gestaffelten Forderungskatalog – 1. Lohnerhöhungen, 2. Beschäftigungsgarantie, 3. Arbeitszeitreduktionen, 4. Ausdehnung der gewerkschaftlichen Rechte im Betrieb – vortrug, stellte die CFDT zunächst zwei Vorbedingungen für Verhandlungen auf: die Annahme eines Gesetzes über gewerkschaftliche Freiheiten im Betrieb sowie die Abschaffung der Verordnung über die »soziale

244 So auch das Urteil von Jean-Marcel Bouguereau im Gespräch mit der Autorin am 15. September 1992 in Paris.

245 Vgl. zu den Verhandlungen von Grenelles: Séguy, 85-124; Descamps, 119-120; Détraz, *Positions et action de la CFDT*, 93-112.

Sicherheit«. Die Gewerkschaftsrechte im Betrieb, von der CGT als letzter Verhandlungspunkt genannt, wurden von der CFDT zur *conditio sine qua non* gemacht. Symbolisch traten damit noch einmal die Strategie- und Zieldifferenzen zwischen den Gewerkschaften hervor, doch die Radikalität, mit der die CFDT sich zum Anwalt der Gewerkschaftsrechte machte, war in Wirklichkeit ein Rückzugsgefecht.

Zwar akzentuierte Descamps in seiner ersten Stellungnahme die Notwendigkeit von Strukturreformen zur Umgestaltung der »industriellen Monarchie«, aber das Konzept der Mit- und Selbstbestimmung wurde, überführt in die Forderung nach Gewerkschaftsrechten im Betrieb, auf den denkbar kleinsten gemeinsamen Nenner der divergierenden Deutungen gebracht. Zwar ließ sich die Ausweitung der Gewerkschaftsrechte im Betrieb als Einstieg in die beabsichtigte Strukturreform der Unternehmen ansehen, als ein Mittel zur Erreichung des Ziels, doch war das Ziel damit zugleich in weite Ferne gerückt.

Die Tagesordnung, die Premierminister Pompidou vorschlug, entsprach im wesentlichen dem Forderungskatalog der CGT, so daß bei der CFDT der Eindruck entstand, daß zwischen CGT und Regierung das Szenario der Verhandlungen bereits zuvor ausgehandelt worden war.[246] Tatsächlich war Pompidou gewillt, der CGT soweit wie möglich entgegenzukommen. Über die Warnungen seines Finanzministers vor zu hohen Tarifabschlüssen hatte er sich bereits im Vorfeld der Verhandlungen hinweggesetzt. »Quand on met le rôti au four«, erklärte er, »il faut être disposé à payer le prix du gaz.«[247] Finanzminister Debré blieb, auf Entscheidung Pompidous, von den Verhandlungen in der Rue de Grenelle ausgeschlossen.[248] Nahezu problemlos erzielten die Verhandlungspartner dort bereits am ersten Verhandlungstag einen Konsens über die Anhebung des Mindestlohns um 35% und damit auf 600 Francs im Monat. Die Einigung über die Lohnerhöhungen dauerte vergleichsweise länger, da zwischen dem Angebot der Unternehmer (5%) und der Forderung der CGT (15%) eine anfangs unüberwindliche Kluft bestand. Auf Vorschlag der CFDT wurde eine Kompromißformel gefunden, die eine 10%ige Steige-

246 Hamon/Rotman, *La deuxième gauche*, 206f.
247 Tournoux, 212.
248 Ebd., 213, Anm. 1.

rung in zwei Etappen vorsah (7% Lohnzuwachs sofort, 3% ab Oktober 1968). Über das Radio von den ersten Verhandlungsergebnissen erfahrend, erklärte Debré seinen Rücktritt; eine Entscheidung, die intern akzeptiert, der Öffentlichkeit indes nicht mitgeteilt wurde.[249]

Vertagt worden war in der Rue de Grenelle zunächst die Debatte über die umstrittene Arbeitszeitreduktion, die Senkung der Pensionsgrenze sowie die Ausweitungen der Gewerkschaftsrechte im Betrieb. Sie kam am zweiten Verhandlungstag in den nach Problembereichen eingerichteten Sonderkommissionen nur schleppend in Gang. Auch die am Sonntag um 17 Uhr beginnende allgemeine Gesprächsrunde der Tarifparteien war blockiert, da Séguy zwei Forderungen zur *conditio sine qua non* weiterer Verhandlungen erhob: »l'échelle mobile des salaires« und die Abschaffung der Verordnung über die »soziale Sicherheit«.[250] Bis Mitternacht wurde keinerlei Übereinkunft erzielt. Séguy gab vor Journalisten bekannt, daß allem Anschein nach die Verhandlungen zu scheitern drohten. Benoît Frachon, mit 76 Jahren der älteste Teilnehmer, verließ die Konferenz, beauftragt von der CGT, am nächsten Morgen den Arbeitern von Renault-Billancourt den Stand der festgefahrenen Tarifgespräche zu erklären. Die CFDT, die sich nicht unter Zeitdruck fühlte, sondern in der Verzögerung des Abschlusses eher einen Vorteil für die Durchsetzung ihrer Interessen sah, nahm die Stagnation der Gespräche hin.

Es war bereits nach Mitternacht, als die Verhandlungen eine unerwartete Wende nahmen. Der Anstoß kam von außen: von der Kommunistischen Partei. Aufgeschreckt durch die Nachricht, daß die UNEF für Montag landesweit Protestkundgebungen plante und gemeinsam mit der CFDT in Paris eine Versammlung im Stadion Charléty einberufen hatte, drängte sie auf einen sofortigen Verhandlungsabschluß.[251] Die CGT lenkte ein, suchte den Kompromiß.[252] Hinsichtlich der Arbeitszeit wurde am 26. Mai eine allmähliche (progressive) Wiedereinführung der 40-Stunden-Woche sowohl in den privaten als auch in den staatlichen Betrieben vereinbart, wobei jedoch die Modalitäten (z. B. der Zeitrah-

249 Ebd.

250 Détraz, *Positions et action*, 93.

251 Pompidou, *Pour rétablir une vérité*, 189.

252 Alexandre, *L'Élysée en péril*, 182.

men sowie die Problematik des Lohnausgleichs) nicht näher bestimmt, sondern je nach Branche gesondert den zu führenden Verhandlungen übertragen wurden. Über die Vorverlegung der Pensionsgrenze wurde keine Übereinstimmung erzielt. Der CNPF verpflichtete sich lediglich, eine Verschiebung der Altersgrenze zu prüfen. Die Gewerkschaftsrechte im Betrieb wurden von seiten der Regierung allen staatlichen Betrieben zugestanden, ihre konkrete Ausgestaltung indes einem noch zu erstellenden Gesetz vorbehalten. Die privaten Unternehmer anerkannten das Recht der Gewerkschaften auf Versammlung im Betrieb, Verteilung von Zeitschriften und Flugblättern sowie das Recht auf bezahlten Bildungsurlaub für Gewerkschaftsvertreter. Die Verordnungen über die »soziale Sicherheit« wurden nicht zurückgenommen, aber es wurde eine erneute Verhandlung ihrer Bestimmungen im Parlament vorgesehen. Schließlich wurde vereinbart, daß die Arbeitgeber einen Lohnvorschuß von 50% zahlen würden für die durch den Streik verlorenen Arbeitsstunden, die sukzessive nachgearbeitet werden sollten.[253] Die Arbeiter, so versicherte Séguy gegenüber Pompidou am Ende der Verhandlungen, würden in zwei, spätestens drei Tagen die Arbeit wieder aufnehmen.[254] Es sollte anders kommen.

Die Ergebnisse der Verhandlungen in der Rue de Grenelle wurden von den Streikenden zurückgewiesen. Renault-Billancourt machte den Anfang. In der Hochburg der CGT war bereits am Wochenende für 8 Uhr am Montagmorgen eine Vollversammlung der Streikenden einberufen worden. Als sie begann, war der Generalsekretär der CGT noch nicht eingetroffen. Die Verhandlungen in der Rue de Grenelle hatten bis 7.15 Uhr gedauert, Georges Séguy befand sich im Auto auf dem Weg nach Billancourt und bereitete schriftlich seine Ansprache vor.[255] Die Versammlung, zu der 20 000 Arbeiter gekommen waren, wurde von Aimé Halbeher eröffnet, dem Spitzenrepräsentanten der CGT im Betrieb Billancourt.[256] In der Nacht, vor der dramatischen Wende der Verhandlungen, hatte man ihm mitgeteilt, daß die Tarifgespräche nicht

253 Vgl. dazu das Protokoll der Vereinbarungen von Grenelle, abgedruckt in Capdevielle/Mouriaux, 147-152.

254 Alexandre, *L'Élysée en péril*, 182.

255 Séguy, 114.

256 Frémontier, 368.

fortschritten und deshalb der Streik fortzusetzen sei.[257] War es diese Weisung, die er befolgte, als er zur Fortführung des Streiks aufrief? Tatsache ist, daß er, als erster Redner dieses Morgens das Wort ergreifend, die Ergebnisse der Verhandlungen in der Rue de Grenelle ignorierte, statt dessen die Firmenleitung kritisierte, weil diese sich noch mit keinem Wort zu den Forderungen der Renault-Arbeiter geäußert hatte, welche er, getragen vom Beifall der Menge, wiederholte: 1. Ausgleichszahlung für alle durch den Streik verlorenen Arbeitstage, 2. kein Mindestlohn unter 1000 Francs, 3. Wiedereinführung der 40-Stunden-Woche bei vollem Lohnausgleich, 4. Festsetzung des Pensionsalters bei 60 Jahren, 5. monatliche Lohnzahlungen für das gesamte Personal, 6. Erweiterung der gewerkschaftlichen Rechte im Betrieb.[258] Damit waren die Weichen, in deren Bahnen sich die Ereignisse entwickeln sollten, gestellt, bevor Benoît Frachon, der Präsident der CGT, sich an die Streikenden wenden konnte.

Von Séguy kurz zuvor telefonisch vom Ausgang der Verhandlungen informiert[259], unterstrich Frachon die Vorteile der Vereinbarungen, ordnete sie in die Geschichte der Arbeiterbewegung im 20. Jahrhundert ein, zog eine Linie der Kontinuität zu den Verträgen von Matignon (1936)[260] und erklärte: »Les accords de la rue de Grenelle vont apporter à des millions de travailleurs un bien-être qu'ils n'auraient pas espéré.«[261] Doch seine Argumente überzeugten nicht. André Jeanson, der Präsident der CFDT, der als nächster Redner sprechen sollte, entschloß sich, die ablehnende Stimmung unter der Belegschaft bemerkend, gar nicht erst für die Annahme der Tarifverträge zu plädieren.[262] Er akzentuierte, während Frachon sich auf die Tradition berief, die durch das Zusam-

257 Alexandre, *L'Élysée en péril*, 181.
258 Frémontier, 368 f.
259 Séguy, 113.
260 Dort wurden die Regelung der Arbeitsbedingungen durch Tarifverträge (die bis 1936 in Frankreich weitgehend unbekannt waren; nur für 4% der Arbeiter waren damals Tarifverträge abgeschlossen), Lohnerhöhungen, die Festlegung eines Mindestlohnes und die 40-Stunden-Woche erreicht. Vgl. Jacques Danos/Marcel Gibelin, *Die Volksfront in Frankreich. Generalstreik und Linksregierung im Juni 1936*, Hamburg 1982, 155-161.
261 Zit. nach Delale/Ragache, 111.
262 Hamon/Rotman, *La deuxième gauche*, 214.

mentreffen von Studenten- und Arbeiterbewegung entstandene neue Situation und rief in Erinnerung, worum, aus Sicht der CFDT, der Streik bislang geführt worden war. »Nous nous battons« erklärte er, »pour la démocratie dans les usines afin que cesse la monarchie des patrons. Nous rejoignons le mouvement étudiant et enseignant. Il y a convergence dans nos actions.«[263] Seine Rede mündete in den Appell, die Kraft, die aus dem neuen Bündnis von Studenten- und Arbeiterbewegung erwachsen sei, nicht verlorengehen zu lassen. Minutenlanger stürmischer Beifall für den Präsidenten der CFDT in der Hochburg der CGT drückte die Stimmung der Basis und ihre Kritik an der CGT-Führungsspitze aus, noch bevor Séguy das Mikrophon ergriff.

Von Applaus und Pfiffen empfangen, versuchte der Generalsekretär, eine Niederlage seiner Organisation mit einem Trick abzuwenden. »Comme nous n'avons jamais lancé à l'échelle nationale le mot de grève, il ne saurait être question que l'on se substitue aux travailleurs pour lancer un ordre de reprise du travail.«[264] Das war richtig und falsch zugleich. Zwar hatten die Gewerkschaften keinen Aufruf zum Generalstreik ausgegeben, doch seit Ausbruch der Streiks in keinem Moment ihr Repräsentations- und Verhandlungsmonopol aufgegeben. Bestrebt, eine konsensfähige Lösung im Interesse aller Streikenden zu erwirken, hatte die CGT als Vertreterin der Arbeiterschaft die Tarifgespräche geführt und auf eine Beendigung der Streikbewegung hingewirkt. Sie hatte ein Mandat in Anspruch genommen, das Séguy, mit der ablehnenden Stimmung der Basis konfrontiert, leugnete, indem er die Entscheidung über die weitere Entwicklung als der autonomen Willensbildung der Basis unterworfen deklarierte. Damit entzog er sich und seine Organisation der Verantwortung ebenso wie André Jeanson, der seinen kämpferischen Einsatz für die über die Vereinbarungen von Grenelle hinausreichenden Ziele zuvor mit dem Satz gerechtfertigt hatte, daß er persönlich in Grenelle nicht anwesend gewesen sei.[265]

Auch bei Citroën und Sud-Aviation wurde unmittelbar nach Bekanntgabe der Verhandlungsergebnisse gegen die Wiederaufnahme der Arbeit gestimmt. Die Eisenbahner sowie die Arbeiter

263 *Le Monde* vom 28. Mai 1968, S. 4, Sp. 6.
264 Zit. nach Frémontier, 370.
265 Détraz, *Positions et action*, 114.

der Gas- und Elektrizitätswerke setzten ihren Ausstand fort. Binnen weniger Stunden wirkte sich das Signal von Billancourt auf das ganze Land aus. In allen Betrieben, mit Ausnahme der zivilen und militärischen Atomanlagen, ging der Streik weiter. Die Erwartungen der Arbeiter, das wurde deutlich, gingen über die von den Gewerkschaften erzielten Ergebnisse hinaus. Worauf richteten sie sich? Wogegen begehrten sie auf? Wandten sie sich gegen den Inhalt der Vereinbarungen oder gegen die Bemühungen der Gewerkschaftszentralen überhaupt, den Streik durch Tarifverhandlungen zu beenden? Die Interessenlage war diffus. Einerseits blieben die Ergebnisse hinter den konkreten Forderungen der Arbeiter auf materielle Verbesserung der Lebens- und Arbeitsbedingungen zurück, wie Aimé Halbeher in seinen sechs Punkten aufgezeigt hatte. Andererseits gingen die Erwartungen vieler Arbeiter über die von den Gewerkschaften in die Verhandlungen eingebrachten Forderungen weit hinaus.

Le fait le plus caractéristique de cette situation est que les travailleurs dans des nombreux cas, en reprochant aux concessions obtenues d'être insuffisantes, ne visent pas seulement leur aspect social et économique. Ce qu'ils déclarent vouloir, ce sont des réformes de structure, ce que la C.F.D.T. appelle le ›pouvoir ouvrier‹ dans les usines.[266]

So gesehen waren sowohl diejenigen, die auf quantitative, als auch diejenigen, die auf qualitative Veränderungen setzten, von dem Ergebnis der Verhandlungen notwendigerweise enttäuscht. Die Kluft zwischen der Erwartung und dem eingetretenen Erfolg vergrößerte sich für die einen wie die anderen in Anbetracht der exzeptionellen Größe der Streikbewegung. Der einzigartige Mobilisierungsgrad, der sich in den bestreikten und besetzten Betrieben manifestierte, wirkte in zweifacher Hinsicht als ein die Verhaltensdispositionen und Handlungsoptionen bestimmendes Element. Er schuf erstens eine der intermediären Interessenpolitik der Gewerkschaftszentralen entgegenstehende Organisations- und Vermittlungsstruktur für die materiellen und ideellen Interessen der Arbeiterschaft. Konstituiert nach dem Modell der direkten Demokratie, bildeten die Vollversammlungen und Streikkomitees in den besetzten Betrieben eine potentielle Gegenmacht zur Verhandlungsmacht der Gewerkschaftszentralen. Die demokratische Selbstorganisation in den Betrieben steigerte den Willen

266 *Le Monde* vom 28. Mai 1968, S. 1.

zur autonomen, direkten Verhandlungsführung, senkte die Bereitschaft zur Akzeptanz einer zentralen Streikführung ebenso wie zur Annahme eines »von oben«, durch die nationalen Gewerkschaftszentralen gesetzten Streikendes. Eine Studie des CNIPE, die nach Beendigung der Streiks in hundert ausgewählten Unternehmen vorgenommen wurde, zeigt, daß in den Betrieben, in denen die Partizipation der Streikenden an der Durchführung und Organisation des Streiks hoch war, die Vereinbarungen von Grenelle ignoriert wurden und eine Lösung der Krise erst eintrat, als die Firmenleitung in Verhandlungen mit den Streikenden einwilligte.[267]

Der hohe Mobilisierungsgrad politisierte – zweitens – die Streikbewegung und erweiterte ihre Ziele über die von den Gewerkschaften gesetzten Ziele hinaus. Weder die Strategie der CGT noch die der CFDT waren bis zum Beginn der Verhandlungen von Grenelle auf einen politischen Machtwechsel gerichtet. Die Politisierung erfolgte von der Basis aus, die mit wachsender Zahl der Streikenden die Bewegung als Machtfaktor empfand, den man nicht einfach auflösen konnte, ohne die zentralen Forderungen durchgesetzt zu haben. »Nous sommes 10 millions de grévistes; le pays ne peut marcher sans nous«, so die Aussage eines Mitglieds der CFDT, in welcher sich eine Disposition der Arbeiterschaft widerspiegelt[268], die Situation als offen, in der Schwebe, anzusehen, die soziale und politische Ordnung als veränderbar. Bereits während der Demonstrationen am 24. Mai hatten die Reporter von *Le Figaro* notiert, »que les slogans communs à tous les cortèges étaient assez politisés. ›De Gaulle démission!‹, ›Gouvernement populaire‹, ›Dix ans, ça suffit!‹ se mélangent aux ›Nos quarante heures‹ et ›Garantie de l'emploi‹«.[269] Die Rede General de Gaulles am Abend des 20. Mai verstärkte den Politisierungsprozeß. Der General gab nach. In einem entscheidenden Augenblick, kurz vor Eröffnung der Tarifverhandlungen, die, nach Vorstellung seines Premierministers, das Ende der Streikbewegung einleiten sollten, kündigte er grundlegende Reformen an und verschob damit den Konfliktgegenstand, öffnete einen Diskurs, den Pompidou durch

267 Centre Nationale d'Information pour la Productivité des Entreprises, *Les événements de mai-juin 1968*, 33 f.

268 Dubois u. a., 427.

269 *Le Figaro* vom 25./26. Mai 1968, S. 7.

materielle soziale Zugeständnisse an die Arbeiterschaft unterbinden wollte. Er verstieß gegen seine eigene politische Grundregel (»Le pouvoir ne recule pas«) und gegen die Erfahrung, die, wie Tocqueville 1856 schrieb, »lehrt, daß der gefährlichste Augenblick für eine schlechte Regierung der ist, in dem sie sich zu reformieren beginnt. Nur ein großes Genie vermag einen Fürsten zu retten, der es unternimmt, seinen Untertanen nach langer Bedrückung Erleichterung zu gewähren.«[270] Über ein solches Genie verfügte der General am 24. Mai nicht. Seine Rede beruhigte die Situation nicht, sondern dramatisierte den Konflikt.[271]

Forderungen nach einem politischen Machtwechsel wurden in Billancourt und an anderen Orten am 27. Mai registriert.[272] »Gouvernement populaire«, skandierten Sprechchöre, als der Präsident der CFDT, André Jeanson, eine grundlegende Strukturreform der Betriebe forderte.[273] »Ces réformes«, so *Le Monde*, »sont peut-être réalisables par un accord avec leurs actuels partenaires, mais n'impliquent-elles pas plutôt une volonté de changement politique?« Eigentlich basierte die Strategie der demokratischen Strukturreform, die auf einen »socialisme autogestionnaire« zielte, auf der Prämisse, daß der Demokratisierungsprozeß der Macht- und Entscheidungsstrukturen durch den Aufbau von Gegenmacht in den Betrieben beginnen konnte, ohne notwendig an eine politische Machtveränderung im Interesse der Arbeiterschaft gebunden zu sein. »Autogestion« setzte, in der Terminologie der alten Linken gesprochen, weder die politische noch die soziale Revolution voraus. Die CFDT hatte die konkrete Ausformung der Konzeption der »autogestion« jedoch der Basis überlassen, keine konkreten Vorschläge zu ihrer Verwirklichung gemacht. Der Aufbau einer Selbstverwaltung in den Betrieben wurde nur in wenigen Fällen probiert; die Mehrzahl der Streikenden suchte die Lösung der sozialen Krise auf der politischen Ebene, machte nicht in der »pouvoir du patronat«, sondern im Gaullismus den Gegner fest. Sie forderte einen politischen Machtwechsel als Voraussetzung sozialer Strukturreformen. Damit verschoben sich die Zielorientie-

270 A. de Tocqueville, *Der alte Staat und die Revolution*, hg. von J. P. Mayer, Bremen o. J., 219.
271 Vgl. dazu Kap. v.
272 Vgl. auch Guin, 89 ff.
273 *Le Monde* vom 28. Mai 1968, S. 4, Sp. 6.

rung der Bewegung und die Mittel zur Lösung des Konflikts. Die Gewerkschaften hatten Lösungen angebahnt, durchzusetzen vermochten sie diese zunächst nicht. Nach dem Scheitern der Vereinbarungen von Grenelle traten sie als Akteure hinter die politischen Parteien zurück. Die soziale Bewegung trat in eine neue Arena ein, in der sie aufgrund ihres spontanen und antiparteilichen Charakters strukturell nicht verankert war und auf die ihre zentralen Trägergruppen konzeptionell nicht vorbereitet waren.

Es sollte noch lange dauern, bis die Arbeit in allen Betriebs- und Wirtschaftszweigen wiederaufgenommen wurde. Doch die Streikbewegung blieb, wenngleich die Ergebnisse der Tarifverhandlungen abgelehnt worden waren, auch nach Grenelle unter Führung der Gewerkschaften. Sie leiteten auf Betriebs- und Branchenebene neue Verhandlungen über die Neugestaltung der Arbeitsbeziehungen und Lohnskalen ein und setzten weiterhin alles daran, die spontanen Proteste auf eine institutionelle Ebene zu transferieren. Die Streikbewegung wurde zum Arbeitskonflikt, dessen heterogene Forderungen, auf verschiedene Kommissionen und Gremien zur Beratung verteilt, wirtschaftlich berechenbaren Kompromißlösungen zugeführt wurden. Weder die Unternehmensverfassung noch die Wirtschaftsordnung standen mehr zur Disposition. Indes war der einsetzende Dialog zwischen Arbeitgebern und Gewerkschaften die Folge des Drucks der Streikbewegung, welche die Bereitschaft zu Tarifverhandlungen seitens der Arbeitgeber und deren Kompromißfähigkeit überhaupt erst erzwang. In den Vereinbarungen von Grenelle erklärten sich die französischen Unternehmer erstmals zur Anerkennung der Gewerkschaften in den Betrieben bereit. Sie garantierten die freie gewerkschaftliche Betätigung der Gewerkschaftssektionen in den Betrieben, das Versammlungsrecht für Gewerkschaftsmitglieder, das Recht zum Anschlag gewerkschaftlicher Mitteilungen und auf die Verbreitung gewerkschaftlicher Zeitungen.[274] So mündete die spontane Streikbewegung in eine Stärkung der Stellung der Gewerkschaften im Betrieb.

Verglichen mit der Bundesrepublik, erreichten die Arbeiter damit noch kein der Institutionalisierung der industriellen Beziehungen

274 Vgl. dazu auch P. Jansen/L. Kißler/P. Kühne/C. Leggewie/O. Seul, *Gewerkschaften in Frankreich. Geschichte, Organisation, Programmatik*, Frankfurt am Main 1968, 36.

vergleichbares Niveau. Mitbestimmung im Sinne der deutschen Gewerkschaftstradition wurde von den französischen Gewerkschaften jedoch auch gar nicht gefordert, da Mitbestimmung aus ihrer Sicht eine Begrenzung ihres Handlungsspielraumes implizierte[275]; auch eine Verrechtlichung der Arbeitsbeziehungen mit dem Ziel einer für eine festgeschriebene Vertragsdauer beidseitig bindenden Pflicht zur Einhaltung der Vereinbarungen lehnten sie ab. Die Parole »autogestion« brachte eine Stimmung zum Ausdruck, wurde von einer Minderheit inhaltlich ausgedeutet, fand jedoch keine institutionalisierbare Form.

275 Vgl. dazu W. Jager, »Gewerkschaften und Linksparteien in Frankreich«. In: H. Rühle/H.-J. Veen (Hg.), *Gewerkschaften in den Demokratien Westeuropas*. Bd. 1: *Frankreich, Italien, Spanien, Portugal, Griechenland*, Paderborn/München/Wien/Zürich 1983, 23-114, hier 70.

VI. Regimekrise: Der Kampf um eine andere Republik

Seit Beginn der Studentenrevolte in Nanterre war die französische Regierung herausgefordert, seit der Barrikadennacht gezwungen, auf die Protestbewegungen zu reagieren. Aufgrund des französischen Zentralismus betrafen Proteste gegen eine staatliche Institution in Frankreich direkt die nationale Regierung, zumal wenn sie sich auf das Zentrum, die Universität von Paris, richteten; und aufgrund der zentralen Stellung von Paris fiel Protesten hier eine nationale, politische Bedeutung zu. Während in der Bundesrepublik der Föderalismus den Protest gleichsam filterte und die politische Verantwortung auf die politisch unterschiedlich zusammengesetzten Landesregierungen verteilte – der Bundestag beschäftigte sich nur ein einziges Mal in einer Sondersitzung mit den Studentenprotesten[1] –, trug der Zentralismus in Frankreich in erheblichem Maße dazu bei, daß die Studentenproteste binnen kurzem auf die politische Ebene durchschlagen konnten. Das Ziel der Studentenbewegung, am Beispiel der Krise einer Institution die Krise der Gesamtgesellschaft zu enthüllen, war insofern, unabhängig von den Intentionen und Aktionen der Akteure, schon aufgrund der Institutionenstruktur in Frankreich vergleichsweise leichter durchzuführen als in der Bundesrepublik, der rasche Transfer der Universitätsproteste in die politische Arena mithin ein strukturell angelegter Prozeß.

Der Konflikttransfer schloß indes nicht notwendigerweise eine politische Krise des Ausmaßes ein, wie sie die Fünfte Republik zwischen dem 27. und 30. Mai 1968 durchlebte. »Je suis atterré. Il n'y a plus de Gouvernement. On a l'impression de couler à pic«[2], erklärte Michel Debré gegenüber Innenminister Fouchet, und er stand mit dieser Auffassung nicht allein. Alles schien möglich in den letzten Tagen des Mai, der Rücktritt des Staatspräsidenten de Gaulle, der Sturz der gaullistischen Regierung, das Ende der

1 C. Kleßmann, *Zwei Staaten, eine Nation. Deutsche Geschichte 1955-1970*, Göttingen 1988, 281.

2 C. Fouchet, *Mémoires d'hier et demain*; ders., *Les lauriers sont coupés*, Paris 1973, 20.

Fünften Republik; selbst Premierminister Pompidou schloß gewaltsame Auseinandersetzungen im Kampf um die Macht nicht mehr aus.[3] Wie konnte es zu dieser dramatischen Zuspitzung, zu diesem »Psychodrama« (Aron), dieser »Agonie« (Tournoux) am Ende des Mai kommen?

1. Die Opposition auf dem Weg zur Macht

Es gab im Vormai keine politische Krise in Frankreich. Die gaullistische Regierung verfügte zusammen mit ihrem Bündnispartner – der Fédération des Républicains Indépendants – über eine stabile Mehrheit im Parlament. Selbstsicher hatte Premierminister Pompidou noch am 17. März 1968 erklärt: »Je n'ai pas le sentiment qu'un gouvernement aussi efficace ait déjà gouverné la France aussi longtemps.«[4] Ein Regierungswechsel während der Legislaturperiode erschien außerhalb der denkbaren Möglichkeiten.

Die Opposition war gespalten in Kommunisten, Sozialisten, Unabhängige Sozialisten, Radikale und Christdemokraten (»Zentristen«). Versuche, die Spaltung zu überwinden, hatten zur Gründung der Fédération de la gauche démocrate et socialiste (FGDS) geführt, einem im September 1965 vollzogenen losen Zusammenschluß der Parteien der nichtkommunistischen Linken (Parti radical, Parti socialiste SFIO ›Section française de l'Internationale ouvrière‹, Convention des Institutions républicaines). Diese taktische Allianz zur Unterstützung der Präsidentschaftskandidatur von François Mitterrand, dem Generalsekretär der FGDS, hatte im zweiten Wahlgang 1965 einen Stimmenanteil von 45,5% erzielt.[5] Der Erfolg war möglich, weil auch die Kommunisten ihre Stimme dem Einheitskandidaten der Linken gaben. Die Tendenz der wahltaktischen Annäherung hatte sich bei den Wahlen zur Nationalversammlung (1967) fortgesetzt. Sich wechselseitig im zweiten Wahlgang stützend, kamen die Kommunistische Partei auf 71, die FGDS auf 121 Mandate. Das bedeutete eine Stärkung

3 Vgl. dazu Lacouture, *De Gaulle*, III, 261-264.

4 Zit. in Alexandre, *Le duel de Gaulle-Pompidou*, 217.

5 T. T. Mackie/R. Rose, *The International Almanac of Electoral History*, London 1974, 126.

gegenüber den vorangegangenen Wahlen, doch lag die linke Opposition, selbst wenn man die »Zentristen« der PDM-Fraktion (Progrès et democratie moderne) hinzuzählte, mit insgesamt 235 Mandaten hinter dem Bündnis von Gaullisten und Unabhängigen Republikanern zurück, die zusammen über 244 Abgeordnete verfügten. Dem wahltaktischen Bündnis war im Februar 1968 der Versuch zur Herstellung einer gemeinsamen Plattform von Kommunisten und FGDS gefolgt, doch blieben die Vereinbarungen auf der Ebene von Willens- und Absichtserklärungen; ein fest umrissenes, gemeinsames Programm für eine Regierungsbildung entstand daraus nicht.[6]

Das Dilemma der linken Opposition im Parlament wurde durch eine dritte sozialistische Strömung verstärkt, die sich als »Neue Linke« theoretisch und programmatisch sowohl von der FGDS als auch von der Kommunistischen Partei abgrenzte: die Unabhängigen Sozialisten der PSU (Parti socialiste unifié). Mit nur zwei Prozent der abgegebenen Wählerstimmen bildete sie keine eigenständige Fraktion innerhalb des Parlaments, sondern stellte lediglich »Hospitanten«, die der FGDS-Fraktion assoziiert waren.[7] Die dreifache ideologische Spaltung der Linken minderte die Chancen einer wirksamen Gegenmacht zur Regierung Pompidou, unabhängig von der numerischen Unterlegenheit der Linksparteien im Parlament. Und doch steuerte Ende Mai alles auf die Bildung einer Gegenregierung, auf einen politischen Machtwechsel zu. Das Ende des Gaullismus schien nahe.

Die soziale Bewegung des Mai 68 hatte, wie Daniel Cohn-Bendit formulierte, »den Mythos« überwunden, »daß man gegen dieses Regime nichts machen kann«.[8] Doch die politische Krise, welche die Fünfte Republik an den Rand ihrer Auflösung führte, war nicht das Werk der außerparlamentarischen Bewegung allein, wenngleich diese sich zurechnen konnte, Auslöser und zentraler Verursacher gewesen zu sein. Zum Ausmaß der politischen Krise trug, wie noch zu zeigen sein wird, die Reaktion der Staatsgewalt auf die Bewegung wesentlich bei. Ein weiterer Faktor trat hinzu:

6 F.-G. Dreyfus, *Histoire des Gauches en France (1940-1974)*, Paris 1975, 258 ff.; Dansette, 234 ff.

7 A. Grosser/F. Goguel, *Politik in Frankreich*, Paderborn/München/Wien/Zürich 1980, 167, 390.

8 Zit. in Sauvageot/Geismar/Cohn-Bendit, 75. Vgl. auch Cohn-Bendit, *Linksradikalismus*, 73.

die externe Mobilisierung von intermediären Gruppen, welche die politische Stoßkraft der Bewegung verstärkten, ohne daß man sie direkt der Bewegung zurechnen konnte. Keine soziale Bewegung, so eine Grundthese der Bewegungsforschung, kommt ohne Bündnispartner aus, welche die Anliegen der Bewegung in das bestehende System vermitteln. Der Aufbau günstiger Außenbeziehungen (externe Mobilisierung) erhöht das Handlungspotential einer sozialen Bewegung und steigert den Druck auf das politisch-administrative System. Unter Bündnispartnern werden konvergierende politische Kräfte verstanden, die als autonome Akteure in zweckbezogene Interaktion mit der Bewegung treten. Voraussetzung für ein Bündnis ist eine tendenzielle, zumindest in bestimmten Bereichen bestehende Zielkonvergenz.[9]

Die Studentenbewegung in Frankreich hatte in der CFDT einen solchen Bündnispartner gefunden. Sie unterstützte, wie gezeigt worden ist, die Protestbewegung in den Betrieben von Anfang an und gab mit ihrer Forderung nach »autogestion« ein Ziel vor, das Studenten- und Arbeiterproteste vereinheitlichen, ihnen eine gemeinsame ideelle Interessenorientierung geben konnte. In der politischen Arena war es die kleinste der Oppositionsparteien, die sich als erste mit den Zielen der Studenten solidarisierte und sich der Bewegung als Bündnispartner anbot: die PSU. Schon einmal, in den Jahren 1960 bis 1962, hatte die PSU ihre Fähigkeit unter Beweis gestellt, linksradikale, gauchistische Tendenzen zu integrieren. Sie hatte der Protestbewegung gegen den Algerienkrieg und für die algerische Unabhängigkeit ein Forum geboten und dadurch als Verstärker, Katalysator des Protestes gewirkt. Ihre Haltung während des Algerienkrieges hatte der Partei viele neue Mitglieder zugeführt, zumeist von den traditionellen Parteien der alten Linken enttäuschte Intellektuelle.

Als Partei »neuen Typus«, wie sie sich nannte, um ihre Kritik an der Organisationsstruktur und den Transformationskonzeptionen der »alten Linken« zu demonstrieren, war die PSU auch von ihrer Zusammensetzung her ein neues Phänomen innerhalb des Parteiensystems. Sie rekrutierte den überwiegenden Teil ihrer Mitgliedschaft aus dem akademischen Milieu. Studenten, Lehrer, Professoren, Techniker, mittlere und höhere Angestellte sowie Vertreter der freien Berufe gehörten ihr an. Sie war neben den

9 Raschke, 337ff.

Gaullisten diejenige Partei, die den höchsten Anteil von ehemaligen Schülern der École normale d'administration unter ihren Mitgliedern zählte. Innerhalb der Arbeiterschaft war ihr Organisationsgrad im öffentlichen Sektor (éléctricité et gaz de France, chemin de fer, administration de la Sécurité sociale etc.) am stärksten.[10] Die Mehrzahl der Mitglieder war jünger als 40 Jahre, wobei das Durchschnittsalter der Funktionäre anfangs noch unter dem der Mitglieder lag. Die Zahl der Parteimitglieder schwankte in den sechziger Jahren zwischen 10 000 und 15 000.[11]

Orientiert auf die sogenannte »neue Arbeiterklasse«, überschnitt sich die PSU in ihrer Rekrutierung mit derjenigen der CFDT (ehemals CFTC).[12] Die Beziehungen zwischen beiden Organisationen hatten sich durch den Prozeß der Wandlung der CFTC von einer christlichen in eine unabhängige, linkssozialistisch orientierte Gewerkschaft verstärkt.[13] Beide Organisationen strebten nach grundlegenden demokratischen Strukturreformen, beide grenzten sich von der Tradition der Sozialdemokratie und des Kommunismus ab. »Autogestion« als Mittel und Ziel sozialistischer Transformation, innerhalb der CFDT von einer Minderheit propagiert[14], fand Unterstützung durch die Strategie »revolutionärer Reformen« (Gorz), welche die PSU verfocht. Doppelmitgliedschaften trugen zur Vernetzung von PSU und CFDT bei, doch setzte das syndikalistische Selbstverständnis der CFDT der Kooperation Grenzen. So wirkten CFDT und PSU in den sechziger Jahren (1964-1968) getrennt auf eine Sammlung der nichtkommunistischen Linken für eine neue sozialistische Transformationsstrategie hin.

Die bereichsspezifische Rollen- und Funktionsdifferenzierung bei Komplementarität der Ziele sollte im Mai 68 von Vorteil sein. Die PSU konnte, nach dem Scheitern der Vereinbarungen von Grenelle, die Forderungen der CFDT nach grundlegenden wirtschaftlichen und gesellschaftlichen Strukturreformen in die politische Arena tragen und damit noch einmal den Diskurs über die Streik-

10 G. Martinet, *La conquête des pouvoirs*, Paris 1968, 168.

11 Vgl. Nania, 99, 105; Borelle, 209; M. Rocard, *Le PSU et l'avenir du socialisme de la France*, Paris 1969, 298.

12 Martinet, 168; vgl. zum Verhältnis zwischen CFDT und PSU auch W. Jäger, »Gewerkschaften und Linksparteien in Frankreich«, 79 ff.

13 G. Groux/René Mouriaux, *La CFDT*, Paris 1988, 97 ff.

14 Vgl. oben Kap. v.

ziele öffnen, sich zur treibenden Kraft der Anliegen machen, die von der CFDT propagiert, aber in den Tarifverhandlungen nicht durchgesetzt worden waren. Von Anfang an hatte sie das Ziel der Streikbewegung der Arbeiterschaft in der Durchsetzung qualitativer Veränderungen im Bereich der Macht- und Entscheidungsstrukturen gesehen und damit die Bestrebungen der CFDT gegen die primär auf Verbesserungen der lohn- und einkommensorientierten CGT unterstützt. Solidarisch mit den »qualitativen« Zielen der Bewegung hatte sie sich zugleich gegen ein bloßes Auswechseln der Regierungsmannschaft und damit gegen eine rein parlamentarische Lösung der sozialen Krise gewandt. Es ging, wie sie hervorhob, nicht nur um einen Wechsel an der Spitze der Macht, sondern um eine Veränderung der Machtstrukturen. Damit akzentuierte sie den politischen Aspekt der von der CFDT aufgeworfenen Forderungen nach Strukturreformen und grenzte sich zugleich von den Parteien ab, die durch einen parlamentarischen Mißtrauensantrag gegen die Regierung den Weg aus der Krise suchten. Blieb doch, aus Sicht der PSU, selbst im Falle des Erfolges der parlamentarischen Opposition, der angesichts des parlamentarischen Kräfteverhältnisses unwahrscheinlich war, das zentrale Anliegen der Streikbewegung unberücksichtigt: die Veränderung der Macht- und Entscheidungsstrukturen. »Il nous faut affirmer qu'un simple changement d'équipe gouvernementale n'aurait aucun sens positif pour les travailleurs«, erklärte Michel Rocard, der Generalsekretär der PSU, zwei Tage vor der über das Mißtrauensvotum entscheidenden Parlamentsdebatte, »puisqu'il se limiterait à une solution parlementaire de la crise et ne pourrait pas prendre en charge la volonté de transformation des structures du pouvoir qui est celle des travailleurs en lutte.« Die einzige Lösung lag, aus Sicht Rocards, in der Bildung einer Regierung, »qui s'appuierait directement sur le mouvement des ouvriers, paysans et étudiants, et sur une systématisation de leurs efforts pour affirmer à tous les niveaux leur pouvoir de contrôle et de gestion«.[15] In diesem Sinne strebte die PSU eine »Übergangsregierung« an, zusammengesetzt aus Vertretern der Parteien der Linken und unter Beteiligung der die Bewegung tragenden Gruppen.[16]

15 *Le Monde* vom 21. Mai 1968, S. 2, Sp. 4f.
16 Martinet, 26.

Um der Bewegung eine nationale Repräsentationsstruktur zu geben, innerhalb deren ein Willensbildungs- und Zielfindungsprozeß möglich werden konnte, setzte sich die PSU für die Schaffung von sogenannten »comités d'action populaire« ein. Damit nahm sie eine Idee auf, die vierzehn Tage zuvor von der Bewegung des 22. März propagiert worden war. Sie versuchte, außerhalb der Parteiorganisation Diskussionsforen und Aktionszentren zu schaffen, die, organisiert nach dem Prinzip der direkten Demokratie, der Bewegung eine Organisationsstruktur geben und den begonnenen Mobilisierungsprozeß auch inhaltlich weitertreiben sollten. Sie setzte auf die Kreativität der sich spontan zusammenfindenden Gruppen, auf Innovation durch (Inter-)Aktion. »Dans de tels comités, à tous les échelons«, so Michel Rocard, »doivent s'élaborer, par la discussion et la confrontation, mais aussi par l'action et la mise sur pied de pouvoirs effectifs, les formes d'une société nouvelle.«[17]

Gegen die Politik der alten Linken aufbegehrend, unterstützte sie den Aufbau einer potentiellen politischen Gegenmacht gegen die etablierten Parteistrukturen, gab indes zugleich den Versuch, mit den Parteien der alten Linken zu einer Koordination der Aktionen zu kommen, nicht auf. Sie versuchte, durch eine Art Doppelstrategie die durch die Bewegung geschaffene außergewöhnliche Situation zu nutzen, um gleichsam aus dem Prozeß der Mobilisierung heraus eine ihrer Grundideen durchzusetzen: die Erneuerung und Einigung der Linken.[18]

Die Bildung eines »front socialiste«, der alle Parteien der Linken sowie die Gewerkschaften umschloß, gehörte zu den zentralen Anliegen der PSU seit Gründung der Partei.[19] Die Formierung der FGDS und die Annäherung von PCF und FGDS hatten an dieser Zielsetzung nichts geändert. Eine Mehrheit innerhalb der Partei hielt an der Strategie fest, als autonome Kraft eine Sammlung und grundlegende Transformation der Linken herbeizuführen.[20] Den sogenannten »Autonomisten«, die sich der Integration der Partei in die FGDS widersetzt hatten, fiel im Mai eine Schlüsselrolle zu. Die Studentenbewegung und die Streikbewegung der Arbeiter-

17 *Le Monde* vom 21. Mai 1968, S. 2, Sp. 5.
18 Zur Konzeption der sozialistischen Einheitsfront vgl. Nania, 142-144.
19 Ebd., 140ff.
20 Rocard, 30f.

schaft boten ihnen die Chance zur Realisierung ihres Planes, auf breiter Basis eine Sammlung einer Neuen Linken durchzuführen.[21] Die PSU war, so einer ihrer Mitbegründer, die einzige Partei, welche von Anfang an die Bedeutung der Mai-Ereignisse erkannte, Teil der Bewegung wurde, während die FGDS lediglich an deren Rande wirkte.[22] Konnte es ihr gelingen, die Einheit der Linken zustande und die geeinte Linke an die Macht zu bringen?

Auf sich allein gestellt, konnte selbst eine geeinte Linke unter den gegebenen parlamentarischen Machtverhältnissen keine Alternative zur Regierungskoalition bilden, ohne entweder Stimmen aus deren Reihen oder als Minderheitskoalition deren Toleranz und Akzeptanz zu finden. Der politische Sieg der Opposition setzte, so gesehen, die Spaltung der Regierungskoalition oder die Abspaltung einzelner ihrer Abgeordneten oder den Rücktritt der Regierung voraus. Die PSU als kleinste der Oppositionsparteien offerierte auch für diese Konstellation eine Lösung: Sie verfügte über einen Kandidaten, der auf Toleranz, Akzeptanz bis ins gaullistische Lager hinein rechnen konnte, der größte Popularität in weiten Kreisen der Öffentlichkeit besaß: Pierre Mendès France.

Schon einmal hatte er in einer politischen und wirtschaftlichen Krisensituation das Amt des Regierungschefs übernommen, ohne sich aufgrund seiner Parteizugehörigkeit auf eine Mehrheit im Parlament stützen zu können. 1954, damals noch Mitglied der Radikalen Partei, hatte er den Auftrag des Staatspräsidenten Coty zur Bildung einer Regierung angenommen und eine parteienübergreifende Zustimmung für seine politische Mission gewonnen: Beendigung des französischen Indochinakrieges, Rückzug der französischen Armee aus Vietnam, Einleitung einer auf Autonomie gerichteten französischen Kolonialpolitik in Nordafrika sowie Modernisierung der französischen Nachkriegswirtschaft. Binnen eines Monats hatte er das Genfer Abkommen über Indochina zum Abschluß gebracht und noch vor Unterzeichnung des Vertrages die ersten Schritte einer neuen Kolonialpolitik eingeleitet, die er indes nicht durchzusetzen vermochte. Er war nicht zuletzt am Widerstand seiner eigenen Partei gegen seine Nordafrikapolitik gescheitert. Nach sieben Monaten und siebzehn Tagen war er von seinem Amt zurückgetreten. Ausgeschlossen aus der

21 Ebd., 31 f.
22 Martinet, 169.

Radikalen Partei, hatte er an politischer Macht verloren, doch war er zugleich zu einer Art Mythos geworden. Sein Name stand für eine Person, die der Nation in schwierigen Situationen unangenehme Wahrheiten sagte und Lösungsvorschläge machte.[23] Der Mythos Mendès France lebte im Mai 68 wieder auf.

Bereits am Samstag, dem 18. Mai 1968, schlug der Generalsekretär des Centre démocrate, Pierre Abelin, vor, daß der Staatspräsident die Regierungsverantwortung Pierre Mendès France übertragen solle.[24] Die Neubildung der Regierung, so machte Jean Lecanuet, ebenfalls Mitglied des Centre démocrate, deutlich, »devrait se constituer sans préoccuper des dosages des partis et de combinaisons parlementaires«.[25] Am Sonntag, dem 19. Mai, wandte sich Pierre Mendès France selbst an die Öffentlichkeit. In einer Presseerklärung forderte er die Regierung zum Rücktritt auf[26], doch anders als von vielen erwartet und erhofft, verzichtete er am nachfolgenden Tag darauf, in der Debatte über den Mißtrauensantrag der Opposition gegen die Regierung das Wort zu ergreifen. Er werde, so hatte er gegenüber führenden Repräsentanten seiner Partei, Michel Rocard und Marc Heurgon, ebenso wie gegenüber Jacques Sauvageot erklärt, nur sprechen, wenn es konkrete Vorschläge zu machen gelte.[27] Waren die Voraussetzungen noch nicht gegeben, wartete er ab? Oder verfügte Mendès France im Mai 1968, anders als 1954, über keine konkreten Vorschläge zur Lösung der sozialen und politischen Krise? Er schwieg. Doch die Aufmerksamkeit der Öffentlichkeit blieb auf ihn gerichtet. Eine Gruppe von Juristen gründete eine Vereinigung zur Unterstützung von Pierre Mendès France als Chef eines sozialistischen und demokratischen Regimes.[28] *Le Monde* veröffentlichte in der

23 Zum politischen Lebensweg von Pierre Mendès France vgl. J. Lacouture, *Mendès France*, Paris 1981.

24 *Le Monde* vom 21. Mai 1968, S. 2, Sp. 3.

25 *Le Figaro* vom 21. Mai 1968, S. 8, Sp. 4.

26 *Le Monde* vom 21. Mai 1968, S. 2, Sp. 1-2.

27 Lacouture, *Pierre Mendès France*, 475.

28 »Un appel de juristes en faveur de M. Mendès France«. *Le Monde* vom 23. Mai 1968, S. 4, Sp. 1. Der Aufruf war unterzeichnet von Mmes et MM. David Weill, Guy Deschezelles, Charles Anzier, F. Dervieux, Gabriel Bressac, Simone Piaggo, Denise Lescat, Jacques Dreyfuss, Ducreux, Michel Blum, Tony Dreyfuss, Dominique Steffanaggi, Jean-Gustav Bloch.

Sparte »Libre Opinion« ein Plädoyer von Alfred Fabre-Luce, das mit den Worten endete: »Mendès à l'Élysée.«[29] Kein Zweifel, die Erwartungen waren hoch gespannt, doch gab es überhaupt eine politische Grundlage für derartige Hoffnungen?

2. Das Projekt der Übergangsregierung – die Chance des Pierre Mendès France

Die PSU war mit ihrer Forderung nach Bildung einer Übergangsregierung vorgeprescht, ohne sich der politischen Unterstützung der anderen Oppositionsparteien versichert zu haben. Ein Gespräch zwischen Vertretern der PSU und der FGDS am Vortag des Mißtrauensvotums war ergebnislos geblieben. So fand die Parlamentsdebatte ohne interne Koordination, ohne Absprache über Gestalt und Zusammensetzung einer alternativen Regierungskoalition statt. Sie bot, aus Sicht eines PSU-Vertreters, ein »mediokres« Bild: »Ils avaient tout simplement oublié de déterminer une politique et de prendre des initiatives.«[30] Hielt der Aufruf der PSU zur Bildung einer Übergangsregierung diesen Kriterien stand? Mit dem Begriff »gouvernement de transition« verknüpfte sich für die PSU eine spezifische historische Erfahrung und Erwartung. Er war erstmals im September 1961 verwendet worden und unterstellte eine politische Konstellation, in der die Regierung durch innere, nicht überwindbare Widerstände handlungsunfähig geworden war. Die Möglichkeit einkalkulierend, daß es General de Gaulle nicht gelänge, den Widerstand der OAS zu brechen und den Algerienkrieg zu beenden, hatte Mendès France sich damals bereit erklärt, eine »Übergangsregierung« zu bilden, um den Frieden wiederherzustellen, die Grundrechte wieder in Kraft zu setzen und Neuwahlen zu organisieren.[31] Die Initiative blieb ohne Konsequenzen, weil der Zeitpunkt schlecht gewählt war, zusammenfiel mit der Wende, die General de Gaulle in seiner Algerienpolitik vollzog.[32] Als Handlungsoption in Krisensituationen blieb die Konzeption der Übergangsregierung indes in den folgenden

29 *Le Monde* vom 29. Mai 1968, S. 5, Sp. 6.
30 Martinet, 26.
31 Ebd., 24 f.
32 So das Urteil von Martinet, ebd.

Jahren Teil der Transformationsstrategie der PSU. Die Annahme, daß der Gaullismus dem Schicksal der Juli-Monarchie, des zweiten Kaiserreichs und der Vichy-Regierung nicht entgehen werde, bestimmte das Denken von Pierre Mendès France.

Ce genre de régime ne saurait avoir une fin paisible. Je ne sais pas comment se déclenchera la crise finale: à l'occasion d'une tension internationale, d'un grand mouvement de grèves ou d'une révolte de la rue. Mais je sais que la crise se produira et qu'il faut être prêt à y faire face. Pas d'autre solution alors que celle de 1848, de 1871 et de 1944: il faudra constituer un gouvernement provisoire. Je préfère dire un gouvernement de transition.[33]

Die Konzeption der »Übergangsregierung« implizierte mithin nicht bloß einen Regierungswechsel, sondern, die historischen Beispiele weisen dies aus, einen Wechsel des Regimes. In einer Phase des Machtvakuums sollte eine auf eine breite Koalition politischer Kräfte gestützte, selbsternannte neue Regierung ihren Machtanspruch formulieren, die politische Macht gleichsam appropriieren, um das Land aus der Krise zu führen. Die Übergangsregierung bezog ihre Selbstlegitimation aus der Entlegitimierung der alten Machthaber. Verfassungsrechtlich war diese Transformationsstrategie nicht abgesichert. Sie konnte und wollte es nicht sein. Denn die Übergangsregierung erstrebte den Bruch mit dem gaullistischen System, um an dessen Stelle ein neues zu errichten: eine andere Republik. »Depuis dix ans«, so Mendès France 1968, »je me suis constamment préoccupé de ce gouvernement de transition qui devra succéder au régime gaulliste et ouvrir la voie à la République suivante.«[34] Auf den Tag genau zehn Jahre, nachdem General de Gaulle seinen Machtanspruch angemeldet hatte, zielte Mendès France' Appell zur Bildung einer Übergangsregierung auf die Einleitung des Endes der gaullistischen Republik. »Le pouvoir«, so Mendès France am 19. Mai, »ne peut plus rendre qu'un service au pays: se retirer. Sa politique n'a jamais traduit les aspirations de la nation et les besoins de son avenir … Qu'il laisse donc la place à des hommes qui le feront et qui rendront l'espoir.«[35] Der Appell war eine Kampfansage.
Die Vertreter des Centre démocrate dechiffrierten die Absicht, die hinter dem Aufruf stand, bei der ersten Textanalyse und sahen

33 Ebd., 25.
34 Alexandre, *L'Élysée en péril*, 194.
35 Ebd., 193.

sich kompromittiert. Hätte Mendès France anstelle von »pouvoir« den Begriff »gouvernement« verwandt, so Jean Lecanuet, wäre alles möglich gewesen.[36] Er brachte damit auf den Begriff, was seine Partei von der PSU trennte. Sie erstrebte einen Regierungswechsel, keinen Regimewechsel. Ihr schwebte die Bildung einer Regierung vor, die aus allen Parteien mit Ausnahme der Kommunisten zusammengesetzt wäre, einer Regierung, an deren Spitze Mendès France stehen sollte, eingesetzt durch den Staatspräsidenten Charles de Gaulle.[37] Ein solcher Machtwechsel stand im Einklang mit der geltenden Verfassung, welche die Ernennung des Premierministers durch den Staatspräsidenten vorsah. Das Vorgehen war legal. Doch war es auch real, das heißt, bot es eine realpolitisch denkbare Lösung der Krise? Die Anerkennung und Wertschätzung, die Mendès France als politische Persönlichkeit genoß, reichte bis in die Reihen der Gaullisten hinein. Doch würde de Gaulle das politische Mandat zur Regierungsbildung einem Mann übergeben, der seine Präsidentschaft vom ersten Tag an politisch bekämpft, die Verfassung der Fünften Republik nie anerkannt hatte und dessen erklärtes Ziel es war, die »absolute Souveränität«, die der Staatspräsident in seinen Augen genoß, zu brechen? Den Vertretern des Centre démocrate schien eine solche Option denkbar.

Die Sozialistische und die Kommunistische Partei beteiligten sich bis zum 24. Mai nicht an den Diskussionen über eine Übergangsregierung. Sie traten für das Mißtrauensvotum gegen die Regierung Pompidou ein, ohne eine konkrete Alternative zur bestehenden Regierungskoalition deutlich zu machen. Dies entsprach der französischen Verfassung, die kein konstruktives Mißtrauensvotum kennt, entsprach aber auch der Situationswahrnehmung beider Parteien. Nicht über das Mißtrauensvotum, sondern über allgemeine Wahlen strebten sie einen Machtwechsel an. Wenn der Aufwärtstrend anhielt, konnte aus ihrer Sicht das Bündnis von FGDS und Kommunistischer Partei »mit mathematischer Wahrscheinlichkeit«[38] der Gewinner der nächsten Wahlen sein. In diesen sich seit drei Jahren abzeichnenden Prozeß der Einigung und

36 Ebd., 194.

37 Mit diesem Plan hatte sich Jacques Duhamel bereits am 7. Mai 1968 an Pierre Mendès France gewandt. Ebd., 193.

38 Ebd., 218.

Stärkung der Linken drang die Mai-Bewegung wie ein Störfaktor ein. Sie erweiterte schlagartig die politischen Optionen um die Möglichkeit der Wiederherstellung der persönlichen Macht de Gaulles durch Neubildung der Regierung sowie um die Gefahr einer revolutionären Erhebung (»grève insurrectionnelle«). Bestrebt, beide als möglich erkannten Alternativen abzuwenden und statt dessen ein »wahrhaft republikanisches Regime« zu schaffen, das den Übergang zum Sozialismus möglich machte, formulierte das Politbüro der Kommunistischen Partei die Losung des Kampfes »pour un gouvernement populaire et d'union démocratique«.[39] Um dieses Ziel zu erreichen, kam es, aus Sicht der Kommunistischen Partei, in erster Linie darauf an, die gemeinsame Plattform von FGDS und PCF auszubauen.[40] Das Programm ist unser einziges Anliegen, wiederholte Waldeck Rochet hartnäckig während der gemeinsamen Treffen der Parteivertreter von PCF und FGDS.[41] Um ihrer Forderung Nachdruck zu verleihen, rief die Partei die Basis zur Unterstützung auf. Ohne Zögern bediente sie sich dabei eines Mittels der von ihr als Abenteurer etikettierten Neuen Linken: sie rief zur Gründung von Aktionskomitees auf.[42] Primär setzte sie damit die FGDS, nicht die Regierung unter Druck. Noch am 22. Mai wurden zwei Kommissionen eingesetzt, die einen »plan d'urgence« ausarbeiten sollten. Über die Programmfrage stellte die Kommunistische Partei die Machtfrage, aber nicht innerhalb des Staates, sondern innerhalb der Union mit der FGDS.[43] Die erste Zusammenkunft der Kommissionen sollte am 28. Mai stattfinden, aber zu diesem Zeitpunkt hatten die Ereignisse die Programmplanung bereits überholt.

Es war eine Kontingenz unabhängiger Ereignisketten, welche nicht nur die durch die Streik- und Besetzungswelle gespannte politische Situation, sondern auch die Friktionen innerhalb der Opposition verschärften. Erstens: die studentischen Protestde-

39 Erklärung des Politbüros der Kommunistischen Partei Frankreichs vom 21. Mai 1968, abgedruckt in *Le Monde* vom 22. Mai 1968, S. 2, Sp. 2.

40 Erklärung des Politbüros der Kommunistischen Partei Frankreichs vom 18. Mai 1968, abgedruckt in *Le Monde* vom 19./20. Mai 1968, S. 10, Sp. 1 f.

41 Zit. in Alexandre, *L'Élysée en péril*, 242.

42 *Le Monde* vom 22. Mai 1968, S. 2, Sp. 2.

43 Alexandre, *L'Élysée en péril*, 219.

monstrationen infolge des von der Regierung verhängten Einreiseverbotes gegen Daniel Cohn-Bendit. Während die Kommunistische Partei am 23. Mai, einen Tag nach Wiederaufflackern der öffentlichen Proteste in den Straßen von Paris, ihre seit dem 13. Mai eingestellten Attacken gegen die linksradikalen Trägergruppen der Studentenbewegung wiederaufnahm[44] und sich in scharfer Form von deren Symbolfigur Daniel Cohn-Bendit distanzierte, kritisierte die PSU das gegen ihn verhängte Einreiseverbot und versuchte, Aktionen zur Unterstützung der Studentenproteste zu organisieren und die Kooperation von Studenten- und Arbeiterbewegung zu intensivieren. Pierre Mendès France und Marc Heurgon diskutierten am 23. Mai mit dem Generalsekretär der CFDT, Eugène Descamps, über die Möglichkeit erneuter gewerkschaftlicher Demonstrationen gegen die staatliche Repression.[45] Zwei Tage vor Beginn der Verhandlungen mit dem Staat und den Arbeitgebern verwarf Descamps die Option mit dem Argument, neue Demonstrationen beschwörten nur neue Repression herauf. Die PSU rief allein zur Unterstützung der von der UNEF für den 24. Mai geplanten Demonstration auf.[46]

Der Solidarisierungsappell der PSU sowie die distanzierenden Verdikte der Kommunistischen Partei hoben die unterschiedlichen Auffassungen hervor, welche beide Parteien bei der Bestimmung des Trägers des politisch-sozialen Wandels, des »revolutionären Subjekts«, leiteten. Unter Bekräftigung der Prämisse, daß die Arbeiterklasse die entscheidende historische Kraft und die Kommunistische Partei deren Organisation sei, wiesen die Kommunisten jegliche Kritik an ihrer Organisation als Infragestellung der historischen Mission der Arbeiterklasse ab. In an Einfachheit nicht zu überbietenden Worten brachte *L'Humanité* die Abgrenzung von dem schon von Lenin kritisierten Linksradikalismus auf den Begriff: »Cohn-Bendit calomnie les communistes. Il insulte notre parti ... Faire confiance aux ›leaders‹ de cette espèce serait creuser la tombe du mouvement ouvrier.«[47] Demgegenüber hob die PSU hervor, daß in der vereinten Aktion von Studenten- und

44 Vgl. J.-J. Becker, »Communisme et Gaullisme dans la crise de mai 68«. In: *50 ans d'une passion française. De Gaulle et les communistes*, hg. von S. Courtois und M. Lazar, Paris 1991, 109-136, hier 114.

45 Dansette, 239.

46 *Le Monde* vom 25. Mai 1968, S. 5, Sp. 1.

47 Zit. nach *Le Monde* vom 25. Mai 1968, S. 5, Sp. 1 f.

Arbeiterbewegung nicht nur die Originalität, sondern auch der Schlüssel des Erfolges der Bewegung liege.[48]

Ohne grundsätzliche Erwägungen über die Träger des Transformationsprozesses anzustellen, hatte sich auch die FGDS um Kontakte zur Studentenbewegung bemüht; die Initiativen Mitterrands waren indes erfolglos geblieben. Mit den Worten »Merci, on n'a pas besoin de Kerenski« hatten Mitarbeiter in der Zentrale der SNESup ein von Mitterrand gewünschtes Gespräch mit Alain Geismar verhindert.[49] Gegen den Widerstand in seiner eigenen Organisation und gegen die Vorbehalte in den Reihen der Bewegung gegen die »alte Linke« überhaupt konnte Alain Geismar, der 1965 die Kandidatur Mitterrands als Vertreter der Linken unterstützt hatte, auf keinerlei Offerten eingehen, als die persönliche Begegnung zwischen ihm und dem Kandidaten des FGDS schließlich, durch Vertraute vermittelt, doch noch zustande kam. Von der Bewegung gleichsam abgeblockt, wandten sich Vertreter der FGDS unter dem Eindruck der spontan wiederaufflackernden öffentlichen Protestdemonstrationen am 23. Mai an Pierre Mendès France mit dem Vorschlag, er möge gemeinsam mit Mitterrand ins Quartier Latin gehen, um mit den Studenten zu sprechen, mithin einen Kontakt herstellen zwischen der Protestbewegung und den Parteien der Linken. Mendès France zögerte. Es war die Vorstellung des möglichen Verlaufs der Aktion, die ihn, wie er später erklärte, hinderte, in der konkreten Situation zu agieren: »Je nous voyais mal arriver sur une barricade et nous présenter en disant: ›Voilà, on vient vous aider...‹«[50] Er lehnte ab.

Unabhängig davon, daß Mendès France nicht sicher war, wie die Demonstranten reagiert hätten, wenn er an der Seite Mitterrands im Quartier Latin erschienen wäre (»peut-être [ils] m'auraient reproché de le ›remorquer‹«), fehlte es zwischen den beiden Parteien an konkreten Vorstellungen über ein koordiniertes Vorgehen, an gemeinsamen Ansätzen zur Lösung der politischen und sozialen Krise, es fehlte, mit anderen Worten, an einem Konzept, das der demonstrativ-appellativen, symbolischen Aktion der beiden Politiker einen politischen Gehalt hätte verleihen können. Die *conditio sine qua non* einer öffentlichen Intervention, wie Mendès

48 *Le Monde* vom 25. Mai 1968, S. 5, Sp. 1.
49 Hamon/Rotman, *Génération*, 1, 533.
50 Lacouture, *Pierre Mendès France*, 476.

France sie definiert hatte, war nicht erfüllt: die Möglichkeit, konkrete Vorschläge zu machen. Auch die Gespräche am Abend des 23. Mai führten keine Annäherung zwischen den beiden Parteien herbei. Es wurde lediglich beschlossen, in Kontakt zu bleiben. Eine Wende in den Beziehungen zwischen PSU und FGDS bahnte sich erst in den folgenden Tagen an, ausgelöst nicht durch den Druck der sich erweiternden und verschärfenden Demonstrationen im Quartier Latin, sondern durch ein Ereignis, das zufällig mit der für Freitag, den 24. Mai, geplanten Protestdemonstration gegen die staatliche Repression, das Einreiseverbot, zusammenfiel: die erste Radio- und Fernsehansprache General de Gaulles.
Zweitens: Mit der Ankündigung eines Referendums, das ihm ein Mandat zur Erneuerung des Landes verleihen sollte, eröffnete der Staatspräsident eine neue Etappe im Kampf um die Macht. Hatte das Scheitern des Mißtrauensvotums im Parlament die Oppositionsparteien ihres wirksamsten Instruments zur Einleitung eines Machtwechsels beraubt und damit zunächst einmal die Position der Regierung Pompidou gefestigt, so ermöglichte das Referendum den Parteien, die Machtfrage neu zu stellen. Der Staatspräsident leitete gleichsam selbst ein Verfahren zu seiner potentiellen Amtsentpflichtung ein. Zwar schrieb die Verfassung seinen Rücktritt im Falle des negativen Ausgangs des Referendums nicht vor, doch wirkte ein gescheitertes Referendum, insbesondere wenn es, wie im vorliegenden Falle, unmittelbar mit der Vertrauensfrage verknüpft war, tendenziell auf einen Rücktritt hin. Aufgrund der doppelten Verantwortlichkeit des Premierministers gegenüber dem Parlament einerseits und dem Staatspräsidenten andererseits – eine verfassungsrechtliche Besonderheit der Fünften Republik[51] – zog der Rücktritt des Staatspräsidenten einen Rücktritt des Premierministers nach sich. Das mußte nicht so sein, konnte aber aufgrund der engen Bindung des Premierministers an den Staatspräsidenten eintreten, insbesondere wenn großer öffentlicher Druck, der zweifellos gegeben war, auf die Regierung einwirkte. Damit war die Frage des Rücktritts der Regierung neu gestellt. Doch noch etwas kam hinzu. »Im Falle der Erledigung der Präsidentschaft der Republik, aus welchem Grund auch immer«, fielen, wie es in Art. 7 der Verfassung hieß, die Befugnisse des Präsidenten der Republik (mit Ausnahme des Rechtes zur Auflösung

51 Vgl. Grosser/Goguel, 293-298.

des Parlamentes und zur Einbringung eines Referendums) dem Senatspräsidenten zu. Dieser konnte einen neuen Premierminister ernennen. Damit waren – wenn man so will, als sekundäre, nicht intendierte Folgen des von General de Gaulle angekündigten Referendums – die Handlungsoptionen der Opposition um neue, verfassungsrechtlich abgesicherte Strategien des Machtwechsels bereichert. Kein Zweifel, de Gaulles Ansprache hatte die politische Krise nicht gelöst, sondern verschärft. Er selbst war nach Wahrnehmung der ersten Reaktionen von dem Fehlschlag seiner Intervention überzeugt.[52] Bestrebt, die Macht zu wahren, hatte er sie aufs Spiel gesetzt.

»Un plébiscite«, so die spontane Antwort von Pierre Mendès France, »ne se discute pas, cela se combat. Dès maintenant le peuple a déjà répondu non. Il n'attendra pas le mois de juin pour repousser cette proposition. Dès maintenant, le combat est placé sur le plan politique et prend un sens parfaitement clair.«[53] War das die Entscheidung? Meldete sich mit diesen Worten der Kandidat für die Nachfolge? Kündigte er die Bildung einer Übergangsregierung noch vor dem Referendum an? Tatsache ist, daß Pierre Mendès France nach der Journalisten gegebenen Erklärung seine Wohnung verließ, um die Nacht vom 24. auf den 25. Mai im Quartier Latin zu verbringen, in den Straßen, auf den Plätzen, in der Sorbonne. Wo er auch auftauchte, er wurde mit Sympathie empfangen. Weitere Erklärungen indes, abgesehen von einigen nicht überlieferten Sätzen in der Sorbonne, gab er nicht ab. Er sei gekommen, so wiederholte er auf an ihn gerichtete Fragen, um »Zeuge«[54] zu sein und um zu demonstrieren, auf welcher Seite der Barrikade er stehe.[55] Mendès France' Handeln verblieb im Bereich der symbolischen Aktionen, zum faktischen Herausforderer, zum Gegenkandidaten ernannte er sich nicht.

Diese Aufgabe übernahmen andere für ihn. Es waren Mitglieder seiner ehemaligen Partei, Parti radical, die auf einer Zusammenkunft der Spitzenrepräsentanten der FGDS unter Leitung von François Mitterrand Mendès France als Chef einer Übergangsre-

52 Lacouture, *De Gaulle*, III, 686.
53 Zit. nach *Le Monde* vom 26./27. Mai 1968, S. 3, Sp..
54 Vgl. »M. Mendès France au quartier Latin«. Ebd., S. 6, Sp. 1.
55 Lacouture, *Pierre Mendès France*, 478.

gierung vorschlugen.[56] Der Vorschlag bedeutete eine zweifache Herausforderung. Er zwang die FGDS, die bis zu diesem Zeitpunkt keinerlei Initiativen hinsichtlich einer Regierungsbildung ergriffen hatte, zur Stellungnahme. Konnte das Konzept der Übergangsregierung, wie es von der PSU vertreten worden war, innerhalb der Fédération konsensfähig sein? Die PSU war der Fraktion der FGDS im Parlament assoziiert, gehörte aber als Organisation der Fédération nicht an. Konnte Mendès France der gemeinsame Kandidat von PSU und FGDS sein? Oder wurde durch ihn der Führungsanspruch Mitterrands in Frage gestellt? »Si c'est mon remplacement à la tête de la Fédération que l'on désire, il faut le dire tout de suite sans user de circonlocutions.«[57] Mitterrand erkannte die Gefahr. Würde er nachgeben? Der Zeitpunkt, davon war auch er überzeugt, war gekommen, zu dem die Opposition ein Zeichen setzen, ihre Bereitschaft zur Machtübernahme durch Bildung einer provisorischen Regierung deutlich machen mußte. Wie die Erklärung der Fédération ausfallen würde, ließ er offen. Er bat sich Bedenkzeit aus, ein Wochenende lang, das er in seinem Wahlkreis Château Chinon verbringen wollte.
Bevor er dorthin aufbrach, erreichte ihn, von Vertretern der Kommunistischen Partei überbracht, die dringende Bitte Waldeck Rochets um ein Gespräch. Mitterrand blieb auf Distanz, verschob das Treffen auf den nachfolgenden Dienstag, 21 Uhr. Sein Anliegen teilte Waldeck Rochet daraufhin brieflich mit. Der Brief wurde veröffentlicht, bevor er den Empfänger erreichte.

Monsieur le président et cher ami, La situation actuelle exige des mesures urgentes, ç'est pourquoi nous vous proposons que des délégations de nos deux formations se rencontrent, aujourd'hui même à l'heure et au lieu de votre choix. Nous y sommes prêts dès maintenant. Le parti communiste français dit non au référendum. Il propose d'assurer la relève du pouvoir gaulliste par un gouvernement populaire et d'union démocratique avec la participation communiste sur la base d'un programme minimum commun.[58]

Damit hatte die Kommunistische Partei ihren Anspruch auf Teilhabe an der Regierung öffentlich deutlich zum Ausdruck gebracht.

56 Ebd.
57 Zit. nach Alexandre, *L'Élysée en péril*, 220.
58 Abgedruckt in *Le Monde* vom 29. Mai 1968, S. 5, Sp. 2-4.

Während die Kommunistische Partei ihre Vorbilder zur Gestaltung der Zukunft in der Vergangenheit suchte und eine Analogie zur Volksfrontregierung der Jahre 1936-1938 zog, griff François Mitterrand am Sonntag, dem 26. Mai, auf einer Großkundgebung[59] der FGDS in Château Chinon, die zeitgleich mit der französischen Mai-Bewegung sich vollziehenden Entwicklungen in Prag, Budapest, Warschau sowie an »einigen amerikanischen Universitäten« als Vorbilder auf, als Zeichen einer neuen Zeit, in der sich vollziehe, wofür die FGDS kämpfe: die Vereinigung von Sozialismus und Freiheit.[60] Mitterrands Vergleich implizierte die Anerkennung der Jugend als Träger politisch-sozialen Wandels sowie die Solidarisierung mit der innersozialistischen Opposition gegen den orthodoxen Kommunismus. Dies konnte als Abgrenzung von der Kommunistischen Partei interpretiert werden, blieb auf jeden Fall weit hinter den beschwörenden Einheitsappellen zurück, welche die Kommunistische Partei zeitgleich publizierte und mit ihrem Rückgriff auf die Volksfront illustrierte. Probte Mitterrand, während die Kommunistische Partei die FGDS zu umklammern suchte, den Brückenschlag zur außerparlamentarischen Protestbewegung der Studenten, Schüler und Jugendlichen? Sätze wie »L'insurrection universitaire n'est pas une insurrection contre la loi mais contre la sottise, contre l'abus. Il faut que nous disions à cette jeunesse, que son temps est venu. La République est devant nous«[61] deuteten darauf hin. Doch die Situation blieb offen.

»Ni Mitterrand, ni de Gaulle«[62] hatten die Demonstranten in der zweiten Barrikadennacht – vom 24. auf den 25. Mai – skandiert und damit ihre Abgrenzung zum Präsidentschaftskandidaten der Linken zum Ausdruck gebracht, hinter dem sie den Schatten ihres eigentlichen Gegners sahen: Waldeck Rochets und der Kommunistischen Partei.[63] Galt der Bann, den die Bewegung gegen die etablierten Parteien der Linken richtete, auch der PSU und ihrem Kandidaten Mendès France? Oder blieb er verschont? Ein Vertreter der Bewegung des 22. März brachte die Stimmung auf den

59 8000 Teilnehmer in einer Stadt von nur 3000 Einwohnern. Vgl. *Le Monde* vom 28. Mai 1968, S. 6, Sp. 5; Alexandre, *L'Élysée en péril*, 221.
60 *Le Monde* vom 28. Mai 1968, S. 6, Sp. 5 f.
61 Ebd., Sp. 5.
62 *Le Monde* vom 26./27. Mai 1968, S. 6, Sp. 4.
63 Vgl. Hamon/Rotman, *Génération*, 1, 533.

Punkt: »Mendès ist der linke de Gaulle. Er läßt sich ebensowenig klassifizieren wie de Gaulle, der aufgrund eben dieser Tatsache an die Macht gelangt ist.«[64] Eine Klassifizierung nahm die Bewegung dann aber doch vor: »gadget«, Star. Damit belegte sie ihn mit dem gleichen Bannfluch, der auch Jean-Paul Sartre getroffen hatte, als er in der Sorbonne seine Solidarisierung mit den Studenten zum Ausdruck bringen wollte. »Stars können wir hier nicht brauchen.« Es gehe, so nun auch Jacques Sauvageot, Mitglied der PSU, nicht darum, »ein ›gadget‹ für ein anderes anzubieten, sondern eine ganz andere Konzeption der Gesellschaft«.[65] »Selbstverwaltung« lautete die Forderung, die er erhob und gegen die Umverteilung der Macht durch Wechsel der Parteien in der Regierung ausspielte. Ließ sich diese Forderung in und mit der PSU durchsetzen?

Aufschluß darüber sollte ein Gespräch zwischen Vertretern der PSU, CFDT und UNEF geben, das am Sonntagabend, dem 26. Mai, in der Wohnung des Arztes Francis Kahn in Paris stattfand. Thema der Runde, die parallel zur Endphase der Tarifverhandlungen zwischen Arbeitgebern, Gewerkschaften und Staat in der Rue de Grenelle tagte: die Suche nach einer politischen Lösung der Krise. Verschiedene Positionen zeichneten sich ab. Gilles Martinet, der an der Debatte teilnahm, unterscheidet zwei Lager: das eine um Jacques Sauvageot, das andere um Michel Rocard gruppiert. Sauvageot, der davon ausging, daß die Macht »auf der Straße« und in den Fabriken liege, setzte sich für die Anerkennung und Stärkung der Macht der Aktionskomitees ein, die sich an den Universitäten, in den Fabriken und Stadtteilen gebildet hatten, und forderte, aus ihnen heraus eine umfassende Selbstverwaltung aufzubauen. Vehement sprach er sich gegen die Neubildung einer Regierung, welcher Art auch immer, aus und sparte dabei nicht mit Seitenhieben auf den anwesenden »gadget« Mendès France. Er verfocht, wenn man so will, ein rätedemokratisches Modell, ohne indes den Begriff Rat oder Sowjet zu gebrauchen. Über Einwände der anwesenden Gewerkschafter, daß sich in der überwiegenden Zahl der Fabriken keine Aktionskomitees gebildet hätten, setzte er sich hinweg. Michel Rocard trat als Verfechter

64 Interview mit Hervé Bourges. In: Sauvageot/Geismar/Cohn-Bendit, 55.

65 Ebd., 26.

der Konzeption einer Übergangsregierung auf (gebildet aus Vertretern der Bewegung und der politischen Parteien), welche die politische Macht gleichsam appropriierte (wobei der Einsatz nicht näher definierter »revolutionärer Mittel« als denkbar betrachtet wurde).[66] Er war, wenn man so will, Vertreter einer repräsentativen Demokratie, der die von der Bewegung ausgehenden Initiativen und Impulse aufnehmen und durch den Zusammenschluß von Bewegung und intermediären Gruppen zu einer von allen Parteien der Linken, einschließlich der Kommunisten, gestützten Übergangsregierung weiterführen wollte. Mendès France unterstützte die Position Rocards. Ohne die Zustimmung der gesamten Linken, so stellte er in seiner einzigen, kurzen Intervention in die Debatte fest, seien die Voraussetzungen für die Bildung einer Übergangsregierung nicht gegeben. Er wirkte, so ein Beobachter, entmutigt durch die mehrstündige Kontroverse und die Kritik an seiner Person.[67] Weit davon entfernt, die Zustimmung der gesamten Linken auf sich zu vereinen, fehlte ihm die uneingeschränkte Rückendeckung seiner Partei. »En somme«, so das Resümee eines CFDT-Vertreters, »vous êtes tous d'accord pour pousser Mendès au pouvoir, et tous d'accord pour l'empêcher, demain peut-être, d'y faire quelque chose d'utile et pour lui rendre la vie impossible.«[68]

Noch in der Nacht versuchte der Generalsekretär der PSU, Michel Rocard, die divergierenden Positionen in einem Grundsatzpapier zu vereinigen, Mendès France und Cohn-Bendit, wie Gilles Martinet es formuliert, »zu versöhnen«.[69] Das Grundsatzpapier, das er erstellte, zirkulierte in den Führungsspitzen der Partei, der CFDT und der UNEF. Diskutiert wurde es nicht. Es fehlte an Zeit. Die Ereignisse überstürzten sich. Am Morgen des 27. Mai 1968 wurde zunächst die Einigung der Tarifparteien, dann die Zurückweisung der Vereinbarungen von Grenelle durch die Basis in den Betrieben bekannt. Die soziale Krise erwies sich als nicht lösbar durch die traditionellen Instrumente des Interessenausgleichs. Die Ablehnung der Tarifvereinbarungen schwächte die Position der Regierung. Pompidou, der alle Hoffnungen und An-

66 Vgl. dazu Dansette, 242.
67 Martinet, 29.
68 Zit. in Lacouture, *Pierre Mendès France*, 480.
69 Martinet, 30.

strengungen auf den Ausgleich mit den Gewerkschaften konzentriert hatte, mußte sein Scheitern eingestehen. Über eine alternative Konzeption verfügte er nicht. Damit war eine Situation entstanden, die unter normalen Umständen den Rücktritt nahelegte. Der denkbare Rücktritt Pompidous in Verbindung mit dem angekündigten – und von vielen bereits als gescheitert betrachteten – Referendum de Gaulles verstärkte den Eindruck eines Machtvakuums an der Spitze des Staates. Die politische Krise spitzte sich zu. War damit die Konstellation für die öffentliche Proklamation einer Übergangsregierung erreicht? Eine Kette unabhängiger Ereignisse – Wiederaufflackern der Studentendemonstrationen infolge des Einreiseverbotes für Daniel Cohn-Bendit, Ankündigung eines Referendums durch Staatspräsident de Gaulle, Scheitern der Tarifverhandlungen zwischen Arbeitgebern, Gewerkschaften und Staat und damit Schwächung der Regierung Pompidou – hatte erneut eine Situation geschaffen, in der alles möglich wurde oder das Kommende zumindest kontingent schien. In diese Situation fiel die von PSU und CFDT unterstützte Veranstaltung der UNEF im Stadion Charléty. Bereits mit der bloßen Ankündigung der Veranstaltung hatte die UNEF größte Aufmerksamkeit erzielt[70], die Bedeutung der Aktion war durch die seitdem eingetretenen Ereignisse noch gewachsen. Was würde geschehen?
Das Stadion Charléty, nahe der Cité universitaire und der Fabrik SNECMA gelegen, scheint ein idealer Ort zu sein, um die symbolische Vereinigung von Studenten- und Arbeiterbewegung zu vollziehen. So jedenfalls stellen ihn die Reporter dar, die sich dort in großer Zahl eingefunden haben, lange bevor die ersten Demonstranten erscheinen. Sie drücken eine Erwartung aus, die möglicherweise eine Vielzahl derer, die nach 18 Uhr das Stadion betreten, teilen. »Ce n'est qu'un début, continuons le combat«, rhythmisch skandiert und geklatscht, hält diese Erwartung wach. Fünfzigtausend, so *La Croix*[71], achtzigtausend, so die PSU[72], strömen ein und suchen einen Platz auf den Tribünen und Rängen. Plakate helfen, die Akteure zu erkennen: CFDT Renault-Flins, Sud-Aviation ist auf ihnen zu lesen, aber auch die Bankangestellten von Crédit Lyonnais haben ihre Plakate mitgebracht. Junge

70 Vgl. Kapitel v, S. 284.
71 *La Croix* vom 28. Mai 1968, S. 6, Sp. 1 f.
72 Zit. in *Le Monde* vom 29. Mai 1968, S. 6, Sp. 3.

Frauen auf den Schultern ebenso junger Männer, Anarchisten mit schwarzen Fahnen, Mitgliedern von UNEF, FEN und PSU in bunten Reihen mit Vertretern der Schülerkomitees CAL, mit Maoisten und vereinzelten Repräsentanten der CGT erzeugen eine Atmosphäre, die Reporter als eine Feststimmung beschreiben, die das alte Stadion noch nicht gesehen hat. Mit Parolen wie »De Gaulle à la porte«, »Vidangez l'Élysée«[73] und »Séguy, démission«[74] drücken sie in der Tat den Geist einer neuen Zeit aus. Es ist die nichtkommunistische Neue Linke, die sich im Stadion versammelt hat, um ihre Stärke, ihre Ideen und ihre Hoffnungen zu demonstrieren.

Als erster Redner ergreift Jacques Sauvageot das Wort. Das Verdikt des Innenministers vom »Abschaum«, den die Bewegung darstelle, mit dem Satz »Je vois que la pègre est venue nombreuse« ironisch brechend, eröffnet er die Kundgebung mit der Bestimmung der Aufgaben und Ziele der Veranstaltung: die Definition einer Strategie, einer politischen Linie für den Kampf der Studenten und Arbeiter. Er fordert alle Anwesenden zur Aussprache auf. Reden werden nachfolgend indes nur die Vertreter verschiedener Organisationen, weil das Stadion, anders als ein Hörsaal, individuelle Stimmenartikulation unmöglich macht. Ohne Zugang zu den Lautsprechern bleibt dem einzelnen nur die Möglichkeit, sich in Sprechchören zu artikulieren.

Die Rednerliste sieht eine feste Abfolge vor, welche die Repräsentanten der Gewerkschaften Force Ouvrière und CFDT als erste auftreten läßt.[75] Sie beschwören die Einheit von Studenten- und Arbeiterbewegung und das Ziel der sozialen Demokratie. Über Mittel und Wege zu deren Verwirklichung fällt in beiden Reden kein Wort. Ein Vertreter der Bewegung des 22. März, der anschließend spricht, reklamiert den Übergang von der Idee zur Tat. Er nennt ein Mittel, das die Spaltung der Arbeiter- und Studentenbewegung verhindern und beider Anliegen fördern kann: die Organisation von Stadtteilkomitees.

Aujourd'hui, il s'agit de s'organiser et de faire en sorte que les milliers de personnes qui sont ici n'aillent pas se coucher en rentrant chez elles, mais s'organisent dans leur quartier, à la base. Il est nécessaire d'organiser des

73 *La Croix* vom 28. Mai 1968, S. 6, Sp. 2.
74 *Le Monde* vom 29. Mai 1968, S. 6, Sp. 1.
75 *L'Humanité* vom 28. Mai 1968, S. 7, Sp. 3.

Comités de lutte dans chaque quartier pour soutenir la lutte des travailleurs.[76]

Ihm folgt der aus der CGT ausgetretene, ehemalige Direktor des Instituts für Wirtschaftsforschung, André Barjonet. Seine Rede ist kämpferisch nach Form und Gehalt, nicht zuletzt, weil sich in ihr individuelles Bekenntnis und abstrakte Analyse vermischen.

Si j'ai quitté la C.G.T., c'est surtout parce que les dirigeants n'avaient pas su ou peut-être pas voulu voir que la situation où nous sommes est vraiment révolutionnaire. Aujourd'hui tout est possible. Mais il faut s'organiser vite, très vite. Et dans un climat de libre discussion. La révolution exige le foisonnement et la diversité des idées.[77]

Frenetischer Beifall hüllt den Redner ein. Seine Sätze markieren, wie die Reporter von *Le Monde* meinen, den Höhepunkt der Veranstaltung. »Aujourd'hui la révolution est possible« wird durch alle Zeitungen gehen (mit Ausnahme von *L'Humanité*[78]). Der Erfolg der Revolution ist jedoch, nach Auffassung Barjonets, an eine Bedingung geknüpft: Organisation. Während der Vertreter der Bewegung des 22. März von der Notwendigkeit der Organisation von Stadtteilkomitees spricht, denkt Barjonet an die nationale Koordination der Aktions- und Streikkomitees.[79] Der Dissident der alten Linken, Barjonet, trägt die »ewige« Frage nach der »wahren« Organisation der Revolution in die Veranstaltung hinein, stößt damit die Organisationsdebatte wieder an, welche die Neue Linke beendet zu haben glaubte, weil sie eben, wie Hans Magnus Enzensberger einmal formuliert hat, keine »Mitgliedergeschichte« war. Auch Alain Geismar, der im Stadion Charléty seinen Rücktritt von der Spitze der SNESup bekanntgibt, akzentuiert die Notwendigkeit der Organisation der Bewegung, indem er als Grund für seinen Rücktritt die Möglichkeit nennt, sich den politischen und organisatorischen Aufgaben der Bewegung besser widmen zu können.[80] Die wenigsten wissen, daß er in das Projekt einer Vernetzung und Zentrierung der Aktionskomitees einge-

76 Zit. nach *La Croix* vom 29. Mai 1968, S. 6, Sp. 1.
77 Zit. nach *Le Monde* vom 29. Mai 1968, S. 6, Sp. 2.
78 Vgl. »Le meeting du stade Charléty«. In: *L'Humanité* vom 28. Mai 1968, S. 7, Sp. 3 f.
79 Vgl. *Le Monde* vom 29. Mai 1968, S. 6, Sp. 1-3, sowie vom 30. Mai 1968, S. 3, Sp. 4-6.
80 *Le Monde* vom 29. Mai 1968, S. 6., Sp. 2.

weiht ist, das André Barjonet vorschwebt; ein Projekt, das die Idee der nationalen Arbeiterräte wiederbelebt[81], aber letztlich zur Parteineugründung führen wird. Und er selbst weiß nicht, daß er auf der Liste der Mitglieder einer Übergangsregierung steht, die Pierre Mendès France angefertigt hat.[82] Er beschwört Arbeiter und Studenten, ihre »Ghettos« zu verlassen und mitzuwirken, den Sozialismus herbeizuführen. Denn: »Die erste Pflicht des Revolutionärs« sei es, so schließt er, Che Guevara zitierend, »die Revolution zu machen.«[83] Es folgen zwei weitere Redner: ein Vertreter der CGT, der dem Kurs der CGT von innen heraus entgegensteuern will, sowie ein Vertreter der FEN.

Die Veranstaltung im Stadion Charléty nähert sich dem Ende, Jacques Sauvageot ist schon bereit, die Auflösung einzuleiten, als Sprechchöre Mendès France ans Mikrophon rufen.[84] Jacques Sauvageot, der zu Beginn der Veranstaltung alle dazu aufgefordert hat, ihre Stellungnahme abzugeben und dabei insbesondere die Gewerkschaften, nicht aber seine eigene Partei, die PSU, geschweige denn Mendès France erwähnt hat, bittet in dieser Situation, gleichsam in letzter Minute und unter äußerem Druck, Mendès France, der sich bislang im Hintergrund gehalten hat, auf die Rednertribüne. Statt einer Rede fällt nur ein einziger Satz: »Nous sommes ici à une réunion syndicale, ce n'est pas à moi de parler.« Einhaltung der strikten Trennung zwischen Gewerkschafts- und Parteiangelegenheiten, verletzter Stolz oder Einsicht in eine Situation und ein Milieu, die seine Konzeption nicht tragen und die er deshalb nicht mittragen will?

Daniel Cohn-Bendit erklärte 18 Jahre später: Wir hatten eine einzige Chance, und diese Chance hieß Pierre Mendès France.[85] Wei-

81 Vgl. Die Darlegungen von Barjonet und Geismar auf der Pressekonferenz am 28. Mai 1968, zit. in: *Le Monde* vom 30. Mai 1968, S. 3, Sp. 5.

82 Marc Heurgon hatte Alain Geismar von dieser Entscheidung Mendès France' nicht in Kenntnis gesetzt. So Heurgon im Gespräch mit der Autorin.

83 Zit. in: *Le Monde* vom 30. Mai 1968, S. 3, Sp. 5.

84 *L'Humanité* schätzt die Zahl derer, die in Sprechchören Mendès France skandieren, auf 2- bis 3000. Vgl. *L'Humanité* vom 28. Mai 1968, S. 7, Sp. 4.

85 »Charléty, c'était la bonne idée. Il y avait peut-être une magouille derrière mais quelle importance! Toutes ces forces rassemblées, qui cherchaient une issue politique, c'était notre seule chance. Et notre

tere sechs Jahre später fügte er hinzu: Wenn ich die Gelegenheit gehabt hätte, in Charléty zu sprechen, hätte ich für Pierre Mendès France gesprochen.[86] Daniel Cohn-Bendit war nicht im Stadion Charléty, weil französische Grenzer ihn an der Wiedereinreise nach Frankreich hinderten. Es ist fraglich, ob seine Intervention das Schweigen Mendès France' hätte brechen können. Jacques Sauvageot, der hätte sprechen können, bekannte sich nicht zu Mendès France. Rückblickend erklärte er sein Schweigen mit Verweis auf den Generationsunterschied, der die Akteure der Studentenbewegung von Mendès France trennte. »... D'abord, on était jeune. On était jeune et... Mendès France, il paraissait quelqu'un de vieux«. Darüber hinaus führte er die Zugehörigkeit Mendès France' zum »technokratischen« Flügel der PSU sowie seine Kompromißbereitschaft gegenüber der Zentrumspartei PDM als Hindernisse einer Identifikation mit ihm an.[87]

Für Jean-Marcel Bouguereau war die Veranstaltung im Stadion Charléty nicht durch ein Identifikations-, sondern ein Konzeptionsproblem geprägt. Die Einsicht in die Unmöglichkeit, eine linke Alternative zur Regierung Pompidou zu formieren, machte, aus seiner Sicht, die Perspektivlosigkeit der Veranstaltung aus, zu der er, nach seiner Erinnerung, schon gar nicht mehr hingegangen war.

> Il y avait un moment où on savait que c'était terminé, que ça allait durer une semaine, deux semaines, trois semaines, quatre semaines, mais que c'était fini. On a bien vu que la gauche n'était pas en mesure de prendre le volet on le savait bien. Il y avait une crise du pouvoir qui était très forte, mais il n'y avait pas d'alternative de l'autre côté. Personne ne l'a vu.[88]

Auch Marc Heurgon, »secrétaire adjoint« von Michel Rocard, will retrospektiv die Situation in Charléty nicht als »Chance« gewertet wissen, weder für die Neue Linke noch für Mendès France. Das Projekt der »Übergangsregierung« sei von der PSU nicht genügend vorbereitet gewesen, ihm habe die Grundlage gefehlt:

chance s'appelait Mendès. Nous aurions dû nous même proposer des éléctions, avancer le nom de Mendès France.« Interview mit Hamon/Rotman 1986, zit. in dies., *Génération*, 1, 555.

86 Im Gespräch mit der Autorin am 7. September 1992 in Frankfurt am Main.

87 Im Gespräch mit der Autorin am 21. September 1992 in Rennes.

88 Ebd.

die Kooperation zwischen PSU und Kommunistischer Partei.[89] Eine solche bahnte sich indes, so die Wahrnehmung von Jean-Louis Péninou, gerade im Stadion Charléty an. Nur hier sei ihm – zum einzigen Mal im Verlauf des Monats Mai – für einen Moment der Gedanke an eine Volksfront gekommen, seien in ihm die Erinnerungen an 1936/37 aufgetaucht. Die Weigerung »zu kapitulieren«, das heißt den Verhandlungsführern in den Gewerkschaftsapparaten zu folgen, und die Entschlossenheit, den Generalstreik weiterzuführen, habe für eine kurze Zeit eine Annäherung zwischen der Neuen Linken und der Kommunistischen Partei herbeigeführt.[90]

Doch diese Stimmung setzte sich nicht in Taten um, der gedachten Einheit fehlten die Grundlagen. Zwischen der PSU und der PCF gab es keine offiziellen Kontakte.[91] Die Vermittlung über Mitterrand ging nur schleppend voran. Die PSU selbst war in sich gespalten. Und die Akteure im Stadion Charléty trieben mit ihren Grundsatzerklärungen die ideologischen, organisatorischen und taktischen Differenzen innerhalb der Linken weiter voran. Für Mendès France ergab sich das Bild einer völlig fragmentierten Linken:

L'un a vomi sur la C.G.T. qui, selon lui faisait le jeu du gouvernement et qu'il fallait quitter; il fut acclamé. Un autre a dit qu'il appartenait à la C.G.T. et qu'il y restait; là, estimait-il, il pouvait crier la vérité et se battre; il fut très applaudi. On a surtout engueulé beaucoup de ceux sans lesquels il était impossible de remplacer le gouvernement par un autre, plus proche de nous. Refusant l'union et creusant, au contraire, les fossés et les divisions, on se condamnait à l'impuissance. Je souhaitais que se coalisent tous ceux qui combattaient le pouvoir. Comme peu y travaillaient, je n'ai pas voulu prendre la parole.«[92]

Seit langem bestrebt, durch eine Koalition der Linken die gaullistische Regierung abzulösen, war er als Politiker machtorientiert, aber zugleich realistisch genug, die Widersprüche zu erkennen, mit denen die Linke sich zu blockieren drohte. Er verzichtete auf das Wort, entfaltete das Projekt einer Übergangsregierung nicht und versagte sich selbst einen Appell an die Einheit der Linken.

89 Im Gespräch mit der Autorin am 18. September 1992 in Paris.
90 Im Gespräch mit der der Autorin am 17. September 1992 in Paris.
91 Marc Heurgon im Gespräch mit der Autorin am 18. September 1992 in Paris.
92 Vgl. P. Mendès France, *Choisir. Conversations avec Jean Bothorel*, Paris 1974, 139.

So war seine Anwesenheit in Charléty in erster Linie ein symbolischer Akt, nicht darauf gerichtet, ein Mandat der Bewegung zu erringen, sondern Regierung und Öffentlichkeit zu demonstrieren, »auf welcher Seite der Barrikade« er stand und – diese Leistung rechnete er sich nach dem Mai 68 in Interviews immer wieder zu – durch den Einsatz seiner Person eine denkbare Handlungsoption der Regierung von der Bewegung abzuwenden: den Einsatz repressiver Gewalt, die offene Konfrontation durch einen möglichen Einsatz des Militärs. Die Befürchtung, daß die Regierung vor dem Einsatz der Armee nicht zurückschrecken würde, hatte Mendès France bereits in einem Gespräch mit Alain Geismar zum Ausdruck gebracht, das am 19. Mai in einem Restaurant in der Rue Montholon stattgefunden hatte.[93] Die Situation hatte sich seitdem dramatisch verschärft. Selbst der auf Beschwichtigung, Pazifizierung des Konflikts bedachte Georges Pompidou sah die Möglichkeiten für eine friedliche Lösung der angespannten Situation mehr und mehr schwinden.[94] In einer Pressekonferenz am Samstagmorgen, dem 25. Mai, hatte der Premierminister angekündigt, künftig alle Versammlungen auflösen zu lassen.[95] Der Staatspräsident war intern für ein striktes Verbot der von der UNEF für den 27. Mai geplanten Aktion eingetreten. Doch würden sich die UNEF und die von ihr mobilisierbaren Demonstranten von einem solchen Verbot abhalten lassen? Besorgt über drohende Konfrontationen, hatte Georges Pompidou sich mittels zweier Unterhändler – Edgar Faure und Christian Fouchet – an Mendès France gewandt mit der Bitte, in den Konflikt einzugreifen. Aus Sicht der Regierung gab es, wie Pompidou in seinen Memoiren darstellt, nur einen Mann, der die Studenten »zur Vernunft und Ruhe« bringen konnte: Jacques Monod. Mendès France sollte helfen, ihn als eine Art Vermittler zwischen Studentenbewegung und Staatsmacht zu gewinnen.[96] Monod, Professor am Collège de France und Nobelpreisträger für Biologie, hatte unmittelbar nach der Erklärung des Premierministers, künftig alle Versammlungen auflösen zu lassen, gemeinsam mit fünf weiteren

93 Joffrin, 250.
94 Tournoux, 217.
95 Vgl. dazu die Darstellung des Polizeipräfekten, der die Entscheidung mißbilligte. Grimaud, 257.
96 Lacouture, *Mendès France*, 480.

Professoren, darunter Claude Lévi-Strauss, einen offenen Brief an die Regierung gerichtet, in welchem er davor warnte, die Studentenbewegung mit brutaler Gewalt niederzudrücken. Pompidou warf den Autoren in seiner offiziellen Replik »Verwirrung« vor, war inoffiziell aber um Kontakt zu Monod bemüht.[97]

Mendès France unterstützte ihn in seinem Bemühen und schaltete eigenständig einen weiteren Vermittler ein: den Erzbischof von Paris, Mgr. Margy, der in einer Predigt in Notre Dame am Himmelfahrtstag Verständnis für die demonstrierenden Studenten gezeigt und das repressive Vorgehen des Staates verurteilt hatte. Gemeinsam wirkten Mendès France, Monod und Margy im Vorfeld der Veranstaltung von Charléty auf eine Deeskalation der Konfliktsituation hin.[98] Ihren Bestrebungen kam die Erkenntnis führender Repräsentanten der UNEF entgegen, daß eine Eskalation der Gewalt wie in der zweiten Barrikadennacht der Bewegung schaden und den Ausgang des Referendums zugunsten de Gaulles beeinflussen könnte. Es war die UNEF, die schließlich selbst den Vorschlag eingebracht hatte, die Veranstaltung an einem geschlossenen Ort stattfinden und den Demonstrationszug zum Versammlungsort durch ihren Ordnungsdienst streng kontrollieren zu lassen. Ihr Vorschlag war von Maurice Grimaud spontan unterstützt worden.[99] Gemeinsam hatten der Polizeipräfekt und der Innenminister in wechselseitiger Kooperation den Widerstand de Gaulles überwunden, so daß entgegen der Ankündigung der Regierung, jegliche Versammlung aufzulösen, die UNEF-Veranstaltung im Stadion Charléty von höchster Ebene toleriert und sogar ein Demonstrationszug dorthin zugelassen worden war. Auf der gesamten Strecke der Demonstration waren Polizeikräfte nur außer Sichtweite der Demonstranten postiert. Vor und im Stadion walteten nur die studentischen Ordnungsdienste. Unter diesen Bedingungen vollzog sich alles friedlich: der Aufmarsch der Demonstranten, die Kundgebung im Stadion und selbst die Auflösung der Demonstration. Die Helikopter, die auf Anweisung des Polizeipräfekten über dem Stadion flogen und die sich auflösen-

97 Vgl. den offenen Brief der Professoren und das Kommuniqué des Premierministers vom 26. Mai 1968. In: *Le Monde* vom 28. Mai 1968, S. 8, Sp. 4 f.

98 Ebd.

99 Grimaud, 262 f.

den Demonstrantengruppen von oben verfolgten, meldeten keine Zwischenfälle in dieser Nacht.[100]

War Charléty für Mendès France nicht der Ort einer öffentlichen Proklamation »seiner« Übergangsregierung geworden, so ging von dem Stadion doch ein Signal aus. Es wurde deutlich, daß, auch wenn er nicht alles billigte, was auf der Tribüne gesprochen wurde und die Bewegung nicht geschlossen hinter ihm stand, Mendès France vor der Bewegung stand, um ihre gewaltsame Unterdrückung abzuwehren. In der Öffentlichkeit wurde seine Anwesenheit im Stadion als Akt der Anerkennung gewertet, die er der Neuen Linken entgegenbrachte.[101] Diese erhielt dadurch in der Außenwahrnehmung für viele eine Spitze, die nicht als »enragé« abgetan werden konnte.[102]

3. Die Initiative François Mitterrands und die Reaktion der Bewegung

Am Vormittag des 28. Mai führte François Mitterrand die Offensive gegen die Regierung und den Staatspräsidenten weiter. Auf einer Pressekonferenz erklärte er, daß die Abdankung General de Gaulles am Tage nach dem für den 16. Juni vorgesehenen Referendum, sofern sie sich nicht schon vorher ereigne, selbstverständlich den Rücktritt der Regierung nach sich ziehen müsse. Ausgehend von dieser Hypothese, schlug er die sofortige Bildung einer »provisorischen Regierung« vor und erklärte sich bereit, für sie die Verantwortung zu übernehmen. Er fügte hinzu, daß auch andere qualifizierte Politiker dafür in Frage kämen. Namentlich nannte er nur einen weiteren: Mendès France. Für den Fall des Rücktritts General de Gaulles kündigte Mitterrand seine Kandidatur für das Amt des Staatspräsidenten an. Auf die Frage eines Journalisten, wie die provisorische Regierung eingesetzt werden sollte, antwortete Mitterrand, daß nach Rücktritt des Staatspräsidenten dem Senatspräsidenten dessen Aufgaben interimistisch zufallen, so daß dieser befugt sei, eine neue Regierung zu ernennen.

100 Ebd., 268.

101 *La Croix* vom 29. Mai 1968, S. 12, Sp. 2-4; *Le Monde* vom 29. Mai, S. 5, Sp. 4.

102 Viansson-Ponté, 625.

Verfassungsbruch – lautete die Antwort der gaullistischen Partei auf die Vorschläge Mitterrands.[103] »Indem er behauptete«, so auch das Urteil Raymond Arons, »daß der Rücktritt General de Gaulles den Rücktritt seines Premierministers nach sich ziehe, empfahl F. Mitterrand eine verfassungswidrige Lösung, die man auch revolutionär nennen kann, wenn man will.«[104] Die Vorwürfe waren richtig, insofern der Senatspräsident als Interims-Staatspräsident die Regierung nicht entlassen konnte, doch das hatte Mitterrands Vorschlag nicht unterstellt. Er ging von einem freiwilligen Rücktritt der Regierung aus, wenn das Referendum de Gaulles scheitern sollte.[105] Der freiwillige Rücktritt Pompidous mußte sich, nach seiner Auffassung, indes gleichsam zwangsläufig, mit innerer Notwendigkeit vollziehen. »En ce 28 mai«, so legte Mitterrand später in einem Brief dar, »le pouvoir gaulliste chancelait. Si, dix-huit jours plus tard, le général de Gaulle avait été désavoué par le suffrage universel, que serait devenu le gouvernement Pompidou? Aurait-il résisté à la pression d'une opinion publique qui aurait déjà contraint le général de Gaulle à se retirer?«[106]
Das Mißverständnis, das der von den Gaullisten erhobenen Anklage des Verfassungsbruchs zugrunde lag, wurde aus der Sicht François Mitterrands durch die Fernsehanstalt ORTF vermittelt und geschürt. Sie hatte Auszüge aus der Pressekonferenz gezeigt, die den Inhalt seiner Ausführungen verzerrten und verfälschten »par le son, par l'image, par le texte«.[107] Viele der anwesenden Zeitungsreporter sahen die Erklärungen Mitterrands als konstruktiv zur Lösung der politischen und sozialen Krise an und stellten deren Verfassungskonformität heraus. In der Tat unterschied sich Mitterrands Strategie des Machtwechsels, für die er den Begriff »gouvernement provisoire« fand, von der »Übergangsregierung« Mendès France' durch die strenge Einhaltung der Vorschriften der Verfassung. Zwar strebte auch er den Aufbau einer »Gegenmacht« an, doch nicht durch Appropriation, sondern Nomination, Einsetzung der Regierung durch die von der Verfassung (seit deren Änderung 1962) dazu ermächtigte Instanz.

103 *Le Monde* vom 30. Mai 1968, S. 2, Sp. 5 f.
104 Aron, *Erkenntnis und Verantwortung*, 342.
105 So auch der Kommentar von *Le Monde*. Ebd.
106 F. Mitterrand an J. R. Tournoux, Brief ohne Datum. Veröffentlicht in Tournoux, 357-361, hier 360.
107 Ebd., 359.

Sein Vorschlag griff die von Mendès France und der PSU als erste geltend gemachte Kategorie des Machtvakuums auf, teilte insofern die Analyse der Situation mit ihnen, verschob jedoch die Legitimitätsgrundlage des Prozesses der Machtübernahme von einer außerkonstitutionellen hin zu einer konstitutionellen Lösung der Krise.

Mendès France schwenkte auf die von Mitterrand vorgezeichnete Linie ein. In einer von ihm in den Saal der Commission des Lois der Nationalversammlung einberufenen Pressekonferenz erklärte er sich am 29. Mai bereit, die Leitung der von Mitterrand vorgeschlagenen provisorischen Regierung zu übernehmen, unter der Voraussetzung, daß er sich auf das Vertrauen der gesamten, geeinten Linken stützen könne.[108] Die Spitzenrepräsentanten der CFDT sprachen ihm sofort ihr Vertrauen aus.[109] *Le Monde* stellte in einem Leitartikel von Raymond Barrillon »Le tandem de demain« heraus: Mendès und Mitterrand.[110] Doch noch stand eines aus: die Zustimmung der Kommunistischen Partei.

Mitterrand hatte sich ihrer Unterstützung nicht versichert, sondern sie mit seiner Presseerklärung gleichsam vor vollendete Tatsachen gestellt. Unsicher hinsichtlich der Zustimmung der Kommunistischen Partei zu einer Regierung Mendès France, hatte er bei seinem öffentlichen Auftritt vorsichtig taktiert, Mendès France als einen unter mehreren Kandidaten für das Amt des Premierministers genannt und zugleich seine eigene Kandidatur angeboten. Auf diese Option versuchten ihn die Spitzenrepräsentanten der Kommunistischen Partei, die am Nachmittag mit Vertretern der FGDS zusammentrafen, festzulegen.[111] Es sei unter den gegebenen Umständen unmöglich, so hatte Mitterrand bereits am 27. Mai in einem Gespräch mit Georges Marchais erklärt, einen Mann auszugrenzen, »qui s'est affirmé un bon démocrate et qui, depuis dix ans, n'a pas cessé d'être a nos côtés dans le combat contre le régime gaulliste«.[112] Mitterrand hielt an dieser Linie fest. Ohne direkt auf die kommunistische Kritik einzugehen, die Mendès France als Stütze Amerikas, als Marionette des Großkapitals

108 *Le Monde* vom 31. Mai 1968, S. 3, Sp. 1.
109 Ebd.
110 *Le Monde* vom 30. Mai 1968, S. 1, Sp. 5 f., S. 3, Sp. 2 f.
111 Alexandre, *L'Élysée en péril*, 230.
112 Ebd., 225.

zeichnete, erklärte er am 28. Mai, daß das wichtigste Amt das des Staatspräsidenten sei, für das er kandidiere und auf das er sich besser vorbereite ohne die gleichzeitige Verantwortung für die Regierung. Die Vertreter der Kommunistischen Partei schienen, so zumindest der Eindruck der FGDS-Vertreter, die Lösung Mitterrands zu akzeptieren, denn sie widersprachen seiner Replik auf ihre Einwände nicht, sondern stellten statt dessen die Forderung nach drei Ministerämtern in der provisorischen Regierung auf.[113]

Die Erklärung, die der Generalsekretär der Kommunistischen Partei, Waldeck Rochet, am Nachmittag des 28. Mai der Nachrichtenagentur AFP gab, ließ indes eine andere Deutung zu. »Il n'y a pas en France«, so stellte er fest, »de politique de gauche et de progrès social sans le concours actif des communistes, à plus forte raison il n'est pas sérieux de prétendre aller au socialisme sans les communistes, et encore moins faisant de l'anticommunisme comme au stade Charléty.«[114] Damit grenzte er sich, ohne einen Namen zu nennen, deutlich von Mendès France ab. Die Erklärung des Politbüros der Kommunistischen Partei am 29. Mai verschärfte den Ton und pointierte den Konflikt in der Sache.

> Le peuple de France a affirmé sa volonté d'un véritable changement de régime donnant la garantie que l'on ne reviendra ni aux expériences de prétendues ›troisièmes forces‹, qui ramèneraient toutes les erreurs et tous les malheurs du passé, ni aux illusions d'un nouvel ›homme- miracle‹ qui ne serait qu'une variante du régime qui, en dix ans, a conduit notre pays à la faillite actuelle.[115]

Deutlich grenzte sich die Kommunistische Partei damit von der Neuen Linken ab, die sich als »dritte Kraft« (außerhalb der Sozialdemokratischen und Kommunistischen Partei) verstand. Eine Verbindung der alten und Neuen Linken innerhalb einer Regierung unter Leitung von Mendès France lag für die Kommunistische Partei außerhalb der denkbaren Handlungsmöglichkeiten. Sie konnte und wollte nicht mit der Neuen Linken kooperieren. Sie versperrte sich den Plänen Mitterrands, wehrte Mendès France ab, der danach strebte, Teile der Bewegung in die provisorische Regierung zu integrieren.

113 Ebd., 231 f.
114 *Le Monde* vom 30. Mai 1968, S. 3, Sp. 1 f.
115 *L'Humanité* vom 30. Mai 1968, S. 1, Sp. 1 f.

Ihre Alternative zu Mitterrands »gouvernement provisoire« lautete »gouvernement populaire«. Diese Forderung schloß die Neue Linke aus: sowohl die Bewegung als auch die PSU. Sie zielte auf die Bildung einer Regierung aus FGDS und PCF, wobei der Kommunistischen Partei als stärkster Organisation ein Führungsanspruch zufiel. Die Formel »gouvernement populaire« beschwor die Einheit der Linken in der Vergangenheit, ihr fehlte indes der Gegenwartsbezug. Während die Forderungen nach einem »gouvernement de transition« bzw. »gouvernement provisoire« eine der Situation angepaßte Transformationsstrategie konstruierte, umschrieb »gouvernement populaire« ein Ziel, ohne den genauen Weg zu markieren.[116] Wenn das historische Vorbild der Maßstab war, dann konnten nur allgemeine Wahlen die Voraussetzungen für ein »gouvernement populaire« schaffen. Allgemeine Wahlen standen turnusmäßig jedoch frühestens in drei Jahren an. So ließ sich der verbale Radikalismus, mit dem die Kommunistische Partei für ein »gouvernement populaire« eintrat, als »revolutionärer Attentismus« deuten. Die Konstellation, in der die Forderung erhoben wurde, ließ jedoch auch eine andere Deutung zu. Auf Großdemonstrationen skandiert, instrumentalisierte die von der Parteispitze lancierte Formel eine Handlungsoption, um zwei andere zu blockieren. Schließlich tauchte, insbesondere im gaullistischen Lager, eine dritte Deutung auf: die Vorstellung, daß die Kommunistische Partei unter der Parole »gouvernement populaire«, gestützt auf die Streikbewegung und Massendemonstrationen, die sie für den 29. Mai landesweit ausrief, die Transformation des Systems im Alleingang probe. Alles schien möglich am 29. Mai.

Die offene Ablehnung einer Regierung Mendès France durch die Kommunistische Partei löste eine Krisensitzung der Repräsentanten von FGDS und PSU aus, auf der François Mitterrand Mendès France vorschlug, anstelle des Amtes des Premierministers das des Erziehungsministers zu übernehmen. Mendès France, der für dieses Amt bereits einen Vertreter der CFDT oder Jacques Monod vorgesehen hatte[117], konterte, daß die provisorische Regierung die »neuen Kräfte«, die sich in der Bewegung gezeigt hätten, insbe-

116 »La formule jouait sur l'ambiguité«, so auch das Urteil von Bensaïd/Krivine, *Mai si!*, 39.

117 Lacouture, *Pierre Mendès France*, 487.

sondere auf den Sektoren berücksichtigen müsse, die, wie das Bildungs- und Erziehungswesen, zu den Ursachenfaktoren der aktuellen Krise gerechnet werden müßten. Die Debatte brachte die Differenzen zwischen FGDS und PSU ans Licht. Während Mitterrand den Konsens mit der Kommunistischen Partei zum Handlungsprimat erhob und sich für eine Strategie der Schließung gegenüber der Bewegung einsetzte, vertrat Mendès France, wenngleich entschlossen, das Amt des Premierministers in einer Übergangsregierung nur unter der Bedingung der Zustimmung aller Parteien der Linken auszuüben, eine Strategie der Öffnung gegenüber der Bewegung und der sie tragenden Kräfte als eine Grundvoraussetzung, die, aus seiner Sicht, auch die Kommunisten akzeptieren mußten.[118] »Si les jeunes ne sont pas représentés dans ce pouvoir exécutif«, so seine Devise, »ils seront contre nous.«[119] Wenngleich überzeugt von der Aussichtslosigkeit der Durchsetzung dieser Position gegenüber den Kommunisten, fügte sich Mitterrand den Einwänden von Mendès France und erklärte sich bereit, nochmals mit den Kommunisten zu verhandeln.[120]

Die Reaktion der Bewegung

Seit dem 24. Mai, der zweiten Nacht der Barrikaden und der Ankündigung eines Referendums durch General de Gaulle, hatte sich eine Tendenz offenbart, die durch das Scheitern der Verhandlungen von Grenelle und die damit verursachte vorübergehende Ausschaltung der Gewerkschaftsorganisationen als Konfliktlösungsinstanzen verstärkt worden war: die Verschiebung der Handlungsinitiativen der Bewegung und der sie stützenden Gewerkschaften hin zu den politischen Parteien. Die anhaltende Mobilisierungsdynamik der Bewegung hatte eine neue Arena erreicht: das Parteiensystem. Mehr und mehr begannen die Oppositionsparteien, sich der Anliegen der Bewegung zu bemächtigen, sie zu definieren und umzudefinieren sowie für ihre eigenen, von der Bewegung abgehobenen, divergierenden Interessen zu instrumentalisieren. Die Vereinnahmung (»récupération«) durch die Partei-

118 Alexandre, *L'Élysée en péril*, 209.
119 Ebd.
120 Ebd., 210.

apparate der alten Linken war insbesondere von der Studentenbewegung früh als Gefahr erkannt worden, der es entgegenzuwirken galt. Dabei hatte sich das Hauptaugenmerk auf die Kommunistische Partei gerichtet, gegen die, und nicht nur gegen das gaullistische Regime, die Bewegung von Anfang an gerichtet war. Der Antikommunismus der Bewegung stützte Mendès France gegenüber den Versuchen der Kommunisten, ihn auszugrenzen. So gesehen hatte er das richtige Argument im rechten Moment gegen Mitterrands Strategie der Anpassung an die Kommunisten in die Debatte eingebracht. Doch stützte die Bewegung Mendès France, stimmte sie den Plänen zur Bildung einer Übergangs- oder provisorischen Regierung zu? Die Veranstaltung im Stadion Charléty hatte die Ambivalenz der Einstellung der Bewegung gezeigt. Keiner der Redner hatte Mendès France und seine Übergangsregierung erwähnt, Zustimmung hatte sich nur in Sprechchören artikuliert, die offenließen, ob sie eine Sympathiekundgebung für die Person oder die Konzeption waren. Öffentlich debattiert wurde im Stadion Charléty lediglich die Konzeption einer nationalen Repräsentation der Streikkomitees. Ließ sich das direkt-demokratische, rätedemokratische Modell mit der Forderung nach einem »gouvernement de transition« bzw. »gouvernement provisoire« verbinden?

Die Analyse der Flugblätter der Trägergruppen ermöglicht es, die Chancen auszuloten. »Comme nous avons refusé la récupération du mouvement par le P.C.«, so die Antwort der trotzkistischen Gruppe JCR, »nous la refusons aux modernistes à la Mendès. La signification politique de Charléty est pour nous fondamentalement positive, mais on sentait se profiler en sous-main le spectre de Mendès, d'ailleurs présent aux abords de la tribune. Il ne suffit pas de dénoncer l'opération qui se dessine, il faut se donner les moyens de la parer.«[121] Die Strategie, mit der die JCR der Vereinnahmung der Bewegung durch den »Modernisten« Mendès France entgegenzusteuern suchte, lautete: Überführung der Betriebsbesetzungen in den aktiven Streik und umschrieb einen Prozeß der Konstituierung von Arbeitermacht durch Übernahme der Produktion, des Transports und der Lebensmittelversorgung.[122]

121 Bulletin vom 29. Mai 1968, abgedruckt in *La Sorbonne par elle-même*, 172f., hier 173.
122 Ebd.

Selbst der Studentenverband der PSU, die ESU (Étudiants Socialistes Unifiés), sprach sich gegen Mendès France aus. »Mendès France, ou Mitterrand«, so hieß es in ihrem Aufruf zur Stärkung der Aktionskomitees, »la perspective est la même. C'est celle de la gestion loyale des intérêts de la bourgeoisie. *A cela nous dison non.*«[123] Die Enragés und Situationisten setzten sich erst gar nicht mit den drei Vorschlägen der Parteien der Linken auseinander, sondern verwarfen sie allesamt als politisch-bürokratisch. »Quant à l'éventuel pouvoir de la gauche«, so hieß es in einem Flugblatt vom 30. Mai, »il essaiera lui aussi de défendre le vieux monde par des concessions, et par la force.«[124] Sie traten für die Schaffung von Arbeiterräten ein, doch grenzten sie sich scharf von André Barjonets Initiative ab, der die Vereinigung aller »authentischen Kräfte« der Revolution gefordert hatte, »qui se réclament de Trotsky, de Mao, de l'anarchie, du situationnisme«.[125] Wer, so ihre Replik, sich heute noch auf Trotzki, Mao oder die Fédération Anarchiste berufe, habe die gegenwärtige Revolution nicht verstanden. Die Räte, die sie forderten, implizierten: »la dissolution de tout pouvoir extérieur; la démocratie directe et totale; l'unification pratique de la décision et l'exécution; le délégué révocable à tous instants par ses mandats; l'abolition de la hiérarchie et des spécialisations indépendantes; la participation créative permanente des masses; l'extension et la coordination internationaliste«.[126]

Für die Mehrzahl der von der Bewegung Mobilisierten blieb jedoch das, was sich auf der Ebene des Parteiensystems abspielte, gänzlich außerhalb ihrer Aufmerksamkeit. Sie verfolgten ihre eigenen Ziele; sei es, daß sie die persönliche Revolution, d. h. die Revolution der privaten Lebensweise, die sie parallel zu den Plenardebatten erprobten, der politischen und sozialen Revolution überordneten[127], oder sei es, daß sie ganz in der politischen Arbeit der Gruppen und Komitees aufgingen und somit, engagiert vor Ort, an der Basis, den Blick auf andere Ebenen verloren. Von der

123 Ebd., 173 f., hier 174.

124 Comité enragés, Internationale situationniste, conseil pour le maintien des occupations (30 mai): »Adresse à tous les travailleurs«, ebd., 180-182, hier 180.

125 Vgl. dazu *Le Monde* vom 30. Mai 1968, S. 3, Sp. 5.

126 »Adresse a tous les travailleurs«. *La Sorbonne par elle-même*, 181.

127 Vgl. dazu Patrick Ravignant, *L'Odéon est ouvert*, Paris 1968, 172 f.

eingeschränkten Wahrnehmung sprechen sich selbst die Trotzkisten Alain Krivine und Daniel Bensaïd nicht frei, die zwanzig Jahre nach den Ereignissen schreiben:

Nous étions une organisation de quelques centaines de militants, dont la moyenne d'âge atteignait à peine ce qui était à l'époque la majorité civile: vingt et un ans. Inutile de préciser que, courant au plus pressé, d'assemblées en manifestations, nous n'avons guère pris le temps de méditer le sujet. Dans les universités, dans la grève, dans la rue, à la mesure modeste de nos forces, nous étions sur notre terrain. La solution au problème gouvernemental se jouait à un autre niveau, où nous n'avions guère prise. Nous le sentions et ce sentiment nourrissait probablement la défiance de nombreux activistes de Mai envers ce qui apparaissait comme politique politicienne, institutionnelle, professionnelle.[128]

Ihre Jugend, ihre Unerfahrenheit und bisweilen sogar ihre Konzeptionslosigkeit im Augenblick der dramatischen Zuspitzung der Krise am Ende des Mai werden auch andere »Führer« der Bewegung mit wachsendem Abstand zu den Ereignissen hervorheben, um den Mangel an Einsicht in das unter den gegebenen Umständen politisch Mögliche zu erklären. Gleichviel, die Politik der Bewegung, keine der von den Parteien offerierten Strategien zu akzeptieren, war, gemessen an der antiparteilichen, antibürokratischen, antiparlamentarischen Einstellung der Neuen Linken, konsequent. Wenn ein Ziel die Veränderung der erstarrten Parteienstrukturen der alten Linken war, dann konnte dies, sozusagen an den Parteiapparaten vorbei, durch die Stärkung der direkten Demokratie der Aktionskomitees in den Stadtteilen und Betrieben geschehen. Die Idee einer nationalen Repräsentation der Komitees war der Versuch, der Bewegung auf gesamtstaatlicher Ebene ein Forum zu schaffen, das als Gegengewicht gegen das etablierte Parteiensystem wirken konnte. Doch der Aufbau dieser neuen Repräsentationsstrukturen brauchte Zeit. Über Zeit jedoch verfügte die Bewegung nicht. Durch das Handeln der Regierung und des Staatspräsidenten am 29. Mai, verschärfte sich nochmals die politisch bereits dramatisch zugespitzte Situation. De Gaulle verließ das Land und gab damit nicht nur unzähligen Spekulationen, sondern auch allen Handlungsoptionen neuen Raum. Für einige Stunden war alles möglich, die Zukunft kontingent, die Entwicklung der Streikbewegung offen.

128 Bensaïd/Krivine, *Mai si!*, 39.

4. Handlungsstrategien der Regierung: Der Machtkampf Pompidou – de Gaulle

28. Mai – kurz vor Mitternacht in der Sorbonne: Die Bibliothek für Klassische Studien (Études classiques) ist überfüllt mit Fotografen und Journalisten, und noch immer drängen weitere nach. Der Raum ist zu eng, um den Ansturm zu fassen. Einige müssen draußen warten. Sie protestieren, als drinnen die Pressekonferenz beginnt.[129] Vor wenigen Stunden erst nach Paris zurückgekehrt, stellt sich Daniel Cohn-Bendit den Fragen der Journalisten aus aller Welt. Sie drehen sich immer wieder um den gleichen Punkt. Wie sind Sie über die Grenze gekommen? Die Antworten Cohn-Bendits sind kurz und voller Ironie. »J'ai marché.«[130] Wie es wirklich gewesen ist[131], sagt er nicht. Die Aktion spricht für sich. Er hat sich dem Einreiseverbot widersetzt, er hat die Grenzer überlistet, die Regierung, den Machtapparat des Staates. Die Rundfunkanstalten unterbrechen ihre Sendungen und übermitteln die Nachricht seiner Rückkehr in die Sorbonne.[132]

Niemand hatte mit ihm gerechnet, niemand ihn erkannt, als er sich wenige Stunden zuvor den Weg bahnte zum Amphitheater der Sorbonne, wo die Vollversammlung der Besetzer tagte. Das rotblonde Haar braun gefärbt, die Augen hinter einer Sonnenbrille versteckt, konnte man ihn für einen Spanier halten. Sein Versuch, die Rednertribüne zu erklimmen, wurde verhindert. Er mußte zunächst den Ordnern und dem Diskussionsleiter, der die Rednerliste führte, seine Identität offenbaren. Die Menge im Saal erkannte ihn erst, als er, die Sonnenbrille abnehmend, sich an sie wandte mit dem Satz: »Les frontières, on s'en fout«.[133] Minutenlanger Beifall empfing den Redner, der später über diesen Moment schrieb: »J'avais les larmes aux yeux.«[134] Die Emotion, die den ganzen Saal erfaßte, weckte die Erwartung, daß der triumphalen Rückkehr eine Rede folgen müsse. Sie stellte, was die im Saal Anwesenden möglicherweise nicht bemerkten, den rhetorisch begabten und agitatorisch geschulten Studenten vor ein Problem.

129 *Le Monde* vom 30. Mai 1968, S. 8, Sp. 2-4.
130 Cohn-Bendit, *Le grand bazar*, 56.
131 Vgl. dazu Hamon/Rotman, *Génération*, I, 557.
132 Cohn-Bendit, *Le grand bazar*, 56.
133 Ebd., vgl. auch Hamon/Rotman, *Génération*, I, 557.
134 Cohn-Bendit, *Le grand bazar*, 56.

»... en fait,« so wird er später bekennen, »je ne savais pas quoi dire. Le ›truc‹ était de rentrer à Paris, et j'aurais plutôt dû me taire ou simplement dire que je trouvais chouette d'être rentré.« Aber in der konkreten Situation wagte er nicht, dies offen zu sagen, und so hielt er eine Rede über »l'idée de battre le gouvernement«.[135] Was für den Innenminister die Überschreitung einer Instruktion ist, hinsichtlich deren Einhaltung er sich, wie er später schrieb, wenig Illusionen machte, wirkt schwerer für den achtundsiebzigjährigen Staatspräsidenten de Gaulle. Er vermag, so der Eindruck Christian Fouchets, mit »Situationen dieser Art« nicht umzugehen.[136] Gegen Aktionen begrenzter Regelverletzung, wie die der Rückkehr Cohn-Bendits in die Sorbonne, gibt es für ihn nur ein Mittel: Härte, Repression. Von Anfang an hat er dafür plädiert, und auch rückblickend sieht er diese Strategie als die einzig richtige an. »Tout cela vient d'une situation trop longtemps tolérée à Nanterre« erklärt er, während in der Sorbonne die Rückkehr Cohn-Bendits gefeiert wird, im Gespräch mit Innenminister Fouchet, den er am späten Abend in den Élysée-Palast beordert hat. »Et puis«, so fügt er hinzu, »j'ai eu tort de laisser rouvrier la Sorbonne«. Die Sorbonne wiedereröffnet, das Odéon nicht geräumt zu haben, all das sind aus seiner Sicht gravierende Fehler, welche die Krise heraufbeschworen haben, in der die Regierung, der Staat und der Staatspräsident in diesem Augenblick stecken. Es handelt sich, so de Gaulles Überzeugung, um eine schwere Krise. Nicht nur die Kette der Regelverletzungen und die Ankündigung Mitterrands, eine provisorische Regierung zu bilden, stellen die gaullistische Regierung vor ein Problem. »Le drame«, so de Gaulle, »c'est que ce sont les structures qui lâchent.«[137] Zweimal im Verlauf des Gesprächs mit Fouchet äußert er, genug zu haben, aufhören, sich zurückziehen zu wollen. Er glaubt sich der staatstragenden Kräfte nicht mehr sicher zu sein. »Pendant des siècles«, so räsoniert er, »tout marcha parce que la France était composée de paysans dirigés par l'Église. Mais peu à peu tout a lâché ... Après 1870, c'est l'Armée qui a tenu la France à cause de l'idée de revanche. Mais maintenant?«[138]

135 Ebd.
136 C. Fouchet, *Les lauriers sont coupés*, 20.
137 Ebd., 26.
138 Ebd.

Von seinem Innenminister versucht er zu erfahren, wie es um die Kraft und die innere Stärke der Polizei bestellt ist. Die Frage löst eine Debatte über die Loyalität und Einsatzbereitschaft der Polizei aus, in deren Verlauf Christian Fouchet die Auffassung vertritt, daß die Polizei, obwohl auch in ihr gewerkschaftliche Kräfte wirken, welche die Fortdauer der Einsatzmoral an materielle Verbesserungen knüpfen, auf jeden Fall in der Lage sein werde, einen Aufstand niederzuwerfen. Allerdings, so schränkt er ein, könne dies unter Umständen nur durch den Rückgriff auf den Einsatz von Waffengewalt möglich sein, den man bisher vermieden habe. Bekanntlich, so die Replik de Gaulles, habe er keine Angst davor. Fouchets Warnung: »Si nous tirions sur les étudiants, les échos de la fusillade se répercuteraient aux quatre coins du monde. Le régime n'y survivrait pas«, bleibt ohne Wirkung. Der Innenminister selbst, so de Gaulle, habe die protestierenden Studenten als »Unterwelt« bezeichnet. Und von der wisse man doch: »La pègre, ça se balaie«.[139] Er werde nur schießen lassen, wenn es absolut notwendig sei, entgegnet Fouchet, doch dieser Zustand sei noch nicht erreicht. General de Gaulle bezweifelt dies und erklärt, daß er jedenfalls nicht mehr im Élysée übernachten wolle. Wie ernst dem General diese Worte sind, ahnt der Innenminister nicht. Er weiß nicht, daß de Gaulle bereits Vorsorge getroffen hat für seine Abreise am nächsten Tag.
Am 29. Mai sagt der Staatspräsident die Sitzung des Ministerrats ab, die am Vormittag stattfinden soll. Telefonisch erklärt er Premierminister Pompidou, das Bedürfnis zu haben, sich für vierundzwanzig Stunden in die ländliche Einsamkeit zurückzuziehen, d. h. seinen Wohnsitz Colombey-les-deux-Églises aufzusuchen. Pompidous Wunsch nach einer kurzen Unterredung noch vor der Abreise erfüllt sich nicht.[140] Um 11.24 Uhr verläßt de Gaulle, begleitet von seiner Frau, den Élysée-Palast mit einem Wagen in Richtung Issy-les-Moulineaux. Dort stehen drei Hubschrauber vom Typ Alouette III bereit, einer für den Staatspräsidenten, seine Frau und den Adjutanten François Flohic, ein anderer für zwei Polizeiinspektoren und einen Arzt, ein dritter für Sicherheitskräfte. Über das Ziel der Reise wird selbst der persönliche Adjutant Flohic, dem auffällt, daß ungewöhnlich viel Gepäck mitge-

139 Fouchet, *Les lauriers sont coupés*, 24 f.
140 Pompidou, *Pour rétablir une vérité*, 193.

nommen wird, erst in der Luft informiert.[141] Destination: Baden-Baden, Sitz des fünften Armeekorps unter dem Kommando von General Massu. Kurz vor Überschreiten der französisch-deutschen Grenze wird einer der zwei Begleithubschrauber zurückgeschickt.[142] Um 14.30 Uhr landet der Hubschrauber des Präsidenten der französischen Republik nebst Begleitmaschine auf dem Militärflughafen Baden-Oos. Zeitgleich trifft dort ein französisches Flugzeug ein, aus dem, zur Überraschung des Adjutanten Flohic, Admiral Philippe de Gaulle aussteigt, der Sohn des Staatspräsidenten mitsamt seiner Familie. General Massu wird erst nach Landung der Maschinen in Baden-Oos von der Ankunft des Staatspräsidenten informiert. Er ahnt nicht, vor welcher Aufgabe er steht. Unkenntnis über die Ziele und Absichten de Gaulles herrscht auch im Élysée-Palast sowie im Matignon, dem Sitz des Premiermisters. Georges Pompidou wird um 14.30 Uhr informiert, daß die Flugsicherung den Funkkontakt mit der Präsidentenmaschine verloren hat und daß der General nicht in Colombey-les-deux-Églises eingetroffen ist.[143] Eine halbe Stunde, bevor in Paris die von CGT und PCF angekündigten Protestdemonstrationen beginnen, weiß der Premierminister weder, wo sich der General befindet, noch wozu er sich entschlossen hat. Die Spannungen zwischen Premierminister und Staatspräsident, gewachsen seit der Rückkehr Pompidous aus Afghanistan am 11. Mai, haben ihren Höhepunkt genau in den Stunden erreicht, in denen der Kampf um eine »andere Republik« aus dem Bereich der denkbaren in den der realisierbaren Möglichkeiten rückt.

Pompidou – de Gaulle

Die Möglichkeiten der staatlichen Kontrollinstanz, auf soziale Bewegungen zu reagieren, lassen sich, klassifikatorisch vereinfacht, in zwei Handlungsalternativen skizzieren: Tolerierung oder Repression. Die Strategie der Tolerierung impliziert Anerkennung der Anliegen der Bewegung und Entgegenkommen, bezogen zumeist auf die gemäßigteren Teile der sozialen Bewegung,

141 F. Flohic, *Souvenirs d'Outre-Gaulle*, Paris 1979, 176.
142 Ebd.
143 Pompidou, *Pour rétablir une vérité*, 193.

Dialog- und Verhandlungsbereitschaft. Die Strategie der Repression beruht auf Abwehr der sozialen Bewegung und ihrer Anliegen, denen in der Regel entweder Realismus oder Legitimität abgesprochen wird; auf Verteidigung des Status quo, Unterdrükkung der Bewegung durch Verbote (von Aktionen bzw. Organisationen) oder auf dem Einsatz staatlicher Gewaltmittel. Beide Strategien können sich in der Realität verbinden oder einander abwechseln, so daß Mischformen entstehen. Das Handeln der staatlichen Instanzen (Regierung und Staatspräsident) in Frankreich im Mai 68 ist ein Beispiel hierfür. Es zeigt, wie der Wechsel sowie das Nebeneinander konkurrierender Handlungsstrategien Spannungen erzeugen, welche die Dynamik der Bewegung verstärken können.
Der interne Kampf um die Durchsetzung divergierender Handlungsstrategien wird im Mai 68 zudem, und das macht einen Teil der Dramatik des französischen Falles aus, überlagert durch einen von der konkreten Konfliktlage losgelösten Machtkampf der Inhaber der zwei wichtigsten politischen Schlüsselpositionen, des Staatspräsidenten de Gaulle und des Premierministers Pompidou. Durch ihre offenen strategischen Differenzen sowie verdeckten persönlichen Rivalitäten wird das auf Kooperation angewiesene bikephale politische System Frankreichs, das, worauf Christian Fouchet in seinen Memoiren verweist, in Entscheidungsmomenten bereits durch die bloße Abwesenheit eines der zwei Spitzenrepräsentanten paralysiert werden kann, nachhaltig gestört.[144] Mit anderen Worten: strategische, persönliche und institutionelle Konflikte greifen ineinander und schüren eine politische Krisensituation, die unter dem wachsenden Druck der außerparlamentarischen Protestbewegung, des Generalstreiks und der Initiativen der politischen Opposition zum politischen Umbruch führen, das Ende der Fünften Republik bedeuten kann. Selbst ein distanzierter Beobachter wie Raymond Aron »glaubte am 29. und 30. Mai, daß die Revolte sich zur Revolution auswachsen könnte«.[145]
Die retrospektiven Erklärungen der revolutionären Situation durch die politischen Akteure divergieren, doch gleichen sie sich in einem: in der monokausalen, linearen Erklärung des Konflikts.

144 Fouchet, *Mémoires d'hier et demain*, 255 f., sowie *Les lauriers sont coupés*, 33.
145 Aron, *Erkenntnis und Verantwortung*, 333.

Durch die Verabsolutierung je einer Perspektive, die Zurechnung komplexer sozialer und politischer Folgen zu einzelnen Entscheidungen wird die Wechselwirkung strategischer, persönlicher und institutioneller Faktoren in individuelle Schuldzuweisungen aufgelöst. Die Deutung des Innenministers Fouchet steht als ein Beispiel hierfür:

»Le tournant essentiel du mois de Mai« fut pris le samedi 11 quand le Premier ministre, revenu d'Afghanistan, exposa au Président de la République et appliqua ensuite un plan d'action (réouverture de la Sorbonne, libération des quelques étudiants arrêtés, invitation aux représentants étudiants à venir s'entretenir avec le Premier ministre), absolument opposé à celui qui avait été, avec des fortunes diverses, mais sans drames et sans échec, appliqué jusqu'ici.[146]

In keinem anderen Land, weder in den Vereinigten Staaten noch in der Bundesrepublik, noch in Italien, so Fouchet, habe eine Regierung 1968 den studentischen Forderungen nachgegeben, wenngleich die studentischen Demonstrationen dort viel gewalttätiger und blutiger verlaufen seien als in Frankreich. Georges Pompidou habe nachgegeben und dadurch nicht nur alle Entscheidungen und Handlungen der Regierung in den vorausgegangenen acht Tagen desavouiert, sondern auch den Gaullismus am 11. Mai 1968 »tödlich verletzt«. Das gaullistische Schlagwort »Der Staat gibt nicht nach«, so auch Raymond Aron, sei »lächerlich gemacht« worden.[147] Für Aron steht fest, »daß das geheime Verschwinden des Generals am 29. Mai eine Folge des Zusammenpralls zwischen dem Präsidenten und dem Premierminister am 11. Mai« war.[148] Aus der Sicht Georges Pompidous stellen sich die Zusammenhänge anders dar. Er hatte alles getan, den Schaden für das gaullistische System zu begrenzen. Der Verlauf der Ereignisse während seiner Abwesenheit (2.-11. Mai) ließ, aus seiner Sicht, nur einen Ausweg zu: Deeskalation des Konflikts durch eine Strategie der Beschwichtigung, des Entgegenkommens. Nur so ließ sich die öffentliche Meinung zurückgewinnen, die infolge der staatlichen Repression überwiegend Partei für die Protestbewegung ergriffen

146 Fouchet, Mémoires d'hier et demain, 256.
147 Aron, *Erkenntnis und Verantwortung*, 335 f.
148 Ebd., 338.

hatte.[149] Bereits vor seiner Rückkehr nach Paris, noch von Kabul aus, hatte er in Kenntnis der intransigenten Haltung General de Gaulles den Interimspremierminister Joxe telefonisch informiert, daß er die Sorbonne öffnen lassen und alles unternehmen werde, um den Konflikt zu befrieden.[150] An dieser Linie hielt er auch nach den Ereignissen der Barrikadennacht fest. Bestrebt, sich gegenüber de Gaulle durchzusetzen, erklärte er gegenüber den Ministern Joxe, Fouchet und Peyrefitte am Tage seiner Rückkehr selbstbewußt: »Je suis libre, finalement le seul à l'être, et je peux, sans que le gouvernement semble se désavouer lui même, choisir et adopter une attitude différente de la vôtre.«[151] Joxe und Fouchet billigten daraufhin den Strategiewechsel, den der Premierminister vorschlug, während Peyrefitte seine Zustimmung zur Wiedereröffnung der Sorbonne ohne Bedingungen versagte.[152] Es sollte seine letzte Entscheidung als Erziehungsminister sein. Georges Pompidou übernahm das Ministerium in eigene Regie.

Entschlossen, die Lösung der Krise zu seiner »persönlichen Angelegenheit« zu machen, gewann Pompidou, folgt man seiner Darstellung, die Zustimmung des Staatspräsidenten zu seiner Strategie binnen kurzem. Es gab keinen Widerstand des Generals, den er hätte überwinden müssen.[153] De Gaulle indes erklärte gegenüber Innenminister Fouchet am Abend des 28. Mai, »que c'est à contrecoeur qu'il accepta la réouverture de la Sorbonne«.[154] Wenn es wider Willen geschah, warum akzeptierte der Staatspräsident dann die Vorschläge, die sein Premierminister ihm machte? De Gaulle führt das politische Institutionensystem als Begründung an. Wenn ein Premierminister, unterstützt von der öffentlichen Meinung, in einem kritischen Moment mit dem Staatspräsidenten nicht übereinstimmt, so die Erklärung de Gaulles, gibt es für den Staatspräsidenten keine Handlungsmöglichkeit mehr. »C'est«, so de Gaulle, »le point faible des institutions.«[155]

149 Vgl. Brief an Raymond Aron, geschrieben Ende Juli 1968, abgedruckt in Aron, *Erkenntnis und Verantwortung*, 336-338, hier 337.

150 Pompidou, *Pour rétablir une vérité*, 182.

151 Zit. nach E. Balladur, *L'arbre de mai*, Paris 1979, 75.

152 E. Roussel, *Georges Pompidou*, Paris 1984, 246; Pompidou, *Pour rétablir une vérité*, 183.

153 Ebd., 184.

154 Fouchet, *Les lauriers sont coupés*, 38.

155 Ebd.

Pompidous Bestreben, die Lösung des Konflikts zu einer »persönlichen Angelegenheit« zu machen, konnte, wie Fouchet argumentiert, nichts anderes bedeuten, als den Staatspräsidenten vor die Alternative zu stellen, »seine Strategiewahl zu akzeptieren oder einen anderen Premierminister an seiner Stelle zu nominieren«.[156] Setzte Pompidou demnach de Gaulle unter Druck, der eine Ablösung des Premierministers nach der Nacht der Barrikaden und vor dem angekündigten Generalstreik nicht hinnehmen konnte? Fouchets Darstellung legt diese Schlußfolgerung nahe. Doch damit nicht genug. Fouchet, der Pompidous Strategiewechsel für einen fatalen Fehler hält, spricht dem Premierminister den Willen, die antigaullistische Stimmung im Lande zu brechen, zwar keineswegs ab. Aber Pompidous Einsatz war, aus seiner Sicht, nicht selbstlos, und das wertete diesen ab, unabhängig von der Fragwürdigkeit einer Strategie des bedingungslosen Entgegenkommens. Pompidou wollte, so Fouchets Deutung, das System erhalten, damit er selbst, der als aussichtsreichster Kandidat für die Nachfolge de Gaulles galt, seinen Platz einnehmen konnte.[157] Pompidous Biograph Eric Roussel liefert, ohne daß er selbst einen Zusammenhang zwischen seiner und Fouchets Darstellung herstellt, einen Baustein für diese Theorie, indem er Pompidou mit den Worten zitiert: »Le Général n'existe plus. De Gaulle est mort. Il n'y a plus rien.«[158]

Hatte Pompidou sich demnach von de Gaulle abgewandt? Leitete er mit seinen Vorschlägen am 11. Mai das Ende einer 24jährigen Zusammenarbeit ein? Strebte er einen Wechsel an der Staatsspitze an, für den er sich durch eine erfolgreiche Lösung der Studentenunruhen die Voraussetzung zu schaffen suchte mittels einer Strategie, die der des Generals diametral entgegenstand? Die Situation läßt auch eine andere, dritte Deutung zu. Nach Überlieferung mehrerer Quellen kommentierte de Gaulle die Vorschläge Pompidous mit den Worten »Si vous gagnez, tant mieux. La France gagne avec vous. Si vous perdez, tant pis pour vous.«[159] Mit anderen Worten, er willigte in die Vorschläge Pompidous ein, übertrug ihm die Verantwortung und legte unmißverständlich die Ab-

156 Ebd., 35.
157 Ebd., 37.
158 Roussel, 247.
159 Alexandre, *Le duel Pompidou–de Gaulle*, 221.

lösung des Premierministers im Falle eines Scheiterns seiner Konzeption dar; eine Ablösung, die de Gaulle seit 1965 mehrfach erwogen hatte, aber nicht durchzusetzen vermochte. Sollten ihm die Studentenproteste die Möglichkeit dazu bieten?

Tatsächlich beschwichtigte Pompidous Strategie den Konflikt nicht. Im Gegenteil, das Nachgeben hinsichtlich der drei Forderungen der Studenten dehnte, wie oben dargestellt, nicht nur den Forderungskatalog der Studenten und der sie unterstützenden Gewerkschaften aus, sondern trug in entscheidendem Maße auch zur Entstehung der wilden Streikbewegung der Arbeiterschaft bei. Sein Strategiewechsel eskalierte, wenn man so will, den sozialen Konflikt. Aber, folgt man Raymond Aron, so war es zugleich sein »Krisenmanagement«, das »den Sieg vorbereitete, der sein Sieg war«. Was ist damit gemeint? Aron stellt die These auf, daß die Entscheidung von Georges Pompidou, den Forderungen nachzugeben, »für die Verlängerung der Unruhen ebenso ursächlich war wie für seinen schließlichen Erfolg«.[160] Er bezeichnet diese These als unbestreitbar, doch führt er sie nicht aus. War der Erfolg Pompidous ein Sieg über de Gaulle? Oder schreibt Aron der Strategie Pompidous, wenngleich sie den Konflikt zunächst ausdehnte, letztlich, bezogen auf den Gesamtverlauf der Mai-Ereignisse, doch eine beschwichtigende, integrative, den Schaden für das politische System begrenzende und die Mehrheitschance der Konservativen fördernde Wirkung zu?

Tatsache ist, daß Georges Pompidou ab dem 11. Mai die Entscheidungs- und Richtlinienkompetenz für alle Maßnahmen übernahm, die sich auf die Protestbewegung bezogen. Er monopolisierte, nach Auffassung des de Gaulle-Biographen Lacouture, die Macht »comme personne ne l'avait fait depuis le Napoléon des Cent jours«.[161] Er setzte, so Innenminister Fouchet, alles auf eine Karte: auf seine Vermittlerfähigkeit.[162] Die Besetzung der Sorbonne unmittelbar nach ihrer Wiedereröffnung focht, aus seiner Sicht, die Richtigkeit seiner Entscheidung nicht an. Pompidou kommentierte sie mit einem Satz: »J'aimais mieux donner la Sor-

160 Aron, *Erkenntnis und Verantwortung*, 338.

161 Jean Lacouture, *De Gaulle*, III.: *Le souverain 1959-1970*, Paris 1986, 677.

162 Fouchet, *Les lauriers sont coupés*, 37.

bonne aux étudiants que de les voir la conquérir de haute lutte.«[163] Er setzte seine Suche nach einer Basis der Verständigung mit den protestierenden Jugendlichen und der sie unterstützenden Öffentlichkeit durch Ankündigung eines umfangreichen Reformprogrammes fort. Er war, wie er in seiner Rede vor der Nationalversammlung am 14. Mai darlegte, bereit, die innere Struktur der Universitäten grundlegend zu reformieren. Mehr Selbstverwaltung (Autonomie) für alle Universitäten, Partizipation der Studenten an der universitären Selbstverwaltung sowie Studienplanung, Veränderung der Unterrichtsmethoden und des Verhältnisses zwischen Studenten und Professoren sollten die Ziele der Reform sein. Auch vor den von de Gaulle streng verteidigten Prinzipien der Selektion der Studierenden machte er nicht halt. Alles war, wie er feststellte, zu überdenken.[164]

Hatten die staatlichen Instanzen bis zum 11. Mai auf direkt-koerzive Aktionen mit Repression reagiert (Nanterre, Sorbonne), so schritten sie nach Pompidous Rückkehr gegen die Besetzer nicht ein. Keine besetzte Fabrik wurde im Mai von polizeilichen Kräften »geräumt«. Die Unternehmer reagierten anders als die Professoren, sie forderten den Einsatz der Polizei zur Wiederherstellung der Ordnung in ihren Produktionsstätten nicht. Und die staatliche Kontrollmacht ging, anders als im Fall der Sorbonne, ihrerseits weder gegen die Besetzer des staatlichen Theaters noch gegen die der verstaatlichten Betriebe vor. Überzeugt, daß die Kosten der Unterdrückung höher sein würden als die Kosten des Gewährenlassens, tolerierte sie die illegalen Aktionen und wartete ab. »Die Studenten«, so Georges Pompidou, »konnten der Sache überdrüssig werden und sich wieder fangen. Sie konnten sich aber auch verrennen.«[165] Und die Arbeiter? Nach dem Einsetzen der Streik- und Besetzungsbewegung in den Betrieben konzentrierte sich die Aufmerksamkeit des Premierministers ganz auf die Eindämmung der Bewegung in den Betrieben mittels einer Verständigung mit den Gewerkschaftszentralen, die vom Ausbruch der Streiks ebenso überrascht worden waren wie die Regierung. Bereits am 16. Mai, als sich die landesweite Ausdehnung der Streik

163 Pompidou, *Pour rétablir une vérité*, 185.
164 *Journal Officiel*, N° 29, 15. Mai 1968, 1772.
165 Brief an Raymond Aron (Ende Juli 1968), zitiert in Aron, *Erkenntnis und Verantwortung*, 336-338, hier 337.

bewegung der Arbeiterschaft abzuzeichnen begann, suchte er den Kontakt zur CGT herzustellen. Er beauftragte das jüngste Mitglied seiner Regierungsmannschaft, den 29jährigen Staatssekretär Jacques Chirac (sécrétariat d'État à l'Emploi), die Unterredungen zu führen. Das erste Zusammentreffen der Unterhändler beider Seiten, die strengste Geheimhaltung der Kontakte vereinbarten, sollte am 20. Mai stattfinden.[166] Über die Einwilligung der CGT, in Tarifverhandlungen einzutreten, hoffte Premiermininister Pompidou nicht nur den sozialen Konflikt zu schlichten, sondern auch die politische Dimension der sich zur allgemeinen sozialen Bewegung ausweitenden Studentenbewegung zu begrenzen. Sein Blick war dabei vor allem auf die Kommunistische Partei gerichtet. Sie daran zu hindern, Vorteile aus der Krisensituation zu ziehen, war ein zentrales Motiv seiner Verhandlungsstrategie, die auf Entgegenkommen, Beschwichtigung, Tolerierung setzte, um den gewaltsamen Zusammenstoß zu vermeiden, der zur »gewaltsamen Revolution« werden konnte.[167]

Einer solchen Möglichkeit hatte Pompidou, nach seiner Überzeugung, durch die Entscheidungen entgegengewirkt, die er am 11. Mai getroffen hatte.[168] Er war gewillt, die eingeschlagene Strategie fortzusetzen, d. h. nicht nur den Studenten, sondern auch den Forderungen der Arbeiter weitgehend entgegenzukommen. Das Vertrauen in seine Verhandlungsführung und der trotz sich ausdehnender Streiks nicht weichende Optimismus, den Innenminister Fouchet an Pompidou beobachtete, beruhten dabei vermutlich nicht zuletzt auf den Informationen, die Jacques Chirac von der Gesprächs- und Verhandlungsbereitschaft der CGT übermittelte. Sie bestärkten den Premierminister in seiner Vorstellung, die Kommunistische Partei »entwaffnen« zu können, gleichsam auf ihrem eigenen Terrain, dem der Gewerkschaftsbewegung, durch ein Abkommen mit der CGT.[169] Doch der Plan geriet in Gefahr, als General de Gaulle früher als geplant am 18. Mai aus Rumänien zurückkehrte mit dem Entschluß, fortan die Lösung der Krise selber in die Hand zu nehmen.

166 F. O. Giesbert, *Jacques Chirac*, Paris 1987, 119f.

167 Vgl. Pompidou, *Pour rétablir une vérité*, 187-188; ders., Brief an Raymond Aron (Ende Juli 1968), zit. in Aron, *Erkenntnis und Verantwortung*, 336-338, hier 337.

168 Ebd.

169 Pompidou, *Pour rétablir une vérité*, 188.

Ultimativ forderte der Staatspräsident am 19. Mai die sofortige Räumung der Sorbonne und des Odéon und damit die Abkehr von der Strategie der Tolerierung, die Rückkehr zu einer Strategie der Härte und der Repression. Aus der Sicht des Polizeipräfekten war diese Strategie mit polizeilichen Mitteln nicht durchzusetzen. Er widersetzte sich daher während einer Lagebesprechung im Élysée-Palast[170] der Durchführung und fand die Unterstützung des Innenministers Fouchet und des Premierministers für seine Haltung.[171] Die Koalition Fouchet-Grimaud-Pompidou erzwang einen Kompromiß. Staatspräsident de Gaulle schränkte den Befehl zur Räumung der besetzten Gebäude noch während der Besprechung auf das Odéon ein und überantwortete auf Drängen von Fouchet und Pompidou, dessen unmittelbar bevorstehende Verhandlungen mit der CGT durch erneute staatliche Repressionen in Gefahr zu geraten drohten, die Wahl des Zeitpunktes zur Durchführung der Aktion dem Entscheidungs- und Ermessensspielraum des Polizeipräfekten. Maurice Grimaud zögerte die Räumungsaktion, die, nach dem Willen de Gaulles, sofort, spätestens aber innerhalb der nächsten zwei oder drei Tage stattfinden sollte[172], um mehr als drei Wochen hinaus. Damit war der Versuch de Gaulles, seinen Führungsanspruch über einen Strategiewechsel durchzusetzen, abgewehrt, die Rückkehr zu einer Strategie der Repression zunächst einmal blockiert.

Staatspräsident de Gaulle fügte sich – wie schon zuvor am 11. Mai – auch am 19. Mai der Strategie seines Premierministers, doch implizierte sein Nachgeben keinen Verzicht auf die Rückgewinnung des politischen Führungsanspruches. Am 23. Mai legte er dem Ministerrat einen Plan vor, der einen Weg zur Beendigung der Krise markieren und zugleich seinen Willen deutlich machen sollte, seine Person, sein Mandat und seine politische Zukunft mit dem Ausgang der Krise zu verknüpfen. Wie Pompidou, so war nun auch de Gaulle entschlossen, die Lösung der Krise zu seiner »persönlichen Angelegenheit« zu machen. Mittel und Weg dazu bot ihm das Referendum.

Artikel 11 der französischen Verfassung ermöglichte es dem Prä-

170 Unter Beteiligung des Premierministers und der Minister Fouchet, Messmer und Gorse. Grimaud, 209.

171 Ebd., 210-214.

172 Grimaud, 214.

sidenten der Republik, auf Vorschlag der Regierung »jeden Gesetzentwurf zum Volksentscheid zu bringen, der die Organisation der öffentlichen Gewalt« betraf. Auf Initiative de Gaulles diskutierte der Ministerrat am 23. Mai, einen Tag nach dem gescheiterten Mißtrauensvotum und zwei Tage vor Beginn der Tarifverhandlungen zwischen Arbeitgebern, Gewerkschaften und Staat, die Einleitung eines Volksentscheides. Damit signalisierte der Staatspräsident erstmals Reformbereitschaft. Doch implizierte der Wandel seiner Einstellung keine Annäherung an die Strategie des Premierministers. Im Gegenteil, die Divergenzen vergrößerten sich, beider Initiativen behinderten sich. Während der Premierminister auf eine intermediäre Verhandlungsstrategie setzte, den Ausgleich mit den repräsentativen Interessenorganisationen suchte und eine Beilegung des Arbeitskonfliktes durch Lohnerhöhungen, d.h. materielle Zugeständnisse, erstrebte, wählte der Staatspräsident ein direkt-demokratisches Verfahren zur Beendigung der sozialen und politischen Krise, ein Plebiszit, das Strukturreformen durch die Einführung von mehr Partizipation in Aussicht stellte.

Die Idee der »Partizipation« gehörte zu den Grundwerten gaullistischer Gesellschaftspolitik. Formuliert erstmals 1934, präzisiert in den Jahren nach 1941, hatte de Gaulles Konzeption der Partizipation bereits Eingang in das Programm des Conseil National der Résistance gefunden.[173] In den fünfziger Jahren von de Gaulle als eine Art »dritter Weg« zwischen Kapitalismus und Sozialismus propagiert, umschrieb die Konzeption im ökonomischen Bereich eine auf Überwindung des Interessenantagonismus von Kapital und Arbeit gerichtete Transformation der Arbeitnehmer-Arbeitgeber-Beziehungen. Durch Übertragung von Verantwortung, Gewinnbeteiligung sowie Gewährung von Informations- und Mitspracherechten sollten die Arbeitnehmer in die Betriebsgemeinschaft eingebunden, auf die Betriebsinteressen verpflichtet werden. Ziel der Transformation war neben der allgemeinen Produktivitäts- und Qualitätssteigerung der französischen Unternehmen die grundlegende Umgestaltung des französischen Gewerkschaftssystems; eine Umgestaltung, von der die Gaullisten auch politisch zu profitieren hofften.[174] Abgesehen von Ansätzen zu

173 M. Debré/J.-L. Debré, *Le Gaullisme*, Paris 1978, 135 f.
174 Ebd., 134.

einer Gewinnbeteiligung in Arbeitnehmerhand, die in den Jahren 1965-67 eingeleitet worden waren[175], hatte die Konzeption bis 1968 keine sozialpolitische Umsetzung erfahren, sondern war Programm geblieben. Das galt auch für die politische Dimension der Partizipation. Gerichtet auf eine Stärkung der Rechte und Mitwirkungschancen des Staatsbürgers gegenüber Staat und Verwaltung, sah die Konzeption eine Umgestaltung des Verhältnisses von Parlament und Senat durch Schaffung einer Art »Ständekammer« vor. An die Stelle des Senats, der indirekt gewählten Vertretung der Gebietskörperschaften und der außerhalb Frankreichs wohnenden Franzosen, sollte eine Körperschaft treten, die eine Synthese aus dem bisherigen Senat und dem Conseil économique et social sein sollte, zusammengesetzt aus Vertretern der Gemeinden, Départements, verschiedener Berufe sowie Repräsentanten der Gewerkschaften und Unternehmerorganisationen (der ursprüngliche, in den vierziger Jahren aufgestellte Plan sah ferner die Präsenz von gewählten Repräsentanten der Familien vor). Widerstand sowohl aus den Reihen der Gaullisten als vor allem aus denen des Senats zwang de Gaulle mehrfach, sein Projekt zu modifizieren und die Durchführung aufzuschieben. Er stellte es zurück, doch gab er es nicht auf. Im Mai 1968 griff er auf die alte Idee zurück.

Die Reaktionen des Ministerrates waren gespalten. Widerspruch kam vom Minister für Jugend und Sport, Missoffe, sowie vom Erziehungsminister, Peyrefitte. Während letzterer auf die Erfahrungen mit den paritätischen Kommissionen in Nanterre, die zur Dekomposition der Fakultät geführt hätten[176], verwies und damit das Prinzip der Partizipation kritisierte, machte Missoffe mit dem Argument, daß Partizipation in der gegenwärtigen Situation am besten durch Neuwahlen zu gewährleisten sei, seine Einwände an der Verfahrensweise fest. Auch Informationsminister Gorse sprach sich für Neuwahlen aus, ohne sich mit dem zuvor in die Debatte eingebrachten Vorschlag auseinanderzusetzen, in diesem Fall das Wahlrecht auf 18 Jahre zu senken, um der Jugend politische Mitsprache zu gewähren. Auffallend wenig wurde über die materielle Verankerung der Partizipation diskutiert (wer, wann,

175 Vgl. ebd., 138f.

176 Eine Zusammenstellung der Äußerungen im Ministerrat nimmt Tournoux vor, 118-137, hier 127f.

wo, mit welchen Rechten, über welche Quoten, bis zu welchem Ausmaß, paritätisch oder nicht paritätisch?)[177] Auch in dem Plädoyer de Gaulles für ein Referendum über das Projekt der Partizipation überwog nicht das prinzipielle Argument, sondern der funktionale Nutzen, der instrumentelle Zweck. »Le référendum doit confirmer l'autorité de l'Etat.«[178] Kultusminister André Malraux sah das Referendum als Chance, das Land zwischen »Reform« und »Revolution« entscheiden zu lassen und damit zugleich der Opposition die Definition der Reformalternative zu entziehen.[179] Maurice Couve de Murville, der das Referendum primär als Vertrauensbeweis und Faktor zur Festigung der Staatsautorität sah, warnte als einziger vor dem Widerspruch zwischen der Sachentscheidung (Referendum über das Projekt der Partizipation) und Verfahrensweise (Delegation des Mandats zur Durchführung der Reform an eine Person). Man könne, so sein Fazit, nicht in einem Zug das Volk depossedieren und ihm zugleich den Eindruck geben, es mitbestimmen zu lassen.[180] Trotz dieser Warnungen sprach sich Premierminister Pompidou, der als letzter seine Stellungnahme abgab, für das Referendum und gegen Neuwahlen des Parlaments aus. Die Bestätigung der Regierung durch Neuwahlen als fraglich einschätzend, schrieb er dem Staatspräsidenten Chancen einer positiven Entscheidung des Volksentscheides zu.[181]

Entsprach dies seiner Überzeugung, oder folgte er mit seiner Zustimmung zum Referendum, die er, so sein Biograph Roussel, »ohne große Begeisterung« gab, einem taktischen Kalkül? Überliefert und von der Pressereferentin Pompidous, die Zeugin war, nicht dementiert worden ist eine Erklärung, welche die Möglich-

177 Eine Ausnahme bildet lediglich die Stellungnahme von Raymond Marcellin, Ministre chargé du plan et de l'équipement du territoire, der Partizipation als Dezentralisation definiert, 121 f.

178 Ebd., 130.

179 Ebd.

180 Wörtlich sagte er: »... le référendum. Il faut qu'il traduise un vote de confiance. L'élaboration du texte de loi n'est pas difficile. L'écueil à éviter, c'est d'avoir l'air de faire le contraire de ce qui est annoncé. Cela représente un état d'esprit, mais on ne peut à la fois déposséder le peuple et prétendre le faire participer. C'est un problème de présentation.« Ebd., 133.

181 Ebd., 134-136.

keit taktischer Überlegungen unterstreicht. Danach soll Georges Pompidou gegenüber Alain Peyrefitte, der aus den konkurrierenden Strategien des Staatspräsidenten und Premierministers den Schluß zog, daß einer von beiden werde gehen müssen, geäußert haben: »C'est vrai mais ce n'est pas moi qui prendrai la responsabilité de le dire à l'autre.«[182] Ließ er demnach in der Annahme, daß er mit seiner Strategie erfolgreich sein werde, de Gaulle ohne Warnung einer Niederlage entgegengehen? Oder erfolgte, wie Philippe Alexandre mutmaßt, die Ankündigung des Referendums in beiderseitiger Übereinstimmung? Gegen die Akzentuierung eines Einverständnisses spricht, daß Georges Pompidou das Anliegen des Referendums, das Projekt der Partizipation, nur bedingt teilte. Allenfalls Gewinnbeteiligung der Arbeitnehmer war er bereit zu akzeptieren, Mitsprache oder gar Mitbestimmung der Arbeiter lehnte er strikt ab. Auch de Gaulles Entscheidung am 26. Mai, d. h. noch während des Verlaufs der Tarifverhandlungen, die Pompidou mit Gewerkschaften und Arbeitgebern führte, diesen durch Couve de Murville zu ersetzen[183], steht der These des Einverständnisses entgegen. Für den Fall des erfolgreichen Referendums sah der Staatspräsident eine Regierungsneubildung vor, nicht zuletzt, so ließe sich argumentieren, weil das Projekt der Partizipation mit einem Regierungschef Pompidou nicht durchzuführen war.[184]

Gleichviel, welches die Motive der Akteure auch waren, entscheidend für die Zuspitzung der politischen Krise wurden die nicht beabsichtigten Folgen der konkurrierenden Handlungsstrategien. Die auf Pazifizierung, Entpolitisierung und Institutionalisierung der sozialen Konflikte gerichtete Strategie Pompidous und die auf Mobilisierung, Politisierung und plebiszitäre Herrschaftssicherung gerichtete Strategie de Gaulles behinderten sich. Die mit der Ankündigung des Referendums notwendigerweise verbundene Politisierung der Konfliktkonstellation erschwerte eine ökonomisch-soziale Lösung der Krise in den Bahnen tarifvertraglicher Konfliktregulierungsmechanismen. Sie transferierte den Protest in die politische Arena und bot den Kritikern des gaullistischen

182 Roussel, 258.
183 Vgl. Martinet, 17.
184 Vgl. zur Einstellung Georges Pompidous zum Projekt der Partizipation: Debré, 141 ff.

Regimes die Chance, ihr Postulat »Dix ans ça suffit« in eine politische Entscheidung zu überführen. De Gaulle registrierte den strategischen Fehler sofort. »J'ai mis à côté de la plaque«[185], kommentierte er seine Radio- und Fernsehansprache am 24. Mai.
Er räumte sein Scheitern ein. Alle Personen, die zwischen dem 25. und 29. Mai mit ihm sprachen, zeichnen das Bild eines niedergeschlagenen und gebrochenen, depressiven, amtsmüden, zum Rücktritt bereiten Staatspräsidenten, der seinen Geprächspartnern eine düstere Zukunft aufzeigt, auf die er, nach eigenen Worten, keinen Einfluß mehr nehmen könne. Das Scheitern der Vereinbarungen von Grenelle verstärkte diese Haltung. De Gaulle erschien den Ministern, die am Nachmittag des 27. Mai zur Ministerratssitzung zusammentrafen, abwesend, unkonzentriert und völlig indifferent. Lediglich die Billigung, welche Georges Pompidou der von der UNEF geplanten Veranstaltung im Stadion Charléty zuteil werden ließ, durchbrach für einen Augenblick die Niedergeschlagenheit und Selbstaufgabe: »Charléty, c'est fini. Ce n'est plus acceptable ... C'est la dernière fois ... Terminé les cortèges!«[186]

Eine Abkehr von der Strategie des Entgegenkommens, der Tolerierung und Beschwichtigung war zu diesem Zeitpunkt auch für Georges Pompidou in den Bereich der denkbaren Möglichkeiten gerückt. Er erwog den Einsatz einer mit Panzern ausgerüsteten Spezialeinheit der »gendarmerie blindée«, die in Versailles stationiert war. Hielt er es doch für möglich, daß die Kommunisten sich im Verlauf der für den 29. Mai geplanten Demonstration des Hôtel de Ville bemächtigten und das Experiment der Commune von Paris wiederholten. »Dans ce cas«, so erklärte er gegenüber de Gaulle, »si vous en êtes d'accord, je ferai intervenir les chars, qui sont prêts.«[187] Auch für ihn schien der Moment gekommen, in dem alles möglich war oder doch zu sein schien. Das gaullistische Regime wankte. »Während der letzten Tage, zwischen Montag, dem 27., und Freitag dem 31. Mai«, so auch Raymond Aron, »wankt das Regime, oder zumindest scheint es zu wanken.«[188] Als Georges Pompidou um 14.30 Uhr des 29. Mai die Nachricht vom

185 Zit. nach Lacouture, *De Gaulle*, III, 686.
186 Ebd., 690.
187 Pompidou, *Pour rétablir une vérité*, 190.
188 Aron, *Erkenntnis und Verantwortung*, 341.

plötzlichen Verschwinden General de Gaulles erhielt, schien ihm, noch bevor die kommunistische Großdemonstration begonnen hatte, die »Katastrophe« eingetreten zu sein. Abgesehen davon, daß das Prestige des Generals, ein essentielles Element der Stabilität der Macht, im Falle eines Rücktritts, der durch das plötzliche Verschwinden denkbar geworden war, wegfiel, befand sich Georges Pompidou in einer verfassungsrechtlichen Notlage.

... juridiquement son retrait me placerait dans une situation inextricable. Allait-on voir M. Monnerville assurer l'interim? Certes, il ne pouvait pas changer de gouvernement. Mais je ne pouvais pas non plus dissoudre l'Assemblée, où le climat devenait délétère et où beaucoup de gaullistes, même ministres, parlaient de la nécessité de faire appel à Mendès France ou à Edgar Faure.[189]

Unabhängig von der verfassungsrechtlichen Problematik betrachtete der Premierminster durch das geheime Verschwinden des Staatspräsidenten das Vertrauensverhältnis als tief gestört.[190] Es galt, Konsequenzen zu ziehen. Welche? Darüber sollten die nächsten Stunden entscheiden.

5. Die »Flucht« nach Baden-Baden

Während in Paris innerhalb des Regierungslagers über den möglichen Ort der geheimen Flucht de Gaulles noch spekuliert wird, hat sich der Hubschrauber des Präsidenten der französischen Republik ein zweites Mal in Bewegung gesetzt, um vom Militärflughafen Baden-Oos zum Fremersberg (527 m) zu fliegen, an dessen Nordhang sich – in einem im 18. Jahrhundert vom Markgrafen von Baden erbauten Jagdschloß – die Residenz des Kommandanten der 5. französischen Armee, General Jacques Massu, befindet.

Auch nach mehr als zwanzig Jahren halten die Spekulationen über Ziel und Zweck des Besuches von de Gaulle bei Massu in Baden-Baden an. Zwei divergierende Deutungen beherrschen die Diskussion. Entweder war der Flug nach Baden-Baden eine Verzweiflungstat des von der innenpolitischen Krise überwältigten, zum Rücktritt entschlossenen Staatspräsidenten oder aber ein

189 Pompidou, *Pour rétablir une vérité*, 192.
190 Ebd., 196.

brillant inszenierter Überraschungscoup, mit dem der Militärstratege de Gaulle die innenpolitische Krise wenden, die Definition der Situation zurückgewinnen und den Primat des Handelns (vor allem innerhalb der Regierung) wieder an sich ziehen wollte. Beide Deutungen (Flucht oder Befreiungsschlag) konzentrieren sich auf die Person de Gaulles, auf ihm zugeschriebene oder unterstellte Verhaltensdispositionen, auf psychische Bedingtheiten, politische Eigenarten bzw. auf die Mentalität eines Militärs und zeigen, je nach gewählter Prämisse, zwei völlig konträre Bilder einer Person. Abgestützt durch Aussagen von unmittelbaren Zeugen, beanspruchen beide nicht nur Plausibilität, sondern auch historische Wahrheit für sich. Bei aller Gegensätzlichkeit ihrer Argumentation gleichen sich die Deutungen in einem: in ihrer unmittelbaren Bezogenheit auf die Absichten des historischen Akteurs bei Ausklammerung der möglichen unbeabsichtigten Folgen sowie der – in einer funktionalen Betrachtungsweise – »sekundären« Folgen sozialen Handelns. Verlagert man die Perspektive auf die »unbeabsichtigten« und »sekundären« Folgen, lösen sich einige Widersprüche der gelegentlich zu konkurrierenden »Schulen« stilisierten Deutungsalternativen auf und ergeben sich neue Einsichten in den Prozeß des Krisenmanagements am Ende des Mai 68.

Es ist 14.50 Uhr, als der Hubschrauber des Präsidenten der französischen Republik auf dem Rasenplatz vor der Residenz des Kommandanten der 5. französischen Armee landet. General Massu, erst wenige Minuten zuvor von der bevorstehenden Ankunft informiert, empfängt, wie er später in seinen Memoiren beschreibt, einen gebrochenen Staatsmann, der – noch auf dem Rasenplatz bei dröhnenden Motoren –, dem einstigen Kampfgefährten und langjährigen Vertrauten seine Ohnmacht erklärt sowie seinen Entschluß, sich aus der Politik zurückzuziehen. »Tout est foutu, les communistes ont provoqué une paralysie totale du pays. Je ne commande plus rien. Donc je me retire et comme je me sens menacé en France, ainsi que les miens, je viens chercher refuge chez vous, afin de déterminer que faire.«[191] General de Gaulle, so der erste Eindruck Massus, fühlt sich bedroht, die Schilderungen Madame de Gaulles unterstreichen dies.[192]

191 Massu, 79f.
192 Ebd., 81.

Theater? Alles inszeniert? Viansson-Ponté, politischer Redakteur von *Le Monde* und Verfasser der *Histoire de la république gaullienne* (1971), wehrt sich gegen jede »melodramatische« Verzerrung einer Aktion, die, aus seiner Sicht, in Wirklichkeit kein Zeichen der Schwäche, sondern vielmehr der wiedergewonnenen Stärke des Generals war. Staatspräsident de Gaulle befand sich, aus seiner Sicht, am Tage seines Fluges nach Baden-Baden keineswegs in einer Krise. Zwar habe der Staatspräsident – nach seiner Rückkehr aus Rumänien am 19. Mai – eine Phase der Niedergeschlagenheit, Depression und Rückzugsbereitschaft durchgemacht, doch sei diese Phase seit dem 25. Mai überwunden gewesen. An diesem Tag, so Viansson-Ponté, habe der General den Plan gefaßt, mit einem Geniestreich die Situation zu wenden. Entschlossen und voller Energie wartete er den Zeitpunkt ab, ihn durchzuführen.[193]

Der Plan, den Viansson-Ponté dem General unterstellt – jegliche Quellenbelege fehlen –, geht von einem Text de Gaulles aus dem Jahre 1922 aus, der Eingang auch in seine Studie *Vers l'armée de métier* (1934) fand. In diesem Text wird die Überraschung als Taktik im Kampf gegen den Feind beschrieben; eine Taktik, die sich der List, der Täuschung und der Lüge bedient, um die wahren Absichten zu kaschieren, den Gegner zu irritieren, ihn im Irrtum zu lassen bis zum Beginn des Manövers, das die siegreiche Entscheidung bringen soll. Wenn, wie unterstellt, General de Gaulle sich auch im Mai von dieser Taktik leiten ließ, dann hätte er alle getäuscht: die Öffentlichkeit, die Regierung und nicht zuletzt Massu. Und er hätte, was in einer von einem Militär organisierten Operation kaum glaubwürdiger wäre, seine gesamte Familie instrumentalisiert.

Neben Madame de Gaulle ist auch der Sohn Philippe de Gaulle, mitsamt seiner Familie (Ehefrau und vier Kindern), auf Anraten des Staatspräsidenten nach Baden-Baden gekommen, der sich beunruhigt zeigt nicht nur über sein Schicksal, sondern auch über das seiner Familie, wenn sie in Frankreich verbleibt.[194] »On ne veut plus de moi«, erklärt Staatspräsident de Gaulle dem Kommandanten der französischen Armee in der Bundesrepublik Deutschland in einem Gespräch unter vier Augen. Er spricht da-

193 Viansson-Ponté, 630.
194 Massu, 87.

mit offen aus, was Premierminister Pompidou, Innenminister Fouchet und zahlreiche andere Gesprächspartner bereits seit dem Vorabend ahnen. De Gaulle ist zum Rücktritt entschlossen, zumindest aber vorerst nicht bereit, nach Frankreich zurückzukehren. Er fordert Massu auf, die deutsche Bundesregierung zu informieren. Massu führt die Order aus, bevor er sich entschließt, gegen den General und dessen, wie ihm scheint, allzu fatalistische Haltung vorzugehen. Er versucht, ihn umzustimmen, indem er an seine Ehre als Soldat appelliert. Mit wachsender Leidenschaft, wie er später erklärt, beschwört er den General, nicht aufzugeben, sondern sich seinen Gegnern und Widersachern zu stellen. »Le vieux lutteur qu'est le général de Gaulle doit faire front jusqu'au bout«, zitiert Massu sich selbst in seinen Memoiren. »Vous devez vous battre jusqu'au bout, sur le terrain que vous avez choisi, même celui du referendum, si vous y tenez encore.«[195] In der konkreten Situation fielen seine Worte vermutlich weit drastischer aus, wie ein Interview andeutet, das Massu kurz nach den Ereignissen gab. »Mon général tant pis, qu'est-ce-que vous voulez«, attackierte danach Massu den Präsidenten, »vous êtes dans la merde, il faut y rester encore. Retournez-y. Il n'y a pas moyen de faire autrement.« Gleichviel, nicht Rücktritt, sondern Rückkehr lautet die Lektion, die Massu dem General erteilt; nicht mehr und nicht weniger, doch genug auf jeden Fall, und dieses Verdienst rechnet Massu sich zu, um den General von seinem Rücktrittsplan abzubringen. Der persönliche Adjutant Flohic, der während der Aussprache zwischen Massu und de Gaulle im Vorzimmer wartete, bestätigt den Verlauf. Als der General das Arbeitszimmer Massus verläßt, scheint er, aus Sicht von Flohic, seine Entscheidung getroffen zu haben. Er läßt die Hubschrauber zum Rückflug vorbereiten und zeigt sich erstmals seit seiner Ankunft besorgt um eines: Könnte man ihn in Frankreich inzwischen des Amtes enthoben haben, weil er das Staatsgebiet verlassen hat? Flohic beruhigt. Der General befinde sich in Baden-Baden, im französischen Hauptquartier, noch immer auf französischem Boden.[196] Kann es so gewesen sein? Der Aufenthalt de Gaulles in Baden-Baden, durch die Berichte von Adjutant Flohic und General Massu dokumentiert, dauert eineinhalb Stunden. Um 16.30 Uhr hebt die

195 Ebd., 90.
196 Flohic, 180.

Präsidentenmaschine in Richtung Colombey-les-deux-Églises ab, vermutlich, indem sie ein zweites Mal die deutschen Radarkontrollen unterfliegt.[197] Wie Cohn-Bendit überquert de Gaulle die deutsch-französische Grenze unbemerkt. Ein genialer Schachzug oder ein dramatisch abgewendeter Rücktrittsversuch?

Wenn es ein Schachzug war, dann bleibt die Frage, warum de Gaulle den Rhein überquerte und ausgerechnet nach Baden-Baden flog? An wen richtete sich seine demonstrative Aktion, wenn Massu, wie unterstellt, bloß eine Figur in einem übergreifenden Planspiel war? An alle Franzosen, so lautet die Antwort von Viansson-Ponté. De Gaulle wollte seinen »politischen Tod« inszenieren, um dadurch, wenigstens für einige Stunden »semer l'inquiétude parmi eux, les obliger à écouter, forcer leur attention et, à la faveur du ›suspense‹ ainsi créé, reprendre l'initiative, rompre l'immobilité du pouvoir, créer le mouvement, faire sortir de leur silence et de leur peur la foule immense de ceux qui ont soutenu de Gaulle et peuvent espérer encore en lui, les rassurer et les mobiliser...«[198] Die Hypothese, daß de Gaulle durch seinen fingierten politischen Tod das Vertrauen der Nation wiedererwecken sowie Handlungsinitiative und Entscheidungsmacht zurückgewinnen wollte, läßt außer acht, daß es gerade seine Handlungsinitiative war, die den Vertrauensverlust deutlich gemacht hatte. Er hatte sich durch die Ankündigung eines Referendums, das unmißverständlich für jeden seinen Rücktritt im Fall eines Scheiterns einschloß, bereits in eine Position des Alles oder Nichts begeben – mit wenig Aussicht auf Erfolg, wie er selbst erkannte. Kein Mitglied der Regierung hatte seine Handlungsinitiative verhindert, niemand hatte ihn gleichsam blockiert. Welche Handlungsfreiheit sollte mithin zurückgewonnen werden?

General Alain de Boissieu, der Schwiegersohn de Gaulles, stellt in einem Brief an Premierminister Pompidou die These auf, daß der Staatspräsident Massu nicht in Baden-Baden, sondern im Elsaß auf dem Dabo oder in Sainte-Odile treffen wollte. Erst bei einer Zwischenlandung habe er sich für Baden-Baden entschieden. »A cause du temps qui était très mauvais, et devant l'impossibilité de joindre par téléphone le Général Massu, le Général prit finalement

197 Adjudant Flohic überliefert, daß der Hubschrauber auf dem Hinflug die Radarkontrollen unterflog. Ebd., 177.

198 Viansson-Ponté, 633.

la solution Baden, malgré les inconvénients qu'elle présentait sur le plan international.«[199] Nach Darstellung von General de Boissieu, der am Abend des 28. Mai von seinen Standort Mulhouse in den Élysée-Palast berufen worden war, wo er am frühen Morgen des 29. Mai erschien, befand sich de Gaulle bei seinem Eintreffen in einem Zustand äußerster Niedergeschlagenheit. »J'avais devant moi«, wie er schreibt, »un homme las et fatigué qui n'avait pas dormi depuis plusieurs jours.«[200] De Gaulle zeichnete ihm ein düsteres Bild der Lage, die er, wie wenig später auch gegenüber Massu, mit Rücktrittsgedanken schloß. General de Boissieu, Kommandeur der 7. Division, versicherte, wie er in seinen Memoiren (1982) beschreibt, de Gaulle die Entschlossenheit des Militärs, das Vaterland gegen jegliche Angriffe von außen und von innen zu verteidigen. Er bot ihm ferner die Rekrutierung einer Gruppe junger freiwilliger Soldaten aus seiner Division an, die das Odéon, auf Anweisung, jederzeit räumen würde.[201] Bestrebt zu erfahren, ob General Massu genauso denke, habe de Gaulle, so de Boissieu, ihm seinen Plan mitgeteilt, mit Massu zusammenzutreffen, und ihm den Auftrag erteilt, Massu davon in Kenntnis zu setzen. Die Kontaktaufnahme sollte, auf ausdrückliche Anweisung de Gaulles, nicht von Paris aus vorgenommen werden, sondern von Colombey. »Vous ne devez dire ici quoi que ce soit à qui que ce soit«, habe der General erklärt, »je veux plonger les Français, y compris le gouvernement, dans le doute et dans l'inquiétude afin de ressaisir la situation.«[202] Stützt de Boissieu die Hypothese Viansson-Pontés durch sein Zeugnis als einer der am Geschehen des 29. Mai unmittelbar beteiligten Akteure, oder macht er sich die Spekulation des Publizisten zu eigen, um »seine« Geschichte zu erzählen und dabei ein bestimmtes Bild des Generals zu zeichnen: das Bild des sich von Melancholie und Depressionen befreienden souveränen Strategen?[203]

Tatsache ist, daß der Schwiegersohn General de Gaulles nach dem Gespräch im Élysée-Palast nach Colombey-les-deux-Églises aufbrach. Was danach geschah, ist unklar. De Boissieu behauptete, er

199 Zit. in Pompidou, *Pour rétablir une vérité*, 249-251, hier 250.
200 Ebd., 249.
201 Boissieu, *Pour servir le Général*, 184.
202 Ebd., 188.
203 Vgl. dazu auch Lacouture, *De Gaulle*, III, 703.

habe den Versuch gemacht, General Massu telephonisch zu erreichen, sei infolge des Generalstreiks der Post aber nicht zu ihm durchgedrungen. De Gaulle wartete daher, so de Boissieu, am Mittag vergeblich am vereinbarten Treffpunkt in Saint-Dizier, 50 Kilometer nördlich von Colombey, auf eine Nachricht von Massu. Er erhielt überhaupt keine Information. De Boissieu, der sie hätte übermitteln sollen, vermochte keine Verbindung zu de Gaulle herzustellen. Eine technische »Panne«, wie er schreibt, verhinderte dies.[204] Die These von der Panne, die de Boissieu erst in seinen Memoiren (1984) aufstellt, widerspricht der Darstellung des Geschehens, die er am 23. Juli 1968 in seinem Brief an Premierminister Pompidou formulierte, wonach das schlechte Wetter im Elsaß den Ausschlag für den Flug nach Baden-Baden gab. Adjutant Flohic, der an der Seite de Gaulles im Hubschrauber saß, berichtet in seinen Memoiren nichts über eine Zwischenlandung in Saint-Dizier. Nach seiner Darstellung hat de Gaulle das Ziel der Reise in der Luft bekanntgegeben, und zwar, da die Motoren eine sprachliche Verständigung zwischen ihnen unmöglich machten, in schriftlicher Form auf einem Umschlag, der in Flohics Buch als photomechanische Reproduktion abgedruckt ist.[205] Flohics Darstellung stützt die des Generals de Boissieu lediglich in einem Punkt: daß de Gaulle bis zu allerletzt äußerstes Stillschweigen über sein Ziel bewahrte, selbst seine engste Umgebung in Unkenntnis seiner Pläne ließ. Infolgedessen hatte der Pilot der Präsidentenmaschine nicht einmal eine vernünftige Landkarte des rechten Rheinufers an Bord, so daß der Sichtflug zu einem Abenteuer wurde, das Flohic als äußerst anstrengend beschreibt.[206]
Wenn der Flug nach Baden-Baden eine gewollte und nicht bloß eine durch widrige Begleitumstände erzwungene Entscheidung war, bleibt die Frage nach Ziel und Zweck der dramatischen Aktion. Wollte de Gaulle, wie Boissieu behauptet, die Loyalität der Armee prüfen? Und bediente er sich dazu einer List? Täuschte er Massu seinen Rücktritt vor, um dessen Einstellung zu testen? An der Loyalität Massus gegenüber de Gaulle konnte aufgrund der Vorgeschichte, die beide Personen verband, wenig Zweifel bestehen. Sein wahres Denken mußte ihm nicht durch eine inszenierte

204 Boissieu, 189.
205 Flohic, 179.
206 Ebd., 177.

Flucht entlockt werden. Während des Gesprächs unter vier Augen wurde – so zumindest nach der Rekonstruktion, die General Massu in seinem Memoiren vorlegt – nicht über einen Einsatz des Militärs zur Wiederherstellung der inneren Ordnung und damit zur Stabilisierung der Macht de Gaulles diskutiert. Gleichviel, Massu wäre nicht der erste Chronist, der Gesprächs- und Handlungsabläufe durch Auslassung fälscht.[207] Indes, für die Authentizität und Glaubwürdigkeit der Darstellung Massus und seiner Interpretation des Besuchs als Flucht des Generals aus einer unübersichtlich, bedrohlich gewordenen innenpolitischen Situation spricht ein Tatbestand, der sich nicht auf – wie exakt auch immer – überlieferte Worte de Gaulles stützt, sondern auf das Faktum, daß der General seine Familie (und, nebenbei bemerkt, den Familienschmuck[208]) auf den Flug nach Baden-Baden mitnahm. Welcher General nähme zur militärischen Einsatzbesprechung seine Enkelkinder mit?

Für die Darstellung von Massu spricht auch die Erklärung, die de Gaulle selbst in einem Fernsehinterview am 7. Juni 1968 auf die Frage, warum er Paris am 29. Mai verlassen habe, gab: »Oui, le 29 mai j'ai eu la tentation de me retirer«. Und er fügte damals hinzu: »... et puis en même temps, j'ai pensé que si je partais, la subversion menaçante allait déferler et emporter la République. Alors, une fois de plus je me suis résolu.«[209] Was er am 29. Mai getan hätte, wenn er sich nicht entschieden hätte, nach Frankreich zurückzukehren, umschrieb er noch am Abend des gleichen Tages gegenüber seinem Adjutanten Flohic mit den Worten: »J'avais informé Kiesinger de ma présence en Allemagne. J'y serais resté un temps puis je me serais rendu en Irlande, pays de mes ancêtres maternels les McCartan, puis beaucoup loin. De toute manière je ne serais pas resté en France.«[210] Es sollte anders kommen, die mögliche Geschichte erfüllte sich nicht.

207 So die These von François Goguel, der darauf verweist, daß Massu in einem Buch von 153 Seiten lediglich 24 Zeilen der Aussprache mit de Gaulle widme, die mehr als eine Stunde gedauert habe. F. Goguel, »Charles de Gaulle du 24 au 29 mai 1968«. In: *Espoir. Revue de l'Institut Charles-de-Gaulle*, N° 46 (mars 1984), 3-14, hier 10.

208 Vgl. Lacouture, *De Gaulle*, III, 709.

209 Das Interview ist abgedruckt in: *Le Figaro* vom 8./9. Juni 1968, S. 4, Sp. 1-8, hier Sp. 2.

210 Flohic, 182.

Die Nachricht, daß der Staatspräsident die Hauptstadt verlassen hatte, wurde binnen weniger Stunden im ganzen Land durch die Vermittlung der Zeitungen[211] und vor allem der Rundfunkstationen bekannt.[212] Auch die Tatsache, daß der General wider Erwarten nicht in Colombey-les-deux-Églises eintraf, übermittelte das Radio sofort. Das mysteriöse Verschwinden setzte unendliche – teilweise ebenso mysteriöse – Spekulationen frei, die sich im Laufe des Tages zu der Annahme verdichteten, der General habe sich nach Mulhouse begeben, um mit dem Kommandanten der dort stationierten 7. Division, seinem Schwiegersohn Alain de Boissieu, sowie General Massu zusammenzutreffen.[213] Der wirkliche Aufenthaltsort blieb zunächst unbekannt. Angesonnene bzw. dem General zugeschriebene Verhaltensdispositionen und Handlungsoptionen lenkten die Spekulationen und Gerüchte auf die Möglichkeit eines bevorstehenden Einsatzes des Militärs im Landesinneren hin. Truppenbewegungen bestärkten diese Annahme, wenngleich Militärsprecher versicherten, daß es sich bei der von der Öffentlichkeit mit Aufmerksamkeit beobachteten Kohorte von Militärfahrzeugen und Panzern, die sich in Richtung Paris bewegte, um die reguläre Rückkehr eines in Rambouillet stationierten Regiments aus einem soeben beendeten Manöver handelte; eine Rückkehr, die aufgrund des Streiks der Eisenbahner nicht wie gewöhnlich auf der Schiene, sondern über die Landstraße erfolgte.[214] Die gedachte Bedrohung, die latente Bereitschaft, an einen Militäreinsatz zu glauben, sowie die Erwartungshaltung von Teilen der Bevölkerung, der General werde nicht kapitulieren, sondern im Falle des Notstandes, auf das Militär gestützt regieren, trugen zur Verschärfung der Wahrnehmung der Krise bei. Die Anzeichen für eine revolutionäre Situation verdichteten sich durch die Interpretation der Ereignisse des 29. Mai. Steckte hinter der gedachten Bedrohung ein realer Kern?

Tatsache ist, daß Georges Pompidou bereits am 17. Mai die Reservisten der Gendarmerie und der Armee einberufen und eine Spe-

211 *Le Monde* vom 30. Mai 1968, die am Nachmittag des 29. Mai 1968 erscheint, macht mit der Schlagzeile auf: »Alors que le mouvement de grève s'etend et se politise: Le général de Gaulle est parti pour Colombey. Le conseil des ministres est reporté.«.

212 Vgl. Bernard, *Europe 1*, 271.

213 *Le Monde* vom 31. Mai 1968, S. 2, Sp. 4.

214 Vgl. *Le Figaro* vom 31. Mai 1968, S. 5, Sp. 2-4.

zialeinheit der »gendarmerie blindée«, die AMX 13, in Alarmbereitschaft versetzen ließ.[215] Angenommen wird, daß nach der zweiten Nacht der Barrikaden (24./25. Mai) mehrere Regimenter der Armee in die Region Paris verlegt worden sind.[216] Die Militärführung setzte indes, wenngleich sie am 29. Mai ihrerseits Alarmbereitschaft für einige Einheiten angeordnet hatte[217], einem Einsatz im Innern, so zumindest wird der Chef des Generalstabs General Fourquet später erklären, zögernde Zurückhaltung entgegen. Die Erinnerungen an 1961 waren noch zu wach; sie wollte nicht in einen innenpolitischen Machtkampf eingreifen, der zum Bürgerkrieg führen konnte.[218] Wenn die retrospektive Aussage den historischen Tatsachen entspricht, dann war zumindest kein eigenmächtiges Eingreifen des Militärs in den Konflikt zu erwarten. Und ein Einsatz auf Befehl?

Den Oberbefehl über die Streitkräfte hatte der Präsident der französischen Republik. Dieser hatte alle Eventualitäten, mithin auch einen Einsatz des Militärs, einen Vorstoß von Straßburg aus, erwogen. Die Überlegungen gingen, wie de Boissieu bestätigt, dem Flug nach Baden-Baden voraus. Eine Entscheidung, das Militär einzusetzen, hatte der General bis zu seinem Flug allerdings nicht gefaßt, und er sollte sie auch später nicht fassen. So bleiben die gegensätzlichen Aussagen zweier französischer Generale: de Boissieus These, de Gaulle habe die Einstellung Massus testen wollen, gleichsam als Vorstufe eines möglichen Einsatzes des Militärs, und Massus Darstellung der Flucht de Gaulles nach Baden-Baden, die mit einer scharfen Abgrenzung von de Boissieu beginnt. »Dénaturer les faits«, so Massu über de Boissieus Buch, das in ihm den Impuls zur Gegendarstellung weckte, »même pour embellir la légende du Général, serait une injure à sa mémoire. Jamais, vivant, il ne l'aurait toléré.«[219]

Wenn der Einsatz des Militärs zwar eine denkbare, aber in den Stunden, in denen de Gaulle, wie er später sagte, »seine« Entscheidung faßte, keine entscheidungsrelevante Komponente seines Denkens und Handelns war, dann weist das Argument des

215 Lacouture, *De Gaulle*, III, 692.
216 Dansette, 299; *Le Monde* vom 31. Mai 1968, S. 4, Sp. 3-6.
217 Grimaud, 282 f.
218 Lacouture, *De Gaulle*, III, 692.
219 Massu, 11.

Schachzuges auf diejenigen zurück, die es formulieren und damit eine historische Situation gemäß ihres Bildes des kämpferischen, »großen« de Gaulle modulieren. Ereignisse, die *ex post* aus der Unendlichkeit des Geschehens ausgegrenzt werden, können schon von den Zeitgenossen als Sinneinheit erfahren worden sein.[220] Die Deutungen, die Viansson-Ponté und de Boissieu den Ereignissen des 29. Mai gaben und die sich trotz aller inhärenten Widersprüche, gegen sie erhobenen Einsprüche[221] und kritischen Infragestellungen[222] behaupteten, entsprachen – und das mag ihre Wirkungskraft erklären – dem Denken und den Einstellungen vieler Zeitzeugen, die in der Krisensituation einen militärischen Coup (oder zumindest die Drohung damit) bzw. einen genialen Schachzug des Generals für möglich erachteten. Die historische Forschung indes, die zwischen intendierten, unbeabsichtigten und »sekundären« Folgen sozialen Handelns unterscheidet, kann die These, daß der Flug nach Baden-Baden ein intendierter, taktischer Schachzug de Gaulles war, nicht stützen (zumindest nicht auf der Grundlage der bisher vorliegenden Quellen). Wenn die Reise zu einem Überraschungscoup wurde, dann handelt es sich allenfalls um eine sekundäre Folge der Aktion, deren Wirkung auf den weiteren Verlauf der innenpolitischen Ereignisse durch Einordnung in den Prozeß des Krisenmanagements am Ende des Mai zu prüfen ist.

Durch den unerwarteten Aufbruch des Staatspräsidenten mit – dem Premierminister lange Zeit – unbekanntem Ziel und ebenso unbekannten Handlungsoptionen wurde Georges Pompidou auf dem Höhepunkt der innenpolitischen Spannungen in eine, aus seiner Sicht, verfassungsrechtlich »vertrackte« Lage gebracht. War durch die Abwesenheit des Staatspräsidenten, dem Pompidou in seiner ersten, spontanen Reaktion unterstellte, ins Ausland geflogen zu sein, eine Situation entstanden, in welcher der Senatspräsident einen Interimspremierminister ernennen würde? Wie würde sich das Parlament verhalten, in dem mittlerweile, wie er wußte, Gaullisten, darunter selbst Minister, von der Notwendig-

220 R. Koselleck, »Darstellung, Ereignis und Struktur«. In: ders., *Vergangene Zukunft. Zur Semantik geschichtlicher Zeiten*, Frankfurt am Main 1979, 144-157, hier 145.
221 Ebd.
222 Vgl. insbesondere Lacouture, *De Gaulle*, III, 698-714.

keit überzeugt waren, einen neuen Premierminister zu ernennen?[223] Pompidou, der diese Gedanken erwog, wußte mit Sicherheit nur eines: auflösen konnte er die Nationalversammlung nicht. Mühsam bestrebt, die Bestürzung zu verbergen, die ihn erfaßte, kündigte er zwei Maßnahmen an, die ein Ziel verfolgten: in der Öffentlichkeit den Eindruck zu erzeugen, daß an den Vorgängen nichts ungewöhnlich sei, sondern alles seinen normalen Gang nehme. Erstens ließ er, um zu unterstreichen, daß die von de Gaulle verschobene Ministerratssitzung am nächsten Tag tatsächlich stattfinden werde, der Öffentlichkeit mitteilen, er werde anläßlich der Ministerratssitzung auch eine Erklärung im Parlament abgeben; zweitens ließ er verlautbaren, daß er sich möglicherweise noch am Abend (des 29. Mai) in einer Fernsehansprache an die Nation wenden werde. »Vorsichtsmaßnahmen« nennt er in seinen Memoiren diese Handlungsdispositionen, die verbergen sollten und, wie noch zu zeigen sein wird, auch wirksam verhüllten, daß er sich in einer ausweglosen Situation sah, in der er nur noch eines tun konnte: warten.[224]

Der Premierminster wartete vier Stunden, bis die Nachricht, daß der Staatspräsident in Colombey-les-deux-Églises eingetroffen sei, der Unsicherheit und extremen Anspannung ein Ende machte. Spontane Erleichterung, die, wie er schreibt, ihn während des kurzen Telefongesprächs erfaßte, das er mit de Gaulle gegen 18.30 Uhr führte, schlug im Verlauf des Abends jedoch um in Zorn, Verbitterung und Niedergeschlagenheit. Die Einzigartigkeit des Vorfalls, daß ein Staatspräsident das nationale Territorium verlassen hatte, ohne den Premierminister zu informieren, verbitterte ihn ebenso wie die, aus seiner Sicht, immer noch fehlende Einsicht de Gaulles in die Notwendigkeit tiefgreifender Veränderungen.[225] Er schrieb sein Rücktrittsgesuch.[226]

Nicht weit vom Amtssitz des Premierministers entfernt, kündigte etwa zur gleichen Zeit Pierre Mendès France seine Bereitschaft an, die politische Verantwortung in einer »provisorischen Regierung« zu übernehmen. Er sah sich durch die Ereignisse des 29. Mai in seiner Entscheidung bestärkt. Waren doch, aus seiner Sicht, durch

223 Pompidou, *Pour rétablir une vérité*, 192.
224 Ebd., 195.
225 Ebd., 196.
226 Abgedruckt ebd., 239 f.

das geheimnisvolle Verschwinden des Generals die Anzeichen eines Machtvakuums gewachsen. »Nous ne savons plus très bien où en est le régime; nous ne savons pas s'il y a encore un gouvernement et nous ne connaissons ni ses intentions ni ses décisions«, stellte er in einer von ihm einberufenen Pressekonferenz fest.[227]

Tatsächlich wußte zu diesem Zeitpunkt niemand, wie es um die Regierung stand und wie sich die politische Krise entwickeln würde. Die Zukunft war offen, alles war noch immer möglich. Verschwinden und Rückkehr des Generals hatten keine Wende gebracht, sondern vielmehr die Verworrenheit gesteigert, die Handlungsoptionen erweitert. Folgende Alternativen konkurrierten: die Sozialisten der FGDS und PSU forderten den Rücktritt de Gaulles und die Formierung einer »provisorischen Regierung« unter einem Premierminister Pierre Mendès France; die Kommunisten teilten die Forderung nach Rücktritt des Präsidenten und des Regierungschefs, setzten sich indes für eine »Volksfrontregierung« ein, die einer Person auf keinen Fall unterstellt werden sollte: Pierre Mendès France; auch das Centre démocrate sah den Rücktritt de Gaulles als einzige verantwortungsvolle Lösung der Krise an und trat für die Bildung eines »gouvernement de salut public« ein, eine Regierung, die unter Führung von Pierre Mendès France alle fortschrittlichen Kräfte vereinigen sollte, unter Ausschluß einer Partei: der Kommunistischen Partei; die Mehrheitspartei der UD-Ve République sprach de Gaulle das Vertrauen aus, forderte indes ein »gouvernement d'unité française«[228] und schloß dabei einen Wechsel des Premierministers nicht aus. Teile der Partei sahen Mendès France als möglichen Kandidaten an; denkbar war aber auch die Erklärung des Ausnahmezustandes gemäß Artikel 36 der Verfassung (eine »déclaration d'état de siège« oder »déclaration d'état d'urgence«[229]) bzw. die Wahrnehmung von Sondervollmachten durch den Präsidenten der Republik gemäß Artikel 16. Welche Handlungsoption würde sich durchsetzen? *Le Monde* stellte am 30. Mai auf der ersten Seite »Le tandem de demain«, eine mögliche politische Führung durch Mitterrand und

227 Vgl. *Le Monde* vom 31. Mai 1968, S. 3, Sp. 1.
228 Vgl. ebd., Sp. 5 f.
229 Vgl. dazu M. Duverger, »Une dissolution conditionnelle«. In: *Le Monde* vom 2./3. Juni 1968, S. 4, Sp. 1 f., hier 1.

Mendès France, heraus. François Mitterrand war sicher: »Nous avions le pouvoir à portée de la main...«[230]
Die Entscheidung fiel am Nachmittag des 30. Mai. Wie, warum und zu wessen Gunsten? Innerhalb von vier Minuten, so der Tenor in fast allen Darstellungen des Mai, wurde die politische Krise zu einem Ende gebracht.[231] Nach dem Motto »veni, vidi, vici« wird der Mai in ein Vorher und ein Nachher zerlegt, eine Zäsur am 30. Mai 1968 zwischen 16.30 Uhr und 16.34 Uhr gemacht, dem Zeitpunkt der zweiten Ansprache des Präsidenten der Republik, und gefolgert: De Gaulle kam, sprach und entschied die Partie für sich. Kann es so gewesen sein?
Seine Rede versetzte der Nation – so eine beliebte Wendung in allen Darstellungen – einen Schlag (»coup«), sie besann sich, stand auf und wandelte sich, die Partei der Ordnung siegte über das Chaos, dem »Spektakel« wurde ein Ende gemacht, der Mai war vorbei. »Aux premiers mots, au ton surtout, nous sursautons«, so auch Maurice Grimaud, der Intellektuelle an der Spitze des Polizeiapparates, »... cette fois, c'est Zeus lui-même qui surgit chez les mortels, le tonnerre à la main. En phrases brèves, le dieu irrité lance la foudre sur ses ennemis, galvanise ses fidèles, réveille les indécis. Lorsqu'il a terminé, nous avons tous, en même temps, la même réaction: ›Cette fois, il a gagné‹.«[232] Kein Zweifel, de Gaulle hatte es verstanden, durch seine Worte den Mythos wiederzuerwecken, der ihn umgab, seitdem er aus dem britischen Exil zum besetzten Frankreich sprach. Parallelen zu seinen historischen Reden wurden von fast allen Kommentatoren gezogen. Führte die Macht der Erinnerung einen Einstellungswandel herbei? Oder war es der Inhalt der Rede, die Botschaft, die der General der Nation mitteilte? Die Rede galt, auch das stellten die Zeitgenossen sofort fest, verglichen mit der ersten Ansprache als relativ unprogrammatisch und leer. »Finie l'homélie«, wie Grimaud schreibt.[233] Was wirkte, war die Entschiedenheit, die aus ihr sprach. Doch reicht Entschiedenheit aus, um die Opposition zum Schweigen und neun Millionen Streikende wieder an die Arbeit zu bringen? Kann eines Mannes Rede einen politisch-kulturellen

230 Zit. in Martinet, 32.
231 Joffrin, 295-297; Dansette, 322-329; Fouchet, *Mémoires*, 262.
232 Grimaud, 294 f.
233 Ebd., 294.

Aufbruch zum Stillstand bringen? Die psychologisierenden und auf die Person de Gaulles konzentrierten Analysen suggerieren dies, doch sind die Mechanismen zur Entflechtung von Krisensituationen komplexer, und genau dies zeigen die letzten Tage des Mai 68 in Frankreich auf. Daß der größte Streik in der Geschichte Frankreichs nicht zum Regimewechsel führte, läßt sich weder auf die Intuition noch auf die Intonation de Gaulles zurückführen, sondern auf die institutionelle Weichenstellung, die er zur Restrukturierung des politischen Prozesses traf. Er löste das Parlament auf und beendete damit, wenn man so will, schlagartig die Vorstellung, daß alles möglich sei. Er entzog der Transformationskonzeption der politischen Opposition – der Bildung einer provisorischen Regierung – den Boden.
Die Entscheidung zur Auflösung des Parlaments, die nur er fällen konnte, traf der Staatspräsident nicht aus freiem Willen und kraft eigener Überlegungen, sondern unter äußerem Druck. Es war Georges Pompidou, der ihm die Idee, die fortan die Bahnen der Interessen lenken sollte, gleichsam in letzter Minute aufzwang, nur eineinhalb Stunden vor der bereits offiziell angekündigten Ansprache des Präsidenten. Er nahm damit die Weichenstellung vor, welche die Verfahren bestimmte, nach denen der dramatisch zugespitzte politische Konflikt ausgetragen werden sollte. Die Entscheidung, Neuwahlen des Parlaments auszuschreiben, kanalisierte den politischen und sozialen Protest in die Bahnen der repräsentativ-demokratischen Institutionen (was die geeinte Linke ebenfalls erstrebte, allerdings nach einer Phase einer von ihr gestellten Übergangsregierung) und setzte zugleich einer Übernahme von Entscheidungskompetenzen gemäß Art. 16 der Verfassung in der Hand des Staatspräsidenten Grenzen. Die Intervention des Premierministers, der die Annahme seines Vorschlages zur Voraussetzung für sein Verbleiben im Amt machte, veränderte die am Vormittag vorbereitete Botschaft de Gaulles an die französische Nation grundsätzlich, wie die Textanalyse zeigt.
De Gaulles Ansprache begann mit einer offensiven Deklaration seiner – allen Rücktrittsforderungen zum Trotz – legitimen Stellung und Entscheidungskompetenz sowie der Demonstration seiner Entschlossenheit, diese nicht aus der Hand zu geben. »Françaises, Français, étant le détenteur de la légitimité nationale et républicaine, j'ai envisagé depuis vingt-quatre heures toutes les éventualités sans exception qui me permettraient de la maintenir.«

Offensiv zog er unter Verweis auf die letzten »24 Stunden« auch seine Verwirrung stiftende Abwesenheit heran, um anschließend mit Nachdruck zu bekunden: »J'ai pris mes résolutions. Dans les circonstances présentes je ne me retirerai pas. Je ne changerai pas le premier ministre, dont la valeur, la solidité, la capacité, méritent l'hommage de tous.« Damit war deutlich gemacht, daß es an der bikephalen Spitze des politischen Institutionensystems – zumindest vorerst – keinen Wechsel, keine Wandlung geben würde. Die Konsequenzen aus der politisch-sozialen Krise wurden auf anderer Ebene gezogen. Sie betrafen erstens die Zusammensetzung der Regierung, deren Umbildung aufgrund des Rücktritts von Finanzminister Debré und von Erziehungsminister Peyrefitte notwendig geworden war, sowie zweitens die *conditio sine qua non* des Arrangements zwischen Pompidou und de Gaulle – die Auflösung des Parlaments. »Il [Pompidou] me proposera les changements qui lui paraîtront utiles dans la composition du gouvernement. Je dissous aujourd'hui l'Assemblée nationale.« Mit der Ausschreibung von Neuwahlen wurde der politischen Krise, die zur Regimekrise zu werden drohte, eine Lösung gewiesen, die sich verfahrenstechnisch und inhaltlich von dem in der ersten Ansprache des Generals bisher eingeschlagenen Weg eines Referendums unterschied. An die Stelle des Plebiszits über »Partizipation« traten allgemeine Wahlen; die Vertrauensfrage, die sich für den Staatspräsidenten mit dem Referendum verband, wurde dadurch abgewandt; die Wahlentscheidung war kein Votum mehr für oder gegen de Gaulle, sondern wurde vom Staatspräsidenten umdefiniert in ein Votum für oder gegen die Republik. Die Neustrukturierung des politischen Verfahrens verband sich mithin mit einer Neubestimmung des politischen Anliegens. Zwar gab de Gaulle die Idee eines Referendums über seine Partizipationskonzeption nicht auf, aber er schob das Referendum auf unbestimmte Zeit hinaus.

J'ai proposé au pays un référendum qui donnait aux citoyens l'occasion de prescrire une réforme profonde de notre économie et notre université, et en même temps de dire s'ils me gardaient leur confiance ou non par la seule voie acceptable, celle de la démocratie. Je constate que la situation actuelle empêche matériellement qu'il y soit procédé. C'est pourquoi j'en diffère la date.

Die Unsicherheit hinsichtlich der ordnungsgemäßen Durchführung des Referendums (der Conseil d'État hatte Einspruch erhoben, die Herstellung der Wahlscheine war aufgrund des Streiks der Druckereibetriebe nicht gesichert, so daß der Innenminister die Vergabe des Druckauftrages nach Belgien erwog), welche in der Entscheidung ebenfalls mitschwang, sollte, was die allgemeinen Wahlen betraf, von vornherein ausgeschlossen sein. Die Entschiedenheit, mit der de Gaulle die Durchsetzung der Durchführung der allgemeinen Wahlen binnen zwanzig, spätestens vierzig Tagen nach Auflösung der Nationalversammlung gegen alle Widersacher beschwor, wies erstmals in der Rede auf die neue Polarisierung hin, welche durch die Wahlen vorgenommen werden sollte.

Quant aux élections législatives, elles auront lieu dans les délais prévus par la Constitution, à moins qu'on n'entende bâilloner le peuple français tout entier en l'empêchant de s'exprimer, en même temps qu'on l'empêche de vivre, par les mêmes moyens qu'on empêche les étudiants d'étudier, les enseignants d'enseigner, les travailleurs de travailler. Ces moyens ce sont l'intimidation, l'intoxication et la tyrannie exercées par des groupes organisés de longue main en conséquence et par un parti qui est une entreprise totalitaire même s'il a déjà des rivaux à cet égard.

Die Wahlen sollten die Verteidiger der Demokratie gegen die erklärten Feinde der Demokratie mobilisieren, sie sollten eine Waffe sein gegen die »Tyrannei« organisierter Gruppen und den Totalitarismus einer Partei.
Für den Fall, daß sie nicht zustande kommen sollten, drohte de Gaulle unter Berufung auf die Verfassung Notstandsmaßnahmen an. »Si donc cette situation de force se maintient, je devrai, pour maintenir la République, prendre, conformément à la Constitution, d'autres voies que le scrutin immédiat du pays.« Er rief die Bevölkerung zur entschlossenen Gegenwehr auf, zur staatsbürgerlichen Selbstbehauptung, zur »action civique«, um dadurch nicht nur die Regierung zu stützen, sondern auch die Bevollmächtigten der Republik in den Departements, die Präfekten.

En tout cas partout et tout de suite il faut que s'organise l'action civique. Cela doit se faire pour aider le gouvernement d'abord, puis localement les préfets devenus ou redevenus commissaires de la République dans leur tâche qui consiste à assurer autant que possible l'existence de la population et à empêcher la subversion à tout moment et en tout lieu.

Die Androhung von Notstandsmaßnahmen in Verbindung mit der Auflösung des Parlamentes schufen ein verfassungsrechtliches Problem. Denn es war zweifelhaft, ob der Rückgriff auf Art. 16

der Verfassung, der dem Präsidenten im Fall der Bedrohung der Institutionen der Republik außerordentliche Vollmachten garantierte, in einer Phase der Auflösung der Nationalversammlung rechtlich zulässig war.[234] Die Ausrufung des »Belagerungszustandes«, beschlossen durch Dekret des Ministerrates gemäß Art. 36 der Verfassung, war nur statthaft bis zu zwölf Tagen, eine Verlängerung bedurfte der ausdrücklichen Genehmigung durch das Parlament. De Gaulles Erklärung, daß er im Falle der gewaltsamen Verhinderung der Parlamentswahlen, gestützt auf die Verfassung, andere Maßnahmen als eine Volksabstimmung einleiten werde, war demzufolge wahrheitswidrig.[235] Wenn die Neuwahl eines Parlaments in dem von der Verfassung vorgesehenen Zeitrahmen nicht zustande kam, trat keine Ausnahmesituation ein, sondern dann hatte die alte Nationalversammlung nicht nur das Recht, sondern die Pflicht, sich als nationale Vertretungskörperschaft wieder zu versammeln.[236] Verfassungsrechtlich wurde die Situation durch die Auflösung des Parlaments bei Androhung von Notstandsmaßnahmen nicht entspannt, sondern kompliziert; eine Folge der Kombination divergierender Handlungsstrategien, der auf intermediäre Konfliktlösung gerichteten Vermittlungsstrategie Pompidous und der autoritären Handlungsdisposition de Gaulles.

Der Komplexitätssteigerung der verfassungsrechtlichen Situation stand eine außerordentliche Reduktion der Komplexität in der politischen Lageanalyse entgegen. »La France«, so de Gaulle, »en effet, est menacée de dictature. On veut la contraindre à se résigner à un pouvoir qui s'imposerait dans le désespoir national,

234 So jedenfalls die These von Maurice Duverger (in *Le Monde* vom 2./3. Juni 1968, S. 2, Sp. 1-2). In den Kommentaren zur Verfassung ist dieses Problem, soweit ersichtlich, nicht behandelt worden, auch nicht in Duvergers eigenem Werk *Les Institutions Françaises*, Paris 1962 – vgl. hier besonders »La définition des circonstances exceptionnelles«, 97 ff. Ein Verweis auf die Problematik fehlt auch in den neueren Kommentaren; vgl. F. Luchaire/G. Conac, *La constitution de la république française*, Paris 1987, 541 ff.; P. Ardant, *Institutions politiques et droit constitutionnel*, Paris 1989, 497 ff.

235 M. Duverger, »Une dissolution conditionnelle«. In: *Le Monde* vom 2./3. Juni 1968, S. 4, Sp. 1, sowie auch den Kommentar von Pierre Viansson-Ponté in: *Le Monde* vom 1. Juni 1968, S. 2, Sp. 3 f.

236 Vgl. dazu Duverger, »Une dissolution conditionnelle«, S. 4, Sp. 1.

lequel pouvoir serait alors évidemment essentiellement celui du vainqueur, c'est-à-dire celui du communisme totalitaire.« Damit war die angebliche Gefahr umrissen, der die Republik ausgesetzt war, und der Gegner benannt, gegen den es zu kämpfen galt: der totalitäre Kommunismus. Ihm wurde unterstellt, mit allen Mitteln zu arbeiten: mit denen der Täuschung über seine Ziele und der Instrumentalisierung von divergierenden Interessen. »Naturellement, on le colorerait pour commencer d'une apparence trompeuse en utilisant l'ambition et la haine de politiciens au rancart. Après quoi, ces personnages ne pèseraient pas plus que leur poids qui ne serait pas lourd.« Die Warnung zielte verdeckt, aber unmißverständlich auf Mendès France und Mitterrand, denen, zu Handlangern des Kommunismus deklariert, jegliche Eigenständigkeit und Einflußnahme auf die politische Entwicklung abgesprochen wurde. Der düsteren Prognose folgte ein – durch Intervention Pompidous in die Rede aufgenommener – versöhnlicher Schluß, der die Kraft der französischen Nation zur Reorganisation beschwor und den Sieg der Werte »Fortschritt«, »Unabhängigkeit« und »Freiheit« gegenüber jeglichem totalitären Experiment. »Eh bien! non, la République n'abdiquera pas, le peuple se ressaisira. Le progrès, l'indépendance et la paix l'emporteront avec la liberté. Vive la République! Vive la France!«
Die Rede wurde von vielen Franzosen mit Begeisterung und Erleichterung aufgenommen, die nationales Pathos und Emphase freisetzte. »Zusammen mit Freunden«, so Raymond Aron, »hörten wir zu Hause die Ansprache des Generals. Ich glaube, daß ich ausrief: ›Vive de Gaulle‹. Wir alle hatten das Gefühl, daß er dieses Mal den richtigen Ton getroffen und damit das Spiel gewonnen hatte. Wir gingen auf die Champs-Élysées, wo sich die Menge zu versammeln begann«[237]; »die Menge« soll heißen: die Anhängerschaft de Gaulles, die, wie auch Aron unterstellt, durch die Rede mobilisiert wurde, ihr Bekenntnis demonstrativ zum Ausdruck zu bringen. 3- bis 400.000 strömten in Paris, nach Schätzung der Polizei[238], zusammen, um dem gaullistischen Regime ihre Unterstützung zu zeigen. So spontan wie das zeitliche Nacheinander von Rede und Großdemonstration suggerierte, war die Mobilisierung der Anhängerschaft de Gaulles indes nicht. Der Aufmarsch

237 Aron, *Erkenntnis und Verantwortung*, 333.
238 Vgl. Grimaud, 295.

war durch eine zielgerichtete Mobilisierungskampagne (Flugblatt-Aktionen, Zeitungsaufrufe, Ferntransporte von Anhängern aus der Provinz sowie durch die Ad-hoc-Bildung von Unterstützungskomitees) einer Vielzahl von Organisationen langfristig vorbereitet worden: von der gaullistischen Partei UD-Ve République über die »Comités pour la défense de la République« zum »Groupement national des officiers mutiles«, der »Association nationale pour le soutien de l'action du géneral de Gaulle«, der »Association pour la Ve République«, der »Association de la Résistance«, den »Associations des anciens combattants« und der »Union des jeunes pour le progrès« (UJP).[239] Sie hatten seit Tagen eine Demonstration von der Concorde über die Champs-Élysées zur Étoile geplant, die zur Kundgebung des bislang »schweigenden Frankreichs«, zur großen Gegendemonstration gegen die Demonstrationen der Linken (insbesondere die des 13. Mai) werden sollte und tatsächlich auch wurde. Mobilisiert wurde die »Partei der Furcht« vor dem Chaos, wie zeitgenössische Kommentatoren es formulierten.[240] In Sprechchören wie »Vidangez la Sorbonne«, »A bas le marxisme« kehrten die Demonstranten am 30. Mai die Parolen der Linken um und drückten ihr Feindbild aus. »La France aux Français«, »Les cocos à Moscou«, »Cohn-Bendit en Allemagne« und »Cohn-Bendit à Dachau« waren nicht nur Zeichen eines Pendelschwungs in der öffentlichen Meinung[241], sondern der Spaltung einer Nation, des Aufstands des rechten gegen das linke Frankreich. Der Aufstand des rechten Frankreich machte dabei vor der Mobilisierung und Instrumentalisierung des Antisemitismus nicht halt. Hatte de Gaulle den »richtigen Ton« getroffen?

Er hatte, so die Meinung der Opposition, das Land an den Rand des Bürgerkriegs gebracht (so François Mitterrand im Namen der FGDS und André Jeansson für die CFDT), den Millionen Streikenden eine »Kriegserklärung« gemacht (so die Kommunistische Partei), zur Subversion der Streikbewegung aufgerufen (so die CGT), mit der bewaffneten Repression gedroht und sich damit

239 Vgl. *Le Monde* vom 31. Mai 1968, S. 4, Sp. 1 f.

240 Vgl. unter anderem *Frankfurter Allgemeine Zeitung* vom 1. Juni 1968, S. 1, Sp. 2.

241 B. Dechamps, »Pariser Pendelschlag«. *Frankfurter Allgemeine Zeitung* vom 1. Juni 1968, S. 1, Sp. 5 f.

außerhalb der Legalität gestellt (so die PSU), die Nation mit der Alternative Repression oder Aufstand vor eine falsche Wahlentscheidung gestellt (Jacques Duhamel für PDM).[242] Er hatte, so der Eindruck in den bestreikten Betrieben, die Arbeiter provoziert bzw. den Versuch gemacht, sie einzuschüchtern. War er doch mit keinem Wort auf die Forderungen der streikenden Arbeiter eingegangen, sondern hatte sie mit seinen Attacken gegen den Kommunismus übergangen.[243] Der Streik, so die erste Reaktion in den Betrieben, mußte weitergehen.

Weit davon entfernt, die Konfliktlage zu pazifizieren, polarisierte die Rede des Präsidenten die Bevölkerung. Der Stimmungsumschwung, den zeitgenössische Kommentatoren registrierten, war kein Effekt der Demobilisierung der sozialen Bewegung, sondern der Mobilisierung gegen sie. Die Gegner der Streik- und Protestbewegung hatten sich formiert, beanspruchten die Straßen und Plätze für sich. Die Gegenmobilisierung war gewollt, gleichsam eine beabsichtigte Folge der Rede des Präsidenten, der die »action civique« beschwor. Gleichviel, er konnte sich den Erfolg nicht allein zurechnen. Seine Anhänger hatten vorgearbeitet, noch in Unkenntnis der Ansprache des Präsidenten Sympathisanten rekrutiert, Organisationen und Gruppen vernetzt, Agitation und Aktion auf das Ziel einer Gegenbewegung hin koordiniert. De Gaulles Rede überführte ihre Initiative in einen imposanten Mobilisierungserfolg, lieferte sie doch eine Deutungsstruktur (Antitotalitarismus, Antikommunismus, »action civique«) und einen Handlungsrahmen.

Die politische Perspektive, welche die Rede de Gaulles der französischen Nation wies, hatte sich, gemessen an der ursprünglichen Intention des Staatspräsidenten, durch die Intervention Pompidous verschoben. Die »Entscheidungen«, die er präsentierte, trugen in ihrem den politischen Handlungskontext fortan strukturierenden Kern die Handschrift Georges Pompidous. Der strategische Sieg Pompidous über de Gaulle wird deutlich, wenn man die Rede unter Auslassung der Ankündigung der Parlamentsauflösung liest und damit den Gehalt der Botschaft freilegt, die de Gaulle nach seiner Rückkehr aus Baden-Baden noch in Colombey am Vormittag des 30. Mai 1968 niederschrieb. Es war kein neues

242 Vgl. *Le Monde* vom 1. Juni 1968, S. 4, Sp. 3-5, S. 5.
243 Ebd., Sp. 2 f.

Denken, das seinen wiedergewonnenen politischen Handlungswillen lenkte, seinen Entschluß, noch einmal zu versuchen, die politische Lage zu wenden. Es war vielmehr die bewußte Rückkehr zu der – nur in seiner Ansprache vom 24. Mai durchbrochenen – Strategie der Repression, die er seit den Anfängen der Bewegung propagierte. Seine Entscheidungen nach Baden-Baden waren: Aufschub des Referendums und damit vorläufiger Verzicht auf Reform »von oben«, statt dessen Stärkung der exekutiven Gewalt gegen die Protestbewegung, die das Land paralysierte; Androhung eines Ausnahmezustandes zur Beendigung der sozialen und politischen Krise mit allen dem Präsidenten nach Artikel 16 der Verfassung zustehenden Mitteln staatlicher Gewalt und Mobilisierung der Anhänger des Systems gegen die Systemkritiker und vor allem gegen den gedachten Systemgegner: die Kommunistische Partei Frankreichs. Pompidous Intervention veränderte die antikommunistische Stoßrichtung und damit die polarisierende, ideologische Deutung nicht, die de Gaulles Rede durchzog, verhinderte aber den Rückgriff auf Sondervollmachten des Präsidenten, eine Konzentration der Entscheidungsgewalt über den Einsatz von Gewaltmitteln in dessen Hand, eine Politik des Ausnahme- oder Belagerungszustandes, die eine bürgerkriegsähnliche Situation heraufbeschwören konnte. Pompidous Intervention setzte der autoritären und potentiell gewaltsamen Handlungsstrategie de Gaulles Grenzen. Seine Forderung nach Auflösung des Parlaments hob die Möglichkeit des Präsidenten auf, unter Rückgriff auf Art. 16 zu regieren. Neuwahlen verlagerten den politisch-sozialen Konflikt in die institutionalisierten Bahnen des demokratisch-kompetetiven Parteiensystems, vorausgesetzt, die Parteien würden die Wahlen nach nur siebzehnmonatiger Legislaturperiode akzeptieren.

Sie akzeptierten. Unter den Gaullisten löste die Bekanntgabe der Auflösung des Parlaments durch den Präsidenten der Nationalversammlung, Chaban-Delmas, spontane Beifallsbekundungen aus.[244] Auch die Unabhängigen Republikaner um Giscard d'Estaing begrüßten die Entscheidung des Präsidenten, ebenso wie der Präsident der Zentrumspartei PDM, Jacques Duhamel.[245] Und schließlich nahmen auch die Parteien der linken Opposition

244 Ebd., S. 2, Sp. 1 f.
245 Ebd., S. 4, Sp. 3.

den Wahlkampf auf. Die Forderungen nach einer »Übergangsregierung«, »provisorischen Regierung« oder »Volksfrontregierung« tauchten nicht mehr auf. War der Kampf um eine andere Republik nur ein Spiel gewesen mit Worten, denen keine Taten folgen sollten?
Die Kommunistische Partei sah sich durch die antikommunistischen Attacken der Rede de Gaulles in ihrer Selbstwahrnehmung als einzige, wirklich revolutionäre Kraft bestätigt.[246] Tatsächlich war die Diskrepanz zwischen Worten und Taten bei keiner der linken Oppositionsparteien so groß wie bei ihr. Sie wurde erst durch die vereinfachende Polarisierung der Rede de Gaulles zum Drahtzieher der Bewegung gemacht, die in Wirklichkeit nicht nur ohne sie gewachsen, sondern weitgehend auch gegen sie gerichtet war. Ihre Parole »Volksfrontregierung« sowie ihre Aufmärsche am 29. Mai waren Demonstrationen der Stärke und Geschlossenheit, die keineswegs nur dem gaullistischen Regime galten, sondern vor allem der nichtkommunistischen linken Opposition. Ohne oder gegen sie, so die Botschaft der Kommunistischen Partei, konnte es keine provisorische Regierung geben. Wollte sie überhaupt ein solches Experiment wagen? Noch am 21. Mai, als bereits selbst unter den Gaullisten über den möglichen Rücktritt de Gaulles spekuliert wurde, hatte Waldeck Rochet, der Generalsekretär der Kommunistischen Partei, vor einer Gruppe von Parlamentariern, darunter der Schwiegersohn General de Gaulles, Jacques Vendroux, erklärt: »Surtout, insistez pour qu'on ne cède pas ... Il ne faut pas qu'il s'en aille!«[247] Am 28. Mai, einen Tag vor der kommunistischen Großdemonstration, hatte ein Mitglied des Zentralkomitees der Kommunistischen Partei dem gaullistischen Abgeordneten Jean de Lipkowski signalisiert, daß die Kommunistische Partei »propose de donner son appui au général à condition que celui-ci, ›comme après la Libération‹, fasse entrer des communistes au gouvernement«.[248]
Die Repräsentanten der FGDS und PSU waren sich bis zum

246 »Le seul parti révolutionnaire dans le bon sens du terme, c'est le parti communiste français: c'est pourquoi de Gaulle porte ses coups contre lui.« Waldeck Rochet, zit. nach *Le Monde* vom 2./3. Juni 1968, S. 4, Sp. 6.

247 J. Vendroux, *Les grandes années que j'ai vécues (1958-1970)*, Paris 1975, 316.

248 Lacouture, *De Gaulle*, III, 694.

Abend des 29. Mai der Unterstützung der provisorischen Regierung durch die Kommunisten nicht sicher. Mitterrand und Mendès France, die am Nachmittag – während die Kommunisten in den Straßen von Paris demonstrierten – zusammentrafen, waren daher hinsichtlich der Durchführung der angekündigten Offensive der Opposition unterschiedlicher Meinung. Während Mendès France, durch das geheimnisvolle Verschwinden de Gaulles gleichsam in all seinen Annahmen über das Ende der gaullistischen Republik bestätigt, das Programm einer provisorischen Regierung ausbreitete, machte Mitterrand grundsätzliche Bedenken gegen Mendès France als Kandidat für das Amt des Premierministers geltend. »Les communistes ne veulent pas de vous comme Premier ministre. Mais ils accepteraient de vous voir confier un portefeuille, peut-être de l'Éducation nationale.«[249] Im Streit darüber, was die Kommunisten möglicherweise noch akzeptierten und was nicht, verbrachten die Herausforderer de Gaulles damit die Stunden, in denen das von ihnen beschworene Machtvakuum tatsächlich – nicht einmal Pompidou bestritt dies noch – eingetreten war. Während de Gaulles Rückkehr nach Paris noch ungewiß war, der Premierminister sich in einer verfassungsrechtlichen Notlage sah, über seinen Rücktritt und den Moment nachdachte, in dem Senatspräsident Monnerville einen Interimspremierminister einsetzen konnte, war die Opposition gespalten, klagte Mitterrand Mendès France der Provokation an, weil dieser Vertreter der Protestbewegung mit einem Ministeramt betrauen wollte. Der Gegensatz zwischen der alten und der Neuen Linken blockierte somit auf dem Höhepunkt der innenpolitischen Spannungen den Entscheidungsfindungs- und Handlungsprozeß der Opposition. Die Zeit verging, ohne daß von seiten der Opposition etwas geschah. Angetreten, das Ende des gaullistischen Regimes und den Anfang einer neuen, »anderen« Republik herbeizuführen, befand sie sich in den Stunden, in denen alles offen war, in einer inneren Zerreißprobe. Erst um 21 Uhr, als die Nachricht vom Eintreffen de Gaulles in Colombey bereits im ganzen Land verbreitet war, trat Mendès France an die Öffentlichkeit mit einer Bereitschaftserklärung, die Leitung einer provisorischen Regierung zu übernehmen, wenn die gesamte Linke dies unterstütze. Konkreter wurde er nicht und konnte er nicht werden, nicht nur wegen der

249 Lacouture, *Pierre Mendès France*, 486 f.

internen Spannungen, sondern auch wegen der externen Bedingungen der Handlungsstrategie der Opposition.
Vergeblich hatten die Vertreter von FGDS und PSU bis 20 Uhr auf die angekündigte Ansprache des Premierministers gewartet und auf ein Zeichen der Regierung, den Rücktritt des Staatspräsidenten oder Premierministers betreffend, gehofft.[250] Das Dilemma der Opposition – jenseits ihrer inneren Spannungen und Konflikte – lag in dem Tatbestand, daß sie in der Durchsetzung ihrer Handlungsstrategie, der Proklamation einer provisorischen Regierung, von Handlungen und Entscheidungen des Staatspräsidenten bzw. des Premierministers abhängig war. Nur wenn de Gaulle abdankte und sein Amtsverzicht den Rücktritt des Premierministers nach sich zog, war der Weg für eine vom Senatspräsidenten eingeleitete Regierungsneubildung frei. Wenn er nicht abdankte, setzte eine Regierungsneubildung zumindest seine Zustimmung zur Berufung von Pierre Mendès France voraus. Nur der Staatspräsident konnte einen neuen Premierminister einsetzen bzw., bei Vakanz des Amtes, der Senatspräsident. So zumindest schrieb es die Verfassung vor, deren Regeln der Machtübergabe François Mitterrands Initiative respektierte und die schließlich auch Pierre Mendès France akzeptierte, als er sich zur Kandidatur für das Amt des Premierministers in einer provisorischen Regierung entschloß. Mit anderen Worten: »Il fallait«, wie Gilles Martinet schreibt, »réunir trop de ›si‹ pour réussir.«[251] Die Chancen der linken Opposition waren an die Schwäche und den Machtverzicht de Gaulles gebunden bzw. an dessen Bereitschaft, seinen Gegner mit dem Amt des Premierministers zu betrauen. Latent geschwächt und zum Rücktritt bereit, kehrte de Gaulle jedoch noch einmal zurück, entschlossen, die Macht zu behaupten. Zwei Sätze (»... je ne me retirerai pas ... Je ne changerai pas le Premier ministre«) blockierten die Transformationsstrategie der linken Opposition. Zwar hatte de Gaulle durch seine Rede den politischen Machtkampf noch nicht gewonnen, aber er hatte die Handlungsstruktur bestimmt, in deren Bahnen er ausgetragen werden sollte. Er hatte das Experiment einer »provisorischen Regierung« verhindert und statt dessen sich selbst die Möglichkeit geschaffen, mit einer neuen Regierungsmannschaft unter dem alten Premier-

250 Alexandre, *L'Élysée en péril*, 235 f.
251 Martinet, 38.

minister, einer gaullistischen Übergangsregierung, wenn man so will, einen neuen Versuch zur Lösung der sozialen Krise zu machen und bis zu den Wahlen verlorenes Vertrauen und entzogene politische Zustimmung zurückzugewinnen. Konnte ihm dies gelingen?

VII. Stabilisierung der institutionellen Ordnung: Der Zerfall der Bewegung

Auch in der Sorbonne wurde die Rede des Staatspräsidenten vernommen. Die Reaktionen der Besetzer fielen unterschiedlich aus, doch glichen sie sich in einem: der Wahrnehmung, daß die Dynamik der Bewegung gebrochen war.[1] Der schnelle und bislang unaufhaltsame Aufstieg der Protestbewegung von einer Fakultät der Vorstadt (Nanterre) zur Universität der Hauptstadt (Sorbonne), die Ausdehnung des Protests vom Zentrum Paris auf die Peripherie (alle Universitäten der Provinz), das Übergreifen der Mobilisierung von den Universitäten auf die Betriebe (staatliche und private), auf Banken, Büros und alle Berufe (einschließlich der Taxifahrer), die Aktivierung der Gewerkschafts- und Parteiapparate bis zu dem Punkt, an dem der Machtverzicht der Gaullisten und die Machtübernahme durch eine linke Koalitionsregierung möglich schien, dieser einzigartige Prozeß der Ausweitung der Bewegung war gestoppt worden. Die Staatsmacht gab dem sozialen und politischen Druck der Bewegung, die mit ihren Mobilisierungserfolgen ihre Mobilisierungsziele ausgedehnt hatte, nicht nach. General de Gaulle trat nicht – wie gefordert, erwartet und durchaus möglich – zurück, sondern rief zur Gegenmobilisierung auf und leitete mit der Auflösung des Parlaments und der Ausschreibung von Neuwahlen eine Gegenoffensive ein, die der außerparlamentarischen Opposition nicht nur die unmittelbare Mitwirkungschance verschloß, sondern ihr potentiell auch die Legitimations- und Unterstützungsbasis entzog. Im bevorstehenden Wahlkampf überlagerte die indirekte Demokratie die direkte, löste das repräsentative Mandat das imperative ab, unterlagen die Aktionskomitees den Parteiapparaten. Außerdem schloß das gesetzlich festgelegte Wahlalter, das in Frankreich bei 21 Jahren lag, die Mehrzahl der Schüler, Studenten und jungen Arbeiter von der Teilnahme am politischen Entscheidungsprozeß aus. Die Wahlen waren folglich für sie ein »Verrat« an der Bewegung, ihren Prinzipien, Zielen und initiierenden Akteuren.

1 Hamon/Rotman, *Génération*, I, 559; Frazer, 226f.

»Elections – trahison« lautete daher eine der Parolen, unter der die UNEF am Samstag, dem 1. Juni, eine Demonstration vom Montparnasse zum Bahnhof Austerlitz organisierte. Die Studentenbewegung, so die Botschaft der Demonstranten, war nicht bereit, ihren Kampf aufzugeben, sich den Drohungen des Staatschefs zu fügen. »A bas le gaullisme! Le pouvoir aux travailleurs! La lutte continue«[2] hieß es im Aufruf der UNEF, der sich insbesondere an die Gewerkschaften wandte. Die Hoffnung der Organisatoren auf deren Unterstützung erfüllte sich jedoch nicht, so daß die Rufe »Etudiants solidaires des travailleurs!«[3] der Beschwörung einer Allianz glichen, der durch die Entwicklung der Boden entzogen schien. Dem Zug mehrerer Hunderttausend, die nach der Rede de Gaulles auf die Straße gegangen waren, traten im Gegenzug nur noch 20 000 entgegen.
Die CGT hatte ihre Mitglieder zur Nichtteilnahme verpflichtet, die CFDT, wenngleich sie grundsätzlich eine Demonstration gegen die irreführenden Aussagen der De-Gaulle-Rede befürwortete, letztlich nicht daran partizipiert, unter Hinweis darauf, daß die CGT und auch die Force Ouvrière der Aktion fernbleiben wollten[4], und mit dem systematischen Argument, daß die CFDT sich nicht – wie Intentionen und Parolen der UNEF es nahelegten – gegen die anstehenden Wahlen aussprechen wollte.[5] Das Ende der koordinierten Aktionen von Studenten- und Arbeiterbewegung kündigte sich an. Jacques Sauvageot und Daniel Cohn-Bendit, an der Spitze der Demonstration marschierend, versuchten, ihm entgegenzusteuern, indem sie nach der offiziellen Beendigung der Demonstration die Teilnehmer aufforderten, einzeln bzw. in kleinen Gruppen zu den Betrieben Renault-Billancourt und Citroën zu gehen, um dort über die Fortsetzung des Streiks zu diskutieren. Die Aktion sollte die Arbeiter daran hindern, die Errungenschaften des Streiks preiszugeben, ihre Machtposition in den Betrieben für ein bloßes Kreuz auf den Wahlscheinen aufzugeben. Noch einmal setzten sie auf die Mobilisierung der Basis an den Gewerkschaftsspitzen vorbei. Der Streik, so die Losung der

2 Aufruf der UNEF, zit. nach *Le Monde* vom 2./3. Juni 1968, S. 5, Sp. 1.
3 Vgl. den Bericht über die Demonstration der UNEF in *Le Monde* vom 4. Juni 1968, S. 6, Sp. 1-4, hier 1.
4 Zu den Stellungnahmen der Gewerkschaften vgl. *Le Monde* vom 2./3. Juni 1968, S. 5, Sp. 1 f.
5 Détraz, *Positions et action*, 143.

Studentenbewegung, mußte weitergehen: »Ce n'est qu'un début, continuons le combat.«[6]

Mit der Aufklärungsarbeit an den Toren der Betriebe war jedoch, so die Überzeugung von Teilen der Studentenbewegung, das drohende Abbröckeln der Streikfront, die Auflösung der Bewegung allein nicht aufzuhalten. Der Streik mußte, wenn er weitergeführt werden sollte, auf eine neue Ebene verlagert werden. Neue Ziele mußten anvisiert, neue Organisationsformen gewählt werden. Bestrebt, die Bewegung fortzuführen, verstrickten sich die Trägergruppen in eine Debatte über Organisation und Strategie des revolutionären Kampfes; eine Debatte, welche die Bewegung nicht nur spaltete, sondern in Sprache und Handlungsform mehr und mehr zur Theorie und Praxis der alten Linken zurückbrachte. So mündete, was einen neuen Anfang der Bewegung markieren sollte, in altbekannte Lösungsmuster, wurde die Neue Linke innerhalb der Studentenbewegung von der alten Linken zunächst herausgefordert und schließlich besiegt.

Die Rückeroberung der Handlungsinitiativen durch die alte Linke kündigte sich auf einem Treffen an, das vom neu gegründeten »Comité d'initiative et de coordination pour un mouvement révolutionnaire«[7] für Samstag, den 2. Juni, einberufen worden war und zeitgleich mit der Auflösung der UNEF-Demonstration und deren Überführung in eine direkte Aktion (Aufklärung der Arbeiter von Renault und Citroën) begann, so daß es am frühen Samstagabend zwei parallele Aktionen der Studentenbewegung gab. Während Studenten die Arbeiter in Billancourt befragten, ob sie zur »autogestion« bereit seien (»Camarades, êtes-vous prêts à l'autogestion?«)[8], wurde in der Faculté des Sciences am Quai Saint-Bernard über die Organisation des Proletariats und die Schaffung eines »revolutionären Pols« diskutiert.[9] Zwar wurde die Gründung einer neuen Partei in Ermangelung eines ausgearbeiteten

6 Leitmotiv der Demonstration am 1. Juni 1968. Vgl. *Le Monde* vom 4. Juni 1968, S. 6, Sp. 1.

7 Unterzeichner des Gründungsaufrufs waren: J.-P. Deleage (SNESup), Alain Krivine (JCR), Jean-Pierre Vigier (ehemals PCF, maître de recherches au CNRS), R. Benoit (CGT-Renault), D. Lequenne (CGT) sowie zahlreiche Repräsentanten der Aktionskomitees der Arbeiter, Schüler und Studenten. Vgl. *Le Monde* vom 2./3. Juni 1968, S. 4, Sp. 4 f.

8 Vgl. *Le Monde* vom 4. Juni 1968, S. 6, Sp. 3.

9 Ebd., Sp. 5 f., hier 5.

Programms als noch verfrüht angesehen, aber die Schaffung einer Sammlungsbewegung für möglich erachtet, welche Dissidenten der CGT und PCF auffangen und den Aktionskomitees einen integrierenden Rahmen bieten konnte.[10]
Die Initiative stieß auf Widerspruch. Daniel Cohn-Bendit wies am späten Abend auf einer Vollversammlung der Aktionskomitees in der Sorbonne jegliche Versuche zur Organisation einer revolutionären Bewegung zurück unter Verweis darauf, daß die Schaffung derartiger Strukturen dem Diskussionsstand in den Basiskomitees nicht entspreche. Doch auch in der Sorbonne drohte die Stimmung umzuschlagen, als mehrere Vertreter des »Comité d'initiative et de coordination pour un mouvement révolutionnaire« die Notwendigkeit eines Minimums an Organisation verfochten und den Verteidigern antiinstitutioneller, basisdemokratischer Aktionskomitees eine dogmatische Verhärtung neuer Art vorwarfen: »Les heures comptent«, so ein Trotzkist der Gruppe JCR. »Nous n'avons pas le temps de faire de la supra-démocratisation. Il faut prendre des décisions pour faire face au système, tout en évitant la bureaucratie spontanée à la base.«[11] Die Debatte endete mit dem Auszug der Vertreter der Bewegung des 22. März und der sie unterstützenden Aktionskomitees.[12]
Während sich im Binnenmilieu der Studentenbewegung die Spannungen verschärften, kündigten sich im Alltagsleben der Bevölkerung Zeichen einer Entspannung der Situation an. Es gab wieder Benzin an den Tankstellen. Sei es, weil, wie im Fall der Shell AG, das Personal in den Raffinerien die Arbeit wiederaufnahm und das Unternehmen mit nicht-streikenden Lastkraftwagenfahrern eine Transportvereinbarung schloß, sei es, wie im Fall von Bouches-du-Rhône, daß sich der Präfekt zur Besetzung der großen Benzindepots entschloß[13] oder weil die Regierung, durch Einsatz der CRS gegen Streikposten, Depots im Großraum Paris zur Ablieferung zwang[14]: der Treibstoff floß. Hunderttausende von Parisern nutzten die Chance, tankten ihre Benzinkanister voll und verbrachten das Pfingstwochenende außerhalb der Stadt. Die Normalisierung des Alltagslebens, die sich mit den langen Auto-

10 Vgl. Weber/Bensaïd, 209.
11 Zit. nach *Le Monde* vom 4. Juni 1968, S. 6, Sp. 6.
12 Weber/Bensaïd, 210.
13 *Le Monde* vom 2./3. Juni 1968, S. 11, Sp. 4 f.
14 Détraz, *Positions et action*, 137.

schlangen stadtauswärts ankündigte, setzte sich nach dem Wochenende fort. Nach Branchen getrennte Tarifverhandlungen, die im Abkommen von Grenelle vereinbart worden waren, leiteten einen Prozeß der institutionalisierten Konfliktschlichtung ein, der Tag für Tag die Front der Streikenden schmälerte und mit jedem zustande gekommenen Tarifvertrag denjenigen, die, wie das »Comité d'initiative et coordination d'un mouvement révolutionnaire«, noch auf Fortsetzung des Streiks und Übernahme der Produktion durch die Arbeiter drängten, den Boden entzog.

Die Ankündigung von Neuwahlen binnen vierundzwanzig Tagen hatte die Situation schlagartig verändert. Mit der Rückkehr zur institutionalisierten Form der Konfliktaustragung erlangten die etablierten intermediären Gruppen, Parteien und Gewerkschaften, das Repräsentationsmonopol und die Initiative zurück. Die Protestbewegung wurde demobilisiert und schließlich aufgelöst. Demobilisierungsprozesse sozialer Bewegungen finden in der Regel – sowohl die systematisch-analytische als auch die historisch-empirische Forschung spiegeln dies wider – weniger Interesse als Mobilisierungsprozesse. Alles scheint schon entschieden, nichts mehr offen, und so wird häufig die End- oder Auflösungsphase der Bewegungen entweder ausgeblendet oder ergebnishaft resümiert. Aber so komplex Mobilisierungsprozesse verlaufen, so differenziert zeigen sich auch die Demobilisierungen. Wie kommt es nach dem großen Enthusiasmus des Aufschwungs zur Resignation? Wie schlägt der Glaube, daß alles möglich sein werde, in das Gefühl um, nichts könne mehr bewegt werden? Wie schließen sich institutionell getrennte Arenen politischen Handelns wieder, deren Grenzen von der Bewegung durchbrochen oder überwunden wurden? Und schließlich: Wie zerfallen, fragmentieren sich die Ziele, die vorübergehend zu verschmelzen schienen?

Am Beispiel des Mai 68 in Frankreich lassen sich einige der Demobilisierungsprozesse unterscheiden. Ein Prozeß wurde bereits dargestellt: Demobilisierung der Protestbewegung durch Wiedergewinnung der Handlungsinitiative seitens der Regierung, die sich aus dem von der außerparlamentarischen Opposition durch direkte Aktionen und ultimative Forderungen bewirkten Handlungszwang und aus der durch vereinzelte Reaktionen drohenden Gefahr der Selbstentlegitimierung löste. Die neue Allianz zwischen de Gaulle und Pompidou hinsichtlich der Auflösung des Parlaments und beider Kooperation bis zu den Wahlen stellte die

Handlungsfähigkeit der Regierung wieder her. Der Transfer der Entscheidungen von der außerparlamentarischen zur parlamentarischen Ebene, die Konzentration der politischen Kräfte auf den Wahlkampf und die dadurch bedingte Ausschließung aller nicht im Parlament vertretenen Gruppierungen aus der unmittelbaren, politischen Willensbildung stellten die entscheidenden Schritte zur Reinstitutionalisierung des politischen Prozesses dar.
Hinzu kam die Wiederherstellung der traditionellen Verfahrensweisen für die Austragung des industriellen Konflikts durch das im Abkommen von Grenelle prinzipiell vereinbarte Tarifvereinbarungsverfahren zwischen Gewerkschaften und privaten sowie öffentlichen Arbeitgebern. Auch wenn dieses noch nicht überall von den Basisorganisationen in den Betrieben und von den Unternehmern aller Branchen gebilligt worden war, trug es zur Demobilisierung bei. Die studentischen Trägergruppen der Protestbewegung sowie die Betriebskomitees verloren im Zuge der politischen und gewerkschaftlichen Institutionalisierung des sozialen Konfliktes an Einfluß und Gestaltungsmacht. Die selbsternannte »Gegenmacht« unterlag der Macht der Organisationen, Institutionen und Verfahrensregeln.
Die Studentenbewegung verlor die Fähigkeit zur Koalitionsbildung im Inneren wie nach außen in Form von Aktionsbündnissen mit einzelnen Gewerkschaften. Ihre Zielvorstellungen zeigten Brüchigkeit. Die große Koalition heterogener Gruppen, interagierend im Prozeß der Mobilisierung, zerfiel im Prozeß der Fragmentierung und Isolierung verschiedener Arenen der Konfliktaustragung. Die Trägergruppen verloren nicht nur ihre Führungsfähigkeit gegenüber den von ihnen mobilisierten Massen, sondern auch ihre Fähigkeit zur Artikulation und Neubestimmung von politischen Zielen, die unter den veränderten Bedingungen eine neue Koalition oder sogar Einheit hätten herstellen können. Heterogene Theorien, Strategien und Organisationsvorstellungen schotteten die Gruppen voneinander ab. Eine übergreifende politische Stoßrichtung unter Angabe der Mittel zur Erreichung ausgewiesener Ziele konnte sich nicht entwickeln. Zu klären bleibt, inwieweit der Einsatz direkter Gewaltmittel zur Demobilisierung beigetragen hat. In den folgenden Abschnitten werden Demobilisierungsprozesse in drei sozialen Strukturzusammenhängen geschildert, in denen je einzelne Elemente des Demobilisierungsprozesses hervortreten.

1. Demobilisierung der Streikbewegung

Die Gewerkschaften hatten großen Anteil an der geordneten Selbstauflösung der Streikbewegung in den Betrieben. Zwar hatten sie sich unter dem unmittelbaren Eindruck der Rede de Gaulles – unter Verweis auf den friedlichen Verlauf der Streik- und Besetzungsbewegung – vehement gegen die Gleichsetzung der Streikenden mit Aufständischen verwahrt und für eine Fortsetzung des Streiks allen Einschüchterungen zum Trotz plädiert, zugleich aber ihre grundsätzliche Bereitschaft zur Wiederaufnahme der Tarifverhandlungen erklärt.[15] Die umgebildete Regierung unter Premierminister Pompidou setzte sich mit Nachdruck für die Wiederaufnahme der Arbeit im Bereich der öffentlichen Dienste (insbesondere im Post- und Eisenbahnverkehr) ein und versuchte, ihre Forderung nach Beendigung des Streiks durch flammende Appelle, Räumungen und Besetzungen durchzusetzen. Die Grundlage der Wiederaufnahme der Arbeit sollten – das bot die Regierung an[16] – die Vereinbarungen von Grenelle sein. Die Gewerkschaften machten indes die Wiederaufnahme der Verhandlungen sowie die Zustimmung der einzelnen Gewerkschaften und der Basis in den Betrieben zum Vertrag von Grenelle zur Voraussetzung für die Beendigung des Streiks und bestanden damit auf der Einhaltung der tarifvertraglichen Grundregeln. Sie setzten sich gegen die Regierung durch.

Zunächst nahmen die Metro, die Eisenbahn und Teile der Post am 6. Juni den Dienst wieder auf.[17] In der privaten Industrie sowie in den nationalisierten Wirtschaftsbetrieben dauerte sowohl die Wiederaufnahme der Arbeit als auch die Durchführung von Tarifverhandlungen länger, nicht nur aufgrund der Vielzahl divergierender Beschäftigungskategorien[18] sowie der Spannungs- und Reibungsverluste infolge des Nebeneinanders von repräsentativer – durch die Gewerkschaften in den Tarifverhandlungen ausgeübter – Interessenvertretung und direkter Interessenartikulation und Kontrolle durch die Vollversammlungen in den Betrieben[19], son-

15 Ebd., 132-135.
16 *Le Monde* vom 1. Juni 1968, S. 9, Sp. 1 f.
17 *Le Figaro* vom 6. Juni 1968, S. 1.
18 Détraz, *Positions et action*, 151.
19 P. Dubois, »Les pratiques de mobilisation et d'opposition«. In: Dubois u. a., 327-442, hier 418.

dern auch aufgrund der Weigerung vieler Unternehmer, die Vereinbarungen von Grenelle als Grundlage der Verhandlungen zu akzeptieren (das galt besonders für die Unternehmer der Bau-, Chemie- und Kautschukindustrie).[20] So dauerte der Streik in der Metallindustrie, insbesondere in der Autobranche, fort, wo die Arbeitgeber sich erst in den ersten Junitagen, nach dreiwöchigem Arbeitsausstand, zu gemeinsamen Verhandlungen mit den Gewerkschaften bereit erklärt hatten.[21] Unter den die Streik- und Besetzungsaktionen weiterführenden Arbeitern befanden sich auch die Belegschaften der Renault-Werke, die durch ihre spontane Arbeitsniederlegung die Streikwelle mitentfacht hatten. Unterstützt von der Regierung, unternahm die Unternehmensleitung von Renault den Versuch, mit der Räumung einer Fabrik unter Einsatz staatlicher Gewalt ein Exempel zu statuieren, um die Streikfront zu brechen. Die Wahl fiel auf Flins. Rund fünfzig Kilometer außerhalb von Paris gelegen, bot das Werk nicht nur aufgrund seiner geographischen Lage, sondern auch aufgrund der sozialen Zusammensetzung der Belegschaft günstige Voraussetzungen für eine erfolgreiche Intervention in den Betrieb. Flins war weit genug von Paris entfernt, um mögliche Proteste gegen die Räumung zu isolieren, vor allem Solidaritätsaktionen seitens der Streikenden in der Hauptstadt durch Absperrungen und strategische Kontrolle des Terrains zu kontrollieren. Es bot zudem aufgrund seines hohen Ausländeranteils unter den Arbeitern sowie eines relativ geringen gewerkschaftlichen Organisationsgrades der – vorwiegend aus bäuerlichen Familien kommenden – Arbeiter die Chance einer wirksamen sozialen Kontrolle der Streikenden durch Drohung (mit dem Entzug der Arbeitserlaubnis) und polizeilichen Druck. Kurzfristig schien die Strategie aufzugehen. Die CRS-Truppen, die in der Nacht vom 5. auf den 6. Juni, nachdem ein Appell der Betriebsleitung zur Wiederaufnahme der Arbeit von der Belegschaft nicht befolgt und eine Urabstimmung über die Beendigung des Streiks durch Streikposten verhindert worden waren, die Fabrik umzingelten und die Streikposten sowie die sich im Betrieb befindenden Besetzer zwangen, das Fabrikgelände zu verlassen, stießen auf keine Gegenwehr. Die Situation änderte sich am nächsten Tag.

20 Séguy, 152.

21 Vgl. *Syndicalisme* (Hebdomadaire), N°. 1193 vom 20 juin 1968, 2.

Die nächtliche Intervention in den Betrieb und die Aufrechterhaltung der Absperrung des Betriebsgeländes durch CRS-Truppen – vom Polizeipräsident von Paris heftig kritisiert[22] – setzten den Mobilisierungsprozeß nach dem Modus Repression–Solidarisierung–Eskalation des Konfliktes noch einmal in Gang. Die Gewerkschaften CGT und CFDT riefen zur Protestdemonstration in der Nähe der Fabrikanlage auf und plädierten für die Fortsetzung des Streiks, solange die Abriegelung des Betriebes bestand. Zur Protestkundgebung erschien – allen Straßenkontrollen zum Trotz – auch eine Vielzahl von Studenten aus Paris, zumeist Anhänger der maoistischen Gruppe UJC (ml) und der Bewegung des 22. März. Für sie sprach, von Sprechchören der streikenden Arbeiter dazu aufgefordert, während die Gewerkschaftsvertreter der CGT ihn daran zu hindern suchten, der ehemalige Generalsekretär der SNESup, Alain Geismar. Er rief zur »récupération des abords de l'usine«[23] auf und gab damit die Losung, welche die nachfolgenden Aktionen bestimmen sollte. Gemeinsam versuchten Studenten und Arbeiter (vor allem junge Arbeiter) in den nächsten vier Tagen, ihren Erfolg im Kampf um die Sorbonne zu wiederholen, die von Polizeikräften abgeriegelte Bastion Flins zurückzuerobern, um einen autonomen Raum für Entscheidungsprozesse wiederzuerlangen[24] und die Allianz von Arbeitern und Studenten in der und durch die Aktion zu bekräftigen. Nach dem Vorbild der Nacht der Barrikaden umzingelten sie die das Renault-Werk abriegelnde Polizei. Versuche, deren Absperrungen zu durchbrechen, gelangen jedoch nur für kurze Zeit und um den Preis schwerer Verletzungen auf seiten der Demonstranten. Massive Konfrontationen mit den CRS-Gruppen waren die Folge einer Polizeitaktik, die ein entschiedenes Vorgehen gegen die Demonstranten von Anfang an vorschrieb, aber auch einer in der Wahl der Mittel radikalisierten, provokativen Aktionsstrategie der demonstrierenden Arbeiter und Studenten. Der spielerische Umgang mit der von seiten der Demonstranten ausgeübten Gewalt war gewichen. Eine neue Phase der Auseinandersetzung begann, gekennzeichnet durch den Übergang vom Protest zum aktiven Widerstand. »La question n'est plus de sensibiliser, de mobiliser

22 Grimaud, 303.
23 Vgl. *Le Monde* vom 8. Juni 1968, S. 20, Sp. 3.
24 Hamon/Rotman, *Génération*, 1, 562.

les masses«, so Geismar, »mais de les armer d'une perspective et d'un objectif de lutte, non plus seulement d'une volonté de lutter, mais d'une capacité à vaincre.«[25] Der aktive Widerstand schloß die Möglichkeit einer gewaltsamen, »militärischen« Austragung des Konfliktes ein; eine Option, die, nach der retrospektiven Analyse der Aktivisten, im konkreten Fall von Flins in Anbetracht der allgemeinen politischen Konstellation, in der die Auseinandersetzung stattfand, indes von vornherein ausgeklammert worden war.[26] Gleichviel, die Öffentlichkeit nahm die Auseinandersetzungen als Guerilla-Kampf wahr.[27] Unterstützung blieb aus. Die UNEF, deren Aufruf zur Solidarität mit den Arbeitern von Flins rund 3000 Studenten am Bahnhof Saint Lazare in Paris zusammenführte, gab ihr Vorhaben auf, diese mit einem Zug nach Flins zu bringen – nach Intervention von Polizeipräfekt Grimaud[28] und unter Druck der CGT, welche die Bereitstellung eines Sonderzugs der SNCF verhinderte. Die geplante Aktion wurde von Jacques Sauvageot in einen »langen Marsch« vor die Tore von Renault-Billancourt umgewandelt[29], dem sich auch die trotzkistische Gruppe JCR anschloß. Für Geismar und die Maoisten der UJC (ml) kam dies einer »Sabotage« ihrer Aktion gleich[30], faktisch bedeutete es ihre Isolation. Die Spaltung der Studentenbewegung setzte sich fort.

Flins bedeutete aber auch das weitere Auseinanderrücken von Studenten- und Arbeiterbewegung. Scharf distanzierte sich die CGT von der »quasi militärisch« geleiteten Gruppe um Geismar, die, aus ihrer Sicht, als »Fremdkörper« innerhalb der streikenden Arbeiter agitierte, einzig und allein im Dienste »der schlimmsten Feinde der Arbeiterklasse«.[31] Die CFDT, welche die Solidarisierung der Studenten mit den Arbeitern von Renault-Flins begrüßte, ihnen sogar ihre Räume zur gemeinsamen Beratung zur Verfügung stellte[32], gab bei aller Offenheit für spontane, direkte Aktionen ihre Forderung nach Tarifverhandlungen und damit

25 Geismar/July/Morane, 348.
26 Ebd.
27 *Le Monde* vom 9./10. Mai 1968, S. 4, Sp. 4 f.
28 Grimaud, 304.
29 *Le Monde* vom 8. Juni 1968, S. 4, Sp. 1.
30 Geismar/July/Morane, 355.
31 *Le Monde* vom 8. Juni 1968, S. 4, Sp. 5 f.
32 Geismar/July/Morane, 360.

nach Rückkehr zur intermediären Konfliktschlichtungsstrategie nicht auf; eine Überführung der Protestaktionen in eine offene Insurrektion lag weit außerhalb ihrer Vorstellungswelt. Die Verbindung von Arbeiter- und Studentenbewegung im gemeinsamen, aktiven, gewaltsamen Widerstand gegen die Repression blieb die »Kopfgeburt« einer Minderheit innerhalb der Studentenbewegung. Als »militants révolutionnaires« traten sie, ihrem Selbstverständnis nach, im Kampf um Flins in eine neue Phase des proletarischen »Bürgerkrieges« ein.[33] Sie distanzierten sich von der »halbherzigen Linie des kleinbürgerlichen Gauchismus«, der »Strategie der PSU-CFDT-UNEF-JCR«, überwanden ihre, wie sie es nannten, »kleinbürgerlichen Vorurteile gegen die proletarische Gewalt«, gaben ihren intellektuellen Beruf für eine Anstellung als Industriearbeiter auf, um als, ihrer Auffassung nach, konsequentester Teil der Studentenbewegung den Kampf um die Emanzipation des Proletariats weiterzuführen.[34]

Flins war kein Einzelfall. Auch bei Lockheed in Beauvais drang die Polizei in die besetzte Fabrik ein, bei Peugeot in Sochaux kam es, wie bei Renault-Flins, zur gewaltsamen Konfrontation zwischen Streikenden und CRS-Truppen. Vor der Peugeot-Fabrik wurde ein Arbeiter durch eine Tränengasgranate getötet, nahe Renault-Flins ertrank ein Schüler auf der Flucht vor der Polizei in der Seine. Der tragische Tod von zwei Menschen im Verlauf der Konfrontationen zwischen Streikenden, Demonstranten und der Polizei löste Trauer und Bestürzung aus, Protestaktionen und Demonstrationen sowie eine Intervention des CFDT-Chefs Descamps im Élysée-Palast, doch zu einer breiten Solidaritätsbekundung mit den Streikenden wie nach der Barrikadennacht kam es nicht. Was im Mai, in der Phase der Mobilisierung der Bewegung, aus Sicht von Polizeipräfekt Grimaud, das Signal zum Umschlag der Demonstration in eine Revolution hätte sein können[35], der Tod zweier Menschen infolge polizeilicher Repression, führte im Juni, in der Phase der Demobilisierung, lediglich zur symbolischen Protestaktion eines Aufrufs zur einstündigen Arbeitseinstellung seitens der Gewerkschaften[36] und zu einigen Straßen-

33 Ebd., 355; vgl. auch Paas, 211.
34 Ebd.
35 Grimaud, 177.
36 Détraz, *Positions et action*, 160.

schlachten im Umkreis der Sorbonne[37], löste jedoch keine neue Mobilisierungswelle gegen die Regierung aus. Die Öffentlichkeit war zur Partei der Ordnung zurückgekehrt. Es gab keine Proteste – auch nicht, als Georges Pompidou am 12. Juni, während Arbeiter und Studenten gegen das Vorgehen der Polizei in Sochaux und Flins demonstrierten, das Verbot und die Auflösung von sechs politischen Gruppen verkünden ließ: der Bewegung des 22. März, der trotzkistischen Gruppen FER und JCR sowie der UJC (ml).[38] Nur die PSU solidarisierte sich noch mit den aufgelösten Organisationen.

Die Gewerkschaften, allen voran die kommunistisch orientierte CGT, hatten die Reinstitutionalisierung der industriellen Konflikte gefordert, schon im Interesse der Erhaltung ihrer Verhandlungsmacht. Gegen den Widerstand der Basis, welche die Vereinbarungen von Grenelle ablehnte, vermochten sie jedoch die Ergebnisse ihrer Vereinbarungen nicht durchzusetzen. Sie fügten sich dem Votum der Basis, riefen zur Einheit und Geschlossenheit der Streikbewegung auf, vermieden es, gegen die Besetzer- und Basiskomitees vorzugehen, strebten indes, nach der zweiten Ansprache de Gaulles und der Ausschreibung von Parlamentswahlen, erneut einer Verhandlungslösung zu und setzten sich damit in weiten Teilen der Arbeiterschaft durch. Als die Arbeitgeber unter Einsatz von polizeilichen Gewaltmitteln die harten Kerne der Besetzer aufzulösen versuchten und dabei zwei Personen ums Leben kamen, war dies weder für die Gewerkschaften ein Anlaß, die Tarifverhandlungen abzubrechen, noch für die Masse der Anhänger der Protestbewegung und für die Öffentlichkeit ein Signal, die Mobilisierung neu zu entfachen. Die Definition der Situation hatte sich geändert. Die Protestierenden hatten sowohl die Zustimmung der Öffentlichkeit als auch die direkte Unterstützung der Organisationen der Arbeiterbewegung verloren. Hatte die CGT noch nach der ersten Nacht der Barrikaden einen demonstrativen Generalstreik mitgetragen, so war sie nun auf Deeskalation bedacht. Auch die CFDT, die immer die Protestbewegung gestützt hatte, war nur noch halbherzig auf deren Seite. Repression, so zeigt das Beispiel der französischen Mai-Bewegung, führt in der Phase der Mobilisierung einer sozialen Bewegung zur Es-

37 Gaveau, 159 ff.
38 Vgl. *Le Monde* vom 13. Juni 1968, S. 1, Sp. 1 f.

kalation der Konflikte und deeskaliert in der Phase der Demobilisierung. Nur noch Teile der Studentenbewegung versuchten den Streik und die Betriebsbesetzungen zu unterstützen, die von kleinen Kadern der Arbeiterbewegung fortgesetzt wurden.

2. Spaltung und Auflösung der Studentenbewegung

Das Ende der »Freien Bühne« im Theater Odéon

Am 14. Juni, zwei Tage nach dem Verbot der Gruppen, beendete die Polizei die Besetzung des Theaters Odéon. Lange hatte sie gewartet, die Aktion hinausgeschoben, um Gewalt und Blutvergießen zu vermeiden. Einen Monat hatte sie den Ereignissen ihren Lauf gelassen, die Besetzung und die damit verbundene Störung der öffentlichen Ordnung hingenommen.[39] Als sie in den frühen Morgenstunden des 14. Juni schließlich intervenierte, stieß sie auf keinen Widerstand. Innerer Zerfall und Selbstauflösung hatten das Ende der »Tribune libre« herbeigeführt, die den Auftakt zum Aufbruch in eine andere Zukunft hatte geben wollen.
»L'avenir est à prendre«, so war an den Wänden des Theaters nach dem 16. Mai zu lesen gewesen, »car l'avenir est perdu par un gouvernement vieillard«. »Inventer – c'est prendre le pouvoir de demain.«[40] Tausende waren täglich gekommen, um dem Prozeß der Schaffung einer neuen Zukunft beizuwohnen und selbst mitzuwirken an der Schöpfung einer anderen Welt. Die Debatten im überfüllten Odéon, dessen Balkone dem Ansturm des Publikums kaum gewachsen waren, so daß die Besetzer den Zugang wegen drohender Einsturzgefahr gelegentlich sperren mußten, kamen einer spontanen, kollektiven Freisetzung latenten Unbehagens, lang unterdrückter Hoffnungen, Wünsche und Sehnsüchte gleich. Die situationistische Losung »Prenons nos désirs pour la réalité« schien aufzugehen. Schöpferische Erregung (»effervescence créatrice«) charakterisierte die Atmosphäre im Odéon. Das Theater glich einem Schauplatz der permanenten Selbstinszenierung des Publikums.
Studenten – vor allem Mitglieder der Commission Culture et

39 Vgl. Grimaud, 211-213.
40 C. Bouyer, *Odéon est ouvert. Tribune libre*, Paris 1968, 7.

Créativité de Nanterre[41] –, Künstler – darunter der französische Happening-Künstler Jean-Jacques Lebel, der seit 1967 in Kontakt mit den Studenten von Nanterre stand[42], sowie der Begründer des Living Theater, Julian Beck – und Intellektuelle hatten am 13. Mai den Plan zur Besetzung des Odéon gefaßt. Nach der großen Demonstration, die erstmals Studenten- und Arbeiterbewegung zusammengeführt hatte, waren sie, die Instrumentalisierung der Bewegung durch die Gewerkschaften und Parteiapparate der Linken fürchtend, zu dem Entschluß gekommen, durch eine symbolische Aktion der Protestbewegung neue Ziele zu weisen. Nicht politischer Protest war es, der, aus ihrer Sicht, die Demonstranten auf die Straße trieb, sondern kultureller Protest. Nicht die Ersetzung der alten durch eine neue Regierung, nicht eine wie auch immer geartete Reform der Universität konnte daher das Ziel der Bewegung sein. Es ging um mehr, um eine neue Sprache, ein neues Denken, eine neues Zuhören; mit anderen Worten, um neue Formen der Kommunikation und der Lebensführung. Angestrebt wurde, wie es im Grundsatzpapier der Commission Culture et Créativité de Nanterre hieß, die Aufhebung der individuellen Entfremdung durch Analyse und Kritik der Gesellschaft, in der die Kultur zur Ware geworden und dadurch ihres kreativen und kritischen Potentials beraubt worden war.[43] Um ein Zeichen zu setzen, das den Kulturprotest verdeutlichen und zugleich als unumkehrbaren, vorwärtstreibenden Prozeß ausweisen sollte, wurde ein Sabotageakt gegen die Kultur der Konsumgesellschaft beschlossen.[44] Die Wahl fiel auf das Odéon, das in ein Zentrum revolutionärer Aktion umgewandelt werden sollte.

Warum gerade das Theater Odéon und nicht die Comédie française? Vielfach gestellt, war diese Frage mit relativ einfachen Worten rasch und einhellig beantwortet worden. Die Comédie war zu veraltet, verstaubt, kein Forum für eine Aktion.[45] Wie an den Universitäten, wo häufig gerade die linksliberalen Professoren dem Protest der Studenten stärker ausgesetzt waren als die konservativen Hochschullehrer, forderte unter den Theatern dasje-

41 Vgl zu den Zielen der Gruppe: Duteuil, 232 ff.

42 Vgl. das Kurzportrait des Künstlers in Salvaresi, 90.

43 Abgedruckt in Duteuil, *Nanterre*, 232.

44 Ravignant, 34.

45 Ebd., 39.

nige, das sich selbst als »links« und »avantgardistisch« verstand, »linke« Stücke (darunter Brecht) spielte und von engagierten Schauspielern geradezu als revolutionär angesehen wurde[46], die Kritik der Studenten heraus. Das Odéon erschien als Repräsentant des »kulinarischen« Theaters, des Kulturkonsums ohne Rückkoppelung an die »Entfremdung« der individuellen Lebensführung. Die Tatsache, daß das Odéon ein Staatstheater war, verlieh der Aktion eine doppelte Attraktion: richtete sie sich doch, gleichsam mit einem Streich, gegen eine Institution der herrschenden Kultur sowie gegen eine Bastion »linker« Kulturschaffender, die, aus der Sicht ihrer Kritiker, mit Staatsgeldern revolutionäre Stücke spielten, ohne revolutionär zu sein. Die zentrale Lage, insbesondere die Nähe zur Sorbonne, lieferte zusätzliche Gründe für die Wahl des Objekts.

Der Aktionsplan sah die Besetzung des Theaters für Donnerstag, den 16. Mai, 11 Uhr vor. Dies schloß eine Vorbereitungszeit von zwei Tagen ein, die zwischen der Idee und der Tat liegen sollten und auch nach Auffassung des Happening-Künstlers liegen mußten, um des Erfolges sicher zu sein. Die allgemeine Entwicklung ließ die Einhaltung des Zeitplanes indes nicht zu. Die Besetzung von Sud-Aviation löste unter Studenten aller Pariser Fakultäten, Künstlern und Intellektuellen eine gesteigerte Handlungsbereitschaft aus, welche die eine symbolische Aktion planende Avantgarde unter Druck setzte.[47] Um ihren Anspruch zu verteidigen, sah sie sich gezwungen, ihre Aktion zu beschleunigen. Argumente, wie beispielsweise der Hinweis, daß zunächst Teile der Arbeiter im Odéon für die Besetzungsaktion gewonnen werden müßten, vermochten nicht mehr zu überzeugen. Der Aktionismus obsiegte gegenüber jeglicher rationalen Argumentation. Die Einstellung »Jetzt oder nie«, schon morgen könne es zu spät sein, überwog. Wie von einem kollektiven Fieber erfaßt, drängten die vielfach erst durch die Ereignisse der letzten Tage und Stunden Mobilisierten die Mobilisierer einen Tag früher als geplant zur Tat unter Berufung auf deren Leitwert: Improvisation.[48] Nur wenige Minuten verblieben den Initiatoren, um die Resolution zu formulieren.

46 Ebd., 38, 39, 42.
47 Ebd., 52.
48 Ebd.

Die Phantasie übernimmt die Macht
Der revolutionäre Kampf der Arbeiter und Studenten, der auf der Straße ausgebrochen ist, dehnt sich jetzt auf die Arbeitsstätten und die Pseudo-Werte der Konsumgesellschaft aus.
Gestern bei der ›Sud-Aviation‹ in Nantes, heute im Theater genannt ›de France‹: im Odéon.
Theater, Film, Malerei, Literatur usw. ... sind zu Industrien geworden, die eine ›Elite‹ zum Zweck der Entfremdung und des Merkantilismus an sich gerissen hat.
Sabotiert die Kulturindustrie!
Besetzt und zerstört ihre Einrichtungen!
Erfindet das Leben neu!
Die Kunst, das seid ihr! Die Revolution, das seid ihr!
Freier Eintritt ins Ex-Théatre de France ab heute.[49]

Am 15. Mai gegen 23 Uhr, als die letzten Zuschauer gerade das Odéon verließen, drangen im Gegenzug durch die noch geöffneten Türen die Besetzer in das Theater ein.
Einen Tag später, rote und schwarze Fahnen waren mittlerweile auf dem Dach des Theaters gehißt, gab Jean-Louis Barrault öffentlich die Leitung des Theaters aus der Hand. In einer bewegenden Szene erklärte er sich solidarisch mit der Bewegung, und mehr als das, er gab seine Führungsrolle auf, verzichtete darauf, der »Star« zu sein, und reihte sich in das Ensemble ein. Auf dem Boden der Bühne sitzend, ergriff er, wie der Reporter von *Le Monde* beschreibt, unmittelbar nachdem Daniel Cohn-Bendit, der im Gewirr der Stimmen als einziger mit einer Erklärung der Aktion durchdringend, das Theater als Instrument im Kampf gegen die Bourgeoisie bezeichnet hatte, das Mikrophon und erklärte: »Au risque de vous décevoir, je dirai que je suis complètement d'accord avec monsieur (désignant Cohn-Bendit). Barrault n'a aucun intérêt dans l'histoire; Barrault n'est plus le directeur de ce théâtre, mais un comédien comme les autres. Barrault est mort.«[50] Was Barrault in diesem Moment verschwieg, war eine Anweisung des Kultusministeriums, die er am Nachmittag erhalten hatte, die Türen des Theaters zu öffnen und die Auseinandersetzungen zu beschwichtigen. Versuchte er, mit schauspielerischen Mitteln abzuwiegeln, oder war es der Druck der Bewegung,

49 Die Resolution, unterzeichnet vom »Revolutionären Aktionskomitee« ist abgedruckt in: *Dokumente zur französischen Mai-Revolte*, 183.
50 *Le Monde* vom 18. Mai 1968, S. 4, Sp. 4.

die den Theaterdirektor zur Selbstpreisgabe seiner Rolle brachte? In seinen Erinnerungen stellt Jean-Louis Barrault seine Reaktion als Rückgriff auf den »surrealistischen Humor« dar, den der mittlerweile Achtundfünzigjährige als Teil seiner »alte(n) Erziehung« bezeichnet.[51] Die Presse habe die Ironie seiner Worte nicht transportiert und den entscheidenden Nachsatz unterschlagen. »Barrault ist tot«, habe er gesagt, »aber vor euch habt ihr immer noch ein lebendiges Wesen, na, was machen wir jetzt?« Gleichviel, ob richtig oder falsch zitiert, es sollte die letzte Erklärung Barraults als Leiter des Théâtre de France sein. Kultusminister Malraux forderte ihn auf, keine weiteren Erklärungen mehr abzugeben. Er entzog ihm das Vertrauen. Einen Tag nach Beginn der Aktion war mithin nicht nur das Theater offen, sondern auch die Hierarchie innerhalb des Theaters gebrochen. Das Odéon war, in der Sprache der Besetzer, »frei«. Ergriff, wie es die Initiatoren proklamierten, damit die Phantasie die Macht?[52]

Sie brach sich Bahn in unzähligen Reden, die mehr geschrieen als gesprochen, nicht nacheinander vorgebracht, sondern gleichzeitig ausgestoßen, den Theatersaal erfüllten. War durch die Besetzung eines Theaters, in dem fortan die »Zuschauer« zu zentralen Akteuren wurden, ein Prozeß kultureller Umwälzung der ganzen Gesellschaft eingeleitet, die doch, wie Michel de Certeau konstatierte, im Grunde nur *ein* Theater war?[53] Tatsache ist, daß die freie

51 Jean-Louis Barrault, *Erinnerungen für morgen*, Frankfurt am Main 1973, 368-369. »Mindestens eine Stunde lang«, so stellt Barrault die Szene dar, »werden wir in frech ironischem Ton von einem kleinen Rotschopf beleidigt; er scheint mir über eine gewisse revolutionäre Technik zu verfügen, obgleich mir sein ›Vortrag‹, im Vergleich mit der bei Wahlen ›üblichen Masche‹, etwas konventionell vorkommt. Aber es wirkt. Malraux, die bourgeoise Kultur, das Théâtre de France, Barrault, alles kommt dran: Mit all dem ist es aus! Null! Annulliert! Aufgehoben! Gestorben ... Die Leute sehen jetzt auf uns. Sie verlangen, daß ich antworte. Mit der gleichen impertinenten Ironie, die ich nun, statt beleidigend, mit Höflichkeit vorbringe, sage ich zugleich abschließend: Und wenn schon! Barrault ist tot, aber vor euch habt ihr immer noch ein lebendiges Wesen, na was machen wir jetzt.«.

52 Proklamation der Besetzer, die sich fortan »C.A.R. (Comité d'Action Révolutionnaire) ex-Théâtre de France« nannten; abgedruckt in Ravignant, 53 f.

53 Michel de Certeau, *La prise de parole. Pour une nouvelle culture*, Paris 1968, 16.

Rede aller – jedermann sollte sprechen[54] – das inszenierte Schauspiel einiger ablöste. Bedeutete sie eine Freisetzung von Kreativität – wie dies Jean-Jacques Lebel und der Commission Culture et Créativité vorschwebte? Das Wort zu ergreifen und zu reden wurde für viele zu einem »Erlebnis«, das auch nach fünfundzwanzig Jahren für die meisten nichts von der ursprünglichen, subjektiven Wahrnehmung einer befreienden Wirkung verloren haben sollte. Der unmittelbare Eindruck und die Erinnerungen gleichen sich in diesem Punkt: im Mai 68 »on a pris la parole comme on a pris la Bastille«.[55] Was gesprochen wurde, vermag kaum jemand zu rekonstruieren. Die wenigen protokollarischen Skizzen einzelner Debatten, die überliefert sind[56], lassen andererseits die subjektive Erlebniswelt nicht verständlich werden. Das gesprochene Wort wirkt retrospektiv relativ banal und trivial, gemessen sowohl am Erkenntnis- als auch am Bekenntnisgehalt der Aussagen, und blieb schon aus der Sicht der Zeitgenossen weit hinter der inneren Bewegtheit, den Hoffnungen und Vorstellungen der Beteiligten zurück. »Tout ce qui a été dit«, so Cohn-Bendit, »ne ressemble en rien à ce qui a été ressenti.«[57] Es scheint kein Zufall zu sein, daß Michel de Certeau, der unter dem unmittelbaren Eindruck der Ereignisse hymnisch »La prise de parole« beschwor, in seinen Essay keine Originalzitate einfügte. Nicht was, sondern daß gesprochen wurde, zählte. Die Ergreifung des Wortes war, nach de Certeau, ein Symbol des kulturellen Umsturzes, der sich mit der Bewegung anbahnte. Expressivität als Zeichen einer erlebten Befreiung? Innovation durch Entstrukturierung traditioneller Formen der Vermittlung von Kunst und Kultur?

Nach der Besetzung fand keine einzige Theateraufführung mehr statt, auch experimentelle Alternativen zum Spielplan wurden nicht geboten. Statt dessen meldeten sich Repräsentanten aller Schichten und Gruppen zu Wort: Studenten und Arbeiter, Hausfrauen, Kellner und Polizisten, Mitglieder religiöser Sekten und

54 Bouyer, 33.

55 De Certeau, 27; Michel Le Bris, »Trois ou quatre choses que je crois savoir de mai 68«. Dossier: Mai 68, vingt-cinq ans déjà. In: *Revue des Deux Mondes*, Mai 1993, 17-35, hier 19.

56 Vgl. Ravignant, 93 ff., Bouyer, 33 ff sowie Jean-Claude Kerbourch, *Le piéton de mai*, Paris 1968, 38-42, 59-62.

57 Zit. nach M. Dagouat, J. Buob, »Les rêves de mai«. In: *Mai 68-Mai 93. Les illusions perdues. Les Cahiers de l'Express*, N° 21 (1993), 6-8, hier 8.

gelegentlich auch Paranoiker.[58] Cees Nooteboom notierte:

»Fantastisch, jemand spricht aus einer der goldenen Logen, die ernsten, die schönen, die endlich nicht mehr gelangweilten Gesichter schauen auf, die Argumente strömen hin und her im längsten Gespräch der Welt ... Pragmatiker werden sagen, daß man mit Sprechen und Träumen kein Land verändern kann, mag sein, aber wenn nicht jeder einmal, ohne Ausnahme, die Chance hat, alles zu sagen, wenn keine neuen Impulse mehr da sind, sondern nur noch Gehorsam, dann herrscht Verderben. Hier herrscht ›menschlicher Kontakt‹, Tag und Nacht, zwischen Jung und Alt, Arbeiter und Student, Mann und Frau. Manchmal unsinnig, meist fundiert. Jetzt beneide ich die Franzosen, und mit Eifersucht, die auch Liebe ist, gehe ich zu Bett.«[59]

Kritik wurde vorgetragen, »contestation« eine neue gleichsam magische Zauberformel.[60] Revolution war eines der am häufigsten gebrauchten und zugleich am wenigsten definierten Worte: »... on parlait de tout détruire pour reconstruire du neuf«, so ein Beobachter, »et l'image qui acquerra ses lettres de noblesse, selon laquelle avant construire un immeuble neuf il faut raser la bâtisse, commence à s'ancrer dans les esprits.«[61] Die Entschlossenheit zur Dekonstruktion rief die Frage nach der Neuen Ordnung hervor, die an die Stelle der alten treten sollte. »Autogestion« und »cogestion« waren die in diesem Zusammenhang am meisten angeführten Begriffe[62], doch entbehrten auch sie der konkreten Definition. Enthusiasmus hüllte das Bild der Zukunft ein, und das Vertrauen

58 Mavis Gallant berichtet von einem Psychiater, der jeden Tag ins Odéon ging, um Studien zu betreiben. M. Gallant, *Chroniques de Mai 68*, Paris 1988, 47 (englisches Original: *The Events in May: A Paris Notebook*, New York 1968).

59 C. Nooteboom, *Waar je gevallen bent, blijge. De Parijse beroerte*, Amsterdam 1983. Für die Übersetzung danke ich Marie-Luise Gilcher.

60 Vgl. dazu kritisch Barrault, der am 14. Mai 1968 notiert: »Wir sind, ohne es zu ahnen, im Begriff, vom Zeitalter des Widerspruchs in das des totalen Einspruchs überzugehen. Der Widerspruch impliziert die Anerkennung der Gegenpartei, der man widersprechen will. Der Einspruch im hier gemeinten Sinne – ›contestation‹ – lehnt systematisch jegliche Gegenpartei ab und verneint, a priori, die Existenz des Gegenspielers. Dieser Einspruch duldet keinen Widerspruch. Der ›Contestataire‹ bestreitet selbst die Existenz desjenigen, dem er widerspricht.« Vgl. *Erinnerungen für morgen*, 366.

61 Bouyer, 13.

62 Ebd., 36.

auf die kreative Kraft der mobilisierten, von Zwängen freigesetzten Masse bestärkte den Enthusiasmus, von dem einige annahmen, daß er die Führung der Bewegung übernehmen, sie leiten konnte. »C'est un mouvement de base. Il n'y pas de sommet et pas de directives, c'est à nous tous, dans les comités d'action que nous devons joindre, de décider de ce que nous allons faire«[63], so die immer wiederkehrende Antwort auf die Frage nach der Zukunftsordnung.

Die spontane Expressivität der Menge verlangte indes bereits binnen kurzem die Wiedereinrichtung von Strukturen. Um das Recht auf freie Meinungsäußerung zu garantieren, sahen sich die Vertreter des »Comité d'action révolutionnaire«, wie sich der innere Zirkel, der planende Kern der Besetzer seit Beginn der Aktion nannte, gezwungen, den Saal in zwei Ebenen einzuteilen, die der traditionellen Ordnung des Raumes entsprachen: in Bühne und Publikumsraum. Auf der Bühne nahmen, dem Vorschlag des Komitees entsprechend, an einem Tisch die besten Redner Platz, die bereit und in der Lage waren, auf die Fragen des Publikums Antworten zu geben. Die Fragesteller bzw. Debattenredner wurden aufgefordert, einzeln und nacheinander auf die Bühne zu kommen.[64] Nach vier Tagen wurde diese Regelung zugunsten einer die hierarchische Zweiteilung verschärfenden wieder aufgehoben. Um den Saal besser »kontrollieren« zu können und die Inbeschlagnahme der Bühne durch einzelne Redner zu verhindern, wurde bestimmt, daß jeder von seinem Platz aus reden sollte und die Bühne nur dem Comité d'action révolutionnaire vorbehalten blieb.[65] Das Herunterlassen des eisernen Bühnenvorhangs, von Jean-Louis Barrault angeordnet, um einem Zusammenbruch des Bühnenbodens vorzubeugen, unterstützte diese Regelung.[66]

An der Spitze des Comité d'action révolutionnaire, das sich mittlerweile in achtzehn Unterkomitees aufgeteilt hatte[67], stand seit

63 Bouyer, 40f.

64 Ravignant, 73.

65 Ebd., 140.

66 Barrault, 370.

67 Darunter unter anderem ein Informations-, Presse-, Finanz-, Sicherheits- und Selbstverteidigungskomitee, ein Erste-Hilfe-Komitee, ein Verbindungskomitee für die aus der Provinz sowie aus dem Ausland kommenden Delegierten, ein Unterstützungskomitee für die Streikenden, schließlich ein Komitee »Film und Photographie«, ein Komitee

dem ersten Tag eine vierköpfige Gruppe, die allein berechtigt war, das Projekt des besetzten Odéon nach außen (gegenüber der Presse und den anderen Trägergruppen) zu vertreten. Zu ihr gehörten ein sechsunddreißigjähriger Architekt, Herausgeber der Zeitschrift *Architecture Principe*[68], ein neunundzwanzigjähriger Erzieher, Leiter eines Jugendhauses, der mehrfach in Bolivien gewesen war und sich rühmte, Castro und Ché Guevara persönlich zu kennen, ein fünfundzwanzigjähriger Schauspieler, der in der Geschichte des Sozialismus und der Arbeiterbewegung bewandert war und vorgab, alle proletarischen Revolutionen zu kennen, sowie ein sechsundzwanzigjähriger Schriftsteller, der wenig später ein Buch über die Besetzung des Odéon schreiben sollte.[69] Die Vierer-Gruppe eignete sich binnen vier Tagen neben dem alleinigen Recht der Repräsentation des revolutionären Aktionskomitees nach außen auch einen Führungsanspruch im Inneren an. Setzten sie doch durch, daß im Fall eines Polizeiangriffs auf das Odéon jeweils einem von ihnen die absolute Entscheidungsgewalt hinsichtlich der zu ergreifenden Maßnahmen übertragen werden sollte.[70] Die revolutionäre Führerequipe forderte damit den Vorwurf heraus, eine neue Herrschaftsordnung zu konstituieren.[71] Möglich geworden war die Aneignung eines Repräsentationsmonopols und die Konzentration von Entscheidungsmacht in den Händen weniger nicht zuletzt durch den Rückzug der Vertreter der Commisson Culture et Créativité aus den internen Organisationsdebatten – sie lehnten entsprechend den Leitlinien der Bewegung des 22. März jede Organisation strikt ab – sowie fast aller derjenigen, die seit dem 13. Mai die Besetzung geplant hatten, darunter Jean-Jacques Lebel, der Happening-Künstler, und Julian Beck vom Living Theater.[72] Sie verließen das Odéon zwei Tage nach der erfolgreichen Inbesitznahme. Aktionsorientiert und völlig desinteressiert an der organisatorischen Strukturierung des »befreiten Odéon«, wandten sie sich neuen Projekten zu, allerdings nicht ohne von denjenigen, denen sie nun das Odéon über-

»Straßentheater«, ein Komitee der Schauspieler und Musiker, ein Komitee »Antirepression«. Ravignant, 125-131; Bouyer, 15-17.

68 Ravignant, 36, 135.

69 Ebd., 136.

70 Ebd., 140.

71 Ebd., 153.

72 Ebd., 119.

ließen, 1000 Francs einzufordern für die finanziellen Auslagen, die sie in der Vorbereitungsphase der Aktion getätigt hatten.[73] Der Auszug hinterließ nicht nur eine Lücke im Finanzetat des besetzten Theaters, denn das Geld wurde tatsächlich gezahlt, sondern auch im Spektrum der Konzeptionen für dessen Um- und Neugestaltung.

Während der Saal endlos weiterdiskutierte – »Non-stop: 7 x 24 = 168 Stunden die Woche«, wie Barrault notierte[74] –, spielten sich hinter der Bühne dramatische Szenen ab. Der Kostüm-Fundus wurde ruiniert. Jean-Louis Barrault beschreibt:

> Die Leute waren durch eingeschlagene Dachfenster eingestiegen und hatten eine wahre Verwüstung angerichtet – purer Vandalismus. Wir wateten in einem vierzig Zentimeter hohen ›Brei‹ von beschmutzten, zerrissenen Kostümen. Nicht nur die Kostüme vom Théâtre de France, sondern auch die unserer Truppe. (Vergessen wir nicht, daß wir dem Staat gratis das Material für neunzehn Stücke geliefert hatten.) Kurz: zwanzig Jahre Arbeit beschmutzt, zerfetzt, vernichtet. ... Ich bekenne, daß ich in diesem Moment zusammenbrach und schluchzte. Ich wiederholte immer nur: Für nichts! Wozu! Nichts! Sinnlos! Verloren! Ein Racheakt für Nichts! – Die Verhöhnung der Arbeit und dieser Haß, der sich so abscheulich manifestierte (die ganze Lumpenmasse war mit Exkrementen durchsetzt), trafen mich tiefer als alles übrige. Aus Selbsterhaltungstrieb vielleicht und um mich an irgendeiner rettenden Planke festzuklammern, stürzte ich mich auf die Arbeit an meiner vierten Rabelais-Version.[75]

Parallel zu diesen Vorgängen vollzog sich innerhalb des Comité d'action révolutionnaire eine Spaltung. Eine mehr anarchistische und eine an dem Vorbild Kubas unter Castro orientierte politische Strömung bekämpften sich, wobei vorübergehend die letztere sich durchzusetzen schien, alle Anzeichen auf die Alleinherrschaft des Vertreters der Castroschen Richtung, des Jugendleiters, hinzudeuten schienen, bis die Vollversammlung sich schließlich von allen vier Sprechern des Odéon distanzierte, indem sie ihnen »Personalismus« vorwarf. Gemeinsam verließen alle vier vierzehn Tage nach Beginn der erfolgreichen Besetzung das Odéon.[76] Dies zog die Auflösung der meisten Aktionskomitees nach sich.[77]

73 Ebd., 140.
74 Barrault, 370.
75 Ebd., 372.
76 Ravignant, 167-180.
77 Ebd., 181.

Es gab keine politische Linie mehr. »Die Studenten werden«, wie Jean-Louis Barrault am 30. Mai notierte, »immer weniger. Immer zahlreicher sind die Agitatoren und die ›schweren Jungs‹ aller Schattierungen.«[78] Bestimmend wurden in der Tat im Juni, bis zur Räumung des Odéon durch die Polizei, Hippies, Beatniks und »Halbstarke« (»blousons noirs«[79]), zumeist junge Arbeiter aus den Vorstädten Belleville und Genevilliers, die bislang die Sicherung des Gebäudes nach außen vorgenommen hatten.[80]
Die Schuld an dem »irren« Durcheinander lastete Barrault den Politikern an. »Ich beginne zu begreifen«, schrieb er am 30. Mai, »welche Rolle das Odéon während dieser historischen Ereignisse gespielt hat.« Die Regierung habe, weil sie nach der ersten Nacht der Barrikaden »keine Polizei mehr einsetzen konnte – das Odéon den Revolutionären überlassen, wie man einem Hund einen Knochen vorwirft. Der Entzündungsherd wurde damit auf das Odéon konzentriert, und so erreichte man, daß die Académie, der Senat, der Louvre und das O.R.T.F. verschont blieben.«[81] Tatsächlich war eine Schadensabwägung vorgenommen worden, waren die Kosten der Räumung des Odéon einschließlich der möglichen Folgen dieser Aktion (erneute Straßenkämpfe im Quartier Latin) debattiert und innerhalb der Regierung sowie auf der Ebene der polizeilichen Einsatzleitung als zu hoch eingeschätzt worden.[82] Gemeinsam hatten Polizeipräfekt Grimaud und Regierungschef Pompidou die Anordnung de Gaulles, das Odéon sofort zu räumen, zunächst verschoben, dann, unter dem Druck der Ausbreitung des Generalstreiks, gleichsam ausgesetzt. Erst im Moment der Demobilisierung der Streikbewegung kehrte das Odéon auf die politische Tagesordnung zurück. Die Aktion erfolgte in den frühen Morgenstunden. Ohne auf Gegenwehr zu stoßen, drang die Polizei in das Odéon ein. Die Demonstranten verließen, nachdem der Polizeipräfekt ihnen freien Abzug garantiert hatte, die »Freie Bühne«, Jean-Louis Barrault kehrte zurück, indes für einige Wochen nur, die Theaterleitung wurde ihm entzogen. Sein bitteres Fazit des Mai: »In einem Monat zwanzig Jahre Arbeit zerstört, neun Jahre Théâtre de France ausradiert.«[83]

78 Barrault, 373.
79 Vgl. J. Monod, *Essai d'ethnologie des bandes de jeunes*, Paris 1968.
80 Ebd. 81 Ebd.
82 Grimaud, 210ff.
83 Barrault, 375.

Künstlerisch war in der Zeit der Besetzung nichts Neues an die Stelle des Alten getreten: keine revolutionären »Happenings« fanden auf der Bühne statt, kein »Living Theater« wurde in den Gängen aufgeführt.[84] Die Avantgarde-Künstler unter den Besetzern hatten sich nach zwei Tagen aus dem Odéon zurückgezogen. Nur wenige Schauspieler und Schauspielerinnen wirkten innerhalb des Besetzerkomitees mit. Die Barrault-Truppe – Schauspieler, Angestellte, Bühnenarbeiter – versuchte lediglich, soweit möglich, ihre Arbeitsinstrumente zu schützen. Diskussionen über ein neues Theaterstatut, das Schauspielern und Autoren ein Mitspracherecht einräumte, wurden an anderen Orten geführt[85], nicht indes im Odéon. Keine der politischen Trägergruppen bemächtigte sich des Forums, die permanente Vollversammlung bildete keinen politischen Willen, keine volonté générale. Zwar gingen einzelne Aktionen auch vom Odéon aus – so führte die Parole zur Unterstützung der Demonstration am 24. Mai, die zur zweiten Nacht der Barrikaden führte, den an diesem Tag im Odéon sich koordinierenden politischen Trägergruppen der Studentenbewegung eine Vielzahl von Mitstreitern zu, doch war, zur Überraschung der Besetzer, nach fünfzehn Minuten der Saal schon wieder voll. Ein neues Publikum war eingetreten, das weiter diskutierte bzw. abwartete, was passierte. Die permanente Vollversammlung brachte, wie es schien, eine permanente Mobilisierung vor allem der Voyeure der Revolution hervor, es setzte einen Polit-Tourismus in Gang.[86] Die Stätte des »Kulturkonsums« wandelte sich dadurch in einen Ort des »Revolutionskonsums«.

Die Einzigartigkeit der Atmosphäre war eine Folge der Außeralltäglichkeit, welche die Situation innerhalb und außerhalb des Theaters prägte. Der Bruch mit dem Alltag, mit dem Gewohnten, ging der freien Rede voraus. Nicht nur die Grenze zwischen Kultur- und Alltagswelt war aufgehoben. Der Generalstreik unterbrach den Arbeitsrhythmus und mit ihm die geregelten Zeitstrukturen. Mit der Freisetzung vom Arbeitszwang und von den durch ihn auferlegten sozialen Rollen brach sich eine verstärkte Wahr-

84 Es wurde im August auf dem Festival in Avignon dargeboten. Vgl. Peter Iden, »Der lange Marsch ins Paradies«. *Die Zeit*, Nr. 32 vom 9. August 1968, S. 18.

85 Vgl. Rauch/Schirmbeck, 120.

86 Vgl. F. Bondy, »Der Rest ist Schreiben«. In: *Die Zeit*, Nr. 32 vom 9. August 1968, S. 9.

nehmung Bahn – des Selbst, des Anderen, der politisch-sozialen Situation. Verhalten und Kommunikation veränderten sich, Austausch schien möglich über Alters- und Geschlechtergrenzen, Klassen- und Bildungsschranken hinweg.[87] In der Außeralltäglichkeit entstand ein gesteigertes Lebensgefühl, das ein anonymes Gedicht, entstanden im Pariser Mai, beschreibt:

Schreiben kann man nicht
Verstehst du
In jenem Getöse
Das alles erfüllt
Kann man nicht schreiben

Seit einer Woche
Sehe ich zu wie in den Augen
Die Zukunft ausbricht
Man kann wirklich unmöglich
Schreiben

Um zu verstehen
Muß man lange zu laufen wissen
In einem bangen Paris
Überall eingetreten sein
In den Hörsälen
Alle Graffiti
Die Glaubensbekenntnisse
Und Verkündigungen
Gelesen haben

Gesprochen haben
Auf der Straße mit irgend jemand
Kaum geschlafen haben
In den Aufmärschen gebetet
Kein Geld gehabt mit den andren
Ein Stück Brot und Schokolade
Geteilt haben (...)

Die andren glauben
Dies sei eine Kirmes
Die der Regen auseinandertreibt
Ich aber weiß
Daß man vor allem nicht
Einschlafen darf

87 Vgl. dazu die Beobachtung von Simone de Beauvoir auf der Place d'Odéon. In: dies., *Alles in Allem*, Hamburg 1976, 432.

In dem Augenblick
Da die Nacht zurückweicht
Du versäumst ansonsten
Das Rendezvous im Morgengrauen
Das stets marschierende
Nimmermüde Leben[88]

Das gesteigerte Lebensgefühl schloß die Bereitschaft zur Veränderung von festgefahrenen Strukturen ein, brachte indes keine Strukturveränderungen hervor. Negation des Bestehenden schlug nicht um in Kreation einer neuen, anderen kulturellen und sozialen Ordnung. Mit der Rückkehr des Alltags – mit dem Ende des Streiks und dem Beginn des Wahlkampfes – wich der »namenlose Schwung«, der vorübergehend die Szene im Theater regierte.

Im Gang der Ereignisse war die Besetzung des Odéon ein Nebenschauplatz, aber als solcher doch Ausdruck von Eigenschaften der Bewegung im ganzen. Das am Anfang in Nanterre dominante Interesse an Veränderungen der Lebensführung und Befreiung von Konventionen wurde im Odéon wieder zentral. Es entpolitisierte die Bewegung in dem Maße, in dem es nicht mehr gelang, zwischen der Lebensführung und der Struktur der sozialen Ordnung eine Beziehung herzustellen und politische Ziele zu formulieren. Die ursprünglichen Trägergruppen verloren den Einfluß auf die stets neu mobilisierten Zuschauer und Mitläufer und zogen sich zurück. Die Mobilisierten verloren die Ziele ihrer »Emotionen« aus den Augen. Parolen wie »La Révolution n'est pas seulement l'affaire des Comités d'action mais avant tout la vôtre«[89] oder »La révolution est une chose sérieuse, mais ne vous prenez pas trop au sérieux«[90] erwiesen sich als zweischneidig. Die Revolution ging in der Trivialisierung der Revolution unter. Die Individualisierung des revolutionären Impetus ohne Rückbindung an einen kollektiven Träger brachte einen kollektiven Individualismus hervor, der die subjektive Emanzipation mit der politischen, sozialen, kulturellen nicht verknüpfte.

88 Abgedruckt in: *Die Zeit* vom Nr. 32 vom 9. August 1968, S. 10, Sp. 1.
89 Zit. nach Bouyer, 32.
90 Zit. ebd., 22.

Zwei Tage nach Beendigung der Besetzung des Odéon erfolgte die Räumung der Sorbonne. Polizeipräfekt Grimaud war selbst an den Ort gekommen, wo am 3. Mai alles seinen Anfang genommen hatte, um mit den Studenten eine Vereinbarung über den allgemeinen freien Zugang zur Sorbonne zu schließen. Die technische Regelung, die er vorschlug, vermied Reizworte wie Aufgabe oder Räumung der Universität, kam in ihrer Konsequenz indes, zumindest formal, der Rückkehr zur alten Ordnung gleich. Das Gebäude sollte, so der Vorschlag Grimauds, zwischen 22 Uhr abends und 8 Uhr morgens geschlossen werden, um weitere Zerstörungen im Inneren abzuwenden und den Mißbrauch des Ortes als nächtliche Lager- und Experimentierstätte für gewalttätige, kriminelle, von den Studenten unkontrollierbare Gruppen zu beenden.[91] Neben dem Sicherheitsargument brachte er das der not-

91 Die Besetzer der Sorbonne hatten sich nur mit Mühe, wie die Polizei wußte, am 14. Juni von einer gewalttätigen Gruppe, den »Kantagais«, befreit. Vgl. Grimaud, 312 f. Die Situation in der Sorbonne kurz vor der Räumung des Gebäudes schildert anschaulich in ihren Memoiren Simone de Beauvoir: »Ein letztes Mal bin ich um den 10. Juni in der Sorbonne gewesen. Ich traf dort Lapassade. Er war ganz aufgeregt. ›Es passieren hier schreckliche Dinge‹, sagte er zu mir. ›Kommen Sie, ich zeige es Ihnen.‹ Die Keller seien voller Ratten – das könne zu schweren Epidemien führen, sagte er. ›Epidemien gibt es hier nur eine‹, antwortete ein junger Mediziner, ›nämlich Filzläuse‹. Beide klagten über die allgemeine Verwahrlosung: nachts sei die Sorbonne voller Beatniks, Huren und Clochards. Zu jeder Tageszeit verkauften Rauschgifthändler in den Fluren ihre Drogen: in den großen Hörsälen stank es nach Haschisch und Marihuana. Wir gingen hinauf in die oberen Stockwerke, in denen sich das ›Parallel-Krankenrevier‹ der Studenten befand. Sie hätten aus dem regulären Revier Ampullen mit Morphium gestohlen, sagte der Arzt, und Lapassade versicherte, daß dort Drogengeschäfte getätigt und sogar Abtreibungen vorgenommen würden. Er ließ eine von innen geschlossene Tür öffnen: ein kleiner, nur mit einem Schrank und einem Bett möblierter Raum. Er stellte mich mit Nachdruck vor und fragte, womit hier Handel getrieben werde. ›Das ist etwas zur Pflege müde gewordenen Schriftsteller‹, sagte das junge Mädchen und starrte mich dabei unverschämt an. Und tatsächlich muß es ja so ausgesehen haben, als wollte ich mich in Dinge einmischen, die mich nichts angingen. Als wir die Treppe hinuntergingen, sagte der

wendigen Reinigung der Sorbonne vor, ein Vorgang, der die Schließung des Gebäudes zumindest während der Nacht notwendig mache. Grimaud sicherte allen, die das Gebäude verließen, freien Abzug zu. Die Reaktion der Besetzerrates war, aus der Sicht des Polizeipräfekten, ambivalent. Einerseits schienen sie den Vorschlägen gegenüber aufgeschlossen und von der wohlmeinenden Absicht des Mittlers überzeugt zu sein, andererseits sahen sie sich nicht in der Lage, eine Entscheidung mit derart weitreichenden Folgen allein zu treffen. Eine Diskussion über die Handlungskompetenzen und Konsequenzen begann. Sie dauerte, nach Eindruck Grimauds, ewig. Er zog sich zurück.

»... bei einem Aufruhr wie bei einem Roman«, schrieb Alexis de Tocqueville in seinen Erinnerungen, »ist der Schluß am schwierigsten zu finden.«[92] Seine Erfahrung bestätigte sich. Nachdem die Besetzer weder in der Lage schienen, ihrer Diskussion noch ihrer Aktion ein Ende zu setzen, griff der Polizeipräfekt von außen ein. Er ließ Polizeitruppen vor der Sorbonne aufmarschieren und erwirkte so den friedlichen Abzug nahezu aller sich im Gebäude befindenden Demonstranten.[93] Nur eine kleine Gruppe von etwa dreißig bis vierzig Personen verharrte im Inneren, bis die Polizei sie mit »sanfter« Gewalt evakuierte.[94] Auf dem Boulevard St. Michel flanierten an diesem Sonntagnachmittag, dem 16. Juni, bereits wieder die traditionellen Wochenendbesucher.[95] Kein Protest begleitete die Polizeiaktion. Erst Stunden später kam es im Umkreis der Sorbonne zu vereinzelten Krawallen, die indes relativ mühelos

Mediziner, er wolle jetzt losfahren, um in Rennes zu agitieren und von dort Kartoffeln für die Streikenden mitzubringen – die Sorbonne habe er satt bis obenhin. Anschließend zeigte mir Lapassade behelmte und mit Eisenstangen bewaffnete *kantagais* – sie schützten die Sorbonne vor eventuellen Angriffen von Occident und gingen bei den Zusammenstößen mit der Polizei besonders hart vor. Aber Lapassade fand es gefährlich, daß die Studenten mehr oder weniger in den Händen dieser Söldner seien, denen jede politische Überzeugung fehle. Viele von ihnen waren in der Tat ehemalige Schläger. Lapassade wollte mir unbedingt auch noch die Kellerräume vorführen, damit ich die Ratten sähe, aber ich lehnte ab.« Beauvoir, 435.

92 A. de Tocqueville, *Erinnerungen*. Mit einer Einleitung von C. J. Burckhardt, Stuttgart 1954, 98.

93 Grimaud, 317.

94 Gaveau, 180.

95 Kerbourch, 173.

von der Polizei eingedämmt werden konnten. Der Auszug der Demonstranten durch ein Spalier von Polizisten markierte das symbolische Ende der Studentenbewegung des Mai 68 in Frankreich.

Treibende Kraft der Ereignisse war die Studentenbewegung, die mit der Räumung der Sorbonne ihr nationales Forum verlor, schon lange nicht mehr. Im Grunde war mit der Besetzung der Sorbonne (am 13. Mai) der Höhepunkt der Studentenbewegung erreicht, die sich zwar an den Universitäten der Provinz noch ausdehnte, insgesamt aber von diesem Tag an die Führung der Protestbewegung verlor. Sie vermochte die sich mit Einsetzen der wilden Streiks (14. Mai) rasch ausweitende soziale Bewegung des Mai 68 weder zu orientieren noch zu strukturieren. Der »État Major«, das Koordinationszentrum, das vom 3. bis zum 13. Mai die Demonstrationen und Aktionen gelenkt und geleitet hatte, löste sich auf. Die besetzte Sorbonne mit ihren Vollversammlungen, Aktionskomitees und Koordinationsausschüssen bot kein funktionales Äquivalent. Zwar multiplizierten sich in ihr die Ideen, Denk- und Aktionsanstöße, doch traten diese untereinander in ein Konkurrenzverhältnis ein. Die aus der Aktion gegen die polizeiliche Repression erwachsene Einheit zerfiel. Gruppen- und Fraktionskämpfe tauchten wieder auf. Ein großer Teil der Energien wurde dadurch nach innen gerichtet. Die Sorbonne war mit sich selbst beschäftigt.

Die erste, mit Spannung erwartete Vollversammlung im großen Amphitheater der besetzten Sorbonne, an der etwa 5000 Personen teilnahmen[96], brachte drei Tendenzen zutage. Ein Teil der Beiträge galt der Reform der Universität und der Suche nach einer Lösung für die anstehenden Examina, ein anderer Teil der Debattenreden konzentrierte sich auf die Notwendigkeit der Fortsetzung des politischen Kampfes bis zum Sturz des Gaullismus und des Kapitalismus. Eine dritte, minoritäre Gruppe erklärte, die Examen seien durch die Nacht der Barrikaden bereits abgeschafft, und forderte statt dessen die Abschaffung der Klassen, der Lohnarbeit und des Lebens nach dem Tod.[97] Es waren die Enragés von Nanterre, an ihrer Spitze René Riesel, die diese Position vertraten. Riesels Beitrag wurde mit Gelächter rezipiert und von den nachfolgenden

96 *Le Monde* vom 17. Mai 1968, S. 6, Sp. 1.
97 Viénet, *Wütende und Situationisten*, 56 f.

Debattenrednern kritisiert. Als es jedoch zur Abstimmung kam, wurde er in den Rat der Besetzer gewählt, eine Art Exekutivorgan der Vollversammlung, das allabendlich neu gewählt werden sollte.

Von den 15 Mitgliedern des Besetzerkomitees war am nächsten Tag die Mehrzahl verschwunden[98], trotzdem wurde das Gremium von der Vollversammlung, welche die internen Vorgänge nicht kannte, wiedergewählt. Das »En-bloc« Verfahren des Wahlmodus[99] verdeckte die personelle Auszehrung, welche das Gremium mittlerweile erfahren hatte. Durch das freiwillige Ausscheiden der Mehrheit vergrößerte sich der Einfluß der Minderheit. Enragés und Situationisten[100] drückten fortan der Arbeit des Komitees ihren Stempel auf.[101] Indes, ihre Macht beschränkte sich auf Parolen und Worte, die, gesprochen, gedruckt, gemalt oder telegraphiert, den neuen Geist verkündeten, der in die Sorbonne eingezogen war. »WIR SIND UNS BEWUSST«, hieß es in einem Telegramm, das deutlich ihre Handschrift trug, »DASS WIR ANFANGEN UNSERE EIGENE GESCHICHTE ZU PRODUZIEREN STOP WIR BESTEHEN DARAUF ES DIE NACHWELT MITTELS DER ARCHIVE IHRES INSTITUTS WISSEN ZU LASSEN STOP«.[102] Der Adressat war das Internationale Institut für Sozialgeschichte in Amsterdam. »Ich nehme meine Wünsche für die Wirklichkeit, weil ich an die Wirklichkeit meiner Wünsche glaube«; »Es ist verboten, zu verbieten« war an die Wände der Sorbonne geschrieben.[103] »Dada est vraiment à la Sorbonne«, konstatierte Michel Legris nach einem Rundgang durch

98 Ebd., 61. Vgl. auch »Bericht über die Besetzung der Sorbonne«. In: *La Chienlit. Dokumente zur französischen Mai-Revolution*, 142-146, hier 144. Nach diesem Bericht waren dreizehn der insgesamt fünfzehn Mitglieder des Besetzerkomitees am 16. Mai »verschwunden«.

99 Ebd.

100 Sie hatten sich am 14. Mai zu einem Komitee zusammengeschlossen. Vgl. *Situationistische Internationale*, N°. 12 (1969), 350.

101 Das erste Komitee der Besetzer gilt, aus der Sicht von Michel Perrot, Madeleine Rebérioux und Jean Maitron, welche die Dokumente des Gremiums zusammengetragen und analysiert, indes die internen Hintergründe des Einflusses der Situationisten nicht aufgedeckt haben, als mehrheitlich situationistisch. Vgl. *La Sorbonne par elle-même*, 119.

102 Abgedruckt in Viénet, 172.

103 Vgl. Viénet, 75. Ferner P. Bertaux, »Die Sorbonne war keine Bastille«. In: *Die Zeit*, Nr. 27 vom 5. Juli 1968, S. 30.

die Universität. Und mit ihm, so fügte er in seinem Kommentar für *Le Monde* hinzu, seien die Schatten all derer wiederaufgetaucht, die, vielfach in einander widersprechenden Schriften, ihre Kritik und Ablehnung der bürgerlichen Gesellschaft ausgesprochen haben.[104] Er traf damit den Kern des Problems, das die Studenten in der Sorbonne nicht lösen konnten.

Gemeinsame Gegnerschaft, das hat die Geschichte der internationalen Arbeiterbewegung gezeigt, ist noch kein Band, das vereint. Die Differenzen in der Analyse der Situation, der Strategie- und Zielbestimmung, die vor dem 13. Mai unterdrückt worden waren, brachen sich Bahn. Sie wurden nicht nur offen in Flugblättern und Redebeiträgen, sondern auch verdeckt ausgetragen. Es setzte ein Kampf um die Kontrolle der Lautsprecheranlage ein, mittels deren man gewünschte Stellungnahmen verstärkte, andere beschnitt.[105] Die Erklärungen und Aufrufe des Komitees der Besetzer wurden entweder gar nicht oder in veränderter Form an die Öffentlichkeit gebracht, weil sich eine Gruppe des Presse- und Druckzentrums im Keller der Sorbonne bemächtigt hatte und nun von hier aus versuchte, die Texte zu kontrollieren oder, wenn man so will, zu zensieren, die das Komitee als Willen der Vollversammlung ausgab.[106] Aus der Sicht der Enragés und Situationisten, die sich als die von der Basis legitimierten Sprecher ansahen, waren die Kontrolleure der technischen Dienste die wirklichen Machthaber in der Sorbonne. Sie warfen ihnen Manipulation vor, Verletzung der direkten Demokratie, bevor sie sich am 17. Mai, nachdem eine Neuwahl des Besetzerkomitees nicht mehr zustande gekommen war, aus der Sorbonne zurückzogen.[107] »Wenn es so weitergeht«, hinterließen sie mahnend den Zurückbleibenden in der Sorbonne, »wird die Bewegung in der Sorbonne begraben.«[108]

Jean-Louis Péninou, der lange Jahre die UNEF-Sektion der Sorbonne geleitet hatte, sowie Marc Kravetz, ehemals Mitglied der Gruppe MAU, gehörten zu den von den Enragés und Situationisten Angeklagten. Sie hatten die Besetzung der Sorbonne mitini-

104 Michel Legris, »Dada et Marx à la Sorbonne«. In: *Le Monde* vom 18. Mai 1968, S. 4, Sp. 4-7, hier 4.
105 Viénet, 63, 74; vgl. auch *Le Monde* vom 18. Mai 1968, S. 4, Sp. 6.
106 Viénet, 60.
107 Ebd., 75.
108 Aufruf zur »Wachsamkeit«. Abgedruckt ebd., 169 f.

tiiert und waren bei einer der ersten Pressekonferenzen als Sprecher der Studenten aufgetreten mit der Erklärung, daß ihre Aktion so lange andauern werde, bis die Polizei die Sorbonne räume oder aber die Besetzer die Universität verließen, weil sie ihre Ziele als erfüllt ansahen. Auf die Nachfrage der Journalisten, welches denn die Ziele der Besetzung seien, war die Antwort gefolgt: »On verra. C'est dans la discussion que nous nous définirons.«[109] Versuchten sie nun doch, die Debatte gleichsam »von unten«, d. h. vom Pressebüro aus, zu strukturieren?

Tatsache ist, die Vollversammlung brachte keine einheitliche Willensbildung hervor. Das große Amphitheater verwandelte sich, aus der Sicht der älteren, in studentischer Interessenorganisation und politischer Artikulation geschulten Studenten, in einen »monströsen psychoanalytischen Divan«. Weder Jean-Louis Péninou noch Alain Geismar hatten mit einer derartigen Wende der Protestbewegung gerechnet. Die spielerischen Formen der Revolte, welche die Enragés/Situationisten vorführten, leisteten, aus ihrer Sicht, einer Entpolitisierung des Protestes durch Psychologisierung der Konflikte Vorschub. Bei Aktivisten wie Jean-Louis Péninou, der seit der Zeit der außerparlamentarischen Opposition gegen den Algerienkrieg in verschiedenen linken Gruppen aktiv war[110], rief dies Angst vor einem Absturz der Bewegung ins Leere hervor.[111] Die Bewegung stand, aus seiner Sicht, vor einem Problem. Man hatte, so erklärt er 25 Jahre später, die Sorbonne besetzt, um auszuprobieren, ob man in der Lage war, die Sorbonne zu besetzen. »Quand on a occupé – le but était purement de tester

109 Vgl. *Le Figaro* vom 15. Mai 1968, S. 5, Sp. 3.

110 Jean-Louis Péninou, geb. 1942 in Bordeaux, datiert seine erste politische Erfahrung auf das Jahr 1956, als er während des Ungarnaufstandes Zeuge eines Anschlages auf das Haus der Kommunistischen Partei in Bordeaux wurde. Sein eigentliches politisches Engagement begann während des Algerienkrieges. Er wurde Mitglied der PSA (1959) und der PSU (1960) und gehörte innerhalb der Opposition gegen den Krieg zu den sogenannten »Kofferträgern«, welche die FLN (auch mit Waffen) unterstützten. In den sechziger Jahren nahm er an Debatten des Kreises um *La Voix Communiste* teil, war vorübergehend im kommunistischen Studentenverband UEC aktiv und gehörte als Vertreter einer »gauche syndicale« der UNEF an, deren Sorbonne-Sektion er zwischen 1964 und 1966 leitete.

111 Vgl. Hamon/Rotman, *Génération*, 1, 503-505.

pour pouvoir occuper la Sorbonne.«[112] Mit dem Erfolg war das Ziel erreicht, so daß der Erfolg auch das Ende der Bewegung markieren konnte. Um die Dynamik der Bewegung weiterzuführen, galt es, den Sieg als Beginn einer neuen Etappe zu definieren. Die Sorbonne, so Jean-Louis Péninou, heute Generaldirektor von *Libération*, sollte ein Diskussionsforum werden und als solches eine Art Basis der Bewegung. »La mobilisation voulait une base. Tout simplement, parce qu'il n'y avait pas de base.« Die Aktionskomitees, so sein retrospektives Urteil, »sont bien pour faire des tracts, des manifestations, pour faire de l'action, y compris violente, demi-violente. Mais pour débattre, pour débattre, il faut des assemblées, il faut des lieux, il faut des chaises«.[113] Die Sorbonne bot Raum für Versammlungen und permanente Diskussionen, doch drehten sich die Diskussionen im Kreise, suchten gar nicht zu einem Ergebnis zu kommen. Das Sichausdrücken war Selbstzweck, Selbstbefreiung.[114]

Versuche der Strukturierung der Debatten schlugen fehl. Zwar folgte die Vollversammlung am 16. Mai einstimmig dem Aufruf der studentischen Trägergruppen – darunter die UNEF, die trotzkistische JCR, die maoistische UJC (ml) und die Bewegung des 22. März – zu einem spontanen Solidaritätsmarsch zur Fabrik Renault-Billancourt, deren Belegschaft sich an diesem Tag der Streik- und Besetzungswelle angeschlossen hatte. Aber während etwa 3000 bis 4000 Studenten, unterstützt auch vom Besetzerkomitee, die Aktion durchführten, trat eine neue Vollversammlung zusammen, welche die Aktion der vorhergehenden kritisierte und das Komitee der Besetzer abzuwählen versuchte. Vollversammlungen mit flukturierenden Mehrheiten, das zeigt das Beispiel der Sorbonne, schaffen keine einheitliche politische Willensbildung – gleichsam aus sich heraus – und zerstören das Prinzip der direkten Demokratie, auf das sie sich berufen. Auch direkte Demokratie setzt bei aller Offenheit für unmittelbare, spontane Willenskundgebungen institutionalisierte Verfahrensweisen voraus, mit anderen Worten: Organisation der Demokratie. Die Besetzer der Sorbonne, nicht nur die Enragés und Situationisten, hatten darauf verzichtet. Indem sie die Universität in eine »autonome Volksuni-

112 Im Gespräch mit der Autorin am 17. September 1992.
113 Ebd.
114 Vgl. Bondy, 9.

versität« umwandelten, geöffnet Tag und Nacht für alle Arbeiter, wie es in der ersten Erklärung hieß[115], hatten sie ihr Projekt nahezu grenzenlos ausgeweitet und dadurch ihre Gestaltungschancen innerhalb der in Besitz genommenen Institution zugleich minimiert. Sie setzten sich damit den schwankenden Stimmungen, Irrationalitäten und Inkonsistenzen einer von Tag zu Tag wechselnden Massenversammlung aus, deren Zusammensetzung ebenso unkontrollierbar war wie das Zustandekommen und die Durchsetzung der von ihr gefällten Entscheidung. Die antiinstitutionelle Grundhaltung der Neuen Linken begann sich gegen sie selbst zu richten, die fehlende Organisation institutioneller Rahmenbedingungen lieferte die Mobilisierer den Mobilisierten aus.

Es waren nicht nur junge Arbeiter, die in die Sorbonne strömten und dort, so der Kommentar eines Gewerkschaftsfunktionärs, »wie Könige« empfangen wurden[116], sondern auch Neugierige aller Schichten und schließlich die »habituellen Nachtschwärmer«, die nach einem Restaurantbesuch »revolutionäre Luft schnappen« wollten.[117] Der Andrang war zuweilen so stark, »daß Studenten am Eingang den Menschenstrom regeln mußten: eine Minute in eine Richtung, eine in die andere«.[118] Viele, die von nah und fern kamen, kannten die Entwicklung der studentischen Protestbewegung vor dem 13. Mai nicht und verstanden den Disput um die Aufgaben und Funktionen der besetzten Universität nach dem 13. Mai nicht, geschweige denn die Diskussion um »cogestion« oder »autogestion« innerhalb der Universität oder die Ausführungen der Arbeitsgruppen, die sich mit einer Reform des französischen Universitätssystems beschäftigten. Die Historikerin Madeleine Rebérioux, die als Lehrende an einer Arbeitsgruppe teilnahm, die sich mit einer Reform des Geschichtsunterrichts sowie des Unterrichts überhaupt beschäftigte, war erstaunt, daß die Gruppe bei der Vorstellung ihrer Analysen und Ergebnisse, die sie als seriös einstufte, in den Vollversammlungen auf Desinteresse stieß, wenngleich die Arbeit anfangs als notwendig bezeichnet

115 Vgl. dazu *Le Figaro* vom 15. Mai 1968, S. 5, Sp. 1, sowie »Tract anonyme vom 13. Mai 1968«. In: *La Sorbonne par elle-même*, 108.
116 Frémontier, 360.
117 Rauch/Schirmbeck, 117.
118 Ebd.

worden war.[119] Die Dynamik der Ereignisse nach dem 13. Mai hatte das Anliegen einer Universitätsreform überholt oder, anders formuliert, ihm einen nachrangigen Stellenwert zugewiesen. Die Vollversammlung der Sorbonne hatte am 20. Mai eine Resolution angenommen, welche die Arbeit der Gruppe nahezu entlegitimierte. Sie proklamierte:

»In Anbetracht dessen,
daß das politische Ziel der Umsturz des Regimes durch die Arbeiter ist und daß die Besetzung in diesem Rahmen verwirklicht werden muß,
daß das Erziehungswesen tatsächlich erst dann den Bedürfnissen der Bevölkerung entsprechen wird, wenn diese endgültig die kapitalistische Macht zerschlagen haben wird,
daß die Umgestaltung der Universität, da sie nicht außerhalb dieses Rahmens geplant werden kann, folglich nicht nur das Werk der Leute sein darf, die zur Stunde daran arbeiten, sondern der gesamten Arbeiterschaft,
beschließt DIE BEWEGUNG,
daß sie sich nicht für irgendeine Universitätsreform hergeben will, die nur eine Verbesserung des kapitalistischen Systems bedeuten würde.«[120]

Es gab andere Gruppen, die, wie jene von Rebérioux beschriebene, konzentriert, engagiert und konstruktiv arbeiteten[121], in der Regel in den Vollversammlungen jedoch nur wenig Gehör fanden. Im günstigsten Fall gelang es ihnen, ihr Projekt zur Annahme zu bringen, weil alle Mitglieder es in der Diskussion verteidigten und niemand im Saal widersprach.[122] Zwanzig Jahre später urteilt sie:

»Une des conclusions fondamentales que l'on peut tirer de l'occupation de la Sorbonne, c'est le rapport entre la parole et la pratique. Autant la parole devait être libre, et en la libérant, on permettait à des dizaines de milliers de gens qui n'avaient jamais l'occasion de dire ce qu'ils ressentaient, de le dire et de se sentir moins brimés qu'à l'ordinaire, autant la pratique supposait

119 »La Sorbonne occupée. Entretrien avec Madeleine Rebérioux.« In: Dreyfus-Armand/Gervereau, 157.

120 »Von der Vollversammlung der Sorbonne angenommene allgemeinpolitische Resolution«. In: *Dokumente zur französischen Mai-Revolte*, 146-148, hier 147.

121 So gab es unter anderem eine von Studenten und Professoren paritätisch zusammengesetzte Kommission, die sich mit der Ausarbeitung eines neuen Fakultätsstatuts beschäftigte. Vgl. Dansette, 205 f. Ein »Comité étudiants-ouvriers« bemühte sich um Klärung des Begriffs und der Funktionsweise der »autogestion«. Vgl. *La Sorbonne par elle-même*, 278 ff.

122 Dansette, 205.

non seulement un minimum d'organisation, mais aussi de conscience politique, ou syndicale.«[123]

Über ein »Minimum an Organisation« indes verfügte die Studentenbewegung in den Aktionskomitees. Organisation durch Aktion hieß die Parole, mit der sie mobilisierten und erfolgreich gerade auch in den Bereich der gewerkschaftlich oder politisch Nichtorganisierten vordrangen. Sie rekrutierten, aktivierten, klärten auf, leiteten zur Aktion an und riefen politisches Bewußtsein wach. Doch die Politisierung glich vielfach einem Strohfeuer, die Aktivitäten der Gruppen ebbten binnen eines Monats ab. Praktische Erfahrung im politischen Kampf, so hatte Rosa Luxemburg in ihrer Analyse der Massenstreiks in Rußland 1905 geschrieben, kann jahrelange Schulung ersetzen. Das politische Bewußtsein, das durch die Erfahrung in der Aktion entsteht, kann indes nur aufrechterhalten, entwickelt und in weiterführende Aktionen überführt werden, wenn auf dem Höhepunkt der Kämpfe eine Organisation bzw. deren Agitatoren Zielorientierung geben, die Spontaneität lenken.[124] Die Theorie der Neuen Linken lehnte diese Lenkung ab. »Spontaneität«, so hatte Cohn-Bendit im Gespräch mit Sartre erklärt, »verbürgt den Erfolg und nicht irgendwelche Parolen einer führenden Gruppe«. Und er hatte daraus gefolgert, »daß man die Theorie von der ›revolutionären Vorhut‹ zugunsten einer viel einfacheren, weil redlicheren Theorie aufgeben muß, der Theorie von einer aktiven Minderheit, die stets die Rolle des Ferments spielt, zur Aktion treibt, ohne die Führung zu beanspruchen«.[125] Die Negation der Führung konnte die Auflösung der Avantgarde nach erfolgreicher Mobilisierung nach sich ziehen. Die Gruppe Mouvement d'action universitaire (MAU) zog diese Konsequenz. Sie löste sich im Vertrauen auf die Spontaneität der Massen, gleichsam aus sich selbst heraus, auf. Sie tauchte – Aktionsgruppen gründend – in die Bewegung ein. Und sie ging in der Bewegung unter.
Die Bewegung des 22. März, welche die Leitwerte der Neuen Lin-

123 Zit. in: Dreyfus-Armand/Gervereau, 159.
124 R. Luxemburg, »Massenstreik, Partei und Gewerkschaften« (1906). In: dies., *Gesammelte Werke*, hg. vom Institut für Marxismus-Leninismus beim ZK der SED, Berlin 1981, Bd. II, 93-170, hier insbesondere 130-133.
125 Sauvageot/Geismar/Cohn-Bendit, 77f.

ken am deutlichsten und konsequentesten verfolgte, existierte, nach Auffassung eines ihrer Mitbegründer, Jean-Pierre Duteuil, nach dem 15. Mai nicht mehr, das heißt, sie besaß als Gruppe kein politisches Gewicht mehr. Ihre 250 Mitglieder lösten sich in Komitees und Aktionsgruppen auf – die Comission Culture et Créativité, die das Odéon besetzte, war eine davon. Die Bewegung wurde nur noch von einzelnen Personen repräsentiert, die, aus seiner Sicht, »mit politischen Tricks« versuchten, »sie künstlich am Leben zu halten«.[126] Einer von ihnen war Serge July. Er überführte die Bewegung des 22. März im Juni zusammen mit den Maoisten der Gruppe UJC (ml) in eine neue Organisation: die Gauche Prolétarienne[127], die nach Auffassung von Daniel Cohn-Bendit ein »Ort des Mikro-Totalitarismus« wurde und damit die Leitwerte der Bewegung des 22. März umkehrte.[128] Cohn-Bendit war die andere Person, die auch nach dem 15. März noch die Bewegung des 22. März repräsentierte, national und international. Der »Starkult«, den die Medien mit ihm inszenierten, führte jedoch dazu, daß die anderen aus der Bewegung mit ihm brachen. Sie warfen ihm Personalismus vor und zwangen ihn, sich aus der Öffentlichkeit zurückzuziehen. Bereits unmittelbar nach seiner spektakulären Wiedereinreise nach Frankreich versuchten sie, ihn von seiner ersten Pressekonferenz in der Sorbonne abzuhalten. Sie wiesen ihn an, keine langen Stellungnahmen abzugeben, sondern die Fragen der Journalisten offenzulassen und statt dessen für den kommenden Tag eine weitere Pressekonferenz anzukündigen, die über den Verlauf der Bewegung Auskunft geben sollte. Er hielt sich weitgehend daran, dennoch wurde die Pressekonferenz ein ganz auf ihn konzentriertes Medienereignis. Es wurde daher beschlossen, die zweite Pressekonferenz ohne ihn stattfinden zu lassen. »Cohn-Bendit«, so die Erklärung der in den Aktionskomitees aktiven Mitglieder der Bewegung des 22. März, »das sind wir alle«.[129] Cohn-Bendit beschloß, da er keine Möglichkeit mehr sah, sich in die Gruppe zu reintegrieren, fortzugehen, d. h. in die Bundesrepublik zurückzukehren. Heimlich überquerte er erneut die

126 Interview mit Daniel Cohn-Bendit. In: ders., *Wir haben sie so geliebt, die Revolution*, 65-73, hier 66.
127 Vgl. ebd.; sowie Paas, 212ff.
128 Interview mit Serge July. In: Cohn-Bendit, *Wir haben sie so geliebt, die Revolution*, 85-91, hier 89.
129 Cohn-Bendit, *Der große Bazar*, 50.

deutsch-französische Grenze. Sein Ziel: Frankfurt. »Diesmal« so schreibt er später, »war es wirklich eine Flucht.«[130]

Mit seiner »Flucht« hatte die Studentenbewegung ihr Symbol verloren, die Aktionskomitees konnten weder die Führerfigur ersetzen noch einen Führungsanspruch durchsetzen. Sie verfügten zwar noch über Gestaltungswillen (Verhinderung jeglichen Personalismus), aber nicht mehr über Gestaltungskraft, der Bewegung Ziele zu weisen. Die Übertragung aller Entscheidungskompetenzen an die Basis war die Erfüllung eines theoretischen Prinzips, aber kein hinreichendes Programm, um Strukturveränderungen durchzuführen. Es fehlten rationale Zielvorgaben, über die an der Basis debattiert und abgestimmt werden konnte. Diese Lücke vermochte die Bewegung allen Debatten zum Trotz nicht zu schließen. So war die Aufforderung zum Auszug schließlich eine möglicherweise nicht ungern ergriffene Gelegenheit, sich aus einer Verlegenheit zu lösen. Betroffen zeigte sich vom Scheitern des Projekts nur einer, der Einsatzleiter der Polizei im v. Arrondissement. Er notierte nach dem Abschluß seines Einsatzes in der Sorbonne am 16. Mai:

Ils sont vaincus mais sortent librement, à 18 h 30, pour la destination de leur choix. Sortie sans gloire, sous la pluie, qui me laisse une impression de tristesse. Que vont-ils devenir? – Je suis las devant tout ce gâchis, ces enthousiasmes et ces espoirs déçus, ces énergies perdus. Et tout cela, pourquoi?[131]

Die drei Forderungen, welche die verschiedenen Trägergruppen der Studentenbewegung nach dem 3. Mai aufgestellt hatten – Befreiung der in Polizeigewahrsam genommenen und zu Haftstrafen ohne Bewährung verurteilten Studenten, Wiedereröffnung der Sorbonne und Abzug der Polizei aus dem Quartier Latin, waren am 13. Mai erfüllt. Mit der Erfüllung ihrer Forderungen hatten die Trägergruppen ihr proklamiertes Ziel erreicht und zugleich ihren kleinsten gemeinsamen Nenner verloren. Das taktische Bündnis zur Koordination der den Forderungen Nachdruck verleihenden Aktionen zerfiel. Die politische Heterogenität der Gruppen, die vor Anbruch der Aktionsphase bestand, brach wieder auf. Was Situationisten, Trotzkisten, Maoisten und die Bewegung des 22. März verband, war nur der Kampf gegen Repressionsmaßnah-

130 Ebd., 51.
131 Gaveau, 180f.

men, von denen sie sich gemeinsam betroffen sahen. Mit der Suspension der staatlichen Machtmittel in der Form gewaltsamer Polizeieinsätze zerbrach der »État Major«, der in Reaktion auf die Repression am 3. Mai gegründet worden war. Erst die Ausweisung Cohn-Bendits, auf Anordnung der Regierung, führte wieder eine vorübergehende Aktionseinheit herbei, jedoch ein Bündnis mit neuen, die Bewegung als Ganze einenden, konstruktiven Zielen erwuchs daraus nicht. Jenseits der Repressionsabwehr vermochten die Trägergruppen es nicht, sich auf gemeinsame Ziele zu einigen. Die Parole »Nous sommes tous des juifs allemands« drückte die gemeinsame Gegnerschaft gegen die Kommunistische Partei aus, doch enthielt sie keine Strategie-Ziel-Koordination der linksradikalen Gruppen. Das bunte Nebeneinander von Bildern Trotzkis, Maos und Che Guevaras im Innenhof der Sorbonne, von vielen Besuchern beschrieben[132] und von manchen sogar als Zeichen der Freiheit bewertet, symbolisierte deutlich die unüberbrückbare theoretische Unvereinbarkeit, die kaum in einen programmatischen Konsens überführt werden konnte.
Ging aus dem Nebeneinander der heterogenen Gruppen keine konsensfähige Einheit hervor, so gelang es andererseits auch keiner der Trägergruppen, trotz wachsender Handlungsbereitschaft der mobilisierten Massen, die Führung der Bewegung zu übernehmen und sich gegen die anderen durchzusetzen. Die Bewegung des 22. März, die den Ideen der Neuen Linken am nächsten stand, war so sehr dem Gebot der Organisations- und Bürokratiekritik verpflichtet, daß sie sich selbst eine hinreichende Binnenorganisation verbot, die Voraussetzung für ihre weitere Handlungsfähigkeit gewesen wäre. Das Credo der Basisdemokratie, das Aufgehen in immer neue Aktionskomitees zur Mobilisierung der

132 Einer der Besucher, Cees Nooteboom, hielt seine Eindrücke in den Sätzen fest: »Von der Treppe der Sorbonne aus schaue ich auf den Innenhof. Unvorstellbar und unbeschreiblich. Ein jugendliches Volk agiert hier aus sich selbst heraus, macht eine Revolte und Revolution, die niemand von denen, die dabei waren, je vergessen wird. Alle Wände sind mit Manifesten, Sprüchen, Aufrufen vollgeklebt. Eine mechanische Stimme ruft über die summende Menge. ›Genossen, wir suchen noch einen Freiwilligen, um Essen zu den Streikenden zu fahren.‹ Ein bildschönes Mädchen teilt Flugblätter aus. Kein Zweifel, Revolution macht Frauen schöner.« Aus: *Waar je gevallen bent, blijge. De Parijse beroerte*, Amsterdam 1983.

Basis, der Kampf gegen jegliche Führung, gegen den »Starkult« führten dazu, daß die Gestaltungskraft zerrann, sich in Einzelaktionen auflöste. Andererseits wäre auch eine effektivere Führungsstruktur und die Durchsetzungskraft von einigen »Studentenführern« allein kein hinreichendes Mittel zur Lenkung der Bewegung gewesen, solange es an durchdachten, politisch realistischen Zielen fehlte. Das Ende der Studentenbewegung in der Sorbonne ist Ausdruck von prinzipiellen Eigenschaften organisationsschwacher Bewegungen, deren Demobilisierungsprozesse sich ebenso rasch vollziehen können wie ihre Mobilisierungserfolge. Die Studentenbewegung zerfiel in politische Sekten, deren militante Kaderorganisation in eklatantem Gegensatz zu der Bewegung stand, aus der sie hervorgingen.

3. Strukturierung des Protestes durch Neuwahlen

Die Parlamentswahlen am 23. und 30. Juni 1968 brachten den Gaullisten einen Wahlsieg, der in der Geschichte der Fünften Republik einzigartig war. Sie errangen nicht nur die absolute Mehrheit der Abgeordnetensitze, sondern zusammen mit ihrem Koalitionspartner, den Unabhängigen Republikanern, mehr als eine Zweidrittelmehrheit im Parlament. Verglichen mit den Wahlen ein Jahr zuvor gewannen sie 97 Mandate hinzu, die Unabhängigen Republikaner 21. Demgegenüber verloren Kommunisten und die vereinigte Linke der FGDS jeweils die Hälfte ihrer Mandate. Die Kommunistische Partei stellte statt bislang 73 nur noch 34 Abgeordnete im Parlament, der Anteil der FGDS-Repräsentanten sank von 118 auf nur noch 57. Die PSU, die in der vorausgegangenen Legislaturperiode drei Abgeordnete (innerhalb der FGDS) gestellt hatte, war in der neuen Kammer überhaupt nicht mehr vertreten, das Zentrum (PDM) von 42 auf 27 Mandatsträger geschrumpft.[133] Wie kam es zu der erdrutschartigen Niederlage der Opposition?
Der Wahlkampf, an dessen Ende der triumphale Wahlsieg der

133 Vgl. zu den Wahlergebnissen die Statistiken, veröffentlicht in *Le Monde* vom 2. Juli 1968, S. 1-3. Ferner F. Goguel, »Les élections législatives des 23 et 30 juin«. In: *Revue Française de Science Politique*, Vol XVIII, N° 5 (1968), 837-858.

Gaullisten stand, war von der Strategie der ideologischen Polarisierung beherrscht worden, die Staatspräsident de Gaulle in seiner Rede am 30. Mai eingeschlagen hatte. Die Wahl war, so legten die gaullistischen Repräsentanten den Wählern dar, eine Entscheidung zwischen Gaullismus und Kommunismus, Verteidigung der Republik und Abgleiten in den Totalitarismus. Der Kommunismus – in Gestalt der Kommunistischen Partei und der CGT – wurde für die ökonomische Paralyse und politische Krise des Landes im Mai verantwortlich gemacht. Die PSU und die vereinigte Linke der FGDS wurden als Handlanger der Kommunisten angeklagt. Gemeinsam wurde ihnen eine Insurrektion gegen die legale Regierung unterstellt. Auch Premierminister Pompidou schwenkte auf diese Linie ein. Nur eine starke Mehrheit für die Regierung, so sein Fazit, konnte fortan ein Schutz gegen eine subversive und undemokratische Politik sein, wie sie das Land im Mai erlebt hatte, nur sie konnte den »Totalitarismus« eindämmen.[134] Die Polarisierung verfehlte ihre Wirkung nicht. Die Regierung gelangte durch sie in die Offensive – sie wurde zur Klägerin, war nicht länger Angeklagte, trat als Verfechterin der Ordnung gegen das Chaos auf – und drängte die Opposition in eine Position, in der sie sich verteidigen mußte. Die Verteidigung war schwierig. Mußte sie sich doch, da die Kommunistische Partei weder die Streikbewegung geschürt noch das Projekt der Übergangsregierung voll unterstützt hatte, gegen ein Konstrukt richten. Theoretisch konnte sie für die nicht-kommunistische Linke in einer Distanzierung von der Kommunistischen Partei bestehen, was indes eine Wende in der Politik der FGDS bedeutet hätte, die diese nicht einschlagen wollte. Sie konnte ferner in ein erneutes Bekenntnis zur Proklamation einer Übergangsregierung münden, die – wegen des mangelnden Konsenses innerhalb der Opposition – nicht zustande gekommen war und deren Notwendigkeit, nachdem das Machtvakuum nicht mehr bestand, nur schwer verständlich zu machen war. Die Verteidigung erforderte von der Opposition demnach wenn nicht Distanzierung, so doch argumentative Differenzierung, die gegen die polarisierende Strategie der Regierung kaum durchsetzbar war. Pierre Mendès France unternahm den Versuch, die Opposition aus der Defensive in die Offensive zurückzuführen, indem er einerseits seine Anwesenheit im Quar-

134 Vgl. *Le Monde* vom 14. Juni 1968, S. 4, Sp. 3 f.

tier Latin, in der Sorbonne und im Stadion Charléty sowie an der Seite der jungen Gewerkschafter verteidigte und andererseits die Regierung anklagte, für die soziale Krise und die »Unordnung« verantwortlich zu sein.[135] Vergeblich: er unterlag in seinem Wahlkreis Grenoble dem ehemaligen Sozialminister der Regierung Pompidou, Jean-Marcel Jeanneney. Die Kommunistische Partei kehrte, von Moskau unterstützt[136], den Vorwurf des Totalitarismus gegen den Gaullismus.[137] Sie drehte die Argumentation um, hob damit indessen die den Wahlkampf bestimmende Thematik nicht auf. François Mitterrand klagte die Gaullisten der Ausgrenzung der Masse der Arbeiter, der Jugendlichen und Lehrenden aus der nationalen Gemeinschaft an, setzte sich für die Einheit und Verständigung der Nation ein, nahm jedoch in seinen Wahlkampfreden seinerseits ebenfalls eine Zweiteilung vor. Er baute darauf, daß das »Frankreich von morgen« dem »offizielle(n) Frankreich von heute« in der Wahl eine Abweisung erteilen werde.[138] Die Hoffnung trog. Hatte die »Partei der Angst«, wie viele Journalisten spekulierten, am Ende obsiegt?

Tatsache ist, daß die Mehrheit der Franzosen der antigaullistischen Opposition eine Absage erteilte. In absoluten Wählerstimmen gemessen, fiel die Niederlage der Opposition jedoch keineswegs so eindeutig aus wie das Kräfteverhältnis der beiden Lager in der Abgeordnetenkammer. Denn immerhin hatten 9 Millionen Wähler in der Wahl vom 23. Juni ihre Stimme einem der Kandidaten der Oppositionsparteien gegeben, während die Regierung zehneinhalb Millionen Stimmen erhielt. Im zweiten Wahlgang betrug die Differenz zwischen Regierungs- und Oppositionsparteien, in absoluten Zahlen gemessen, wiederum rund 1 Million Stimmen (7 Millionen für die Regierungskoalition im Vergleich zu

135 Ebd., S. 6, Sp. 1-4.

136 Vgl. dazu den Kommentar der *Prawda* vom 1. Juni 1968, S. 1: »Dem Monopol wird die Rechnung überreicht«. Für die Übersetzung danke ich Frau Oda Wolf (Freiburg).

137 Vgl. dazu den auch im Fernsehen ausgestrahlten Wahlaufruf von Waldeck Rochet, abgedruckt in: *L'Humanité* vom 22. Juni 1968, S. 1, Sp. 1-5, hier 4.

138 Vgl. den Abdruck seiner Wahlkampfrede in *Le Monde* vom 15. Juni 1968, S. 3, Sp. 1-3.

6 Millionen für die Opposition).[139] Es war das Wahlrecht, das den Wahlsieg der Gaullisten vervielfachte. Das Mehrheitswahlrecht zwang, spätestens im zweiten Wahlgang, die Parteien, Koalitionen einzugehen, sich auf einen Kandidaten zu einigen. Was auf seiten der Regierungsparteien reibungslos funktionierte, mißlang der linken Opposition. Zwar blieb das Wahlkampfabkommen zwischen FGDS und Kommunisten, das eine wechselseitige Unterstützung vorschrieb, formal in Kraft, doch wurde es in der Praxis durch das Verhalten der Wähler ausgehöhlt. Viele Wähler der Linken, sowohl Kommunisten als auch Anhänger der FGDS, votierten am 30. Juni nicht für den Kandidaten der Linken, wenn dieser der jeweils anderen linken Partei angehörte, sondern enthielten sich der Stimme bzw. zogen die Wahl eines Regierungsvertreters vor.[140] So rechneten Wahlbeobachter nicht zuletzt die Niederlage von Pierre Mendès France der Wahlenthaltung vieler Kommunisten in den Vorstädten von Grenoble im zweiten Wahlgang zu.[141] Unmittelbar nach der Wahl vorgenommene Analysen der Wählerwanderungen wiesen zudem einen direkten Übergang sowohl traditioneller Wähler der Kommunisten als auch der FGDS zur Regierungskoalition aus, und zwar auf dem Land insbesondere unter den Kleinbauern, aber auch in den Städten, wo Teile der Arbeiterschaft sich von den Linksparteien abwandten.[142] Der größte Zustrom von Wählern wurde den Gaullisten allerdings aus den Reihen des Zentrums Progrès et démocratie moderne zuteil, das die Konstituierung einer Übergangsregierung befürwortet hatte.[143] Schon im ersten Wahlgang fielen die meisten Stimmen der

139 Vgl. dazu u. a. A. Grosser, »Großer Sieg – viel Verantwortung«. In: *Die Zeit*, Nr. 27 vom 5. Juli 1968, S. 3, Sp. 1 f.

140 Vgl. *L'Express*, N°. 887 vom 8-14 Juli 1968, S. 6-7. Hinzugefügt sei, daß *L'Express* diese These nicht auf eine Wahlanalyse, sondern auf eine Umfrage des Institut français d'opinion publique stützt. Vgl. auch Goguel, der die These der Unterstützung der Regierungsparteien durch Wähler der Linken im zweiten Wahlgang ebenfalls vertritt, in der Wahlenthaltung indes das wichtigste Element zur Erklärung der bedeutenden Mandatsverluste sieht, a.a.O., 845.

141 Vgl. Lacouture, *Pierre Mendès France*, 493 f.

142 Vgl. *L'Express*, N° 886 vom 1.-7. Juli 1968, S. 8.

143 Goguel, 849, 853. Vgl. auch D. B. Goldey, »The party of fear: the election of June 1968«. In: P. M. Williams, *French Politicians and Elections, 1951-1969*, Cambridge 1970, 261-281, 275.

von der Partei abwandernden Wähler den Gaullisten zu. Im zweiten Wahlgang, in dem die Klientel des PDM noch 1967 einen Kandidaten der Linken gewählt hatte, unterstützte sie 1968 die Regierungsparteien.[144] Es waren unter den Wählern der Zentrumspartei PDM, wie das Institut français d'opinion publique aufgrund einer Meinungsumfrage vor den Wahlen schloß, insbesondere die Frauen und die Angestellten, die sich den Gaullisten zuwandten, während die freien Berufe und die höheren Angestellten in ihrer Haltung unverändert blieben. Insgesamt rechnete die Studie des Instituts die Frauen (aller politischer Milieus) sowie die Gruppe der alten Wähler dem rekrutierbaren Potential der Regierungskoalition zu.[145] In den Juniwahlen 1968 waren 36% der Wahlberechtigten über 55, 19% sogar über 65 Jahre alt, während nur 8,5% der Wähler jünger als 25 Jahre waren.[146]

Ausgeschlossen aufgrund des Wahlrechts war die Gruppe der 18- bis 20jährigen, welche sich an vielen Orten der Protestbewegung angeschlossen, sie als Schüler, Studenten oder Arbeiter aktiv mitgetragen hatten. Hätte ihre Wahlentscheidung bzw. Stimmenthaltung den Ausgang der Wahl verändert? Es liegen nur nicht-repräsentative Ergebnisse von einzelnen Orten vor, an denen – in Jugendhäusern zumeist – eine inoffizielle Wahl der Altersgruppe durchgeführt wurde. Die abgegebenen Stimmen weisen auch hier die Gaullisten als Sieger aus, wenngleich dicht gefolgt von der PSU als zweitstärkster Partei.[147] Die PSU, die alle Abgeordnetenmandate verlor, hätte von der Einbeziehung dieser Altersgruppe zweifellos profitiert. Zwar vermochte die Partei auch ohnedies, ihre Wählerstimmen von 506 592 (1967) auf 874 212 (1968) zu steigern, doch war dieser Zuwachs von 1,68% auf die Verdreifachung ihrer Kandidaten im ersten Wahlgang (verglichen mit 1967) zurückzuführen, so daß er nicht eindeutig als ein durch ihre Rolle im Mai erzielter Zugewinn gewertet werden kann.[148]

Die Wahlenthaltung, zu welcher die Trägergruppen der Studentenbewegung mit der Parole »Elections-Trahison« aufgerufen hatte, wirkte sich landesweit nicht auf das Abstimmungsergebnis

144 Ebd.

145 Vgl. »Le sondage de l'I.F.O.P.«, kommentiert von Alain Duhamel in *Le Monde* vom 28. Juni 1968, S. 4, Sp. 3-6.

146 Goldey, 272.

147 Vgl. *Le Monde* vom 25. Juni 1968, S. 3, Sp. 5 f.

148 Vgl. dazu Goguel, 845.

aus. Sie lag mit 19,99% nur geringfügig über derjenigen von 1967 (19,10%).[149] Eine Ausnahme bildete das Quartier Latin, wo sich im ersten Wahlgang 30,07%, im zweiten Wahlgang 35,60% der Wähler ihrer Stimme enthielten.[150] Alle Mandate in der Hauptstadt fielen an die Gaullisten – mit Ausnahme eines Wahlkreises im Osten der Stadt (16. Arrondissement), wo sich General Paul Stehlin, der für PDM kandidierte, im zweiten Wahlgang gegen seinen gaullistischen Gegner behauptete.[151]

War der Protest der über 500000, die am 13. Mai durch Paris zogen, nach sechs Wochen vergessen, verraucht und verbraucht? Hatte die Ordnung obsiegt, gestützt von der »Partei der Angst«? Meinungsumfragen des Institut français d'opinion publique im Mai 1968 wiesen aus, daß die breite öffentliche Unterstützung, welche die Studentenbewegung um den 8. Mai in der Pariser Bevölkerung gefunden hatte (damals hatten 61% der Pariser Bevölkerung die Forderungen der Studenten als gerechtfertigt angesehen und nur 25% der Bewegung die Verantwortung für die gewaltsamen Auseinandersetzungen zugeschrieben) bereits eine Woche später gesunken war. Nur noch 49% sprachen sich positiv gegenüber der Studentenbewegung aus, wobei außerhalb der Hauptstadt und ihres unmittelbaren Umlandes die Stimmung sogar schon umgeschlagen war und sich gegen die Studenten richtete. Zwar änderte sich die öffentliche Meinung in der ersten Phase des Generalstreiks noch einmal, aber von den 60%, die Sympathie für die Anliegen der Studentenbewegung zeigten, vertraten 56% die Auffassung, daß deren Kampf sich auf Hochschulangelegenheiten beschränken sollte. Nach Wiederaufflackern der Straßendemonstrationen, die in der zweiten Nacht der Barrikaden einen neuen Höhepunkt fanden, brachten 64% der Befragten ihre ablehnende Haltung, ihre Mißbilligung der studentischen Aktionen zum Ausdruck. Am Tag nach der zweiten Ansprache Staatspräsident de Gaulles erklärten 53% ihre Zufriedenheit mit der Rede (gegenüber 39%, die sich kritisch aussprachen), und 75% der Befragten billigten die Auflösung des Parlaments (während nur 11% die Entscheidung ablehnten). Die Regierung und der Staatspräsident, das wiesen die Umfragen aus, hatten vor der

149 Vgl. dazu die Wahlstatistik ebd., 840.
150 Vgl. *Le Monde* vom 2. Juli 1968, S. 6.
151 Vgl. ebd., S. 6f.

zweiten Ansprache einen enormen Vertrauensverlust hinnehmen müssen, den sie erst nach dem 30. Mai wieder ausgleichen konnten. Von dem Verlust des Vertrauens in die Regierung profitierte indes, so die These des Instituts, die Opposition zu keinem Zeitpunkt. Angst vor den ökonomischen Konsequenzen des Streiks und allgemeine Unsicherheit machten sich in der Bevölkerung breit.[152] Der Transfer französischen Kapitals in die Schweiz, von der Presse als »Exodus« bezeichnet, wies dies aus.[153] Nachrichten über Gold- und Devisenverkäufe zur Stützung des Franc auf den internationalen Devisenmärkten nährten den Effekt. Senkte die Angst vor einer Verschlechterung der individuellen Lebensverhältnisse infolge der allgemeinen Krise die Toleranzgrenze und Verständnisbereitschaft der Bevölkerung für die streikenden Arbeiter und demonstrierenden Studenten? Minderte sie die Chancen der Opposition im Wahlkampf? Das Votum der Wähler galt nicht nur der Verteidigung des ökonomischen Status quo, sondern, so Alfred Grosser, vor allem der politischen Ordnung. »Die Franzosen wollen«, so sein Kommentar zu den Wahlen, »die Möglichkeit haben, eine Regierung zu wählen, und nicht mehr bloß, wie von 1875 bis 1958, für Abgeordnete stimmen, die dann ohne jede Kontrolle Regierungen bilden und stürzen, Koalitionen entstehen und zerfallen lassen.«[154] War die Erinnerung an Regierungen mit wechselnden Mehrheiten, für einen Teil der Wähler eine lebensgeschichtliche Erfahrung aus der Zeit der Vierten Republik, Grundlage der Entscheidung für die politisch klare Fortschreibung der Fünften Republik?

Tatsache ist, daß die Oppositionsparteien im Wahlkampf weder ein klares Profil einer Koalitionsregierung noch ein gemeinsames Programm für den Fall der Übernahme der Regierungsverantwortung entwickelten. Die nur 22 Tage, die zwischen Ankündigung von Neuwahlen und dem ersten Wahlgang lagen, reichten nicht aus, um die Spaltung auf der Seite der Linken zu überwinden, nicht einmal, um die durch die Ereignisse neu entstandenen Brüche zu kitten. Das galt nicht nur für die Kluft zwischen den Anti-

152 Vgl. »Le sondage de l'I.F.O.P.«, kommentiert von A. Duhamel. In: *Le Monde* vom 28. Juni 1968, S. 4, Sp. 3-6.

153 Vgl. *Le Monde* vom 6. Juni 1968, S. 10. Sp. 2. Nach Angabe der Agence économique et financière suisse waren mehr als 2 Milliarden neuer Francs allein nach Genf transferiert worden.

154 Grosser, »Großer Sieg und viel Verantwortung«, Sp. 1.

poden PCF und PSU, sondern selbst innerhalb der FGDS fehlte es an Geschlossenheit. Mitterrands Vorstoß am 28. Mai war von Anfang an innerhalb der SFIO umstritten gewesen. So blieb die andere Republik, für welche die Parteien der Opposition eintraten, eine Formel, deren Inhalt sich in der Negation der bestehenden politischen Machtverhältnisse erschöpfte und darüber hinaus durch keine Konstruktion einer klaren politischen Alternative ausgezeichnet war. Der Anstoß, welcher die soziale Bewegung dem Parteiensystem gegeben hatte, wurde weder in eine neue politische Programmatik noch in eine Neuordnung des politischen Systems überführt. Der Machtwechsel, der auf dem Höhepunkt der Krise möglich und nahe schien, fand nicht statt. Und nicht nur das: die Opposition schien nach den Wahlen weiter denn je von der Chance zur Ablösung der gaullistischen Regierung entfernt.

Die fatale Niederlage wurde von den Parteien unterschiedlich gedeutet, doch glichen sich die Interpretationen in einem: in der Abweisung eigenen Verschuldens, im Verzicht auf Selbstkritik. François Mitterrand lastete die Stimmenverluste der Linken dem Wahlkampfstil der Regierung an, die Opposition mit »Terrorismus« identifiziert habe.[155] Auch die PSU warf der Regierung einen durch Lügen geprägten Wahlkampf vor, aus dem ein Parlament hervorgegangen sei, das die öffentliche Meinung nicht widerspiegele. Sie schloß daraus, daß das Parlament nicht der Ort sei, wo die Probleme in den nächsten Monaten ausgetragen würden, und rief zu einem Treffen aller Linken auf, für die Sozialismus mehr als soziale Korrektur des Kapitalismus bedeute. Sie setzte, ohne die Arbeit im Parlament prinzipiell zu negieren, erneut auf eine Sammlungsbewegung der Linken zur Transformation des politischen Systems.[156] Das Zentrum (PDM) sah sich trotz Stimmenverluste in seiner parlamentarischen Rolle und seinem politischen Mandat bestätigt.[157] Das gleiche galt für die Kommunistische Partei. Das Wählervotum unterstrich, aus der Sicht der KPF, die Richtigkeit der Analyse, daß die soziale Krise im Mai 68 keiner revolutionären Situation glich. Die Verantwortlichen für die Niederlage hatte *L'Humanité* bereits vor dem Ausgang der

155 Vgl. *Le Monde* vom 2. Juli 1968, S. 2, Sp. 5.
156 Vgl. *Le Monde* vom 3. Juli 1968, S. 3, Sp. 1 f.
157 Vgl. die Erklärung von Jacques Duhamel in *Le Figaro* vom 1. Juli 1968, S. 4, Sp. 1.

Wahlen festgemacht. Es wäre historisch äußerst interessant, so räsonierte René Andrieu in seinem Leitartikel am Tag nach dem ersten Wahlgang, genau zu wissen, wer den Anstoß zum Bau der Barrikaden gegeben, die Initiative in der ersten Barrikadennacht ergriffen habe. »Chaque barricade, chaque voiture incendiée apportait des dizaines de milliers de voix au parti gaulliste, voilà la vérité.«[158] Lediglich in der Stellungnahme der PSU wurde erwähnt, daß alle Probleme, welche die soziale Bewegung des Mai 68 aufgeworfen habe, offengeblieben seien und der Lösung harrten.

Die Chancen einer sozialen Bewegung, ihre Anliegen in das politische System zu vermitteln, sind, davon geht die Bewegungsforschung aus, abhängig von der Auf- und Übernahme ihrer Anstöße durch intermediäre Gruppen in den politischen Entscheidungsprozeß. Ein derartiger Transfer fand in Frankreich nicht statt, zumindest nicht im unmittelbaren Anschluß an die Ereignisse. Keine Partei griff die zentrale Idee der »autogestion« im Wahlkampf auf. Die programmatische Umsetzung und Verbreitung der Idee, welche die Hoffnung »auf die Aufhebung von Entfremdung und Ausbeutung, von Hierarchie und Herrschaft überhaupt, von Lohnarbeit und Arbeitsteilung – auf die Verwirklichung wahrer Demokratie«[159] transportierte, erforderte Zeit. Sie setzte erst in den siebziger Jahren ein, nachdem die Konzeption innerhalb der CFDT diskursiv entfaltet und theoretisch weiterentwickelt worden war.[160] Die 1969 neu gegründete Sozialistische Partei (PS) übernahm nach der Vereinigung mit der Convention des institutions républicaines 1972 die Konzeption der »autogestion« in ihr Grundsatzprogramm, das denn Titel »Changer la vie« trug.[161] Innerhalb der Partei bildeten sich ein radikaler und ein gemäßigter Flügel aus, die mit je unterschied-

158 Vgl. *L'Humanité* vom 24. Juni 1968, S. 1, Sp. 1 f.

159 G. Schwan, »Demokratischer Sozialismus zwischen Wohlfahrtsstaat und Selbstverwaltung«. In: *Sozialismus in Theorie und Praxis. Festschrift für Richard Löwenthal*, hg. von H. Horn, A. Schwan und T. Weingartner, Berlin/New York 1978, 572-598, hier 584.

160 Vgl. P. Rosanvallon, *L'âge de l'autogestion*, Paris 1976.

161 Vgl. W. Jaeger, »Die sozialistische Partei und die kommunistische Partei Frankreichs«. In: D. Oberndörfer (Hg.), *Sozialistische und kommunistische Parteien in Westeuropa*. Bd. I: *Südländer*, Opladen 1978, 35-132, hier 93-100.

lichen Interpretationen der »Autogestion«-Konzeption auftraten.[162] Stillschweigend übernahm schließlich 1977/78 selbst diejenige Partei den Begriff, die ihn im Mai als »formule creuse« abgewertet hatte: die Kommunistische Partei Frankreichs.[163] Eine Veränderung ihrer Sozialismus-Konzeption verband sie damit nicht.[164]

Die unmittelbaren Auswirkungen der Mai-Bewegung auf das politische Parteiensystem wurden durch den Zerfall des wahltaktischen Konsenses zwischen FGDS und Kommunistischer Partei und die Desintegration der FGDS markiert. Sie war die eigentliche Verliererin des Mai 68. Sie verlor nicht nur Stimmen und Mandate, sondern ihre Integrationsfähigkeit im Inneren und Koalitionsfähigkeit nach außen. Die Parti radical trat aus der Fédération aus, weil sie eine taktische Annäherung an die Kommunistische Partei, wie Mitterrand sie erstrebte, nach den Mai-Ereignissen und dem Umsturz in Prag (August 68) nicht mehr mittragen wollte.[165] Auch die SFIO distanzierte sich von François Mitterrand und seinem Kurs, wobei sie vor allem seine eigenmächtige Entscheidung am 28. Mai 1968 kritisierte.[166] Der Zerfall der Fédération und seine Folgen wurden besonders deutlich bei den Präsidentschaftswahlen 1969. Anders als vier Jahre zuvor trat die Linke nicht mehr mit einem Kandidaten als Herausforderer auf, sondern mit vier konkurrierenden: Gaston Deferre für die FGDS, Jacques Duclos für die PC, Michel Rocard für die PSU und schließlich Alain Krivine für die Trotzkisten. Insgesamt erhielt die Linke im ersten Wahlgang nur 30,3% der Stimmen – davon entfielen auf den Kandidaten der Kommunistischen Partei 21,5%, auf den PSU-Kandidaten 3,7%, Gaston Deferre erzielte nur 5%, Alain Krivine 1,1% –, so daß sie keinen Kandidaten für den zweiten Wahlgang aufstellen

162 Parteitag von Paris 1975. Ebd.
163 Vgl. W. Jaeger, »Gewerkschaften und Linksparteien in Frankreich«. In: H. Rühle und H.-J. Ven (Hg.), *Gewerkschaften in den Demokratien Westeuropas*, Bd. I: *Frankreich, Italien, Spanien, Portugal, Griechenland*, Paderborn 1983, 23-114, hier 63-67.
164 So die These von Jaeger; ebd., 63.
165 Vgl. Dreyfus, 308.
166 Vgl. zu den Vorgängen am 28. Mai 1968: oben, Kap. V; zur Kritik der SFIO ferner Alexandre, sowie *L'Express* N° 888 vom 15.-21. Juli 1968, 8f.

konnte. Die Entscheidung fiel zwischen dem Kandidaten der Gaullisten, Georges Pompidou, und Alain Poher, aufgestellt vom Zentrum (PDM) und unterstützt von dem Parti radical, der sich von der vereinten Linken losgesagt hatte. Mit 57,6% der Stimmen übertrumpfte Georges Pompidou den Wahlerfolg de Gaulles von 1965 (54,5%) und festigte damit die politische Macht der Gaullisten auch nach dem Ausscheiden de Gaulles aus der Politik.

Das Debakel der Präsidentschaftswahl beschleunigte den Transformationsprozeß innerhalb der SFIO, die sich im Juli 1969 mit einer neuen Führungsspitze als Parti socialiste (PS) neu konstituierte. Die Partei integrierte in den folgenden Jahren die nichtkommunistische Linke. 1971 schloß sich ihr die Convention des institutions républicaines unter Vorsitz von François Mitterrand an, 1973/74, nach Übertritt von Michel Rocard, ein großer Teil der PSU. Als integrative Klammer im Inneren und Spezifikum nach außen wirkte die Konzeption der »autogestion«. Die neue Sozialistische Partei, die sich bereits 1969 für eine Kooperation mit den Kommunisten ausgesprochen hatte, arbeitete 1972 zusammen mit der PCF ein Wahlprogramm aus, das unter Ausklammerung ideologischer Differenzen einen Katalog von Reformmaßnahmen enthielt und damit das wahltaktische Bündnis zwischen FGDS und PCF (1965-1968) um eine politisch-pragmatische Dimension erweiterte.[167] Wirksam wurde die paktierte Wiederannäherung von Sozialisten und Kommunisten nach den durch die Mai-Ereignisse hervorgerufenen Brüchen innerhalb der Linken erstmals in den Präsidentschaftswahlen 1974, als François Mitterrand im zweiten Wahlgang 49,2% der Stimmen erzielen konnte und damit nur knapp dem Kandidaten der Unabhängigen Republikaner und Gaullisten, Giscard d'Estaing (50,6%), unterlag. Verglichen mit 1965, als Mitterrand gegen de Gaulle 43,7% der Stimmen auf sich vereinigte, war der Zuwachs von 5% Wählerstimmen in neun Jahren gering, doch signalisierte er einen Trend, der 1981 zum Machtwechsel führen sollte. Das Wiedererstarken der Sozialisten in den siebziger Jahren, nach dem relativen und absoluten Niedergang 1968/69, wurde von einer neuen Wählergeneration mitgetragen, derjenigen, die 1968

167 Vgl. dazu Jaeger, »Die sozialistische Partei und die kommunistische Partei Frankreichs«, 65 ff.

zwischen 17 und 20 Jahre alt war. Wie eine Umfrage des Wahlforschungsinstitutes SOFRES 1974 ermittelte, bewerteten die Jungwähler die Mai-Ereignisse überwiegend positiv. Sie waren in der Sozialistischen Partei weitaus am stärksten vertreten.[168]

168 J. Jaffré, »A Preliminary Note on French Political Generations«. In: *European Journal of Political Research*, Vol. 5, N° 2 (1977), 149-154, hier 151.

VIII. Das Dilemma der Neuen Linken

Die Mai-Bewegung in Frankreich zeigt deutlich das Dilemma der Neuen Linken als soziale Bewegung. Die einzigartige Mobilisierungsdynamik, die sie entfachte, forderte Regierung, Parteien und Gewerkschaften heraus, doch durchzusetzen vermochte sich die Neue Linke als Bewegung gegen die etablierten Parteien und Organisationen nicht. Am Ende wurde die Neue Linke von der alten Linken besiegt. Die Gründe für ihr Scheitern lagen nicht in den Wertvorstellungen der Neuen Linken, sondern in ihrem Verzicht, diesen eine dauerhafte Handlungsstruktur und institutionelle Verankerung zu verleihen. So blieb »Die Phantasie an die Macht« ein vitalistisches Programm, das Individuen faszinierte und mobilisierte, das jedoch Macht, die auf anderen Organisations- und Entscheidungsvoraussetzungen beruht als die Bewegung der Phantasie, nicht errang. Die Neue Linke – das machte ihre innere Spannung und die Grenzen ihrer Durchsetzungsfähigkeit aus – konnte die Macht nicht übernehmen, ohne sich selbst zu zerstören.

Mit ihrer Losung der Selbstorganisation durch Aktion brachte sie Autoritätsstrukturen ins Wanken, paralysierte vorübergehend die Wirtschaft und stürzte das politische System Frankreichs in eine von allen Beteiligten als gravierend wahrgenommene Krisensituation. Doch so erfolgreich ihre Strategie in der Anfangsphase auch war, so spielerisch sie herrschende Strukturen durch ihre Aktionen aufbrach, so wenig ließ sich die Dynamik der Mobilisierungsstrategie auf Dauer bewahren. Mobilisierung durch Aktion ist stets ein nur kurzfristig aufrechtzuerhaltender Prozeß, permanente Mobilisierung ohne Stabilisierung der mobilisierten Ressourcen unmöglich. Stabilisierung der Bewegung indes verlangt Organisation. Antiautoritär und antihierarchisch in ihren Wertbezügen und in ihrer Handlungspraxis, widersetzte sich die Neue Linke der Herausbildung dauerhafter Organisationsstrukturen.

Sie baute keine funktionsfähige, demokratisch legitimierte und kontrollierte Führung im Binnenmilieu der Bewegung auf, sondern setzte, die Oligarchiebildung in verfaßten Organisationen als Notwendigkeit unterstellend, auf die Spontaneität und Kreativität der Basis, die Ziele, Mittel und Aktionsformen der Bewegung in permanenten Diskussionen und Interaktionen selbständig und autonom zu bestimmen. Der Voluntarismus und Aktionismus setzte Energien und Phantasien frei, Individuen veränderten sich in der Aktion, aber die Institutionen der Gesellschaft wandelten sich dadurch nicht. »Die Gesellschaft«, so Niklas Luhmann in seiner Analyse der 68er Bewegung lakonisch, »hat keine Adresse. Was man von ihr verlangt, muß man an Organisationen adressieren.«[1]

Auf Autonomie und Authentizität der Bewegung – im Inneren wie nach außen – bedacht, verwarf die Neue Linke als soziale Bewegung politische Kooperation mit intermediären Organisationen und entwickelte keine Koalitionsfähigkeit gegenüber potentiellen Bündnispartnern innerhalb der etablierten Ordnung. Ohne Bündnisse, verstanden als koordiniertes Zusammenwirken selbständiger, aber konvergierender politischer Kräfte, kann keine Bewegung ihre Ziele erfolgreich durchsetzen. Die Neue Linke blockierte, indem sie keine Netzwerke zu Bündnispartnern etablierte, Vermittlungschancen und gab politischen Einfluß preis.

Antikapitalistisch und wachstumsgläubig zugleich, betrachtete sie die Probleme der Gesellschaft noch primär als Probleme der Verteilung, d. h. des materiellen Ausgleichs von Benachteiligung und der Aufhebung relationaler Ungleichheiten, Asymmetrien in den Beziehungen zwischen Menschen. Sie setzte auf den Abbau von Chancenungleichheit durch Ausbau von Partizipationsrechten und Teilhabechancen, konzentrierte sich auf die Bindung und Kontrolle der Unternehmermacht durch Arbeiterausschüsse, entfaltete indes kein neues Wirtschaftsorganisationsmodell. Antiinstitutionell in ihrer Wertorientierung, verfocht sie den Aufbau von Gegenmacht gegen bestehende Institutionen, doch die aktionistisch formierte Gegenmacht brachte keine stabilisierbare Gegenordnung hervor.

Ohne eigenes, alternatives politisches Modell griff die Neue Linke – von ihren Protagonisten später selbst als Rückfall in das Denken des 19. Jahrhunderts beklagt – auf »gedachte«, institutionell jedoch nicht klar bestimmte rätedemokratische Organisationsformen zurück. Ausgehend vom Credo der Identität von Herrschenden und Beherrschten, nahm sie dabei nicht wahr, »daß das Volk

1 N. Luhmann, *Universität als Milieu. Kleine Schriften*, hg. von A. Kieserlin, Bielefeld 1992, 152f.

als regierendes immer eine organisierte Einheit darstellt«, während die Regierten immer die einzelnen sind, »so daß die Theorie der Identität von Regierenden und Regierten eine besonders intensive Form von Herrschaft ist und ... das Gegenteil dessen, was es vorgibt zu sein, nämlich die Aufhebung von Herrschaft«.[2]
Individualistisch und sozialistisch zugleich, begehrte die Neue Linke gegen die Entfremdung in der Produktions- und Alltagssphäre auf. Im Kampf gegen die Entfremdung brach sie Tabus, Normen und überkommene Werte. Sie verletzte Regeln, um zu provozieren und die Sanktionsinstanzen zu entlegitimieren. Sich handelnd über gesatzte Regeln, etablierte Macht- und Ordnungsstrukturen hinwegzusetzen, empfanden viele Akteure als subjektive Befreiung, als Fortschritt auf dem Weg individueller Selbstverwirklichung und Selbstbestimmung. Subkulturen differenzierten sich heraus, in denen die Aufbruchsstimmung, die am Anfang der Neuen Linken stand, noch lange nachwirkte, doch in denen das politische Programm mehr und mehr dem Kult individueller Betroffenheit wich. So mündete der Aufbruch von 1968 für viele in die Ausprägung alternativer Lebensstile, in die Individualisierung von Lebenschancen und Lebensrisiken, doch damit auch in Privatheit und politischen Rückzug.
Als kollektiver mobilisierender Akteur verlor die Neue Linke trotz ihrer Mobilisierungserfolge die Handlungsinitiative. Im Binnenmilieu der Bewegung wurden die antiautoritären Kräfte von autoritären Kadergruppen der Linken, vor allem den Maoisten, unterwandert, die mit der Neuen Linken zwar die Gegnerschaft gegen den Gaullismus und die Kommunistische Partei teilten, nicht aber gegen das orthodoxe Modell des demokratischen Zentralismus. Der »kurze Atem der Provokation«[3], d.h. die strukturelle Schwäche der Neuen Linken als Bewegung, die über Aktionen mobilisierte, begünstigte den Erfolg der hierarchisch organisierten Kadergruppen. Sie gewannen an Einfluß in dem Maße, in dem die Mobilisierungskraft der Neuen Linken zerfiel. Nach dem Mai 68 traten sie an die Stelle der neuen linken Bewe-

2 U.K. Preuß, Debattenbeitrag auf dem Kongreß *»Prima Klima«. Wider den Zeitgeist. Erste gnadenlose Generaldebatte zur endgültigen Klärung aller zeitgenössischen Fragen. Protokolle*, hg. von H. Schauer, Hamburg 1987, 128.

3 R. Paris, »Der kurze Atem der Provokation.« In: *Kölner Zeitschrift für Soziologie und Sozialpsychologie*, 41 (1989), 33-52.

gung, ohne dieses Erbe fortzusetzen. So weit sie sich militarisierten, zu terroristischen Mitteln griffen, zerstörten sie auch das »Charisma der Ideen«.

Die Selbstausschließung der Neuen Linken vom Prozeß der politischen Koordination von Interessen führte zu einer Isolierung der Bewegung, zu einem Verzicht, auf den politischen Prozeß Einfluß zu nehmen. Die Chance, mit Pierre Mendès France an der Macht teilzuhaben, wurde erwogen, aber nicht ergriffen, an eine Kooperation im Rahmen eines von François Mitterrand geführten Bündnisses der Linken nicht einmal gedacht. Die Phantasien und Energien der Trägergruppen der Neuen Linken waren nicht auf die Mitgestaltung des realpolitisch Möglichen gerichtet, sondern auf das Ideal der Formierung einer autonomen linken Bewegung, die ihre Stärke aus der Schwächung der alten Linken beziehen, deren Organisationsmacht brechen und deren Mitglieder durch spontane Aktionen neu assoziieren sollte.

Die Möglichkeit des Einbruchs in das Organisations- und Rekrutierungspotential der alten Linken hatte sich zu Beginn der spontanen Betriebsbesetzungen gezeigt, doch dauerhaft zu binden vermochte die Neue Linke die Belegschaften durch ihre Handlungspraxis nicht. Die Besetzung der Betriebe bedeutete noch keine Veränderung der industriellen Verfassung, der Besitz- und Autoritätsstrukturen der Betriebe. Langfristig setzten sich die Gewerkschaften mit der Strategie der materiellen Interessenpolitik, des Ausgleichs von Benachteiligungen, gegen das Konzept der Umverteilung von Lenkungs- und Entscheidungskompetenzen durch, das im Modell der »autogestion« angelegt, aber 1968 nicht institutionell ausgestaltet war.

Spätestens mit Beginn des Wahlkampfes unterlag die Neue Linke in der politischen Arena der Organisationsmacht der Parteien der alten Linken, die schon nach dem Scheitern der Tarifverhandlungen von Grenelle unangefochten die Handlungsalternativen in der sich mit anhaltender Streikbewegung zuspitzenden politischen Krisensituation formuliert hatten. Ihre Bereitschaft, an den Neuwahlen des Parlaments teilzunehmen, entzog allen Ansätzen einer durch direkt demokratische Verfahren konstituierten politischen Gegenmacht den Boden, stärkte die intermediäre Verhandlungsmacht der Gewerkschaften, trug zur Demobilisierung der Streikbewegung und zur Stabilisierung der politischen Ordnung bei. Die gravierende Krise des Mai 68 in Frankreich wurde nicht zu-

letzt behoben, weil das intermediäre System auch unter den Ausnahmebedingungen funktionierte, die durch den Generalstreik geschaffen worden waren.
Die Stabilität des Institutionensystems lenkte die Impulse der Neuen Linken auf die experimentelle Erprobung neuer Kultur- und Lebensformen in Subkulturen, die sich der institutionellen Problematik durch Rückzug entzogen. Die individuelle Emanzipation, basierend auf der Aufhebung von Entfremdung im Alltag, in den privaten, zwischenmenschlichen Beziehungen, war in der Strategie der Neuen Linken angelegt, doch erschöpfte sich ihre Transformationskonzeption nicht in individueller Selbstverwirklichung, sondern schloß als *conditio sine qua non* die politisch-soziale Emanzipation durch kollektive Selbstbestimmung und Selbstverwaltung ein. Erstrebt wurde, wenn man so will, der Ausbruch aus dem »stahlharten Gehäuse der Hörigkeit«, welches das individuelle Handeln – durch die Macht, welche die Güterversorgung über die Menschen gewinnt, sowie durch die Abhängigkeit von bürokratisch-hierarchischen Instanzen, denen das Individuum in allen Teilbereichen der modernen Gesellschaft unterworfen ist – blockiert. Es war ein Programm, das säkulare Tendenzen des Rationalisierungsprozesses westlicher Gesellschaften in Frage stellte und die moderne Lebensführung sowie die sie bestimmenden politischen, wirtschaftlichen, sozialen und kulturellen Ordnungen problematisierte. Darin lag die Faszination, die der Mai 68 in Frankreich gewann.

Abkürzungsverzeichnis

CFDC	Confédération française des travailleurs chrétiens
CFDT	Confédération française démocratique du travail
CGT	Confédération générale du travail
CGT-FO	Confédération générale du travail – Force ouvrière
CNPF	Centre national du patronat français
CRS	Compagnies républicaines de sécurité
CVB	Comités Viêtnam de base
CVN	Comité Viêtnam national
EHESS	École des hautes études des sciences sociales
ESU	Étudiants socialistes unifiés
FEN	Fédération de l'éducation nationale
FER	Fédération des étudiants révolutionnaires
FGDS	Fédération de la gauche démocrate et socialiste
FNEF	Fédération nationale des étudiants de France
IS	Internationale situationniste
JCR	Jeunesse communistes révolutionnaires
MAU	Mouvement d'action universitaire
OCI	Organisation communiste internationale (trotskyste)
ORTF	Office de radiodiffusion et télévision française
PCF	Parti communiste français
PDM	Progrès et démocratie moderne
PSU	Parti socialiste unifié
RDR	Rassemblement démocratique révolutionaire
RPF	Rassemblement du peuple français
RTL	Radio télévision Luxembourg
SFIO	Section française de l'internationale ouvrière
SGEN	Syndicat général de l'éducation nationale (CFDT)
SMIG	Salaire minimum interprofessionel garanti
SNESup	Syndicat national de l'enseignement supérieur (FEN)
UDF	Union pour la démocratie française
UD-V^{e}	Union des démocrates pour la Ve republique
UEC	Union des étudiants communistes de France
UJC (ml)	Union des jeunesses communistes (marxistes-leninistes)
UNEF	Union nationale des étudiants de France

Quellen- und Literaturverzeichnis

I. Spezialsammlungen in Archiven

Spezielle Sammlungen zum Mai 68 in Frankreich finden sich im Internationalen Instituut voor Sociale Geschiedenis (IISG) in Amsterdam, in der Bibliothèque de Documentation internationale contemporaine (BDIC) in Nanterre und in der Bibliothèque Nationale (BN) in Paris.

II. Quellendokumentationen

Schnapp, A. und Pierre Vidal-Naquet, *Journal de la Commune Étudiante. Textes et documents*, Novembre 1967 – juin 1968, Paris 1969.

Kravetz, M., R. Bellour und A. Karsenty, *L'insurrection étudiante 2-13 mai 1968*, Paris 1968.

La Chienlit. Dokumente zur französischen Mai-Revolte, hg. im Auftrag eines Komitees der Bewegung des 22. März von J.-J. Lebel, J. L. Brau und P. Merlhès, Darmstadt 1969 (zitiert: Dokumente zur französischen Mai-Revolte).

La Sorbonne par elle-même. Mai-Juin 1968. Documents rassemblés et présentés par J.-C. et M. Perrot, M. Rebérioux et J. Maitron, Mouvement social n° 64, Juillet-Septembre 1968, Paris 1968.

III. Gesprächsprotokolle

Interviews mit Jean-Marcel Bouguerau, Daniel Cohn-Bendit, Gabriel Cohn-Bendit, Marc Heurgon, Marc Kravetz, Claude Lefort, Edgar Morin, Jean-Louis Péninou, Françoise Picq, Ulrich K. Preuß, Jacques Sauvageot; Privatarchiv der Autorin.

Für den »permanenten Dialog« während des akademischen Jahres 1991/92 im Wissenschaftskolleg zu Berlin gilt mein besonderer Dank Emmanuel Terray und Etienne François.

IV. Theoretische Organe der Neuen Linken

Arguments, Paris 1956-1962; Nachdruck, Paris 1983.

Socialisme ou Barbarie. Organe de Critique et d'Orientation Révolutionnaire, Paris 1949-1966.

internationale situationniste. bulletin central édité par les sections de l'internationale situationniste, Paris 1958-1969. *Internationale Situationniste* 1958-1969. Gesammelte Ausgaben des Organs der Situationistischen Internationale, Bd. 1 und 2, Hamburg 1976 und 1977 (Deutsche Erstausgabe).

New Left Review (NLR), London 1960-1969.

V. Zeitungen und Zeitschriften

Le Monde, *Le Figaro*, *L'Humanité*, *La Croix*, *France Soir*, alle Paris 1968 ff.

L'Express, *L'Esprit*, *Etudes*, *Le Nouvel Observateur*, *Les Cahiers de Mai*, *Témoignage Chrétien*, *Les Temps Modernes*.

Action, réalisé par les Comités d'action avec le soutien de l'UNEF, du SNESup et des Comités d'action lycéens, Paris, Mai-September 1968.

Syndicalisme. Hebdomadaire, hg. von der C.F.D.T. (C.F.T.C.), Paris 1968.

Syndicalisme. Hebdomadaire. *Positions et action de la CFDT au cours des événements de mai-juin 1968*. Numéro spécial. N° 1266A, November 1969.

Syndicalisme. 1968 – Tout un peuple en marche. Magazine spécial N° 1191, 10. Juin 1968.

Prawda (Moskau), *Der Spiegel* (Hamburg), *Die Zeit* (Hamburg), *Frankfurter Allgemeine Zeitung*, *Frankfurter Rundschau* (Frankfurt), *Süddeutsche Zeitung* (München), *Neue Zürcher Zeitung* (Zürich).

VI. Literaturverzeichnis

Dreyfus-Armand, G., M. Le Puloch und M. Zancarini-Fournel, »Orientation bibliographique«, in: *Le Bulletin de l'IHTP*, N° 59 (décembre 1994), 40-74.

Wylie, L., F. D. Chu und M. Terrall, *France: The Events of May-June 1968. A Critical Bibliography*, Harvard, 1973.

Adam, G., F. Bon, J. Capdevielle und R. Mouriaux, *L'ouvrier français en 1970*, Paris 1970.

–, »Études des grèves de mai-juin 1968«. In: *Revue de Science Politique*, Vol. XX (1979), 105-119.

–, »Introduction à un débat sur la nouvelle classe ouvrière«. In: *Revue Française de Science Politique*, XXII, N° 3, 1972, 509-528.

Albert, J. C. und S. E. Albert (Hg.), *The Sixties Papers. Documents of a Rebellious Decade*, New York 1984.

Alexandre, Ph., *Le duel de Gaulle – Pompidou*, Paris 1970.

–, *L'Élysée en péril. 2-30 mai 1968*, Paris 1969.

L'Année politique, économique, sociale et diplomatique en France 1968, Paris 1969.

Anderson, P., *Arguments within English Marxism*, London 1980.

Ansart, P., *Les sociologues contemporains*, Paris 1990.

Ardant, P., *Institutions politiques et droit constitutionnel*, Paris 1989.

Arendt, H., *Macht und Gewalt*, München, 7. Auflage 1990.

Aron, R., *Erkenntnis und Verantwortung. Lebenserinnerungen*, München/Zürich 1985.

–, *La révolution introuvable. Réflexions sur les événements de mai*, Paris 1968.

»L'Autogestion, l'état et la révolution.« Supplément à *Noir et Rouge, Cahiers d'études anarchistes*. N°41, mai 1968.

Axelos, K., »Y a-t-il une philosophie marxiste?«. In: *Arguments*, 4 (1957), 34-36.

–, »Prolégomènes fragmentaires à la pensée anticipatrice«. In: *Arguments*, 9 (1958), 25-28.

–, »Que penser? (Où mène la critique du marxisme?)«. In: *Arguments*, 16.

–, »Une problématique«. Vorwort zur Neuausgabe der Zeitschrift *Arguments* 1956-1962, I-II, Toulouse 1983, Tome I, XII-XIII.

Backmann, R., und L. Rioux, *L'explosion de mai. 11 mai 1968. Histoire complète des »événements«*, Paris 1968.

Balladur, E., *L'Arbre de Mai*, Paris 1979.

Barba, G., »Henri Lefebvre«. In: *neue kritik*, 31 (1965), 24-28.

Barjonet, A., *La C.G.T. Histoire. Structure. Doctrine*, Paris 1968.

–, *La Révolution trahie de 1968*, Paris 1968.

Barrault, J.-L., *Erinnerungen für morgen*, Frankfurt am Main 1973.

Baynac, J., *Mai retrouvé. Contribution à l'histoire du mouvement révolutionnaire du 3 mai au 16 juin 1968*, Paris 1978.

Beauvoir, S. de, *Alles in allem*, Hamburg 1976.

–, *Der Lauf der Dinge*, Reinbek bei Hamburg 1988.

Becker, J.-J., »Communisme et Gaullisme dans la crise de mai 68«. In: *50 ans d'une passion française. De Gaulle et les communistes*. Sous la direction de St. Courtois et de M. Lazar, Paris 1991.

–, *Histoire politique de la France depuis 1945*, Paris 1988.

Bédarida, F., und M. Pollak, *Mai 68 et les sciences sociales. Cahier N° 11* der *Cahiers de l'institut d'histoires du temps présent*, April 1989.

Bénéton, Ph., und J. Touchard, »Les interprétations de la crise de mai-juin 1968.« In: *Revue française de science politique*, juin 1970, 503-543.

Bensaïd, D., und A. Krivine, *Mai si! Rebelles 68 et 88 repentis*, Paris 1988.
– und H. Weber, *Mai 1968. Une répétition générale*, Paris 1968.
Bernard, L., *Europe 1. La grande histoire dans une grande radio*, Paris 1990.
Berndt, H., »Die Suche nach dem revolutionären Subjekt«. In: *neue kritik*, 45 (1967), 94-99.
Bertaux, P., »Die Sorbonne war keine Bastille«. In: *Die Zeit*, Nr. 27 vom 5. Juli 1968.
Bertolino, J., *Les Troublions*, Paris 1969.
Beyme, K. von, *Gewerkschaften und Arbeitsbeziehungen in kapitalistischen Ländern*, München 1977.
Blackbourn, R., »Williams and the New Left«. In: *New Left Review*, 168 (1988), 12-22.
Boissieu, A. de, *Pour servir le Général*, Paris 1982.
Bondy, F., »Der Rest ist Schreiben«. In: *Die Zeit*, Nr. 32 vom 9. August 1968.
Borella, F., *Les parties dans la France d'aujourd'hui*, Paris 1973.
Bosc, S., und J. M. Bouguereau, »Le mouvement des étudiants berlinois. Documents sur l'Université critique«. In: *Les Temps Modernes*, N° 265 (juillet 1968), 1-79.
Bouguereau, J. M., »Die Krise des Mythos«. In: *Kursbuch*, 48 (1978), 1-13.
Boudon, R., »La crise universitaire française: Essai de diagnostic sociologique«. In: *Annales. Économies, Sociétés, Civilisations*, Vol. 24, N° 3 (mai-juin 1969).
–, »Sources of Student Protest in France«. In: *The Annals of the American Academy of Political and Social Science*, Vol. 395 (May 1971).
–, *La Logique du social: Introduction à l'analyse sociologique*, Paris 1972.
Bourdet, Y., *Neo-Révisionnisme, communisme et marxisme*, Paris 1963.
Bourdieu, P., *Homo academicus*, Frankfurt am Main 1988.
– und J.-C. Passeron, *Les héritiers. Les étudiants et la culture*, Paris 1985.
Bouyer, C., *Odéon est ouvert. Tribune libre*, Paris 1968.
Breines, W., *Community and Organization in the New Left, 1962-1968. The Great Refusal*, New Brunswick, London 1989.
Brokmeier, P., »Die dritte Front. Ein Bericht über Serge Mallets ›La nouvelle classe ouvrière‹«. In: *neue kritik*, 34 (1966), 30-34.
Brown, B. E., *Protest in Paris. Anatomy of a Revolt*, Morristown, New Jersey 1974.
CAL (Comités d'action lycéens), *Les lycéens gardent la parole*, Paris 1968.
Capdevielle, J., und R. Mouriaux, *Mai 68: L'Entre-Deux de la Modernité. Histoire de trente ans*, Paris 1988.
Cardan, P., »Prolétariat et organisation«. In: *Socialisme ou Barbarie*, Vol.v, N° 27, Avril-Mai 1958, 53-88; deutsch in: C. Castoriadis, *Sozialismus oder Barbarei*, Berlin 1980, 107-144.
–, »Prolétariat et organisation (fin)«. In: *Socialisme ou Barbarie*, Vol.v, N° 28, Juillet-Août 1959, 41-72.

–, »Le mouvement révolutionnaire sous le capitalisme moderne«. In: *Socialisme ou Barbarie*, Vol. VI, N° 31, Décembre 1960-Février 1961, 51-81.

Castoriadis, C., *Sozialismus oder Barbarei. Analysen und Aufrufe zur kulturrevolutionären Veränderung*, Berlin 1980.

–, *Gesellschaft als imaginäre Institution*, Frankfurt am Main 1984.

Castro, R., »Des minorités à la majorité«. In: E. Salvaresi, *Mai en héritages. 14 portraits, 490 itinéraires*, Paris 1988, 69-76.

Centre Nationale d'Information pour la Productivité des Entreprises (C.N.I.P.), *Les événements de mai-juin vus à travers de cent entreprises*, Paris 1968.

Certeau, M. de, *La prise de parole. Pour une nouvelle culture*, Paris 1968.

Chaussy, U., *Die drei Leben des Rudi Dutschke. Eine Biographie*, Darmstadt, Neuwied 1983.

Cohen-Solal, A., *Sartre 1905-1980*, Reinbek bei Hamburg 1988.

Cohn-Bendit, D., und G. Cohn-Bendit, *Linksradikalismus. Gewaltkur gegen die Alterskrankheit des Kommunismus*, Hamburg 1968.

–, *Le grand bazar*, Paris 1975; deutsch: *Der große Bazar*, München 1975.

–, *Wir haben sie so geliebt, die Revolution*, Frankfurt am Main 1987.

– und R. Mohr, *1968. Die letzte Revolution, die noch nichts vom Ozonloch wußte*, Berlin 1988.

Collectif Céon, *Notre arme, c'est la grève*, Paris 1968.

»Le Colloque de Caen. Principales Interventions«. In: *Revue de l'Enseignement supérieur*, N°4 (1966), 47-215.

Constant, »Eröffnungsbericht der Münchner Konferenz«. In: *Situationistische Internationale*, 1, 100-102.

–, »Eine andere Stadt für ein anderes Leben«. In: *Situationistische Internationale*, 1, 112-115.

Conze, W., *Gesellschaft-Staat-Nation. Gesammelte Aufsätze*, hg. von U. Engelhardt, R. Koselleck und W. Schieder, Stuttgart 1992.

Copfermann, E., *22 mars. Ce n'est qu'un début, continuons le combat*, Paris 1968.

Cours-Salies, *La CFDT. Un passé porteur d'avenir. Pratiques syndicales et débats stratégiques depuis 1946*, Paris 1988.

Crozier, M., *La société bloquée*, Paris 1970.

Curtius, E. R. *Der Syndikalismus der Geistesarbeiter in Frankreich*, Bonn 1921.

Dagouat, M. und J. Buob, »Les rêves de mai«. In: *Mai 68-Mai 93. Les illusions perdues. Les Cahiers de l'Express*, N° 21 (1993).

Dähne, E., »Die grundsätzliche Entscheidung des SDS«. In: *neue kritik*, Nr. 8 (1961), 1-5.

Dansette, A., *Mai 1968*, Paris 1971.

Danos, J., und M. Gibelin, *Die Volksfront in Frankreich. Generalstreik und Linksregierung im Juni '36*, Hamburg 1982.

Davidson, Ph. B., *Vietnam at War*, Novate 1988.

Debord, G., *Commentaires sur la société du spectacle*, Paris 1988.
–, *In girum imus nocte et consumimur igni. Wir irren des Nachts im Kreis umher und werden vom Feuer verzehrt*, Berlin 1985.
–, »Perspektiven einer bewußten Änderung des alltäglichen Lebens«. *Situationistische Internationale*, 1, 226-234.
–, *Rapport zu Konstruktion von Situationen und die Organisations- und Aktionsbedingungen der Internationalen Situationistischen Tendenz und andere Schriften* (Edition Nautilus, Flugschrift N°. 23), Hamburg 1980.
–, *La société du spectacle*, Paris 1967.
–, »Thesen über die kulturelle Revolution«, (1958). In: *Situationistische Internationale*, 1, 25-27.
–, »Über die Anwendung der freien Zeit«. In: *Situationistische Internationale*, 1, 120.
–, *La véritable scission dans l'internationale*, Paris 1972.
Debray, R., *Modeste contribution aux discours et cérémonies officielles du dixième anniversaire*, Paris 1978.
Debré, M., und J.-L. Debré, *Le Gaullisme*, Paris 1978.
Delale, A., und G. Ragache, *La France de 68*, Paris 1978.
Delannoi, G., *Les années utopiques 1968-1978*, Paris 1990.
Detraz, A., et les militants de la CFDT, *Positions et action de la CFDT en mai 1968. Syndicalisme*, Numéro spécial 1969.
Detraz, A., A. Krumnow und E. Maire, *La C.F.D.T. et l'autogestion*, Paris, 2. Auflage 1975.
Descamp, E., *Militer*, Paris 1971.
Dreyfus, F.-G., *Histoires des Gauches en France 1940-1974*, Paris 1975.
Dreyfus-Armand, G., und L. Gervereau (Hg.), *Mai 68. Les mouvements étudiants en France et dans le monde*, Collection des publications de la BDIC, dirigée par J. Hue, Nanterre 1988.
Drost, W., und I. Eichelberg, *Mai 1968. Une crise de la civilisation française. Anthologie critique de documents politiques et littéraires*, Frankfurt/Bern/New York 1985.
Ducos, Y., ancien ouvrier de Flins, »Histoire et leçons d'une grève«. Table ronde (25 juin 1968) avec deux rédacteurs d'Esprit. In: *Esprit* 8/9 1968, 97-120.
Dubois, P., R. Dulong, C. Durand, S. Erbès Seguin und D. Vidal, *Grèves revendicatives ou grèves politiques. Acteurs, pratique, sens du mouvement de mai*, Paris 1971.
Dumbrell, J., *Vietnam and the Antiwar Movement*, Aldershot, Brookfield 1990.
Dumontier, P., *Les Situationnistes et Mai 68. Théorie et pratique de la révolution (1966-1972)*, Paris 1990.
Durandeaux, J., *Les journées de mai 1968. Rencontres et dialogues*, Paris 1968.

Duteuil, J.-P., »Les groupes d'extrême-gauche à Nanterre«. In: Dreyfus-Armand/Gervereau, 110-115.
–, *Nanterre 1965-66-67-68. Vers le mouvement du 22 mars*, Mauléon 1988.
Duverger, M., »Une dissolution conditionnelle«. In: *Le Monde* vom 2./3. Juni 1968, S. 4, Sp. 1 f.
–, *Les Institutions Françaises*, Paris 1962.
J. Duvignaud, »›Arguments‹ 1959. Enregistrement d'une soirée avec Edgar Morin, Georges Perec, Kostas Axelos, Pierre Fougeyrollas«. In: *Internationale de l'Imaginaire*, N° 11, Hiver 1988/89.
–, »La convivialité intellectuelle«. Vorwort zur Neuauflage der Zeitschrift *Arguments* 1956-62. Tome I, XIV-XV.
–, »Sur ce qu'il y a d'irrepressible en l'homme«. In: *Arguments*, 14 (1959), 4-6.
–, »Peut-on sortir du ›ghetto‹?« In: *Arguments*, 16 (1959), 10-15.
Eagleton, R., »Ressources for a Journey of Hope: The Significance of Raymond Williams«. In: *New Left Review*, 168 (1988), 3-11.
Eyerman, R., und A. Jamison, *Social Movements. A cognitive approach*, Cambridge 1991.
Épistémon (Pseudonym für D. Anzieu), *Ces idées qui ont ébranlé la France*, Paris 1968.
Faber, D., *Chicago '68*. Chicago 1988.
Faber, R., »Frühromantik, Surrealismus und Studentenrevolte oder die Frage nach dem Anarchismus«. In: *Romantische Utopie-utopische Romantik*, hg. von G. Dischner und R. Faber, Hildesheim 1979, 336-358.
Favre, P. (Hg.), *La manifestation*, Paris 1990.
Feenberg, A., *Remembering the May Events*, San Diego 1978.
Fejtö, F., *Mémoires de Budapest à Paris*, Paris 1986.
–, »Réflexions d'un révisionniste«. In: *Arguments*, 14 (1959), 12-14.
Ferniot, J., *Mort d'une révolution. La gauche de mai*, Paris 1968.
Ferry, L., und A. Renaut, *Antihumanistisches Denken. Gegen die französischen Meisterphilosophen*, München/Wien 1987.
–, *68-86. Itinéraires de l'individu*, Paris 1987.
Fichter, T., und S. Lönnendonker, *Kleine Geschichte des SDS. Der Sozialistische Deutsche Studentenbund von 1949 bis zur Selbstauflösung*, Berlin, 2. Auflage 1979.
Flohic, F., *Souvenirs d'Outre-Gaulle*, Paris 1979.
Flora, P., F. Kraus und W. Pfennig, *State Economy and Society in Western Europe 1815-1975. A Data Handbook in two Volumes*, Vol. 1, Frankfurt am Main 1987.
Fontaine, A., *La Guerre civile froide*, Paris 1969.
Fouchet, Ch., *Mémoires d'hier et demain. Au service du général de Gaulle. Londres 1940, Varsovie 1945, Alger 1962, Mai 1968*, Paris 1971.
–, *Les lauriers sont coupés*, Paris 1973.
Fougeyrollas, P., »La pensée a-t-elle une ombre?«. In: *Arguments*, 14.

Frank, P., »May 1968: First Phase of the French Socialist Revolution«. In: *International Socialist Review*, Vol. 29, N° 5 (Sept.-October) 1968.
Frankin, A., »Plattform für eine Kulturrevolution«. In: *Situationistische Internationale*, 1, 99-100.
–, »Le parti, le quotidien«. In: *Arguments*, 25/26 (1962), 46-48.
Fraser, R., u. a., *1968. A Student Generation in Revolt. An international oral history*, New York 1988.
Frédéric, C., *Libérer l'O.R.T.F. Documents et témoignages*, Paris 1968.
Frémontier, J., *La forteresse ouvrière: Renault. Une enquête à Boulogne-Billancourt chez les ouvriers de la Régie*, Paris 1971.
Friedeburg, L. von, J. Horlemann und P. Hübner, *Freie Universität und politisches Potential der Studenten. Über die Entwicklung des Berliner Modells und den Anfang der Studentenbewegung in Deutschland*, Neuwied 1968.
Gallant, M., *Chroniques de Mai 68*, Paris 1988.
Gallo, M., *Gauchisme, réformisme et révolution*, Paris 1968.
Gambrelle, F., und M. Trebitsch, *Révolte et société, Actes du IVe colloque d'histoire au présent, Paris mai 1988*, tome II, Paris 1989.
Gaulle, Ch. de, *Discours et messages. Vers le terme. Janvier 1966-Avril 1969*, Paris 1970.
–, *Mémoires d'espoir. L'effort 1962 ...*, Paris 1971.
Gauron, A., *Histoire économique et sociale de la cinquième république. Tome 1: Le temps des modernistes*, Paris 1983.
Gaveau, P., *De l'autre coté des barricades*, Paris 1978.
Gavi, Ph., »Des ouvriers parlent«. In: *Les Temps Modernes*, 24ième année, N° 265 (juillet 1968), 80-93.
Geismar, A., S. July und E. Morane, *Vers la guerre civile*, Paris 1969.
Giddens, A., *Die Konstitution der Gesellschaft*, Frankfurt am Main/New York 1992.
Giesbert, F. O., *Jacques Chirac*, Paris 1987.
Gitlin, T., *The Sixties, Years of Hope, Days of Rage*, New York 1989.
Glucksmann, A., A. Gorz, E. Mandel und J.-M. Vincent, *Revolution Frankreich 1968*, Frankfurt am Main 1968.
Goguel, F., »Charles de Gaulle du 24 au 29 mai 1968«. In: *Espoir, Revue de l'Institut Charles-de-Gaulle*, N° 46 (mars 1984), 3-14.
–, »Les élections législatives des 23 et 30 juin«. In: *Revue Française de Science Politique*. Vol. XVIII, N° 5 (1968).
Goldman, P., *Souvenirs obscurs d'un juif polonais né en France*, Paris 1975.
Goldey, D. B., »The party of fear: the election of June 1968«. In: P. M. Williams, *French Politicians and Elections 1951-1969*, Cambridge 1970.
Gombin, R., *Les origines du gauchisme*, Paris 1971.
–, *Le projet révolutionnaire. Élements d'une sociologie des événements de mai-juin 1968*, Paris 1969.

Grimaud, M., *En mai, fais ce qu'il te plaît*, Paris 1977.
Grosser, A., »Großer Sieg – viel Verantwortung«. In: *Die Zeit*, Nr. 27 vom 5. Juli 1968.
– und F. Goguel, *Politik in Frankreich*, Paderborn/München/Wien/Zürich 1980.
Guéna, Y., *Maintenir l'État*, Paris 1970.
Guillebaud, J.-C., *Les années orphélines 1968-1978*, Paris 1978.
Guin, Y., *La commune de Nantes*, Paris 1969.
Habermas, J., *Die Neue Unübersichtlichkeit*, Frankfurt am Main 1985.
–, *Protestbewegung und Hochschulreform*, Frankfurt am Main 1968.
Hamon, H., und P. Rotman, *La deuxième gauche. Histoire intellectuelle et politique de la CFDT*, Paris 1982.
–, *Génération*. Vol. I: *Les années de rêve*. Vol. II: *Les années de poudre*, Paris 1987.
Hayden, T., *Reunion. A Memory*, New York 1988.
Heberle, R., *Social Movements: An Introduction to Political Sociology*, New York 1951.
Heinz, W. R., und P. Schöber (Hg.), *Theorien kollektiven Verhaltens. Beiträge zur Analyse sozialer Protestaktionen und Bewegungen*, Darmstadt, 2 Bde., Neuwied 1972.
Hess, G., *Vietnam and the United States. Origins and Legacy of War*, Boston 1990.
Hess, R., *Henri Lefebvre et l'aventure du siècle*, Paris 1988.
Hirsh, A., *The French New Left: An Intellectual History from Sartre to Gorz*, Boston 1975.
Hoffmann, S., *Essais sur la France. Déclin ou Renouveau?*, Paris 1974.
Hobsbawm, E. J., *Revolution und Revolte. Aufsätze zum Kommunismus, Anarchismus und Umsturz im 20. Jahrhundert*, Frankfurt am Main 1977.
Iden, P., »Der lange Marsch ins Paradies«. In: *Die Zeit*, Nr. 32 vom 9. August 1968.
Inglehart, R., *Kultureller Umbruch. Wertewandel in der westlichen Welt*, Frankfurt am Main 1989.
–, *The Silent Revolution*, Princeton 1977.
INSEE, »La situation et les perspectives dans l'industrie d'après les enquêtes effectuées par l'I.N.S.E.E. en juillet 1968«. In: *Études Conjoncture. Revue mensuelle de l'I.N.S.E.E.*, Supplément N° 8 (1968), Paris 1968.
Isserman, M., »Toward a New Left«. In: ders., *If I had a Hammer. The Death of the old and the Birth of the New Left*, New York 1987, 171-220.
Jäger, W., »Gewerkschaften und Linksparteien in Frankreich«. In: H. Rühle und H.-J. Ven (Hg.), *Gewerkschaften in den Demokratien Westeuropas*, Bd. I: *Frankreich, Italien, Spanien, Portugal, Griechenland*, Paderborn 1983.
–, »Die sozialistische Partei und die kommunistische Partei Frankreichs«.

In: D. Oberndörfer (Hg.), *Sozialistische und kommunistische Parteien in Westeuropa*. I: *Südländer*, Opladen 1978.
Jaffré, J., und F. Bon, »A Preliminary Note on French Political Generations«, In: *European Journal of Political Research*, Vol. 5, N°2 (1977), 149-154.
Jansen, P., L. Kißler, P. Kühne, C. Leggewie und O. Seul, *Gewerkschaften in Frankreich. Geschichte, Organisation, Programmatik*, Frankfurt am Main/New York 1986.
Japp, K. P., »Selbsterzeugung oder Fremdverschulden. Thesen zum Rationalismus in den Theorien sozialer Bewegungen«. In: *Soziale Welt. Zeitschrift für sozialwissenschaftliche Forschung und Praxis*, 3 (1984).
Jeanson, A., »Le même combat«. In: *Syndicalisme*, N° 1188, 16 mai 1968, 1-2.
Jobert, M., *L'autre regard*, Paris 1976.
–, *Mémoires d'avenir*, Paris 1974.
Joffrin, L., *Mai 68. Histoire des événements*, Paris 1988.
M. Johan, »La C.G.T. et le mouvement de mai«. In: *Les Temps Modernes*, 24ième année, N°. 266-267 (août-septembre) 1968, 326-375.
Johnson, R., *The French Communist Party versus the Students. Revolutionary Politics in May-June 1968*, New Haven, London 1972.
Jorn, A., »Guy Debord und das Problem des Verworfenen«. In: G. Debord, *Gegen den Film. Filmskripte*. Aus dem Französischen übersetzt von P. Gaillissaires und H. Mittelstädt, Hamburg 1978, 5-16.
Journal officiel de la République Française. Débats parlementaires Assemblée Nationale (mai-juin) 1968.
–, Sénats N°13 (1968), 315-326.
Jouhy, E., *Klärungsprozesse. Gesammelte Schriften*, hg. von R. Jungk, 4 Bde., Frankfurt am Main 1988.
Jousselin, J., *Les Révoltes des jeunes*, Paris 1968.
Katsiaficas, G., *The Imagination of the New Left. A Global Analysis of 1968*, Boston 1987.
Kerbourch, J.-C., *Le piéton de mai*, Paris 1968.
Kessel, P., *Le mouvement ›maoiste‹ en France. Textes et documents*, 2 Bde., Paris 1972.
Kleßmann, C., *Zwei Staaten, eine Nation. Deutsche Geschichte 1955-1970*, Göttingen 1988.
Kocka, J., *Sozialgeschichte. Begriff-Entwicklung-Probleme*, Göttingen, 2. Auflage 1986.
Koselleck, R., *Vergangene Zukunft. Zur Semantik geschichtlicher Zeiten*, Frankfurt am Main 1979.
Kotanyi, A., und R. Vaneigem, »Elementarprogramm des Büros für einen Unitären Urbanismus«. In: *Situationistische Internationale*, 1, 223-225.
Kowalsky, W., *Kulturrevolution? Die Neue Rechte im neuen Frankreich und ihre Vorläufer*, Opladen 1991.

Kravetz, M., R. Bellour und A. Karsenty, *L'insurrection étudiante 2-13 mai 1968*, Paris 1968.
Kreipe, W., »Student in Frankreich. Hintergrund und Potential einer politischen Bewegung«. In: *Kursbuch* 13 (1968), 154-178.
–, »Spontaneität und Organisation. Lehren aus dem Mai-Juni 1968«. In: *Kursbuch* 16 (1969), 38-75.
Krivine, A., *Questions sur la révolution*, Paris 1973.
– und D. Bensaïd, *Mai si! 1968-1988: Rebelles et Repentis*, Paris 1988.
Labro, Ph., und M. Manceaux, *Ce n'est qu'un début*, Paris 1968.
Lacouture, J., *De Gaulle*. Vol. 3: *Le souverain, 1959-1970*, Paris 1986.
–, *Pierre Mendès France*, Paris 1981.
Lapassade, G., und E. Morin, »La question microsociale«. In: *Arguments*, 25/26 (1962), 2-4.
Le Bris, M., »Trois ou quatre choses que je crois savoir de mai 68«. Dossier: Mai 68, vingt-cinq ans déjà. In: *Revue des Deux Mondes*, Mai 1993.
Lefebvre, H., *Probleme des Marxismus, heute*. Frankfurt am Main 1965.
–, *Aufstand in Frankreich. Zur Theorie der Revolution in den hochindustrialisierten Ländern*. In: *Voltaire Handbuch* 7, Frankfurt am Main 1969.
–, *Kritik des Alltagslebens*, 3 Bde., München 1974.
–, *Einführung in die Modernität. Zwölf Präludien*. Frankfurt am Main 1978.
Lefort, C., »Organisation et parti«. In: *Socialisme ou Barbarie*, Vol. v, N° 26, Novembre-Décembre 1958, 120-134.
Leggewie, C., »Propheten ohne Macht: die neuen sozialen Bewegungen in Frankreich zwischen Resignation und Fremdbestimmung.« In: *Neue soziale Bewegungen in Westeuropa und den USA: ein internationaler Vergleich*, hg. von K.-W. Brand, Frankfurt am Main 1985, 83-139.
Legris, M.: »Dada et Marx à la Sorbonne«. In: *Le Monde* vom 18. Mai 1968.
–, »M. Jean-Paul Sartre à la Sorbonne: pour l'association du socialisme et de la liberté«. In: *Le Monde* vom 22. Mai 1968, 3.
Lepsius, M. R., »Interessen und Ideen. Die Zurechnungsproblematik bei Max Weber«. In: ders., *Interessen, Ideen und Institutionen*, Köln 1990.
–, »Unruhe als Studentenpflicht. Bemerkungen zu deutschen Verlegenheiten«. In: *Stimmen der Zeit*, Heft 11 (November 1967), 299-310.
Lewino, W., *L'Imagination au pouvoir*, Paris 1968.
Linhardt, R., *L'Établi*, Paris 1978.
Lönnendonker, S., T. Fichter und J. Staadt (Hg.), *Freie Universität Berlin 1948-1973. Hochschule im Umbruch*, Teil v (1967-1969), Berlin 1983.
Loth, W., *Geschichte Frankreichs im 20. Jahrhundert*, Ffm. 1992.
Luchaire, F., und G. Conac, *La constitution de la république française*, Paris 1987.
Luhmann, N., *Universität als Milieu. Kleine Schriften*, hg. von A. Kieserling, Bielefeld 1992.

Luppatsch, M., »Kurzes Machtvakuum: die Studentenproteste im französischen Fernsehen«. In: *medium*, 17. Jg., Heft 2 (1987), 16-18.
Luxemburg, R., »Massenstreik, Partei und Gewerkschaften« (1906). In: dies., *Gesammelte Werke*, hg. vom Institut für Marxismus-Leninismus beim ZK der SED, Berlin 1982, Bd. II, 93-170.
Maire, E., A. Krumnow und A. Detraz, *La C.F.D.T et l'autogestion*, Paris 1973.
Mallet, S., *La nouvelle classe ouvrière*, Paris 1963; deutsch: *Die neue Arbeiterklasse*, Neuwied/Berlin 1972.
–, »Sozialismus und die neue Arbeiterklasse«. In: *neue kritik*, 32 (1965), 10-20.
Manceaux, M., *Les maos en France*. Avant-propos de Jean-Paul Sartre, Paris 1972.
Marcelin, P., *L'ordre public et les groupes révolutionnaires*, Paris 1968.
Martinet, G., *La conquête des pouvoirs*, Paris 1968.
–, *Le Système Pompidou*, Paris 1973.
Marcuse, H., *Der eindimensionale Mensch*, Neuwied/Berlin 1967 (französisch 1968).
–, P. Wolf und B. Moore, *Kritik der reinen Toleranz*, Frankfurt am Main 1966.
Martos, M.-F., *Histoire de l'Internationale Situationniste*, Paris 1989.
Massu, J., *Baden 68. Souvenirs d'une fidélité gaulliste*, Paris 1983.
Mendel, G., *La Révolte contre le père. Une introduction à la sociopsychanalyse*, Paris 1968.
Mendès France, P., *Choisir. Conversations avec Jean Bothorel*, Paris 1974.
Merle, R., *Derrière la vitre*, Paris 1970.
Merleau-Ponty, M., *Die Abenteuer der Dialektik*, Frankfurt am Main 1974.
Michaud, G., *Révolution dans l'Université*, Paris 1968.
Miliband, R., »C. Wright Mills«. In: *New Left Review*, 15 (1962), 15-20.
Miller, J., *Democracy is in The Streets. From Port Huron to The Siege of Chicago*, New York/London/Toronto 1987.
Mills, C. W., »Letter to the New Left«. In: *New Left Review*, 5 (1960), 18-23.
–, *The Marxists*, New York 1962.
–, *The Power Elite*, New York 1956.
–, *Sociological Imagination*, New York 1959.
Minces, J., *Un ouvrier parle*, Paris 1969.
Mitterrand, F., *Ma part de vérité*, Paris 1969.
Monchablon, A., *Histoire de l'UNEF de 1956 à 1968*, Paris 1983.
Monod, J., *Essai d'ethnologie des bandes de jeunes*, Paris 1968.
Morin, E., *Autocritique*, Paris 1975.
–, *L'esprit du temps*, tome 1, Paris 1962; tome 2, Paris 1976.
–, *Journal de Californie*, Paris 1970.
–, »La fin d'un commencement«. In: *Arguments*, 27/28 (1962), 123-126.

–, »La réforme de la pensée«. Vorwort zur Neuauflage der Zeitschrift *Arguments* 1956-1962. Tome IX-XI.
–, »Que faire«. In: *Arguments*, 16 (1959), 1-10.
–, »Révisons le révisionisme«. In: *Arguments*, 2 (1957), 8-10.
–, »Trois Manifestes d'Arguments«. Vorwort zur Neuauflage der Zeitschrift *Arguments* 1956-1962. Tome XXIX-XXXI.
– und M. Halter, *Mai*, Paris 1978.
–, C. Lefort und J.-M. Coudray, *La Brèche. Premières reflexions sur les événements*, Paris 1968. Erweiterte Neuauflage 1988.
Morrison, J. und R. K. Morrison, *From Camelot to Kent State*, New York/Toronto 1987.
Mothé, D., »Les jeunes générations des ouvriers«. In: *Socialisme ou Barbarie*, Vol. VI, N° 33, Décembre-Février 1958, 17-42.
Mouriaux, R., A. Percheron, A. Prost und D. Tartakowsky, *1968. Exploration du Mai français*, tome 1, *Terrains*, Paris 1992; tome 2, *Acteurs*, Paris 1992.
Münster, A., *Paris brennt. Die Mai-Revolte in Frankreich*, Frankfurt am Main 1968.
Nania, G., *Un parti de la gauche. Le PSU*, Paris 1966.
Neidhardt, F., *The Analysis of Social Movements: The State of the Art and Some Perspectives for Further Research*. In: D. Rucht (Hg.), *Research on Social Movements. The State of the Art in Western Europe and the USA*, Frankfurt am Main/Boulder, Colorado 1991.
–, »Einige Ideen zu einer allgemeinen Theorie sozialer Bewegungen«. In: *Sozialstruktur im Umbruch*, hg. von S. Hradil, Opladen 1985, 193-204.
– und D. Rucht, »Auf dem Weg in die ›Bewegungsgesellschaft‹? Über die Stabilisierbarkeit sozialer Bewegungen«. In: *Soziale Welt '93. Zeitschrift für sozialwissenschaftliche Forschung und Praxis*, Heft 3, 1993, 305-326.
Nelson, C., »Raymond Williams«. In: *Biographical Dictionary of Neo-Marxism*, hg. von R. A. Gorman, London 1985, 411-431.
Nitsch, W., U. Gerhardt, C. Offe und U. K. Preuß, *Hochschule in der Demokratie*. Mit einem Vorwort von Jürgen Habermas, Berlin/Neuwied 1965.
Nizan, P., *Die Verschwörung*, München 1975.
Noteboom, C., *Waar je gevallen bent, blijge. De Parijse beroerte*. Amsterdam 1983.
OECD, »Prospects in France after the Strikes«. In: *Economic Outlook*, 3 (1968), 52-69.
Offe, C., »Challenging the boundaries of institutional politics: social movements since the 1960s«. In: C. S. Maier (Hg.), *Changing boundaries of the political. Essays on the evolving balance between the state and society, public and private in Europe*, Cambridge 1987.
–, »Reflections on the Institutional Self-transformation of Movement Politics: A Tentative Stage Model«. In: R. J. Dalton und M. Küchler (Hg.),

Challenging the Political Order. New Social and Political Movements in Western Democracies, Cambridge 1990.

Otto, K. A., *Vom Ostermarsch zur APO. Geschichte der außerparlamentarischen Opposition in der Bundesrepublik 1960-1970*, Frankfurt am Main 1977.

Paas, D., »Frankreich: Der integrierte Linksradikalismus«. In: *Angriff auf das Herz des Staates. Soziale Entwicklung und Terrorismus*. 2 Bde., Frankfurt am Main 1988.

Padova, M., »Arguments-Ragionamenti: Un jumelage féconde«. Vorwort zur Neuausgabe der Zeitschrift *Arguments* 1956-1962, I, XXV-XXVII.

Parodi, M., *L'économie et la société française de 1945 à 1970*, Paris 1971.

Prijs – mai-juin '68, Amsterdam (IISG) 1969.

Perret, J., *Inquiète Sorbonne*, Paris 1968.

Peter, L., *Klassenkämpfe in Frankreich heute*, Frankfurt am Main 1972.

–, *Kunst und Revolte. Das politische Plakat und der Aufstand der französischen Studenten*, Köln 1968.

Pinon, P., *Les Traversées de Paris. Deux siècles de révolutions dans la ville*, Paris 1989.

Picq, F., *Libération des femmes. Les années-mouvement*, Paris 1993.

Plänker, P. G., *Auslastung des Faktors Arbeit in Frankreich und der Bundesrepublik im Vergleich der Jahre 1964 bis 1984*, Bochum 1987.

Politique et prophéties: mai 68, Centre Catholique des Intellectuels Français, Paris 1969.

Pompidou, G., *Pour rétablir une vérité*, Paris 1982.

–, *Le noed gordien*, Paris 1974.

Poperen, J., *La gauche française. Le nouvel âge*, Paris 1972.

–, *L'Unité de la gauche 1965-1973*, Paris 1975.

Poster, M., *Existential Marxism in Post War France*, Princeton 1975.

Preuß, U. K., Debattenbeitrag auf dem Kongreß *»Prima Klima. Erste gnadenlose Generaldebatte zur Klärung aller unzeitgemäßen Fragen«. Protokolle*, hg. von H. Schauer, Frankfurt am Main 1987, 126-133.

Puech, G.-L., »Die Gloire de Gaulles war zu teuer. Die Bilanz der Fünften Republik ist unbefriedigend«. In: *Die Zeit*, Nr. 22 vom 31. Mai 1968, S. 36, Sp. 1-6.

Rabehl, B., *Am Ende der Utopie. Die politische Geschichte der Freien Universität Berlin*. Berlin 1988.

–, »Der SDS und die Strategie der direkten Aktion in Westeuropa«. In: *neue kritik*, 50 (1968), 26-53.

Rammstedt, O., *Soziale Bewegung*, Frankfurt am Main 1978.

Raschke, J., *Soziale Bewegungen. Ein historisch-systematischer Grundriß*, Frankfurt/New York 1985.

Rauch, M. J. und S. H. Schirmbeck, *Die Barrikaden von Paris. Der Aufstand der französischen Arbeiter und Studenten*, Frankfurt am Main/Wien 1968.

Ravignant, P., *L'Odéon est ouvert*, Paris 1968.
Reader, K. A., *The May Events in France. Reproduction and interpretations*, Basingstoke 1993.
Rémond, R., *La règle et le consentement. Gouverner une société*, Paris 1979.
–, *Notre siècle de 1918 à 1988*, Paris 1990.
Reynaud, J.-D., »La nouvelle classe ouvrière. La technologie et l'histoire«. In: *Revue Française de Science Politique*, XXII, N°. 3, 1972, 529-542.
–, S. Dassa, J. Dassa und P. Maclouf, »Les événements de mai et juin 1968 et le système français de relations professionnelles«. In: *Sociologie du travail*, 1 (1971), 73-97.
Rioux, J. P., »A propos des célébrations décennales du mai français«. *Vingtième Siécle. Revue d'histoire*. Publié trimestriellement avec le concours du Centre nationale des Lettres 1 (1988), 49-57.
Robert, F., *Un mandarin prend la parole*, Paris 1975.
Robert, J.-L., »Occupations/Négations. Les syndicats en mai 1968«. In: *Matériaux pour l'histoire de notre temps*, édité par l'association des amis de la BDIC et du musée, n° 20 (juillet-septembre), Nanterre 1990.
Rocard, M., *Le P.S.U. et l'avenir socialiste de la France*, Paris 1969.
Rochet, W., *Les enseignements de mai-juin 1968*, Paris 1968.
Rohan, M., *Paris '68*, London 1988.
Rolke, L., *Protestbewegungen in der Bundesrepublik. Eine analytische Sozialgeschichte des politischen Widerspruchs*, Köln 1987.
Romilly, J. de, *Nous autres professeurs*, Paris 1969.
Rosanvallon, P., *L'âge de l'autogestion*, Paris 1976.
Roussel, E., *Les enfants du prophète. Histoire du mouvement trotskiste en France*, Paris.
–, *Georges Pompidou*, Paris 1984.
Rovabaugh, W. J., *Berkeley at War. The 1960s*, Oxford 1989.
Rucht, D. (Hg.), *Research on Social Movements. The State of the Art in Western Europe and the USA*, Frankfurt am Main/Boulder, Colorado 1991.
–, »Sociological Theory as a Theory of Social Movements? A Critique of Alain Touraine«. In: ders., *Research on Social Movements*, 355-391.
Sale, K., *SDS*, New York 1973.
Salini, L., *Le mai des prolétaires*, Paris 1968.
Salmon, J.-J., *Hôtel d'avenir*, Paris 1978.
Salvaresi, E., *Mai en héritage. 14 portraits, 490 itinéraires*, Paris 1988.
Sartre, J.-P., H.P. Gavi und P. Victor, *Der Intellektuelle als Revolutionär. Streitgespräche*, Hamburg 1976.
–, *Kritik der dialektischen Vernunft. Theorie des gesellschaftlichen Praxis*, Hamburg 1967.
–, *Mai '68 und die Folgen*, 2 Bde., Hamburg 1974/75.
–, *Was ist Literatur?*, Hamburg 1986.
Sauvageot, J., A. Geismar und D. Cohn-Bendit, *Aufstand in Paris oder Ist*

in Frankreich eine Revolution möglich?, hg. von H. Bourges, Reinbek bei Hamburg 1968.
Schmiederer, U., »Schweden, ›Sozialkapitalismus‹ und Neue Linke«. In: *neue kritik*, 36/37 (1966), 17-23.
Schmitt-Beck, R., »Die Bedeutung der Massenmedien für soziale Bewegungen«. In: KZfSS, 42 (1990), 642-662.
Schnapp, A. und P. Vidal-Naquet, *Journal de la Commune Étudiante. Textes et documents. Novembre 1967-juin 1968*, Paris 1969.
Schonfeld, W. R., *Obedience and Revolt. French Behavior toward Authority*, Beverly Hills, London 1976.
Schriewer, J., *Die französischen Universitäten 1945-1968. Probleme, Diskussionen, Reformen*, Bad Heilbrunn 1972.
Schwan, G., »Demokratischer Sozialismus zwischen Wohlfahrtsstaat und Selbstverwaltung«. In: *Sozialismus in Theorie und Praxis. Festschrift für Richard Löwenthal*, hg. von H. Horn, A. Schwan und T. Weingartner, Berlin/New York 1978.
Seale, P. und M. McConville, *Red Flag/Black Flag: French Revolution*, New York 1968.
Sedgwick, P., »The Two New Lefts«. In: D. Widgery (Hg.), *The Left in Britain 1965-68*, Harmondsworth 1976.
Séguy, G., *Le Mai de la CGT*, Paris 1972
Servan-Schreiber, J.-J., *Frankreich steht auf*, Hamburg 1968.
Shorter, E. und C. Tilly, *Strikes in France 1830-1968*, London 1974.
Situationistische Internationale 1958-1969. Gesammelte Ausgabe des Organs der Situationistischen Internationale. 2 Bde. Übersetzt aus dem französischen Original von P. Gaillissaires, deutsche Bearbeitung durch H. Mittelstädt. Hg. von C. Diabolis et al., Hamburg 1976.
Situationistische Internationale, *Über das Elend im Studentenmilieu (1966)*, Hamburg 1977.
Socialisme ou Barbarie. Organe de Critique et d'Orientation Révolutionnaire 1949-1966.
Tarrow, S., *Protest and Politics in Italy 1965-1975*, Oxford 1989.
Taylor, R., *Against the Bomb. The British Peace Movement 1958-1965*, Oxford 1988.
Thompson, E. P., »Ein Interview mit E. P. Thompson«. In: *Ästhetik und Kommunikation*, 33 (1978), 21-31.
–, »The long Revolution«. In: *New Left Review*, 9 (1961) und 10 (1961).
–, »Outside the Whale«. In: ders., *The Poverty of Theory*, London 1978, 1-34; deutsch: *Das Elend der Theorie*, Frankfurt am Main/New York .
–, »The Point of Production«. In: *New Left Review*, 1 (1960), 68-70.
–, »Remembering C. Wright Mills«. In: ders.: *The Heavy Dancers*, London 1985, 261-274.
–, »Revolution again! Or shut your ears and run«. In: *New Left Review*, 6 (1960), 18-31.

Thompson, J. B., *Studies on the Theory of Ideology*, Cambridge 1984.
Tocqueville, A. de, *Der alte Staat und die Revolution*. Mit einem Nachwort von J. P. Mayer, München 1978.
–, *Erinnerungen*. Mit einer Einleitung von C. J. Burckhardt, Stuttgart 1954.
Touraine, A., »Situation du mouvement ouvrier«. In: *Arguments*, 12/13 (1959), 7-15.
–, *Sociologie de l'action*, Paris 1965.
–, *Le communisme utopique. Le mouvement de mai 1968*, Paris 1968.
–, *Die postindustrielle Gesellschaft*, Frankfurt am Main 1972.
–, *La voix et le regard*, Paris 1978.
»Alain Touraine parle«. In: *Labro* u. a., 43 f.
Tournoux, J.-R., *Le mois de mai du Général*, 1969.
Des Tracts en mai 1968. Mesures de vocabulaire et de contenu. Hg. von der Fondation nationale des sciences politiques, Paris 1975.
UNEF/SNESup, *Le livre noir des journées de mai*, Paris 1968.
Vahl, W., *Die französischen Arbeitergewerkschaften CGT, CGT-FO und CFDT (CFDC) im politischen System der Fünften Republik 1958-1969*, Diss. Köln 1974.
Vaneigem, R., »Basisbanalitäten«. In: *Situationistische Internationale*, 11, 42-58.
–, »Anmerkungen gegen den Urbanismus«. In: *Situationistische Internationale*, 1, 240-245.
–, »Über einige theoretische Fragen ohne Fragestellung und Problematik«. In: *Situationistische Internationale*, 11, 186-187.
–, *Traité de savoir-vivre à l'usage des jeunes générations*, Paris 1967.
Vendroux, J., *Les grandes années que j'ai vécues (1958-1970)*, Paris 1975.
Vester, M., »Das Dilemma von C. Wright Mills«. In: *neue kritik*, 27 (1964), 20-23.
–, »Falsche Alternativen«. In: *neue kritik*, 19/20 (1963), 5-9.
–, »Die Linke in den USA«. In: *neue kritik*, 17 (1963), 6-14.
–, »Die Strategie der direkten Aktion«. In: *neue kritik*, 30 (1965), 12-20.
Viansson-Ponté, P., *Histoire de la république Gaullienne*, Paris 1971.
Viénet, R., *Enragés et Situationnistes dans le mouvement des occupations, Paris 1968*; deutsch: *Wütende und Situationisten in der Bewegung der Besetzungen*, Hamburg 1977.
Vigneron, J., »Le rendez-vous de l'île Seguin«. In: *La Croix* vom 19./20. Mai 1968, S. 6, Sp. 4.
Vincent, G., *Les Français 1945-1975. Chronologie et structures d'une société*, Paris/New York/Barcelone/Milan 1977.
Volz, R., »Mai 1968: Ein politischer Streik.« In: *Politischer Streik*, hg. von H.-G. Haupt u. a., Frankfurt am Main 1981, 233-249.
Vring, T. von der, »Ein Jahr Neue Linke«. In: *neue kritik*, 14 (1963), 13-16.
Weber, H., *Le parti des Patrons. Le CNPF 1946-1990*, Paris 1986.
–, *Vingt ans après. Que reste-t-il de 68?*, Paris 1988.

Weber, M., *Wirtschaft und Gesellschaft. Grundriß der verstehenden Soziologie*, hg. von J. Winckelmann, Tübingen, 5. Auflage 1976.
Wehler, H.-U., »Einleitung« zu: *Deutsche Gesellschaftsgeschichte*, Bd. I: *1700-1815*, München 1987.
Williams, R., *The Long Revolution*, London 1960.
–, *Ressources of Hope, Culture, Democracy and Socialism*, hg. von R. Gable, London/New York 1988.
Winock, M., *Chronique des années soixante*, Paris 1987.
Whalen, J., und R. Flacks, *Beyond the Barricades*, Philadelphia 1989.
Whannel, P., S. Hall und A. Lovell, »Direct Action?«. In: *New Left Review*, 8 (1961) 16-27.
Zahar, R., »Fanons antikolonialistisches Manifest«. In: *neue kritik*, 28/29 (1966), 46-50.

suhrkamp taschenbücher wissenschaft
Geschichte, Sozialgeschichte, Zeitgeschichte, Dokumentation

Assmann/Hölscher (Hg.): Kultur und Gedächtnis. stw 724
Baumgartner/Rüsen (Hg.): Seminar: Geschichte und Theorie. stw 98
Becher/Rüsen (Hg.): Weiblichkeit in geschichtlicher Perspektive. stw 725
Broué/Témime: Revolution und Krieg in Spanien. 2 Bde. stw 118
Bude: Bilanz der Nachfolge. stw 1020
Claessens: Kapitalismus und demokratische Kultur. stw 1041
Danker: Räuberbanden im Alten Reich um 1700. stw 707
Dreier/Sellert (Hg.): Recht und Justiz im »Dritten Reich«. stw 761
Duby: Die drei Ordnungen. stw 596
– Ritter, Frau und Priester. stw 735
– Die Zeit der Kathedralen. stw 1011
Duby/Lardreau: Geschichte und Geschichtswissenschaft. stw 409
Eder: Geschichte als Lernprozeß? stw 941
Ehlich (Hg.): Sprache im Faschismus. stw 760
Elias: Studien über die Deutschen. stw 1008
Fend: Sozialgeschichte des Aufwachsens. stw 693
Foucault: Überwachen und Strafen. stw 184
Giesen (Hg.): Nationale und kulturelle Identität. stw 940
Groh, D.: Anthropologische Dimensionen der Geschichte. stw 992
Groh, R./Groh, D.: Weltbild und Naturaneignung. stw 939
Hahn/Kapp (Hg.): Selbstthematisierung und Selbstzeugnis: Bekenntnis und Geständnis. stw 643
Haupert/Schäfer: Jugend zwischen Kreuz und Hakenkreuz. stw 952
Haussmann: Erklären und Verstehen: Zur Theorie und Pragmatik der Geschichtswissenschaft. stw 918
Hinrichs: Ancien Régime und Revolution. stw 758
Hinrichs (Hg.): Absolutismus. stw 535
Jäger: Verbrechen unter totalitärer Herrschaft. stw 388
Koselleck: Kritik und Krise. stw 36
– Vergangene Zukunft. stw 757
Löwenthal: Schriften 1-5. stw 901-905
Lüdtke (Hg.): »Sicherheit« und »Wohlfahrt«. stw 991
de Mause (Hg.): Hört ihr die Kinder weinen. stw 339
Meier, Chr.: Die Entstehung des Politischen bei den Griechen. stw 427
Métral: Die Ehe. stw 357

206/1/8.92

206/2/8.92